SeaEagle

U0072055

SeaEagle

非同尋常的大眾幻想與群眾性瘋狂

大癲狂

金融投資領域的【超級經典】
全球投資者奉爲必讀的「聖經」

Extraordinary Popular Delusions
and the Madness of Crowds

查爾斯·麥凱 Charles Mackay 著
方霈 譯

《金融時報》最佳10部金融作品之一
《財富》雜誌 75本商務必讀書之一
《富比士》雜誌 與投資業務相關的最重要著作

無刪減
收藏版

只要如此愚蠢的行爲可以繼續存在下去，一個眞正理性的投資者始終有望利用大眾的瘋狂
爲自己謀利。具有常識的個體很容易察覺到集體的瘋狂，個體將會藉此獲取巨額的利潤。

— 查爾斯·麥凱

▲ 路易十四畫像。法國歷史上最偉大的君主之一，統治法國有72年之久，被譽為「太陽王」。他的風流韻事也被人津津樂道，他是第一個公開確立情婦地位的法國國王。

▲ 18世紀法國貴族婦女形象。當時的貴族婦女內穿束身馬甲，下著流行的裙撐架，此時裙撐架的形式為前後扁平、左右對稱，外穿襯裙，整體風格精緻、優雅，裝飾性強。

▲ 鬱金香泡沫。有人戲稱為「一朵小花摧毀一個大國」，在當時的荷蘭，買賣鬱金香成為全民運
動。一株名為「永遠的奧古斯都」的鬱金香球莖，可以換來一棟豪宅。

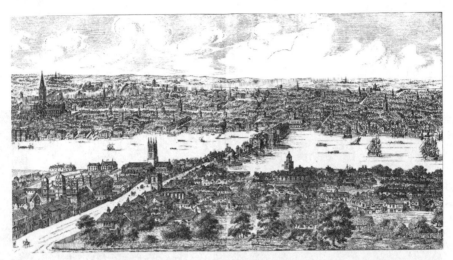

▲ 1543年倫敦圖景。16世紀，倫敦是當時英國的文化中心，城市裡居住著眾多的商人和工匠，此外還有許多上層人士，例如：法學家、外國語專家、醫生。但是當時的總人口數量較少，不超過20萬人。

▲ 中世紀決鬥。這是騎士時代的產物，決鬥的時候，騎士們會事先約定是騎馬決鬥，還是在地上用刀或是斧頭決鬥，一般要打到一個人死去或是重傷才會結束。這種決鬥傳統一直保留到19世紀，紳士們會用刀或是槍來決鬥。

▲ 羅賓漢塑像。在英國的民間傳說中,羅賓漢名氣響亮。他武藝出眾、機智勇敢,仇視官吏和教士,是一位劫富濟貧、行俠仗義的俠盜。

▲ 梅林拯救亞瑟王。傳說中,魔法師梅林是亞瑟王的摯友,他指引亞瑟王得到石中劍,並且統治英格蘭。人們相信梅林具有超自然的力量,有預言的能力,而且懂得魔法。

▲ 教宗烏爾班二世宣布發起十字軍東征。十字軍東征總共進行9次，這是由天主教國家對地中海東岸國家發動的戰爭。歷次十字軍東征導致西歐民眾死亡二百萬以上，十字軍在巴勒斯坦建立的許多小國，最終也全部滅亡。

▲　審判女巫。這段殘酷的歷史從14世紀延續到17世紀，歐洲陷入「女巫審判」的狂熱中，凡是被指認為女巫的人，都會受到拘捕，而且大多數會被處以火刑。挪威建有一座女巫審判案受害者紀念館，用以紀念那些被迫害而死的人們。

▲　建於17世紀的建築，有鬧鬼的傳聞。鬼屋傳說在西方曾經很流行，各種各樣的鬧鬼傳聞鬧得沸沸揚揚，可能與當時黑死病肆虐歐洲有關。直至今日，在歐洲還有各種鬼屋的傳說。

序言：如何在群體癲狂中保持清醒？

　　無論在東方還是西方，無論在古代還是現代，人們對金錢的追求、對宗教的膜拜、對時尚的尊崇，曾經掀起一次又一次的狂潮。很多時候，這種狂熱伴隨著爭鬥、群體性癲狂、巨大的財富流失，甚至是流血與殺戮。在現在看來，當時人們的這些狂熱行為可能是難以理解和荒唐可笑的，但是歷史已經向我們證明：如果人們內心的欲望被一些特定的情境激發，癲狂仍然會再次上演。

　　1841年，蘇格蘭記者查爾斯・麥凱出版一部影響深遠的巨著《大癲狂》。在這部著作中，麥凱第一次運用心理學剖析人們在金融、市場、戰爭、時尚多個領域的群體性行為。這本書出版以後引起巨大轟動，不僅多次再版，還影響包括伯納德・巴魯克、約翰・坦伯頓以及彼得・伯恩斯坦在內的諸多金融投資界人士。本書入選《財富》雜誌鼎力推薦的75本商務必讀書，同時也被《金融時報》評選為史上最佳10部金融作品之一。

　　書中，麥凱把許多歷史片段用同一主線串起來，不僅讀來生動有趣，也可以給生活在當下的人們啟示：

　　在密西西比泡沫、南海泡沫這兩大歷史上的股票投機事件中，貴族、王室、牧師、官員、平民百姓全部陷入一場巨大無比的股票投機騙局之中，最後的結局慘不忍睹。

　　人們瘋狂地執著於鬱金香這種植物，以至於它的價格猛漲，達到令人不可思議的天價。

　　宗教聖物的崇拜又是一件十分狂熱的事情。人們對所有的聖物情有獨鍾，無論多麼醜陋或骯髒，最後就連人的骨灰也被當作聖物，引發眾人的

哄搶。

在關於預言家的故事中，人們已經陷入瘋狂的狀態中，你很難弄清楚他們是真的癡迷於那些權威預言家的預言，還是根本不在意預言是誰做出的，他們唯一關注的可能就是這是一個預言。

強盜在某個時期也成為了不起的「大人物」，詩人和劇作家給他們極高的評價，這段故事就是關於歷史上的俠盜。

誰會想到頭髮和鬍鬚會和政治扯上關係，但是事情就這樣發生了。在法國、俄國，專制皇權與宗教神權為了它們進行曠日持久的鬥爭。

決鬥被人們當作解決問題的一種方式。歐洲各國的人們都有決鬥的傾向，使得它成為干擾社會秩序的一個重要原因，各國國王想盡辦法去制止類似事件的發生。

……

本書為《大癲狂》的完整全譯版，不僅是一本金融投資領域的超級經典，也是對人類社會群體迷失現象的一次總記錄，例如：十字軍東征、聖物崇拜、決鬥風潮、女巫、煉金術士等歷史事件，需要指出的是，這種集體妄想與群眾狂潮在現代也是不斷掀起：網路泡沫、股市泡沫、金融海嘯，甚至房地產及商品狂潮。以史為鑑，我們就可以讓自己站在更全面的角度來看事情，保持自身獨立的判斷，進而避免跟隨性的大眾性癲狂，成為盲動「羊群」中的一隻。

目錄

第九章：城市瘋狂症

第十章：十字軍東征

第十一章：「女巫」活在許多國家

第十五章：占卜術

第十六章：催眠術士

第一章

密西西比泡沫

「金融大師」約翰・羅

一心投機鑽營賺大錢，

一些人私底下自組公司，

不惜發行新股吹牛，

用虛名引誘世人，

先建立新的信用，再讓股票貶值，

讓無中生有的股份變成資本，

為了金錢啊，人們聚在一起爭吵無休。

——丹尼爾・笛福（Daniel Defoe）

　　說起密西西比陰謀，不得不提到約翰・羅這個人，他的品行和經歷與發生在1719—1720年的那場騙局之間有密不可分的關聯，他可以說是整個陰謀的始作俑者。

　　在歷史學家看來，約翰・羅是一個十足的騙子，是一個居心叵測的陰謀家、小人，甚至有人說他是瘋子……之所以如此，有其深刻的現實背景。因為他的一個計畫，害得許多人為此賠上身家性命。那些令人痛心的不幸後果，被深深地烙印在人們的心中，久久不能忘懷。但是隨著事態的逐步明朗，人們意識到如此對待他是不公平的。約翰・羅既不是騙子，也不是瘋子。與其說他設計騙人，不如說他也是受騙者；與其說他是罪犯，不如說他只是無辜的代罪羔羊。

　　客觀地來看，約翰・羅其實是一個非常優秀的金融專家。他對信用的理論和原則瞭若指掌，比同時代的任何人更熟悉金融問題，而且他建立的

金融系統會如此快速地坍塌，主要原因不是在於他。那些推波助瀾、渴望快速攫取金錢財富的人們，協助他建立這個金融貨幣體系的人們，才是問題的根源。

約翰・羅沒有料到國家竟然會陷入如此巨大的貪婪狂潮中。他更沒有料到，人們的信心就像懷疑一樣，可以無限制地增長和膨脹；希望也可以像恐懼一樣四處蔓延，最終吞噬一切。他又怎麼可能預見到，法國人會像寓言中描繪的那樣，在金錢的瘋狂驅使下，在發瘋般的渴望中，殺掉那隻曾經為他們下了無數金蛋的鵝？他的命運就像第一個冒險划船從伊利湖向安大略湖漂流的人一樣。他出發的時候，河面上還是風平浪靜、水流輕緩，彷彿一塊明鏡，他的航程既迅捷又愜意。這個時候，有誰可以阻礙這艘航行的輕舟？轉眼工夫，平靜的波浪盡頭竟然出現一個瀑布！但是水手兀自沉浸在美妙的航行中，對前方的危險一無所知。他意識到自己處境的時候，為時已晚！以前載著他暢遊的湖水，如今竟然成為他的葬身之地。他試圖折回原路返航，可是水流實在太湍急，他顯得如此渺小。以他微弱的力量，根本不足以對抗。隨著時間的流逝，一人一船距離雷霆震怒一般的瀑布越來越近。終於，一個浪頭拍下，水手連人帶船跌進萬丈深淵——他的身體、他的小船旋即被嶙峋的岩石撞成碎片。奔流的河水裏挾可憐的碎片墜入谷底，翻起滾滾的水花，但是很快消失不見，又如往常一樣，繼續向前流去。約翰・羅和法國人就是如此，約翰如同那個可憐的水手，法國民眾就像看似無害卻滿布漩渦暗流的滔滔湖水。

1671年，約翰・羅出生於蘇格蘭首府愛丁堡的一戶富裕人家，是家中的長子。他的父親既是金匠，又是銀行家。可以在自己的名字前面加上一個領地的稱號，是他那個時代所有人的夢想，他的父親也不例外。他用做生意累積的大筆財富，買下勞瑞斯頓和蘭德爾斯頓兩處地產，因此被當地人稱為「勞瑞斯頓的羅」。約翰剛滿14歲，就被帶到父親的會計事務所中

做學徒。在那裡，他艱苦工作三年，勤奮地學習商業知識，逐漸熟悉蘇格蘭銀行業的操作規則。約翰在很小的時候就在數字方面顯露出非比尋常的天賦，這一點讓他在這一行裡如魚得水。

17歲的時候，約翰已經長得又高又壯，他的身材健美，臉上因為出天花而有些疤痕，但是不影響他英俊的容貌。他的表情總是朝氣蓬勃，看起來充滿智慧，因此十分討人歡喜。然而，他很快開始不務正業，喜歡打扮自己，派頭十足又極度自信。在女人堆中，約翰也備受青睞，可謂無往而不利，女人們都叫他「俊俏的羅」。男士們對這個外表浮誇的小夥子十分鄙夷，也送他一個外號——「浪蕩子約翰」。1688年，約翰的父親去世以後，他徹底拋開會計事務所的繁冗瑣事，帶著繼承的遺產來到倫敦，打算在這個花花世界闖蕩一番。

因為他的狂妄和缺少自制，以及喜好排場和奢侈的生活習慣，他很快就變成倫敦各家賭場中的常客。但是他表面上雖然喜歡揮霍，放肆張揚，卻不是一個「花花公子」。他從來不隨便出手，靠著他對輸贏機率的精心計算，他一直不斷地贏錢。為此，他甚至成為所有賭徒的崇拜對象，人們相信跟隨他，就可以在賭桌上贏錢！

這個出手闊綽又瀟灑風趣的蘇格蘭男子，與在他的家鄉一樣，受到倫敦上流社會社交界，尤其是那些名媛的歡迎。與在賭場中相似，在情場上，約翰也是一個常勝將軍，縱橫花叢中進退自如。然而，這些只是鋪平他通往不幸的道路，這個年輕、富裕、聰明又有魄力的小夥子也有走霉運的時候。在倫敦度過9年放蕩奢靡的生活之後，他逐漸沉溺於賭博，開始滑向失控的邊緣，變成一個無可救藥的「賭棍」。他不再滿足於小輸小贏，賭注越押越大，但是他裝滿數字機率的腦袋卻越來越遲鈍。終於，在一個不幸的日子，他輸了一大筆錢，被迫抵押地產以支付許多令人頭痛的債務。他眼睜睜地看著這一切發生，卻無能為力。

福無雙至，禍不單行，就在他被債務危機弄得焦頭爛額之際，一個「桃色事件」又把他拖向另一個深淵。他與一位名叫維莉爾斯（Villiers）的女子之間的桃色新聞，招致一位名叫威爾遜先生（Mr. Wilson）的敵意，為了把事情做一個乾淨的了斷，兩人約定一場決鬥。結果在決鬥中，約翰當場殺死威爾遜。男女之間的爭風吃醋立刻轉變為刑事案件，當天他就被逮捕歸案，威爾遜先生的親屬以謀殺罪的名義起訴他。法庭判他有罪，應該處以死刑。但是考慮到事情的緣由，於是約翰被判過失殺人罪，判決也被減為罰款。這樣的處理，引起死者兄弟的極度不滿，重新提出上訴。可是，就在被押到最高法院受審以後，約翰卻神奇地逃之夭夭。至於他是怎麼成功的，至今是一個謎，約翰也從未向人提起。法官們因此受到斥責，他們在報紙上通緝並且懸賞捉拿約翰。在通緝文告中，約翰是這樣的一個人物：「約翰・羅上尉，26歲，蘇格蘭人，身材消瘦，身高約6尺以上，皮膚黝黑，相貌端正，臉上有麻點，大鼻子，聲音洪亮……」這種漫畫式的描繪，使他的逃亡之路沒有遇到多少障礙，他成功地抵達歐洲。在這塊古老的陸地上，他遊歷了三年，並且把自己大部分的精力投入研究各國貨幣和金融事務上。在阿姆斯特丹的幾個月裡，他甚至做了幾筆金融投機買賣。但是他積習難改，白天雖然在研究金融和貿易規律，到了晚上，他依舊是各大賭場的常客。大約1700年，他返回愛丁堡，並且發表一本名為《組建一個貿易委員會的建議和理由》的小冊子，但是沒有引起人們的關注。

　　沒多久，他闡述一個建立「土地銀行」（Land Bank）的新主張。此主張認為：銀行發行的貨幣，絕對不能超過這個國家的所有土地的價值。在正常的利率下，或是與土地價值相當。擁有這些貨幣的人，在特定的時間，有權利被認為擁有土地。這次，他的提議在蘇格蘭議會中掀起軒然大波，並且持續相當長一段時間。其中一個中立黨派甚至專門提出議案，要

求政府建立這樣一家銀行，約翰對此非常興奮。但是，議會最終通過決議認為：強迫發行任何形式的紙質貨幣以促進流通，對國家來說是很不明智的，可能使國家陷入巨大的風險中。

計畫失敗了，他企圖得到司法赦免的努力也落空了。他不得不離開蘇格蘭重返歐洲大陸，繼續操持賭博舊業。他陸續在荷蘭、德國、匈牙利、義大利、法國遊蕩將近14年，豐富的經歷使他的眼界大為開闊，幾乎對每個國家的貨幣和貿易政策瞭若指掌。而且他堅定地認為：如果沒有紙幣，任何一個國家的經濟想要走向繁榮都是空談！這14年中，他最成功的事情依然是賭博，他被認為是一個技術精湛的資深賭徒，在歐洲各大賭場裡聲名顯赫。當時的人們普遍認為，他是歐洲最擅長算計、最會利用錯綜複雜的機率創造機會的精明人。在官員們的心目中，他對年輕人來說是很危險的。根據《世界傳記》記載，他先是被當局驅逐出威尼斯，接著又被趕離熱那亞。在巴黎滯留期間，約翰引起法國警察總長德‧阿金森（D'Argenson）的側目，警察總長命令約翰盡快離開首都。但是好運降臨了，這個命令沒有付諸實施。法國宮廷中幾位位高權重的大人物，例如：旺多姆公爵、孔蒂王子、奧爾良公爵，都是約翰在沙龍裡結識的新朋友，特別是奧爾良公爵，他對約翰的翩翩風采及冒險精神十分讚賞，堅持做約翰的保護者，後來對約翰的命運也產生巨大的影響。約翰也被這位公爵的遠見卓識吸引，兩人之間有些「英雄惜英雄」的味道。他們經常見面，約翰盡可能地抓住每次見面的機會，向公爵灌輸自己的金融主張，因為他知道奧爾良公爵與皇帝十分親近，以後也會對政府產生舉足輕重的作用。

路易十四①去世之前不久，約翰曾經向審計長德斯馬萊（Desmarets）提出一個財政計畫。因為路易十四知道這個計畫的制定者不是一個天主教徒，所以拒絕實施這個計畫。隨後，失意的約翰來到義大利，但是他一直念念不忘這個財政計畫，於是前往拜謁薩伏伊公爵維克多‧阿瑪迪斯，說

服他在自己的領地內建立土地銀行。公爵認為自己地盤狹小，無法實施這個計畫，建議他到法國去試試看。在他看來，法國人對新穎的東西讚賞有加，所以很有可能會贊同這個計畫。

1715年，路易十四去世，年僅7歲的繼承人登上王位，奧爾良公爵被指定為攝政王，負責輔佐小皇帝主持朝政。好運立刻降臨到約翰的頭上，如洪水般猛烈，約翰夢寐以求的財富和地位似乎近在咫尺。攝政王既是他的朋友，又對他的貨幣理論和設想十分熟悉。更關鍵的是，他願意無條件地幫助約翰重新建立法國傷痕累累的信譽。眾所周知，在路易十四漫長的統治期間，法國的金融信用已經被皇室貴族們的奢靡無度弄得岌岌可危。

因此，路易十四剛去世，公眾壓抑已久的憤怒就像火山一樣爆發。生前他得到的阿諛奉承不計其數，簡直無人能及，死後卻被罵成「暴君」、「死硬派」，甚至是無惡不作的「盜賊」。人們將他的雕像砸得粉碎，在不停的詛咒聲中撕毀他的畫像，他的名字也成為「自私」、「壓迫」、「驕橫暴虐」的代名詞。昔日的輝煌早已遠去，留下的只有他的倒行逆施、奢侈和殘暴。

國家的財政已經到了崩潰的邊緣。上樑不正下樑歪，國王的腐敗墮落引起各級官員的競相模仿，從上到下無人不貪，無人不惡，社會的經濟秩序混亂不堪。國家債台高築，外債總額竟然高達30億里弗爾[2]，國家每年的財政收入只有1.45億弗爾，政府開支就要花費1.42億里弗爾。也就是說，每年只剩300萬里弗爾來支付30億外債的利息。攝政王受命於危難之際，他要做的第一件事情就是想辦法扭轉乾坤，改變當時的危機局面。

---

1. 路易・迪厄多內・波旁（Louis-Dieudonne，1638—1715），於1643—1715年在位，是法國國王路易十三的長子，出生於法國聖日耳曼昂萊，他的執政期是歐洲君主專制的典型和榜樣。——譯者注
2. 法國的一種舊貨幣單位。——譯者注

為此，他召集各位大臣一起商討解決的方法，與會人士紛紛出謀獻策。聖西蒙公爵認為，只有宣布法蘭西政府破產這個方法，才可以避免國家陷入革命的危機，即使這是一個大膽而危險的方法。諾瓦耶公爵是一個和事佬，處事非常圓滑，他堅決反對聖西蒙的建議。他認為這種做法十分不明智，很有可能會給國家帶來毀滅性的打擊。攝政王採取諾瓦耶的意見，卻未曾想到這樣讓本來已經奄奄一息的國家財政雪上加霜！國家下令重鑄貨幣，這樣一來，貨幣立刻貶值五分之一。人們拿1000個金幣或銀幣到造幣廠取回等額的貨幣，但是貨幣中金屬的重量只有原來的五分之四。借助這種損人利己的行為，國庫立刻增加7200萬里弗爾的收入，但是商業運作卻變得一團糟。法國國王不得不下令稍微削減賦稅，暫時平息民眾的怒火——為了眼前的一點蠅頭小利，人們選擇對將要落在自己頭上的巨大災禍視而不見。

　　根據計畫，政府組成一個裁決委員會，審查那些貸款承包商和包稅人的不法行為。儘管任何國家的人民對稅收人員頗有微詞，但是在當時的法國，人們對稅收人員卻是恨之入骨。因此，被稱作徵收苛捐雜稅的人——賦稅承包巨頭以及手下的各級承包人——被法庭傳喚交代他們罪行的時候，法國被前所未有的歡欣喜悅所籠罩。

　　裁決委員會由國會主席、各個委員會領袖、司法機關的大法官組成，主席是財政大臣。該委員會被賦予極大的權力，獲得社會各個階層的廣泛支持。他們鼓勵人們積極提供線索以揭發各種犯罪行為，並且許諾以罰款和沒收贓款的五分之一對檢舉人進行獎勵。被檢舉人所有隱匿款項的十分之一，也會被作為檢舉者的報酬。

　　這樣誘人的法令頒布以後，那些從事不法行為的人們立刻感到惶恐不安，因為他們非法盜用的稅款數額非常巨大，以至於沒有人會同情他們。接下來許多項的起訴，逐一印證他們的恐懼，巴士底監獄很快人滿為患。

與此同時，全國各地的大小監獄也處於飽和狀態，裡面關滿了罪犯或嫌疑人。法庭同時下令，任何一家旅店的老闆或是驛站站長，禁止向試圖逃脫的人提供馬匹；任何幫助罪犯或是帶他們逃跑的人，將會受到嚴厲的懲罰。如果違反這些規定，要麼被罰披枷示眾，要麼被罰做苦役，罪行比較輕的被處以罰款和監禁。

在整個過程中，只有一個外省的銀行家兼包稅人塞繆爾・伯納德（Samuel Bernard）被判死刑。他被當地人稱為本地區的暴君兼獨裁者，這個傢伙竟然膽大包天地提出願意掏出600萬里弗爾作為獲得自由的贖金。結果，他的如意算盤落空了，等待他的是陰森的絞架。相比之下，其他罪行可能更嚴重的人因為把財產藏匿起來，所以幸運得多。

於是，政府的強硬態度逐漸緩和下來，在稅收的名義下，所有犯法的人全部被判處罰款，但是這一招沒有讓國庫增加多少收入。法國的各個部門已經腐敗到骨子裡，這些巨額罰款中的絕大部分，流入形形色色的大臣以及他們的妻子和情人的荷包裡。為了避免繳納罰款，一些不法份子開始對這些大臣背後的女人們獻殷勤。據說有一個承包商，根據財富的多少以及罪行的輕重，被處以1200萬里弗爾的罰款，但是一位在政府中舉足輕重的伯爵主動告訴他，如果給自己10萬里弗爾，他的罰款就可以被免除。沒想到，這個承包商竟然說：「朋友，你說得太晚了，我已經和你的妻子討價還價，她只要5萬。」

就這樣，政府費盡心思徵收到的1.8億里弗爾罰款中，只有8000萬被用來償還外債，剩下的1億全部成為大臣們分食的盤中餐。人們憤怒地看到如此嚴厲的措施，竟然只是為了掠奪一群騙子的財產去中飽另一群惡棍的私囊。為了獲得誘人的巨額報償，一些人甚至在那些正直清白的商人身上動腦筋。法國社會頓時冤案四起，人民開始怨聲載道。一年之後，政府不得不解散法庭，那些無辜遭到指控的人得到赦免。

羅氏銀行的建立

就在法國財政一片混亂之際，約翰‧羅隆重登場了。沒有人比攝政王更加深刻體會國家的悲慘狀況，也沒有人比他有能力力挽狂瀾。但是他討厭商業貿易，經常不假思索地簽發官方文件，而且喜歡讓別人代勞他自己份內的事情。身處高位應該承擔的責任，對他來說是一種負擔。雖然他知道必須採取相應的措施以遏制當前的情況，但是他不願意也不能花費太多的精力。為了不犧牲自己的安逸和舒適，他希望找一個代理人幫忙處理那麼多令他頭疼的事務。於是，約翰‧羅，這個他賞識的既有才華又靈活聰明的「探險家」，成為他倚重的得力幹將。此前，約翰一直在醞釀卻始終無法得到施展的偉大計畫，終於有了用武之地！

躊躇滿志的約翰出現以後，立刻受到大臣們的熱烈歡迎。他向攝政王提交兩份備忘錄，指出由於流通中的貨幣量不足以支撐經濟的正常運行並且屢屢貶值，金融危機已經籠罩法蘭西。他認為缺少紙幣的輔助，金屬貨幣不能滿足一個商業國家的要求。為此，他專門引述英國和荷蘭的例子，說明紙幣的好處和優越性。因為當時的法國經濟在歐洲諸國中顯得十分不景氣，他提出許多關於貨幣信用的實際論據以重建法國的貨幣信用。他建議：建立一家專門負責管理國家稅收的銀行，並且以這些稅收和不動產為基礎發行紙幣。他進一步提出，這家銀行應該以國王的名義進行管理，但是實際上必須由議會指定組成的委員會操控。

這些備忘錄還沒有通過審議，約翰又把自己撰寫的關於金融和貿易的論文譯成法文進行發表，以此向法國人顯示自己是一個嫻熟的財政學家。很快，他成為法國婦孺皆知的人物，與此同時，攝政王的其他心腹也在四

處宣揚他的才華。所有人翹首期盼這個金融專家可以重整山河，帶領法國走出泥潭。

1716年5月5日，皇室發布命令，授權約翰‧羅與他的兄弟，成立一家名為「羅氏公司」（Law and Company）的銀行，它發行的紙幣可以用來繳稅。銀行的資本額為600萬里弗爾，每股500里弗爾，總共1.2萬股。其中四分之一可以用金屬貨幣購買，剩餘的四分之三以公債的形式供人們購買。

法國政府還批准約翰‧羅在備忘錄中請求的其他特權。剛開始，人們認為只是一個權宜之計，但是後來的事實證明，這些特權沒有被濫用，反而帶來許多好處。

從此，約翰‧羅平步青雲，踏上一條康莊大道。三十年以來累積的豐富的金融知識，使他在處理金融業務的時候，顯得從容不迫、遊刃有餘。羅氏公司的銀行發行的紙幣可以隨意購買或是兌換，而且發行以後其價值保持不變。這一點可以說是驚人之舉，也是其政策的主要成就。人們開始信任紙質貨幣，最終使紙幣的價值超過黃金、白銀等金屬貨幣，後者通常會因為政府不明智的干預而導致貶值。有時候，1000個銀幣第一天與它的名義價值相等，第二天可能縮水35%，羅氏公司發行的紙幣卻始終保持它原來的價值。約翰‧羅宣稱，如果一個銀行家在發行紙幣的時候，沒有足夠的資金以滿足所有人的需求，只有死路一條。所有這一切，促使他發行的紙幣日益受到人們的歡迎，價值水漲船高，甚至比等值的金屬貨幣高出百分之一。

很快，法國商貿業從這項新貨幣政策中獲得巨大利益，日漸萎縮的商業開始復甦。人們開始正常納稅，納稅的時候不再抱怨連連，紙幣的信用也逐漸穩固。如果這種信任繼續保持下去，國家的經濟狀況將會更穩固，經濟也會日漸繁榮。就這樣，一年以內，約翰‧羅發行的紙幣價格竟然超過面值的15%。政府發行的用來償還奢侈的路易十四造成的欠債的國庫

券，價值下跌到面值的21.5%。這種強烈的對比，對約翰・羅非常有利，以至於他成為整個國家的焦點，信譽蒸蒸日上。幾乎同一時間，在里昂、拉羅謝爾、都爾、亞眠、奧爾良等地，羅氏銀行的分行紛紛建立。

攝政王對於約翰・羅獲得的驚人成功顯得極為詫異，於是一種錯誤的觀點在他的頭腦中逐漸形成：紙幣既然擁有如此強大的力量來支持金屬貨幣，當然也可以完全取代它。可是他卻沒想到，事情並非這麼簡單，在這種荒謬觀念的驅使下，他做出許多蠢事。

與此同時，約翰・羅開始著手策劃讓他「永垂青史」的驚人計畫。他向言聽計從的攝政王提議建立一家公司，這家公司應該擁有與密西西比河廣闊流域以及河西岸路易斯安那州做生意的專有特權。據說，新大陸上的這兩個地方到處都是黃金。羅氏銀行和法國政府如果可以獨佔這個極具吸引力的市場，將會獲得空前的暴利，同時成為唯一的賦稅承包人和錢幣鑄造者。

密西西比泡沫危機顯露

　　1717年，貿易授權書發下來以後，公司順利成立。公司總資本被劃分為20萬股，每股500里弗爾，這些股票可以用國庫券以面值購買。儘管面值500里弗爾的國庫券市場價格只相當於160里弗爾，但是投機的狂潮已經席捲法蘭西，為了快速發財致富，沒有人在乎這些。羅氏銀行創造的輝煌業績，讓約翰得意忘形，甚至認為自己向人們許下的任何承諾，人們都會堅信不疑。攝政王每天都在賦予這個「幸運兒」新的特權。最終，羅氏銀行壟斷法國的菸草銷售市場，獨攬改鑄金幣、銀幣的大權。最後，銀行徹底改頭換面，竟然變成法蘭西皇家銀行（the Royal Bank of France）！面對如潮讚譽，約翰・羅和攝政王開始肆意妄為，忘記約翰曾經為此大聲疾呼的準則：如果一個銀行家沒有足夠的資金儲備支持發行的貨幣，只有死路一條。

　　羅氏銀行剛從私營轉為國營的皇家銀行，攝政王就命令它發行面值10億里弗爾的新幣。這是他們偏離穩健原則的第一步，約翰對此不需要負太多的責任。畢竟，他掌控銀行業務的時候，銀行發行的紙幣從未超過6000萬里弗爾。但是約翰・羅對攝政王主導的這個計畫是否有疑義，後人不得而知。然而，有一點是可以肯定的：在這家私人銀行變成皇家管理之後，只能讓攝政王承受各種各樣的指責和罵名。

　　約翰・羅知道自己生活在一個專制政府的高壓之下，卻不知道這樣的政府會對像銀行信用這種複雜微妙的系統產生多麼惡劣的干擾。儘管後來他明白這個道理，但是已經太晚了，他已經身不由己地捲入致命的漩渦之中。在攝政王的逼迫下，他逐漸丟棄原有的理性。在他的全力營運下，法

蘭西王國被鈔票匯成的洪流吞噬。由於缺乏穩固的支持，紙幣遲早會如同泡沫一樣，一個接一個破裂，最後化為烏有。然而，滾滾而來的財富迷住他的眼睛，完全沒有意識到即將到來的滅頂之災。不久，危險的前景開始出現端倪。

法蘭西議會對一個外國人插手本國事務極度仇視，也對約翰提出的那些大膽計畫的安全性心存疑慮。隨著約翰在法國民眾心中的影響力越來越大，議員們對他的敵視心理變得更強烈。一些議員甚至公開反對約翰利用銀行大量發行紙幣，斥責這個行為造成國內金銀貨幣的持續貶值。司法大臣德·阿格索因為反對這個計畫而被撤職，此舉是火上澆油。尤其是攝政王的親信之一德·阿金森（D'Argenson）被任命為司法大臣以接替德·阿格索的原有職務，並且同時兼任財政大臣的時候，議會的敵意變得更劇烈。新官上任三把火，新財政大臣上任以後放的「第一把火」，就是使金銀貨幣進一步貶值。為了盡快清償國庫券，他下令：送4000里弗爾硬幣和1000里弗爾國庫券到造幣廠的人，可以得到5000里弗爾的硬幣。德·阿金森對這個舉措沾沾自喜，整日忙於將4000個舊的足值硬幣改鑄成5000個新的、更小的硬幣。由於對貿易和信用的原則一竅不通，他完全不知道自己所做的一切對貿易和信用造成多麼大的傷害。

議會立刻察覺他的失策以及這種做法的危險性，並且向攝政王陳情，但是攝政王充耳不聞。無奈之下，議會被迫採取一個大膽而異常的舉措，宣布民眾只能用舊幣作為支付方式。攝政王聞訊，立刻召開御前會議，宣告議會通過的這項法令違法。議會堅持自己的意見，隨即又發布一項法令，攝政王再次運用特權，廢除這項法令，但是議會仍然不妥協。1718年8月12日，議會再次通過一項法案，其中明確指出禁止羅氏銀行以任何直接或間接的方式參與徵稅，同時禁止所有外國人以自己或別人的名義干預國家財政政策，違者嚴懲不貸。議會甚至指出，約翰·羅才是最大的禍根，

提議將他送交法庭接受審判，如果定罪，立刻處死。

得到消息的約翰·羅驚懼萬分，倉皇逃到皇宮中，請求攝政王的庇護。為了解決問題，他乞求攝政王採取措施以逼迫議會就範。正好，先皇的兩個兒子曼恩公爵和土魯斯伯爵為儲位問題發生衝突，攝政王完全沒有主見。隨後，他下令將議會的議長和兩位議員收監並且發配到遠方，議會才被制服。

危機就這樣解除了，死裡逃生的約翰集中全部精力，實施著名的密西西比計畫。即使議會依舊強烈反對，公司股價卻依然迅速飆升。1719年年初，政府又發布文告，授予密西西比公司全權在東印度群島、中國、南太平洋諸島以及法國東印度公司所屬各地進行貿易，柯爾貝建立的法國東印度公司（the French East India Company）也被併入約翰負責的密西西比公司。由於業務發展迅猛，規模不斷擴大，密西西比公司被世人稱為「印度群島公司」，同時增發5萬股新股。約翰·羅為眾多股民描畫出一幅輝煌的遠景，他承諾，每份500里弗爾的股票每年派發的紅利可以有200里弗爾。由於股票可以用國庫券購買，所以一張票面價值500里弗爾的股票只要花費100里弗爾就可以買到，每股的投資報酬率高達120％。任何人都無法拒絕這麼大的誘惑，因此民眾的購買熱情高漲，至少有30萬人急切地要求申購5萬份新股。急於申購新股的人們不斷地湧向約翰·羅位於坎康普瓦大街的宅邸，這裡從早到晚被擠得水洩不通。巨大的需求註定很多人的要求得不到滿足，因此新股票持有人名單只能推遲到幾個星期以後再確定。在這段日子裡，民眾的焦急心情幾乎已經瀕於瘋狂的邊緣。那些平日裡裝模作樣、故作清高的公爵、侯爵、伯爵以及他們的夫人也放下矜持，為金光閃閃的「錢」途而瘋狂。每天，這些貴族聚在約翰家門口的大街上，為了提早知道結果，等幾個小時也心甘情願。最後，等待的人已經成千上萬，充斥整條大街。為了防止互相推擠，他們甚至在鄰街租房暫住，以便可以

經常從「財神爺」的聖殿得到第一手的財富資訊。舊股的價格也因此被拉高，節節攀升。國家陷入瘋狂的黃金夢魘中無法自拔，新的申購人如熱浪般，一波接著一波。

　　為了滿足高漲的需求，公司認為可以再發行30萬新股，每股發行價500里弗爾。這樣一來，攝政王就可以清償所有的國債。以前，為了這個目的，必須要想盡辦法籌集到15億里弗爾的資金。現在，全國上下一片狂熱，只要政府認可，即使三倍於此的數額，人們也情願付出。

瘋狂的法蘭西

　　約翰・羅達到人生的巔峰，法國人的瘋狂也達到頂點。無論是豪門顯貴，還是山野村夫，都在幻想擁有無盡的財富，成為超級富豪！在上流社會的貴族中，除了聖西蒙公爵和維拉爾元帥之外，其他人不論男女老少，不論貴賤賢愚，都想要從密西西比債券漲跌造成的差價中分得一杯羹。一時之間，坎康普瓦大街變成股票經紀人聚集之地。因為這條街道又窄又不方便，再加上人口聚集，所以事故頻發。與此同時，這條街道兩邊房子的租金也在飛漲，由原來每年1000里弗爾漲到1.2萬～1.6萬里弗爾。一個在街邊擺攤的補鞋匠把自己的攤位租出去，同時向經紀人及其客戶提供紙筆，這種方法讓他每天淨賺200里弗爾。更誇張的是，一個駝子利用自己的駝背給那些忙碌的投機商當書桌，竟然也狠賺一筆。許多人聚在一起做生意，又吸引更多的旁觀者。這也給巴黎的小偷和無賴提供可乘之機，這裡不斷發生暴力事件，以至於每到夜晚，就會有一隊士兵被派來清理街道。

　　約翰・羅也被這種情況困擾，覺得住在此地很不方便，於是決定全家搬到芳登廣場。但是，那些消息靈通的投機商也很快追到那裡，寬闊的廣場頓時變得和坎康普瓦街一樣擁擠。從早到晚，整個廣場如同人山人海的菜市場。廣場上臨時搭建各種各樣的帳篷和貨攤，以供人們買賣股票兼販賣飲料餐點。賭徒們甚至把輪盤的賭桌搬到廣場中央，從熙來攘往的人群手裡賺得大量錢財。到林蔭道上或是花園裡散步消閒的人逐漸變少了，人們更喜歡到芳登廣場消遣。這裡除了是做生意人的聚集地之外，也成為閒逛者時髦的休息之地。廣場上到處充斥著人們高談闊論的聲音，鬧哄哄的場面讓官員們抱怨連連，廣場邊上法庭裡的一位法官曾經向攝政王和市政

府抱怨，他在判案的時候，甚至聽不到律師的辯護詞。

　　約翰・羅知道以後，表示願意幫忙解決這個麻煩。為此，他開始與卡里格南親王協商，打算租下親王的蘇瓦松官邸，因為這座官邸的後面有一個面積數英畝的花園。經過幾番討價還價，約翰・羅以近乎天文數字的價格買下官邸，親王留下那個寬闊豪華的花園以獲取更豐厚的利潤。花園裡有幾座精美的塑像和噴泉，設計極有格調。搬進新居以後，約翰・羅派人發布公告，所有人必須在蘇瓦松官邸的花園中進行股票交易。為了給交易者提供適合的場地，親王專門命人在花園中的樹木之間搭起約500個帳篷以及攤位。五顏六色的帳篷之間飄揚著色彩明亮的彩帶和旗幟，無休止的喧嘩聲夾雜著音樂聲，以及人們臉上流露出來的喜怒哀樂摻雜在一起的表情……這一切，使巴黎顯得如此新鮮奇幻又富有魔力。精明的卡里格南親王在這個花園上賺到豐厚的利潤。每頂帳篷的租金是一個月500里弗爾，花園中至少有500頂帳篷，親王每個月的收入只是帳篷一項就高達25萬里弗爾，也就是超過1萬英鎊！

　　但是也有人對這種全民性瘋狂保持理智，陸軍元帥維拉爾就是其中之一。看到同胞們正在做著愚蠢的事情而且不能自拔，這位老兵感到非常生氣。有一次，他乘坐馬車路過芳登廣場的時候，看到人們依然癡迷於買賣股票，他性格中暴躁的一面展露無遺，突然命令車夫停車，自己把頭探出車窗，向人群大聲疾呼，要求他們停止這種「令人鄙視的貪婪行為」。他講了半個小時，稱得上用心良苦。可是，人們對此嗤之以鼻，回應他的是人們的噓聲和嘲笑聲。甚至有人用雜物去回應他，差點打到他的腦袋。他無奈地駕車遠遁，此後類似的事情再也沒有發生。此外，有兩個更清醒、安靜而且富於思辨性的學者——德・拉莫特先生與泰拉松神父，前一天彼此祝賀對方沒有捲入這場奇怪的狂熱行動，隔天德高望重的神父轉身就到蘇瓦松官邸買股票。他買完股票出來的時候，正好遇見也來買股票的老朋

友德·拉莫特。「哈哈，那是你嗎？」神父問。「是的。」德·拉莫特回答。說完，他快速地從朋友身邊走過。兩人再次相見的時候，只對哲學、科學、宗教發表高論，沒有勇氣再對密西西比計畫指手畫腳。最終，兩人不得不面對一個問題，得到一致的結論：一個人永遠不要發誓堅決不做某件事情，還有世界上不存在什麼即使聰明人也無法享受的奢華。

　　在這個瘋狂的年代，羅儼然成為法國最重要的新財富主宰者。貴族、法官、主教來到蘇瓦松官邸，軍隊的將軍、養尊處優和衣著時尚的貴婦以及擁有世襲爵位或是較高官職而且希望近水樓台先得月的人擠滿羅的辦公室，為的是得到羅的眷顧，賣給他們印度公司的股票。攝政王的辦事廳內卻幾乎沒有一位朝臣，異常冷清。由於羅的工作繁忙，只有不到十分之一的申請者可以見到他，所以這些貴族和高官不得不費盡心機，用盡方法爭得與他見面。往常，這些人即使在攝政王的辦事廳內等半個小時就會異常憤怒，但是此刻，為了見羅一面，他們心甘情願地等六個小時。羅的僕人也大受其益，來到蘇瓦松官邸的人往僕人們的手裡塞了許多小費，請求他們在安排接見的時候，先叫到自己而非別人。女士們也忘記平日裡的教養，不時地暗送秋波和甜美笑容，即使這樣，許多人還是在以超常的毅力堅持兩個星期之後才見到羅。在任何的聚會中，羅總是被眾多女人圍繞，她們爭相將名字告訴他，以便在購買新股票的時候得到照顧。這種窘境使他不再顧及自己以往在女人中風流瀟灑的氣度，而是落荒而逃。還有人為了見到約翰·羅，做出令人啼笑皆非的舉動。有一位女士，連續幾天到羅的家裡拜訪，每次都無功而返，這樣的結果讓她放棄這種方式。但是她告訴車夫要打起精神，她外出的時候，如果羅先生正好在馬車旁，就讓馬車撞向燈柱，把她摔下來。車夫鄭重地接受她的任務。在接下來的三天，這位女士一直搭乘馬車在城中穿行，並且在心中祈求上帝賜給她與羅先生見面的機會。在第三天將近結束的時候，她看到羅先生走向她的馬車。她瞬

間抓住馬韁，對車夫大喊：「讓馬車翻覆！看在神的面子上，讓馬車立刻翻覆！」車夫隨即趕著馬車撞向柱子，這位女士藉機尖叫，最終馬車翻覆了。這場事故發生在羅的眼前，對女士十分殷勤的羅沒有錯過這個機會，立刻跑到馬車翻覆的地方進行救助。這位機靈的女士被帶到蘇瓦松官邸，她覺得「驚恐」的精神應該恢復過來的時候，她向羅先生說出事實的真相並且道歉。羅面帶微笑地請這位女士說出名字，並且允諾她可以買一些股票。還有一個故事是關於布雪夫人：她得知羅在某個餐館吃飯的消息以後，立刻趕到那裡，一進門就驚呼失火。餐館裡用餐的人立刻四散逃命，所有人奔向外面的時候，羅發現一位女士匆忙地走向他，他意識到其中可能有問題，就向其他的方向逃走了。

當時，還有許多趣聞軼事流傳，雖然會覺得有些誇張，但卻是人們精神狀況的一種反映。有一次，攝政王與德·阿金森、杜布瓦神父等人談起自己正在為讓哪位高貴的公爵夫人可以代替他到摩德納照顧他的女兒而煩惱。他說：「不知道在哪裡可以找到適合的人？」其中一個人略帶吃驚地說：「您難道不知道？只要去羅先生家，就可以在他的會客廳中，見到法國所有的公爵夫人。」

希拉克先生的醫術遠近聞名，他曾經購買一些股票，令人遺憾的是：這些股票不停地下跌，因此他急於賣掉它們。令他恐慌的是：這些股票又下跌兩個星期。他再也無法控制自己，心裡裝滿股票的事情。這個時候，有一位女士請他到家中出診。他來到這位女士的家，上樓來到那位女士的病榻旁進行診斷。病人用急切的眼神望著他，想要知道自己的病情，他陷入沉思並且說：「神啊！它跌了，跌了，一直在下跌！」「噢，希拉克先生，」這位女士一邊說，一邊起身拉動響鈴，讓僕人來侍候，「我要完了！完了！它一直在跌！」希拉克先生不解地問，「你說什麼跌了？」「脈搏！我的脈搏啊！」這位女士說。希拉克先生說：「放鬆一點，尊敬

的夫人，我在說我的股票。我損失很多錢，所以一直放不下這件事情，我幾乎不知道自己剛才說了什麼。」

有時候，經過幾個小時，股票的價格就會上漲一二十個百分點，許多人早上出門的時候一貧如洗、地位卑賤，可是晚上回家的時候已經是百萬富翁甚至是千萬富翁。有一位擁有大量股票的投資人，在生病的時候，他命令他的僕人去蘇瓦松官邸花園賣出250股。這個僕人到達以後，發現股票價格已經從每股8000里弗爾上漲到1萬里弗爾。這個聰明的僕人賣掉250股的股票，並且從中賺取每股2000里弗爾、總共50萬里弗爾（約2萬英鎊）的利潤。他從容地將這筆意外之財放進自己的錢袋，然後用剩餘的錢向主人交差，當天晚上就逃離法國。

羅的車夫在不長的時間裡賺了很多錢，也擁有一輛馬車，於是向羅提出離開的請求。羅很尊敬他，請他離開以前，幫忙找一個與他一樣好的車夫，繼任他的職位。車夫應允了，在當天傍晚，他帶著兩個之前的同行請羅先生挑一個，餘下的將會成為他的車夫。

販夫走卒也會在一夜之間成為暴發戶，由於他們不瞭解貴族的舉止禮儀，因此他們為自己如此輕鬆地獲得巨額財富而感到得意的時候，做出許多令人發笑的錯事。這些成為智者的笑料，也惹來清醒人的鄙視，也使大多數人開懷大笑。但是上流社會表現出來的愚蠢和卑鄙更令人生厭，用一個例子就可以說明這一點。在聖西蒙公爵的記載中，品行惡劣而且缺乏教養的安德烈，只是依靠在密西西比債券中的投機行為，就在短時間內累積數目驚人的財富，聖西蒙公爵用「他為自己堆起金山」形容他的暴富。但是富有的安德烈對自己的出身感到不滿，經常做著與貴族聯姻的美夢。為了使他的美夢變成事實，在他的女兒還是一個3歲娃娃的時候，他與擁有貴族血統又貪得無厭的德·奧伊斯家族談判。他承諾，如果他的女兒可以嫁入這個貴族家庭中，他會雙手奉上誘人的回報。德·奧伊斯侯爵答應在

這個女孩12歲的時候娶她為妻，但是同時無恥地敲詐安德烈，要他一次付給10萬克朗①，而且在女孩12歲以前，每年都要給他2萬里弗爾。當時，侯爵已經33歲，但是雙方仍然在這個骯髒的協議上鄭重其事地簽字並且加蓋印章，這位大發橫財的股票投機商還答應陪送女兒價值幾百萬里弗爾的嫁妝。作為族長，布蘭卡公爵參與整個談判過程，並且得到許多好處。聖西蒙公爵認為，他們的行事輕率成為眾人的笑柄。「對於這件事情的譴責，從來沒有停止。在羅垮台以後不久，安德烈先生的財產在一夜之間化為烏有，這個計畫也在幾個月以後終止。」值得注意的是：這個貴族家庭沒有在協議終止以後把10萬克朗還給安德烈先生，其貪婪狡詐的本性暴露無遺。

上述這些荒唐可笑的事情雖然令人感到羞恥，但是卻不會危害社會。另一些性質的事情卻不同。一些惡徒盯上攜帶大量紙幣的行人，搶劫案每天都會發生，暗殺也接二連三出現。其中有一個案件震驚法國，不僅是因為罪犯令人髮指的惡行，更是因為罪犯擁有很高的社會地位。

---

1. 貨幣名稱和單位。——譯者注

血腥的貴族凶案

德·霍恩親王的弟弟德·霍恩伯爵，與地位極高的德·恩伯格家族、德·利涅家族、德·蒙莫朗西家族之間有親戚關係。與其他的紈絝子弟一樣，他總是無法無天。他的兩個朋友，一個是義大利皮埃蒙特[①]的上尉名叫米勒，另一個是佛拉蒙人名叫萊斯坦，都和他一樣浮躁。有一次，他決定搶劫一個經紀人，這個經紀人非常富有，經常隨身攜帶數量可觀的金錢或股票。經過與他的兩個朋友討論，決定由伯爵以購買一定數量的印度群島公司股票為藉口，邀請那個經紀人在芳登廣場周邊的一個酒館裡會面。

對此，那個經紀人沒有絲毫懷疑，按照約定時間準時到達，德·霍恩伯爵也和他的兩個同夥到了那裡，他向這個經紀人介紹這兩個人是他的好朋友。交談進行幾分鐘以後，德·霍恩伯爵猛然跳起抓住這個經紀人，並且用短劍連刺他的胸口三下，那個人隨即倒地而亡。伯爵立刻取出被害人的皮包裡價值10萬克朗的密西西比公司和印度公司債券，但是米勒又連刺這個倒楣的經紀人數下，直到感覺對方確實已經死去。在被害之前，這個經紀人大聲呼救，引來酒館裡的其他顧客。在樓梯口把風的萊斯坦見勢不妙跳窗逃走，但是米勒和德·霍恩伯爵被當場拘捕。

這件發生在酒館這種人群密集之處的凶案，使巴黎被前所未有的恐怖氛圍籠罩。第二天，法庭審理這件在證據方面毫無疑問的凶案，他們二人被判決有罪，並且處以車裂之刑。消息剛傳出，德·霍恩伯爵的貴族親友

---

1. 義大利西北的一個大區，首府杜林。——譯者注

們就來到攝政王的辦事廳，他們以精神有些問題作為理由，希望攝政王可以從輕發落這位身陷迷途的年輕人。攝政王已經決定依據法律，對這件殘忍的凶案做出公正的判決，因此避而不見這些貴族，但是那些勢力頗大的求情者不肯輕易放棄。最終，他們見到攝政王，並且請求他不要公開處決德‧霍恩伯爵，因為這樣會殃及整個家族的名譽。他們提醒攝政王，德‧霍恩親王與高貴的奧爾良家族聯姻，如果與攝政王存在親戚關係的德‧霍恩伯爵被一個低賤的劊子手當眾砍頭，攝政王也會顏面掃地。

攝政王嚴詞拒絕他們的請求，並且引用高乃伊[2]的「罪惡已成恥辱，上斷頭台又有何用」的名言，反駁貴族們的暗示。他還說，他願意與其他親戚共同承受因為懲罰罪犯而給親屬們帶來的巨大羞辱。雖然那些說情人不肯甘休，得到的答案卻是相同的。最後，他們想出拉攏攝政王最尊敬的聖西蒙公爵的主意。擁有純粹貴族血統的公爵聽說有一個貴族殺人犯即將被用處決卑賤人的方法處死以後大為震驚，立刻請求攝政王的召見，並且向後者陳述這樣會得罪一個人數眾多、富有而且權勢煊赫的家族，並且由此引發諸多害處。他補充說，德‧恩伯格家族在德國的產業很大，但是德國法律規定，如果有親屬被車裂處死，在他的同輩人全部離世之前，家族中的任何人不得擔任任何公職或是受雇於任何部門。因此，他認為對德‧霍恩伯爵的刑罰最好改為砍頭，因為在歐洲，罪犯的親屬不會因為這種刑罰方式而感到多麼羞恥。

就在攝政王已經被這番話打動，正要同意聖西蒙公爵提議的時候，極為關注被害人命運的羅出現了。在他的幫助下，攝政王重拾決心：依據法律，做出公正的判決。

---

2. 高乃依（1606—1684），法國古典主義悲劇始祖，劇作家，作品有《熙德》等三十餘部。——譯者注

就這樣，德‧霍恩的親戚們再也無法改變什麼。在幾乎絕望的情況下，羅貝克‧蒙莫朗西親王決定做出最後的努力，以減輕家族的恥辱。他設法給關押在地牢的德‧霍恩送去一杯毒藥，請求他自己結束生命以保全家族聲譽，可是德‧霍恩伯爵拒絕了。蒙莫朗西強迫他喝下毒藥，也遭到再次的拒絕。最後，失去耐心的蒙莫朗西轉過身大聲喊著：「去死吧！你這個賤骨頭！按照你願意的方式去死吧！像你這樣，只配死在絞架上！」然後帶著憤怒離開。

　　後來，德‧霍恩伯爵也請求攝政王判處斬首，但是羅的想法影響攝政王。他認為，攝政王應該堅持公理正義，不能屈服於德‧霍恩家族自私的意見，與攝政王剛開始的看法相同。在宣判以後的第六天，德‧霍恩與米勒在市政廳廣場上被處以車裂之刑，另一個殺人犯萊斯坦始終沒有歸案。

　　巴黎市民為這個嚴厲而迅速的判決拍手稱快，羅也因為曾經勸說攝政王不要屈服於貴族而得到他們的嘉許，被他們稱為「坎康普瓦先生」。但是搶劫殺人案的發生沒有因此而減少，人們不同情被搶劫的富有經紀人。雖然以前也可以明顯地看出公共道德的敗壞，但是沒有氾濫到整個社會。但是現在，在以前處於公開作惡的上層階級與隱蔽犯罪的下層階級之間，又增加暴富之後的中產階級，相對比較純潔的他們也被物欲改變了。賭博像瘟疫一般在社會上傳播，幾乎所有人都染上這種「疫病」。

化為泡影的財富

在那個瘋狂的年代，由於人們對未來充滿自信，貿易也逐漸繁榮，做什麼生意都會賺錢。在巴黎，這種情況特別明顯，許多外地人從不同方向湧進首都，他們不僅賺錢，也在這裡消費。攝政王的母親奧爾良公爵夫人經過粗略計算，得知這個時期巴黎增加的人口約有30.5萬。閣樓上、廚房裡甚至馬廄中，到處都擺滿了床，主婦們透過這種方式，滿足日益增長的借宿需求。城裡的街道上擠滿各種式樣的馬車和其他交通工具，以至於人們在主要街道上也要緩慢前行以避免事故。全國各地的織布機日夜不停地轉動，生產美麗的緞帶、絲綢、寬幅細布、天鵝絨，由於紙幣發行量過大，這些物品的價格已經是原來的四倍。食品價格也飛速上漲，麵包、鮮肉、蔬菜的價格超出所有人的想像。工資也有相應比例的增長，以前每天工資15蘇的工匠，現在達到60蘇。全國各地都在大興土木，虛假的繁榮遮蔽全國人民的視線，沒有人注意到地平線上的烏雲和它預示的即將到來的強烈風暴。

像魔術師一樣，羅揮動魔棒，創造令世人驚歎的變化，他也在其中獲益良多。法國最尊貴的貴族努力接近他的妻子和女兒，王公貴族們爭相表達希望與他聯姻的願望。他買下兩處不同地方的豪宅，又與敘利公爵談判購買其在羅尼的領地。這個時候，羅的宗教信仰成為他加官晉爵的最大障礙，於是攝政王承諾，如果羅願意公開宣稱皈依天主教，他會委任羅為全國財政的總審計官。像其他信教的賭徒一樣，羅不信仰任何神靈，因此他立刻表示皈依天主教。後來，坦辛神父在默倫教堂裡，當著圍觀者的面，為他施行堅信禮①。在施行堅信禮的第二天，羅當選聖洛克教區名譽教會

執事，並且捐贈50萬里弗爾的善款給教會。事實上，羅有一顆善良的愛心，慷慨的捐贈數量無人能及。而且，只要有人因為自己無法克服的苦難向他求助，他總會盡力幫忙。

此時，羅的影響已經遍及全國。奧爾良公爵很欣賞他高遠的見識，並且堅信他的計畫可以成功，所以無論遇到什麼事情，都會請他提供意見。儘管他在法國權勢煊赫，但還是保留他在生活困頓的時候形成的樸素、和藹、善解人意的優良品格。他的一舉一動，表現出他超越常人的騎士風度，善良優雅而讓人肅然起敬，無論在何時，都可以消弭人們的怒氣。也許有人說他在某些時候待人有些傲慢，那是因為他面對的是善於諂媚奉承、卑躬屈膝的令人噁心的貴族。他經常帶著調侃的眼光，觀察那些貴族為了獲得他的幫助，可以殷勤侍候多久。對於那些偶然路過巴黎、想要見他一面的同鄉，他的態度截然相反，招待他們周到而有禮。伊萊的阿奇博爾德·坎貝爾伯爵，曾經到芳登廣場探望羅，他就是後來的阿蓋爾公爵。他在羅的幾個會客廳裡，看到爭先恐後地想要與這位偉大財政學家會面的各界名流，他們希望自己的名字出現在預約購買股票人名單中最顯眼的位置。伯爵來到書房的時候，發現羅竟然安靜地坐在書桌前寫一封給勞瑞斯頓的園丁的信，內容是要他種一些高麗菜。伯爵和他的同鄉玩了一會兒紙牌，並且在那裡待了很長時間，羅的平易近人和極好的教養讓他十分欽敬。

這段時間裡，許多貴族賺了大錢，使得即將敗亡的家業再度回春。波旁公爵、吉奇公爵、拉福斯公爵、紹訥公爵、昂坦公爵、埃斯特雷元帥、羅昂親王、普瓦親王、萊昂親王都是這樣的例子。路易十四和蒙特斯潘夫人之子波旁公爵在密西西比股票的投機買賣中行大運，不僅重新建起位於

---

1. 一種基督教儀式，孩子在13歲受堅信禮，才可以成為基督教徒。——譯者注

尚蒂伊的富麗堂皇的行宮，還建起許多歐洲聞名的馬廄（波旁公爵熱衷於賽馬），買進150匹英格蘭良種賽馬，購買賽馬主要是為了改良法國賽馬的品種。他還購買皮卡第②的大片土地，成為瓦茲省和索姆省之間幾乎全部良田的主人。

看到波旁公爵在投機中攫取的巨額財產，就會理解為什麼羅幾乎成為拜金者虔誠跪拜的偶像。當時，所有的詩人和文學家絞盡腦汁地讚美羅，即使是皇帝也沒有得到如此多的稱讚。在他們的描述中，羅儼然是法國的救世主和保護神。他的語言表現機敏，他的表情代表美德，他的行為充滿智慧。每次他出門，都會有人成群結隊地跟在馬車後面，於是攝政王派出一隊騎兵在出行的時候為他開道，並且做他的永久護衛隊。

有人說，以前的巴黎從來沒有這麼多豪華精巧的物件，從國外進口的雕像、油畫、掛毯成為暢銷貨。家具和裝飾品之類法國人擅長做的漂亮玩意兒不再是王公貴族的專屬品，在普通的商人和中產階級的家裡都會看到這些東西。世界上最光彩奪目的珠寶也被運到巴黎這個最有利可圖的商業中心，其中最有名的是那顆由攝政王購買並且以他的名字命名、用來裝飾法國王冠的鑽石。購買這顆鑽石花掉200萬里弗爾，從購買過程來看，攝政王在投機風潮中賺到的錢沒有他的一些臣民多。第一次見到這顆鑽石的時候，攝政王就想要擁有它，但是理智告訴他應該放棄這個念頭，因為他不能為了一件珠寶花掉如此巨額的公款而不顧他對國家的責任。這個冠冕堂皇的理由，讓皇宮裡所有的女人非常驚訝，接下來的幾天裡，她們不停地談論這件事情。這顆異常稀有的寶石很快就要被從法國帶走，因為沒有人可以出得起錢將它買下，這種情況讓法國人深感遺憾。為了這顆鑽石，攝政王竭盡所能地想出許多方法，但是都失敗了。最後，還是善於社交、口

---

2. 皮卡第（Picardie），法國的一個大區，下轄三個省。——譯者注

才出眾的聖西蒙公爵挑起這個重擔。他說服羅，並且請求善良的攝政王指派羅發揮自己的才能，找一個可以付得起錢的方法。一番討價還價之後，寶石的主人答應成交，條件是他將在商定年限之內獲得200萬里弗爾，還可以得到這個數目5％的利息以及在加工寶石的時候產生的碎塊。在聖西蒙公爵的《回憶錄》中，他對自己在這件事情中產生的作用進行頗為得意的評述。他這樣描述：寶石如一顆青梅般大小，潔白無瑕，重量約500多格令[3]。在文章結尾處，他寫道：「勸服攝政王購買這件價值連城的寶石，讓他深感光榮。」也就是說，他把說服攝政王拋下自己的責任，用公款買下這件價格接近天文數字的華而不實的小玩意作為一種驕傲。

1720年，社會日趨繁榮。議會多次發出「紙幣的過量發行，遲早會導致國家經濟崩潰」的警告，但是人們無視這些警告。完全不瞭解財政運行原理的攝政王認為，既然發行紙幣可以給經濟發展帶來好處，為什麼要對它進行限制？如果5億里弗爾的紙幣就帶來令人興奮的利益，再發行5億就會有更大的好處。此時，羅沒有指出攝政王這個巨大的邏輯錯誤。人們貪得無厭的本性支撐這個海市蜃樓，使自己迷失在幻境中。印度群島和密西西比兩家公司的股價持續走高，銀行也同步發行更多的紙幣。這如同波坦金元帥[4]為了博得女皇驚喜而用許多巨大冰塊建造宏偉豪華的宮殿，宮殿頂上安裝渦卷形飾品、愛奧尼式的冰柱，突顯工匠爐火純青的技藝。冰柱圍成一個透出高雅氣息的門廊，冰質的圓頂在陽光中閃耀光輝，像是披上一層金色的外衣，彷彿整座宮殿是用水晶和鑽石做成的，此時的陽光沒有使它融化。但是南方溫暖的輕風吹來，這座宏偉的建築物再也抵擋不住，

---

3. 英美制中最小重量單位，等於0.0648克；也是珍珠的重量單位，等於四分之一克拉。——譯者注

4. 波坦金元帥（1739—1791），俄國陸軍元帥、軍事活動家，女皇葉卡捷琳娜二世的近臣。——譯者注

並且無法挽回。羅和他創造的紙幣系統與此相似，民眾的不信任之風如果吹向它，它就會在瞬間瓦解，誰也無法讓它重整旗鼓。

　　1720年年初，第一個輕微的警告發生了。羅拒絕孔蒂親王以他自己制定的價格購買新上市的印度股票的要求，孔蒂親王讓人帶著三輛馬車的紙幣到羅的銀行，要求將所有紙幣兌換成硬幣。羅有些怨恨親王，就向攝政王指出，如果孔蒂親王的舉動被許多人效仿，會給國家造成很大的危害。對此，攝政王也是心知肚明，於是派人找來孔蒂親王，並且用帶著憤怒的語氣命令親王將兌換來的硬幣的三分之二再次存入銀行，親王被迫執行這個專制的命令。令羅欣慰的是，人們不贊成孔蒂的做法，指責他吝嗇而貪婪，給予羅不公平的對待。更令人好奇的是，虎口脫險以後的羅與攝政王沒有醒悟應該緊縮貨幣以應對危機。出於信任方面的顧慮，不久又有許多人仿效孔蒂的做法。稍微有些頭腦的股票投機者都會知道股票價格不可能只升不降。銀行投資家布爾登和拉‧理查迪爾秘密地將他們的紙幣兌換成硬幣，並且運到國外。他們還購買許多便於攜帶的金銀器皿和稀有珠寶，然後秘密運往英格蘭或荷蘭。作為投機商的維爾馬萊也感覺到風暴即將來臨，於是購買價值超過100萬里弗爾的金銀幣，並且將其裝到一輛普通的農村馬車上，然後蓋上乾草和牛糞，他穿上骯髒的衣服偽裝成農夫，將這些貴重的金銀安全運到比利時，最後轉運到阿姆斯特丹。

　　剛開始，任何人可以在任何時間將紙幣兌換成硬幣，但是經過一段時間，硬幣嚴重匱乏的情況出現了，許多人開始抱怨。經過調查，很快就發現問題，議會對採取什麼樣的措施應對危機進行長時間的辯論，並且請羅發表意見。羅建議發布命令，將相同面值的硬幣貶為比相同面值紙幣的價值低5％，這項命令沒有發揮預期的作用。緊接著，又發布另一項命令，這次硬幣價值貶值到低於紙幣10％。同時，銀行規定每次兌換硬幣的限額：金幣100里弗爾、銀幣10里弗爾。雖然兌付限額措施勉強保住銀行的信譽，

但是這些努力還是沒有喚起人們對紙幣的信心。

　　採取諸多措施以後，貴重金屬不斷流向英格蘭和荷蘭的趨勢沒有被遏制，國內僅存的少量硬幣被謹慎地保存或是藏匿起來。最終，國內硬幣匱乏到貿易無法維持下去的程度。形勢萬分危急之時，羅進行他最大膽的實驗：禁止任何硬幣流通。1720年2月，政府頒布新的法令，這個法令不僅沒有在恢復紙幣的信譽方面有所作為，而且進一步摧毀人們對紙幣殘存的一點信心，國家也被推到暴亂的邊緣。按照這個法令，任何人不得持有超過500里弗爾的硬幣，違法者將會被沒收全部硬幣，並且遭受巨額罰款。這個法令禁止所有收購金銀首飾、器皿、珍貴寶石的行為，鼓勵人們告發違犯規定之人，承諾告密者可以得到其告發的違法數額一半的報酬。在這種前所未有的暴政下，全國人民陷入痛苦之中。從此，令人恐懼的迫害案件每天都在發生，幾乎所有家庭的隱私權都受到告密者的威脅。因為被指控擁有一枚金路易，最忠厚老實的人受到傳訊。僕人出賣主人，市民成為刺探鄰居情況的奸細。每天都有許多人被逮捕，許多財產被沒收，以至於法庭難以及時處理這麼多突然出現的案件。只是憑藉告密者「懷疑某人家裡藏有硬幣」的口頭控訴，就可以立刻簽發搜查令。英國大使史塔爾爵士說：「我們再也不能懷疑羅皈依天主教的誠意，因為他主導的將大量黃金變成紙的事實已經表示他完全相信聖餐變體⑤，並且已經懂得運用宗教迫害手段來迫害平民。」

　　人們痛恨攝政王和不幸的羅，不停地咒罵他們，並且送給他們許多綽號。即使硬幣超過500里弗爾就成為非法貨幣，但是不到萬不得已，人們還是不願意接受紙幣，因為誰也不知道今天的鈔票到第二天可以買到什麼。

5.　天主教理論認為，牧師的祝禱可以將紅酒和麵包轉化為耶穌基督的血和肉。——譯者注

在杜克洛斯的《攝政時期秘聞》一書中有這樣的描述：如此變化無常、朝令夕改的政府，如此掌握不牢的暴政，在這個世界上從未出現過。對所有親歷那個時代恐怖氣氛的人和所有現在重溫這段噩夢般歷史的人來說，無法理解為什麼在這樣的情況下沒有發生暴動。同樣無法理解的是羅和攝政王竟然得以善終。他們二人使法國處於恐怖之中，但是人們只是透過抱怨來排解自己的不滿。憂鬱而膽怯的絕望以及愚蠢的恐怖，縈繞在所有人的心中，人們的內心是如此懦弱，以至於沒有人起來反抗。有些人曾經試圖發起一個反抗運動，他們在牆上貼上富有煽動性的文章，許多高官的家裡也收到有相同內容的傳單。以下是載入《攝政時期回憶錄》中的一個傳單：「先生及夫人，這封信是為了告訴你們，如果沒有變故發生，星期六和星期日將會舉行聖巴托羅繆節[6]（St. Bartholomew's Day）的慶祝活動。請您和僕人們留在家裡，上帝將會保佑您平安！請將此信轉交您的鄰居。時間：1720年5月20日，星期六。」無處不在的密探，使得人們再也不能互相信任，也沒有人願意參加一個在傍晚舉行的不會產生任何影響的反抗活動，因此巴黎的和平沒有被破壞。密西西比股票的價格迅速下跌，再也沒有人相信那個密西西比地區隱藏巨大財富的神話。政府開始進行最後的努力，以恢復人們對於密西西比計畫的信心。為了達到這個目標，政府發布強制徵兵計畫，強迫巴黎所有貧窮的流浪漢加入。就像戰時徵兵那樣，大約6000多個地痞流氓被強迫穿上由政府提供的衣服，拿著工具，坐上駛往奧爾良的船，傳言那裡的金礦需要大量的工人。就這樣，每天都有成群結隊的人扛著鎬和鍬在巴黎街頭經過，之後分成小隊前往不同的港口，等待搭乘前往美洲的船。事實上，他們之中有約三分之二的人沒有上船，而是被安排到法國其他地方。這些人賣掉工具，錢花完之後又重拾舊業。他們

---

6. 法國的狂歡節，時間是每年的8月25日。——譯者注

離開以後不到三個星期，就有超過一半的人又回到巴黎。即使這樣，這個策略還是使密西西比的股票有一點轉機，許多頭腦簡單的人開始覺得這家公司找到新的礦藏，用不了多久，大量的金銀就會如潮水般湧進法國。

法蘭西之怒

　　處於君主立憲制度下的國家，在恢復人們對經濟的信心方面會有更有效的方法，英國就是這樣的例子。在後來的年代裡，英國人面臨同樣的欺詐帶來的危機，但是他們採取與法國完全不同的方法，彌補邪惡帶來的威脅。讓人感到可悲的是，在法國製造危機和負有應對危機責任的卻是同一人。攝政王想要讓法國盡快擺脫災難，可是他的專制措施卻使法國滑向更大的危機。從2月1日到5月底，在所有交易必須使用紙幣的政策前提下，銀行總共發行15億里弗爾紙幣，約6000萬英鎊。這也表示，只要發生一次危機，政府就會因為無法將紙幣兌換為硬幣而失去人們對紙幣僅存的一點信心。事實上，由於過量發行紙幣而造成的流通中紙幣與硬幣比例的嚴重失調，已經使事情變得不可收拾，大多數人不再信任紙幣。巴黎議會議長蘭伯特曾經當面對攝政王說，他覺得10萬里弗爾的金幣或銀幣大於500萬銀行發行的鈔票。事實說明，攝政王頒布的意圖使硬幣貶值的法律，反而使得硬幣價值日益提高。

　　2月，議會順應人們的想法，發布皇家銀行與印度群島公司合作的法令：銀行不再由羅掌控而轉為國家的專門機構，其全部利潤由攝政王轉給東印度公司；國家依然對銀行發行的紙幣提供信用擔保，但是沒有經過議會同意，銀行不能擅自發行紙幣。這些依靠國家信用的措施，在短時間之內使密西西比股票及印度群島公司的其他股票的價格有所上升，但是國家的信用不是可以持久依靠的基礎。

　　5月初，攝政王召開由羅、德·阿金森以及所有大臣共同參與的國務會議。經過估算，與會人士得出這樣的結論：流通中的紙幣有26億里弗

爾，全國的硬幣價值總和不到這個數字的一半。參加這次會議的大多數人很清楚，國家必須採取措施，平衡這兩種貨幣的數量。有人提議減少紙幣的數量，也有人提議提高硬幣的面值，但是羅對這兩種建議都不滿意，可是他也沒有更好的方法。最終，會議討論決定讓紙幣貶值50%。

5月21日，政府頒布法令宣布印度群島公司的股票和銀行發行的紙幣一同貶值，到了年底，它們將會按照面值的一半在社會上進行流通。這個法令不得人心，議會拒絕通過，民怨四起，國家走到懸崖的邊緣。為了確保國家的安全，攝政會議不得已撤銷這項法令，並且以恢復紙幣幣值的法令取而代之。5月27日，銀行宣布不再兌換硬幣，也是在這一天，羅和德・阿金森被趕出內閣。膽小怕事、懦弱無能的攝政王的行為有些反覆無常，他把所有的罪責推給羅，羅到皇宮求見還吃了閉門羹。但是夜幕降臨以後，攝政王把羅召進皇宮，為他的舉動向羅道歉，並且告訴羅，他這樣嚴厲的處置也是逼於無奈。幾天以後，攝政王公開帶著羅去看歌劇，所有人看到攝政王對羅的關懷備至。人們對於羅已經深惡痛絕，攝政王的表演不僅沒有改變羅的處境，反而加大他的危險。一天，他正要乘車進入家門的時候，一群暴徒向他的馬車扔石塊。幸好車夫眼疾手快駕車衝入院子，家中僕人順勢關閉大門，他才躲過一劫。第二天，他的妻子和女兒在看完賽馬回家的路上也遭遇圍攻。聞知這些以後，攝政王派出一支剽悍的瑞士騎兵隊，日夜保護羅及家人的安全。後來，隨著民眾憤怒的增加，羅覺得即使有警衛住在自己的家裡也不安全，於是他要求到攝政王的處所——皇宮避難。

巨大的壓力使得攝政王不得不重新起用曾經在1718年因為反對羅的計畫而被罷免的司法大臣德・阿格索，並且公開承認由於自己的嚴苛和懷疑，錯怪這位有才能又可以在腐敗的風氣中潔身自愛的官員。自從被罷免以後，德・阿格索一直住在弗雷訥鄉村的房子裡研究哲學，雖然艱苦，但

是心情愉悅，也讓他逐漸忘記政治鬥爭中的爾虞我詐。羅和攝政王家中的一位家臣孔夫朗騎士奉命將這位司法大臣請回巴黎，他們搭乘一輛運送郵件的馬車趕到弗雷訥。德·阿格索的朋友們勸他不要再次捲入政治漩渦，但是他沒有接受朋友的勸告，並且同意再度回到政府任職，幫助恢復已經接近崩塌邊緣的政府信用。他到巴黎以後，立刻與五位議員及財政大臣商議對策。6月1日，政府發布新法令：廢除任何人持有硬幣數量超過500里弗爾以犯罪論處的舊法令，任何人可以擁有任意數量的硬幣。為了收回舊鈔，政府用巴黎的賦稅作為擔保，發行收益率為2.5%的25萬份債券，債券每張價值10里弗爾。市政府還在辦公大樓前面，將出售債券回收的舊鈔公開銷毀。6月10日，銀行重新營業。此時，銀行有足夠的硬幣來兌換紙幣。這些措施使人們的憤怒情緒有所緩解。所有居住在巴黎的人爭相到銀行將他們的小面值紙幣兌換成硬幣，由於硬幣數量有限，後來他們只好換成銅幣，但是很少有人因為銅幣的重量而抱怨。經常可以見到那些可憐的人背負著難以承受的包裹，滿頭大汗地在街頭穿行，這個沉重的包裹裡裝的只是剛從銀行兌換的50里弗爾的銅幣。

銀行周邊的人總是很多，幾乎每天都有人因為擁擠而丟掉性命。7月9日，銀行門口的人數劇增，守衛馬薩林花園的衛兵擔心發生混亂而關閉入口處的大門，不允許任何人進入。馬薩林花園門外的人越聚越多，不堪擁擠而憤怒的民眾把石塊投向隔著柵欄的衛兵。密集的石塊讓衛兵們開始憤怒，他們警告民眾，如果再受到攻擊，他們會向民眾開槍。這個時候，有一個士兵被石塊打中，他拿起槍向民眾射擊。一個人被子彈擊中身亡，另一個人受到重傷。空氣中瀰漫著火藥味，民眾似乎隨時有可能向銀行進攻。在這個關鍵時刻，花園的大門再次開啟，一隊全副武裝的衛兵走出來，手中握著上了刺刀的槍，怒目而視。熙熙攘攘的人群頓時鴉雀無聲，所有人不敢輕舉妄動，只用呻吟和歎氣聲表達他們的憤怒。

7月17日，銀行被民眾圍得水洩不通，由於人數太多，竟然有十五個人被擠死在銀行門口。民眾更加憤怒，他們將三具屍體放在擔架上抬著，引領一支七八千人的示威隊伍，聲勢浩蕩地來到皇宮花園。他們想要讓攝政王知道，他和羅給國家帶來怎樣的災難。羅的車夫非常忠誠，但是有些衝動。當時，他正在皇宮的院子裡看護馬車，很厭煩民眾辱罵他的主人，就用許多人可以聽到的話語說，遊行的人是舉止粗魯的惡棍，應該被處決。民眾立刻衝向馬車，他們覺得羅坐在馬車上，就將馬車砸得粉碎，這位莽撞的車夫僥倖存活下來。沒有等到他們有新的行動，一隊士兵就來到民眾面前，並且告訴他們，攝政王已經保證會出錢厚葬三個死亡的人，要求他們立刻離開皇宮大門，民眾不得不安靜地離開。正在議事的議會也被吵嚷聲驚動，議長走出來察看是什麼人在鬧事。他回到議事廳以後告訴所有議員，羅的馬車變成一堆碎片。幾乎所有人同時歡呼，其中有一個人似乎比其他人更痛恨羅，大聲地說：「羅呢？他是否也粉身碎骨了？」奧爾良公爵夫人曾經說起這個故事的另一種情形。無論哪一種說法是真實的，對於一個國家議會的議員來說，這樣表達情感讓人難以想像。根據奧爾良公爵夫人說，議長極其高興，有些手舞足蹈地回到大廳，向大廳裡的議員大喊：「先生們，快來！有好消息！羅的馬車被砸得粉碎！」

　　毋庸置疑，全國紙幣的信譽與印度群島公司的信譽有很大關聯。內閣討論以後認為，如果政府可以賦予公司一些特權，幫助公司度過危機，在國內會產生好的影響。從這種想法出發，內閣建議賦予公司海上貿易的特權。於是，政府頒布這樣的法令。不幸的是，政府忽略這個法令會使全國所有的商人面臨破產。關於賦予公司貿易特權的法令引發全國人民的反對，人們不斷地致函議會，要求他們不要通過法令。最後，議會沒有通過法令，讓攝政王非常憤怒。攝政王認為，議員們的做法是在煽動叛亂，並且下令將他們流放到布盧瓦。由於德·阿格索求情，改為流放到蓬圖瓦

茲。議員們毅然決然地到了那裡，並且下定決心絕對不妥協。他們想盡辦法，使放逐生活和以前一樣。議長把巴黎所有最會享樂和最聰明幽默的人請到放逐地，舉行盛大而典雅的晚宴。每天晚上，女士們可以參加音樂會和舞會。平時不苟言笑的法官和議員們，也學會紙牌和其他的娛樂方式。連續幾個星期，議員們過著紙醉金迷的生活，他們想要讓攝政王知道，他們不在意放逐這件事情，而且如果他們想要，他們可以使蓬圖瓦茲成為比巴黎更舒適和豪華的地方。

約翰・羅的末路窮途

在世界各國中，法國人最擅長用歌聲唱出心中的不滿。有些人認為，法國的全部歷史可以用歌曲來反映。由於經濟計畫的徹底失敗，羅成為臭名昭著的人，人們就把諷刺挖苦送給他。所有的商店中都在出售羅的漫畫像，街頭巷尾到處傳唱刻薄地諷刺他和攝政王的歌謠。這些歌謠中，有許多粗魯的詞語。其中有一首歌謠，勸告人們把羅發行的紙幣當作廁紙用。以下這首記載在奧爾良公爵夫人信件中的歌謠，是當時流傳最廣、最好、傳唱時間最長的，這首歌謠用合唱的方式演唱，讓人感到很活潑。

拉斯①剛來到，
我們如花般的城市，
攝政王立刻宣布，
拉斯很有才能，
可以重新振興法蘭西。
啦啦啦！咚咚鏘！
可是他讓我們變得富有，
比希比②！
以欺騙的方式，
我的朋友！

---

1. 法國人給約翰・羅取的綽號。——譯者注
2. 比希比（Biribi），一種賭博。——譯者注

這個新教徒，

為了奪取所有法國人的金銀，

想盡辦法讓我們，

信任他的才能。

他拋棄神聖的信仰，

啦啦啦！咚咚鏘！

這個騙子開始信奉天主教，

比希比！

以欺騙的方式，

我的朋友！

拉斯，他是魔鬼的子孫，

讓我們只能沿街乞討，

他奪走我們所有的錢幣，

一分錢也沒有留下。

可是仁慈善良的攝政王，

啦啦啦！咚咚鏘！

歸還給我們被搶奪的財產，

比希比！

以欺騙的方式，

我的朋友！

以下這首諷刺詩也出現在同一時期：

星期一，我買了股票，

星期二，我賺到幾百萬，

星期三，我買了好家具，

星期四，我買了上好的衣衫，

星期五，我跳舞歡歌，

星期六，我來到乞丐收容站。

　　法國人已經逐漸明白自己以前的愚蠢行為，這一點從當時大量出現的漫畫像上可以看得出來。其中有一幅刊載在《攝政時期回憶錄》中的畫像，作者這樣描寫：「股票女神坐在豪華的馬車上，車夫是愚蠢女神。拉著馬車跑動的是幾隻奇怪的動物，他們之中在最前面的是長著四條木腿的密西西比公司，後面還有南海公司、英格蘭銀行、西塞內加爾公司，以及其他不同的保險公司等幾隻奇怪的動物。為了讓車子走得快一些，一隻代表這些公司的長有狐狸尾巴和狡猾面容的動物使勁轉動車輪的輻條。隨著車輪的轉動，車輪周圍寫著名字的幾種股票的價值不斷地上升下降。地上都是被愚蠢女神的馬車軋碎的合法商業的商品、流水帳、分類帳。馬車的後面跟著一群不同年齡的男人女人、富人窮人，他們跟在財富女神的後面，互相爭吵推擠，只想得到一點她撒在人群中的股票。雲彩上坐著一個魔鬼，他向人群吹著肥皂泡，這些氣泡也成為人們爭搶的目標。人們想盡辦法地踩到別人的背上，想要在氣泡破裂以前抓到它。馬車的去路被一座巨大的建築物擋住，這座建築物有三個門，跟著馬車前進的人們必須通過其中一個。第一扇門上寫著『病人醫院』，第二扇門上寫著『紊亂失調醫院』，第三扇門上寫著『疾病醫院』。在另一幅漫畫上，羅坐在一口大鍋上，鍋裡翻著滾滾水花，煮沸這口鍋的正是民眾瘋狂的情緒火焰。鍋周圍聚集瘋狂的人群，他們心甘情願地把自己所有的硬幣扔進鍋裡，以換取羅扔在他們中間的紙幣。」

　　由於群情激憤，在沒有護衛的情況下，羅盡量不會出現在大街上。他躲在攝政王的皇宮裡，以免被群眾圍攻。為了避免危險，每次出門他會喬裝改扮，或是坐在一輛兩旁有全副武裝護衛的皇家馬車上。關於人們痛恨

羅到何種程度，還有一個非常有趣的故事，從中我們可以知道如果羅落在人們手裡，人們會怎樣對待他。有一個名叫布爾賽的紳士，坐著馬車通過聖安托萬大街的時候，一輛出租馬車擋住他的去路。布爾賽的僕人言語粗魯地叫出租馬車的車夫讓出道路。對方不滿他的態度而拒絕他的要求，他打了對方的臉一拳。由於發生衝突，一群人圍在四周。布爾賽走下馬車想要調解糾紛，但是那個出租馬車的車夫以為他是新來的幫手，唯恐難以抵擋，於是他大聲喊著：「救命啊！救命啊！有人要殺人了！羅和他的車夫要殺掉我！救救我！救救我！」聽到喊聲，許多手持棍棒和其他武器的人從他們的商店裡衝出來，其他人撿起石塊，準備向那位未曾謀面的銀行家報復。值得慶幸的是，耶穌會的教堂大門正好開著，布爾賽和他的僕人看到形勢不好，飛快地跑進教堂。人們在祭壇旁邊追上他們，要不是他們急中生智，跳進聖器室並且立刻關閉大門，他們的結局肯定會很慘。又驚又怒的牧師極力勸說，暴徒們才答應離開。出去以後，他們看到停在大街上的布爾賽的馬車，就把怒火發洩在馬車上，將馬車砸得粉碎。

由於利息只有2.5%，用巴黎市的賦稅作為擔保發行的25萬份債券，沒有得到密西西比公司股票大戶的認可，債券的兌換進展困難。許多人懷著公司股票價格反彈的美好願望，甘願保留下跌的股票。為了盡快完成兌換，8月15日，政府發布新命令，規定所有面值在1千到1萬里弗爾的鈔票，只能在三個領域中流通：購買年金保險、支付銀行帳單，以及為買公司的股票而進行分期付款。

10月，又有新的法令頒布。這個法令規定，11月以後所有面值的紙幣不能在市場流通。印度群島公司或是可以說密西西比公司擁有的造幣權、代收賦稅權以及其他的特權全部被剝奪，公司變成純粹的私人公司，成為施加給紙幣系統的致命一擊。

羅對法國金融委員會已經沒有任何影響，公司的所有特權也被完全剝

奪，他沒有任何迴旋的餘地。所有被懷疑在全國人民受到矇騙中牟取非法利益的人全部被找出來，並且處以重金罰款。政府曾經頒布一個法令，要求列出最原始股票的持有人名單，如果這些人之中還有人持有股票，應該把他們的錢算作公司的保證金，對於那些已經訂購股票的人要按時履約。公司回購這些股票的價格現在是每股1.35萬里弗爾，但是實際上這些股票在市場中只能賣到500里弗爾。大股東們不願意做這種賠本的買賣，他們將可以帶走的東西打包，試圖逃到國外。得到這個消息，政府立刻發布命令，封鎖所有港口和邊境管理機關，逮捕那些試圖離開法國的人，並且把他們監禁起來，在瞭解他們是否帶有金銀珠寶或是參與股票投機以前不得釋放。幾個試圖逃跑的人被抓到以後判處死刑，那些留在法國境內的人受到最嚴苛的處置。

居住在法國已經變得不安全，讓羅感到非常絕望，也因為這樣，他打算離開法國。起初，他懇請攝政王允許他離開巴黎搬到鄉村的住宅，攝政王毫不猶豫地同意。雖然攝政王因為國內糟糕的財政狀況非常煩惱，但是對於羅提出的財政政策仍然懷有信心。他認識到自己做錯事了，在此後剩餘的生命中，他多次努力試圖實踐羅的財政政策。傳聞，羅和攝政王最後一次見面的時候，攝政王說：「我確實犯了許多的錯。只要是人，都會犯錯，我也不例外。嚴肅地說，這些錯誤沒有一個是出於邪惡或是虛偽的動機。在我的一生中，也沒有一件事情是源於這種動機。」

羅離開巴黎兩三天以後，攝政王寫了一封信給他，言辭異常懇切。在這封信中，攝政王告訴羅可以隨時離開法國，並且已經為他準備護照。同時，攝政王允諾送給羅需要的足夠的錢。羅謙恭地拒絕贈與的錢，乘坐德・普里夫人名下的一輛郵遞馬車，由六個士兵保護前往布魯塞爾。後來，他又輾轉來到威尼斯，並且在那裡盤桓數月。在威尼斯，他被當地人好奇的眼光關注著，人們認為他擁有難以想像的財富，但是這種看法完

全不符合實際。儘管羅在前半生之中是一個十足的賭徒，但是他不願意以一個國家的毀滅為代價以換取自己的富有。人們對密西西比股票的瘋狂達到頂點之時，他堅信自己的計畫會獲得最後的成功：使法國成為歐洲最富裕、最強大的國家。他用自己的全部財產購買法國的地產——這個做法可以說明他對自己計畫成功的信心。他沒有購買任何金銀器皿或是珠寶，也沒有像奸詐的投機者那樣，把錢運往國外。他把所有收入投資在法國，除此之外，唯一的財產就是一顆價值約五六千英鎊的鑽石。他離開法國的時候，幾乎一無所有。僅僅這個事實，就可以證明加在他身上的欺詐罪名是多麼不公平。

他離開的消息傳開以後，他名下的地產以及珍貴的圖書館全部被查封。此外，政府剝奪他的妻子和女兒的20萬里弗爾（8000英鎊）的年金，儘管在羅的事業達到巔峰的時候，政府曾經以特別命令的形式，宣告這個年金在任何時候、任何情況下不得沒收。人們對於羅被允許出逃感到十分不滿，他們和議會很願意看到羅被處以絞刑。那些與這場商業危機無關的少數人，得知羅這個騙子已經到了其他國家十分高興，但是所有財產被牽扯的人（毫無疑問，這是多數人）卻非常遺憾，他們主張利用羅對國家面臨困難的本質原因的深入洞察力對症下藥，讓他設計一種補救措施。

在一次財政委員會和攝政理事會的聯合會議上，人們看到一份文件。根據這份文件，目前有27億里弗爾在社會上流通。人們要求攝政王解釋授權發行貨幣的命令的日期與貨幣發行的日期之間不一致的問題，本來他應該承擔全部的責任，但是他認為一位離開法國的人也應該承擔一些責任。他說羅自作主張，先後發行12億里弗爾的紙幣，他（攝政王）得知的時候，結果已經無法改變，他不得已修改議會授權加大發行量的法令的日期。假如他說出真相，承認他的貪婪和冒進促使羅超越安全投機的底線，在人們的心中，他的形象會好一點。一份資料說明，截至1721年1月1日，

法國國家債務超過31億里弗爾，或是說超過1.24億英鎊，利息為319.6萬英鎊。於是，政府專門設立一個委員會來審查國債債券的持有人。所有的債券持有人被分為五種類型：前四種是用自己的財產購買債券的人，第五種是拿不出證據來證明自己合法購買債券的人。第五種人的債券被強制銷毀，前四種人也受到更嚴苛的審查。這個委員會最終做成一份報告，在報告中，他們主張政府將債券的利息減至5600萬里弗爾，因為經過調查，他們知道許多挪用公款和敲詐勒索的事件。政府採納報告的建議，發布一項相似內容的法令，並且獲得議會的許可。

此後，政府設立一個法庭，專職審理政府財政部門在後來的不幸時期之內發生的營私舞弊行為。一個名為法洛奈的部門主管、克萊門神父以及他們雇用的幾個工作人員，被發現有金額達到100萬里弗爾的投機行為。前兩人被判處斬首，其餘幾個職員被處以絞刑。後來，他們的懲罰被減輕，終身監禁在巴士底監獄。數不清的詐騙案件被揭露，當事人或是被罰款，或是被監禁。德·阿金森因為與密西西比股票有牽連而像羅和攝政王一樣被人們痛恨，他被罷免大臣職務，由德·阿格索接任。然而，他還是擁有掌璽的職務，並且有權利出席各種會議。他覺得自己最好離開巴黎，去自己在鄉間的宅第隱居一段時間，但是他不具有適合退隱的性格，被罷免之後，他感到萬事難以遂心，心情時喜時憂。他原本就患有疾病，這樣一來病情加重了，此後不到一年，他就離開人世。但是巴黎民眾非常憎恨他，以至於死後也不肯原諒他。他的送葬隊伍經過聖尼古拉教堂（他們家族的墓地）的時候，憤怒的人群瘋狂地圍攻他們，他的兩個兒子駕車狂奔到一條偏僻的小街才躲過暴力。

至於羅，在離開法國的日子裡，他盼望著可以被召回法國，以穩定經濟為基礎，重建法國的信譽。但是攝政王於1723年冬天和法拉里斯公爵夫人談話突然去世的消息傳來的時候，羅完全絕望了。他又開始頻繁出入賭

場，由於情勢所迫，他多次當掉自己的巨額財富中唯一留下來的鑽石，但是在賭博中的成功，又使他多次將鑽石贖回來。由於受到債主的逼迫，他從羅馬輾轉來到丹麥的哥本哈根。在那裡，他得到英國大使的准許回國定居，因為1719年英國已經赦免他謀殺威爾遜先生的罪名。他獲得許可，乘坐艦隊司令的船回到英國——這件事情在上議院引發一段時間的爭論。康寧斯比伯爵抱怨地說：「像羅這樣背棄自己國家和宗教信仰的人，不應該得到這樣的待遇。」他認為，在人們被南海公司的董事們搞得十分窘迫的時候，羅在英國的出現會帶來很大的麻煩。針對此事，他提出一項建議，但是沒有通過，因為其他的上議院議員沒有和他一樣擔心。在英國停留四年之後，羅前往威尼斯，並且於1729年在慘澹中離開人世，以下是人們為他寫下的墓誌銘：

一個著名的蘇格蘭人長眠在這裡，
他的數學技巧罕有人及，
他以普通的數學規則，
將法國變得窮困潦倒。

他有一位名叫威廉·羅的兄弟，因為和他共同經營銀行和密西西比公司，被人們冠以合謀營私舞弊罪，關進巴士底監獄。但是，由於找不到任何證據證明對威廉·羅的指控，15個月以後他被釋放了。後來，他成為一個至今仍然在法國以勞瑞斯頓侯爵為稱號而聞名的家族的創立者。

在第二章，我們將會看到一段故事，敘述幾乎在同一時期受到非常相似的情況影響的英國人民的瘋狂。但是，由於君主立憲政府良好的能力和理智的應對，使得發生在英國的這場災難沒有造成在法國這樣災難性的後果。

古斯塔夫・勒龐點評

[1] 人們雖然在智力上存在巨大的差別，但是他們的本能和情感卻非常相似，在屬於情感範圍內的每一種事情上，例如：宗教、政治、道德、愛憎，最傑出的人士不見得比凡夫俗子高明多少。一個偉大的數學家和他的鞋匠之間，在智力方面也許有天壤之別，但是他們性格的差別可能很少，甚至完全沒有差別。

[2] 群體中的個人與孤立的個人不僅在行動上存在本質的區別，甚至在獨立性還沒有完全失去之前，其思想和感情已經發生變化。這種變化是非常深刻的，它可以讓一個守財奴變得揮金如土，把懷疑論者改造成信徒，把懦夫變成豪傑，把老實人變成罪犯。

第二章

南海泡沫事件

陰謀的開始

......

最終，腐敗如肆虐的山洪，

衝垮堤岸，在大地上瘋狂而行；

貪婪就像生於低處的晨霧，

瀰漫開來，擋住陽光。

政客和愛國人士皆在為股票而東奔西走，

貴婦與男僕因為股票而陷入相同的窘境；

法官變成股票經紀人。

主教愚弄整個城市。

大公施展權術籠絡人們，

只為了得到半個克朗：

英國人臣服在金錢的誘惑下，

這是多麼的骯髒！

———亞歷山大・波普（Alexander Pope）

　　1711年，享有盛譽的牛津伯爵哈利創立一家公司，這家公司被賦予發行總值近1000萬英鎊股票的任務，籌措的資金主要用於清償陸軍、海軍債券和其他一些短期債務。同時，公司還肩負恢復因為輝格黨內閣解散而受到影響的公共信用的責任。這家商業公司的名字還沒有確定的時候，就把上述眾多的責任攬到自己的身上。

　　作為回報，政府允諾在一定時期之內按照6％的安全利率支付利息，

這表示政府每年要提供60萬英鎊的利息。為了支付這些利息，政府給予這家公司稅收優惠，他們經營的酒、醋、印度商品、絲綢、菸草、鯨鰭以及其他一些商品使用永久退稅政策。此外，政府授予他們南海貿易的壟斷權。受到這個事件的觸動，這家由議會批准設立的公司，為自己取了「南海公司」這個他們未曾聽過的名字。在公司創立的過程中，伯爵用自己的股份承擔大多數的信用風險，因此善於逢迎諂媚的人用「牛津伯爵的傑作」來誇讚這番謀劃。

成立之初，南海公司就有一個路人皆知的圖謀，那就是：掠取南美洲東部海岸蘊藏的巨大財富。那個時候，人們都知道秘魯和墨西哥的地下有數量驚人的金銀礦，只要英國的製造商可以登上海岸，就會有數以百倍計的金磚銀錠不斷地運回英國。此時，西班牙打算放棄位於智利和秘魯海岸的四個港口的消息也傳開了，更讓人們的信心倍增。於是，在多年之間，南海公司的股票一直很受歡迎。

西班牙國王菲利普（Felipe）五世沒有讓他們的如意算盤得逞，他完全沒有想過允許英國人利用西班牙在美洲的港口進行自由貿易。兩國為此事而展開的談判只有一個結果：簽定一個販奴合約。按照合約規定，西班牙政府授予英國向其殖民地販賣黑人的30年特權，但是每年只能進行一次，而且輪船噸位和貨艙容積受到限制，目的地只限於墨西哥、秘魯、智利。此外，西班牙提出一個非常嚴苛的要求：每年英國販奴所得利潤的25%要交給西班牙，剩餘的75%的利潤也要按照5%的稅率徵稅。始料未及的談判結果讓伯爵和同僚們大失所望，他們對南海公司的美好幻想也一掃而光。

但是，民眾還是對南海公司懷有堅定的信心，因為牛津伯爵公開表示，西班牙同意英國在合約的第一年增加兩艘貨運船，同時給出一份超出約定範圍的清單，讓人們感到似乎西班牙的所有港口和碼頭會向英國開

放。然而，合約規定的貨運船的首航直到1717年才實現，一年之後，這個貿易合約因為英國和西班牙斷交而中止。

在1717年議會會議上，國王透過演講暗示公共信用狀況堪憂，並且給出以適當的措施減少國內債務的建議。南海公司和英格蘭銀行這兩家公司在5月20日向議會提出自己的方案。南海公司的方案是以認購或是其他方式將其資本存量從1000萬英鎊增加到1200萬英鎊，並且主動將其利息從6％降至5％，英格蘭銀行的方案也包含同樣的內容。經過多次辯論，議會最終通過三個法案：南海法案、銀行法案、通用基金法案。在南海法案中，議會採納南海公司的建議，擬由南海公司發行200萬英鎊的股票，以償還安妮9年和安妮10年的四種彩票基金債務。在銀行法案中，也給英格蘭銀行一個比較低的利率，其發行股票的總額是1775027英鎊15便士。銀行答應交出即將到期的總額200萬英鎊的財政部帳單，並且接受10萬英鎊的年金，作為全部股票一年期利息的抵押。議會要求銀行按照5％的利率為這個項目準備總額不超過250萬英鎊的預付金，以備緊急情況使用。通用基金法案列舉各種赤字，這些赤字將由上述收入進行沖抵。

就這樣，南海公司的名字再次頻繁出現在民眾面前。雖然在與南美洲各國的貿易中沒有獲利，但是它卻作為一個金融公司而興旺發達，公司的股票也受到追捧。受到這些成功事件的鼓舞，董事們開始策劃擴大影響的新舉措。此時，他們想起約翰‧羅謀劃的曾經使法國人為之瘋狂癡迷的密西西比計畫，他們想要在英國實施同樣的計畫。雖然他們預感到這個計畫有可能會失敗，但還是捨不得放棄。他們認為憑藉自己的聰明才智，不僅可以免於滅頂之災，還可以使這個計畫永不停息地執行下去，可以充分利用信貸這個工具，而且不會引火焚身。

羅的計畫如火如荼地進行，數以萬計的人湧到坎康普瓦大街，瘋狂地渴望財富之時，南海公司的董事們向國會提交支付國債的著名計畫。於

是，在歐洲的兩個不同的國家裡，人們驚喜的眼睛裡似乎呈現出同樣一幅金銀財寶滾滾而來的圖畫。在英國，這場瘋狂遊戲的開始遲於法國，但是他們陷入狂熱之中再也難以自拔。1720年1月22日，英國下議院成立一個委員會，專司研究實施國王演講中關於公共債務的旨意，以及南海公司關於償還債務的方案。方案分為幾個部分，全部篇幅很長，涉及的國債總值為30981712英鎊。南海公司害怕這筆債務全部由自己承擔，因此在方案中提出在1727年仲夏以前維持5％的安全利率、其後降為4％的要求，委員會愉快地同意這個要求。

但是，英格蘭銀行的朋友有很多在下議院裡工作，他們也願意看到銀行可以從中分一杯羹。他們站在銀行一邊表示，在國家很多次遇到困難的時候，英格蘭銀行曾經有卓越的功績，現在如果南海公司透過這場公共交易獲得利益，至少應該保證英格蘭銀行不會因為它參與其事而受到指責。考慮到這些問題，銀行想辦法讓下議院議員們拖延南海公司建議的表決時間，然後在這段期間，英格蘭銀行制定自己的計畫。南海公司擔心政府同意英格蘭銀行的計畫進而使其獲得利益，所以修改原計畫的部分內容，使它更符合政府的利益。其中最大的變化是把國債償還期由原定的七年改為四年。在這場商業競爭中，英格蘭銀行決定不再出更高的價格，而是修改自己的建議，向政府遞交新的計畫。

這樣一來，每家公司給出兩個建議。在下議院的辯論中，勞勃‧沃波爾（Robert Walpole）——是銀行一方的主要支持者，但是財政大臣艾斯拉比更欣賞南海公司的計畫。2月2日，辯論結果揭曉，下議院的多數人認為南海公司的建議更有利於國家，因此幾乎不做改動地接受南海公司的第二個建議，其餘的建議全部當作議案。

整個厄雷交易街變得異常興奮。南海公司的股價飆升，從一天以前的130英鎊漲到300英鎊，在下議院討論的推動下，股價還在持續攀升。下

議院中只有沃波爾還在大聲疾呼表示反對，他懷著沉重而激動的心情，向眾人慷慨陳詞：「這將會是扼殺本國的工商業天才的一次危險的股票投機行為。它會像危險的惡魔一樣，使人們沉睡在財富從天而降的幻想之中，不再相信踏實的勞動，它會把人們引向歧途。這個計畫的實質是無比邪惡的，只會讓民眾陷入長時期的瘋狂而不能自拔，人為地使股票價值上漲到超出真實價值的價格，在這種基礎上的分紅，永遠無法做到。」他如同先知般地預言，如果這項計畫的目標順利實現，南海公司的董事們將會成為政府的主宰者，以及大英帝國新的獨一無二的獨裁者，操縱立法權。如果如同他相信的那樣失敗了，就會惹來全國人民的憤怒，但是國家也會被毀滅。人們面臨這種厄運的時候，就會像清晨剛從噩夢中驚醒一樣，問一聲他們見到的到底是真的還是假的。但是沃波爾的仗義執言就像石頭落入深水中一樣，沒有得到任何回應。人們認為他是一個失敗的「先知」，而且把他看作是一隻發出不祥之兆叫聲的烏鴉。他的摯友們卻認為他是當時的「卡珊德拉」[1]，可以準確地預言災禍，但是那些不見棺材不掉淚的人只有災難降臨的時候才會相信預言是真的。剛開始的時候，議員們保持謙遜的態度傾聽沃波爾的談話，但是他們明白他的目的是揭穿南海公司的陰謀之後，就立刻離席了。

過了兩個月的時間，下議院才通過這項議案。在這兩個月裡，南海公司的董事和他們的朋友用盡所有方法提高股票的價格。其間，他們充分利用大名鼎鼎的約翰·布倫特（John Blunt）爵士的名義。

一時之間，有利於南海公司的謠言四起。有些人說，英國已經和西班牙簽定允許英國在其所有的殖民地從事自由貿易的條約。有些人說，英國將會開發波托西-拉巴斯的豐富礦藏，英國就會擁有像鐵一樣多的銀礦資

---

1. 卡珊德拉：希臘神話中預言凶事的神。——譯者注

源。墨西哥人會用他們的全部黃金購買英國生產的棉花和羊毛，投資南海公司股票的人也會因為南海公司貿易的巨大成功而獲得難以想像的財富，只要投資100英鎊就會有數倍的股票紅利。透過這些手段，南海公司的股價提高到400英鎊。此後，股價出現大幅波動，在下議院以172票對55票的多數通過南海公司提交的議案的時候，股價已經趨於穩定，為330英鎊。

上議院通過這項議案的速度也是史無前例：4月4日，第一次宣讀；4月5日，第二次宣讀；4月6日，議員評議議案；4月7日，第三次宣讀，並且立刻宣布通過。

上議院也有幾位議員非常擔憂這項計畫，但是大多數人不在意他們的激烈抨擊和警告，在投機的狂潮下，他們的意見像平民的一樣被忽略。有兩位名字叫做諾斯和格雷的議員說，未來發生的事實會證明這個議案只會使極少數人暴富，大多數人會更貧窮，它的實質是不公平的，其造成的結果也是致命的。沃頓（Wharton）公爵也表示反對，由於他只是以沃波爾在下議院中發表的觀點作為論據，因此人們對他的話比諾斯和格雷更不屑一顧。考伯伯爵把這項議案比作歐洲歷史上著名的特洛伊木馬，指出這是一個惑亂人心的陰謀，將會使人們放棄信義，並且招致最終的毀滅。桑德蘭伯爵聲嘶力竭地駁斥這些反對意見，表決的結果是：17票反對，83票贊成。上議院在表決以後通過這項議案，使之得到國王的欽准，成為國家的法律。

那一刻，整個國家似乎因為股票投機而瘋狂。厄雷交易街、康希爾街每天擠滿前來購買股票的人，如蜂聚般的人群和數量眾多的馬車把街道堵得水洩不通。每個人都來買股票，「就連傻瓜也想要來騙人。」

不斷吹大的泡沫

當時，有一首民謠在民間流傳，這首民謠的名字是《南海泡沫之歌》，歌中這樣唱道：

星星在瘋狂的人群頭上閃耀，
襪帶在下里巴人之中纏繞，
人們忙於買和賣，
對猶太人和別人的爭吵津津樂道。
就連貴婦們也從四面八方趕來，
每天搭乘馬車來回奔波，
為了在交易街上參與冒險，
她們心甘情願地當掉珠寶首飾。

對於發財和暴富的渴望，使得社會各個階層對南海公司的一舉一動異常敏感。此時，南海公司又拋出花樣翻新的各種方案，他們迅速地填寫股單，用火車運來股票，這一切都是為了使股票的市場價值再度升高。

但是，令人意外的事情發生了：國王批准議案之後，南海公司的股價卻下跌了。4月7日的成交價是310英鎊，4月8日跌到290英鎊。已經從這項計畫中獲得巨額利益的董事們不甘心看著股價下跌，於是他們立刻派人四處散播謠言，告訴人們南美洲蘊藏著巨大財富。厄雷交易所裡全心投入股票交易的人們很快就對這樣的謠言信以為真：由於西班牙政府的建議，斯坦霍普伯爵在法國已經決定選取秘魯海岸的某些地方與西班牙交換直布羅

陀和馬翁港，旨在擴大南海貿易和增加貿易安全性。除此之外，西班牙取消每年一輪次的航運限制，放棄每年25％的利潤。南海公司可以建造和租用任何數量的船隻，外國人不能干涉。一幅「金磚銀錠在眼前飛舞」的景象，彷彿立刻就要成為現實。在這個謠言下，股市急速反彈。4月12日，即上議院通過議案以後的第5天，董事會以3：1的比例發行100萬份認購單，人們爭相競購，首次認購總值超過200萬英鎊。發售認購單的時候，收取股票價格1/5的預付金，即每100英鎊收取20英鎊，餘款分期付清。數日之內，股票價格漲到340英鎊，認購單的價格也上漲一倍。為了繼續擴大交易總額，4月21日，董事會宣稱：仲夏的股息為10％，而且所有的認購單會獲得相同的利益，這些消息使大戶們變得更瘋狂。緊接著，董事會又以400％的價格，發行第二個100萬新股。人們就像被惡魔附體一般，瘋狂地進入這場投機中，只用了幾個小時，竟然就賣掉150萬份認購單。

也是在這個瘋狂的時期裡，難以計數的股份公司在各地興起，人們很快就送給這些公司一個非常適合的雅號——「泡沫」，認為這個稱呼很貼切。這些公司之中，有些只成立兩個星期，有些時間更短，就無影無蹤了。新方案和新工程一個接一個地出現，最高等的貴族也捲入這個漩渦中，他們像不知疲倦的股票經紀人一樣，渴望在這次投機狂潮中大發橫財。威爾斯親王竟然成為一家公司的管理人，據說他在這次股票投機中的收益是4萬英鎊。布里奇沃特公爵以改建倫敦城和西敏市為名發布一個募資方案，錢多斯公爵又進行另一個方案。此時出現的約有100多項工程，一項比一項更誘人、更離譜。用《政治的國家》中的話來形容，「騙子們設計和施展他們的伎倆，貪婪的傻瓜們跟著上當，直到最後才發現，這些人只是一群十足的騙子。」根據估算，在這場沒有任何保障的遊戲中，總共有150萬英鎊的財富從傻瓜手中轉移到流氓的錢袋裡，傻瓜變得更窮而流氓暴富了。

在這些方案中，有些是在民眾還有清晰的判斷能力的時候實施，這些方案似乎沒有什麼問題，可以給投資者帶來收益，但是事實上，這些方案的唯一目的就是提高股價。如果股價上升，實施者立刻抓住機會賣出股票，然後將他的方案拋諸腦後。梅特蘭在他的《倫敦史》中，嚴肅地記錄一個故事：有一項曾經令人幾近瘋狂的工程，其實只是創辦一家「用鋸屑製造木板」的公司，這是一個天大的玩笑。大量的事實說明，數以千計的極其差勁的方案，在提出數日而騙到幾百人以後，就消失得無影無蹤。例如：有一個項目是要募集100萬的資金製造一種永動輪；另一個專案是「發展英國的牧馬業，改良牧師和教堂的土地，修繕和重建教區長和牧師的房屋。」那些對後者懷有極大興趣的牧師從中得到巨額財富，因為這個項目就是為一群狩獵高手般的教區長量身打造，在很短的時間內，這家公司的股份就被搶購一空。但是最荒誕可笑、最可以表現人們瘋狂狀態的是這樣一個專案，它的名目是：「一家經營和承攬巨大利益的公司，但是沒有人知道這是什麼。」假如不是有幾十個可靠證人的確切陳述，誰會相信竟然有人被這樣的專案欺騙。有一個頗具智慧和膽識的人，只是透過發布募股書的方式，就讓人們產生對他的信任。募股書上這樣寫道：有一個需要50萬英鎊資金的專案，總共有5000股，每股面值100英鎊，認購者只要支付2英鎊的訂金，每年可以獲得每股100英鎊的股息。這個利潤豐厚的項目多麼誘人啊！但是他又宣稱，他不會自降身分去請求認購者與他共享利益，他會在一個月以內向全體股東告知他的所有計畫，人們可以選擇是否支付剩餘的98英鎊。第二天上午9點，他打開設在康希爾街的辦公室，一群人立刻擠進來，到了下午3點下班的時候，他估算至少賣出1000股，而且都收到訂金。5個小時，他就得到2000英鎊。他非常得意，在當天晚上離開這座城市，音信全無。

　　著名作家史威夫特[①]（Swift）曾經把厄雷交易街比喻成南海中的一座

海灣，並且對他進行相當精闢的描述：

> 這裡有數以千計的認購單，
>
> 就像無數的船隻布滿海面，
>
> 人們情願坐在破了洞的小船上，
>
> 每個人為了發財夢而不計生死。
>
> 一會兒處於死亡的恐懼之中，
>
> 一會兒又被天堂的幸福包圍，
>
> 他們步履跟蹌搖搖擺擺，
>
> 就像醉鬼一樣跌跌撞撞前行。
>
> 此時的格拉維懸崖異常安靜，
>
> 一場吞噬沉船的野蠻競賽正在這裡醞釀，
>
> 他們靜候著小船的沉沒，
>
> 以便把死屍財物全部侵吞。

　　另一個獲得巨大成功的騙局叫做「全球許可證」。這些「許可證」只是一些像撲克牌一樣的方紙片，上面印有與厄雷交易街毗鄰的用蠟密封的「全球酒館」標誌，貼有一張「帆布許可證」。持證者可以享受到的權利，是在將來不確定的時間裡認購一家新建的帆布廠的股份。這些許可證在厄雷交易街上以60畿尼②的價格出售。這場騙局的製造者是一個很幸運的傢伙，至少人們是這樣認為的，但是後來，他因為涉入南海公司董事會的挪用公款事件而受到懲罰。

---

1. 強納森・史威夫特（1667—1745），諷刺小說《格列佛遊記》的作者。——譯者注
2. 畿尼：英國過去的一種貨幣單位，1畿尼為105英鎊。——譯者注

幾乎所有人，無論身分貴賤、性別年齡，全部捲入對財富狂熱的追求之中。在酒館和咖啡館裡，男人們與經紀人交談；在服飾店和雜貨店裡，女人們也在談論股票。雖然他們不完全相信那些宣傳中前景美好的專案，但是卻希望透過這場投機活動大賺一筆。

狂熱民眾的覺醒

　　交易街上的秩序不盡如人意，以致同一種股票在同一時間因為在不同地點，成交價格竟然相差10％。但是，有些人的頭腦始終十分冷靜，議會內外都有這樣的人，他們明確地預言即將發生的災難。沃波爾先生繼續指出各種不祥的預兆。那些頭腦清醒的人也和他一樣，表示對於局勢的擔憂，讓政府開始關注事件的發展。6月11日，議會召開會議的時候，國王發布公告宣布所有的非法專案都是不被允許的，並且將會啟動司法程序。同時，禁止任何經紀人進行違法公司的股票交易行為，違者必須支付500英鎊的罰款。

　　這項公告沒有引起狡詐的投機商的關注，他們繼續引誘貪利者進行非法交易。7月12日，高等法院的法官們聚集在樞密院共同發布一道命令，駁回所有的專利和特許申請要求，解散全部的泡沫公司。命令中，列舉這些非法項目的名單：

　　1720年7月12日，白廳議會廳。出席人員：高等法院法官。

　　考慮到出於各種目的而設立的股份公司以及他們推出的計畫與項目給民眾帶來的困擾，尤其是英國臣民因為受到這些泡沫公司的矇蔽已經損失大量金錢，這些公司仍然試圖以投資者利益為由，獲得專利和特許申請書的批准，為了避免類似事件繼續發生，高等法院今天慎重討論下列申請以及貿易委員會、檢察長、副檢察長的報告，並且決定接受樞密院的建議，取消下列申請：

　　1.多人共同遞交的申請書，請求授予以「大不列顛大漁場」之名，經

營捕魚貿易的專利權。

2.英格蘭皇家漁業公司為了更好經營捕魚業務，請求授予更大權利的申請書。

3.喬治‧詹姆斯（George James）代表他自己和其他人遞交的申請書，請求與國有漁場分立，並且經營同一業務。

4.一些商人遞交的關於以合作方式經營和恢復格陵蘭島及其他地方的捕鯨業的申請書。

5.約翰‧蘭伯特爵士和一些商人提交的申請書，請求從事格陵蘭島的貿易業務，特別是戴維斯海峽的捕鯨業務。

6.另一項在格陵蘭島從事貿易的申請書。

7.幾位商人、紳士、居民提交的關於請求合作購買和建造貨輪進行出租或是運輸業務的申請書。

8.塞繆爾‧安特里姆等人提交的請求種植大麻和亞麻的專利申請書。

9.幾位商人、船長、帆匠、帆布商提交的請求授予以股份公司的形式合作經營業務的申請書。

10.湯瑪斯‧博伊德和數百位商人、船主、船長、帆匠、紡織工以及其他商販提交的請求以合作形式借錢買地、製造帆布和紡線的申請書。

11.幾位對威廉三世和瑪麗二世後期批准的一項製造亞麻布和帆布的專利感興趣的人士的申請書。他們請求只認可他們現在擁有的製造帆布的專利權，同時請求允許他們經營棉花和製造棉線業務。

12.倫敦的幾位居民、商人、商販以及其他要求對英國所有港口的火災實行保險的英國股票認購者提交的申請書，請求獲得合作經營此項業務的權利。

13.倫敦和英國其他城市的部分皇家成員的申請書，請求合作進行英國的一般火災保險業務。

14.包括湯瑪斯・瑟爾吉斯（Thomas Surges）在內的一些皇室成員提交的申請書，他們代表自己和一些認購總額為120萬英鎊的德意志領地內貿易業務股票的人士，請求關於設立哈堡公司進行合作。

15.木材商愛德華・瓊斯（Edward Jones）代表自己和其他人的利益，提交請求以合作形式從德國進口木材的申請書。

16.幾位倫敦商人提交的請求授予合作經營鹽業特許權的申請書。

17.倫敦商人麥克菲德里斯（Macphedris）代表自己和一些商人、織布匠、帽匠、染匠以及其他商販提交的申請書，請求允許籌措足夠的資金購買土地，種植和培育一種供染匠用的叫做茜草的植物。

18.倫敦鼻煙製造商約瑟夫・格蘭多（Joseph Galendo）提交的製造和保存維吉尼亞烤菸方法的專利申請書，並且要求將專利應用於所有領地。

以下公司為泡沫公司，並且將會予以取締：

1.從瑞典進口鐵礦石的公司。

2.向倫敦提供海運煤炭的公司，資本額300萬英鎊。

3.英國房屋建築和重建公司，資本額300萬英鎊。

4.細棉布製造公司。

5.英國鋁業經營公司。

6.建設布蘭科和薩爾塔塔格斯島安置點的公司。

7.向城鎮供應淡水的公司。

8.法蘭德斯花邊飾帶進口貿易公司。

9.改良英國土地的公司，資本額400萬英鎊。

10.發展英國的牧馬業、改良牧師和教堂的土地，以及修繕和重建教區長和牧師房屋的公司。

11.大不列顛鋼鐵製造公司。

12.弗林特郡土地改造公司，資本額100萬英鎊。

13.購買開發和建設用地的公司，資本額200萬英鎊。

14.皮毛商業貿易公司。

15.聖島鹽業發展公司，資本額200萬英鎊。

16.買賣不動產並且提供住房抵押貸款的公司。

17.可以帶來巨大利益，但是沒有人知道具體業務的公司。

18.倫敦街道鋪設公司，資本額200萬英鎊。

19.英國所有地區的葬禮裝飾公司。

20.向買賣土地業務提供有息貸款的公司，資本額500萬英鎊。

21.大不列顛皇家漁場公司，資本額1000萬英鎊。

22.船員工資保險公司。

23.為了幫助和鼓勵艱苦創業而建立的貸款公司，資本額200萬英鎊。

24.購買和改良出租地公司，資本額400萬英鎊。

25.從英國北部和美洲進口瀝青、焦油、海軍物資的公司。

26.布匹、毛氈、波形瓦商業貿易公司。

27.購買和改良埃塞克斯莊園和徵收礦區使用費的公司。

28.馬匹保險公司，資本額200萬英鎊。

29.從事羊毛製品、銅、黃銅、鐵進出口業務的公司，資本額400萬英鎊。

30.藥品貿易局，資本額300萬英鎊。

31.建設磨粉廠和購買鉛礦公司，資本額200萬英鎊。

32.改善製造肥皂技術的公司。

33.聖克魯斯島安置公司。

34.德貝郡沉坑和鉛礦勘探公司。

35.玻璃瓶和其他玻璃製造公司。

36.永動輪製造公司，資本額100萬英鎊。

37.花園改善公司。

38.增加和保障兒童財產的公司。

39.進入海關裝載貨物，並且為商人進行商務談判的公司。

40.北英格蘭羊毛製造經營公司。

41.從維吉尼亞進口胡桃樹的公司，資本額200萬英鎊。

42.曼徹斯特棉花和線料製造公司。

43.喬帕和卡斯提亞肥皂製造公司。

44.王國熟鐵和煉鋼業改善公司，資本額400萬英鎊。

45.花邊飾帶、棉麻線、棉麻布、細麻布等貨物的經營公司，資本額200萬英鎊。

46.本國及其他國家生產的某些商品的貿易發展公司，資本額300萬英鎊。

47.向倫敦市場供應牛的公司。

48.眼鏡、馬車鏡等製造公司，資本額200萬英鎊。

49.康瓦爾郡和德貝郡錫礦和鉛礦公司。

50.菜籽油製造公司。

51.海狸皮進口公司，資本額200萬英鎊。

52.紙板和包裝紙製造公司。

53.用於羊毛製品的石油和其他材料進口公司。

54.改善和擴大絲製品業公司。

55.儲蓄、年金、票據貸款公司。

56.以比較小的折現率支付寡婦和其他人的養老金的公司，資本額200萬英鎊。

57.啤酒開發公司，資本額400萬英鎊。

58.大美洲漁場。

59.購買和改良林肯郡沼澤地的公司，資本額200萬英鎊。

60.改善大不列顛紙製品公司。

61.船舶抵押公司。

62.麥芽熱氣乾燥公司。

63.奧羅諾克河貿易公司。

64.科赤斯特和大不列顛其他地方的厚毛呢高效製造公司。

65.購買海軍存貨、供給食物、支付工人工資的公司。

66.雇用技工、為商人和其他人裝飾鐘錶的公司。

67.改善耕地和養牛公司。

68.發展牧馬業公司。

69.另一家馬匹保險公司。

70.大不列顛玉米貿易公司。

71.為所有男女主人因為僕人造成的損失而保險的公司，資本額300萬英鎊。

72.為收容和養育私生兒童而建造房屋和醫院的公司，資本額200萬英鎊。

73.不使用火或是不發生營養損失而漂白粗糖的公司。

74.大不列顛收費公路和碼頭建設公司。

75.劫盜保險公司。

76.從鉛中提煉銀的公司。

77.瓷器和陶器製造公司，資本額100萬英鎊。

78.進口菸草，再向瑞典和北歐出口的公司，資本額400萬英鎊。

79.利用坑煤製鐵的公司。

80.用乾草和稻草裝飾倫敦城和西敏市的公司，資本額300萬英鎊。

81.愛爾蘭的一家帆布和包裝布製造廠。

82.碎石收購公司。

83.購買和裝備鎮壓海盜的船隻的公司。

84.威爾斯木材進口公司,資本額200萬英鎊。

85.岩鹽公司。

86.把水銀變成金屬,摻入可以鍛造精製金屬的公司。

政府宣布這些泡沫公司非法,頭腦清醒的人們開始遠離他們,但還是有許多泡沫公司不斷膨脹。

諷刺漫畫充斥著印刷店,具有諷刺內容的短詩和短文不斷刊登在報紙上。一位撲克牌生產商製造頗具創意的一種南海撲克,現在已經很少見到。牌上除了常規的一幅很小的圖畫之外,還在一個角上印了一幅泡沫公司的漫畫,並且在漫畫下附上不同的詩句。例如:這副牌中的梅花8加印一家名稱為「帕克爾機械公司」的泡沫公司。畫面上,這家公司不斷發射圓形和方形的加農炮彈和子彈,並且自認為將會帶來一場戰爭藝術的巨大改變。牌面的詩歌這樣寫道:

有一個十分偉大的發明創造,

專門清除國內而不是國外的蠢人,

我的朋友,請不要為這種可怕的機器而擔憂,

它只讓那些待在那裡等著分紅的笨蛋渾身是傷。

紅桃9的牌面上印的是一幅諷刺英格蘭銅和黃銅公司的漫畫,上面有這樣的諷刺詩:

一個輕易信任別人的傻瓜,

夢想用英格蘭銅來換取金銀寶貝，

自己卻成為交易街上的一頭蠢驢，

用貴重金屬換來一堆破爛。

方塊8描繪阿卡迪亞殖民地公司的情況，上面也有一首打油詩：

有一個富翁甘願當傻瓜，

毫不吝惜地把金錢灑在北美大地。

讓他去買進那些騙人的股票吧，

只有蠢驢才會相信這些鬼話。

這副撲克牌的每一張都用風格相似的漫畫揭露一個詐騙計畫，諷刺那些上當受騙的人。有人曾經計算，這副撲克牌中包含的所有工程項目，資本總額大約為3億英鎊。

投機者的最後掙扎

　　現在，我們再回望這個巨大海灣，它曾經捲走千百萬極度貪婪又頭腦簡單的英國人的財富。

　　5月29日，南海公司股價漲到500英鎊，大約有三分之二的政府工作人員購買由南海公司發行的國債。在整個5月裡，股價一直在上漲，在5月28日這一天，股票價格達到最高峰550英鎊。四天之後，股價再度狂升到890英鎊。大多數人認為股價不會再繼續升高，於是許多人拋售股票套現。

　　聽到這個消息，正要陪同國王去漢諾威的許多貴族開始變得不安，迅速地賣出股票。6月3日，厄雷街上的形勢大變，賣家如雲而買家寥寥，股價從890英鎊下跌到640英鎊。見到這種情形，董事們目瞪口呆，立刻告訴代理人購買股票。他們的應對很有效，當天晚上，人們又有往常的信心，股價回到750英鎊。直到7月22日，一直沒有發生很大的波動。

　　現在沒有必要去描述董事們如何透過各種手段操控股票價格。到了8月，股價達到最高點1000英鎊，然後開始上下波動，泡沫逐漸破滅了。許多公務人員對董事們表示不滿，尤其反感那種將股份清單列在每張認購單上的做法。人們逐漸瞭解到，約翰・布倫特（John Blunt）主席和其他一些人帶來的禍事不止於此，他們開始拋售股票。整個8月，股市持續走低的態勢，9月2日，南海公司的股價只有700英鎊。

　　事情已經變得非常糟糕，為了防止民眾對南海公司完全絕望，9月8日，董事們在泰勒商貿大廳召開一次全體會議。當天上午9點，會場內寂靜無聲，但是會場外異常熱鬧，許多獲得允許的人擠入大廳。由於董事以及他們朋友的推舉，南海公司副主管約翰・費洛斯爵士負責主持會議。他

示意人們安靜，接著宣讀董事會批准的幾項提案，然後宣布關於可補償基金、不可補償基金、預付金等相關帳務的處理方法。

隨後，克拉格斯先生發表一段簡短的談話，希望人們可以團結起來，群策群力，度過這次危機。在發言結束的時候，他對董事會富有成效的管理表示感謝，同時懇請他們為了公司全體股東的利益而繼續努力。亨格福特先生在類似的場合總是滔滔不絕地說話，今天也不例外。當初，因為他毫無保留地支持南海公司而受到人們關注，後來人們懷疑他因為事前知道股票上市的具體時間而獲得大筆收益。他說，他見過許多同類社團的出現和衰落，但是像南海公司這樣可以在短時間內成就一番事業，卻從來沒有。他們做出許多官員、教士、法官想要做但是做不到的事情。他們把各個黨派團結在一起，即使他們沒有全部消滅，至少是部分地減少這個國家的動亂和仇恨。透過股票交易，富人們變得更富有，鄉村士紳的土地也獲得2倍、3倍的增值。同時，他們也幫了教會大忙，很多牧師和教士從他們興建的工程中得到好處。總之，整個國家因為他們走上繁榮富強之路，他希望這些傑出人士適當地考慮自己。亨格福特的談話引發一陣噓聲，這些美妙動聽的誇讚之辭聽起來就像是對事實的無情嘲弄，但是與會的董事、他們的朋友以及所有的贏家還是以熱烈的掌聲和歡呼聲來表示對亨格福特的談話的贊同。波特蘭公爵也發表相似的談話，並且對那些在股票投資中失利的人表示同情。由於他自己在這次投機中獲利非常多，所以他的舉動似乎像是《喬·米勒的笑話》一書中的那個胖子，在豐盛的晚餐之後，他總是拍著自己鼓鼓的肚子，問這個世界上是否還有吃不飽的人。

會議通過許多提案，但是沒有挽回民眾的信心。當天晚上，股價下跌到640英鎊，第二天又跌到540英鎊，此後幾天仍然不改下跌之勢，最後停在400英鎊。9月13日，布羅德里克（Broderick）議員寫了一封信給大法官米德爾頓，這封信後來收入寇克斯的《沃波爾》一書中，在信中有這樣

一段話：「為什麼南海公司的董事們心甘情願地冒這麼大的風險？對此，民間有各種猜測。我自己也相信，他們這樣做只是為了得到巨大的好處。他們濫用貨幣的信用，使貨幣難堪重負。在危急時刻，那些大股東全身而退，因而沒有因為泡沫的破滅而損失財產，那些頭腦狂熱的人卻被貪婪矇蔽雙眼，妄想在鼴鼠丘上建起一座高山。千萬個家庭因此而破產，他們不得不沿街乞討——憤怒、驚恐、絕望在人群中蔓延，人們陷入困境之中，以至於讓我感到沒有任何計畫或方案可以使這個氣泡免於破裂。總之，我無法思考要採取怎樣的應對措施，甚至假裝思考也做不到。」10天以後，股價繼續下跌，他又寫道：「公司仍然沒有任何有效措施，如今的形勢已經是四面楚歌，找不到一條退路。從幾位剛來到倫敦的紳士那裡，我聽到一些南海公司大股東的名字，他們的行為令人作嘔。現在，很多金融家已經潛逃了，每天還有更多的人準備潛逃，我懷疑已經有三分之二或是四分之三的人潛逃。起初，我就以一句千古不變的箴言作為評判整個事件的基礎：1000萬英鎊（這個數字已經超過流通中需要的現金量）的存款不能當成2億英鎊來花。現在，人們已經這樣做，我們偉大的國家機器怎能避免滅亡的噩運？」

9月12日，由於克拉格斯先生的屢次懇請，南海公司的董事和英格蘭銀行的董事先後幾次召開聯席會議。然後，一個消息在坊間傳開了：英格蘭銀行已經同意向南海公司貸款600萬英鎊，於是股價回升到670英鎊，但是到了下午，人們知道這個消息完全不可靠，股價立刻下跌到580英鎊，第二天又跌到570英鎊，隨後慢慢跌至400英鎊。

形勢的嚴峻，讓政府倍感震驚。為了避免受到憤怒股民的攻擊，董事會成員都躲在家裡，街上到處是危險的暴徒。正在漢諾威的國王連續收到幾封公文，請求他即刻回國收拾殘局。正在鄉間的家中休養的沃波爾先生也收到求救信，請求他利用自己對英格蘭銀行董事會成員的巨大影響力，

說服銀行對南海公司施救。

　　但是英格蘭銀行不願意蹚這趟渾水，擔心這樣會讓他們陷入無法擺脫的麻煩中。但是全國上下一致呼籲它挺身而出扶危濟困，英格蘭銀行勉強接受所有建議，召集所有制定貿易政策的著名人士研究應付緊急狀態的對策。沃波爾先生拿出一份合約草案，草案得到各方認可，並且作為下一步談判的基礎。這樣一來，民眾的驚恐情緒稍微緩和一些。

　　9月20日，南海公司在泰勒商貿大廳召開擴大會議。會議的重要成果是通過一項提案：根據這項提案，董事會有權批准英格蘭銀行或是其他任何人經營本公司債券的要求，或是批准銀行認為適當的任何建議。作為眾多的發言人之一，普爾特尼先生表示，他對人們陷入極度的驚慌中感到萬分震驚。由於恐懼，人們整天跑來跑去，頭腦裡都是無邊無際的滅頂之災。

　　　無邊的黑夜籠罩在大地，
　　　人們的心中盡是狂暴和憤怒，
　　　整個世界如同地獄般可怕。

　　兩天以後，英格蘭銀行舉行股東大會。主管告訴與會者，此前董事會已經多次召開討論南海公司事件的會議，但是並未針對此事形成最終意見。會議上，董事會做出一項提案，並且順利獲得通過，此提案授權董事會批准經營南海公司的債券，但是必須對債券的總值、專案、時間做出詳細的規劃。

　　這樣一來，兩家公司以維護民眾利益為目標，開始自由地採取措施。為了重建南海公司的公共信用，英格蘭銀行開設專戶，以15%的訂金、3%的保險費、5%的利息，發行300萬英鎊南海公司債券。9月28日清晨，人們如蜂聚般攜款而至。這種情形讓人感到債券可能會在一天以內被人們搶

購一空，可是不到中午，形勢急轉直下。儘管採取所有可能的措施，南海公司的股價還是一落千丈。事實上，南海公司的債券已經沒有任何信用可言。此前，那些最有名的金融家和銀行家因為大量向南海公司貸款而無法正常營運，有些不得不關門歇業溜之大吉。當時，劍刃公司是南海公司債券的主要承兌商，也停辦支付業務。看起來，災難似乎立刻也要降臨在銀行的頭上。上午，銀行還在忙不迭地接受認購，可是下午不得不更迅速地兌付現金。

第二天是假日，銀行才得以喘息，它們非常後悔捲入這場災難。它們的老對手南海公司在這場風潮中徹底倒下了，它們的股價一直跌至150英鎊，幾次波動過後，慢慢跌到135英鎊。

到了這個時候，銀行才發現自己無力恢復民眾的信心，更不可能力挽毀滅的狂瀾。它們不想因為拯救股市而賠上自己的性命，因此它們決定終止已經履行一部分的協議。為此，它們找到的理由同樣是冠冕堂皇的：英格蘭銀行與南海公司的合約只是一份協議草案，在一些重要的細節問題上，協議未做任何約定。其實，更重要的是：對退出協議沒有任何懲罰條款。

「就這樣，」用《議會史》的敘述是，「人們看到，一個神奇的泡沫飄到不可思議的高度，它製造讓整個歐洲凝神觀望和翹首以待的海市蜃樓，在8個月的時間裡，它由興至盛，由盛而衰。但是事實上。它是建立在欺騙、幻覺、輕信、恐懼之上。它的製造者的那套把戲如果被人們看穿，它就會啪的一聲碎裂。」

在災難即將降臨的時候，整個國家變得「道德淪喪」。在為了揭發罪犯而舉行的議會質詢會上，許多醜劇不斷上演，向人們展示罪犯們醜惡的心靈和骯髒的手段。對所有罪行的調查研究，最終成為一件很有意義的工作，因為它向人們證明，國家的賭博和個人的賭博一樣也要受到懲罰，罪

犯們必定會遭到制裁。

著名作家斯摩萊特曾經說：「沒有一個歷史學家會喜歡這個時代。因為那些情感豐沛、善於想像的讀者，沒有一個會喜歡閱讀這些詳細描寫骯髒交易的史書。在這些描寫裡，沒有溫情，沒有色彩，不加修飾，它展示的只是一幅枯燥無味、腐化墮落的畫面。」

事實上，他的想法是錯誤的。如果斯摩萊特有一些幽默感，就會發現這個主題可以帶給人們的啟發，超出一個小說家希望達到的。一群遭到劫掠而處於絕望中的人們難道沒有溫情嗎？數以百計的家庭因為股票投機而一貧如洗；昨天的富翁淪為今天的乞丐；手握重權、前呼後擁的重臣落到貶謫流放的下場；在每一寸土地上，都有自責、悔恨、詛咒。難道這幅悲慘的圖畫裡不是充滿生命和活力嗎？

全體國民理性的雙眼被曚蔽了，瘋狂地跟在一個金光閃閃的幻象後面狂奔，直到不幸陷入萬劫不復的深淵，還在固執地否認這只是一場噩夢，此情此景難道不是發人深省的嗎？

歷史學家往往樂於記述那些無能的大臣為了取悅於更無能的國王而設計的陰謀和殘酷的戰鬥，只要說起這樣的故事，他們就會滔滔不絕，一遍一遍地沒完沒了，將那些可能會在很大程度上影響人類道德和福祉的事件丟在一邊，視而不見，總是覺得這些內容乾癟沉悶、沒有溫情、沒有色彩，他們以這種錯誤的筆調寫出的史書典籍，已經氾濫成災。

在這個臭名昭著的泡沫時代，英國出現一種獨有的現象：民眾的思想變得越來越不健康，開始厭煩那些透過謹慎的努力逐漸獲得成功的產業。他們渴望得到無窮無盡的財富，於是鋌而走險，從事各種腐化墮落的行為。空前的奢侈之風帶來的是人們道德品格的急劇下滑。一個愚昧無知的粗魯之人，因為一場賭博的勝利就會一夜暴富，怎能不讓那些知書達禮的人感到羞愧難當？

金錢的力量不斷讓世人折服，它可以讓糞土變成珍珠！那些曾經被理查・史蒂爾爵士認為是「微不足道的小人物」的粗野之徒，在厄運降臨而一敗塗地之後，成為人們心中的反面典型。在議會質詢的時候，許多董事沒有因為挪用公款而嘗到苦果，但是他們的傲慢無禮卻讓他們吃盡苦頭。其中有一個既愚昧又狂妄的傢伙，在他春風得意的時候，聲稱要用黃金去餵馬，但是最後卻落到幾乎要自己動手燒水做飯的下場。他們曾經留給世人的每個傲慢的眼神，每句不可一世的大話，全部被記錄下來，命運最後回報給他們的，只是無盡的貧窮和羞辱。

逃不開的苦果

國內的形勢非常緊急，喬治一世（George I）只好改變他在漢諾威的預定日程，火速回國。11月11日，他回到英國。

12月8日，議會召開會議。這段期間，全國所有的城鎮不約而同地舉行公共集會，人們懇請立法機關嚴厲懲罰南海公司的董事們。正是他們的那些恬不知恥的欺騙行為，使得國家走到懸崖的邊緣，然而幾乎沒有人認為政府也應該像南海公司一樣受到懲罰。

沒有人指責民眾的輕信與盲從，貪婪和墮落已經吞噬所有優秀的國民本性。他們對金錢的癡迷和瘋狂渴望，使他們鑽進陰謀者設下的羅網。從來沒有人指責人們的這些行為。所有人都認為，單純、誠實、勤奮的民眾受到一夥強盜的欺騙，這些人惡貫滿盈，罪有應得。

全國上下幾乎都是一致的看法，上下兩院的議員也抱持同樣的觀點。對南海公司董事會成員的惡行，幾乎眾口一詞地要求嚴厲懲罰。但是此時國王發表談話，希望人們考慮董事會成員對國家經濟懷有的熱忱和曾經的努力，處置的提案要對他們在這場災難中遭遇的不幸予以照顧和適當的憐憫。這個談話的發表立刻引發民眾的爭論，其中幾位發言者猛烈抨擊南海公司董事的行為，在他們之中，莫爾斯沃斯勳爵的發言最激烈。

他這樣說：「毫無疑問，南海公司的董事們是這場災難的元凶巨惡，但是現在卻有人以適用於他們行為的法律為由來為他們開脫。如果是那樣，我們可以遵照古羅馬人的先例。古羅馬人沒有懲罰弒父逆子行為的法律，因為立法者猜想不可能有兒子泯滅人性親手將父親置於死地。所以，出現這樣的犯罪之時，他們把那些罪惡滔天的惡徒直接裝進麻袋，縫好袋

口，然後扔到台伯河裡淹死。同樣，那些謀劃和實施邪惡的南海陰謀的罪犯，也應該被裝進麻袋扔到泰晤士河裡。」

其他人的發言比較溫和，也比較謹慎。沃波爾先生更是表現得異常謙和，他說當務之急是要努力恢復公共信用。「就像在倫敦城發生火災的緊急時刻，所有的聰明人會先想辦法滅火，使火勢不再蔓延，等到火被撲滅了，再去查找縱火犯。公共信用已經處於危急時刻，如同一個受傷的人流淌著鮮血，應該迅速挽救他的生命，以後還有充足的時間去懲辦刺客。」

12月9日，國王的談話得到民眾的回應，人們接受一項關於南海事件處置的宣言。這項宣言是在加進不僅要撫慰國民的失望情緒，還要懲辦元凶等內容之後，才在議會獲得一致通過。調查工作進展迅速。議會命令南海公司的董事會成員呈交一份完整的交易帳目。經過多日的調查，議會通過一項提案：民眾恐慌主要是因為他們陷入股票投機者設計的陷阱，因此在重建公共信用的同時，也要考慮透過法律手段，防止這種邪惡的行為重演。

此時，沃波爾先生提出一個關鍵問題，如同他此前曾經表示的那樣，他已經設計一項恢復公共信用的計畫，但是這個計畫的執行要依靠一個穩定的基礎，現在必須確認那些與南海公司簽定的公共債務認購單、貨幣認購單以及其他合約，在現在的情形下是否繼續有效？這個問題再次引起軒然大波。最後，議會針對這個問題進行表決，以259票對117票的多數做出決議：此前簽定的所有這些合約依然受到法律保護，除非南海公司的全體股東大會宣布無效或是經過法律程序判決無效，才會失去法律的保護。

在議會表決的第二天，沃波爾先生正式向下議院的一個專業委員會遞交他制定的恢復公共信用策劃書。這個方案的主要內容是：英格蘭銀行購買900萬英鎊的南海公司股票，東印度公司也有條件地購進同樣數量的南海公司股票。這個方案得到大多數人的贊成，下議院通過這項計畫，並且以

命令形式通知兩家公司執行這個方案。事實上，這兩家公司不願意仗義相助，在它們各自召開的內部會議上，所有的與會者表示對這個方案的強烈不滿，但是這不影響議會決定的效力。最終，兩家公司購進南海公司的債券，並且向委員會提交一份執行報告。

在沃波爾的監督下，委員會又提出一項方案，經過上下兩院審議以後順利通過。同時，委員會遞交一個提案，要求南海公司的董事會成員、主管、副主管、會計、出納、職員一年以內不能出國，並且調查他們的財產狀況，以避免他們轉移或是轉讓財產，逃避責任。所有在民眾中聲譽良好的議員都支持這項提案。就在這個時候，希潘先生聽到關於南海公司秘書長克拉格斯的一些流言，他相信流言中關於這位先生在處理南海公司事務的時候手腳不乾淨的說法。因此，他決定提醒這位先生注意自己的行為。他說，他很高興地看到英國議會擁有往日的神采，團結起來為民眾利益而努力。同時，對南海公司各位董事和職員的人身及財產安全的保護也是適宜的。「但是，」他看著克拉格斯，接著說，「有些人雖然身居高位卻不潔身自愛，如果定罪，他們的罪行不會比南海公司的董事們輕。」

聽到這些話，克拉格斯驚惶失措，急忙站起身來說，如果議會認為他在南海事件中犯罪，他隨時準備接受任何人的質詢，無論他是不是議員。克拉格斯的話剛說完，大廳裡喧嘩之聲頓時四起。莫爾斯沃斯勳爵站起來，對克拉格斯敢於主動接受議會監督的勇氣表示欽佩。他接著說，他雖然已經是年過花甲之人，但還是要接受克拉格斯對議會發出的任何挑戰。他相信，還有許多年輕人與他在同一戰線，不懼怕與克拉格斯先生針鋒相對。會議陷入混亂狀態，議員們爭相發言，想要一吐胸中的不快，幾乎所有的發言者都在那裡大吵大嚷，只有莫爾斯沃斯和克拉格斯安靜地坐在那裡。經過幾分鐘的混亂之後，憤怒的議員們要求克拉格斯順應眾人的情緒，對他的那番毫無緣由的話做出合理的解釋。

克拉格斯不得不平息議員們的憤怒，他說自己只是想要對議會裡那些向他發難的人做出回應，沒有向議會挑戰的意思，但是他會針對自己的行為給人們一個合理的解釋。就這樣，混亂的場面才得以平靜，議會又開始討論下一個問題：對南海公司事件的調查，是以全體調查的方式還是組成一個委員會負責此事。最後的結論是：組成一個13人的秘密委員會，並且賦予其人事調遣和發布文件記錄的權力。

上議院議員和下議院議員非常關注南海事件的調查。羅徹斯特（Rochester）主教把這個計畫比作一場瘟疫。沃頓公爵表示，議會應該鐵面無私。以他個人而言，如果他的哪位朋友涉嫌此事，即使是他最親密的朋友，他也會秉公處理。南海公司的董事們犯下十惡不赦的罪名，他們掠奪民眾財富，使得國家幾近敗亡，必須受到最嚴厲的懲罰。斯坦霍普伯爵主張，沒收所有涉案罪犯的財產，不管他們是不是董事會成員，以彌補民眾遭受的損失。

這段期間，民眾的憤怒變得更強烈，這一點可以從寇克斯在《沃波爾》一書中得到印證，人們把南海公司董事們的名字當成騙局和邪惡的代名詞。全國城鄉各地爆發群眾請願活動，面對國家災難，人們要求嚴厲懲罰這些罪魁禍首，那些沒有走向極端的溫和派人士也被人們斥為罪犯的同謀。深受南海事件之害、一心想要復仇的人們，以寫匿名信或是公開信的方式，對他們進行惡毒的侮辱、謾罵、指責。人們的矛頭指向財政大臣艾斯拉比和克拉格斯，上議院立刻採取行動調查他們。

1月21日，議會要求所有曾經參與南海計畫的經紀人呈交帳目，並且報告透過他們買賣股票的財政部官員的情況，以及自從1719年米迦勒節①以來他們的信託情況。透過上報，人們發現，大量的股票最後集中到艾斯拉比的手中。五位南海公司的董事被羈押，其中包括愛德華・吉朋（Edward Gibbon），他是英國著名歷史學家、《羅馬帝國衰亡史》的作者

吉朋的祖父。

　　關於事件的處置，斯坦霍普伯爵提出一項建議，在此基礎上，議會做出一個決定：在南海公司向議會提交的議案未決期間以及其他某些時間內，未經對實際支付能力的有效評估和充分擔保，經過南海公司的任何董事或是機構決定，為任何政府官員或是議員的利益而購買股票，全部屬於貪汙腐敗行為。幾天之後，議會又通過另一個決議：南海公司的董事和職員以秘密方式將自己持有的公司股票賣給公司，對公共信用造成極其有害的影響，構成法律規定的詐騙和背信罪。艾斯拉比因為對上述罪名負有不可推卸的罪名，所以辭去財政大臣的職務，並且退出議會，等待他的將是正式刑事質詢和法律的裁決。

　　南海公司有一位會計叫做奈特，受到那些不誠實的董事的指使，進行許多危害極大的秘密活動。事發之後，他攜帶許多帳冊和文件逃往國外。出於安全考慮，他喬裝打扮搭乘小船離開倫敦，後來乘坐一艘大船逃到加萊[2]。秘密委員會將這個情況下報給議會通報。鑑於這個事實，議會立刻向國王呈交兩份報告：第一份報告請求國王發布命令，懸賞捉拿奈特；第二份報告請求國王立刻命令關閉港口，防止南海公司的其他職員逃離國境。墨跡未乾，這兩份報告就由議會代理人梅圖恩呈交給國王，國王當天晚上發布命令：懸賞2000英鎊抓捕奈特。幾乎在同一時刻，下議院關閉議會大門，鑰匙放在桌子上。秘密委員會的成員之一羅斯將軍向議會宣布，他們已經掌握許多不為人知的惡行和騙局的證據，在適當的時候，他們會向議會通報所有事實。秘密委員會同時提出，為了調查的順利進行，應該限制南海公司一些董事和主要職員的人身自由，並且沒收他們掌握的文

---

1. 基督教節日。——譯者注
2. 法國北部的一個海港。——譯者注

件。以此為內容的一個建議在議會獲得一致通過。議會傳喚羅伯特‧卓別林爵士、西奧多‧詹森爵士、索布里奇先生、艾爾斯先生，以及南海公司各位董事，讓他們交代自己的腐敗行為。

西奧多‧詹森爵士和索布里奇先生絞盡腦汁為自己辯解和開脫罪責。議員們以極大的耐心聽完他們荒唐的辯解，並且讓他們回去等候，隨後通過一個建議，指控他們犯下背信罪——使國家面臨巨大災難，極大地破壞公共信用。由於他們不合作的態度，將會被議會除名，羈押候審。羅伯特‧卓別林爵士和艾爾斯先生也在關押四天之後，被逐出議會。同時，議會請求國王命令駐外國使節協調各國協助緝捕奈特，並且在捕獲以後移交給英國，不給他在任何國家尋求避難的機會。國王立刻批准這個請求，連夜向歐洲大陸各國派遣信使。

人們一致認為，在被關押的董事中，約翰‧布倫特爵士應該為這場史無前例的災難負起主要責任。教宗寫給艾倫‧巴瑟斯特勳爵的信中也透露這個事實，此人不是一個虔誠的英國國教徒，但是他卻以一個信教者自居，經常以一些極端的行為引起人們的注意。他經常批判時代的奢靡之風、議會的派系之爭，對貴族們的貪婪行為更是嚴厲抨擊。他原本的職業是捐客，後來不知道什麼原因，竟然成為南海公司的董事，而且還是公司裡表現最搶眼的經理。至於他是不是在進入南海公司之後才開始聲討那些貪婪之徒，現在已經無法考證，但可以肯定的是，他一定看到上流社會的貪婪行為，或許這也是他後來不惜鋌而走險的原因。但是他沒有想到的是，佈道者只有保證自己不犯他譴責的罪行之時，才可以拯救人們的心靈。

布倫特先生被帶上法庭受審，在長時間的質詢之後，他仍然拒絕回答案件中的幾個關鍵問題。他說下議院的一個委員會已經詢問他這些問題，他忘記自己當時是如何回答，如果再回答可能會有所出入。這個關於他拒

絕回答問題的聲明，已經間接地證明他的罪刑。他的態度引起議會的一場騷動。法官強行要求他回答在南海公司提交的議案通過的過程中，是否曾經向任何官員或是任何議員出售任何數量的股票，他再次拒絕法官的要求。他說，他很尊重議會，也相信議會不會強迫他認罪。法官又做了幾次努力，想要讓他回憶起在議會詢問時的答案，但是均告失敗，於是讓他退出法庭。

隨後，針對布倫特的審判，政府內的同情者和反對者之間展開一場激烈的辯論。同情者認為，約翰‧布倫特爵士為人隨和，與政府中的許多人很熟悉，他沉默寡言一定是有人施壓。反對者的情緒更激動，斯坦霍普公爵就是代表之一。沃頓公爵的反應最激烈，他在發言之時大聲叫喊，激動的情緒導致熱血上湧，一陣暈眩之後，他不得不離開議會，回到家中休息。片刻之後，醫生為他進行手術，第二天上午又進行手術，才讓他感到輕鬆一些，暫時脫離生命危險。但是到了傍晚，他的病勢加重了，轉眼之間與世長辭。這位國會議員的猝死，使得全國人民沉浸在巨大悲哀之中。喬治一世傷心欲絕，他在密室待了幾個小時，默默地悼念這位去世的忠臣，誰來勸慰他都沒有接見。

逃往國外的奈特先生終於在列日城附近的蒂勒蒙③被逮捕。在捉拿奈特這件事情中，居功至偉的是僑居布魯塞爾的英國人里斯的一位秘書。奈特被捕獲以前，躲藏在安特衛普的一座城堡裡。英國多次向奧地利法院提出引渡奈特的要求，但是全部被拒絕。奈特自願加入布拉邦國④，並且要求接受該國法律的懲罰。布拉邦國是《特權憲章》的締約國，根據這個協定的相關規定，布拉邦國擁有這樣的權利：在國內被逮捕的罪犯，都由該

---

3. 比利時東部的一個城市。——譯者注
4. 現為比利時中部的一個省分。——譯者注

國審判。布拉邦國決定行使這項權利，拒絕英國的引渡要求。藉由英國政府進行交涉之時，奈特趁機逃離安特衛普的城堡。

2月16日，秘密委員會向議會提交第一份調查報告。在報告中，他們陳述面臨的困難：他們審查的每個人都是滿嘴謊言，試圖逃脫法律的制裁。在他們提供的帳冊上，有些項目是偽造的，有些項目不寫股東的名字，塗改的痕跡隨處可見，有些帳冊被整頁地撕掉。更令人吃驚的是，有些非常重要的帳冊失去蹤影，有些帳冊被帶走或是被藏匿。開始審查以後他們發現，需要查閱的資料浩如煙海，需要處理的情況千差萬別，極其複雜。在處置涉及數千人的價值數百萬的財產之時，有些可以透過正常的法律程序處理，有些不得不在不合法的前提下採取行動。

例如，他們曾經發現一件蹊蹺的事情：在南海議案通過之前，公司帳冊上有一筆總值1,259,325英鎊的帳目，股票帳單上的記錄卻與公司帳單相去甚遠，以574,500英鎊的總額賣出。顯然，這筆帳目是編造的，目的只有一個，那就是：加速南海公司議案的通過。根據帳冊的記載，這筆股票是按照票面價格的150％～325％在不同時間分批售出。在公司尚未被授權增加資本之前，這麼大的一筆股票就賣出了，秘密委員會覺得其中大有文章，於是決定徹查所有交易細節。他們把公司主管、副主管、幾位董事找來詢問這個交易的詳情，結果他們驚訝地發現：在進行這筆股票交易的時候，南海公司根本沒有這麼多的股票，可以進行交易的股票最多不超過3萬英鎊。

經過進一步審查，秘密委員會發現其中的「天機」。這筆交易是由公司自己上下其手完成的，股票由公司偽裝成購買商買入或持有，他們相互之間從未簽定任何轉移或是接收協定。這些偽裝的購買商沒有交納訂金或保證金，也沒有向公司付錢。他們製造這個假帳的目的在於：如果股價下跌，議案未被通過的時候，他們不會遭受任何損失。但是，如果股價上

漲，事實上確實如他們所想的那樣，股價上漲了，他們可以利用這個事先訂立的約定買入賣出股票從中漁利。根據這個需要，議案通過以後，奈特對這筆假帳進行修改和調整，那些偽裝的購買商也從中得到好處。

這筆虛假的股票，主要掌握在約翰‧布倫特、吉朋、奈特手中，他們把股票贈送給幾位政府官員以及他們的特定關係人，這些接受賄賂的人幫助他們促成議案的通過。這筆股票的分配情況如下：桑德蘭伯爵5萬英鎊，肯德爾公爵夫人1萬英鎊，普拉頓伯爵夫人1萬英鎊，她的兩個侄子1萬英鎊，查爾斯‧斯坦霍普（財政部的一位秘書）1萬英鎊，劍刃公司5萬英鎊。

他們的另一個重大發現是：此前不斷要求嚴厲懲罰南海公司的斯坦霍普先生曾經透過特納‧卡斯沃公司獲取25萬英鎊股票的差價收益，但是為了遮掩這件事情，他的名字從帳冊上涉及的地方被擦掉了，或是改成斯坦蓋普。財政大臣艾斯拉比獲取利益的方式更是令人髮指。他也在作為南海公司董事之一的特納‧卡斯沃公司擁有一個帳戶，帳戶上的股票金額為794,451英鎊。除此之外，他建議南海公司把第二次認購單做成150萬而不是100萬，多出的50萬股股票由公司自己控制，不用做任何擔保。第三次認購單的交易更是令人瞠目結舌：艾斯拉比先生7萬英鎊，老克拉格斯先生65.9萬英鎊，桑德蘭伯爵16萬英鎊，斯坦霍普先生4.7萬英鎊。

與這份報告同時提交的還有六份比較次要的報告。在報告的結尾，委員會宣布，由於缺少主要當事人奈特先生的配合，調查工作已經無法繼續進行。

在第一篇報告被印刷出來之後的第二天上午，議會針對此事進行討論，這也是僅有的一次討論。經過一場充滿憤怒氣氛的激烈辯論之後，議會通過許多決議，決議申斥董事會成員以及與他們有瓜葛的議員和政府官員腐化、可恥、墮落的行為，決定給予他們嚴厲的懲罰。這些人的財產將

會被沒收，以補償因為他們受到嚴重損失的民眾。關於補償金的發放，議會要求秘密委員會提交一份議案。

杏爾斯·斯坦霍普是第一個被審判的人，他想盡辦法為自己開脫。他說，在過去幾年，他將所有的錢集中存在奈特那裡，奈特為他買進很多股票，但是他全部按價付款，沒有佔任何便宜，他對在特納·卡斯沃公司帳戶上的股票表示不知情。他認為，這是有些一廂情願的人在未經他允許的情況下私自進行的事情，他對此不負有責任。特納公司應該為自己的行為付出代價。對於品行端正的人來說，將25萬英鎊股票據為己有的斯坦霍普，是一個不能饒恕的傢伙。

然而，還是有人試圖包庇他，最終同意宣判他無罪的票數只多於反對者三票。他的親朋好友們，例如：斯坦霍普議員，切斯特菲爾德伯爵的兒子四處活動，拜訪那些態度不堅定的議員，對每位議員詳述利弊，勸誘他們投下無罪票或是不要出席議會。許多昏庸懦弱的鄉村紳士被他連綿不絕的各種說辭搞得頭暈目眩，最終接受他的建議。斯坦霍普的無罪判決做出之後，在民眾的心裡激起浪濤，許多人表示不滿。帶有示威性質的集會和混亂充斥在倫敦的大街小巷，暴亂一觸即發。尤其是在即將審判那個比斯坦霍普罪名更嚴重的罪犯之時，空氣中的火藥味更濃了——人們認為艾斯拉比可能也會受到官員們的包庇，進而逃脫法律的制裁。

艾斯拉比，人們普遍認為他是罪魁禍首之一。在民眾的思想裡，即使艾斯拉比天性惡劣，但是他擔任的職務和承擔的責任，應該使他在法庭上說出實情。與斯坦霍普被宣布無罪的同一天，對艾斯拉比的審判開始了。那天，情緒激動的人群擠滿議會周圍的各條街道，他們急切地想要知道判決結果。關於艾斯拉比最終如何定罪，議會花費一天時間進行辯論。透過辯論，艾斯拉比得知一個他不願意接受的事實，已經沒有人和他站在同一邊，他的惡行眾所周知，沒有人敢於為他進行辯解。議會辯論的最後結果

驚人的一致：艾斯拉比貪得無厭，視財如命，鼓動和促成為禍深遠的南海事件；他與南海公司的董事們沆瀣一氣，將國家的公共信用體系徹底擊垮；鑑於他令人髮指的罪刑，他將會被逐出議會，關進倫敦塔監獄；一年之內，也有可能到下一屆議會結束之前，他不能出國。他必須如實報告自己擁有的全部財產，並且用他的財產去幫助那些因為他不負責任的行為而受害的民眾。

這個判決大慰民心。儘管做出判決結果的時候已經是深夜十二點半，但消息還是在頃刻之間傳遍全城。有些人點燃房中所有的燈表示慶賀。第二天早上，艾斯拉比被押往倫敦塔監獄。沿途的道路兩旁站滿了人，他們一邊大聲辱罵，一邊向他投擲石塊。人們覺得這樣無法全部表達自己的喜悅之情，於是燃起堆堆大火，圍成圓圈邊歌邊舞，好像是剛從災難中生還一樣，互相道賀慶祝。倫敦大街呈現出一幅節日的喜悅景象。因為斯坦霍普事件而積聚的民憤也在此時得到宣洩。

為了進一步安撫民心，議會又將特納・卡斯沃公司的喬治・卡斯沃爵士驅逐出議會，關進倫敦塔監獄，並且命令他賠償25萬英鎊的損失。然後，議會開始討論秘密委員會的報告中涉及桑德蘭伯爵的那些內容。由於他素有名望，議會想盡辦法為他洗清罪名。關於他的指控，主要是他曾經強行勒索約翰・布倫特爵士。因為這項控告關係一位德高望重的議員兼樞密院顧問官的名譽，所以議會費盡心機，想要找到一些證據說明約翰爵士的話不足為憑。這位貴族的許多朋友站出來為他說話，並且提醒人們，如果這位爵士有罪，將會使保守黨在政治上佔盡優勢。在最後的議會表決中，以233票對172票的多數，宣布桑德蘭伯爵無罪。但是，全國人民不這樣認為，這件事情也招致人們的巨大憤怒。許多民眾走上倫敦街頭集會，幸運的是，最終沒有造成混亂。

在這一天，老克拉格斯撒手人寰。根據議會的日程，他的案件第二天

就要開庭審理，人們普遍認為他的死事出有因，多半是畏罪服毒自殺，但是也有人認為他並非死於自殺。事實上，在五個星期之前，他在財政部擔任秘書的兒子由於身染天花而不幸殞命，老年喪子使他這些日子以來一直沉浸在悲慟之中。他不惜自毀聲譽，忘卻忠義，不顧一切地聚斂錢財，就是為了他這個兒子。但是隨著罪行的暴露，他的內心已經變得異常脆弱，精神壓力越來越大。就在此時，他的兒子離世，所有的一切令他難以招架，最後突發中風而死。在他死後，他的150萬英鎊遺產被充公，用於救助不幸的受害者。

泡沫的破滅

　　董事會成員的案件基本上已經審理完畢。為了補償因為他們的行為而受到傷害的民眾，議會沒收他們的許多財產，累計達到201.4萬英鎊。根據每位董事的具體情況，議會允許他們保留一定的財產，以便保證他們的生活需要。約翰·布倫特爵士的財產超過18.3萬英鎊，議會允許他留下5000英鎊；約翰·費洛斯爵士的財產是24.3萬英鎊，最終留下1萬英鎊；西奧多·詹森爵士擁有24.3萬英鎊，保留5萬英鎊；愛德華·吉朋擁有10.6萬英鎊，保留1萬英鎊；約翰·蘭伯特爵士擁有7.2萬英鎊，保留5000英鎊。其他罪刑比較輕的人，得到較為寬大的處理。

　　愛德華·吉朋受到嚴厲的懲罰，他的孫子歷史學家吉朋在他的《我的生活與寫作回憶錄》一書中，對當時議會的行動進行詳細的描述。他承認自己可能不是一個十分客觀的記錄者，但是我們不能忽視一個事實：幾乎所有的作家都會出於自己的立場，對事件做出不是十分客觀的記錄。但是從兼聽則明的角度來考慮，這位偉大的歷史學家的敘述仍然具有參考價值。

　　他寫道：「1716年，我的祖父受到眾人推舉，成為南海公司的董事之一。根據他財產帳目的記錄，在履職之前，他已經擁有6萬英鎊的財產。但是，1720年的那場災難來臨的時候，他三十年的辛勞幾乎在一夜之間化為烏有。我很難從一個評價者的立場去評價南海事件，還有我的祖父和他的董事兄弟們究竟是否有罪，因為我既不勝任，也可能帶有偏見。但是那些玷汙道義、冤冤相報的粗暴而武斷的行為，必然會受到當今時代的公平的譴責。整個國家的人們從黃金美夢中醒來，就爭吵著要找到為這個全國

上下瘋狂行為負責的人，議會也加入這個行列。但是我們不得不承認，儘管那些董事犯有嚴重的罪行，當時的英國卻沒有針對這些行為的法律。莫爾斯沃斯勳爵的言辭雖然未被採納，但是它催生一個刑罰法案——一個具有追溯性的法律條文，用以懲罰那些潛在犯罪。董事們的人身自由受到限制，議會透過命令的形式，給他們的名字加上事先準備好的可恥記號。他們被強迫發誓，上交自己的所有財產，而且絕對不能轉移或轉讓。」

「然而，刑罰法案忽視的是：即使是獄中的罪犯，也應該享有申訴的權利。就這樣，他們的申訴請求被拒絕了。那些高高在上的人不依靠證據，也不在意任何申辯。剛開始的時候，有人提議授予每位董事保留八分之一的財產的權利，以使他們安度晚年。但是有人對此表示強烈反對，反對者認為，每個人犯罪的情況不同，對於一些人來說，這樣的比例太輕了，對於一些人來說又太重了，無法使犯罪和懲罰實現真正的對應。因此，應該區別每個人的犯罪輕重，具體行為區別對待。沒有透過一次莊嚴、公正、冷靜的審查，只憑藉一次草率從事的會議，一個不具備法律效力的投票結果和幾個最卑鄙的秘密委員會成員，主宰33個英國人的命運和名譽。在這種情形下，委員們的一句惡意的言論，或是一次沉默的投票，都有可能受到人類天性中的乖戾或是個人之間的敵意的影響。傷害因為侮辱而生，侮辱又因為玩笑而生。在這種充滿不確定因素的情形下，20英鎊的津貼似乎是在玩笑中被拿走了。」

「在一份言語曖昧的報告中，某位董事曾經與某個項目有牽連，一些平民百姓正好在這個專案上虧本，憑這些就可以判決他有罪。另一個人獲罪的理由更是荒謬至極，只因為他說了一句要用黃金餵馬。還有一位在當時在高位的財政部官員，因為傲氣而被定罪，據說在接受詢問時，他拒絕回答那些高高在上的大人物們關於個人隱私的提問。不參加法庭辯論的董事們都被定罪，即使他們未經申辯也在所不惜。同時，還武斷地做出沒收

財產的決定，董事們的所有財產全都被席捲一空，以填補政府虧空。即使這樣愚不可及的措施也得到全能議會的許可。」

「我的祖父從未想過能夠獲得比公司其他董事稍輕一些的處罰。他恪守保守主義原則的性格和他與保守黨之間的親密關係，招致當權者的憎惡。他的名字被列入了一份秘密報告中。即使他的才能盡人皆知，也不能成為他得到寬恕的理由。在第一次對南海公司董事會成員採取行動時，吉朋就被關押起來，最後判決更讓他臭名遠揚。他發誓會向議會呈交所有的財產，除了繼承的遺產以外，總值約為106543英鎊5便士6芬尼。吉朋曾經獲得的兩筆津貼，各為1.5萬英鎊和1萬英鎊，也被算入沒收財產的範圍。在這片被劫掠一空的廢墟之上，我的爺爺，拖著他年邁的身體，憑藉著議會留給他的技能和一點存款，建立一座新的命運大廈。16年辛苦付出得到最好的回報，我還有什麼理由拒絕相信，這第二座大廈比第一座更讓人感動？」

在董事會成員得到應有的懲罰以後，立法機關著手第二項工作——恢復公共信用。這個時候，人們發現沃波爾先生的計畫不是十分完美，而且公眾已經對他頗有微詞了。

1720年底，人們知道南海公司的全部股票本金數目，總值為3780萬英鎊，其中的2450萬英鎊將分派給全部股東，剩下的1330萬英鎊則由公司以法人的身分佔有和支配，這也是他們導演這齣鬧劇獲得的全部收入。他們從中拿出800萬英鎊作為一般所有者和認購者的紅利，紅利按每100股33英鎊6便士8芬尼派發，這個做法已經是相當寬厚了。議會還進一步規定，曾經向南海公司借款的人，如果已經向南海公司實際轉付或抵押股票，南海公司就不得再提出償付和追索的要求。但是，借款人還要加付借款總額的10%。在股價在高位的時候，南海公司透過這種方式借出了110萬英鎊，現在股價已經跌落到正常水準，所以他們只能收回110萬英鎊。

但是，想要徹底恢復公共信用還需要一個很長的過程。企業已經和伊卡洛斯①的處境相同，它們飛得太高了，以至於陽光烤化了黏接翅膀的蜂蠟，它們也從雲端跌入深海，在猛烈的波浪中掙扎求生，此時才恍然明白它自己只能生存在堅實的大地上。從此，它再也不想飛上天空了。

　　這次危機之後，在國內貿易再度繁榮的時候，又幾次出現過度投機的跡象。一個項目的成功就會引發一群相似項目出現。在商業世界中，民眾的雙眼總是盯著成功的行為不放，不失時機地進行模仿，這種只關心利益而忽視風險的做法，往往把人們帶進危險的深淵。

　　1825年，又是一個令英國人恐慌和難忘的一年。與當年南海計畫中出現過的公司一樣的泡沫公司東山再起。這些騙子們又像1720年一樣，利用人們的貪婪詐取了大量財富，但當命中註定的報應來臨的時候，他們還是走了霉運。

　　另一次可怕的事情發生在1836年，相似的陰謀幾乎再次帶來災難，但幸運的是，在災難到來之前，人們猛然間驚醒，總算是有驚無險。直到1845年，南海陰謀始終都是英國歷史上因為商業投機行為而造成民眾恐慌中最著名的事件。這本書首次發表的時間，大約是在鐵路大恐慌（約1845—1846年）來臨前後。

---

1. 希臘神話中的一位神。——譯者注

第三章

鬱金香風暴

美麗的奇花

哦，公民們，這就是瘋狂的報應！

——盧梭（Rousseau）

據說，鬱金香花名的由來源自土耳其語，意思是螺旋貝，16世紀中葉才傳入西歐。康拉德・格斯納（Conrad Gesner）介紹說，鬱金香在當時極具影響力。讓很多人都沒有想到，它傳入後不久，就引發一場狂熱的鬱金香熱。康拉德・格斯納說，他是在1559年首次見到這種花的。當時，是在極負盛名的珍稀藝術品收藏家和博學多才的康瑟勒・賀沃特律師的奧格斯堡花園裡看到的。康瑟勒・賀沃特律師向康拉德・格斯納介紹，這花是由他在君士坦丁堡的一個朋友送給他的一個鬱金香球莖長成的。而在那個時候，鬱金香在君士坦丁堡已經風靡已久了。在其後10年左右的時間裡，鬱金香一直是富人們渴望擁有的名花，尤其是在荷蘭和德國，阿姆斯特丹的有錢人甚至不惜重金派人直接前往君士坦丁堡去買鬱金香球莖。英國的第一株鬱金香是1600年從維也納帶回的。鬱金香傳入後，名聲逐年提高，直到1634年，人們對鬱金香的狂熱度依舊不減，人們甚至認為，富人如果不是鬱金香的愛好者或收藏者，就說明他的趣味是低級的。

那個時候的許多著名學者都熱衷於收藏鬱金香，包括龐培・安吉利斯和萊頓的利普修斯在內。許多中產階級對鬱金香都有極強的佔有欲，無論是大商人，還是小店主，甚至是經濟情況一般的人，為了互相攀比，為了擁有更多鬱金香的珍奇品種，也會不惜重金去搶購。哈萊姆的一位商人就不惜花去自己一半的財產買一株鬱金香，結果他還因此而名聲大振。他不

惜重金購買這株鬱金香的目的並非是轉手獲利，只是為了收藏，為了讓人們羨慕他。

　　許多人一定這樣猜想，鬱金香必定有什麼特別之處，否則不可能在精明的荷蘭人眼裡是如此價值連城。因為它既沒有玫瑰花的美麗芳香，也沒有玫瑰花的花期長，甚至連豌豆花的淡雅清香也沒有。考利曾經如此歌詠鬱金香：

> 鬱金香呀鬱金香，
> 她給世人帶來無限歡樂，無限希望。
> 她花團錦簇，嬌豔嫵媚，讓人神往。
> 她擁有世界上無與倫比的色彩，
> 每次栽培都會讓它更加絢麗和芬芳。
> 紫色和金色是她經常的色彩，
> 就像是最酷愛的服裝。
> 她只想讓人快樂，討人喜歡，
> 並且用她美麗的形象把世界裝點得更加漂亮。

　　這首詩雖然不是十分講究韻律，但字裡行間卻洋溢著詩的意境。貝克曼（Beckmann）在他的《發明史》一書中對鬱金香的溢美之詞更讓人為之心動。貝克曼說：「好像沒有任何一種植物可以像鬱金香那樣美麗多彩，超凡脫俗。即使是在遭遇意外，甚至是在生病之後，她依然會絢麗多彩。沒有經過精心培育的鬱金香，顏色比較單一，葉子比較大，莖也比較長，是一種自然的淡雅美。一旦經過精心培育就會備受花商以及花主的青睞。隨著時間的推移，它的花瓣會慢慢變小，顏色也會漸漸變淡，深淺會日漸分明，葉子則呈現淡綠色。這時的鬱金香就更加美麗和嬌貴了，是一種不可多得的園藝精品。這同時表示她成為溫室的花朵，不能隨便移植，一不

小心就可能讓她的美麗凋零。」

　　很多人在栽培植鬱金香的時候一不小心就會遇到大麻煩，就像一位母親照顧一個體弱多病的孩子一樣。因此，我們必須說，過分去青睞這種嬌貴的花兒未必是明智之舉。1634年，荷蘭人把過多的精力都放在對這種花的佔有上，甚至因此連國家普遍存在的人口問題和工業問題都置之不理。在那個時候，就連生活在社會最底層的人也來做鬱金香生意。鬱金香貿易越來越火，價格也隨之水漲船高。到了1635年，很多人甚至願意花10萬弗羅林[1]的高價去買40支花。其後，鬱金香交易也順理成章地演變為銷售。這個時候的計量單位是伯里茲（perits），一個比喱還小的計量單位。被稱為「里弗金提督」的鬱金香品種，400伯里茲的價格高達4400弗羅林；海軍上將艾克，446伯里茲，價格是1260弗羅林；切爾德，106伯里茲，價格是1615弗羅林；總督，400伯里茲，價格是3000弗羅林；最珍貴的是「永遠的奧古斯都」，每200伯里茲的最低價甚至達到5500弗羅林。「永遠的奧古斯都」這種鬱金香可以說是人們最夢寐以求的品種了，即使是最不好的球莖也可以賣到2000弗羅林。1636年年初，整個荷蘭甚至只有兩株，一株在阿姆斯特丹一位商人的手中，另一株在哈萊姆。人們為了得到這兩株稀世珍寶，甚至搞起了投機。有人甚至願意用12英畝的地產來換取哈萊姆的那一株，而阿姆斯特丹的那株被人用4600弗羅林，外加兩匹馬、一輛新馬車和全套馬具購得。當時，有一位名叫蒙丁的作家，甚至寫了一本長達千頁的書來描寫人們對鬱金香瘋狂的追逐。這位用功的作家在書中對鬱金香的交易描寫得非常細緻，書中還列了一個「總督」鬱金香的交換物品和價格清單，一株總督的價格如下：

1.　荷蘭的一種貨幣單位。——譯者注

兩拉斯特小麥	448弗羅林
四拉斯特黑麥	558弗羅林
四頭肥牛	480弗羅林
八頭豬	240弗羅林
十二隻羊	120弗羅林
兩大桶果酒	70弗羅林
四大桶啤酒	32弗羅林
兩大桶奶油	192弗羅林
一千磅乳酪	120弗羅林
一張大床	100弗羅林
一套衣服	80弗羅林
一個銀酒杯	60弗羅林
	總計2500弗羅林

很多不在荷蘭的人也在鬱金香價格炒到最高的時候，在利益的驅使下趕回荷蘭，盲目地加入到對鬱金香的瘋狂追逐中，參與到鬱金香貿易中，最終不得不以失敗而告終。《布蘭維爾的遊記》中就有這樣的記載：有一次，一位因為有了幾株鬱金香珍稀品種而揚揚自得的富商，在一位水手處瞭解到有一批貴重的貨物要運往黎凡特，他就想攬下這筆生意。於是，就派這位水手到會計室打探詳情。為了答謝這位水手，富商非常大方地給了水手一條紅鯡魚當早餐，沒想到這位水手更喜歡吃洋蔥。或許正是因為這樣，富商餐桌上放著的那個和洋蔥一樣的東西很快吸引水手的注意力，他趁別人不注意，一把將這個和洋蔥一樣的東西裝進了自己的衣袋。有了自己酷愛的「洋蔥」來調味，這位水手高興地回碼頭吃他的「洋蔥」紅鯡魚早餐。

當富商發現自己價值3000弗羅林的「永遠的奧古斯都」鬱金香丟失

的時候，他趕緊召集所有人四處搜尋，但翻遍所有的角落都一無所獲，富商十分傷心。就在這個時候，有一個人突然想到那位愛吃洋蔥的水手。萬分焦急的富商隨即向碼頭衝去，隨從們也緊跟富商朝碼頭奔去，但為時已晚。當他們奔到碼頭時，那位水手正津津有味地嚼著他酷愛的「洋蔥」，就剩下最後一小塊了。這位頭腦簡單的水手還不知道發生什麼事，所以沒想到要躲起來。因為他做夢也不會想到他吃的這個「洋蔥」夠全船的人享用一年，或是如這位被偷走「洋蔥」的富商所說，他的這頓早餐「奢侈得足夠宴請一次奧蘭治親王和聯會省整個朝廷」。

安東尼（Anthony）為了埃及女王克麗奧佩脫拉（Cleopatra）的健康曾把珍珠溶入酒中；理查·惠廷頓爵士為了取悅亨利五世曾經大搞巫術；伊莉莎白女王主持皇家事務的時候，為了她的健康，湯瑪斯·格雷沙姆爵士曾經在酒中溶進鑽石……這名荷蘭水手的這頓早餐，其奢侈程度完全可以和上述這些人相提並論。這位水手佔到了更大便宜，因為這些人的昂貴珠寶並未給他們的美酒增添什麼色彩，也沒有對改善他們的健康產生什麼作用，但是這位水手的「洋蔥」就鯡魚卻是無與倫比的美味佳餚。結果，這個可憐蟲因為這頓昂貴的早餐被富商指控犯搶劫罪，最終被判了幾個月的監禁。

還有一位旅行家的故事更讓人忍俊不禁。這位英國的紳士是一位業餘的植物學家。有一次，他在一位荷蘭富翁家裡偶然間看到收藏的鬱金香球莖，由於沒有見過這種東西，也不知道是什麼，因此他想要做一個實驗。於是，他掏出隨身攜帶的小刀，一層一層地剝這個球莖的皮。他剝到一半的時候，還將它切成兩半，認真地觀察這個他從來沒有看到過的球莖的每個部位。沒想到球莖的主人竟突然向他撲過來，而且兩眼還向外噴著憤怒的火花：「你知道自己在做什麼嗎？」這位旅行家不知所措地說：「在剝這顆特別的洋蔥啊！」「你這個該死的笨蛋！」荷蘭人怒罵著，「它可是

海軍上將艾克呀！」「謝謝，」旅行家邊說邊拿出筆記本記下這句話，而且還問，「這種上將在你們國家多不多呀？」「你這個該死的魔鬼！」這位荷蘭的富翁忍無可忍了，咬牙切齒地揪住了這位驚愕不已的植物學家的衣領，「到了市政官那裡，你就知道是怎麼回事了。」

話畢，這位荷蘭富翁不由分說地將植物學家揪到了大街上，這也引來一群圍觀的人。然而一路上，植物學家始終是一頭霧水，丈二和尚摸不著頭腦，直到被帶到市政官那裡時，他才恍然大悟，原來自己用來做實驗的那個球莖竟然價值連城。因此，無論他怎麼解釋都沒有用，最終還被關進牢裡，直到他籌集到的抵押品足夠賠償這個富翁的球莖損失後才被釋放。

鬱金香狂熱的終結

　　1636年，鬱金香珍品的追逐熱更是空前高漲。在阿姆斯特丹、鹿特丹、哈萊姆、萊頓、阿爾克馬爾、霍倫以及其他一些城市建起一批股票交易所，投機者更是明目張膽。股票經紀人對投機資訊觸角很靈敏，他們大量買進鬱金香股票，並且想盡辦法地操縱股票價格的漲跌。剛開始的時候，人們十分相信這些投機者，投身到這種賭博遊戲中，而且也從中獲利了。鬱金香經營者在鬱金香股票價格大起大落中做著投機的生意，價低時買進，價高時賣出，從中賺取高額的差價。很多人一夜暴富。

　　這也讓更多的人無法抗拒誘惑，爭先恐後地湧進鬱金香市場。最終，鬱金香市場上的賭徒們有如爬滿蜜罐的蒼蠅，密密麻麻。每位投機者都期望大家對鬱金香的瘋狂追逐能夠永遠持續。世界各地的富翁也紛至遝來，毫不猶豫地一擲千金買下天價鬱金香。歐洲的富翁湧向荷蘭北部海岸，將貧窮給消滅了。貴族、市民、農民、機械工、水手、男傭、女傭，甚至煙囪清潔工和洗衣的老婦人也都進入鬱金香交易市場。不同階層的人都把他們的財產變成現金，進入交易市場。房產被人以非常低的價格賣出，或是以很低的價格進行抵押。

　　外國人在這場對鬱金香的瘋狂追逐中也變得神經錯亂，他們把自己的財產從世界各地帶到荷蘭。生活必需品價格節節攀升，房子、土地、馬、馬車以及各種奢侈品也隨著鬱金香的價格水漲船高。有一段時間，荷蘭可以說就是財神爺的接待處。鬱金香的交易也逐漸發展到一個十分普遍但又非常複雜的階段，亟須制定一部法律來進行規範。因為政府的職員以及政府任命的公證員也在紛紛進入鬱金香交易市場。在有些地方，人們不知道

有公證條款，但是卻知道有鬱金香的公證。在部分沒有交易所的小城鎮，各路人就雲集在一些稍微大一點的酒館討價還價。這種昂貴的聚餐有時候會吸引兩三百人。酒館的桌子和過道會整齊地擺放著一盆盆正在綻放的鬱金香，成為席間讓人心曠神怡的風景。

但是，後來有一些細心的人發現，這種對鬱金香的狂熱追逐不會永遠持續。於是，富翁們不願意再花高價買鬱金香種到自家的花圃裡，而是選擇以100％的價格售出自己佔有的鬱金香。在最終肯定會有人破產的消息傳出後，鬱金香價格不再堅挺，出現下滑，從此一蹶不振。由於人們對鬱金香的價格不再有信心，投機者越來越感到不安和恐懼。張三開始同意以每株4000弗羅林的價格從李四那裡買10株「永遠的奧古斯都」。沒想到的是，合約簽定6周後，花價就降到三四百弗羅林一株，李四準備供花，張三卻拒絕李四的履約，即使降價也不肯接受。荷蘭的每個城鎮也因此不得不每天傳訊很多類似的違約者。人們開始發現，貧困在向他們襲來。當時出現這樣的情況，即使有人願意以四分之一的買入價賣出自己的鬱金香，也沒有人願意買了。四處瀰漫著痛苦的吶喊，每個人都在疑神疑鬼，總以為別人會偷自家的東西。少部分發了財的人還隱瞞自己的同胞，悄悄地將財產轉移到英國或是投放到其他產業上。很多在鬱金香交易頂峰時湧出的生活在社會底層的人，而今又被重新拋了回去。曾經的富翁也在這個時候淪為乞丐，世襲的貴族也因此而傾家蕩產。

第一次的恐慌平息一些後，多個城市的鬱金香擁有者就趕緊聚集在一起，謀劃怎樣才可以讓公眾重拾信心。所有人都認為，應該把每個地方的經紀人召集到阿姆斯特丹，與政府一起商量解決問題的辦法。剛開始的時候，政府拒絕參加，只是提議讓他們制定一些內部規章。他們也因此開了幾次會，但是最終卻沒想出什麼辦法去讓那些被愚弄的人們對鬱金香市場前景重拾信心。會議上，他們只能進行無謂的抱怨和不斷地相互指責，甚

至是撕破臉大吵。在阿姆斯特丹經紀人聯合會的主持下才好不容易達成一個協定。隨後他們規定，在鬱金香追逐的頂峰期，也就是1636年11月以前達成的交易合約全部無效，而在這之後的合約，如果買方提出終止，就必須對賣方進行10%的補償。

但是這個決定非但沒讓賣方滿意，而且還讓那些信守合約、買了鬱金香的人覺得自己虧大了。以前能賣到6000弗羅林的鬱金香，現在只能賣500弗羅林，規定要求的10%的補償只比這個賣家價格高出100弗羅林。因此，到處都有交易者向法院提出違約訴訟，但被告卻說什麼也不服從法院對其參與投機的判決。最終，問題被捅到了海牙省議會。大家都認為，這個智囊機構一定可以拿出解決問題的方法，讓大家對未來的交易重拾信心，但是他們的等待卻久久沒有回應。議員們的爭議不斷，3個多月協商和爭議之後才宣布，在得到更加明確的消息之前，他們還不會做出最後的決定。但是他們同時也提議，為了穩妥起見，所有的賣方都應該以現在的價格將鬱金香賣給買方，如果買方拒絕購買，應該將鬱金香進行公開拍賣，差價由合約上的最初買方負責。

事實上，這只是經紀人之前提出來的方案，而且還被證明是沒有用的。荷蘭的法院不能強迫買方付款。在阿姆斯特丹，事端變得更加糟糕，但法官們卻拒絕管這個事情，因為這屬於賭博合約，而賭博合約涉及的債務在法律上無效。由於政府也無權干預這件事情，問題也就只能被擱置。那些不幸的鬱金香持有者也只能努力克制自己，默默吞食這場鬱金香投機熱給自己帶來的苦果，畢竟那些從鬱金香投機中漁利的人也要維護自己的利益。但可怕的是，國家的商業因此遭受了重創，可以說是很多年以後這次重創才得以恢復。

英國也在某種程度上也上演荷蘭的鬱金香投機熱，1636年，倫敦的交易所也在公開買賣鬱金香，投機者最大限度地哄抬著他們從阿姆斯特丹

買來的鬱金香的價格。在巴黎，投機商也奮不顧身地掀起一場鬱金香炒作熱，雖然他們最終無法完全如願以償，但榜樣的力量還是讓這兩個地方的人們瘋狂地愛上鬱金香，有些人對鬱金香的欣賞更是到了無以復加的地步。然而，所有國家對鬱金香的偏愛都難勝荷蘭人，他們不會因為價格高而對鬱金香望而卻步，他們繼續在高價購買。當英國的富翁炫耀自己的優質賽馬和高級古畫時，荷蘭的富翁卻更樂意稱讚自己的鬱金香。

　　讓人們無法想像的是，當時的英國，一株鬱金香的價格甚至要比一棵橡樹高很多。一株稀有的像黑天鵝的雛鳥一樣黑的「泰里斯的菈菈」可以賣到相當於12英畝未收割的穀物的價錢。《大英百科全書（第三版）》的權威作家曾經這樣說，在蘇格蘭，一株鬱金香在17世紀末的最高價是10畿尼，直到1769年，鬱金香的價值才漸漸降低。當時英國最珍貴的品種是唐克維多和瓦倫丁尼爾，前者2畿尼一株，後者2.5畿尼一株，這好像已經是最低的價格了。1800年的正常價格是每個球莖15畿尼。1835年，一種名叫「范妮‧康伯小姐」的品種在倫敦拍賣，價格是75英鎊。更讓人意外的是，一個住在切爾西區的國王路上的園丁，竟然將他花圃裡的鬱金香的價格標到每株200畿尼。

第四章

盲目的聖物崇拜

一件破爛不堪的古董，
鏽跡斑斑的破爛頭盔，
叮噹作響的將軍鎧甲，
鐵釘鉚住的三層軟墊。
歷史更遠的亞麻銅器，
追溯到洪荒年代之前。

——伯恩斯（Burns）

只要人們的心中還存在情感，他們對聖物的珍愛就會永遠存在。這是一種發自肺腑的，最善良的也是最容易讓人激動的愛，無論是多麼冷酷無情的人都不能藐視它，無視它。誰能忽視忠貞不渝的亡妻生前懸在眉宇間的那絡頭髮，又有誰會不珍視長眠於九泉之下的愛子生前掛在脖子上的小掛件？這些都是親人眼中的聖物，每個人都清楚其中蘊涵著無與倫比的情感。從人類的親情上來分析，這是試圖將活著的人對逝去的親人的那份掛念從墳墓裡「挖掘」出來，這是一種十分珍貴的感情。對於一個已經被人遺忘的生者而言，如果他偶然間在一本書裡發現已故親友寫的一些文字，那該是多麼寶貴的東西呀！

如果寫下一種思想、一種觀念或是一個名字的手已經變得冰涼，那這本書必然是無價之寶。除了這些讓家人珍愛的聖物，還有一些紀念品也是讓人們無法割捨的：被人們欣賞以及崇高美德神聖化的東西，例如：一本莎士比亞（Shakespeare）親手簽名的蒙田隨筆；保存在安特衛普的一把椅子，因為那是魯本斯（Rubens）在創作不朽之作《下十字架》時坐過的；佛羅倫斯博物館裡收藏的一架望遠鏡，由於它是當年幫助伽利

略（Galileo）完成偉大發現的工具……當人們真切地看見威廉・泰爾[1]（William Tell）的箭——華勒斯或漢普登的劍——或是某些虔誠的宗教創始人曾經讀過的《聖經》時，哪能不油然而生一種景仰之情？

聖物崇拜主要起始於人們有表達愛的需求，付出愛的欲望。源自這種單純的情感，不知有多少家人、後代表現得迷信和荒誕！人們景仰偉人以及偉人留下來的東西，但是他們同時卻忽略這些只是緬懷先賢的一個組成部分。他們對聖徒的顎骨、聖徒的腳趾甲、國王擦過鼻涕的手帕，以及那些吊死過犯人的繩子等聖物趨之若鶩時，已經把自己變成傻瓜。他們只是一味地從祖先的墳墓裡挖掘陪葬品，完全不分有名還是無名，美名遠揚還是臭名昭著。無論是大聖人還是犯罪份子，無論是哲學家還是騙子，無論是大英雄還是殺人惡魔，無論是忠臣還是賊子，都一樣受到頂禮膜拜。他們穿越整個地球，踏遍整個世界，找尋所有逝者的遺物。

現在的聖物崇拜開始於十字軍東征前不久。那個時候，第一批朝聖者把上千件聖物帶回到歐洲，不知道他們花光所有財物換回來的這些聖物是真的還是假的。人們最推崇的聖物莫過於十字架上的木頭了。這種推崇猶如寡婦的頭油，永遠不會減少。在羅馬天主教教堂裡，人們傳言，是君士坦丁大帝的母親聖海倫納在去耶路撒冷朝拜的時候，最先發現「真正的十字架」。狄奧多西皇帝把這個十字架上的一大塊木頭送給米蘭大主教聖安博，大主教用寶石裝飾這塊木頭，並且將之供奉在米蘭最大的教堂裡，但是後來卻被匈奴人掠走了。匈奴人在取下鑲嵌在木頭上的寶石以後，竟然把木頭給燒毀了。在11世紀和12世紀，歐洲所有大教堂幾乎都可以見到據說是從真正十字架上砍下來的木頭。如果把這些木頭集中到一起，足夠建

---

1. 威廉・泰爾，生活在14世紀，瑞典民族英雄，他曾經手持弓箭射中兒子頭上的蘋果，他的箭因此而與眾不同，象徵自由與獨立。——譯者注

起一座教堂了。能夠看一眼它們，對一個罪犯來說是最大的幸福，更不要說擁有一塊了！如果想要擁有這樣一塊木頭，就必須有足夠的勇氣去應對可怕的危險。人們普遍認為，這些木頭不僅可以用來避邪，而且還可以用來治癒頑疾。聖徒們年年都會到供奉著這些木頭的教堂裡去朝拜，教堂也因此會有不菲的收入。

救世主的眼淚也是一件極負盛名的絕美聖物。信徒們完全不顧是誰用怎樣的方法將它們保存下來的，他們聰明的雙眼完全被基督徒朦蔽了。只要說這是救世主的眼淚，信徒們就會對之推崇備至。聖母瑪利亞和聖彼得的眼淚也不難拿到，它們被精心地封存在小盒子裡，就像是虔誠的信徒們將之珍藏在自己的心裡一般。除了眼淚，還有其他精緻的聖物，那就是耶穌和殉道者的血滴，還有就是聖母瑪利亞的乳液。頭髮和趾甲也是十分受歡迎的聖物，它們可以賣到很高的價格。

在11、12世紀，數以千計的朝聖者年年都會到巴勒斯坦去買假冒聖物，並且在自家的店鋪裡銷售，多數信徒除此之外再也沒有什麼其他的生財之道。事實上，很多腳趾甲都是從一些恬不知恥的牧師的臭腳丫上修剪下來的。這些趾甲在被剪下來不到半年的時間裡，就會被披上某個聖人或信徒的「外衣」，搖身一變成為某個聖人或是某個聖徒的腳趾甲，這樣就可以賣到如同鑽石般的高價。讓人吃驚的是，聖彼得的趾甲出人意料地多產。克萊蒙會議時代，在歐洲聖彼得的腳趾甲多到可以裝一大麻袋了。儘管聖徒的腳趾甲多得近乎荒唐，但是人們卻對這些腳趾甲是長在偉大聖徒們神聖的腳上的這個問題深信不疑。

直到今天，香貝里的大教堂裡也還有一些趾甲在展出。這些展出的聖物讓不遠千里前來朝拜的信徒們目不暇接。巴黎皇家港有一棵荊棘總是被人精心地照看著，神學院的信徒們更是肯定地說，這棵荊棘是耶穌基督聖首所在的那片荊棘中的一棵。至於它是如何跑到這裡來的、是誰把它栽培

下來的這些問題，至今沒有人可以做出合理的解釋。這棵荊棘在不同教派的長期紛爭中已經遠近聞名，更讓它聞名遐邇的是它在佩里爾小姐的身上創造奇蹟——她只是吻了它一下，就治好了長期折磨著她的眼病。到過羅馬的旅遊者都知道聖梯，也稱為聖階。據傳，這是從耶路撒冷朝拜回來的聖海倫納帶著「真正的十字架」在彼拉多的住所裡發現的。

據傳，當年耶穌被帶到羅馬總督府時，就是從這架雲梯上去和下來。因此，信徒們就認為，腳踏這架雲梯就是對神靈的不尊敬，甚至是一種褻瀆。也正是這樣，他們便懷著無比崇敬的心情將之懸掛在空中。朝聖者必須先虔誠地親吻它之後，才可以用虔誠的膝蓋跪在這雲梯上爬上爬下。

歐洲人依然狂熱地癡迷於宗教聖物。在西班牙、葡萄牙、義大利、法國以及比利時的羅馬天主教教堂裡，都還或多或少地供奉著一些聖物，即使是最窮的鄉村教堂裡，也會吹噓自己擁有羅馬歷史上無數的聖人腿骨，雖然這如同天方夜譚般荒誕。香貝里教堂也在不無誇張地吹噓說，它那裡有查理曼大帝[2]的腿骨，可以治好跛腳。豪勒的教堂則宣稱，它那裡有聖母瑪利亞的腿骨。西班牙教會也說，它那裡有七八塊，還說這些腿骨絕對是真的聖物。布魯塞爾曾經擁有過，而且至今可能還保存著聖高杜勒的牙齒。有一位虔誠的教徒常年受牙痛的折磨，一次祈禱時只是看了一下這些牙齒，牙痛竟然奇蹟般地好了。歐洲到處都埋藏著這些聖骨。據說，時間久了，當水從埋著聖骨的地方流過時，會變成甘甜的泉水。信徒們只要虔誠地喝下這甘甜的泉水，可以治好百病。

各個國家，歷朝歷代的人們非常渴望擁有聖物，為了擁有一件名人，甚至是罪人的物件，人們挖空心思，絞盡腦汁。理查一世當政時，倫敦的平民領袖威廉・費茲・奧斯伯特（William Fitz Osbert）在史密斯菲爾德被

---

2. 查理曼大帝（742—814），是神聖羅馬帝國的奠基人。——譯者注

處以絞刑，當時就有許多人想盡辦法想要得到他的一絡頭髮，甚至是他衣服上的一塊碎布。埃塞克斯、肯特、沙福、薩塞克斯和周圍各郡的婦女們紛紛湧向倫敦來搶走一把他絞刑架下的土。在這些人看來，威廉·費茲·奧斯伯特的頭髮可以避邪，他衣服上的布可以用來治病。

再從近一點的年代來看，還有一個那不勒斯漁夫馬薩尼洛的遺物的故事。他在暴動之後，被暴動支持者們推到權力的頂峰。但讓人沒想到的是，他卻比以往的任何暴君更加殘暴。最終，他被暴民們就像打死一隻瘋狗一樣，打死在馬路上。隨後，他的無頭屍在泥沼裡泡了很長時間，夜晚被拋到了護城河裡。次日，不知道為什麼，人們對他的感情突然來了個一百八十度的大轉彎。人們手握火把，找他的遺骸，找到之後還給它穿上皇袍，隆重地埋在教堂裡。一萬名武裝士兵和一萬名送葬者參加葬禮。這個漁夫生前穿的衣服還被眾人撕成碎片，被當作聖物收藏。他生前住的那間小屋的門板也被婦女們拆下來劈成碎塊後，或是刻成肖像，或是製成保存聖物的小盒子和其他的紀念品。他簡陋的小屋裡的家具也變得比奢華的宮殿裡的裝飾物更受青睞，他去過的地方也被當成聖地，人們在那裡收集泥土裝在小瓶子裡，以天價出售或當作護身符隨身攜帶。

在處死殘暴的布林維利耶侯爵夫人時，巴黎人也表現得同樣瘋狂。馬薩尼洛的罪行並未讓他的個人形象受到損害，這一點倒是容易讓人理解。但發生在布林維利耶侯爵夫人身上的事，除了讓人厭惡和鄙視之外，就沒有其他什麼感覺了。據說，她曾經毒死7個人。她被判處在格列夫廣場上燒死，並且將她的骨灰撒在風中。讓人們驚訝的是，在她服刑那天，她還打扮得雍容華貴、美麗端莊。很快，人們就把對她咬牙切齒的咒罵演變成惋惜。接踵而至的是，人們的這種惋惜很快又演變成崇拜。更讓人瞠目結舌的是，她當天晚上就被奉為聖人。她的骨灰被人們一點一點地收集起來，就連燒焦的木頭也被哄搶。因為人們相信，她的骨灰能夠避邪、驅趕巫

術。

在英國，也有許多人鍾情於小偷、殺人犯以及其他重罪犯的遺物或與他們有關的東西。絞死這些罪犯的繩子常常以每英尺1畿尼的價格被人買走。絞死過杜德博士的繩索、絞死被判叛國罪的馮特羅伊先生的繩索、絞死殺害維爾先生的凶手瑟特爾的繩索無一例外地都賣了好價錢。1828年，凶手為科德的瑪麗亞‧馬丁謀殺案也引起民眾的極大熱情。威爾斯、蘇格蘭，甚至愛爾蘭的人們都紛至遝來，參觀埋藏過受害者屍體的小房子。人們在離開時都想帶點紀念品回去，因此房門上的木塊，屋頂上的瓦片，尤其是死者生前的衣物都被拿光了。她的一絡頭髮竟然賣了2畿尼，買到的人還認為自己佔了個大便宜。

1837年，格林納克在坎伯威爾巷殺害漢娜‧布朗。案件發生以後，人們像潮水一般湧向坎伯威爾巷，這使得警察也不得不前來維持現場的秩序。人們都迫不及待地要從這個暴徒的房間裡拿走一樣東西來做紀念。要不是警察動用了武力，房子的門窗和桌椅當時就會被洗劫一空。

再早一些時候，還有一個被判絞刑的罪犯的手的傳說。人們認為，患有頸部淋巴結核的人如果被這個罪犯的人手搓一下，就會立刻痊癒。這個愚蠢的傳說讓紐蓋特監獄的劊子手大發橫財，他因此賺到的錢是他之前想都不敢想的。因為大家都認為，這是一隻包治百病、能夠辟邪消災的妙手。就是這個讓人噁心的東西，在查理二世時期卻要花10畿尼才可以買到，但是人們竟然一點也不覺得它貴。

1838年春，就在瘋狂的湯姆（或叫考特尼）即將被槍斃的時候，聖物搜尋者又開始蓄勢待發，準備衝上去搶一件這個特殊人物的東西做紀念。外科醫生剪下他的長鬍子和頭髮後，交給他的信徒。這些信徒將這些鬍鬚和頭髮奉為至寶。而且還不只是他的信徒這樣，就連住在坎特伯里的富翁和他的鄰居們也將他的頭髮當作無價之寶。他被擊斃時倒向的那棵樹的皮

也被人們瘋狂地一條條剝下拿走；一封有他簽名的信也需許多金幣才可以換到；他鍾愛的坐騎也和他的主人一起出名了。很多人成群集隊地從150英里以外的地方趕到鮑頓，竟然只是為了看一眼他被槍斃的地方，或是摸一下「馬爾他的瘋狂騎士」的馬背。要不是看管很嚴，他的屍體也會被從墳墓中挖出來，其骨頭也會被當作紀念品拿走。

在現代的歐洲，最讓人們頂禮膜拜的莫過於莎士比亞的桑樹、拿破崙的柳樹和他在滑鐵盧寫公文時用的桌子了。比較而言，莎士比亞的桑木鼻煙壺更為稀有，儘管市場上有無數用這位大詩人種的樹製成的東西，而且有各種各樣打著莎士比亞旗號的木頭製品，但毋庸置疑，大多數都是冒牌貨。至於「拿破崙在滑鐵盧寫作公文時用過的桌子」，也大多是冒牌貨，因為拿破崙在滑鐵盧寫作公文的時候用過的桌子已經被毀壞了。沒有一個是真的，就會冒出一打假貨。事實上，很多人只是收藏了一根木棍，有些人把自己拿到的那點紀念物刻成別針或是其他飾物，更多的人是將它製作成菸灰缸。這些木頭在法國被製成精美的糖果盒。然而，無論被製作成什麼，都被那些一提起拿破崙就眉飛色舞、雙目熠熠生輝的人當作了珍寶。滑鐵盧戰場上的彈殼、陣亡士兵軍服上的紐扣，至今依然備受歐洲人寵愛。就像舊桌子毀掉後又製作新桌子一樣，人們又開始熱衷於如法炮製當時的子彈。很多人還擁有一顆他們自以為是曾經在那個值得紀念的日子裡，為世界和平做出突出貢獻的子彈——那是在滑鐵盧之戰12年之後，人們在戰場的遺址上挖礦時挖出的首個軍火庫裡弄來的。所有的聖物崇拜者們，你們一定要看好自己的錢包，不要輕易地將錢花在滑鐵盧村成群結隊的導遊們的身上！

在路易・菲利普政權將拿破崙的遺體搬走之前，站在聖赫勒拿島上孤零零的拿破崙墳墓前，很多旅遊者會從拿破崙墳墓前的柳樹上折下樹枝，將它們帶回歐洲的各地去種植。其後，它們和它們的母親一樣長成大樹。

因此，聖物的信徒們也就分不清哪一棵才是最初的那一枝樹枝長成的，但他們還是對這些大樹充滿虔誠。在倫敦的周圍，直到現在也還有好幾棵這樣的大柳樹。

推崇聖物和其他事情一樣，有可取的方面，也有不可取的方面。那些真正的偉人的遺物，或是那些關於偉大事件的紀念品，永遠都不會褪色，它們對人們會永遠充滿誘惑力。它們會吸引人們去想像、去探索，它們能夠淨化人們的心靈。估計很多人都會同意考利說過的那種美好願景，他想「坐在用法蘭西斯・德瑞克爵士環球航行的時候乘坐的船的殘骸製作成的椅子上創作：

> 「我自己現在也偏愛安靜，
> 和一把椅子差不多，
> 但是我哪能坐著一輛
> 車輪破舊的馬車去旅遊，
> 還眼睜睜地看著它急剎車。」

古斯塔夫・勒龐點評

[1]　有政治信條或宗教的創立者可以站穩腳跟的原因，就在於他們徹底地激起群眾不切實際的感情，讓群眾在盲目的服從和崇拜中，找到自己的幸福，隨時準備為自己的偶像奉獻一切。

[2]　如果想要知道理性在與感情對抗時有多麼不堪一擊，不用降低到這麼原始的水準，你只需想一下這個事實：在幾百年前，甚至連最簡單的邏輯都沒有的宗教迷信生命力有多頑強，在漫長的歲月裡，就連最清醒的天才也不得不對它們俯首聽命。

[3]　以群體的大眾行為而言，它在思想上顯現出一種獨特的低劣性，但是在一些行為中，它似乎又被一種神秘力量所牽引，古人把它稱為命運、自然或天意，我們則稱它為「幽靈的聲音」。

第五章

近代預言家記事

末日大審判

宇宙之神到來了！
神的聲音清晰地響在耳邊，
行為神秘活動於天地之間。
肉體心精神都堅不可摧，
天地萬物他踩於足下，
彷彿他的座墊。

——諾斯特拉達穆斯

在人類歷史上，世界末日即將來臨的陰霾曾經數次出現在許多國家，其中，最為有名的一次發生在10世紀中期的基督教世界。當時，法國、德國和英國等國家出現許多相信世界末日的教徒，他們用幾近瘋狂的語調告訴人們，《聖經‧新約‧啟示錄》中預言的世界末日將要到來！那個時候，上帝之子會現身雲端，判斷世間善惡是非。教會曾經訓斥這些人不要妖言惑眾，但是謠言還是不脛而走，迅速地在大眾當中流傳開來。

有傳言說，末日審判將在聖地耶路撒冷開始。於是，在西元999年，一群朝聖者向著耶路撒冷的方向前進，去迎接聖主的降臨，隊伍十分壯觀，就如同一支大軍在行動。他們之中，有很多人是變賣了所有家產參加這次朝聖大事的。因為世界末日立刻就要來臨，所以社會秩序變得異常糟糕。教堂被毀，教義變得沒有任何作用，教士也不再受到人們的尊敬，騎士、貴族和窮苦人都帶著自己的老人、孩子慢慢前行。他們邊走邊唱聖歌，充滿恐懼的眼神不時仰望天空，內心中盼望上帝之子將福音播撒給他

們。

　　到了西元1000年，又有許多人加入朝聖者的隊伍。多數人都感到經常
發生的恐怖與災難，他們認為這些自然現象都是一種警告，有時候在行進
中途響起的一聲雷都會讓他們長跪不起，他們相信那是上帝的聲音，在向
世人宣布審判的時間。許多百姓認為雷聲響過，大地就會龜裂，死神也會
降臨。天空中每顆流星都成為傳示上帝旨意的載體，奔向耶路撒冷的教民
們莫不悲泣祈禱，路上的朝聖者也是如此：

　　　　主啊，世界真的要滅亡嗎，
　　　　世間萬物將重新輪迴，
　　　　大地將變成荒蕪，
　　　　就像空中飄落的一張紙牌。

　　牧師和神父似乎也因為恐懼而發瘋，每一顆流星劃過都會引發一番說
教，他們所有談話的主題都是即將來臨的末日審判。

　　人們一直認為彗星的出現是世界解體的預兆。這種觀點現在還部分
地流傳，但彗星已經不再被看作世界解體的一種徵兆，而被人們看作是地
球毀滅的原因。1832年，關於彗星與地球毀滅的最嚴重的警告在歐洲傳開
了，尤其是在德國，根據天文學家的預測，彗星將會撞毀地球。許多人擔
心彗星會把地球撞成粉末而停止一切工作或生意。

　　在瘟疫盛行的時候，人們總是容易輕信傳言，這次也不例外，大多數
人都認為世界的末日即將來臨。在1345─1350年，歐洲處於慘澹的愁雲之
中，人們普遍相信世界末日很快就會降臨。在德國、法國、義大利的各大
城市中，到處都是占卜凶吉的術士。他們妖言惑眾，告訴人們10年之後大
天使長的聲音將響徹大地，主也將在雲間現身，對地球做出最後的宣判。

　　1736年，有極好口碑的預言家惠斯頓預測該年10月13日將是世界末

日，這使得倫敦的市民異常驚恐。在10月13日，人們紛紛逃往伊斯林頓、漢普斯特德以及這些城市之間的田野中，以便觀看倫敦城的毀滅——「世界末日的開始」。在《史威夫特雜文》第三卷中有一篇題為「在謠傳的世界末日當天倫敦發生之事的忠實記錄」的文章，文中對此愚蠢荒唐之舉做了十分辛辣的諷刺性描述。這種貌似真實的預測敘述可能令人感興趣，但是這種類似天主教宗和同性戀者的嚴肅妙語同樣是令人難以相信的。

在亨利八世的時代，這樣的事情也曾經上演過。

1761年，倫敦發生兩次地震，這時預言家聲稱第三次地震將要毀滅一切。關於前兩次地震，第一次發生在2月8日，地震中萊姆豪斯和波普勒幾家的煙囪倒掉了。第二次發生在3月8日，震區涉及倫敦北部以及漢普斯特德和高門。第二次地震發生以後，人們都知道一個事實：地震間隔正好一個月。這個時候，一個名叫拜爾的治安隊士兵因為患有精神分裂病，他相信下個月還有一次地震。他像發瘋一樣在街道上狂跑，逢人便說4月5日倫敦就會毀滅。大多數人受了他的情緒影響，他們認為4月1日更有可能發生第三次地震，幾乎所有人都相信這個預言，他們想盡辦法離開倫敦躲避災難。

那個可怕的日子逐漸地臨近，恐懼的情緒在人群中蔓延，不計其數的盲信之人蟻聚般蜂擁躲到方圓20英里之內的村子裡，在那裡等待災難的降臨。伊斯林頓、高門、漢普斯特德、哈羅、布萊克希斯到處都是避災的難民，為得到棲身之處他們向房主支付高額的費用。那些經濟上窮困的人只好待在倫敦，直到人們預言的災難來臨前的兩三天才逃到城市周圍的田野裡露營，安靜地觀望著巨大的災難來臨的時候他們城市的灰飛煙滅。

傳說中的災難之日即將來臨，那些一個星期前還在嘲笑預言不可信的人也裝好行李，跟著逃難的人流湧向鄉間田野。人們認為河流是最安全的地方，因此港口中所有的商船上都擠滿了人。從4日到5日晚上，他們只

能在甲板上棲身，同時靜待那驚世駭俗的一幕——聖保羅教堂在震動中顫抖，西敏寺的塔石被狂風捲起在天空飛舞，又在煙霧中狠狠跌落……

第二天，大部分的逃亡者都回到倫敦，他們知道所謂的預言根本就是子虛烏有。但是也有許多人覺得應該再等一個星期，等一切都平安無事後再回倫敦才放心。自此，人們再也不相信拜爾了，就連那些此前深信不疑的人也認為他是一個十足的瘋子。他又試圖去預言其他事件，但是沒有人再上他的當。幾個月以後，他被關進瘋人院。

1806年，地球毀滅的恐慌再次佔據里茲和它周邊人的心。這個謠言是在一種詭異的氣氛下形成的。在里茲附近的村子裡，有人見到一顆上面印有「基督將至」字樣的雞蛋。許多人聞訊前來參觀這顆雞蛋，並且預測這顆奇蛋暗含的資訊，許多人都認為末日審判為期不遠了。

這個消息一傳出，人們就沉不住氣了，就像在暴風雨中擔心翻船的船員一樣。幾乎所有人立刻成為狂熱的宗教信徒，他們不停地祈禱，想盡辦法救贖以前的種種罪惡。但出人意料的是，這場鬧劇幾天以後就被人拆穿了。一天清晨，幾個人聞知消息以後去看那隻母雞，那個時候牠正在下「神奇」的蛋。這幾個人很快發現，原來所謂的神蛋，是被人用腐蝕性的墨水塗寫過，然後塞回雞屁股裡。聽到這個消息，那些剛剛做完禱告和懺悔的人們不禁苦笑，地球依然像以前一樣在正常運轉著。

瘟疫籠罩下的米蘭

　　1630年，米蘭發生一場影響深遠的瘟疫，里帕蒙特在他的作品《地中海國家的瘟疫》一書中記述過這件事情，在那場災難中，人們受盡了占星家預言的欺騙。在瘟疫流行前一年，曾經有人預言瘟疫的發生。1628年，一顆巨大的彗星出現在夜空中，對此，占星家發表自己的看法。一些人認為將要發生戰爭，一些人認為可能會發生飢荒，而大多數人主張從彗星蒼白的顏色可以斷定有瘟疫降臨。在瘟疫橫行的日子裡，預言這次災禍的占星師們聲名大振。

　　而那些在幾百年前就廣為流傳的預言，對世俗人的心理產生極深的影響，甚至有人把這看成自己的宿命。為了使人們對預算深信不疑，占星師們謊稱這場瘟疫將會帶來三重人們不能預見的惡劣影響。這個預言的出現，使得所有不幸的人幾乎都要發瘋了。

　　有一首古詩預言說，在1630年，撒旦將會用毒藥害死所有的米蘭人。在4月的一個早上，瘟疫沒有達到最嚴重的狀態，有一位過路人發現米蘭城主要大街的所有門上都黏著奇怪的海綿狀汙點，其中還流淌著腐爛的濃液。全城人都互相傳遞著這個消息，很快有人敲響最大的警鐘。眾人想盡辦法想找出罪魁禍首，但是一無所獲。最後，有人想到古老的預言，並且請求大家到所有的教堂祈禱，以粉碎魔鬼的陰謀。有人認為是某些人借助國外勢力在城市上空施毒，有些人則主張是神對人的懲罰。

　　與此同時，瘟疫在不斷地蔓延，人們彼此之間也變得越來越不信任。人們甚至覺得所有的東西上都有魔鬼塗的毒藥——井裡的水、田裡的莊稼和樹上的果實，還有所有平時接觸到的東西——屋子的牆壁、街上的人行

道以及門上的把手。平民們的憤怒和恐慌已經到了極點，於是大家都想找到誰在替魔鬼做事。凡是不想被當成魔鬼使者的人都用油膏塗抹自家的家門，否則被人們指認為魔鬼使者就會必死無疑。有一位年逾八旬的老人，經常到聖安東尼奧教堂祈禱。他想用衣服擦一下他要坐的地方，立刻就有人指認他塗毒。這個時候，正在教堂裡的一群婦女抓住這位虛弱的老人，手拉其頭髮將他拖出，一邊拖一邊咒罵。就這樣，這位老人被從地上拖向市政法官處，他將會受到刑罰並且交代他的同謀，但是在半路上他就死去了。

還有許多無辜者死在狂怒的群眾手中。有一個名叫毛拉的人，他身兼藥劑師、理髮師之職，有人指控他與魔鬼勾結毒害米蘭人。他的房子被人們包圍了，他配製的化學藥品被人們指認為準備自用預防傳染病藥品。其他醫生檢查之後，宣稱所有藥品都是毒藥。人們把毛拉捆在架子上，他用了很長時間去辯解，但徒勞無功。終於，他不堪折磨，屈服了。他承認與魔鬼串通，又勾結一些外國的勢力，目的是要毒死全城的人。他還坦白了自己的其他惡行——用油膏塗抹了門，往泉水投放毒藥。他還供出幾個同夥，他們也獲得大體相同的處置。法官判決毛拉和他的同夥們有罪並且處以絞刑，人們推倒了毛拉的房子，並且在原地樹起一根石柱，上面刻有用來警醒世人的所有關於毛拉所犯的罪狀。

正在這些奇聞逸事發生時，瘟疫也在不斷擴散。當人們聚集在一起觀看處決罪犯時，幾乎所有人都被傳染瘟疫。但是這沒有讓人們清醒，相反地，因瘟疫產生的暴怒和輕信盲從，都與瘟疫的傳染同時發展。所以不管是奇異的還是荒謬的，所有的故事都會使民眾瘋狂。

有一個故事，很長時間裡人們對此深信不疑。人們已經發現魔鬼，他就住在米蘭，他已經準備好了毒藥並且把它們交給他的密使，這些密使會把毒藥塗在所有地方。還有一個人杜撰一個連他自己都信以為真的故事。

在米蘭市場的附近，他向圍坐在他周邊的人講述這個故事。

　　他告訴人們，在一個漆黑的傍晚，當時大教堂的周圍空無一人，就在這個時候，由6匹乳白色的馬拉著的一駕深色馬車停在他身旁，馬車後有無數穿黑色長袍的家丁，他們都騎著黑色的馬。馬車上坐著一個高大雄壯、氣質高貴的陌生人，又長又黑的濃髮隨風飄動，臉上的表情有些輕蔑。他的相貌是那樣高貴，令人肅然起敬。當他轉過頭來注視這位陌生人時，一股寒意流遍全身。他從未見過膚色如此之深的人，周圍空氣的溫度開始上升，讓人難以呼吸。他立刻感到這陌生人一定不是陽世之人。陌生人發現他的惶恐，和藹而又莊重地請他上車同乘。他感到自己無力拒絕陌生人。當他有點清醒時，發現他已經在馬車裡了。馬車開始伴著強大的風力飛奔，而那個陌生人則一言不發。最後，馬車在米蘭一條大街上的一個門前停下了。這個時候，街上人聲鼎沸，但令他驚奇的是，竟沒有人理會陌生人這非比尋常的車隊人馬。他恍然大悟，想到有可能一般人看不見他們。在車隊停靠的這家商店裡，有一個幾乎倒塌一半的巨大宮殿。他和那位高貴的帶路人並肩走過幾間寬敞但光線暗淡的房間。其中有一間房屋，四周都是巨大的大理石柱子，柱子上雕有鬼神像，記載著各種災禍。除此之外，這個建築物的其他地方都被黑暗籠罩著，他借助偶爾閃現的光亮，看到房間裡有許多骷髏正相互嘲笑、吵鬧，相互追逐著或做一些跳背遊戲。在這棟建築物之後，是一塊荒地，好像已經許久無人耕種，在荒地的中間有一塊黑色的岩石，岩石下面不時傳出毒水流動發出的駭人聲音。正是這裡的毒水流過田地，流到米蘭所有的泉水中，使人們無法使用。在參觀完所有這一切後，陌生人將他帶到另一個大房間，裡面堆滿了黃金和寶石，陌生人承諾如果他肯跪下行禮膜拜，並幫助他將一種傳播疾病的藥膏塗抹在米蘭所有的門和房子上，他就會將這些黃金和寶石全送給他。此時，他才明白這個陌生人就是魔鬼。他立刻向上帝禱告，請求上帝賜予他抵抗魔

鬼誘惑的力量。但是他的禱詞被那魔鬼聽到了，魔鬼用憤怒的眼神注視著他，天空中響起了巨大的雷聲，很快無數的閃電也出現在他的面前，就在這個時候，他發現自己正孤身一人站在教堂的走廊上。

日復一日，他向所有他見到的人一字不變地重複這個奇怪的故事，聽到的人都對此深信不疑。不斷有人想盡辦法去尋找那所神秘的房子，但是沒有人成功。那個人說出幾個相似的建築物，都是些警察正在搜查的地方，但是那個所說的瘟神、鬼屋和毒泉卻沒有蹤影。即便如此，人們還是堅信傳說是真實的，一些因為瘟疫而處於半瘋狂狀態的所謂目擊者向人們發誓說他們也見過那陌生人，聽到過那白色的馬拉著奇特的馬車的聲音。他們還不停地告訴人們那馬車半夜從街道經過時發出的聲響比雷聲還要大。

更為讓人吃驚的事實是，許多人坦白他們被魔鬼雇用施毒。就這樣，更大範圍的狂亂發生了，它也像瘟疫一樣傳播迅速。精神和身體一樣處於病態的人們不斷地自動站出來譴責自己，他們都承認有罪，在這種懺悔行動之中，很多人都死了。

在1665年倫敦發生大瘟疫期間，人們在同樣的情形下被庸醫和盲目者的預言折磨。笛福說，人們那個時候生活在無法把握的預言、沒有邊際的假設之中。各種各樣曲折離奇的夢和占星者的傳說層出不窮，古代的曆書和那些古老的預言把人們嚇壞了。在瘟疫發生的一年之前，由於有彗星出現，就有人說這是警告，飢荒、瘟疫、火災將會到來。瘟疫剛出現，立刻就有人跑到街頭疾呼在幾天之內倫敦將要毀滅的謠言。

「倫敦大洪水」的荒唐預言

　　1524年，倫敦發生一件更加受到虛無的預言影響的事情。當時的整個倫敦城幾乎被算命師和占星家佔據了，每天都有人成群結隊地請他們算命和占卜。1523年6月上旬，預言家中有人說1524年2月1日洪水之災將要降臨倫敦，泰晤士河水將會猛漲，整個城市都逃不過這個劫數。盲信者們把這個預言奉為聖經。時間慢慢地過去，幾乎全部盲信者都堅定地傳播這個預言，因此越來越多的人相信預言是真的。於是，城中的百姓收拾行李，遷居到肯特和埃塞克斯兩個城市。預言中災難日即將來臨的時候，更多的人加入移民大潮。到1524年1月，在城中居住和生活的人們扶老攜幼步行奔向15至20英里遠的村莊中躲避災禍。上流社會人士也不例外，只是他們乘坐的是馬車或是其他交通工具。到1524年1月中旬，至少有20000人離開這個在傳說中註定要毀滅的城市——倫敦，剩下等待洪水的只有空空如也的房子。富有之家大多搬到高門、漢普斯特德、布萊克希斯等地的高處居住。位於北方較遠處的沃爾瑟姆修道院，泰晤士河南岸的克羅伊登也搭滿了帳篷。博爾頓——聖巴托羅繆修道院院長花大錢命人在哈羅山上建造一座城堡，裡面儲備了足夠兩個月使用的糧食和水。1月24日，距離大災難來臨還有一個星期，他匆忙和他的同事及家人搬到這裡。他還用馬車將許多船運到城堡裡，並且配備了一流的水手，他這樣做，主要是為了在洪水過大時可以用船逃到地勢較高的地方。很多富有之人都向修道院長提出到城堡中避難的要求，但遠見卓識的博爾頓只收留他的親密朋友和那些準備了洪水來臨期間有食用食品的人。

　　終於，傳說中令人談而色變的這一天來臨了。清晨，混亂的人群懷

著極大的好奇心觀看正在上漲的河水，他們認為即便洪水到來河水也會慢慢上漲，因此打算等河水超過警戒線再逃向安全地帶。但大多數人還是擔心這樣做並不保險，他們覺得只有躲到一二十英里之外才安全。泰晤士河沒有理會這些愚蠢之人的可笑行為，它的河水一如往常安靜地上漲，又安靜地退潮，接著，又漲潮又退潮，這和20多位占星學家所做的預測完全不同。夜幕降臨的時候，那些自認被人愚弄的市民們被氣得臉色蒼白，河水也呈現出了一片蒼白。到了晚上，奔流不息的河水沒有漲過堤岸而衝進城市。但是，人們依然不敢入睡，成千上萬的人在河邊值守到第二天天亮，以避免洪水在夜間悄然來臨。第二天，那些預言家就如何避免泰晤士河洪水的錯誤預言帶來的惡劣影響進行認真的討論。令他們高興的是，他們想到一個能夠預防人民狂怒爆發的計策，他們聲稱，這個錯誤是由一個數字的過失引起的，這個過失導致他們將這次洪水發生的日期提前了一個世紀。日月星辰的天象變化莫測，而他們是凡人，因而出現疏漏。當時的倫敦人是安全的，倫敦暴發洪水的準確時間是1624年，而非1524年，這樣的聲明發布後，聖巴托羅繆修道院院長博爾頓不得不拆毀他的堡壘，身心俱疲的「移民」們回到城市。

受人尊敬的預言家

　　一份曾經刊登在皇家文物學會會報上的倫敦大火目擊者的陳述現在存放在英國博物館中，它敘述的是一個倫敦人輕信預言的事例。作者曾經陪同約克郡的公爵長時間地在教區內的各地走訪，這個教區處在弗利特橋和泰晤士河之間。在陳述中，他記錄他們曾經試圖阻止迷信之火的蔓延，但是人們對預言卻深信不疑，不想做任何改變。希普頓修女曾經預言倫敦將化為灰燼，因此所有的民眾拒絕付出任何努力去阻止已經發生的火災。文中還提到凱內爾·迪格比先生的兒子，他也是一個極有預言天賦的狂徒，他在《命運》這部偉大著作中寫到倫敦將要毀滅，他告訴人們地球上沒有什麼力量可以阻止預言的應驗。有許多本來可以向他人提供幫助的人，本來可以努力設法拯救整個教區的人們脫離危險，但是現在只能袖手旁觀。就在許多人任由命運擺布時，那些從來不敬鬼神的人們開始搶劫處於絕境的城市。

　　在英國的許多鄉村地區，修女院院長希普頓的預言現在仍然被人們篤信。在農村她享有很高的聲譽，幾乎英國所有最流行的預言都是她做出的。無論是否受過教育，受過一點教育，或是社會其他階層的人，都非常相信她的預言。民間傳言說她是出生在亨利七世①時期的納爾斯伯勒，還有傳言說，她為了增強預測未來事件的力量，向魔王出賣靈魂。雖然在生活中人們把她看成是一個女巫，但是最終她擺脫女巫的命運，在約克郡的

---

1. 亨利七世（約1278—1313），盧森堡王朝的第一位德意志國王。——譯者注

克利夫頓附近無疾而終，表情祥和地死在臥床上。據說，人們在當地的教堂院子裡為她立了一個石碑用以紀念，以下是墓碑的墓誌銘：

> 在她的生命中從來沒有謊言，
> 她施下的魔法時常在世界重現，
> 所有的預言都將繼續流傳，
> 她的英名將永世長存。

　　她的傳記作者曾經有這樣的敘述：「在她的生命中，從來沒有一天白白流逝，在預言中，沒有任何危言聳聽的內容，都是她最嚴肅的思考。她的名氣越來越大，人們從四面八方湧來，領悟她的全部精神。在這些人之中，有年輕的、年老的、富的、窮的各色人等，其中也有少女。他們帶著與未來發生的事情的相關問題來找她，然後帶著她所給的滿意解釋回去。」

　　傳記中的一部分提到曾經做出的偉大預言，例如：她曾經去貝弗利的修道院長處預測亨利八世對修道院的查禁，亨利與安妮・博林結婚、史密斯菲爾德的異教徒大火和蘇格蘭人瑪麗女王死刑的執行。她預測詹姆士一世的即位，並且補充說：「災難將會在寒冷的北方出現。」

　　在後續的走訪中，作者得知她曾經說過的另一預言。她的信徒普遍認為這個預言至今並未實現，但或許會在本世紀內實現：

> 當血海與洪水交匯，
> 將會傳來震天的哭喊聲。
> 波濤之聲勝過雷鳴，
> 三對雄獅奮力拼殺。
> 勝利的榮譽歸於國王，

歡樂的生活還於人民。

殺戮的時代已經結束，

和平的陽光照耀大地。

人們的生活富足安康，

鑄劍為犁，人們再事農耕。

　　然而，在她所做的全部預言中最為有名的是一個關於倫敦的預言。
這個預言說，如果倫敦和高門被一排連續的房屋連接起來，將會有災難發
生。成千上萬的人一想到這個預言就不寒而慄。如果按照城市目前的擴張
速度，她彌留之際做出的這個預言很快就會實現。強大的君主會垮台，流
血事件會不斷發生。到了那個時候，那些看到我們受盡災難之苦的天使
們，也會在天國裡為不幸的英國面牆而泣。

傳說中的預言者梅林

　　儘管希普頓修女在英國有極高的聲譽，但是她在英國預言家中的地位卻不是第一位。梅林，這位亞瑟王①的導師佔據最偉大的預言家這個顯赫位置。

　　哪個地方的人沒有聽過梅林和他的預測術？
　　在人類生存的時空中遍布梅林的預言，
　　他的預言已在人間留存了一千多年，
　　直到預言實現的時間來臨才告結束。

　　在史賓塞充滿神韻的詩境裡，已經給這個偉大的預言家生動而具體的描述：

　　與過去、未來、現在之人相比，他擁有神奇的魔法，他可以使老天順從他的意志，日月星辰都向他俯首稱臣。滄海桑田，歲月更迭，更不值評說。他獨自一人，能敵百萬雄兵。提起他的大名，敵人便嚇破了膽，無人不懼怕他的威名。直到現在，聽到他的名字，魔鬼都會渾身發抖。先知說他絕非俗世之人，不是生命終會結束的帝王和芸芸眾生。但是他生活在那個充滿仙女和精靈的世界，象徵一種變化莫測的美妙人生。

---

1. 西元5世紀左右，英國最富傳奇色彩的國王。——譯者注

這些詩句，反映人們對於梅林最普遍的評價。一般來說，人們認為梅林和沃蒂根生活在同一時代。至於說他是否是一個真正的名人，抑或由那些輕信者們主觀臆造出來的人物，到現在仍莫衷一是。似乎這樣的人的確存在，關於他擁有超越了他實際年齡理解力的知識的說法似乎也言之有據，就像梅林真的曾經被那些由史賓塞提到過的具有超自然力量的人所資助。

蒙茅斯的傑佛瑞將關於梅林的詩歌或預言翻譯成拉丁散文，因而梅林不僅為傑佛瑞所崇拜，而且還為大多數經驗豐富、資格極深的編年史作者所稱道。英國的編年史對梅林的經歷、他的推測和預言的內容都做了完整的記述，這部編年史由生活在查理一世[2]時的湯瑪斯·海伍德（Thomas Heywood）編撰出版。從中，我們發現幾則虛假的預言，但是這些似乎都是海伍德所為。海伍德的敘述清晰、準確，幾乎所有人都沒有懷疑這些由前人加工所形成的梅林的故事。

在談到理查一世時，海伍德這樣說道：

獅心壓制起義的撒拉森人[3]，

獲得很多輝煌的戰績；

玫瑰和百合開始的時候親如兄弟[4]，

但分贓不均讓他們彼此對立。

獅心只顧著國外戰爭的勝利，

國內局勢日益破敗。

---

2. 查理一世（1600—1649），英國歷史上唯一一位被公開處死的國王。——譯者注

3. 獅心指英王查理一世，撒拉森人指十字軍東征時的阿拉伯人。——譯者注

4. 玫瑰指英國，百合指法國。——譯者注

獅子將會被關進牢籠，

經過多重磨難才又見光明。

坦誠的湯瑪斯・海伍德接下來毫無保留地告訴我們所有那些在最終發
生的事情。

關於理查三世，他記述得相當清楚：

有一個生來就長牙的駝背怪物，

被藝術愚弄，也被自然嘲笑。

一出生就與常人不同，受盡世人咒罵。

本來他地位那樣低下，

趟過沒膝的血河，他步步高升。

他將會獲得他希望、追求的高位，

一旦皇袍加身，醜陋者也會人人誇讚。

他的外貌醜惡而令人欽佩，

但當他正興高采烈端坐王座時，

一個野崽子從國外殺回了老家。

在這個事件之後，還有一些預言說從羅馬回來的亨利八世將要成為國
王。在預言中用這樣的詞句描述這位君主：「當他發怒時絕對不會饒過男
人的罪責，有情欲時也絕對不會遷就女人的想法。」因而，在他成為繼位
者的時代，「同性戀和賭博同時出現了」。

大師海伍德在他的時代有接近梅林的地位，自從梅林亡故，他沒有
注意在英格蘭發生的事情。大多數其他的預言家，包括那些與他同時代的
人，都以梅林的名義在國外行走，但是海伍德還向讀者傳遞一個資訊，這
些資訊蘊藏在以下的語言中：

在大麻成熟並且準備收割時，

英格蘭人要看護好自己的性命。

　　透過這個預言，人們覺得他應該被絞死。那個時候，預言不能應驗的預言家一般都會落得如此下場。他這樣解釋他的預言，「HEMPE這個詞語由五個字母組成，只要想想亨利八世的五個王儲，就不難理解預言的真實含義。H指之前說到的亨利國王；E指他的兒子愛德華；M，就是瑪麗，愛德華的王位繼承人；P是指西班牙國王菲利普，他與瑪麗聯姻，共同擁有英國王位；最後那個E指伊莉莎白女王，在她去世以後有可能會發生許多與王位繼承相關的爭端。」最終，這樣的爭端沒有出現，於是狡詐的海伍德散布各種流言進行狡辯：「雖然事實如此，但也證明預兆是言之有據的。在平安度過詹姆士國王的就職儀式以後，發生多起死亡事件。在未來一段時間，也許是在七年之後，不僅倫敦不會倖免，哪怕全國都不會十分安寧。」

　　這就像是龐特佛雷特的彼得的誑辭，大膽的他曾經預言約翰國王會丟掉王位並且在不久之後死去，彼得本人卻被處以絞刑。在格拉夫頓的《英國編年史》一書中，對這個所謂的預言家進行生動詼諧的描寫。「與此同時，」他寫道，「這群英格蘭的教眾們塑造一個屬於他們自己的先知，叫做彼得·韋克菲爾德。他是約克郡人，早年曾經做過教士，他還有兩個身分：遊手好閒的人和唯利是圖的商人。

　　「現在，彼得重新裝扮一番，用謊言騙取民眾的信任，他說耶穌兩次以小孩的形體撞入他的懷裡，降臨在他的身上，一次發生在約克郡，另一次發生在龐特佛雷特，而且用急促的聲音低呼『和平！和平！和平！』耶穌還教給他許多東西，他將此稟告主教，並且向生靈發誓此言非虛。他向人們宣稱，只要忠心對待主，就會體會到天堂和地獄的樂與苦，王國裡有

三次演變，他為耶穌而活。」

「這個假冒的預言者聲稱約翰國王的統治期限會在下一個耶穌升天日之前結束，即1211年的耶穌升天日，那個時候正是他登上王位十三周年。至於怎樣離開王位由他自己決定，或是被罷黜，或是被絞死，或是拱手讓出王位。他聲稱自己不會洩露天機，但是下屆統治者不會是他也不會是他的子孫。」

國王聞知之後，說道：「哼，胡扯！這個該死的巫師。」一笑而過。這個荒謬的預言傳到失勢的太子那裡，他下令禁止彼得出國，阻止他再到處亂說，但並沒採取其他的處置措施。彼得是一個遊手好閒、到處造謠生事的流氓，因此那些愛戴國王的大臣們背地裡以誹謗罪將他逮捕並關入監牢，但是國王卻不知情。

「英明預言者」聲譽遍及全國，他們的名字無人不曉，但大多十分愚蠢，沒有聰明人。他們被囚禁之後，流言四起，隨著好事者的四處議論，於是產生新的預言，接著以訛傳訛，越傳越玄，無知的草民們信口雌黃，流言蜚語也傳到國外。舊事未平，新的謠言又產生了，但都是造謠生事，無稽之談，每天都會有關於國王的傳言，但沒有一個是真的。大家總是把這些話掛在嘴邊，「彼得‧韋克菲爾德是這樣說的」，「他是這樣預言」，「經過是這樣的」。他們總是喋喋不休，卻不假思索。

最終，彼得預言中的耶穌升天日到了，國王約翰在露天曠野裡設立宮廷大帳，與他的部屬親友們莊嚴地共度那一天，場面異常盛大，人們穿著華麗的衣服，有歌舞相伴，其樂融融。這一天就在這樣壯烈的場面中過去了，但預言的事情沒有發生，他的敵人對此非常不解。為了使人們覺得預言應驗，他們宣稱他不再是國王，因為只有人民如此快樂地生活，而不是他。

當時，國王約翰遇到被開除出教廷的禍事，於是有人趁機對國王說

這個預言使國王遇到許多麻煩，由於他們的話蠱惑人心，招致下議院強烈反對。他的預言還產生其他的作用，在高級教士幫助下，他的預言漂洋過海，傳到法國國王的耳朵裡，因而法國國王覺得這是侵略英國領土的好時機，他沒有立刻行動，但也差一點就上當。就如真理被埋入偽君子黑暗的迷夢一樣，遲早會撥開雲霧見青天。於是，國王決定將彼得及其同行處以絞刑，以免再出現謠言。

海伍德（Heywood）是一個堅持主張預言真實性的人，他因為當時遭遇的不幸而享有盛名，他曾經對彼得的預言給予褒揚的描述。要是他與彼得生活在同時代，他極有可能會與其同坐一條船，榮辱與共。他這樣說過，彼得是先知，也是詩人，他預言約翰國王許多災難，而且都應驗了。由於彼得預言約翰國王在統治英格蘭十五年內將會被罷黜而被加重稅負，但是他不懼怕這些，他告訴國王所有的預言都符合邏輯並且最終發生。於是，國王不得不向羅馬教宗稱臣和納貢。這樣，統治英格蘭的不再是約翰國王，而是羅馬教宗。在海伍德看來，這個解釋具有無可爭議的證明力，因此人們對預言者的信任會永久地存續下去。

讓我們再來說一說梅林。即使在當今，他還有很大影響力。伯恩斯曾經用一句話形容另一個非常著名的要人，也可以把這句話用來形容他：

他的名聲很大、法力無邊，
他的名字為眾人所知。

開始的時候，他的名氣僅限於他的家鄉，但很快歐洲大多數國家的人都知道他的名字。1498年，羅伯特·德·布倫寫的一本關於他的《生活、預言和奇蹟》的奇趣之書，在巴黎印刷出版。書中寫道，梅林的父親是撒旦，根據梅林說，在出生的那一刻，他就會說話。他要他的母親——一個年輕純潔的女人，向他保證會養育他直到成人。這應驗了品行惡劣的鄰居

的預言。他家鄉的法官覺得這樣的奇異之事非常蹊蹺，於是當天將他們母子倆召到面前。他們母子按照約好的時間去了，在那裡法官檢視了這個年輕的預言者的智慧。法官問他的父親是誰？他立刻用非常洪亮的聲音說：「撒旦是我的父親，我擁有與他一樣的力量，我知道世間過去、現在和將來的所有事情。」法官吃驚地鼓掌喝采，並且決定不再打擾這對令人敬畏的母子。

很早的時候，人們認為巨石陣是梅林力量的象徵。據說，在他的指揮下，這些巨大的石頭飛上天空，並且從愛爾蘭到索爾茲伯里平原排列成現存的石頭建築，為的是永久紀念被撒克遜人屠殺的300名不幸的大不列顛首領。

在卡馬森附近的阿伯哥威利，還存留著預言者住過的洞穴和他們念出咒語的景象。在史賓塞（Spenser）的著作《仙后》中有非常精彩的描述。他的文字精妙絕倫，沒有它們，大不列顛所有的先知預言都不能流傳於後世。

聰明絕頂的預言家梅林，
他的預言從未落空。
深深地思考，離群索居，
在他的棲息之地沒有一點生命。
在任何時候他都耐心勸慰，
聚攏在他身邊的精靈。
如果你曾經有這樣的經歷，
遊遍世界，看到那些令人懼怕的景象。
他們說有一個存於石縫之中的狹小空間，
那裡無比恐怖。
但無論你如何畏懼，

進入充滿邪惡的涼亭。

害怕那凶殘的魔鬼，

一不留神他就拿走你的生命。

身處高位要不忘瞭解民情，

那裡有恐怖的鐵鎖鏈聲音。

黃銅的大鍋裡發出劇烈的響聲，

成千個精靈承受著無盡的苦難。

上下顛簸、反覆折騰，

虛弱的大腦更加模糊不清。

在緊張中不停地勞動，

他們的呻吟聲令人難過。

陣陣鐘聲，響徹雲霄，

深淵下傳回令人驚悚的回聲。

他們認為這是原因所在，

不久梅林即將離世。

他打算在環繞的銅牆上，

集聚梅林的預言，

囑託那些小精靈，

讓他完美地離開人世。

湖中的聖母邀他一見，

那是他朝思暮想，情有獨鍾的人。

她讓那些勞工離開，

但是他們卻情願留下，辛苦地工作。

在這虛偽女人的引誘下，

發生讓他吃驚的結局，

他被埋入棺木之中，
不能再去參加勞動。
這些魔鬼和精靈，
可能躲避這繁重的勞動。
但梅林的法力無邊，
使他們害怕得不敢亂動，
日夜不停地辛勤勞動，
直到讓銅牆堅立起來。

神奇的尼克森

在其他英國預言家中，還有與希普頓修女同一時代的一位名叫羅伯特·尼克森（Robert Nixon）的預言家，他相信權力還沒有完全被知識進步之光抹掉。根據當時流傳甚廣的說法，尼克森出生於距離韋爾羅亞爾不遠的德拉米爾森林邊的一個家庭，他的家庭很貧窮。雖然他的父母曾經教導他如何進行農耕，但由於他的無知和愚蠢，他在農事方面非常失敗。周圍的人都認為他是一個十足的精神病患者，因而對他的那些奇怪論調視而不見。因此，他的許多預言都被人遺忘，但是他的預言並不總是失誤。一件引人關注的事情終於發生了，這位偉大的預言家也因此身價大增。

當時，羅伯特·尼克森正在耕田，他突然停了下來，臉上盡是奇怪而驚恐的表情，大聲喊著：「哎，蒂克！哎，亨利！哦，做錯了，蒂克！哦，對了，亨利！亨利擁有天下！」與他一起幹農活的人並不理解他這個狂妄欣喜的舉動的緣由，但第二天一切都清楚了。尼克森突然告訴大家理查三世在博斯沃思戰役中被謀殺，亨利七世即將登上王位，這時一位信使送來了這個消息。

不久，年輕的預言家尼克森的大名就被國王知道了，國王非常想和他見面談一談。於是，國王派出一位信使邀請羅伯特·尼克森到皇宮一敘，這封信過了很久才到達羅伯特·尼克森的住處。尼克森知道國王的誠意之後感到非常惶恐。的確，不久國王說出自己的想法，尼克森透過近乎神奇的方式得到消息。他像發瘋似的在街上大喊，他說亨利國王將在皇宮召見他，他必須立刻到皇宮，他感覺到他興奮得要死掉。他的胡言亂語沒有給人們的情緒帶來不良影響。到第三天，國王的信使來到並且將他帶到皇宮

裡。他給柴郡人民留下的印象是，他是一位偉大的天才預言家。

到達皇宮之時，亨利國王好像正在因為丟失了寶貴的鑽石而感到非常苦惱，因此亨利國王問尼克森是否知道鑽石在什麼地方。原來，亨利國王故意將鑽石藏了起來，他想考驗一下尼克森是否真的擁有預言的能力。當尼克森說出「誰藏，誰可以找到」這句古老諺語時，他驚呆了。從那個時候開始，國王非常相信尼克森確實擁有預言的天才，並且命令手下人記錄他說的話。

留在宮廷的這段時間，尼克森不時對國王說，如果他長期待在皇宮而不回到自己家園，他就會餓死。但是亨利國王不想讓他離開，於是他命令皇宮官員和廚師們，給尼克森足夠的食物。在宮廷中，他生活得太好了，以至於一段時間以後他健壯得像個貴族管家，胖得像個總督。有一天，國王要外出打獵。尼克森跑到皇宮門口，跪下懇求國王允許他離開，以免餓死。國王笑了笑，吩咐一位官員在他外出期間要好好照顧尼克森，然後，他才騎馬離開。國王離開以後，宮中的僕人開始怠慢這位他們認為不值得如此款待的尼克森。尼克森向那位官員抱怨，那位官員為了避免受嘲弄，便將他關在了國王的密室裡，並且讓人每天送四頓飯給他。但是這時不巧的事發生了，國王派來一位信使要這位官員立刻趕到溫徹斯特去，這位官員立刻動身，騎上馬跟著信使走了。然而，他忘記照顧可憐的尼克森。三天之後，這位官員回來了，他忽然想起被關在國王密室裡的那位預言家。他進去看時才發現這位預言家已經躺在地板上——被餓死了，這正如預言家所預言的那樣。

在他做出的預言中，有一些已經應驗，這些都發生在覬覦王位者時期：

一個偉人到達英格蘭，
然而王子獲得勝利。

貴族的血被烏鴉飲盡，

反對南部的北部人民舉起義旗。

北部雄雞逃走了，

人們拔掉他驕傲的羽毛，

他因而詛咒自己的出生之日。

稱道這些預言的人認為預言的內容就像正午的太陽一樣清晰。第一段指在卡洛登戰役中，坎伯蘭公爵打敗查爾斯‧愛德華王子；第二段指被處決的上議院議員德文沃特、巴爾梅里諾、勞瓦德；第三段指覬覦王位者自不列顛海岸的撤退。

以下的預言也是顯然會成功的：

「在7、8、9中，

英國將顯現奇觀；

在9與13中，

會出現所有的不幸。」

「我們耗費財力和人力，

一場可怕的戰爭爆發，

所有英格蘭人將重振精神，

在美酒和鐮刀之間。」

「頭戴有雪鋼盔的外國人入侵英格蘭，

這樣會帶來飢荒和禍患，

屠殺那些穿著裙裝的人。」

「洪水將衝垮楠特威奇城鎮。」

到現在為止，前兩段還沒有明確的解釋，但是在某個文件上被扭曲成

他們理解的那樣。第3段講到英格蘭受到一個頭盔上有雪的國家的侵略，這明白地預言俄國要與英格蘭交戰。最後一段，談的是楠特威奇城鎮命運的問題。預言家總是保持快樂平和的心理，他們沒有說什麼時候會證實那個可怕的禍患，但是我們認為很有可能需要兩百年的時間才可以證明。

在與尼克森有關的一些傳記中，他認為一些人的預言是沒有根據的，而現在他的大多數預言已經被證實或是即將被證實。我們認為不應該只是貪圖現在的快樂，而是應該以武力趕走與我們為敵的人，以制止那些為我們所丟棄的不良的生活方式重新出現，以祈求神的保佑使我們平安。雖然大家不會全部贊同這個觀點，但至少每個人都會高喊，阿門！

除了預言家以外，還有創造曆書的李利、可憐的羅賓、帕特里奇以及法蘭西斯・摩爾，法國和比利時有馬修・蘭斯伯格。他們雖然很自負，但難以和這些將其思想建立在精神上而非境遇上的，不受一年僅預言一次的約束而大膽進行預言的梅林、希普頓修女、尼克森相比，因此也只有謙虛一些。在這些預言家亡故之後，人們也不再提及曆書的發明者，甚至那位著名的帕特里奇也被人遺忘。

第六章

大盜的讚歌

俠盜羅賓漢

傑克：我們應該去哪裡找一些有用的哲人，他們是視死如歸的血性漢子！

瓦特：強壯又勇敢的男子漢！

羅賓漢：他們勤勞勇敢，百折不撓，歷經磨難！

耐德：誰不為朋友仗義執言，拋棄生命？

哈里：誰會為私利背信棄義，出賣朋友？

馬特：我看那些官場上的人誰敢這麼說。

——《乞丐歌劇·大盜們的對話》

　　無論民眾是因為受到盡貧困之苦而讚賞勇猛機智、善於謀略的俠盜劫取富人的財產，也不管是源於人們特有的對冒險事情的好奇心，有一點可以肯定，那就是各國家的人們都敬慕俠盜。也許正是因為這個原因，才使得他們在民眾心裡的形象充滿神奇色彩。幾乎每個歐洲國家在歷史上都出現過巨盜，人們用最優美的詩歌記載和傳頌他們的功績，而他們的罪過會被人們編成順口溜，在未來漫長的時光中，在頑童中代代傳唱。[1]

　　那些研究國民行為與特徵的旅行者經常觀察和評論這種情感。18世紀初，學識淵博的勒布朗神父在英國住了很多年，在他的書信裡有一些關於英國和法國人民有趣的故事，他說他多次見過英國人吹捧攔路搶劫的行

---

1. 摘自莎士比亞《魯克麗絲受辱記》。——譯者注

為，甚至到了對與勇敢軍隊的褒揚相當的地步。他們的談吐幽默、機智狡猾以及慷慨大方的故事在人們中間廣為流傳，即使是著名的小偷也被人們當作享有極高聲望的英雄。他又說，所有國家的人民的情緒時常會因為盜賊而激動，但對被處以極刑的罪犯卻非常冷漠。然而有一夥英國強盜卻對這樣的事情有很大的興趣：他們享受在整個審判過程中的堅定，並且為那些在面對上帝與人間的審判時表現勇敢，坦然面對死亡的人鼓掌喝采。例如：在古老的民謠中，如此描述著名的強盜麥克弗森：

他離開了，
如此喧鬧，
如此不羈，
如此使人驚懼；
他跳動著活潑的舞步，
在絞刑架下翩翩而舞。

在英國，也許是在全世界，民間流傳的俠盜中，最為有名的當數羅賓漢。這個名字在人們的心中擁有特殊的光環。「他劫富濟貧」，人們把不朽的聲名送給他，一個足以酬謝恩人給他們的實物資助的名號。在傳奇小說和詩歌中，都有很大篇幅描寫他的故事。他和他的那些背挎長弓、身穿林肯綠衣的快活部下經常出沒的雪伍德森林現在已經被流浪者當作聖地，一個紀念他的固定場所。如果作為一個普通人，他絕對不會受到讚揚。在七百多年的時間長河中，他的一些美德被人們廣泛宣傳，在所有講英語的地區，都有他的名字出現。他的勇敢、他對窮人的關愛以及對女人的尊敬，都使他成為全世界綠林好漢中的佼佼者。

城市遊俠傳奇

在後來出現的英國盜賊之中，幾乎所有人都聽過克勞德・杜瓦爾、迪克・特平、強納生・威德、傑克・雪柏德。在18世紀的英國，在人們恐懼和歡喜之中，這些攔路賊和城市遊俠獨特的騎士精神形成了。英格蘭10歲以上的男人都知道他們的英名。特平從倫敦馳馬飛奔約克的行為令人驚歎，也使他成為許多人愛慕的偶像。他為了得知藏錢的場所，將一個老婦人放在火上，這個冷酷行為被當作是一個有趣的笑話。他凜然面對死亡的態度被當作是勇敢行為。勒布朗神父在他1737年的書信裡寫道，他一直對特平的故事很感興趣。他搶劫紳士的時候，會慷慨地留下足夠的錢以便使其走完旅程，他讓他們發誓永遠不告發他，這些紳士真的認真負責地履行自己的諾言。

一天，神父聽到一個人非常興奮地講述他的故事。不知是特平還是其他有名的強盜，攔住一個非常富有的人，至少據他所知是這樣的。他如往常那樣大聲問「要錢還是要命！」但是在此人身上他只搜出五六個畿尼①。於是，他放了這個人，態度十分友好地告誡此人以後出門不要這樣囊中羞澀，並補充說，如果下次碰見他還是這樣吝嗇，就要痛打他一頓。

特平的一個崇拜者講了另一個有趣的故事，是關於特平在劍橋附近搶劫某先生的。他拿走了這個紳士的手錶、鼻煙盒和所有的錢，只給他留下2先令。臨走時，他要求該紳士以名譽發誓不會報警或去法庭告發他。紳士

---

1. 英國的一種貨幣，一畿尼為21先令。——譯者注

按照他的話立了誓言，然後依禮而別。後來，他們在紐馬克特意外相遇，並認出了對方。這位紳士認真地踐行了自己的誓言，他不僅沒有告發特平，而且還誇讚他以正當手段贏了很大一筆錢。特平提議他們2人各自在一匹有希望獲勝的馬身上卜注，某先生非常高興地接受，就像是在和全英國最有身分的紳士一同下注那樣風度翩翩。結果特平輸了，他什麼也沒有說就付了錢。某先生的這種寬宏大量的舉止使他深為感動，以至於他告訴某先生非常遺憾因為他們之間曾經發生的小事他們不能一起暢飲幾杯。講述這個軼事的人，為英國是一個綠林好漢的故鄉而感到特別自豪。

傑克・雪柏德在英國也是盡人皆知的人物。他的殘忍行為曾經使他的國家蒙羞，他又是如何獲得民眾的尊重？他沒有羅賓漢劫富濟貧的行為，也不會像特平那樣以古怪的禮貌方式搶劫，但是他卻在腳戴鐐銬的情況下逃出了紐蓋特監獄。這個成績——人們不止一次地重複——使他戴上不朽的花環，也使他成為人們心目中典型的盜賊。他不滿23歲的時候就被處決了。對他的死，人們非常同情，在他死後的數月，人們談論的唯一話題就是他的冒險奇遇。他的畫像和一幅理查・桑希爾以他為題製作的油畫掛滿了畫店。1724年11月28日的《英國日報》上還刊載這位畫家的讚美詩：

是您，桑希爾先生，

賜予一個如此無名、如此微賤的名字，

以耀眼的名譽；

是您，

避免雪柏德被拖進死亡的墳墓，

使他的形象存留人間！

阿佩萊斯・亞歷山大，

將凱撒畫成奧里略；

萊利的畫作使克倫威爾成為不朽，

桑希爾的畫使雪柏德永生。

由於傑克的聲譽很高，因此人們覺得可以將其搬上戲劇舞台，於是瑟蒙德策劃一齣名為《滑稽的傑克·雪柏德》的默劇，其在倫敦劇院區的德魯里巷皇家劇院上演時取得巨大成功。其中，所有的場景都以自然風光為背景，即使是他在克雷爾集市經常出入的酒吧和他在紐蓋特監獄成功逃脫出的死牢也不例外。

1754年出版的《紐蓋特監獄年鑑》的編輯維萊特（Villette）先生進行一次奇怪的演說。他聲稱他的一個朋友在一個街頭傳教士那裡聽說傑克的行刑時間。演講人維萊特用當時的情況作為例證進行說明，譴責人們只會用蠻力而極少利用頭腦。他說：「在這個方面，我們有一個盡人皆知的最好例子，那就是有名的傑克·雪柏德。他排除了如此巨大的困難呀！他做了一件如此驚人的事情啊！這一切都為了他那條幾乎被送上絞架的令人厭惡的性命！他是如此敏捷地用彎曲的釘子打開腳鐐掛鎖的鏈子，又如此果斷地拆下腳鐐，爬上煙囪，用手擰彎了那根鐵柵，穿越石牆而過，他砸碎了通道盡頭的大門，然後一直爬上蓋著鉛皮的監獄屋頂，他用一枚長釘把一塊毯子掛在牆上，至此他躲過死亡！他是如此勇敢地從屋頂溜到鴿籠頂上，然後又如此小心地爬下樓梯，成功地逃到大街上！」

「噢，你們都與傑克·雪柏德很相像，不要誤會，我的同胞們，我不是說物質方面，而是指精神方面，因此我認為應該給予這些事情精神內涵，如果我們覺得如他拯救他的肉體那樣，我們也承受著巨大苦痛，經過再三思考，若救贖我們的靈魂不值得，那會是多麼可恥呀！」

「我來警告你們，用悔恨的鑰匙打開你們內心的鎖！打開你們鍾愛的欲望的枷鎖，走近希望的『煙囪』，清除阻擋你們決心的『柵欄』，走過絕望的石牆和死亡之谷的黑色通道！使你自己變成神的鉛皮屋頂，用教堂的釘子安裝信任的『毯子』，走下屈服的鴿籠，爬下謙遜的梯子！這樣一

來，你就會來到罪惡之獄的出口，逃脫妖魔鬼怪等老劊子手的魔掌！」

強納生·威德——菲爾丁同樣使這個名字變得不朽，並且為人們所厭惡。在他的身上幾乎找不到一個巨盜應該有的性格優勢，這種優勢與犯罪難以分離。他是一個卑鄙的小人，因為懼怕死亡而告發他的同夥。他的卑鄙行徑為人們所不齒，在他前往倫敦死刑場的路上，無數的髒東西和石頭投到他的身上，人們用各種方式來表達他們的憤怒和輕蔑。和他相比，人們對待特平和傑克·雪柏德的態度則有天壤之別。這兩個人在死前都穿著乾淨整齊的衣服，衣服的扣眼裡是散發著清香的鮮花，而且他們也像人們心中期待的那樣勇敢地面對死亡。人們想到有人會將特平的屍體送往外科醫院去進行解剖，因此當他們發現有人在匆忙地搬運屍體之時，便從搬運人手中武力奪回屍體，他們抬著特平的屍身在全城明目張膽地轉了一圈，然後將屍身埋在一個非常深的墓坑裡，他們還在墓坑裡填滿了生石灰使屍體快點腐爛。他們不能想像他們心中的英雄——在24小時內從倫敦飛馬奔往約克的英雄的屍身被卑鄙的外科醫生野蠻地肢解。

克勞德·杜瓦爾的死就不這麼幸運了。克勞德很有紳士派頭，根據巴特勒在紀念他的頌詩中的描述：

> 他給野蠻的阿拉伯人指明方向，
> 一種更為文明的劫掠形式；
> 如受過教養的紳士般謙和地接受恩賜；
> 在愚笨的英國人民面前
> 他以從未有過的優美姿勢走向絞架。

實際上，他是禮貌的代名詞，而且他對女子的尊重也是天下聞名。最後，在他被逮捕後關進「石牆、鐵鍊和鐵柵」之內時，由於他擁有罕見的優良品格和英名，婦女們感到極為悲傷。

巴特勒說，在他的地牢中：

來自全國各地的女士們，
將她們的愛心獻給這個親密的囚犯。
他淡然處之，毫不動情，
就像是這都是他應得的。
最驍勇的騎士也無法
減輕女士們的傷痛，
就像少女一樣悲從中來，
無論武藝多麼超凡脫俗。
要以世匹敵的雄心，
去挽回世界的損失、去挽救他們。
與他一同改變生活景象，
丟掉所有虛榮而奮起戰鬥。

歐洲各國的成名大盜

　　在法國的著名強盜中，任何一個都不能與艾梅里戈・泰特努瓦相比。在查理六世統治時期，他非常活躍。他有約四五百人的部下，並且還擁有利穆贊和奧弗涅兩座十分堅固的城堡。在他周圍地區分布著許多封建貴族的領地，儘管他的收入並不穩定，但是驛路卻給他提供源源不斷的財富。他死後僅留下一份遺囑，遺囑的內容如下：我將送給聖喬治教堂1500法郎作修繕之用，留給一直忠貞不渝地愛著我的女孩2500法郎，剩餘的全部送給我的同伴們。我期待著他們可以像親兄弟般相處，並且友善地分發這筆錢。如果他們之中有不同想法，並且因此而發生爭執，那不是我的錯，我只能請求他們找一把鋒利的斧頭，打開我的保險箱，自己爭搶保險箱裡的物品，動作慢的人只能自認倒楣。」奧弗涅的人們還在用一種欽佩的語氣談論著這些強盜的高明手段。

　　但是在那之後，法國的竊賊就成為十足的惡棍，人們一點也不尊敬和歡迎他們。著名的卡圖什——這個名字在現在的法語中已經是流氓惡棍的代名詞——沒有一點俠盜應該有的慷慨大方、彬彬有禮和勇敢的獻身精神。17世紀末，卡圖什在巴黎出生，1727年11月死亡。儘管他的確很壞，但是他的死還是引起大多數人的同情，後來人們把他的故事改編成一齣頗受歡迎的戲劇，該劇在1734年5月至6月間在巴黎所有劇院的演出都受到觀眾的追捧。

　　在當今，法國以擁有維多克這個幾乎可以與特平和傑克・雪柏德相匹敵的強盜而感到極為幸運。現在，維多克已經成為無法考證的傳奇小說的男主角，他的同胞以他五花八門的成就為榮，並且表示對歐洲其他國家是

否擁有像維多克這樣聰明，才能卓著並且擁有紳士風度的大盜表示懷疑。

同樣，在歐洲其他國家裡也有這樣的大盜，他們在各自的國度裡可以說是老幼皆知。例如：德國有辛德漢內斯，匈牙利有舒博利，義大利和西班牙都有許多名強盜。

在全世界都享有盛名的義大利強盜有一個突出特點，他們之中許多人不僅虔誠而且非常有仁愛之心。這些人所表現出的仁愛與他們的身分極不相符，以至於人們非常偏愛他們的這個特點。當強盜中有一人被警察抓住時，他聲稱「我所付出的博愛精神要比這些地區隨便哪三個女修道院都要多！」人們承認這個小夥子的說法與事實相符。

在倫巴底[1]，有兩個臭名昭著的強盜現在仍然為人們所牢記，他們最活躍的時期是在二百多年前西班牙人統治期間。根據麥克法蘭（Macfarlane）說，有一本小冊子記錄他們的故事，幾乎該省所有兒童都知道這本小冊子，而且孩子們閱讀此書的興致比讀《聖經》更大。

辛德漢內斯是出沒在萊茵河上的強盜，在很長的一段時間裡，他受到敬畏他的萊茵河沿岸人們的喜愛。農民中流傳著很多有趣的故事，是關於他用種種惡作劇嘲弄富有的猶太人，或是特別專橫的審判官以及他如王公貴族般的慷慨大方和英勇無畏的精神。簡而言之，這些人為他感到自豪，他們願將對他的功績的回憶與他們的河流一樣長久存在，就像他們不願用火藥去破壞埃倫布賴特施泰因的岩石一樣。

在德國，還有一個綠林好漢，人們說起他的品格和功績時也總是用讚美的語氣。1824年以及隨後兩年裡，在萊茵河、瑞士、亞爾薩斯地區（法國的）以及洛林等地，有一個經常出沒的巨大強盜組織，它的首領名叫莫許·納德爾。與傑克·雪柏德相似，他也有從防守森嚴的監獄逃脫的經

---

1. 義大利北部區名，與瑞士接壤。——譯者注

歷，並且因此受到人們喜愛。在他被囚禁在布萊梅市監獄主樓3層的牢房之時，身上戴著鐵鐐，但是沒有阻止他巧妙地避開看守的戒備，逃到樓下並且游過威悉河。一個哨兵發現游到河中心的他，並且開槍打中他的小腿，但是這個英勇的強盜依然手腳並且奮力游到對岸，即便後來司法官員組織嚴密的追捕也沒有將他抓住。1826年，他又被捉住了，在美茵茲對他進行審判以後，他被判處死刑。儘管他是一個壞人，但他還是那樣的高大、強壯、英俊。全體德國人都同情他的命運，尤其是婦女們，更因為沒有什麼辦法可以將一個相貌英俊而又有傳奇冒險經歷的英雄從劊子手的屠刀下面拯救出來而感到非常遺憾。

歌功頌德的戲劇

在說起義大利的強盜時，查爾斯・麥克法蘭先生指出天主教派的不良傾向。它的悔過和赦罪使得此類犯罪加劇上升，但是他又明確地補充，與民謠作者和說書人的信口胡言所造成的壞影響相比，牧師和僧侶們連他們一半的影響也沒有。應該把劇作家也算上，這樣這份名單才是完整的。實際上，從賺錢的角度講，劇院只在乎自己是否有錢賺，因而會投公眾所好，不斷地上演受人追捧的竊賊和強盜的歷史故事劇碼。這些戲劇中的強盜個個形象鮮明，他們身著奇裝異服，神秘莫測，尋歡作樂，衝動輕率以及無所顧忌的行為方式充分地滿足人們的想像欲。而且即使支持他們的人提出完全不同的看法，他們對公眾所造成的有害影響也是無可挽回的。據說，為了紀念在1647年和1648年那不勒斯革命中的吉斯公爵，劇碼中的那不勒斯強盜不管是行為還是服裝以及生活方式都被塑造得引人注目。但政府當局覺得這種對強盜大吹大擂的做法必須要禁止，因此政府發布命令禁止在化裝舞會上使用強盜的服裝。那個時候，強盜成群，公爵審時度勢，認為可以將這些強盜組織起來成為一支軍隊，幫助他奪取他魂牽夢繞的那不勒斯王位。他這樣描述這些強盜：「他們是那樣的高大健壯，留著長長的差不多全部捲曲的黑髮，他們約有3500多人，年齡在20~50歲之間。全都穿著黑色的西班牙皮衣，絲絨長袖或是金黃色的衣服，馬褲鑲著金邊，絕大部分鑲的是深紅色的花邊，鑲著金邊的絲絨腰帶上還繫著一個放鷹打獵用的袋子，腰間都插著兩把手槍。皮帶上掛著一把三指寬、兩英尺長的華美的短劍，脖子上掛著用絲質長帶繫著的火藥筒，其中一些人扛著火炮，也有一些人拿著老舊的大口徑短槍。他們腳穿長筒絲襪，足蹬漂亮的鞋

子，頭頂的帽子是用悅目的金線織成的，也有的是用不同顏色的銀線織成的。」

「在我們國家，《乞丐歌劇》是為竊賊們歌功頌德的又一個作品，此劇第一次上演就受到民眾的歡迎。在《愚物列傳》的評論中，我們可以得知此劇是如何成功的。在《詩人列傳》中，詹森也引用這個說明：「看過該劇的人都對它大加讚賞，該劇在倫敦連續演出63天，而且在接下來的季節裡再次演出，依然非常受歡迎。該劇在英國所有的大城市幾乎都上演過，而且在很多地方還演出30場或40場；在巴斯和布里斯托等地更是演出50場；依次在威爾斯、蘇格蘭、愛爾蘭也連續成功演出24天。隨處到處可以聽到婦女們吟唱劇中讓她們著迷的歌曲，而且她們還模仿劇中場景布置自己的房子。除了該劇的作者自己因為該劇的成功而獲得榮譽以外，劇中人物波莉的扮演者也立刻成為城裡人喜愛的明星，她此前沒有一點名氣。商店裡都是她的畫像，關於她生平的文學著作和詩歌也相繼出版發行，甚至還用人把她的一些言語和俏皮話集成小冊子。訪劇的影響遠不止於國內，在義大利的歌劇院長達10年的時間裡也始終將此劇作為壓軸戲。」

詹森博士以一個作家的身分指出赫林——即後來的坎特伯里大主教對這齣歌劇的批評存在問題。赫林說道：「該劇對攔路強盜大加頌揚，並且最後還使他逃脫處罰。這樣一來，會使人們覺得邪惡和犯罪是被鼓勵的。」此外，他還補充：「有傳聞稱此劇上演後匪幫數量驚人地增長。」詹森博士覺得這個說法值得懷疑並且提出自己的理由，那就是那些從事攔路搶劫和入室搶劫的很少會到戲院看戲，而且按照普通人的邏輯，劫匪不可能和平搶劫。但如果詹森博士所說的話被推翻，人們就會得出這樣的結論：攔路強盜和入室搶劫的人經常光顧劇院，而且他們受到一部成功的歌劇的影響變成模仿劇中人的品行不端的年輕人，這種影響的可能性非常大。此外，在社會上影響力廣泛的權威人士約翰·菲爾丁爵士——弓街

（倫敦中央違警罪法庭所在地的最高司法長官）——以他在政府機關中瞭解的情況為基礎十分肯定地指出，在那部歌劇流行期間，犯罪的數量明顯增加了。

在距離現在非常近的年代裡，也有一個產生同樣影響的例子。當時，並不出名的年輕人席勒創作一齣名為《強盜》的戲，該劇誤導了整個德國年輕人的思想和喜好。一位著名的評論家赫茲利特也對這齣戲發表這樣的評論：長期以來，從來沒有一齣戲如此強烈地震撼他，「它就像一記重拳，使他頭暈眼花。」事情過了25年，他仍然對這齣戲記憶猶新。用他的話說，它「就像一個一直居留於他腦中的老住戶一樣」，他好像還沒有完全清醒過來，所以很難描述這齣戲到底是怎麼樣的。劇中的男主角是一位品德高尚具有超凡本領的小偷，剛入學的新生幾乎都非常崇拜他，以至於他們甚至渴望著模仿這位在他們看來非常有名的劇中人，離家出走，置身於森林荒野之中，劫奪過路行人的錢財。他們想像他們會像摩爾人一樣搶劫富人財產；他們還想像救濟他們遇到的窮人，然後他們和自由自在的夥伴在原始的關隘或是森林深處的帳篷裡，痛快地喝萊茵白葡萄酒。僅僅一點冷酷的經歷就地摧毀他們的勇氣，他們發現真正的搶劫與舞台上傳統俠盜的行為完全不同。以麵包和水為食，每天睡在潮濕的麥草堆中，這樣過三個月的牢獄生活，如果作為在壁爐邊消遣的傳奇小說還不錯，但對於真正經歷這種生活的人就沒有這麼愉快了。

拜倫勳爵認為，品格高尚的竊賊們至少已經改變其國家的那些年輕幼稚的詩歌創作人的品位愛好。他覺得這樣總好過他們那些德國的同齡人，因為他們沒有投身綠林之中，作響馬或是攔路賊盜。儘管他們同樣地敬佩海盜康拉德，但是他們不會參與海盜的行動，並且為他們升起黑旗。他們所做的只是用語言表達他們的讚美之情，在具有很大發行量的期刊和音樂雜誌上發表數量眾多的描寫海盜和土匪的新娘以及劫匪的各種各樣冒險經

歷的詩篇。

但是劇作家發揮不好的作用。與蓋伊和席勒相比，拜倫在這個方面要做得好很多。透過舞台布景、華麗的服裝、悅耳的音樂以及他們在劇中表達的極其錯誤的看法，使得民眾的鑑別力受到損害。他們不明白，粗俗的噱頭會削減藝術的感染力。

在倫敦的貧民區和人口稠密的地區，集中著很多票價低廉的劇院，那些遊手好閒、行為放蕩的年輕人經常光顧。比起任何其他種類劇碼的演出，他們最喜歡關於竊賊和殺人犯的傳奇故事的劇碼，因而這種戲能吸引更多的觀眾。演員們表演的攔路盜賊、夜間竊賊和綠林好漢們非常生動，這給這些情緒激昂的觀眾進行關於犯罪的生動教育。同時劇中還充斥著竊賊和殺人犯各自生涯中最為悲慘的事件和極其粗俗下流的情節，在觀看時，人們為劇中人的深厚感情和寬闊胸襟而鼓掌歡呼。不論何時發生如何惡劣的犯罪案件，他們之中所有令人作嘔的細節都會在舞台演出，以取悅於那些遲早會是效仿這種行為的觀眾。

單純的讀者對於強盜題材的戲劇有不同的態度，他們之中的大多數人都想瞭解那些臭名昭著的流氓惡棍的冒險經歷，即使是虛構小說，他們也很樂意去看一看吉爾・布拉斯・德・桑蒂亞納和大惡棍唐・古斯曼・德・阿爾法拉契的曲折動人的傳奇故事。在這裡，詩人不會帶來什麼損害，也用不著擔心有人模仿，只要他們高興，他們就會對所謂的「英雄人物」歌頌一番，使我們想起值得我們同情的傑米・道森、吉德羅或是具有大無畏精神的麥克弗森等人，或是在不朽詩篇裡的蘇格蘭巨盜羅伯・羅伊（Rob Roy）因為自己所受的不公平待遇而進行的申冤雪恨。假如，詩人用他們優美的語言可以使整個世界相信這些英雄人物只是晚出生幾個時代的被人誤解的哲人，而且無論從理性還是現實的角度，他們都熱愛。

良好的傳統，

簡單地謀劃，

他們願意臣服強權，

他們願意履行承諾。

整個世界可能會變得更明智，並且願意使用好的方法來分享財物，以使這些竊賊不再與社會對抗，達到社會和諧。但是，從事實來看，即使魔法師的法術再高明，恐怕也無法使他們變得明智起來。

古斯塔夫・勒龐點評

[1]　無論一個社會有多麼文明，但是總會存在一些社會渣滓。這些人之中，有些是無法適應社會，有些是自身存在這樣或那樣的汙點。遊手好閒的流浪漢、沿街乞討的乞丐、試圖逃避懲罰的逃犯、小偷、騙子及不思進取的下層飢民，成為大都市的犯罪群體。

[2]　慣犯和偶爾性的犯罪這兩類犯罪群體無論哪一種，都是一股破壞安定的力量，除了製造混亂，我們看不到他們對社會有什麼貢獻。

[3]　群眾只善於模仿，但是不善於挖掘，因此是很難向著理性的方向走下去，唯一能對他們產生影響的只有透過想像的形式而激發的情感。

[4]　群眾的行為只是受自己的感情衝動支配，完全沒有駕馭和運用理性的能力，然而，我們同時看到，群眾十分樂於接受英雄主義，甚至能經常產生高度的利他主義，因此很多人準備獻身於一種信仰。

第七章

鬚髮之爭

英格蘭長髮習俗的衰落

——政治和宗教對於鬚髮的影響

滿懷尊敬和關懷。

談起鬍鬚及主人。

——《赫迪布雷斯》（Hudibras）

「長髮是男人的恥辱。」這是著名的聖保羅宣言中的一句名言，但是它卻成為政府和教會制定相關法律和教規的依據。自基督教誕生起到15世紀，是否允許留長髮和鬍鬚始終是法國和英國最為重要的問題。

歷史告訴我們，在很久以前，對於自己的頭髮，男人是沒有權利支配的。亞歷山大大帝認為，軍隊士兵的長鬍子會給敵人可乘之機，他們有可能被敵人抓住鬍子砍掉腦袋。為了避免這個問題，他命令全體官兵都要仔細刮臉和鬍子。他面對敵人的這種謹慎態度與那些在北美印第安人處受過款待的人完全不同。在印第安人看來，武士的榮耀表現在頭髮和鬍子上，應該讓它自然生長，當敵人想要剃去士兵頭皮時，也可以抓住這個。

在歐洲有一段時間，長髮成為權力的象徵。從都爾的額我略①的描述中可以知道，克洛維一世②的繼承人開始留長長的捲髮，而且還把它作為皇家的特權，貴族們也享有這個權利。他們不僅留長髮，還蓄起長長的大鬍子。從頭髮和鬍子上很難看出貴族和皇族的區別。直到虔誠者路易時

---

1. 額我略（538—594），法國人，基督教士，歷史學家。——譯者注
2. 克洛維一世（466—511），法蘭克國王。——譯者注

代，這種髮型才有了一些變化。在他的繼承人雨果‧卡佩時代，主張將髮型變短以示有所區別。然而，奴隸們不同意這個主張，繼續任鬚髮自由生長。

在威廉一世征服英國的時候，諾曼人留的就是短髮。英王哈羅德二世在向黑斯廷斯進軍時，派出一些間諜刺探敵情。間諜回來稟報：「敵軍的臉和嘴都刮得很乾淨，好像全部都是牧師。」當時英國的風俗是頭上留長髮，上唇蓄鬚，下唇刮淨。倨傲的勝者分割撒克遜族鄉紳、地主的土地，用各種方式羞辱英國人。此時，英國人開始鼓勵留長髮，為的是與他們留平頭、刮鬍鬚的主人有所區別。

這個時尚使得神職人員非常憤怒，而且在法國和德國都發生大規模的勸誡活動。到11世紀末，教宗得到歐洲基督教權力機構的大力支持，頒布禁令：凡是留長髮的人，一律要逐出教會，死後也不能為他祈禱。馬姆斯伯里的威廉③說，著名的伍斯特大主教聖‧沃斯坦，無論何時只要看見留著長頭髮的男人就會異常憤怒。他認為這種行為是極不道德的犯罪，不應該是人類的行為。於是，他的身上總帶著一把小刀，無論在哪裡，只要他看到留著長髮的男人，他就會叫他們當街跪下來，然後拿出他的小刀剪下那個人的頭髮並且把它扔到那個人的臉上。最後他會命令他去把頭髮全部剪掉，否則就會送他下地獄。

但是，時尚與法律似乎總是天生的矛盾。那個時候，男人們可以把頭髮盤在腦後，他們甘願冒著受上天譴責的危險也要把頭髮披散下來。在亨利一世時代，坎特伯里大主教安瑟莫認為有必要重申教宗關於禁止留長髮的諭令。但就在這個時候，法庭卻表現出不同的態度，他們開始欣賞捲髮。於是，教會的激烈抗議變得沒有任何作用，就連亨利一世和他的貴族

---

3. 威廉（1090—1143），英國歷史學家。——譯者注

們也都把長長的捲髮披在身後，神職人員們認為他們都是「違反道德的惡人」。

　　國王的牧師塞洛對國王這種不敬的行為感到非常難過，於是他在法庭集會時宣讀聖保羅宣言中的有關內容。他繪聲繪色地描畫了在另一個世界等待他們的磨難和痛苦，好多人被他的行為而感動得失聲痛哭，也有人使勁揪自己的頭髮，彷彿要把它們全部拔掉。據說，有人看到亨利國王也哭了。牧師發現自己的話發揮作用，便抓住時機從口袋裡掏出一把剪刀，在眾人面前剪掉國王的長髮。接著，幾個大臣也剪掉自己的長髮。這樣，沒過多久，留長髮的時尚似乎就成為過去。儘管德里拉神父非常讚賞大臣們的勇氣，但是在第一次懺悔過去的不到六個月以後，大臣們就覺得自己成為最大的罪人。

　　坎特伯里大主教安瑟莫因為強烈反對留長髮而名震盧昂，他過去曾經是諾曼第的教士。他做主教以後，仍然非常看重這項事業的改革。他的這種固執果然沒有得到國王的歡心和支持，國王最終還是選擇留捲髮。大主教和國王之間還因此而產生很深的衝突。因此，在大主教離世之後，國王異常高興，因為他終於不用再為大主教的說教煩惱。後來，在國王的堅持下，大主教這個職位空缺了五年。但是在這段期間，在全國各地的教會講壇上仍然有很多宣導者聲討長髮族並指責他們對教會的不忠，但是這沒有產生任何作用。受一些古編年史學家的影響，史陀④這樣撰寫這個時期的歷史：「男人們好像忘記性別，留起的長髮把他們的外貌搞得和女人相差無幾。當他們因為年齡的增長或是其他什麼原因而導致頭髮脫落後，他們就把頭髮編成一些捲，然後再纏假髮上去。」這種潮流卻最終因為一件意外事情的發生而出現變化。當時有一位爵士，他經常在人前誇耀自己一頭

---

4. 史陀（1525—1605），英國歷史學家和古物專家。——譯者注

漂亮的長髮。一天晚上,他做了一個凶夢,在夢中一個惡魔向他撲來,抓住他的頭髮想用頭髮堵住他的嘴把他憋死。驚嚇之下,他立刻醒了,卻發現自己的嘴裡塞滿了頭髮。他認為這是上天對他的警告,因而內心受到很大的觸動。於是,當天晚上他就決定剪掉長髮,從此開始贊成改革。

在教士們的努力下,這個故事傳播得很快,那位爵士也被尊為開風氣之先河的人。經過教士們不遺餘力的勸導,人們爭相效仿。男人們的頭髮都變得符合可敬的聖·沃斯坦大主教的想法。誰會想到,一個花花公子的噩夢竟然會比聖徒的懇求更有作用。然而,如史陀所說,「在過了不到一年時間,當這些自認為被人尊重的人心態復萌時,他們開始偏愛女人們的頭髮了。」但是亨利國王似乎根本沒有受到這個噩夢的影響,這一點他和其他人不同,他可是從未想過要剪掉自己的頭髮。

據說,由於他的觀點與當時的主流觀點完全不同,再加上在其他一些事情上和教會也有衝突,那段時間他內心實際上非常彆扭,常常難以成眠。甚至有時候他會有一些幻覺,好像所有的主教、修道院院長和各個階層的神父、教士將他圍住並且用權杖毆打他。他被這個幻覺搞得心神不寧,經常在噩夢中驚醒,下床持劍追逐鬼怪。御醫格林伯德也是一個基督教教士,他和國王情同手足,但是他從來不告訴國王這些事情的原因,而是勸他剪髮以重新獲得教會的信任,透過祈禱和布施來改變他的境遇,但是國王並不理會這個忠告。一年後,一次海上風暴災難讓他改變想法,那次國王差點葬身海底。此後,國王開始真心悔悟自己的罪行,剪了頭髮,並且按照教士的願望,做了適當的懺悔。

法國的長髮爭端

在法國，梵蒂岡教廷廢除長捲髮風俗的努力沒有在英國那樣盡心。路易七世比他的皇兄要容易對付，像教士們一樣把頭髮剪短，朝中的勇士們對此卻感到非常痛心。他的皇后艾莉諾，是一位快樂、傲慢、喜歡尋求刺激的吉耶訥人，她對國王的這種髮型非常不滿。她不斷地指責國王是在模仿教士的髮型和衣著，也因為這件事情，他們的關係變得日漸冷淡。後來，國王發現王后不僅不贊同刮臉而且還有其他的不忠行為，因此果斷地與她一刀兩斷。法國國王為此付出的代價是失去吉耶訥和普瓦圖這兩個富饒的省份，這是王后出嫁時帶來的嫁妝。沒過多久，王后就帶著自己的財產與英王亨利二世成婚，這成為導致後來長達幾個世紀的兩國血戰的重要原因。

當所有漂亮的年輕人都被十字軍驅趕到巴勒斯坦時，教會認為要使那些留下的歐洲保守市民相信長髮是一種罪孽並不是什麼難事。在獅心王理查離開的期間，他的英國臣民剪掉長髮，刮了鬍子。這個時候，著名的社會活動家，被人們稱作長鬍子的威廉·費茲·奧斯伯特（William Fitz Osbert）再次以撒克遜子孫的名義在人們中宣導留長髮。他告訴人們，留長髮的根本目的在於與諾曼人區別開來，他用自己舉例，說因為他自己的鬍子長及腰間，所以送給他長鬍子的雅號，這個名聲也會傳到後代。

法國教會不再宣布鬍鬚和長髮是違反教義的。在通常情況下，他們願意任其自然生長，人們可以在下顎和上顎上蓄鬍鬚，但是時尚變化的腳步總是讓人難以跟隨。在理查一世之後的一個多世紀裡，人們又開始把留長鬍子當作時尚。當蘇格蘭國王羅伯特·布魯斯的兒子大衛迎娶英王愛德

華的妹妹瓊時，人們想起1327年史考特訪問倫敦時講過的那段非常有名的話，它後來被刻在聖彼得・史丹蓋特大教堂的大門上：

無情的大鬍子
笨拙的彩帽子
粗魯的灰大衣
讓英國更奢靡

在西班牙，登上王位的查理五世沒有留長鬍子。人們明白他們不能期待那些在國王身邊卑躬屈膝的寄生蟲能比他們的主人表現得更有男子漢氣概。除了一些暮年的老人準備帶著鬍子離開人世之外，其他人都受到時尚的約束，很快，各地的男人們都剪掉自己的鬍子。那些謹慎的人們不得不用一種痛苦而驚慌的神情看待這場革命，他們認為男人們擁有的所有美德也會隨鬍鬚而逝。當時，人們說得最多的一句話就是：「因為沒有長鬍子，我們的靈魂也隨之而去。」

在法國，亨利四世去世之後，鬍子不再受人喜愛，他們為這個做法找到的唯一的理由是亨利的繼承人年齡太小而無法蓄鬍鬚。有一些社會名流，其中包括偉大的貝爾納斯的一些密友和他的一些大臣認為應該保留這個風俗，但是這種做法卻被新一輩人當作笑談。

沒有人會忘記英格蘭曾經有兩大派系：圓顱黨和騎士黨。那個時候，清教徒指出所有的罪惡之源都藏匿在擁護君主制的那幫人的長頭髮裡，後者就怒斥他們的對手是一群無才無德的狂徒，就像他們沒有長頭髮一樣。而清教徒們則主張，無論是從政治上還是從宗教的角度講，男人的頭髮可以當作信仰的尺規，頭髮的長短就代表著人的虔誠程度。

彼得大帝的專制法令

在所有的關於男人頭髮和鬍子受到政府干涉的事例中，最引人注目的就是1705年彼得大帝的那一次。他不僅敢於干涉，而且做得非常漂亮。

當時，長鬍子在歐洲各國都不被看好，在這種比教宗和國王的聲音更有效的潮流中，長鬍子不被文明社會所容。但是這卻使俄國人加倍珍惜和保留傳統裝束，因為這是他們與那些令他們深惡痛絕的外國人區別的象徵。雖然民眾是這樣的想法，但彼得大帝卻想刮掉他的鬍子。最後，他真的成功地解決了這個問題。

如果他十分熟悉歷史，他處在這種試圖歧視國人和以強制的手段來攻擊這個歷史悠久的傳統之中時，就會感到非常躊躇。但彼得大帝不是這樣的人，他不瞭解也不想瞭解他的做法會帶來什麼樣的危機。在他強大的意願的支配下，他很快下達了命令，這個命令不僅要求軍隊，而且還要求社會上各個階層的人們，包括市民、貴族、農奴，都要刮鬍子。彼得大帝設定了一個期限，人們可以利用這段時間去克服因為刮掉鬍鬚而產生的心理劇痛。在過了這個期限之後，如果還有男人留有鬍子，他就不得不繳納100盧布的稅。被歸入社會地位最低階層的牧師和農奴，可以不交鬍鬚稅，但是他們每次進出城門都要付1戈比①。儘管人們對此非常不滿，但是受到射擊軍可怕的命運影響，數以千計的想留鬍子的人沒有一個說個不字。

在一位著名作家的《大英百科全書》中有這樣的記錄：人們覺得刮

---

1. 俄國的貨幣單位，1盧布等於100戈比。——譯者注

鬍子是明智的，因為不刮鬍子總是冒犯一個人，而冒犯這個人的結果就是被他毫不猶豫地砍掉腦袋。彼得大帝還有一個聰明之處，他不像教宗和主教們那樣用那些所謂的遭天罰的詛咒威脅人們，他讓那些不服從的人付出更大的代價——徵收重稅。許多年以後，這個稅種仍然是朝廷的一項重要收入。納稅人納稅之後會得到一個小銅幣，上面鑄有「鬍鬚」字樣，這是收稅者給納稅人的收據。銅幣的一面刻有鼻子、嘴和鬍鬚的圖案，圖案上方有「收訖」字樣，周圍是花紋和象徵俄國的黑鷹；另一面刻有年、月、日。這是每個留鬍子的人在出入城門時的憑據。此外，對於那些難以駕馭的和抗稅的人，彼得大帝把他們全部關進監獄。

從那個時候開始，現代歐洲各國的統治者對於時尚之類的問題的處理方式發生變化，他們不再以強迫而是以勸導的方式加以解決，教會也不再糾纏於大鬍子和長頭髮的問題了。任憑男人們自己處置，喜歡什麼樣子就留成什麼樣子吧，用不著為此而遭遇逐出教會或是剝奪政治權利的處罰。在這樣的情況下，人們又開始放縱起來，男人們大多蓄起上唇的小鬍子。

政府對此沒有視若無睹，更沒有放任自流。這一次，政府的手段比宗教更加極端，而且這種干預至今仍然影響巨大。在1830年的大革命之前，法國人和比利時人都覺得他們上唇的小鬍子沒什麼了不起。但是那次事件發生之後，巴黎和布魯塞爾小店主的嘴巴上，突然間都長出了一圈小鬍子，也沒有人知道真假。1830年10月，荷蘭人取得魯汶城的暫時勝利之後，比利時人立刻就刮掉了他們的鬍子。荷蘭軍隊中的智囊宣稱，比利時人已經刮卜的鬍子多到可以為醫院裡的病殘人員填充床墊，這已經成為嘲笑所謂愛國者的典型笑話。

最後一次荒唐事離現在很近。在1838年8月，巴伐利亞國王在德國的報紙上登出一份詔書，禁止平民以任何藉口蓄鬚。詔書命令警察和官員去逮捕蓄鬚者，並且強迫其刮臉。報導此事的《權利》雜誌報導，「奇怪的

是，國王的詔令得到全體國民的遵循，鬍子如秋風掃落葉般消失了，警察一個人都沒抓到」。

　　巴伐利亞國王非常擅長在短時間內寫出打油詩。在他當政期間，他對詩的格律進行許多合理的改革，但對鬍鬚一事的處理卻既無詩意也不合理。暗地裡人們都祈禱這位皇帝千萬不要想起剃頭的事，否則他們也要跟著遭罪。如果事實真的這樣了，他也就墮落得更加嚴重了。

古斯塔夫・勒龐點評

[1] 群體對強權俯首聽命，幾乎不會為仁慈心腸所動，他們覺得那是軟弱可欺的另一種表現。他們的同情心從來也不聽從於作風溫和的主子，而是只低頭於嚴厲欺壓他們的暴君，他們總是為這種人塑造最壯觀的雕像。

[2] 群體爆發反叛和破壞行為的時間總是十分短暫，因為他們在很大程度上受無意識因素的支配，會輕易服從於世俗的等級制，所以難免十分保守，只要對它們不聞不問，它們很快就會厭倦這種混亂，依本能變成奴才。

[3] 我始終認為群體非常保守，而且指出，最狂暴的反叛最終也只能造成事物一些表面上的變化。18世紀末，教堂被毀，僧侶們或是被拉上斷頭台，或是被驅逐出國，人們都以為，舊日的宗教觀念可能已經喪失了所有的威力。但是過不了多長時間，為了順應普遍的要求，遭禁的公開禮拜制度又被重新建立了。

第八章

四處蔓延的決鬥之風

古時有一位善思的哲人

他曾經發誓，他可以證實，

這個世界已然盡是好鬥的狂人

——《赫迪布雷斯》

　　有許多作家在論及決鬥的根源時，都把它歸結為紀元之初就存在於歐洲的野蠻國家中的好鬥風氣。因為那個時候在這些國家中除了刀劍，人們找不到任何有效的爭端解決辦法。事實上，從最基本和最可以被人接受的意義上來說，決鬥就是打架，是所有動物，也包括人在內，出於獲取或保衛財產、報復別人的辱罵的目的而採取的最終行動。兩隻狗為了一塊肉骨頭會互相撕咬；兩隻公雞為了得到一隻美麗的母雞會在糞堆上撲騰得羽毛亂飛；兩個傻子因為自己的尊嚴受到對方的侵犯會在公園裡向對方射擊。這些雞、狗和傻子們實質上都是決鬥者。伴隨著文明的發展，那些身處文明社會的人漸漸覺得這種解決分歧的辦法令人蒙羞，於是他們就頒布幾項法律，規定凡是受到傷害的人都可以獲得賠償。但是有時被告拿不出任何有效的證據來反駁原告的指控，而且這樣的事情還很多。

　　在歐洲社會的早期，決鬥的事情更多。在這個時候，他們選擇決鬥，並且決鬥後誰也不能控告誰。據說，正義的人會得到上帝的幫助因而手臂充滿力量，並最終取得絕對的勝利。正如孟德斯鳩所說，對於一個剛剛結束愚昧狀態的民族而言，這種信仰是合乎自然法則的。在人們都十分好戰的氛圍下，那些不是十分勇敢的男子——勇敢當時被人們當作是最大的優點——很自然地就被認為是膽怯且虛偽的，因為膽怯和虛偽總是連在一起的。於是，凡是在決鬥中英勇作戰的人，公眾便覺得他們是一身清白

的，對他們的任何指控都是無中生有。這個時候，如果社會中的「勞心者」——不是「勞力者」——不能採取措施來「治人」，來征服他們無法無天的同類的衝動，社會就只能回到最原始的狀態，這也是必然的結局。出於上述想法，政府著手圈定了一個極小的範圍，只有在這個範圍內，人們才可以用格鬥的方式來對一項有罪的指控進行證明或否定。

按照在西元501年通過的勃艮第王岡多巴德的法律，在所有的合法手段中，決鬥都可以取代起誓來為判案提供證據。到了查理曼（Charlemagne）統治時期①，整個法蘭克帝國都按照勃艮第王的做法行事。這樣，不僅是原告、被告，就連證人、法官，也被牽扯進決鬥的圈子，他們被迫用刀劍來證明他們控訴的真實性、證據的確切性和判決的公正性。查理曼的繼承者——虔誠者路易②為了避免格鬥助長目前已經存在的惡習，頒布一項法令：只有在與謀殺、搶劫、縱火一類的重罪有關，或是發生民事案件或當一個人的騎士資格受到攻擊時，人們才可以使用決鬥的方式。但是婦女、病人、殘疾人以及15歲以下、60歲以上的人任何情況下都不能作為決鬥對象。法律還允許牧師和傳教士請人代替決鬥。隨著時間的推移，這種做法被推廣到了所有必須透過決鬥來解決的民事以及刑事案件的審判中。

教士們一直反對這種把正義判給最強壯有力的人的法律體系，因為他們想要控制人們的精神世界。剛開始的時候，他們就不贊成用決鬥來解決，而且還試圖在當時的偏見所允許的範圍內控制那種和宗教原則相背離的好戰情緒。教士們先後在瓦倫提亞會議、特倫特會議上公開宣布過開除

---

1. 查埋曼大帝（742—814），是法蘭克王國加洛林王朝國王，神聖羅馬帝國的奠基人。——譯者注
2. 因為路易曾經濫用皇室土地分贈教會，並且有偏袒教會的行為，因而被人稱作「虔誠者」。——譯者注

決鬥者的教籍，助手和觀看決鬥的人也受到牽連。在教士們看來，決鬥之風罪大惡極，是魔鬼想要透過決鬥來摧殘人類的精神以及肉體。因此，決鬥發生之地的王公大臣如果對決鬥不加以制止，也應暫時取消其在當地的司法權以及控制權。然而，後來我們卻發現，正是該條款成為它原本反對決鬥的依據。

但是當時的人們卻持有一種錯誤的觀點，在他們看來，無論在什麼時候，只要他們的一聲祈禱，萬能的上帝就會奇蹟般地出現，就會來幫助無辜受害的人。因此，雖然教士們強烈譴責決鬥，卻不反對決鬥者這條錯誤的信仰。他們依然鼓勵大眾相信這些準則：國家之間，包括個人之間有了紛爭時，神靈會做出公正的判決。教士們竭盡全力支持的神裁法在審判時依據的也是這樣的原則。決鬥時，誰是誰非完全取決於人們的手臂，而在神裁法中，所有人都是平等的。因此，人們原本是該用和平的方式來解決所有分歧的。正如他們所願，這種做法被推廣開後，他們成為本國最有威望的人。但是，因為當時的法律仍然允許在所有的疑案中用個人的力量來做出最後裁判，因此王公貴族比教士更有權力和影響力。

為了權力而設立5種裁判模式

我們應該知道，教士們用開除教籍的嚴厲措施來懲罰決鬥者，不只是因為痛恨流血事件，還是為了保留只有他們才有資格進行審理案件的處罰權。由於他們是當時知識階層的代表，他們的教義蘊涵著知識以及文明的萌芽，就如同當時的貴族是世俗權力的代表一樣。為了牢牢將裁判權抓在自己手中，為了讓自己成為所有民事以及刑事案件的最終裁判，他們創立在福音傳教士面前發誓、水淹判決法（地位卑微的人適用）、麵包和乳酪判決法（適用於教士階層內部成員）、十字架判決法和火燒判決法（身分較高的人適用這兩種辦法）5種裁判模式，並且掌控所有模式的監控權。

在福音傳教士面前發誓的判決法具體是這麼操作的：讓接受這個判決法的被告面對一本新約聖經，站在殉道者的遺物或是墳前發誓說自己是清白的，並未犯被指控的罪行；當然不是他一個人發誓就可以證明自己的清白，他還必須找到12名被公認為正直的人和他一起發誓，才可以證明自己是無辜的。這個判決法在判決中弊端很大，尤其是在繼承權糾紛的審理中。因為那些做偽證的人也不時會打贏官司。人們之所以會選擇用決鬥的方式決定是非，某種程度上也是這種審判法的弊端導致的。當時的封建男爵以及早期的首領寧願選擇一場公平的打鬥來決定是非，也不願意選擇這種常常會讓做偽證的人如願以償的裁判模式。

查理曼大帝要求兒子們在他死後用來解決內部糾紛的最佳方法是十字架判決法。這種判決法是這樣進行的：先做出對自己有利的判決，也就是發誓說自己無罪，然後再向十字架請求寬恕。而後被告就被領進教堂，站在牧師事先布置好的祭壇（牧師事先準備好兩根極其相似的木棍，其中

一根上雕有一個十字架圖案。然後，牧師用一些上好的羊毛織物，極其莊重，小心翼翼地把兩根木棍包好，放在祭壇或殉道者的遺物之上）前面，由牧師莊重地向上帝祈禱，請求上帝用他神聖的十字架恩賜他的判決，判決被告是否有罪。祈禱之後，牧師走近祭壇，拿起一根木棍，然後由助手小心翼翼地解開羊毛織物。如果木棍上刻了十字架，就說明被控的人是清白的。反之，這個人就是有罪的。我們不能荒唐地認為這種判決完全是碰運氣。如果說這種判決法做出的判決都是錯誤的，那是不公平的。不可否認，牧師們任何時候都十分謹慎，給出過很多清楚的、可信的判決。我們堅信，牧師們在審理這些案件之前，對案件一定進行很多調查和分析，他們已經清楚被告是否清白，然後根據他們的判斷相應地選擇有十字架的木棍或無十字架的木棍。雖然對圍觀者而言，這兩根被包裹起來的木棍表面上看起來是相似的，但對打開包布的人來說，卻不費吹灰之力就可以進行區分。

在火燒判決中，最終裁決權也毫無懸念地落在牧師手中。當時的人們普遍認為，火是不會燒無辜的人的。所以在火燒判決前，牧師會讓那些無辜的人（或者說是牧師眼中的無辜者）小心，不要碰到火。有一種火裁法是這麼來操作的：牧師們將很多燒得火紅的犁頭在地上排成一排，每兩個犁頭之間留出一定距離，然後蒙上被告眼睛，脫掉他的鞋，讓他從這頭走向那頭。如果他走過的時候，可以有規律地踩在空地上，沒有碰到火熱的犁頭，就說明他是清白的。反之，他就是有罪的。教士們常常事先就可以預見到判決的結果，因為只有他們有權安排這樣的裁決。如果他們想判一個人有罪，把犁頭稍微排列得不規則一點就可以辦到了（被告肯定會踩上其中一個）。英王埃塞爾雷德二世①的妻子，也就是信教徒愛德華的母親

---

1. 埃塞爾雷德二世，978—1016年在位，世稱「決策無方者埃塞爾雷德」。——譯者注

愛瑪，在被指控和溫徹斯特主教艾爾文過於親密以後，她就是用這個裁決法為自己洗清罪名（由於牧師們必須捍衛神裁法的名聲，而且也想確保皇后的名譽，因此他們想盡辦法地避免皇后踏卜任何一個灼熱的犁頭），這種判決法還有其他的操作手法，如讓被告手拿一根燒紅的約有2、3磅重的鐵條。如果我們看見不只是手掌粗糙的男子，就連那些細皮嫩肉的女子都可以安全地手持灼熱的鐵條時，我們就可以斷定，這些人一定事先在手上塗抹了防護品，或者就是那根看似火熱的鐵條是冰涼的，只是在外面塗上一層紅漆，讓看的人覺得是燒熱的罷了。還有一種判決法是將被告赤裸的手臂浸入鍋中沸騰的熱水，然後由牧師們用幾層亞麻和法蘭絨布把被告的手臂包起來，並由牧師們悉心照料。3天內被告不得走出教堂。如果3天以後被告的手臂完全恢復，不留一點疤痕，他就是清白的。

現代印度人的火裁法與此十分相似，福布斯在他的《東方紀事》第一卷第十一章是這樣描寫的：「如果選擇用火裁法來判決一個有重罪的被告時，幾天內他會處在嚴密的監護之下，他的右手和右臂會被用漆布緊緊纏裹，最後封上。為了避免作弊，通常有幾名正直的官員在場。在英國控制的地區，被告手臂上裹的布通常由東印度公司的人最後封上，然後由歐洲守衛看管。待到火裁之日，會有人用火將一大鍋油加熱直到沸騰，然後往鍋裡扔一枚硬幣。這個時候，才解開被告的手臂，在原告和法官的監視下洗乾淨。儀式進行到這個環節時，出席儀式的世族會向上帝禱告。世族們禱告後，被告就將自己的手浸入鍋中撈起硬幣。然後再次封好被告的右臂，直到指定檢查的那天。開封檢驗時，如果無疤痕，被告被宣布無罪；反之他就會受到與罪行相應的懲罰。」……進行這種判決時，被告往往還要在手臂浸入滾油前進行這樣的祈禱：「啊，火，你無所不在；你是純潔的象徵！你這個能證明人的美德以及罪惡的火呀，透過我的手臂上，告訴我事情的真相吧！」如果其中無詐，這種裁決法得出的結論只有一個——

所有被告都有罪。實際上經過這種裁決的人有的是被判無罪的。因此，那些世族一定在火裁過程中做了手腳，和中世紀的基督教牧師一樣，試圖透過他們的方法來保護他們想保護的人。

水淹裁決法這種適用於貧窮和卑賤的人的裁決法在操作中比較簡單。因為它的結果已經被認為是無關緊要的。操作時就是直接將被告扔進池塘或是河裡。如果沉下去淹死了，倖存的朋友就會為他的清白感到欣慰；如果漂在水上，就說明他有罪。也就是說，無論是哪一種情況，他都不再屬於這個社會。

值得一提的是，在所有的判決法中，教士們為自己設計的麵包與乳酪判決法，是一種能夠確保他們之中任何人都不會被認為有罪的方法。即使是罪孽深重的魔鬼，如果用這種方法來審判，他也會是清白無辜、安分守己的。具體操作方法是，先讓人在祭壇上放一塊麵包和一塊乳酪，然後由被告身著法衣念符咒，身邊圍滿羅馬教廷煊赫禮服的助手。他先念符咒，再進行幾分鐘熱情洋溢的祈禱。被告唯一的負擔就是，如果他犯有被控的罪孽，上帝會派他的天使加百列（七大天使之一，上帝傳達好消息給世人的使者）堵塞他的喉嚨，他就會嚥不下那塊麵包和乳酪。但是有史以來，還從來沒有牧師在這時喉嚨被哽住。

教宗額我略七世在位時，人們開始討論一個問題——到底應不應該將葛利果聖歌引入古代西班牙北部的卡斯提亞王國，用來取代塞維亞的聖依西多祿創作的莫札拉比聖歌，這樣的討論引起很多麻煩。由於卡斯提亞教會不願意接受新聖歌，因此雙方建議各選一名代表參加決鬥，以確定到底要不要採用新的聖歌。教士們更願意用火燒裁決法來確定結果，而拒絕用決鬥的方法來解決這件事情。教士們於是燃起一大堆火，並且將一本葛利果聖歌和一本莫札拉比聖歌同時扔進大火裡，由火焰來確定上帝到底更傾向於哪首聖歌。上帝傾向的一本書會完好無損。據說，巴羅紐斯紅衣主

教當時親眼目睹這件事情。他說，葛利果聖歌剛被投入火裡就完好無損地跳了出來，書跳出時還發出十分大的響聲，在場的人都看見了。因此，在場的人都認定，上帝支持的是教宗。於是大火被撲滅了。讓人難以置信的是，另一本躺在火堆裡的書雖然沾滿灰燼，卻也完好無損，甚至一點也不熱。最終大家認為，兩本書都是上帝喜歡的，全塞維亞王國的所有教堂應該輪流使用它們。如果神裁法僅僅被用來解決這樣的爭議，世俗之人一般都不會反對，但如果人與人之間的所有紛爭的最後裁定都要由它來解決，那些勇敢的人就會對此產生反抗情緒。

神裁法被決鬥取代

其實，在很久以前，貴族們就對牧師們產生不滿。因為這些裁判模式推出後，他們很快便意識到，牧師們的根本目的是要確保教會能夠掌握所有的民事和刑事案件的裁決權。貴族們更願意透過決鬥的方式來解決問題，不僅僅是因為決鬥本身方便簡單，更重要的是：透過決鬥得出的結論更能讓他們的對手心服口服，因為勝利是他們的勇敢和高超本領爭來的。但是在神裁中，雙方都無能為力。還有一個原因是，騎士精神開始生根發芽。因此，儘管教士們在激烈反對，決鬥卻蔚然成風，而且還成為王公貴族們僅有的被當作很高雅的追求。

與此同時，人們也開始將尊嚴和榮譽看得十分高尚，不容侵犯。任何損害別人尊嚴的行為都有可能引發競技場上的決鬥。雙方在決鬥的時候，周圍會有很多熱情的觀眾，場外觀眾的互動遠比冰冷而正式的神裁法更能讓交手雙方感到滿足。

後來，火燒判決法和十字架判決法被路易一世之子洛泰爾在自己的管轄區域內廢除。但神裁法在英格蘭卻一直沿用到亨利三世時期。亨利三世在位初期，議會通過一項禁止使用神裁法的法令。與此同時，十字軍東征又將騎士精神推到完美頂峰。騎士精神很快就摧毀神裁法系統，而且還使得決鬥成為司法判決的牢固基礎。作為騎士精神的後裔，決鬥一直延續到了今天，全然不顧智者和哲學家試圖根除它所做的努力。可以說，在那個野蠻時代流傳下來的種種遺毒中，決鬥是最為頑固、最難消除的現象之一。

如果想要瞭解決鬥規則，可以看看孟德斯鳩的著作。在他的著作中，

我們看到關於決鬥程序的詳細介紹，還可以看到被安排得有條不紊、引人入勝的決鬥介紹。就像是很多聰明的事情被愚蠢的人搞得一塌糊塗一樣，決鬥這種愚蠢的事被安排得井井有條。讓人們不得不感歎，如此荒謬而又褻瀆神靈的決鬥裁決法竟然有如此明智、如此富有宗教精神的規則！

決鬥一度沉寂

　　一種更富有理性的司法體系出現在十字軍東征結束以後，以火藥和印刷術發明為象徵的新時代開始之前。城市中忙於貿易和做工的居民由於沒有時間和精力自己去解決爭端，因此他們更加願意由法官來做出裁定。他們沒有王公貴族那麼充裕的時間，他們的生活習慣和行為方式不允許他們為了一點小事就去決鬥。在他們看來，像關於糧食、布以及母牛的價格等爭執在市長或是地區長官那裡，都可以得到更讓人滿意的裁決。即使是那些好戰的騎士和貴族也意識到「如果過於頻繁地採用決鬥，將使它喪失權威」。政府部門的觀點也一樣，因此也在嚴格限制這種極端行為，只有在少數幾種情況下才可以適用。

　　在路易九世執政以前的法國，就只有在冒犯君主罪、強姦罪、縱火罪、暗殺罪以及夜盜罪的裁決中才可以採取決鬥的方式來裁決。但是在路易九世時，在民事案件中使用決鬥也是合法的，因為他取消了所有的限制。不過此舉讓情況變得十分糟糕，菲利普認為應該限制決鬥的施行範圍。於是他在1303年下令，只有在叛國罪、強姦罪和縱火罪這樣的刑事案件以及繼承權糾紛的民事案件中才可以透過決鬥來解決。然而，為了捍衛自己的尊嚴和報復別人對自己尊嚴的侵犯，騎士們也被允許在任何糾紛中使用決鬥。

維護正義的決鬥

我們發現在歷史上關於最早決鬥的記載中，唯一的一場決鬥發生在西元878年（路易二世統治期間）。事情的經過是這樣的，一天早上，加斯蒂努瓦伯爵安吉爾吉魯被醒來的伯爵夫人發現死在自己的身邊。伯爵的親戚貢特朗指控伯爵夫人因為對伯爵不忠而謀殺伯爵。貢特朗向伯爵夫人發出戰書，讓她找一個人代替她和自己決鬥，他會親手刺死這個人來證明她有罪。伯爵夫人的親朋好友都相信她是清白的，但由於貢特朗是一個強壯且自負的有名武士，沒有人敢和他交戰。

就在可憐的伯爵夫人感到絕望時，一個願意替她決鬥的人突然出現在她面前。這個人正是當年伯爵夫人懷抱他為其洗禮的安茹伯爵（也叫安吉爾吉魯），他僅有16歲，深愛自己的教母，因此表示願意替她與任何人決鬥。由於決鬥者需要具備非凡的力量、高超的技藝以及大無畏的氣概，因此國王努力勸說這位俠義的孩子放棄這個決定。但是他卻堅持要這麼做。法庭上的所有人都為讓這個勇敢又俊秀的孩子送死而感到很傷心，認為這是一件十分殘忍的事情。

決鬥場準備好以後，伯爵夫人確認自己的代表以後，決鬥雙方走進場地，開始決鬥。貢特朗快馬加鞭向對手奔去，用力將長矛刺向對方。沒想到對方卻用盾牌擋住他的長矛。由於用勁過猛，他失去平衡，從馬上摔了下來。年輕的安茹伯爵趁機用矛刺穿貢特朗的胸膛，還用刀割下他的人頭。布朗托姆描述說，他把人頭獻給了國王，國王高興得好像是有人贈送了他一座城池似的，國王非常莊重地收下這份禮物。之後，人們為伯爵夫人的清白得以證實而歡呼。伯爵夫人當眾將教子安茹伯爵摟在懷中，親吻

他，伯爵夫人的淚水浸濕了他的肩頭。

　　1162年，英王亨利二世登基之前，德蒙福特的羅伯特指控埃塞克斯伯爵在5年前，在科爾斯希爾與威爾斯人發生衝突的時候，讓英格蘭皇室顏面掃地。羅伯特為了證明自己的清白，提出要與埃塞克斯伯爵決鬥，埃塞克斯伯爵接受挑戰。決鬥場被選在雷丁附近的一個地方，很多人圍在周圍觀戰。剛開始的時候，伯爵表現得十分神勇，但是後來卻失去自控能力，變得急躁起來，於是讓對方佔了上風，後來伯爵滾落馬下，身負重傷。決鬥也以伯爵的失敗收場，羅伯特成為勝利者。在親屬們的懇求下，雷丁修道院的僧侶將伯爵移走埋葬。在場的人都認為伯爵肯定已經死了，沒想到埃塞克斯伯爵只是昏了過去，並沒有死。在僧侶們的精心照料下，幾個星期以後他就完全恢復身體健康，但是他心理的創傷卻難以修復。儘管他是一個忠誠而勇敢的人，但由於他在決鬥中被打敗了，整個國家便都認為他是叛徒，是懦夫。他難以承受大家對他的這種偏見，於是就去做了一名修道士，在修道院裡度過他的餘生。

　　作家杜·沙特萊也介紹發生在西班牙的一次決鬥。塞維爾城一名信奉基督教的紳士說，耶穌基督的宗教是神聖的，穆罕默德的宗教是令人厭惡的，摩爾人如果不同意他的看法，可以透過和他決鬥來判斷誰是誰非，並直接向一名摩爾人武士提出挑戰。西班牙的主教們不願意因為這次決鬥的結果而使基督教蒙受任何羞辱（因為說不定那個摩爾人武士會勝利），就用開除教籍來威脅那位基督徒，迫使他撤回了挑戰書。

　　這位作家還記述了奧托一世統治時期，法學學者之間的一次學術交鋒。問題的焦點是，喪父的孫輩能否與他的叔父們平等地分享祖父遺產。當時沒有一個律師能解決它，於是這個問題被爭論很久也沒有結論。最終，爭論的雙方達成一個協議——用決鬥來一錘定音。論戰雙方各派一名代表參加決鬥。在商量好時間和地點後，兩名鬥士開始決鬥。最終，「支

持孫輩有權和叔父們共用祖父遺產的一方」的鬥士將對手挑下馬來，一矛刺死。直到這個時候，學者們才決定支持孫輩的這個繼承權。

決鬥之風風行歐洲

　　在歐洲很多國家，決鬥數不勝數，尤其是在14世紀和15世紀。讓人不解的是，很多決鬥只是因為某個莫名其妙、毫無意義的理由，這在勇敢的法國統帥杜・蓋克蘭的回憶錄中可以得到佐證。他的回憶錄中有「一個微不足道的原因就引發一場殊死搏鬥」的例子。杜・蓋克蘭曾經與一位英格蘭的上尉威廉・布蘭伯發生過一次小衝突，杜・蓋克蘭佔了一點上風。這讓威廉・布蘭伯的好朋友威廉・特魯塞爾十分生氣。特魯塞爾思來想去，認為只有一場你死我活的殊死搏鬥，才可以平息自己心中的怨恨。於是，特魯塞爾請求蘭開斯特公爵允許他與蓋克蘭決鬥。由於這個決鬥的理由不正當，蘭開斯特公爵拒絕他的請求。但特魯塞爾卻非常渴望與蓋克蘭交手，因此想盡辦法去尋找適合的理由。不久之後，他就如願以償地找到機會——他的一位親戚被蓋克蘭抓去做俘虜，如果不交贖金，蓋克蘭就不會放他的親戚。特魯塞爾心中大喜，決定藉此挑起事端。他派一名信使前去與蓋克蘭交涉，要求蓋克蘭釋放這個囚徒，還說要很久以後才給贖金。蓋克蘭明顯地感覺到特魯塞爾強烈的挑釁意味，就直接回話說，如果不立刻全部繳清贖金，他是絕對不會釋放俘虜的。特魯塞爾得到回話後就立刻提出，蓋克蘭拒絕他的條件就是損害了他作為騎士的尊嚴，他一定要與這位統帥進行一次你死我活的決鬥來捍衛自己的尊嚴。特魯塞爾還設定了決鬥的規則——在決鬥中雙方要用長矛、利劍和匕首各戰三個回合。雖然此時的蓋克蘭已經身患疾病，臥病不起，但他還是接受特魯塞爾的挑戰，並且通知一位名叫安德爾蓋姆的王室司法官將軍為他們安排了決鬥的日期以及地點。這位將軍提出「被打敗的一方應拿出100金幣宴請在場作證的所有貴

族和紳士」作條件的同時，為決鬥做了所有的準備工作。

蘭開斯特公爵得知這個消息以後非常憤怒，他對特魯塞爾說，如果他堅持要與身體虛弱，臥病在床的勇士蓋克蘭決鬥，那就是對自己作為騎士的尊嚴，甚至是對國家尊嚴的侮辱。特魯塞爾聽了之後，十分慚愧，於是寫信給蓋克蘭，他願意推遲決鬥的時間，等蓋克蘭完全康復了再決鬥。但蓋克蘭卻回信說，所有王公貴族都知道他們即將決鬥，因此他不願意推遲時間，如果自己不能在約定的時間參與決鬥，就會被所有人認為不配做一名騎士，或是不配手持一柄表示尊嚴的長劍。他還自信地說，自己不僅有力量與特魯塞爾交手，而且還有信心擊敗強大的對手。特魯塞爾將蓋克蘭這些傲慢的說法講給蘭開斯特公爵以後，蘭開斯特公爵立刻批准他進行決鬥。

到了約定的日子，兩位勇士出現在四周圍滿幾千人的決鬥場。蓋克蘭帶來博馬努瓦元帥、莫尼的奧立佛、聖佩恩的貝爾特蘭和畢利耶赫子爵這幾位法蘭西貴族中的精英。而特魯塞爾則只帶了兩名副手、兩名護衛、兩名短劍侍衛和兩名號手。第一次進攻時，蓋克蘭出師不利，他持盾牌的手臂被特魯塞爾重重一擊，身子不禁向左歪倒在馬脖子上。由於身體虛弱，還差點被扔在地上。他的所有朋友都因此感到痛惜，認為他已經無力回天了。沒想到蓋克蘭孤注一擲，聚攏全身力氣開始第二次進攻。他瞄準對方的肩膀奮力一擊，對手翻下馬來，血流滿地。蓋克蘭成功了，他從馬上跳下，手持長劍，正準備砍下對手的頭顱時，安德爾蓋姆司法官將一柄鍍金的權杖投在場地中間，宣布決鬥就此結束。蓋克蘭在觀眾的歡呼聲中退出決鬥場。緊接著，4名英國護衛和4名法國護衛上場進行較低層次的決鬥，用長矛胡亂打一通後，法國人佔了上風，整場決鬥就此結束。

大約在15世紀初，查理六世統治期間，法國議會允許進行一次非常有名的決鬥。這場決鬥發生在一位名叫卡洛吉的紳士和一位名叫萊格利的先

生之間。原因是卡洛吉到聖地朝聖期間，萊格利強暴他在家的妻子。卡洛吉從聖地回來以後指控萊格利犯有強姦罪，萊格利卻矢口否認，說是卡洛吉的妻子自願和他發生關係。卡洛吉忍無可忍，向萊格利提出挑戰。由於議會認為卡洛吉的妻子無法證明自己是無辜的，因此一場決鬥勢在必行。布朗托姆介紹說，在指定的那一天，卡洛吉的妻子坐著馬車前去觀看決鬥，卻被國王命令下車。因為在國王看來，在她的清白還沒有得到證實之前，她就是戴罪之身，沒有乘車的資格。國王讓她站在一個絞刑架上等待上帝的憐憫和決鬥的結果。幾個回合過後，萊格利被卡洛吉挑下馬來後，承認自己犯了強姦罪和誹謗罪。萊格利立刻被押上絞刑架當眾絞死。傳令官也宣布這位女士是清白的，她的丈夫、國王以及所有的圍觀者也都認可這個結果。

反對決鬥卻死於決鬥的亨利二世

　　與上述類似的決鬥案件可以說是層數不窮、數不勝數，直到一件觸目驚心的決鬥案件發生以後，亨利二世才鄭重地宣布，無論是為了民事或刑事的案件，還是涉及紳士的尊嚴，絕對不允許類似的決鬥再出現。

　　這場決鬥發生在1547年，拉沙泰涅賴領主維沃納的法蘭索瓦（François）和雅納克領主蓋伊・查博（Guy Chabot）從小時候開始起就是好朋友，在法蘭索瓦一世的朝臣中都因為表現勇敢、僕從如雲而非常有名。法蘭索瓦知道他朋友並不富裕，有一天他就問蓋伊：「到底是從哪裡弄來了這麼多錢？」蓋伊回答法蘭索瓦，說是父親剛娶了一位年輕漂亮的女人做妻子，比較而言，繼母對兒子的愛遠遠勝過愛丈夫，他想要多少錢繼母就會給多少錢。法蘭索瓦把這個見不得光的秘密透露給了皇太子，皇太子又透露給了國王，國王又傳給朝臣，最終朝臣們又將這個秘密告訴他們的朋友們。很快，這個消息傳到蓋伊父親的耳朵裡，他立刻將兒子叫來，質問他這到底是怎麼回事，問他是不是不僅無恥地和繼母私通，而且還不知廉恥地向別人炫耀。蓋伊氣憤地否認自己做過這種事，說過這樣的話。為了證明自己的清白，蓋伊請求父親和他到法庭去與指控他的人見面，他要當面拆穿那個說謊的人。他們兩個便一同前往。當蓋伊走進法庭時，皇太子、法蘭索瓦和部分大臣在場。蓋伊氣憤地嚷道，誰說他和繼母有不正當關係，誰就是懦夫，是騙子！於是大家都看著皇太子和法蘭索瓦。無奈，法蘭索瓦就站出來辯稱，這件事情是蓋伊曾經親口對他說的，他會讓蓋伊再次承認。對於這種事情，是很難證實或是否定的。於是，皇家議會決定用決鬥來判斷真假。但是國王法蘭西斯卻堅決反對這樣，他禁

止雙方繼續糾纏此事。可是一年後法蘭西斯駕崩了，亨利二世（當年的皇太子）即位後，由於當年自己也捲入這場官司，因此亨利二世決定讓這場決鬥進行，日期被定在1547年7月10日，決鬥的場地被定在聖日耳曼安萊一座城堡的院子裡。雙方當時的挑戰書在《城堡記事》中有記載：

> 拉沙泰涅賴領主，維沃納的法蘭索瓦之挑戰書
>
> 諸位聖賢：近日聽說雅納克的蓋伊‧查博於康比涅地放話說，有人竟然誹謗他和繼母之間有亂倫關係，這樣的人真的太可惡了，應該遭到天譴。如果不介意，我將在大家的面前做以下聲明：是他在說謊，而且在抵賴自己說過的事時也是在說謊。我再次重申，他確實多次說過，並且向我吹噓自己曾經和繼母同床共枕。
>
> 維沃納的法蘭索瓦

> 雅納克領主的應戰書如下：
>
> 諸位聖賢：請大家允許我在這裡聲明，維沃納的法蘭索瓦曾經編造過不屬實的言辭來毀壞我的名聲，這件事情我也曾經在康比涅地向大家鄭重說明過。諸位聖賢，我在這裡極其謙恭地請求能被允許和法蘭索瓦公平地決一勝負，死而無憾。
>
> 蓋伊‧查博

準備工作開始轟轟烈烈地進行著，國王也說自己會親臨決鬥場觀戰。法蘭索瓦自認勝券在握，就事先在決鬥場邊搭了一個豪華帳篷，準備在決鬥之後邀請國王和150位朝廷重臣一起吃晚飯。蓋伊這邊，雖然下定決心要決一死戰，但是卻不怎麼自信。決鬥當天的中午，兩位決鬥士上場後，都按規則起誓說自己沒有佩戴任何護身符和符咒，也不會利用任何巫術幫助自己和對手決鬥。而後，他們劍拔弩張地展開戰鬥。法蘭索瓦精力充沛，

身體強壯，自信異常；蓋伊雖然敏捷靈活，但還是小心翼翼，並且做好了最壞的打算。

決鬥進行一會兒後，蓋伊被對手重重一擊，伏在馬上，處於劣勢。於是他只能用盾牌擋住頭部，並試圖用自己的靈活來彌補力量上的不足。考慮到襲擊對方的大腿不會受任何阻礙，他便彎下身子，用矛瞄準對方未做防護的左大腿，猛地刺了兩矛，結果他成功了。法蘭索瓦在所有觀眾的驚呼聲和國王極度懊悔的歎息聲中滾落沙土之中。他抄起匕首，竭盡全力地刺向蓋伊，試圖作最後一搏，但是他卻無力地倒在助手懷中。決鬥就此結束，獲勝的蓋伊取下頭盔，雙膝跪地，緊握雙拳，對著天大喊：「啊，上帝，清楚一切的上帝！」這個時候的法蘭索瓦卻對決鬥結果感到羞愧，他拒絕別人為他包紮傷口，還把醫生給他纏的繃帶扯下來扔掉。兩天以後，法蘭索瓦含恨而死。

亨利二世非常惋惜自己失去一位最要好的朋友，悲痛之餘，他莊重地發誓，只要自己在世，絕對不允許有任何形式的決鬥（從那以後，任何私下的、狡猾的攻擊都被法國人稱作「雅納克之襲」）。包括梅澤雷在內的一些作家證明說亨利二世的確發布過這樣的禁令，但是一些作家卻提出異議。這些作家說，亨利的命令極有可能沒有頒布，因為歷代朝廷的文告中都沒有這樣的記載。有一個事例可以進一步證實後一種說法更可信——兩年之後，樞密院又批准一場類似的決鬥。然而，這場決鬥的雙方身分卑微，場面沒那麼壯觀。沒有任何證據證明亨利試圖去阻止這場決鬥，相反地，他還給予鼓勵，還派出王室司法長官拉馬克到決鬥場去監督這場決鬥是不是嚴格按照規則進行的。參加決鬥的芬迪爾和達蓋爾都是皇室的顧問。有一天，兩位顧問在王宮吵了起來，後來還在土宮大廳裡打了起來。樞密院瞭解這個情況以後，決定讓兩位紳士進行決鬥。拉馬克在經得皇帝同意後，將決鬥的地方定在法國北部的色當城。芬迪爾劍術不精，總是在

想盡辦法地避免與當時因精熟劍術而聞名的達蓋爾交手。但樞密院容不下他爭辯，要他一定參加決鬥，否則就剝奪他的所有榮譽稱號。達蓋爾在法蘭索瓦‧德‧旺多姆和沙特爾伯爵的的陪同下出現在比武場，芬迪爾是在尼維爾公爵的陪伴下出場。芬迪爾不僅是一個愚蠢的劍客，而且還是一個十足的儒夫。考利在詩中是這樣寫他的：「死神虎視眈眈地將可怕的劍帶入清平世界。」只用一個回合，芬迪爾就從馬上摔了下來。他在對手讓他招的事情都招供完之後，帶著恥辱從決鬥場溜走了。

後人把亨利二世的死看成是對他就禁止決鬥的事情發偽誓的報應。在女兒的婚禮上，亨利二世召開一次盛大的比武大會。當時幾位最勇敢的騎士被他擊敗後，他意猶未盡，雄心勃勃地想要再添戰果。但是卻遇上年輕的蒙哥馬利伯爵，蒙哥馬利伯爵用矛刺傷了他的眼睛。不久，亨利二世就去世了，終年41歲。

決鬥狂時代

　　之後的法蘭索瓦二世、查理九世和亨利三世統治期間[1]，決鬥的數量之多讓人瞠目結舌。此時的其他歐洲國家，決鬥次數也非常多。巴黎議會也努力在自己的職權範圍內竭力制止決鬥發生。在一份落款日期為1559年6月26日的文書中，巴黎議會宣布，無論是誰，只要他實行、幫助、慫恿決鬥，就會被視為「背叛國王、違反法律和破壞和平」而受到處罰。

　　1589年，亨利三世在聖克盧被人暗殺，一位名叫里爾・馬利奧的年輕紳士是他生前非常喜歡的朋友。這位朋友悲痛欲絕，決心追隨國王而去，但自殺在當時卻是一件十分不體面的事情。由於他非常希望可以光榮地為他的主人和國王捐軀，他便發表聲明說，亨利三世的死是國家的一大不幸，不同意他這個觀點的任何人必須和他決鬥。一個性格剛烈、勇猛如虎的年輕人馬洛勒斯接受他的挑戰。在決鬥那天，馬洛勒斯在決鬥場上回頭問他的助手，對手是不是只帶了頭盔，有沒有穿鎧甲。「這就好多了，如果我不能將長矛插進他的頭顱將其殺掉，我就是世界上最笨的人！」當他聽說對手只戴著頭盔時，他異常興奮地說。

　　講述這個故事的布朗托姆說，不出所料，剛開戰，可憐的里爾・馬利奧還沒有來得及發出一聲呻吟就命喪黃泉。獲勝的一方原本可以隨意處置對手的屍體，可以割下對手的頭，扔出決鬥場或是扔向一頭驢子，但是馬洛勒斯是一位理性而又有禮的紳士，他讓對手的親屬體面地將屍首埋葬。

---

1. 在法國，由於決鬥發生得很頻繁，史學家將這個時期稱為決鬥狂的時代。——譯者注

因為這次勝利的光環，馬洛勒斯受到巴黎的太太和小姐們的青睞。

　　亨利四世登基以後，決定反對決鬥，但是他從來沒有認真地懲罰過違反禁令進行決鬥的人。大概是因為他早年受到的教育和社會成見對他造成太深的影響。在他看來，決鬥可以讓人們養成好戰的習慣，國家才可以因此而強盛。據說，當時一位名叫克雷吉的、有武士風度的人請求他允許自己和塞維爾的唐‧菲利普決鬥時，亨利四世回答說：「去吧，假如我不是國王，我會做你決鬥時的隨從。」既然國王對決鬥是持這樣的態度，他反對決鬥的命令很少有人注意就不足為怪了。洛梅尼先生在1607年做過一個統計，亨利四世自1589年即位以來，總共有4000位法國紳士在決鬥中喪生。也就是說，在他在位的18年裡，每個月都有18人因為決鬥喪命，再算到每個星期，也有4～5人在劍下喪命！敘利在他的回憶錄表示，他一點也不懷疑這個資料的真實性。朝廷、城市、國家之所以會置禁令於不顧，主要是因為國王優柔寡斷的性格和不理性的好心腸。

　　敘利這個理性的大臣花了許多時間和精力來思考這個問題。他說，決鬥盛行讓國王和他的內心都非常痛苦。這個國家竟然持這樣一種觀點——一位紳士不管是親自上陣，還是作為助手，如果從未參加過決鬥，他就無顏活在這個世界上。他唯一的選擇就是故意找別人的麻煩，和別人爭吵，然後用刀劍來洗刷自己從未參加決鬥的不光彩歷史！敘利多次給國王寫信，請求國王重新發布禁令，禁止這種野蠻風氣，並嚴厲懲罰違犯的人，規定不管在什麼情況下也不寬恕參加決鬥者，也不管他是殺死對手，還是只是傷害對手。他還建議成立一個處理案子嚴厲而迅速，使受傷害者能夠盡快得到撫慰，冒犯者能夠快速受到相應懲處的道德裁判所來處理惡語傷人以及誹謗他人的事情，以免進一步演變成決鬥。

　　這位朋友兼大臣的建議深深地打動了亨利四世。亨利四世立刻在楓丹白露宮召集一次專門會議來討論這件事情。所有人都到齊後，亨利四世

要求他們之中對決鬥瞭若指掌的人向他做一個關於「決鬥的起源、發展和各種不同形式」的報告。敘利在回憶錄中揚揚自得地說，由於皇帝手下的顧問們誰也不瞭解這個方面的東西，因此都默不作聲；敘利這位辦事周全的大臣，為了顧全他無知的同僚們的面子，他和其他人一樣，也是正襟危坐，保持沉默，但是他的表情卻是相當自信。當皇帝轉向他說：「我的大學士，從你的臉上我可以看出你對這個一定十分瞭解。我請求你，或者說是命令你，把你想到的和知道的全部告訴我們。」在皇帝一再催促後，他才從古到今詳細介紹決鬥的歷史。在他的回憶錄中，沒有記錄他當時的發言內容。此次會議的結果是，王室頒布一項敕令——禁止任何人進行決鬥。敘利以最快的速度將這項法令傳達出去，即使是最邊遠的省份也傳達到了。他四處宣稱，皇帝將嚴格按照法律處罰那些違反這條法令的人。敘利沒有詳細介紹這個新法令的具體內容，但是馬蒂亞斯神父介紹說，法國的高級軍官們組成一個道德法庭來審理「貴族以及紳士的尊嚴受到侵犯」的案件。如果出現違反法令去決鬥的事情，決鬥者會被處以絞刑和沒收財產。助手和護衛的地位、尊嚴或職位也會被剝奪，而且還會被驅逐出他們所屬領主的領地。

讓人遺憾的是，國王雖然威脅說要嚴厲懲罰決鬥者，但決鬥次數卻一點也沒有減少的跡象，敘利深感惋惜。赫伯特閣下是路易十三當政時的駐英大使，他在信中多次提到過法國在亨利四世統治時的社會狀況。他說幾乎沒有一名上層社會的法國人沒有在決鬥中殺過同胞。修道院院長米洛也敘寫過這個時期的情況。瘋狂的決鬥給社會帶來很大破壞，男人們都變成決鬥狂。是幻想和虛榮導致拔刀相見。一個人被迫和他的朋友一起與別人爭吵，如果不願參加，則會受到朋友的責難，進而不得不成為衝突的一方。報仇的信念在很多家庭代代相傳。

根據統計，由於亨利四世的放縱，在20年的時間裡，皇帝共赦免過

8000個在爭鬥中殺死對手的人的罪過。還有一些作家也證實這個說法。拉烏賽的阿梅洛在他的回憶錄中就提及過此事——路易十三當政前期，決鬥變得如此風行，連普通人早上碰見朋友時的第一句話也變成「你知道昨天誰決鬥了嗎？」晚飯後則問，「你知道今天早上誰決鬥了嗎？」在此期間，最臭名昭著的決鬥者是布特維爾。人們很害怕和這個惡棍發生衝突，擔心不得不與之刀劍相向。他只要聽說有人很勇敢，就要找上門去說：「別人告訴我你很勇敢，因此我們必須決一勝負！」每天早上都有許多遠近聞名的暴徒和決鬥狂聚集在他家裡吃早餐。他們飲酒，吃麵包，然後切磋劍術。他和後來被提升為紅衣主教的瓦朗塞在那群人之中的威望很高。瓦朗塞每天都要參加一兩次決鬥，有時是自己親自動手，有時是做別人護衛。瓦朗塞還挑戰過自己的好朋友布特維爾，原因是布特維爾在剛剛進行的決鬥沒有邀請他當副手。因此，布特維爾向他保證下一次一定請他效力。布特維爾當天就出去向波特斯侯爵挑起一場爭吵。根據達成的協定，瓦朗塞就興致勃勃地作為副手隨他的朋友前往決鬥。在決鬥中，他殺死波特斯侯爵的副手卡瓦伊斯，卡瓦伊斯從未傷害過他，也從未和他見過面。

黎希留治理決鬥

　　在其後的幾個國王統治時期，決鬥之風繼續蔓延，而且還愈演愈烈，一直到紅衣主教黎希留（Richelieu）上任首相為止。黎希留對這種公眾道德境況感到十分痛惜，因此也十分重視。他和他的前輩敘利的觀點一致，那就是：只有用最嚴厲的刑罰，才可以制止這種惡性事件繼續發生。而黎希留比敘利更善於同邪惡鬥爭，他拿地位高的人來開刀，殺一儆百。黎希留敵人的行為更加深他與世俗做鬥爭的信念。根據記載，黎希留還在呂松地方擔任主教時，因為和瑪麗・德・麥地奇相關的幾項陳述得罪泰米內侯爵。因為根據當時的慣例，人們不能向神職人員挑戰，於是這位侯爵向黎希留的一位兄弟提出挑戰。泰米內侯爵很快就找到機會。一天，泰米內將黎希留的兄弟黎希留侯爵叫來，用侮辱的口氣向黎希留侯爵抱怨呂松主教褻瀆神靈，不守信仰。黎希留侯爵十分討厭泰米內說話的內容和說話的態度，立刻接受他的挑戰。他們在昂古萊姆大街決鬥，可憐的黎希留侯爵被刺穿心臟，當場死去。

　　自那以後，黎希留主教就成為決鬥的堅決反對者，理智與手足之情一起堅定他革除惡習的決心。當他的地位在法國得到鞏固後，他便積極地履行他之前立下的誓言。他在自己的《政治遺囑》一書中，將自己的觀點寫在了題為「阻止決鬥之辦法」的一個章節裡。然而，雖然法令頒布了，但仍然有貴族因為一些雞毛蒜皮的小事或是一些十分荒謬的理由展開決鬥。黎希留最終決定給他們顏色看。臭名遠揚的布特維爾在和貝弗龍侯爵展開決鬥之後，雖然這場決鬥並未給交戰的雙方造成致命傷害，但後果還是讓他們送了命。雖然他們兩個身分高貴，但黎希留決定拿他們開刀，在判他

們有罪之後，將他們斬首示眾了。這兩個嗜血成性、敗壞民風的害人精終於在社會上消失。

1632年，兩名貴族在決鬥中雙雙命歸黃泉。消息傳到裁判所以後，裁判所官員立刻趕到現場。這個時候，交戰雙方的家屬還未來得及把屍體搬走。為了維護法令的權威，裁判所官員下令剝光這兩具屍體的衣服，並且將他們的頭朝下吊在絞架上示眾了數小時。這種嚴厲的懲罰的確讓公眾從決鬥熱中清醒了一段時間，但他們還是很快就忘記嚴厲的處罰。關於錯誤的榮譽觀已經在人們的心中生根發芽，想要徹底根除並非易事。黎希留嚴厲處理的幾個案子雖然可以預防他們採取極端做法，但是卻未能說服他們走上正道。雖然他很聰慧，還很敏銳，但是卻不清楚發生決鬥的最根本的原因。決鬥者不畏懼死，而是受不了羞辱。就像艾迪生八十年後說的那樣，「死亡並不能震懾住以不怕死為榮的人。但如果將所有的決鬥者都放在絞架台上示眾，那些試圖為榮譽而戰的人會放棄決鬥，決鬥人數將大大減少，甚至停止這種荒唐的戰鬥。」然而，黎希留卻沒有想過這些。

無所不在的決鬥機會

在敘利所處的那個年代，決鬥在德國也很普遍。在當時的德國，人們在法蘭克尼亞的符茲堡、施瓦本的烏斯巴赫和哈勒這三個地方決鬥是合法的。在法律的鼓勵下，這三個地方有很多人每天無數次決鬥。如果一個只是受了傷但是還有能力戰鬥的人向對手和解，就會遭到鄙視。那些根本就不願意決鬥的人更是被人看不起。在德國，這樣的人不能刮鬍子、赤膊，連馬也不能騎，更不要說擔任公職。在決鬥中戰死的人卻能以豪華而隆重的禮節進行安葬。

1652年，當時路易十四剛剛到法定成年的歲數，博福特公爵和內穆爾公爵各帶4名隨從展開一次決鬥。雖然二者的妻子是親姐妹，但是她們已經對對方有所不滿。博福特公爵和內穆爾公爵的不斷爭執讓自己手下的部隊很混亂。雙方都在找機會和對方大幹一場，好不容易機會終於來了（一方的一名成員不小心走到另一方的會議桌邊）。他們選擇用手槍來較量，沒想到第一發子彈就讓內穆爾公爵斃命。維拉爾侯爵作為內穆爾的副手，立刻向博福特的副手埃里庫爾提起挑戰。這兩個人以前從來沒有見過面，但是他們卻打得比自己的主子們更賣力。由於雙方是選擇劍來決勝負，他們的廝殺比第一次更長，也更扣人心弦，六位現場觀戰作證的紳士直呼過癮。最終，埃里庫爾因為心臟中劍倒地身亡。這場決鬥的慘烈程度前所未有。

伏爾泰說，類似的決鬥頻繁發生。《軼事辭典》的編者說，決鬥的人帶的護衛人數並不都一樣，有時是10個，有時是12個，也有帶20個的時候。當主將不能再戰時，他們的護衛就會衝上去相互廝殺。其中一個決鬥

時，叫上另一個做護衛是兩人之間友誼最深的象徵。很多紳士們都希望可以做他人護衛，他們經常刻意將一個小小的誤會演變成一次爭吵，以便可以進行一場決鬥。布西・拉布丁伯爵在他的回憶錄中就記錄這麼一件事情：一天晚上，他從一家戲院出來的時候，一位名叫布魯克的紳士禮貌地擋住他的去路，而他們之前從未謀面。這位紳士將他拉到一邊問他，辛安斯公爵是不是在背後說布魯克是酒鬼。布西回答道，由於他很少見到那位公爵，所以的確不知道。但布魯克卻接著說，「哦，但他是你的叔叔呀！他住的地方離這裡一點也不近，我沒辦法親自問他，所以不得不問你。」布西回答說，「我清楚你的想法，你是要我替我叔叔說話。沒問題，我現在就可以告訴你，我叔叔從來沒有說過你壞話，如果有人這樣說，他一定是說謊！」布魯克很不高興地說：「這話是我兄弟說的，他還很小，不會說謊！」布西說，「他就是在說謊，回去用馬鞭抽他！」布魯克劍拔弩張地說：「我很不願意聽到別人說我兄弟說謊。拔出你的劍來吧，接招！」二人即刻就在大街上拔出劍來，不過圍觀的人將他們分開了。於是，兩人約定一個時間，按照決鬥規則來決出勝負。沒過幾天，就有一位布西從來沒有聽過的人找上門來，請求要做布西的護衛。值得一提的是，這位不速之客還說自己和布魯克之間也彼此不認識，只是聽說布西和布魯克二人要決鬥，就決定做其中一人的護衛。他認為布西更為勇敢，所以選擇要做布西的護衛了。布西對他說的一切表達真誠的謝意後告訴他，很抱歉，自己已經有4名護衛了，如果再增加，決鬥恐怕是要變成打仗了。

頒布禁止決鬥命令

　　公眾將這類衝突看作是理所當然的事的時候，社會風氣就可想而知了。路易十四很早就注意到這種可怕的現象，也很早就決定要對這種社會問題進行治理。但他卻是直到1679年在「建立『火刑法庭』審理被指是有異端邪說、犯慢性投毒罪和實施巫術的人」時才頒布法令禁止決鬥。是年，他發布禁令，前任皇帝亨利四世和路易十三的嚴厲措施被重申。路易十四還保證要實施這些嚴厲措施，與此同時，他還表達不會寬恕任何以身試法者的決心。按照該項著名的法律，法國成立高級道德法庭，由國內高級軍官擔任法官。該法庭的法官必須依法給予那些被冒犯的人滿意答覆以及補償。如果有紳士斗膽不遵守法庭判決，他不僅會被罰款，而且還會被監禁。如果他試圖逃往國外逃避懲處，他在國內的財產就會被沒收，直到他回國認罰。

　　一個人無論遭受怎樣的冒犯也不得提出挑戰，否則他不僅無法從法庭得到任何補償，而且還會被要求繳納數額為他年俸一半的罰款，被停職三年，監禁兩年。接受挑戰的人也會受到同樣的處罰。傳送挑戰書的傭人或相關人士如果知道內容還去傳送，也會被判有罪，初犯的處罰是戴枷示眾並且當眾鞭打；如再犯，受到的處罰是送到船上做三年苦役。親自參加決鬥的人不管有沒有打死人，都會被判謀殺罪，受到相應懲處。地位較高的人是被斬首，中等地位的人要承受絞刑，而且還不能以基督教的禮節進行安葬。

　　路易十四發布此項禁令時，還要求其手下重臣承諾不以任何藉口參加決鬥。路易十四的立場很堅定，對決鬥者絕不姑息。法令公布以後，有很

多決鬥者被處死。參加這種罪惡行動的人數因此迅速減少，在之後的幾年裡，決鬥現象幾乎已經銷聲匿跡。路易十四下令鐫刻一塊獎章來紀念這個成果。路易十四一直很重視該項法令的落實，他在遺囑中還特別囑託他的繼位者一定要堅持落實這項禁令，要求繼位者絕不能對違犯的人發一點慈悲。

馬爾他也有一項正式頒布的對決鬥作限制的法令。按照這項法律的規定，人們只能在一條規定的大街上廝殺。如果他們在別處決鬥，法庭將會以謀殺罪對他們進行懲處。此項法律裡還有一項特別的規定，那就是如果有牧師、騎士或是女士要求決鬥者停止決鬥，他們就必須停止，否則，將加重處罰。然而，無論是騎士還是女士都很少使用這個特權。因為騎士自己也經常捲入決鬥之中，女士是因為她們認為如果阻止決鬥者戰鬥將使他們蒙羞，因此都不願意出來阻止。只有牧師才是和平的締造者。布萊登描寫道，騎士在決鬥中喪生後，決鬥地點對面的牆上就會塗上一個十字架。他數了數，在那條被允許決鬥的街上，牆上共有大約20個記號。

英格蘭決鬥潮起潮落

　　16世紀末、17世紀初，英格蘭的私自決鬥已經達到讓人反感的程度。後來用決鬥做司法判決的情況少了很多，但是在歷史上還是有一些記載，伊莉莎白時期有一次，查理一世時期也有一次。亨利·斯佩爾曼說，發生在伊莉莎白時期的那次決鬥很是不可思議，因為在那個時候它竟然是完全合法的（這種情況一直持續到1819年）。一項關於在肯特郡恢復部分采邑權的決定被高等民事裁判所做出，被告提出透過一場決鬥來證明自己可以保留控制權的挑戰，原告接受了。裁判所由於無權阻止這場決鬥，於是同意雙方各選一名鬥士代表自己參加決鬥，一決勝負。伊莉莎白命令雙方和解，但由於這場決鬥並不違反法律，伊莉莎白最終也只能同意透過這種方式來解決問題。決鬥場地選在托希爾菲爾斯。到了約定的時間，裁判所的法官和所有與此案相關的律師都到場作證。雙方的鬥士已然做好了準備，根據法定程序，要當眾將原告和被告叫上前去確認自己的代表。被告應聲而出，根據程序證實誰是自己的代表，但原告卻沒有出現，於是決鬥無法進行。原告的缺席被法官們認定為是放棄自己的要求，法官們便就此宣布這個結果，並禁止他在其他任何裁判所再次提起訴訟。

　　儘管伊莉莎白對這種解決爭端的方式感到不滿，但是她的法官和法律顧問們卻沒有改變這種野蠻行為的意思。私下決鬥層出不窮的狀況激起公憤。詹姆士一世時期，英國決鬥之風的猖獗程度完全可以和法國媲美。當時的首席檢察官培根試圖用自己的好口才推行改革。設於西敏宮內、以濫刑專斷著稱於世的星室法庭收集到的資料顯示，有兩個名叫普利斯特和賴特的人以主人和護衛的身分參加一場決鬥。培根就這件事情發布一項命

令，上議院的貴族們對該項命令讚賞有加。因此，他們派人把內容印刷出來在全國散發。

　　培根的這項命令被稱為「合乎時宜，應該公之於世，值得紀念。」培根在命令中首先闡述決鬥的本質以及危害：它破壞和平和安寧；它引發戰爭；它給個人帶來災難；它讓國家蒙受損失；它使法律遭到輕視。對於引起決鬥的原因，培根認為，最根本的原因是對尊嚴和榮譽的錯誤理解。這種錯誤理解為決鬥的發生埋下種子。這顆種子一旦被傲慢無禮的言辭和幼稚無知的衝動澆灌，就會發芽，加上人們對剛毅、勇敢缺乏正確理解，決鬥也就在所難免了。人們認為在爭吵中正當的一方固執己見就是剛毅，根本就沒有考慮過為此付出寶貴的生命和鮮血到底值不值得。是人性的弱點和對自身的錯誤判斷才將自己生命押在這種荒謬的舉動中。人不應該隨隨便便地處置自己的生命。人的生命應該投入到高尚的公益事業中，應該犧牲在偉大的探險路上。決鬥不僅僅是生命的浪費，也是金錢的浪費。我們不應將金錢花在這種徒勞無益的事情上，更不應把血濺黃沙看作勇敢剛毅的表現，除非是為了有價值的、偉大的事業。

　　在那個時候，發生在一個名叫桑奎爾的蘇格蘭貴族和一個名叫特納的劍術教師之間的決鬥是最引人關注的。這兩個人在切磋武藝的過程中，特納的劍鋒不慎刺中了桑奎爾的眼睛。特納對此深表遺憾，桑奎爾也大人有大量，原諒了對手，但是事情卻沒有就此結束。三年之後，桑奎爾爵士前往巴黎，很快就成為亨利四世的座上賓。有一天，在閒談之中，和藹可親的亨利四世問起了桑奎爾的眼睛是怎麼傷的。由於桑奎爾經常自詡是當時最有水準的劍客，國王的問題讓他無地自容，他滿臉通紅地說，是一位劍術老師的劍所致。亨利四世此時也忘記自己是決鬥的反對者，在不經意間問了一句「這個人是不是還活著？」儘管他沒有再說什麼，但是他的這個問題卻已經深深刺傷了桑奎爾的自尊心。

不久以後，桑奎爾就抱著強烈的復仇之火返回英格蘭。剛開始的時候，他是打算自己親自和那位劍術教師交手，一決雌雄，但轉念一想，又認為自己親自與對手平等地公開交手有損自己身分。於是，他雇了兩名刺客將劍術教師殺死在家中。刺客被抓到後被砍了頭，官府拿出1000英鎊作為尋找幕後指使者的懸賞。桑奎爾躲了幾天以後，決定向法院自首。他以為法庭會念他是一個貴族，加之是在一念之差下進行的報復，或許會網開一面，饒他一次。法庭上，大權在握的所有仲裁者確實都站在了桑奎爾一邊。但是國王詹姆士為了引起人們對法律的重視，因此沒有理會仲裁者們的請求。於是，培根作為首席檢察官，對桑奎爾做出判決。1612年6月29日，桑奎爾作為一名重罪犯，被絞死在西敏市宮前的絞刑架上。

培根對「普通裁決難以實施時，在法律允許的範圍內進行公開決鬥或決鬥裁決」也抱持反對態度。在培根看來，任何情況下決鬥都不該被允許。他還建議，應該頒布一項更為剛性的法律來根除這種現象。不能縱容它，更不能鼓勵它。所有被判有罪的人都應該立刻送到法院進行快速而又嚴厲的處罰，地位高貴的要驅逐出境。

在隨後的那個朝代，又發生一次決鬥，雷伊勳爵唐納德·麥凱指控大衛·拉姆齊有叛國之嫌，理由是大衛·拉姆齊曾經和漢密爾頓侯爵一起密謀篡奪蘇格蘭王位。於是，大衛·拉姆齊向唐納德·麥凱發出挑戰，要求透過決鬥一決雌雄。當時的政府原本想透過正常的法律程序解決這起爭端，但是拉姆齊卻堅持要採取決鬥這種慘烈的，幾乎已經完全被摒棄的習俗來更好地證明自己無罪。雷伊勳爵立刻接受他的挑戰，然後兩人都被關在了倫敦塔內，直到有人擔保他們會在法庭指定時間準時參加決鬥為止。在法庭指定的時間即將到來的時候，拉姆齊如實向法庭交代雷伊勳爵對他的指控，國王查理一世立刻放下決鬥的準備工作。

儘管當時決鬥這種罪惡的行動還不是十分猖獗，克倫威爾的議會還是

在1654年頒布一個命令以杜絕決鬥。在克倫威爾統治下的共和國，人們被禁止用刀劍來解決糾紛。但是人們心理上對決鬥的認同沒有被根除。於是那些受禁令壓制的皇家貴族們便將惡習帶到其他國家，在國外繼續他們的決鬥。查理二世復辟之後，也頒布不許用決鬥來解決爭端的類似禁令，但是在查理二世統治時期卻發生最臭名昭著的決鬥，對決鬥這種無視禁令的舉止，當局卻表現得十分寬容和大度。

1668年1月，什魯斯伯里伯爵因為自己的夫人被邪惡的白金漢公爵姦淫，而向其發出挑戰，什魯斯伯里伯爵要求用決鬥來明辨是非。查理二世堅決反對，他不是出於公共道德的考慮，而是擔心喪失寵臣。他下令讓阿博馬爾公爵軟禁白金漢公爵，或是採取其他的方法避免他應戰。阿博馬爾公爵認為國王自己應該採取更可靠的措施來阻止決鬥，因此對國王的命令不以為然。決鬥的地點被選在巴恩‧艾姆斯。

決鬥當天，受辱的什魯斯伯里帶著親戚約翰‧塔伯特和阿蘭德爾伯爵之子伯納德‧霍華德爵士「赴約」，白金漢公爵帶著福爾摩斯上尉和約翰‧詹金斯兩名隨從。根據當時的野蠻習俗，不僅主將要和主將打，隨從之間也必須一對一地決鬥。其結果是，詹金斯被刺中心臟，戰死在決鬥場；約翰‧塔伯特雙臂受到重傷；可憐的什魯斯伯里伯爵也被一劍刺死，只有白金漢僅受一點輕傷。更為可氣的是，決鬥的時候，那個引發這場決鬥的女人還恬不知恥地扮成僕人，躲在附近的樹林裡幫情夫白金漢牽著戰馬，等待決鬥結果。白金漢刺死什魯斯伯里伯爵以後，帶著情婦逃離那個地方。

最讓人氣憤的則是，此事發生以後，國王還透過發揮自己的影響力，來幫助當事人逃脫懲罰，而且還若無其事地寬恕所有相關人員。查理二世在不久之後發布的一項命令中正式赦免了殺人犯，只是補充說，以後不會再寬恕任何一個以身試法者。這件事情到底是讓國王，還是白金漢公爵，

抑或是那個無恥的娼妓聲名狼藉？

安妮女王統治期間，民眾對蔓延的決鬥之風怨聲載道。包括艾迪生（Addison）、史威夫特、斯蒂爾（Steele）在內的很多作家都用犀利的筆觸鞭撻過決鬥。尤其是斯蒂爾，他不僅透過那個時候的兩本小品期刊《閒談者》以及《旁觀者》揭露決鬥的罪惡和荒謬之處，而且還想盡辦法地引導同胞們用正確的方式進行思考。他在自己的喜劇作品《自覺的情人》中表示，因為人們對「榮譽」的認識存在曲解，因此才會犯下讓人惋惜的錯誤。史威夫特在關於決鬥的作品中說，地痞白癡們的相互廝殺對社會倒是沒有什麼害處；斯蒂爾在《旁觀者》中高屋建瓴地闡述他對決鬥的看法：「基督徒和紳士這兩個名分在一個人身上可能會變得不可調和。如果你不能寬恕別人對你的傷害，你就得不到永生；但如果你被人辱罵了還不願意因此動手殺人，塵世間就會有人恥笑你。慈悲之心和真正教義全被拋到了九霄雲外，人們因為一些雞毛蒜皮的小事而瘋狂報復，總是把滿足內心的衝動看得十分光榮，他們不懂得寬恕他人才是人性能達到或是應該追求的境界。一個懦夫可能常常會舞刀弄劍，一個懦夫也可能會不斷地征服他人，但是一個懦夫卻永遠不懂得寬恕別人。」斯蒂爾出版的一本小冊子上有關於「路易十四的法令以及這位國王為醫治他的子民們殺氣騰騰的蠢病而採取的措施」的詳細記載。

1711年5月8日，在議員喬梅利・德林和下議院議員理查・桑希爾的決鬥中，議員喬梅利・德林被殺死。3天以後，議員彼得・金將該案件納入司法體系的關注範圍。基於對長時間決鬥案例日益增加這種情況的考慮，他獲准提出「對決鬥之事進行禁止和懲處」的議案。這個議案當天就通過一審，並且將在下個星期進行二審。幾乎是在同時，上議院議員們的注意力也被十分痛心地吸引到決鬥的事情上。要不是安妮女王及時發現並制止，兩個最有聲望的上議員之間已經發生決鬥。沒過多久，又在上議院兩位議

員之間發生一場有史以來最引人注目的決鬥。

　　第一件最終沒有進行的決鬥發生在馬爾博羅公爵和波萊特伯爵之間，事情的經過是這樣的：上議院的爵士們在討論奧蒙德公爵拒絕冒險，害怕與敵人接觸一事的過程中，波萊特伯爵說，奧蒙德公爵的勇敢不應該遭到懷疑，他不像是那種「僅僅為了侵吞部下的軍餉，充實自己的錢袋，就讓自己的士兵成批地被敵人屠殺，讓自己所有的軍官幾乎都捐軀沙場」的將軍。其他的爵士都覺得這是在含沙射影地諷刺馬爾博羅公爵，馬爾博羅公爵雖然對此氣憤不已，但是卻裝作若無其事。會後沒幾天，莫亨爵士就找到波萊特，並且對他說，馬爾博羅公爵想和他商量一下「前些天他在會上說的幾句話」，希望他可以一起到鄉間去呼吸新鮮空氣。波萊特立刻就聽出了話外之音，不過卻淡定地問莫亨爵士，馬爾博羅公爵是不是在向他挑戰。莫亨說，意思很明顯，就不用解釋了，自己將陪伴公爵前來與波萊特會面。隨後，莫亨離開了。波萊特伯爵回家後，將這件事情告訴夫人。他的夫人非常擔心丈夫的安全，就趕緊將這件事情告訴達特茅斯伯爵。達特茅斯伯爵立刻以女王的名義禁止馬爾博羅公爵走出家門半步，同時還派兩個哨兵看守波萊特的家門。做好這些預防措施以後，他將此事稟報給了女王。女王立刻派人去把公爵叫來，告訴他，自己很討厭決鬥，要求公爵保證終止此事。公爵不得不答應，事情才得以圓滿解決。

　　第二件令人痛惜的決鬥發生在漢密爾頓公爵和莫亨爵士之間。事情的經過是這樣的：這兩位紳士打了11年的官司，但是一直沒有結果。他們之間的關係自然也就不融洽。1712年11月13日，他們在大法官奧勒巴先生家不期而遇。談話中，漢密爾頓公爵突然想起打官司的過程中一位證人的言行，就說那個證人既不正直，也不誠實。莫亨爵士對漢密爾頓公爵否定自己的證人非常不滿，立刻回敬說，事實上，他和你一樣正直和誠實。公爵沒再回應，在場的人都沒有覺得莫亨爵士被冒犯了。漢密爾頓公爵走出奧

勒巴先生家時，也禮貌地向莫亨爵士打了招呼。但是當天晚上，馬戛爾尼將軍卻帶著莫亨爵士的挑戰書兩次上門，找漢密爾頓公爵。由於都沒有見到，所以又找了第三次，終於在一個酒館裡找到漢密爾頓公爵，然後把挑戰書給了漢密爾頓公爵。漢密爾頓公爵接受挑戰，決鬥時間定在11月15日上午7點。

當天，雙方出現在海德公園。莫亨爵士帶著馬戛爾尼將軍前往，公爵帶著親戚漢密爾頓上校應戰。他們躍過一個大溝，來到一個叫「花圃」的地方做決鬥準備。漢密爾頓公爵對馬戛爾尼將軍說：「先生，這起決鬥是你搭的橋，你可不要旁觀呀。」莫亨爵士不想讓隨從插手，但公爵卻堅持馬戛爾尼也有「份」。一切都準備就緒後，兩位議員站好位置就拔出劍來做殊死搏鬥。不一會兒，兩個人都倒在血泊之中。莫亨爵士是當場死亡，漢密爾頓公爵也在被抬回的途中嚥了氣。

這個慘劇在倫敦，乃至全國都引起巨大震動。當時的保守黨托利黨人為漢密爾頓爵士的死感到十分悲痛，他們指責自由黨的前身輝格黨的黨魁馬爾博羅公爵為政治決鬥開了極壞的先例。由於莫亨爵士在決鬥中殺死過三個人，其中兩次被判謀殺罪，因此托利黨人罵莫亨爵士是「輝格幫的惡棍」，並且說莫亨和馬戛爾尼密謀殺死漢密爾頓公爵的目的是想奪取他的封地。他們還肯定地說，漢密爾頓公爵的致命傷口是麥卡內特所為，而不是莫亨造成的。托利黨人透過各種管道散布此種說法。對於決鬥的處理結果是，陪審團根據驗屍報告，判漢密爾頓上校和馬戛爾尼犯謀殺罪。幾天以後，漢密爾頓上校自首，而後在達特茅斯爵士的家中受到私下審訊。他發誓說，他親眼看到莫亨爵士倒下以後，公爵也倒在地上。他跑過去幫助公爵的時候，為了不礙事，他扔掉了手中的劍，還把公爵的劍也放在地上。但當他把公爵扶起時，馬戛爾尼卻向公爵刺了一劍。根據漢密爾頓上校的證詞，皇家會議立刻發布公告，以500英鎊作為懸賞金，捉拿馬戛爾

尼，公爵夫人後來還將賞金增加到800英鎊。

　　然而，在對漢密爾頓上校的繼續審問中，他在幾個重要細節的敘述上卻自相矛盾，因此人們覺得他的口供不足為信。在他被倫敦中央刑事法庭以「謀害莫亨爵士的罪名」傳訊後，倫敦所有的政治團體對訊問結果都表現出高度關注，一群托利黨人還在開庭之前圍住了所有通往法庭的門和道路達數小時之久。托利黨所有黨員都為漢密爾頓上校祈禱。審訊聽證會持續7小時之久，罪犯依然堅稱是馬戛爾尼謀殺漢密爾頓公爵，對於其他方面的問題則支支吾吾，難以自圓其說。最終，漢密爾頓上校被判過失殺人罪。對於此項判決，不僅是法官和所有在場的紳士，就連在場的普通人也大聲歡呼，表達無比的滿意之情。

　　人們在興奮之餘，也開始冷靜的思索。儘管大家都知道馬戛爾尼慣於落井下石，但漢密爾頓上校所做的關於馬戛爾尼刺死公爵的證詞也不足為信。之後，漢密爾頓以前所有的朋友都不願再理他。這讓他非常苦惱，後來他賣掉所有的護衛，選擇辭職，閉門不出，4年後抑鬱而終。

　　在此案中，馬戛爾尼將軍後來也自首了。然而，雖然被英國高等法院以謀殺罪進行審判，卻只是被判過失殺人罪。

　　1713年，在議會開始開會時，女王在演講中特別提到過決鬥發生得太頻繁，提議司法機關制定一項快速而又有效的措施進行治理。議員們很快就研究出一個提案，但讓所有關心這件事情的人失望的是，這個提案在二審時就被否決了。

　　1765年，在拜倫勳爵和查沃斯先生之間也發生一場有名的決鬥。這場決鬥發生在一個咖啡館中，起因竟然是因為雙方攀比自己封地上的獵物。爭論中，雙方在酒精的刺激下，衝動地退到附近一方的房間，拔出劍在微弱的燭光下隔著桌子打了起來。查沃斯先生雖然劍術純熟，但還是因為受了一處致命傷而很快就死去了。拜倫勳爵因此被帶去上議院審判。因為這

場決鬥完全是在衝動狀態下發生的，事先完全沒有預謀，因此只是被判了過失殺人，繳納罰款後就被釋放了。然而，這個判決卻給國家樹立一個很壞的榜樣，決鬥從此不再那麼令人唾棄了。

比較而言，法國對決鬥的判處要嚴厲得多。1769年，格勒諾布爾議會發現議員杜契拉在一場決鬥中殺死佛拉蒙軍團的一名上尉。審判中，充當護衛杜契拉的傭人也與主人一起被控犯了謀殺罪。最終，杜契拉被判以車碟刑處死，他的傭人也被送到船上終生做苦役。

1778年11月，在英國的巴斯，萊斯伯爵和杜巴里子爵這兩名外國探險家有過一場野蠻而慘烈的決鬥。這場決鬥是因為賭博引發的。賭博中，杜巴里不同意萊斯的一個說法，就說：「錯了！」萊斯問杜巴里是否知道自己剛才的那句話不友好。杜巴里表示，自己很清楚自己在說什麼，萊斯願意怎麼理解就怎麼理解。於是，雙方很快就完成挑戰和接受挑戰的程序。儘管已經是深夜，但他們還是叫來自己的護衛，一群人連夜趕往克拉弗頓。在這裡，他們和一位醫生一直等到天亮才開始為交手做準備。

準備工作中，他們每人佩了兩支手槍和一柄劍，護衛們的場地也單獨劃出來。決鬥開始後，杜巴里先開槍打傷了萊斯的大腿。萊斯伯爵端平手槍，瞬間就射中杜巴里的胸膛，血不停地流。雙方好像發瘋似的，誰都不顧身上的傷，都在向後退了幾步後猛衝向前，用第二支手槍射向對方。雙方的第二槍都沒射中，他們隨即扔掉手槍，準備用劍展開血戰。他們站好位置後就向對方進逼，突然，杜巴里搖晃了一下，臉也變得蒼白，在倒地後他大叫：「救救我！」對手剛說願意救他，不幸的杜巴里就在翻了一下身後，呻吟著死去了。

決鬥的倖存者被送回家以後，好幾個星期都沒有脫離生命危險。與此同時，驗屍官們仔細查驗杜巴里的屍體以後，做出過失殺人的判斷。萊斯伯爵身體恢復後也被控告犯了謀殺罪。審判中，他為了更好地給自己辯

護，向法庭介紹決鬥的公平合理以及決鬥發生的突然性。對杜巴里的不幸身亡，萊斯還深表惋惜，說他們有多年的深厚友誼。這些陳述好像發生很大作用，因為這個性情暴躁的決鬥者僅被陪審團判過失殺人罪，而且在做出一點名義上的懲罰以後就被釋放了。

1789年，在約克公爵和里奇蒙公爵的外甥及繼承人萊諾克斯上校之間也發生一場決鬥，這場決鬥雖然不怎麼激烈，但由於雙方的地位較高，因此也比較受關注。衝突是由約克公爵挑起的，他當著幾個皇家禁衛軍軍官的面說，沒有人願意服從萊諾克斯上校的口令。在佇列行進時，萊諾克斯上校走上前公開質問公爵是否說過這種話。約克公爵冷冷地命令他回歸原位，並未對其問話有所回答。檢閱完佇列後，約克公爵藉訓話之機站在萊諾克斯上校前公開說，他不想受到自己作為王子以及司令官這些身分制約，他即使是卸職以後，像一位深居簡出的紳士一樣，穿上普通的棕色外衣，他也樂意接受任何挑戰。這正是萊諾克斯上校想聽到的，因為這等於說，他可以與約克公爵鬥個你死我活了。於是萊諾克斯向王子發出挑戰，兩人在溫布頓公園交戰。萊諾克斯舉槍先射，子彈從約克的頭頂擦過，燒焦了約克頭上的幾綹捲髮。約克沒來得及還擊，就在護衛們的調解下結束這場決鬥。

然而，萊諾克斯上校很快又捲入另一場與這件事情有關的決鬥之中。原因是史威夫特先生寫的一本小冊子中提到談論萊諾克斯和約克之間的決鬥。萊諾克斯對這本小冊子中描述自己的內容不滿，因此就決定用手槍決鬥來解心頭之恨。他們在阿克斯橋路進行決鬥，但是雙方都未受傷。

酷愛決鬥的愛爾蘭人

　　愛爾蘭人很久以前就因為酷愛決鬥而聞名於世。一些非常輕微的冒犯在愛爾蘭也可能引發決鬥。喬納‧巴林頓在他的回憶錄中說，與英格蘭統一之前，在都柏林一次有爭議的選舉過程中，每天有二三十場決鬥不是什麼新鮮事。就是在平時，決鬥也是一件司空見慣的事情，除了雙方有傷亡的案件外，史學家都不屑於記錄。

　　當時，在愛爾蘭的社會各個階層都必須用寶劍和手槍來贏得聲名，軍人也不例外。每個政治派別都有一群無賴之徒專門為自己所用，這群無賴被稱為「吃火藥的人」。他們脾氣火爆，爭強好勝，動不動就和人打架。他們是一群害群之馬，只要一有空閒就耍槍弄棒、練劍打靶。他們吹噓自己想要做什麼就做什麼，想打哪裡就打哪裡，每次打鬥之前，他們都會計畫好到底是將對手殺死，還是只是把對手打殘，抑或是將對手破相。

　　1808年，決鬥之風發展到高潮。國王喬治三世必須找機會表達自己對決鬥的深惡痛絕。在1807年6月，他抓住一個向愛爾蘭人表示任何決鬥殺人者都不能逍遙法外的機會。駐紮在愛爾蘭的第二十一軍團的軍官坎貝爾少校和博伊德上尉之間發生一場爭執，原因是二人在對如何在閱兵時使用口令的看法上發生分歧。爭論中，他們的言辭越來越激烈，最終坎貝爾向博伊德提出挑戰。他們立刻退到一個基地的食堂裡，各自佔據一個角落，二人之間的距離只有七步。在這樣的決鬥中，他們沒有帶任何隨從就相互射擊起來。很快，博伊德的第四根肋骨和第五根肋骨之間受了一處致命槍傷。不久之後，醫生趕來了，坐在椅子上的博伊德大口嘔吐，痛苦萬分。

　　博伊德被抬到另一個房間，坎貝爾緊跟其後，心裡十分後悔和痛苦。

博伊德支撐著活了18小時。在嚥氣之前，還對坎貝爾說：「這次決鬥不公平，你比我開槍早，坎貝爾，你是一個壞傢伙！」坎貝爾回答：「你現在說這場決鬥不那麼公平，當時你不是說自己準備好了嗎？」博伊德虛弱地說：「不是這樣的，你知道當時我想要讓你等一下，不想讓你失去朋友。」當坎貝爾再次問這次決鬥到底公平不公平時，奄奄一息的博伊德又嘀咕道：「是的。」可1分鐘後，他又罵道：「你這個壞傢伙！」坎貝爾顫抖著雙手，激動地抓住博伊德的雙手大叫著：「啊，博伊德！我們兩個中你才是最幸福的人！你能原諒我嗎？」博伊德回答：「我原諒你……我可憐你，我知道你也可憐我。」不久，博伊德就撒手人寰，坎貝爾也和家人逃到切爾西附近，隱姓埋名生活了幾個月，但後來還是被逮捕，並且被帶到阿馬進行審判。

　　坎貝爾在獄中說，一旦被判謀殺罪，他將會被作為愛爾蘭決鬥者的典型，受到嚴厲的懲罰。但他還是滿懷希望地祈禱陪審團能夠只判他過失殺人罪。在審判中，由於有證據顯示坎貝爾被冒犯之後，沒有立刻進行決鬥，而是回家喝了茶才去找博伊德展開殊死決鬥的，因此陪審團對他做出故意殺人的判處。但考慮到決鬥是公平的，他們又對坎貝爾動了惻隱之心，因此在接下來的那個星期一判了坎貝爾死罪以後，又延緩了幾天才執行。在延緩的那幾天裡，坎貝爾的妻子竭盡全力去營救他，一個深愛丈夫的勇敢女人所能做的任何事情她都試過了，例如：跪在威爾斯親王面前，乞求他用自己的影響說服國王寬恕她可憐的丈夫，但是坎貝爾最終還是沒有得到饒恕。因為喬治三世已經鐵了心，要拿這個案子開刀，以示警戒。因此所有的事情都被要求按法律來辦，坎貝爾這個犧牲品被當重罪犯處死。

　　當時，德國大學校園裡的學生們對決鬥嗜癮很深，這些學生動不動就槍劍相向。有些糾紛如果發生在其他國家，學生們往往就是打一架就完

事，但是在德國卻不是，這些蠻橫無理的學生會選擇手槍和劍來表明立場，他們甚至借決鬥之名把仇人的鼻子割掉，他們還把透過這種方式把破他人的相當作自己的目標。德國的這些決鬥狂還經常算算這種令人噁心的戰利品的數量。計算的時候，他們的得意之狀完全不亞於一位成功的將軍巡視自己攻下的城池。

「雞毛蒜皮」引發的決鬥

　　如果我們停止對決鬥案例的回顧，認真去審視引發決鬥的原因，我們會發現，所有引發決鬥的原因不是雞毛蒜皮的事情，就是毫無價值。曾經非常普遍的議會議員決鬥中，因為選擇決鬥而汙損自己名聲的人不少，諸如華倫・黑斯廷斯、菲利普・法蘭西斯、威爾克斯、皮特、福克斯、格拉頓、庫蘭、蒂爾尼、坎寧。這說明權貴人物也抵禦不了這種野蠻之風的侵蝕。這些著名人物一邊在譴責一邊又投身其中。理性的束縛看似牢不可摧，事實卻是輕易就被愚見擊破。世俗的習氣看似柔弱，卻輕易就攻垮了人們心靈的道德防線。連皇家衛隊的軍官湯瑪斯上校也因為決鬥而亡。湯瑪斯在決鬥前立下的遺囑中這樣說：「首先，我要將自己的靈魂交給無所不能的上帝，希望上帝能夠可憐並原諒我即將採取的這個不符合宗教，但是卻符合這個邪惡世界習俗的行動，因為我也是不得已為之。」試想，有多少人和這個理性而又愚蠢的人持有同樣的觀點啊！他明知自己有過錯，而且對決鬥還厭惡之極，但是想到拒絕參加決鬥將使自己蒙羞，他還是選擇決鬥，根本無法抗拒世俗的偏見。

　　一些引起決鬥的原因甚至無意義到令現在的我們感到羞恥。斯特恩之父曾經為一隻鵝與人決鬥；英國航海家及作家雷利也曾經因為一張酒館的帳單與人決鬥。很多造成傷亡的決鬥竟然是因為牌桌上的爭執或是戲院中爭搶座位引發的。成百上千次的決鬥甚至是因為半夜的一絲醉意，次日卻不得不與人廝殺，最終導致死傷。

　　當代最臭名昭著的兩次決鬥分別是因為一條狗和一個妓女引起的。前一次決鬥是因為蒙哥馬利家的狗攻擊麥克納馬拉家的狗，兩隻狗的主

人便介入其間，開始爭吵。爭吵的結果是一人提出挑戰，另一人接受挑戰。次日雙方決鬥時，蒙哥馬利中彈身死，他的對手也身負重傷。這件事情在當時引起很大震動。等在決鬥地點旁邊，準備隨時救助傷者的醫生黑維塞被以謀殺案幫凶的罪名逮捕，關進紐蓋特監獄。後一次決鬥是在貝斯特和卡梅爾福德之間展開，雙方使用在英格蘭被認為是最適合用來決鬥的武器——手槍。開戰以前，雙方商定用拋硬幣的方法來決定誰先開槍。貝斯特在拋硬幣中贏了，就先開槍，第一聲槍響，卡梅爾福德就中槍倒在地上。但由於他是一個決鬥狂，曾經參加許多次決鬥，親手殺過不止一個對手，因此沒有人可憐他。

各國為阻止決鬥而採取的行動

　　各國是如何採取行動阻止決鬥之風蔓延的？一分耕耘一分收穫，之前提到過的英、法兩國政府的努力，其成果已經眾所周知，在此不再贅述。在專制國家中，君王的意志被不斷強化並且廣泛傳播，因此出現過決鬥次數暫時減少，但是如果繼位者放鬆警惕，或是意志不夠堅定，殊死決鬥之風又會捲土重來的現象。普魯士出現過一度消滅的情況。據說，國王腓特烈二世很討厭決鬥，因此他雖然在軍中允許決鬥，但是卻註明一個條件：決鬥必須當著一個步兵營的士兵展開，以便讓士兵明白什麼是公平競爭。士兵也必須嚴格遵守一個命令，那就是一旦決鬥中的一方倒下身亡，他們就必須立刻射死另一方。這位國王的此項規定有效地阻止決鬥之風的蔓延。

　　奧地利皇帝約瑟夫二世採取的措施雖然不夠新穎，但是他和腓特烈二世一樣有手腕。以下這封信表示出約瑟夫二世對決鬥的態度：

　　給某將軍

　　我的將軍，我要求你立刻逮捕K.伯爵和W.上尉。伯爵受出生和對榮譽錯誤觀點的影響，年輕氣盛；W.上尉是一個老兵，他一貫用劍和手槍來調解所有糾紛。因此，他接受年輕公爵的挑戰是危險的。我不願意任何決鬥出現在我的軍隊中。那些試圖正其名，試圖冷酷地互相廝殺的人的詭辯，我將不屑一顧。

　　當我的軍官面對敵人的時候，不顧一切危險，表現出勇敢、剛毅和攻防的果斷時，我會賜給他們顯位。因為他們在這種場合表現出的對死亡的

態度和對敵人的冷酷無情對國家有利，而且還為自己增添了榮譽。但如果有人只是為了一己仇恨就犧牲一切去報復，他們將會被我棄如敝屣。我認為後一種人和當年羅馬公開表演中格鬥的奴隸完全一樣。

你應該成立一個軍事法庭公平無私地去審判這兩名軍官，調查清楚事情的起因經過，被判有罪的人必須嚴格按照法律的規定為自己的行為付出代價。

這種野蠻的風俗只適合於帖木兒時代，它給每個家庭帶來痛苦。即使嚴厲懲罰決鬥者，也會使我損失一半的軍官，我已經決定堅決對其進行鎮壓和懲罰，必須遵紀守法，才可以既做一個英雄又做一個好臣民。

1771年8月　約瑟夫

在美利堅合眾國，情況則更為複雜。在偏僻的西部，這裡除了聖經十誡中「你不可殺人」的規定以外，沒有關於決鬥的專門法令。幾個州當時還是一片草莽之地，人們從來沒有決鬥過，生活得很樸實。但隨著社會的發展，決鬥也越來越常見，瀰漫於歐洲的關於榮譽的錯誤觀念逐漸浸染著「這些由淳樸的鄉巴佬轉變成的所謂市民」。他們開始用手槍來解決與旁人的分歧。在多數州的法令中，對挑戰、決鬥和充當護衛者的懲處只是不到一年的監禁和苦役，以及20年內不得擔任公職。佛蒙特州則要嚴厲得多，對決鬥者的懲處是剝奪公民權和一筆罰款，並且終身不得擔任公職，如果有人被殺死，就必須按謀殺罪懲處決鬥者。在羅德島，即使沒有造成傷亡，決鬥者也一定會被押上絞刑架，脖子上套一根繩子後示眾1小時，同時遭受公眾圍打。此外，如果法官對他示眾時的表現不滿意，他還要入獄一年。康乃狄克州對決鬥者的懲處是終身不得受雇和擔任公職，外加罰款100～1000美元。伊利諾州的法律規定，一些州政府官員上任之前還必須宣誓，他們從未也永遠不會牽涉到任何決鬥中。

歐洲各國不同時代頒布的禁止決鬥的法律中，值得一提的是波蘭國

王奧古斯都頒布的法令。1712年，他頒布的法令宣布，所有參加決鬥的主將、隨從都必須處以死刑，送挑戰書的人也須接受懲罰。在德國的慕尼黑，1773年也有一個類似的法律頒布。根據這個法律，決鬥中即便無人傷亡，決鬥雙方的主將和隨從也都要處以絞刑，屍體埋在絞刑架下。

1738年，那不勒斯國王頒布的一項法令規定，所有牽涉進有人死亡的決鬥中的人都必須處死。死在決鬥中的人和之後被處死的人的屍體只能埋在荒村野外，而且不能舉行任何宗教儀式，也不得有其他任何紀念形式。無論是有人受傷的決鬥，還是無人受傷的決鬥，法令都制定相應的懲處措施，例如：罰款、監禁、剝奪地位和稱號、不得擔任公職，傳送挑戰書的人也要受到罰款和入獄的懲罰。

到底怎樣才可以根除決鬥？

當然，只有法律的嚴厲是不夠的，還要有明智之士堅決去阻止。只有這樣，根除決鬥這種惡習才可以成為可能。因為只要執法者的決心稍有動搖，法律無論有多麼嚴厲，人們決鬥的念想也很難斷絕。讓人痛心的是，嚴肅的法官只是在法庭上對一個被別人辱罵成騙子的倒楣蛋義正詞嚴地說：「如果你向他挑戰，你就會殺人，你就會犯下謀殺罪！」但走出法庭，脫下官服後，與普遍人混在一起時卻說，「如果你不敢冒犯謀殺罪的危險，如果你不敢向他挑戰，就會被看作是一個膽小鬼，只配遭他人的輕蔑和嘲弄而不配與同伴交往。」看來，應該遭到譴責的是社會而非決鬥者。

引發決鬥的原因中，女人的影響也不可小覷，她可以輕而易舉地讓男人成為罪犯。因為匹夫之勇在女人眼裡具有相當大的魅力，一個成功的決鬥者常常會被女人看成是一個大英雄。而那些拒絕決鬥的人卻被女人們看成儒夫，遭到女人們的嘲諷和譏笑，儘管他們才是真正的勇者。1838年初，美國司法機關的一名成員格雷夫斯先生在決鬥中殺死一名叫席利的人以後，他還站在眾議院的講台上滔滔不絕、有條不紊地辯解，說人們不應該譴責他，應該被譴責的是社會。這位追悔莫及的演講者說：「公共輿論才是世界上最重要的法律，不管是宗教的還是世俗的其他任何法律在它面前都不值一提。是的，所有的法律在公共輿論面前都會敗退。正是至高無上的全國法律眾議院將剝奪榮譽作為懲罰，迫使我不情願地參加這個悲劇性的事件。就在眾議院的門口，就在這個國家的首腦面前，拋灑玷汙了我雙手的鮮血！」

只要社會還認為「受到辱罵的人不去報復」就只配受辱罵，那不管法律多麼嚴厲，恐怕決鬥也難以根治。為什麼儘管仁人志士在大力呼籲，但仍有很多人寧可拼一百次命決鬥，也不願被同伴恥笑，被人當作笑柄而苟活於世，讓大家成天戳著後脊樑羞辱？那是因為當人們受到傷害而得不到法官的關注時，他們就會將社會輿論作為法律，與冒犯他們的人決鬥，畢竟人們渴望「受到的傷害能夠得到補償」。

　　決鬥風俗是文明社會的毒瘤，必須加以根除。能夠根除的唯一的可行辦法恐怕是建立道德法庭。透過這個法庭來處理好給人們造成巨大心靈傷害的所有的，哪怕是非常細微的、模糊的冒犯行為。路易十四建立的這種法庭，或許可以當作一個很好的範本。社會發展到今天，已經沒有人會為了只要一聲道歉就可以解決的分歧而展開決鬥，這個法庭的工作恐怕就是冷靜地思考和傾聽話語或是事件傷害自尊的人的抱怨，並且迫使冒犯的人進行公開道歉。如果冒犯者拒絕道歉，可以多給他一項罪名——拒絕執行法庭命令。然後，法庭可以採取處罰措施，諸如對其加以罰款，將其關進監獄等，直到他知道自己錯在什麼地方，並且願意按照法庭的要求去為自己的冒犯行為負責為止。

古斯塔夫・勒龐點評

　　文明社會所做的全部努力就是要將人類的自然本能透過社會傳統、習俗及法律的力量來加以限制。這些自然本能正是人類遺傳而來的原始獸性，人類完全有可能將其控制起來，一個民族如果將這些本能控制得越好，這個民族的文明程度也就越高。但是這種本能只是蟄伏起來而不可能被完全消除，它們可能很容易被各種各樣的因素所啟動，而一旦故態重萌，所造成的惡果是難以想像的。

第九章

城市瘋狂症

五花八門的城市俚語

拉發瑞咚叮

拉發瑞咚叮

萬歲，拉發瑞咚叮！[1]

—— 貝朗傑

對於一個富有同情心、可以包容所有人，以及那些雖然自己可能十分在意，但絕不會因為一些城市通病表示輕蔑的人來說，存在於大都市中的流行俏皮話是一個無窮無盡的歡樂之源。一般來說，這些城市通病包括：酗酒的工人，生活窮困的乞丐，令人生惡的街頭流浪者，在街頭巷尾聚集的那些遊蕩懶散的、無所顧忌和熱衷於模仿別人的人組成的各種各樣的群體。那些穿行在都市的大街小巷想要尋找一些感人至深的主題的人，在任何的角落中都會發現為數眾多的足以讓他心臟發生抽搐的事情。

但是，讓他獨自繼續他的旅程，體會那無盡的悲哀吧，我們不想與他同行。作為可憐的地球人，我們有自己的悲哀，對這些多愁善感的人的同情並不能減輕我們的悲哀。這些哲人有太多的眼淚，以至於這些悲哀的眼淚遮住了他們的眼睛。因而他們只能流淚，卻找不到一種方法去拯救他們那些痛心疾首的罪惡。就像我們總是認為，真正的博愛主義者是沒有眼淚的，就像即使在最糟糕的情形下仍然能帶著一張令人鼓舞的笑臉的醫生才

---

1. 此俚語出自一首法國民歌曲譜的諧音。——譯者注

是最好的醫生一樣。

　　太多的筆墨被用來指出悲哀和痛苦，太多的筆墨被用來譴責罪行和劣跡，而且所使用的大多是嚴肅的語言。所以，我們就不再增加這樣的敘述，至少在這篇文章中是這樣的。我們現在的工作是多麼令人生厭。徘徊在繁華的大都市中的聚會中心，我們想搜尋的只有快樂，記下那些文雅大方的俏皮話和窮人的奇思妙想。

　　首先，無論在哪裡，我們都會不可避免地聽到一個時常被人們反覆提起的愉快短語，而且眾人都會大笑著接受。在這些人之中，有手臂粗糙、滿臉汙垢的男人，有聰明的肉鋪夥計、跑腿的人、小跟班，有輕浮放蕩的女人，有出租車夫，有單篷汽車司機，有那些整日遊蕩在街頭的懶散的傢伙。無論他們當中的哪一個說出這句話都會讓聽到的人捧腹大笑。看來在任何環境下它都適用，並且可作為所有問題的通用答案。簡而言之，它是最被平民們喜愛的日常俚語，在它短暫的流行期中，給那些貧困和報酬低下的勞動者的生活帶來些許的快樂，讓他們有理由大笑，如同那些處在較上流社會中的幸運的傢伙一樣。

　　在倫敦有很多這種短語。沒有人知道這些短語出現的準確場合，也沒有知道它們的確切使用場合，但是不知道透過什麼途徑，它竟然在幾小時內為民眾所知。許多年前，人們最喜歡「Quoz」（雖然它只是一個單音節詞，但是它確實是一個短語），這個短語的意思是荒唐事，這個古怪的詞在社會中產生很大的影響，並且在很短的時間內被賦予很多引申義。當一個智慧力一般的人想要大家都關注他，他再也沒有比這個短語更適合的替代品了。如果一個人請求另一個幫忙，而另一個不想這樣做，他就可以大聲說「Quoz」，來表達他那種侍從官式的有些狂妄的傲慢；如果一個淘氣的孩子想要用激怒一個過路人的方式讓他的小夥伴高興起來，就可以當著他的面大喊「Quoz！」，這聲大喊肯定會取得很好的效果。當一個爭

論者想要表示他對對手觀點正確性的懷疑時，或迅速地擺脫一個他無法推翻的論據時，他可以說「Quoz！」，同時輕蔑地撇一下嘴角，不耐煩地聳一下肩。這個流傳甚廣的單音節詞就傳遞所有他想要表達的資訊，它不僅告訴對手你知道他在撒謊，而且同時告訴他如果他妄想有人會相信他，那簡直就是白日做夢。在幾乎所有的啤酒店和每一條大街的街頭都迴響著「Quoz」的聲音，在每面牆壁上也都寫滿了這個詞。但是，如同地球上其他事物一樣，「Quoz」也依時令而行，突然間就變得沒有絲毫痕跡了——就如它出現時那樣突然，再也不是民眾的寵物和偶像。一個新挑戰者毫不客氣地佔據這個位置，把它驅逐出去，直到這位挑戰者也被新貴從原先的榮耀的席位上趕走，另一個新興的繼承者又取代它。

「What a shocking bad hat」——「這是多麼糟糕透頂的帽子。」它是一個新興的短語。它剛剛流行起來，那些閒來無事的人就開始關注過路人的帽子。無論誰，只要他的帽子因時間久了而有了皺褶，不管多麼細微，立刻就會引起一片譁然。並且，不同的人還會極不和諧地重複，就像印第安人在戰場的叫喊一樣。那些在民眾的注目下仍能安之若素的聰明人，那些對強加給自己帽子的詆毀表現出不安跡象的人，只會使人們更加注意他的行為。人群很快就會知道這個人是否可以冒犯。如果他們認為這個人與他們同屬一個階層，他們會高興地捉弄他一下。

這樣一個人，如果他戴著這樣一頂帽子，在這個短語流行的日子裡從擁擠的人群中走過，如果在此時，他可以對周圍人的叫喊不發怒，他應該覺得很幸運。否則他的這頂應受譴責的帽子就會被那些愛捉弄人的人抓下來扔到路旁的溝裡，然後還會用一根棍子把沾滿泥巴的帽子重新挑起來，讓觀眾們瞻仰。這個冒失鬼的周圍會響起笑聲，他們還會快樂地大喊「哦，多麼糟糕透頂的帽子！」許多窮人們都為此感到不安，只要他們的錢包裡還有一些錢可以勉強買一頂新帽子，他們都會為了避免這種尷尬場

面而提前購買。

這個簡單的短語，在產生之後的幾個月間給整座城市帶來很多歡樂。它產生的源頭也可以追查，不像其他與它類似的短語，例如「Quoz」那樣無處溯源。在南華克自治市曾經舉行過一場競爭激烈的競選，在候選人之中，有一位講究戴帽子的著名人物。這位紳士為了贏得選民的好感，在遊說選民的時候使用一種巧妙的手段，即讓他們神不知鬼不覺地受賄。他是這樣做的，無論在何時他會見或是拜訪一位選民時，如果他發現這個選民的帽子不是用最好的料子做的，或是雖然用的是最好的料子，但是已經有些舊了，他就會說：「你的帽子太糟糕了，到我的倉庫去吧，在那裡你會有一頂新的。」在選舉日人們想起這件事情，他的對手更是充分地利用此事。在這位可敬的候選人發表演講時，他的對手鼓動人們不停地喊：「這是多麼糟糕透頂的帽子啊！」從南華克市開始，這句話傳遍整個倫敦，並且作為非常惹人喜愛的時令短語流行了很久。

「Hookey Walker」——翹課者，這個源於一首流行民歌的詞語一舉成名，像之前流行的「Quoz」一樣，它被當作所有問題的答案。後來，walker（走人）單獨流行起來，人們在發音的時候，往往在前一個音節帶一個特別的拖音，到後一個音節突然急轉。如果一個小夥子糾纏著可愛的小女僕要一個吻，但是女僕一點也不喜歡他，這個時候，女僕就會皺起她的小鼻子大喊一聲「走人」。一個清潔工請他的朋友幫忙借一點錢，無論他的朋友是不是願意借給他或是根本沒錢，他都非常有可能得到這樣的回答：「走人」。假如一個醉鬼在大街上連路都走不穩了，這時一個男孩扯他的衣角或是一個成年人敲敲他斜扣在頭上的帽子來開他的玩笑，最後都會被這個醉漢大吼「走人」。這個流行語只有兩三個月的生命，之後就退出歷史舞台，作為那一代人或後人的消遣，它再也沒有出現。

下一句話更是荒謬得有點離奇。是誰發明的，它如何興起，第一次

是在哪裡出現，人們都不知道。關於這句話更沒有一點確實的資訊。但是在倫敦人的眼裡，它卻是最詼諧的俚語，進而給人們帶來無盡的歡樂。「There he goes with his eye out」（他（或她）瞪著眼睛去那裡了」）在說的時候要依對象的性別而定，這句話在城市中每個人的口中傳遞著。它有點難理解，但是它給社區中那些粗俗的人所帶來的快樂卻與給嚴肅認真的人所帶來的困惑相當。聰明人覺得它很愚蠢，但更多的人認為它很有意思，整天閒得無聊的人索性把它寫在牆壁或是雕刻在紀念碑上作為娛樂。然而，所有的光輝都不會永恆，俚語也不能例外。一段時間人們對它厭倦了，「他瞪著眼睛去那裡了」在那些公共場所就再也沒有人說了。

　　隔了很短的一段時間，另一句話就出名了，這句話適用範圍有限。「Has your mother sold her man-gle？」——你媽媽賣了她的絞肉機了嗎？因而它沒有被人們瘋狂地追逐，其流行的時間也很短。它之所以會有如此的命運，是因為年紀大的人不太適合使用它，所以它很快就消失了。它的後繼者比它的命運要好很多，而且根基更為深厚，以至雖然時間流逝、時尚變遷都未能根除它。這句話就是「Flare up」——著火了。直到現在，它依然是一個人們常用的口語。這句話興起於改革的暴亂之中。據說，狂熱的人們把這座命中註定要遭殃的城市布里斯托港幾乎焚毀一半的時候，虔誠的人們的熱情也如火一樣燃燒起來了。很難說這是因為這個詞語在發音或意義方面有獨特的吸引力，但無論如何，它確實極大地刺激了人們的狂熱，也驅趕了所有其他俚語而佔據這個領地。

　　「著火了！」除了它，你在倫敦不會聽到其他什麼話了。它是所有的問題的答案，化解所有的爭端，適用於所有的人、事、場合……它儼然成為英語中含義最豐富的短語。在日常的談話中，你只要有一點越過禮貌界限那就要被稱為「著火了」；過於頻繁地光顧杜松子酒館，因而可能會損害自己身體的健康也被稱為「著火了」；狂怒被稱為「著火了」；閒逛到

夜間休閒的聚會中心，大喝一聲嚇唬熟人，鬧出任何一種亂子等，都被人們稱為「著火了」。戀人吵架是「著火了」，兩個惡棍在街頭毆鬥是「著火了」，英國人被革命和暴亂的煽動者鼓動地像法國人一樣也是「著火了」……

　　人們是如此喜愛這個詞，僅僅為了發音，人們也願意重複它。很明顯，只要人們聽到自己發出這個聲音，就會異常高興。在耳力所及的範圍內，當下層人士中沒有人來回應這個叫喊時，時常會有西區的貴族們的回應，這個在東區廣為流行的語言在他們之中也是通用的。即使在萬籟俱寂的深夜，那些失眠的人或是守望到深夜的人都經常會聽到這樣的響聲。跌跌撞撞走在路上的醉鬼，一邊打酒嗝一邊大喊「著火了」，以表示自己仍然是一個好市民和男子漢。他們已經喪失了實現任何其他想法的力量，智力水準相當於動物，但是他們仍然保留這聲流行的叫喊作為他們和人類的最後一個聯繫。只要他還可以大喊出這個聲音，他就擁有作為一個英國人的權利，他就不會像一條狗那樣倒在路邊的溝裡。他向前走著，喊聲打破了街道的寂靜和人們舒適的生活，直到筋疲力盡再也無法站住時，便無力地醉倒。在規定的巡邏時間，警察被這個倒在地上的醉鬼絆了一下，然後這個和平衛士拿起提燈直接照在他的臉上，大聲對他說：「可憐的傢伙！『著火了』！」然後，讓人用擔架把這個狂飲的醉鬼抬到看守所裡，丟進一個骯髒的小屋。當他身處在一群與他一樣爛醉如泥的醉鬼中間時，先來的人會長長地大喊一聲「著火了」，以向他們的新同伴致意。

　　這個短語的應用範圍之廣泛，流傳時間之持久令人咋舌，以至於有一個對俚語的轉瞬即逝一無所知的投機商，竟以它為名創辦了一份週報。結果，就像把房子建在沙灘上一樣，一旦下面的基礎崩潰了，這個短語和以它為名的那份報紙一起被大海沖毀了。逐漸地，人們對這種永遠相同的單調說法變得厭煩了，即使那些粗俗的人也覺得「著火了」是那樣俗不可

耐，只有那些不知世事的孩子們還使用它。最後，隨著時間的流逝，它被徹底遺忘了。現在，它已經不再是一個時髦用語，但是人們仍用它來表示火災、混亂或是突然爆發的壞脾氣。

下一個流行的短語並不太短，而且看起來它最初是用來形容那些拿著腔調裝大人的孩子身上的。「Does your mother know you are out？」——你媽媽知道你出來嗎？這個提問讓那些假裝大人的大孩子們非常憤怒。在大街上，他們吸著菸，戴著假鬍子，想要讓別人不敢輕視他們。有很多這樣的花花公子，他們對於身邊走過的任何一個女人，都會目不轉睛地盯著看直到她看起來有些侷促不安，但只要對他們說起這句話，他們的惡意就會驟然減輕不少。那些身著最漂亮的服裝的店員和學徒們覺得這句話有些令人憎惡，當有人把它用在他們身上時，他們就會異常憤怒。總而言之，這句話的好處是它不下千次地告誡那些紈絝子弟，這句話並不是想像中的那個樣子。而這句話令人惱怒的根本原因，是它暗含著對被問者是否能夠自立的懷疑。「你媽知道你出來嗎」表現出一種戲弄的掛記和關心，暗示出一種關切和遺憾。也就是說，在一個這樣大的城市裡，這個人過於年輕和不成熟，如果他們出門沒有父母帶領，至少應該得到媽媽的允許。因此，無論何時，只要這句話用在那些接近成年而未成年的年輕人身上，他們都會非常憤怒。

曾經有一個計程車司機忘記自己的身分，他當面對某位公爵的繼承人說了這句話，這位貴族同時還是一個勇士稱號的繼承者，他十分憤怒，所以他向治安法庭控告了這位冒犯者。他向法庭要求雙倍的罰金，這主要是為了顯示他的貴族身分，但是這個要求被法庭拒絕了。「他的媽媽是否知道他出來了？」所有站在旁聽席上的司機都一起大聲羞辱地質問。這位貴族不得不在不損害他尊嚴的前提下以最快速度逃避他們的笑聲。這個車夫辯解的理由是他對對方貴族身分的疏忽，但法庭還是以他的疏忽為由對他

罰了款。

這句話佔統治地位的時代很快過去了，隨著它的離去，「Who are you？」──你是誰？成為新的流行語。這個新的寵兒一夜之間如雨後春筍般地被眾人熟知，它就像是齊普賽街的一場濃霧，轉眼之間就化為一場大雨。昨天人們還不知道它的存在，也不知道是誰創造它，今天就傳遍整個倫敦。每條林蔭路上都有這個聲音在迴響，每條大路上都飄蕩著它音樂般的聲音。

「大街小巷上，一直迴盪著這個不變的聲音。」人們說這個短語時速度極快，其中，聲音比較響亮是前後兩個詞，中間一個詞的聲音卻很小，有點像呼吸。與其他在此前風靡一時的俚語一樣，它可以在任何場合使用。由於它的含義委婉曲折，所以那些性格直爽的人一點也不喜歡它。自以為是者喜歡用這句話來激怒別人，不學無術的人喜歡用它來掩蓋自己的無知，愛開玩笑的人拿它來製造笑料。每個到啤酒店的新顧客都會被毫不客氣地提問「你是誰？」如果他對這個問題有些愕然，摸著頭皮不知如何回答，就會引來人們的嘲笑。在一場激烈的辯論中，如果雙方都被問到這個問題時，論辯能力再強的辯手通常也會沉默不語。

在它極為流行的那段時期之內，一個小偷把手伸到了一位紳士的口袋中，這時這位紳士突然轉身當場抓住他，並且大聲問：「你是誰？」在他周圍聚集的人群立刻為此鼓掌喝采，他們認為這是他們聽到的最好笑的笑話，也是最為機智的，是幽默的精華。另一個與其相似的場景給了它一個額外的刺激，在它的活力開始減退時為它注入新的生機。這件事情發生在王室高級刑事法院。被告席上的被告罪行已經證實無誤，他的辯護人也已完成辯護，辯護人的辯護詞沒有為被告脫罪，而是以被告生命的寶貴和優良的品行為由，請求法庭對其寬大處理。「你的證人呢」？主審的法官問。「法官大人，請允許我發言，我瞭解被告，在現實生活中的人裡沒有

比他更誠實的。」一個粗魯的聲音從旁聽席上傳來。法庭職員似乎都驚呆了，其他人都強忍著竊笑。「你是誰？」主審法官猛然抬起頭，以一種沉靜和莊嚴的聲音問道。整個法庭都被震動了，一直處在壓抑狀態的竊笑爆發成哄堂大笑，並且持續幾分鐘，之後法庭才恢復原有的莊嚴和秩序。清醒過來的法庭工作人員，仔細搜尋這個褻瀆法庭的罪人，卻沒有找到。沒有人知道他是誰。過了一會兒，法庭審判繼續進行。這句時髦話從一位正義代言人的莊嚴的嘴裡說出來過，這個新聞傳開之後，由他審判的下一個被告人因此對自己的前途表示很樂觀了。因為他不擔心這樣一位法官會判處過當的處罰。他可以瞭解民眾的心理，他可以理解民眾的語言和方式，因此他一定可以充分理解他們為什麼會犯罪。我們可以從一個廣為人知的事實中推斷出這樣的結論，很多人都有相同的想法。最後，這位法官的名望大幅度提高，人們交口稱讚他的機智。「你是誰？」也因此而延長了生命，作為民眾的最愛又停留一段時間。

但是我們絕不能認為流行語從未間斷過。它們並不是一個連續不斷的鏈條，而是和歌曲共同佔有了人們的寵愛。也可以說，在一段時間裡，如果人們的精力在音樂上，那就無法涉足俚語。同樣，如果人們把全部精力放在俚語上，那再甜美的音樂也不能引起人們的關注。大約三十年前，有一首歌在倫敦很受人歡迎，幾乎撥動所有人的心弦。無論男女老幼還是孤寡之人都愛上它。人們對唱歌產生一種難以理解的狂熱。而且，最令人頭疼的是，就像《修道院的浪漫史》中那位好神父菲利普一樣，他們不懂得去改動一下旋律。因而這個在全城傳唱的曲子是「櫻桃熟了，櫻桃熟了」，擁有什麼樣嗓音的人都唱這句話，所有的小提琴都在瘋狂地演奏這首樂曲，每一支破裂的笛子、每一支嗚咽嗚奏的簫管、每一架手風琴都在演繹著這個旋律，那些用功和好靜的人如果想要尋求寧靜，只能在絕望中堵住耳朵，或是飛奔到幾里外的田野或樹林裡。這次音樂的大流行大概持

續十二個月，到最後的時候，提起櫻桃兩個字就足以使人發瘋。人們的興致終於衰退了，他們狂湧向新的方向。時過境遷，到現在人們已經無法說清它是一首歌，還是又一個短語了。

讓人發狂的戲劇和音樂

　　但是，可以確定的是，人們又為新的事物發狂了，這次的對象是一個與戲劇有關的主題。在這次流行風潮中，除了「湯米和傑瑞」，再也沒有其他的聲音了。在經歷使人們興奮足夠長時間的文字遊戲後，人們對娛樂的反應更加現實了。這個戲劇主題使鎮上每個年輕人都產生一種強烈的渴望，他們希望使自己顯得與眾不同，採取的手段就是使用一些過激行為。他們之中有的在街頭鬥毆，以致在看守所裡待了整夜；有的去聖吉爾斯那些低矮骯髒的小屋裡與放蕩的女人調情，和那些痞子爭吵。模仿能力強的男孩子為了相同的目的和比他們大的男孩競爭……最後，這種沒有任何價值的狂熱與其他俏皮話一起結束它光輝的時代。

　　城市又有另一種令人欣喜的時尚——將大拇指放在鼻尖上，轉動手指，人們把這個動作當作能解決所有問題的萬能鑰匙。如果你想激怒別人，只要當面做這個神秘的手勢就足夠了。在街道的任何一個角落，如果有懷著好奇心的人細心觀察，兩分鐘之內就會看到做這個手勢的人。它可以表示懷疑、奇怪、拒絕或是揶揄等意思。直到今天，仍然能看到這個荒謬的習慣的殘餘，但即使是粗俗的人，也被認為這個動作很下流。

　　大約十六年前，倫敦再次成為音樂天堂。大眾因為高歌「大海，大海」而啞了喉嚨。假設一個兼有哲學家身分的外地人來到倫敦，正好趕上了這個音樂盛會，他可能會建立一套很好的理論，這套理論的主要內容是英國人熱衷於服海軍役和英國人在海洋上那種眾所周知、無可匹敵的優越性。「一點也不奇怪」，他會說。這個民族在海洋上作戰勇猛，他們對海洋的熱愛已經融進了日常生活中，甚至在市場上他們都歌頌它。不管是上

等人、下等人、年輕人、老年人，男人、女人，都屈從於海洋的魅力，所以流浪街頭的藝人們用它來吸引周圍人的善心。這個好戰的民族性格堅毅，他們日思夜想的只是「大海，大海！」和征服它的方法。他們的歌曲裡沒有歌頌愛情，酒神巴克斯^①也不是他們的上帝。

如果這位哲學家只靠他聽到的事情來搜集證據，他很有可能會得出這樣的結論。哎呀！對於那些懂得欣賞音樂的耳朵來說，那些日子簡直是一種折磨呀。那些一點都不在調上的嗓子，不停息地重複著這個調子，他們都沒有躲藏的地方。之所以這麼說，是因為薩伏伊的流浪藝人掌握這個旋律，他們沿著林蔭路放聲大唱，即使是在街道最深處那些舒適的公寓裡也可以聽到他們的歌聲。過了六個月，人們才被強迫接受這種喧鬧。他們非常疲勞，無處躲藏，在乾燥的陸地上得了「恐海症」。

後來，又有幾首歌跟著流行起來，但是沒有得到人們的特殊青睞，只有一首名為《在我的帽子周圍》的歌是一個例外。這種情況一直延續到一位美國歌手引進了一首名叫《烏鴉吉姆》的令人極端厭惡的歌。這位歌手在表演時總會穿著一件與他的歌曲相配的黑色演出服，而且在演唱的同時還做一些稀奇古怪的動作，並且在每個小節結束的時候，身體總會做一個急轉彎的動作。這首歌立刻得到人們的關注，使那些規矩人的耳朵也長出了老繭——

扭身、旋轉
就是這樣——
扭身、旋轉
跳吧，烏鴉吉姆！

---

1. 巴克斯在羅馬神話中是植物神，葡萄種植業和釀酒的保護神。——譯者注

那些街頭藝人為了淋漓盡致地表現這首歌曲，在表演時塗黑自己的臉。那些為了謀生的孤兒不得不在偷竊和唱歌中做出抉擇。他們選擇後者，這樣可能更好一些，當然，他們以此謀生的前提是民眾對此保持興趣。夜幕降臨，在幾乎所有大道邊的夜市上，我們會看到更多的這首歌伴著粗俗舞蹈的表演。偶爾，尖銳刺耳的歌詞也會蓋過擁擠人群的喧鬧和轟鳴。

有一首曾經紅極一時的打油詩是這樣的：

坐在大路旁邊，
厚厚的夏日灰塵落在身上，
注視著來去匆匆的人流。
就如同夕陽餘暉中飛舞的小昆蟲。

如果在那個時代有一位冷靜的觀察家，他可能會使用雪萊式的語言宣稱：「百萬民眾曾經為這些狂歌濫舞而瘋狂。」如果我們以前假設中的那位在英國人的性格問題上自以為是的哲學家，曾認為英國人無比熱愛大海之歌，再次來到倫敦，他會建立另一套理論，這套理論的基礎是為廢除奴隸交易所而做的從不間斷的努力。「仁慈的民族」，他可能會說，「你們的慈悲之心是如此廣大無際！對你們來說，那些讓人憐憫的非洲兄弟（他們和你們僅僅是膚色有別）是那麼可貴，為了保護他們，你們慷慨地買下他們的兩千萬人。你們希望有一個能不斷引起回憶的象徵出現在你們眼前。烏鴉吉姆正代表了那個備受欺凌的種族。正因為這個原因，你們才把它當作大眾偶像！看吧，他們是怎樣為他高唱讚歌！他們是如何熱衷於模仿他的特徵；在娛樂和閒暇的時候，他們是如何熱衷於重複他的名字。他們甚至把他的塑像裝飾到他們的壁爐上。這樣他們就永遠不會被忘記非洲

兄弟的苦難和事業！哦！慈悲的英格蘭，哦！文明世界的先驅。」

這些是倫敦群眾具有的幾個特點。在他們平靜的生活秩序中，在沒有暴亂、極刑、謀殺、通貨膨脹的擾亂時，為了減輕一點壓在肩頭上的生活重負，他們就不自覺地使用一些稀奇古怪的念頭和無傷大雅的俏皮話。他們之中的那些智者，儘管往往對此付之一笑，但是他們也絕不會吝惜他們的同情心，並且會告訴人們，「只要他們願意，就可以享受到俚語和歌曲帶來的樂趣，即使這不能讓他們感到幸福，至少也會感到快樂。」英國人和法國人是相同的，他們都可以從一首歌、一句話那樣的小事中得到快樂和安慰。

因此，我們同意法國詩人貝朗傑的看法：

給人們快樂的東西，
是一些平庸的故事。
哦！
平庸的故事。

第十章

十字軍東征

瘋狂的朝聖者

聞知這個消息，它們跳起，張開不能盡數的翅膀，邪惡籠罩埃及。當暗蘭之子在海岸上揮舞魔杖，蝗蟲便如黑雲般聚集，雖然東風勁吹，仍然飛到瀆神的法老的國家，像黑夜降臨在整個尼羅河流域，它們數量巨大，不可盡數。透過昏暗，一瞬間。只見萬千旗幟衝上雲霄，奪目的光彩舞動空中。在一望無際的利箭叢林之中，還有林立之長矛、雲集之頭盔、密排之盾牌。

——米爾頓（Milton）[1]《失樂園》

每個時代都有其羞於示人的蠢事，例如：某項計畫、某個工程，或是其全心投入其間的離奇幻想。人們陷入其中或是因為愛財，或是因為激動，抑或只是愛模仿的本性，其中最為愚蠢的要算每個時代都有的某種瘋狂情緒，政治方面的、宗教方面的，或是涵蓋多方面的。這些因素都影響十字軍東征，它們共同使這次戰爭成為歷史上引發最廣泛熱情的、非比尋常的一次。

歷史用莊重的語氣在書本中向我們訴說，那些十字軍中的騎士們，只是一些無知的野蠻人。他們的行為僅僅源於一些令人難以理解的、固執的衝動，並且這支軍隊在他們所經之地寫成一部血淚史。但歷史不同的是，吟遊詩人的羅曼史卻用充滿熱情的筆觸對十字軍騎士的虔誠之心和英雄氣

---

1. 米爾頓（1608—1674），英國詩人，政論家。他的神話史詩作品《失樂園》以磅礴的氣勢揭露人類的原罪與墮落。——譯者注

概大加描繪，用華美的詞句形容他們的優良品格和崇高行為，歌頌他們為自己贏得的名垂青史的光榮和為基督教做出的卓越貢獻。

在接下來的篇幅裡，我們將對歷史和羅曼史裡所記述的內容進行詳細的探究，以找出那種激勵了如此多的背景各異的人拿起武器為十字架而戰鬥的精神。我們將會以歷史事實為主要依據，同時借助當年的詩歌和羅曼史，以便準確把握當年人們的心理、動機和看法。

我們有必要追溯到聖戰發起之前的年份，對8、9、10世紀的朝聖者做一下瞭解，以清楚地知道隱士彼得發起這場聖戰時歐洲民眾的真實想法和他們講述的曾經歷過的危險和親眼目睹的奇觀。

除了皈依基督教的猶太人，到聖地朝聖的還有心中充滿奇妙幻想的基督徒。他們對能親身到達他們思想中最有趣的地方，有一種天生的好奇心。他們都湧向耶路撒冷，且不管內心是否虔誠。虔誠者朝聖的目的僅僅是為了看一看這一片他們的主生活和受難過的神聖之地，或是為了洗去他們全身的罪孽，他們認為無論這罪孽有多麼深重都可以洗去。這種看法為大家所接受。但是在朝聖者中間也有人數眾多的不虔誠者，他們只是因為閒來無事到處遊歷罷了。他們到巴勒斯坦朝聖就像現代人去義大利或瑞士一樣，純粹是為了追逐時尚，以便自己可以在以後的人生中大肆吹噓自己的所見所聞，滿足那麼一點虛榮心。但是整體來說，朝聖者中還是以虔誠的信徒居多，並且與日俱增，後來人數太多了所以人們把它稱作「主的軍隊」。他們用熱情戰勝一路上的困難和危險，在所有的那些曾經被福音傳教士提到過的地方逗留欣賞，心中充滿神聖的喜悅。他們覺得，可以喝到約旦河清澈的河水，哪怕只是一小口也滿足了，可以站在當年約翰為基督施洗的溪水中受洗禮則更是一種巨大無比，不能言喻的幸福。懷著敬畏和喜悅的心情，他們終日遊走在聖殿的四周，攀登莊嚴的橄欖山，或是佇立在令人敬畏的各各他山——那個基督為世人的罪惡而流下鮮血的受難之

地。對這些朝聖者來說，這裡的一切都是難得的珍寶，他們懷著迫切的渴望尋找所有的遺跡。於是，他們將從約旦汲取的一壺壺河水，從受難山上得來的一籃籃泥土，虔誠地運回歐洲，然後以驚人的高價賣給教堂和修道院。當然還有許多讓人不能相信的遺物，像耶穌受難的十字架上的木片、聖母瑪利亞的眼淚以及她長袍的折邊、耶穌使徒們的腳趾甲和頭髮，甚至保羅當年建起的帳篷。奸商在巴勒斯坦公開展覽出售所有這些東西，購買者花費大量的錢財和心血才把它們帶回歐洲。但是事實上，市場上出售的當年那個十字架上的木片加起來比一百棵橡樹所能提供的木頭還要多。而聖母的淚水，如果全部收集起來，也可以裝滿一個水池。

在過去兩百年內，朝聖者們在巴勒斯坦沒有遇到一點麻煩。睿智的國王哈倫・拉希德和他的幾位繼承人都支持人們朝聖的行為，徒步前來的人也得到最高的禮遇，因為他們的到來會讓敘利亞的財富不斷增加。現在的哈里發[2]們雖然在其他方面可能與前者沒有什麼不同，但是他們對於財富的渴求更加強烈，為錢財而朝思暮想，並且為了達到目的使用各種手段。他們的貪婪程度甚至超過以往的阿拔斯王朝。他們向每個進入聖城的人收取稅款，金額為一個金幣。這對那些歷盡艱辛，依靠乞討才來到這裡的窮人來說簡直是難如登天，儘管他們內心懷著那樣崇高的願望。於是，抗議之聲不絕於耳，但是沒有影響稅款的徵收。那些窮困的朝聖者只能望城興歎，直到某個坐著馬車的富裕的信徒替他們交了錢，他們才被允許進城。諾曼第的羅貝爾——征服者威廉的父親，就如其他身分顯赫的紳士一樣前來聖城朝拜。在到達城門時，他看到成百的朝聖者都用眼神乞求他為他們付入城稅。他當然答應了這種請求。

從這個角度來說，巴勒斯坦的穆斯林統治者將朝聖者看作他們財富的

---

2. 哈里發是伊斯蘭教職稱，原意為「代理人」或「繼位者」。——譯者注

源泉，他們繼續向越來越多的朝聖者徵收入城稅。在10世紀末和11世紀之初，一個奇異的說法在人群中流行：世界末日即將來臨，按照啟示錄上的指引，千年的俗世生活已經到了盡頭，耶穌基督將在耶路撒冷出現，裁判大卜蒼生的是非罪過。於是，整個基督教世界都陷入混亂之中，恐怖抓住那些軟弱的、輕信的和罪惡的人的心，這些人的總數佔據當時人口的百分之九十五。他們離開家鄉，舉家向耶路撒冷前進，他們想要透過艱苦的朝聖來減輕自己的罪惡，並且在聖城迎接主的降臨。人們看到一顆顆的星星從天上墜落，地震摧毀城市，強烈的颶風捲走森林，所有這一切自然現象都增添了恐怖氣氛。特別是在夜空中劃過的流星，人們都把它看作即將到來的最後審判日的預兆。每次流星落下，都會加劇某個地區人們的恐慌，並且驅趕成百上千的人加入朝聖的隊伍。這些人攜帶著各種物品，邊走邊祈禱，以減輕他們的罪惡。一群群的男女老少向聖城跋涉。

他們之中的每個人都想要見證在某一天上帝之門轟然打開，神的兒子在萬丈光芒中降臨人間。這樣的一個神奇的幻想，使朝聖的人越來越多，路途也更為艱難。於是，從歐洲西部到君士坦丁堡的大道上，遍布成群的乞討者，這使得那些在往日裡最慷慨的施捨者如果不是十分節儉，往往也會飢腸轆轆地回到家中。那些信徒們只有靠自己想辦法生存下去。成百上千的人只能靠路旁成熟的漿果來維持生存，而在從前，他們大多會到修道院裡享受麵包和美味佳餚。

但是，還有更大的困難擺在人們面前。這一點是在他們進入聖城以後才發現的，耶路撒冷被一個苛刻的民族控制著。塞爾柱剽悍的土耳其人繼承巴格達的哈里發之職，他們非常鄙夷和反感朝聖者。這些處在11世紀的土耳其人比10世紀的撒拉森人③更加凶殘和肆無忌憚。他們十分厭煩日益增多的、滿山遍野的朝聖者，尤其是當發現朝聖者竟無去意時，更加劇他們的這個想法。朝聖者一直都在等待最後審判日的來臨。土耳其人卻擔心

他們會被這些不斷到達的人們趕出城去，於是他們在通往聖城的路上設下重重關卡。他們為朝聖者準備了各種迫害，如搶劫、毆打、聖城門外待上數月、強迫繳納一塊金幣的入城稅等。

當人們對於最後審判日的恐慌不再那麼強烈時，朝聖者中有一些人壯著膽子回到歐洲，他們在耶路撒冷遭受的欺凌使他們充滿憤怒，每到一地，他們都對滿懷憐憫之心的聽眾歷數那些人對基督徒的罪行。但出人意料的是，這些細緻的敘述引發又一輪的朝聖狂熱。在其他人看來，苦難可以增加他們的榮耀，艱險的路途則可以更好地救贖他們犯下的沉重的罪孽。因此，又有一群群的人從各城鎮鄉村出發，他們希望到達聖地一睹天堂的風采。這種情況在整個11世紀一直持續著。

---

3. 廣義上指中世紀所有的阿拉伯人，原意指從今天的敘利亞到沙烏地阿拉伯之間的沙漠牧民。——譯者注

聖戰的始作俑者彼得

　　一輛可怕的馬車已經準備就緒，現在需要的只是一個用雙手燃起火炬的人。最終，那個人出現了。隱士彼得如同所有曾經達到過如此偉大目標的人一樣，正好符合了那個時代的需要，既不落後，也不超前，但是卻有足夠銳利的目光在別人發現之前找到這個世紀的秘密。充滿熱情、有騎士風度、偏執、頑固，如果不說他已經瘋掉，也差不多是狂熱到了極點。這些品格，都使他具備成為那個時代的典型人物的各種條件。真正的熱情會使人在做事時變得不屈不撓且能言善辯。在這個不同尋常的牧師身上，這兩種品格達到和諧統一。他曾當過兵，現在是法國北部亞眠城的一個修士。人們把彼得描繪成一個容貌醜陋，身材矮小的人，但是他的眼睛裡卻總是透著一種超乎尋常的明亮和智慧。受到當時狂熱情緒的影響，他到了耶路撒冷，為那些滿懷虔誠的信徒遭受到的重重壓迫感到義憤填膺，熱血沸騰，他決定返回。他返回之後，講述那個震顫整個世界的關於世人邪惡的感人故事。

　　我們首先要大致瞭解當時歐洲人的整個心理狀態，這樣有利於我們瞭解他的佈道為什麼會產生驚人的後果，也會讓我們更好地理解他為什麼會成功。首先要注意的是，當時的教士階層對社會發展有最顯著的影響，人們通常會關注他們的看法。宗教統治著人們的思想，是唯一能夠讓大批的如野獸般野蠻的信徒馴服的力量。教會就是全部。並且它驅使教眾們明白，除了在宗教事務上教眾處於奴隸般的從屬地位之外，他們有權反抗其他一切壓迫。各級教士中彙集了所有真正虔誠、有學識和智慧的人，同時他們手中也很自然地握有一大部分權力，這是受到智慧激勵的結果。

當時的人民大眾對王公貴族的重要事務一無所知，只知道自己所受到的苦難。國王為了貴族的利益而統治人民，更準確地說，國王統治著貴族。貴族們存在的唯一作用就是將他們的專制鐵蹄踐踏在微乎其微的民主的脖頸上，為了維護國王的權力而冒一切風險。而貴族們只有一個朋友，那就是教會。儘管教會一直向人們輸送包括自己在內的各種迷信思想，但是它還是給了人們些許的安慰：在天堂裡，所有人都是平等的。當封建統治者宣布，今世他們沒有任何權利時，教士們卻告訴他們在來世他們會擁有一切。於是他們的腦中，根本就沒有政治觀點的位置，完全是這樣的宗教觀點。在這樣的情況下，一旦教會為了其他目的而發出號召宣導十字軍東征時，人們就狂熱地投身其中。巴勒斯坦這個名詞已經深深植根於所有人的腦海裡。連續兩個世紀的朝聖以及朝聖過程中的故事，激起每個人的幻想。當他們的朋友、嚮導、老師們受自己的偏見和思想狀況的影響開始祈禱發起一場戰爭時，人們的熱情達到極度狂熱的狀態。

在人們的熱情被宗教燃起以後，另一個因素也使貴族們心甘情願投入這場戰爭。這就是他們生性凶殘暴虐，無法無天。在平日裡，他們無惡不作，但只有一點可以稱得上是好品格：勇敢。弱肉強食是他們唯一的信仰。在這一點和他們過度的暴虐共同作用下驅使他們前往聖地。他們之中，大部分都犯有嚴重的罪過，因此必須到聖地去贖救。他們目空一切，在他們看來，唯一的法律就是自己的衝動。在世俗社會中，他們的權利可以與宗教對抗，但是聽到教士們關於來世的警告時，他們害怕了，打仗只是他們的本分和消遣。教士們告訴他們，如果他們從事他們本分，他們的一切罪惡都可得到赦免，而且這對他們來說是再容易不過的，就這樣他們開始熱衷於東征的事情。像絕大多數的人們一樣加入熱忱地為上帝服務的行列，但教眾們卻純粹是出於宗教的動機。

宗教的狂熱和貴族的好戰情緒把所有人推向了戰爭，對此，歐洲的

國王、王公們也是各懷鬼胎。他們樂於見到這麼多到處惹事，經常聚集鬧事，嗜血成性的人離國東征，這對統治秩序的穩定大有好處，而且這種好處會越來越明顯，因為那些態度傲慢的貴族們已經不甘心居於國王為他們劃定的小小封邑之中。這樣看來，每個動機都推動東征的實現，社會中的各個階層都被煽動起來，參與或鼓動這場戰爭。國王和教會出於政治的考量，貴族們懷著對領土的渴望，大眾為了發洩長達兩個世紀的狂熱和宗教熱忱……這一切都被他們的唯一引導者盡收眼中。

在巴勒斯坦時，隱士彼得就想到這個不同尋常的主意：號召基督教世界的力量，來拯救處於穆斯林奴役下的東方基督徒，從那些野蠻的異教徒手中把耶穌的聖墓奪回來。這個想法始終在他的心裡出現。每到深夜，他都為此難以成眠。一次夢境給他帶來的印象使他更加堅定這個想法：救世主出現在他眼前，並且向他保證如果他從事這場戰爭時，會恩賜給他幫助和護佑。如果說他的信念在此之前還有過猶豫，這一次夢境真的使他從此堅信這個想法，不再退縮。

彼得在耶路撒冷完成自己的修行之後，就向希臘教會的主教賽彌翁提出見面的請求，後者當時也在那裡。儘管彼得認為賽彌翁是一個異教徒，但畢竟他還是一個基督徒，並且賽彌翁也敏銳地發現土耳其人對基督的追隨者所做的種種惡行。於是，他接見彼得並且接受他的請求給教宗——基督教世界最有影響的人物寫了信，訴說信徒們的痛苦，號召他們拿起武器，保護自己的兄弟姐妹。彼得在迅速地與這位主教親切地告別以後，匆匆趕往義大利。

當時的教宗是烏爾班（Urban）二世，他在這個位置如坐針氈。他的前任額我略七世把與德國國王亨利四世的爭吵留給他，他自己也因為狂熱地反對法國國王腓力一世的非法婚姻而惹上麻煩。由於危機四伏，他甚至覺得梵蒂岡也不能算是其安全的住所。於是，他在著名的羅貝爾・吉斯卡

爾（Robert Guiscard）的護送下，來到義大利東南部的普利亞避難。從事實來看，彼得應該在那裡拜謁過他，儘管無論是古代的編年史，還是現代的歷史，都沒有指出準確的會面地點。彼得受到教宗烏爾班二世的熱情接待。彼得將賽彌翁主教的信交給烏爾班二世，並且向他講述親身經歷的動人故事。烏爾班二世滿含熱淚地閱讀來信，傾聽這位隱士的故事，他對基督教會的苦難表示出深切同情。激情是會傳染的，看來教宗已經受到這位隱士激情的感染。他賜予彼得足夠的權力，並且委派他到基督教世界的各個國家，號召發起一場聖戰。

彼得四處傳教，在所有他到達的地方都有不計其數的人響應他的號召。法國、德國和義大利的人們已經有所行動，只待基督教的正式意見下達。一位名叫吉貝爾·德·諾讓的早期歷史學家對十字軍東征有過記述，他也目擊了這個事件。他描寫隱士彼得出現時的場景。

他說，無論彼得說什麼或是做什麼，似乎都帶有一種神聖的色彩。人們將他奉若神明，以至於從彼得騎的騾子上拔下的鬃毛也被作為紀念品長久保留。他穿著羊毛短袖束腰長袍，外罩一件直垂到腳跟的黑色斗篷向教眾們佈道。他從來不吃肉和麵包，主要的食品就是魚和葡萄酒，他經常赤裸著雙臂、雙足。吉貝爾·德·諾讓說：「我不知道，他從哪裡出發，但是我看到，他穿過鄉鎮和村莊，四處佈道，他被人們圍在中央，教眾們送食物禮品給他，稱讚他的神聖。我從來沒有見過受到如此尊重的人。」於是，彼得不知疲倦地向前走，他堅信自己的目標，似乎要為他獻出生命。他將自己身上瘋狂的種子傳播到所有聽眾的身上，慢慢地歐洲的每個角落都變得不安起來。

教宗的火上澆油

　　隱士彼得向教眾佈道的成效日益顯著的時候，教宗用同樣的手段感染著那些日後在遠征中產生主要作用的頭面人物。他的第一個行動是1095年秋季在皮亞琴察召集一次會議。在這個教會的聚會上，教宗講述土耳其人已經計畫征服歐洲，公布東方的君主已經從君士坦丁堡向歐洲派來間諜，與此同時宣布他偉大的計畫。在會議中，與會的所有人一致同意支持十字軍東進。散會後，每個成員都獲得對自己的教民鼓吹戰爭的權力。但是他們不指望義大利人會提供所有的幫助。

　　穿過阿爾卑斯山，教宗來到高盧鼓動那些凶殘而有權力的貴族和謹小慎微的人民大眾。他鬥志高昂地走進法國，將自己置於他的敵人——法國國王腓力一世的管轄範圍之內。這也是他的行動中最令人吃驚的地方。有人說他是受到冷酷政策的驅使，也有人說他是受熱忱驅使，是像隱士彼得一樣熾烈的、盲目的熱忱觸動了他。看來後一種說法更加可靠。

　　整個社會都沒有去估計目前的行動會帶來什麼樣的後果，所有人只憑藉意氣行事。同樣，教宗和成千上萬的回應者一樣，其置身於法國腹地的行為靠的也是衝動。最終，人們在奧弗涅的克萊蒙召開一個擁護教宗的會議。會議上，人們分析了教會的現狀，提出改革弊端的想法，但會議最重要的議題是——為戰爭做準備。

　　那是一個寒徹骨髓的冬日，地面上有一層厚厚的積雪。會議進行7天，期間會議房門始終緊閉著。小鎮上到處是從法國各地蜂擁而來的人群，他們盼望有幸可以目睹教宗親自佈道的風采。各種各樣的人們將方圓幾十里的鄉鎮村莊擠得滿滿當當，露天空地裡也塞滿了付不起房費的人

們，樹下、路旁都是他們搭起的一頂頂大大小小的帳篷，四鄰的地方成為一個十分寬闊的營地。

經過7天的深入討論，會議通過一個決議：將國王腓力一世開除教籍。理由是他犯有兩大罪狀：與安茹伯爵夫人貝特拉德・蒙特福特的通姦和不服從上帝使徒的絕對權威。人們因為這個大膽的舉動更加尊敬這個如此嚴厲的教會，因為它在行使權利時，堅持人人平等的原則。敬畏之心與日俱增的人們更加渴望聆聽這個正義凜然、百折不撓的教宗的訓誡。隨著教宗開講時間的臨近，克萊蒙大教堂前的那個巨大的方形廣場越來越擁擠，不斷有大批人湧入這裡。

教宗親自佈道的時間到了。他身著全套法衣走出了大教堂，穿著羅馬教廷光彩照人的禮服的紅衣主教和主教環繞在他周圍。他站立在一座專門為他搭起的高台上，上面鋪有紫紅色的布。圍在教宗周圍的那群壯觀的紅衣主教和主教中，就有隱士彼得，他穿著一件簡樸的禮服站在其間。雖然他的職位比其他人低，但是在世人眼裡，他的作用非常重要。

關於彼得是否當眾講了話，歷史學家一直在爭論，但是他們一致肯定當時彼得在場。他講話看起來似乎是一件順理成章的事，但教宗的演說卻更為重要。當教宗輕輕舉起手臂時，現場鴉雀無聲。他首先講述身處聖地的兄弟姐妹們受到的苦難；又描述了殘暴的野蠻人是如何將巴勒斯坦平原變成不毛之地，他們如何使用劍和火給基督徒們帶來悲痛，焚毀房屋，搶奪財產。異教徒如何出於肉欲玷汙基督徒的妻子和女孩，如何褻瀆上帝的祭壇，如何粗暴地踐踏聖者的遺物。

「你們，」嫻於辭令的教宗繼續說（烏爾班二世是當時最擅長辯論的人之一），「聽我說話的人，真正信仰上帝的人，上帝賜予權利、力量和偉大靈魂的人，基督教世界棟樑之材的子孫，曾經抗擊異教徒進犯的國王的子民，我需要你們！掃除瀰漫在塵世的汙垢，拯救你們身處苦難深淵的

教友們！那些野蠻人佔領基督的聖墓，聖地因為他們的卑鄙無恥而蒙羞。啊，無敵的騎士們，虔誠的教眾們！攻無不克的祖先的後裔們！你們要珍惜祖先顯赫的聲譽，不要讓兒女私情纏住你們的腿腳，你們要謹記救世主的聖論：對父母之愛勝過我的人不能得到我的保佑。那些為了信仰我的教義，拋棄土地、雙親、兄弟、姐妹、妻小的人會得到百倍的報償，會得以永生。」

每個人都感受到教宗的熱情。他的演講得到許多次發自心底的歡呼聲，因而也多次被打斷。接著，他陳述拿起武器為主服務的人將會得到的精神上和物質上的回報。他說，巴勒斯坦是美麗富饒的地方，那裡為上帝所珍愛，也發生過許多拯救人類的不同尋常的事情。他保證，戰爭勝利以後所有人將分享那塊土地的所有權。還有，如果為他們的冒犯而辯護的話可以找到足夠的藉口，無論冒犯的是上帝還是人們。「那麼，行動吧，」他接著說，「為了彌補你們的罪過，行動吧！你們要相信，假如你們離開這個世界，在來世你會享有無上的榮光！」

人們的激情如洪水般爆發，嘹亮的呼喊聲打斷了說話人，他們像一個人在大喊那樣歡呼，「上帝萬歲！上帝萬歲！」歡呼聲剛剛停下，烏爾班二世就機智地繼續他的談話，「親愛的信徒們，上帝在福音書裡說過的話在此時此刻應驗了：『當兩三個人為了忠貞的信仰聚集在一起時，我會與他們在一起並保佑他們。』如果不是主駐留在你們的靈魂之中，你們怎麼會眾口一詞地說出同一句話呢！或是可以說你們的嘴唇講了上帝放在你們心中的話！所有人對聖戰的歡呼是上帝的旨意！讓我主的大軍殺向敵軍時，喊著相同的口號吧，『上帝萬歲！上帝萬歲！』那些想要投身於這場神聖戰爭的人們請莊嚴地投入吧，你們要把主的十字架放在胸前、額頭，直到出發。準備出征的人們要將神聖的標誌戴在肩膀上，不要忘記主的箴言，那些不跟從我，不拿起十字架的人，不會得到我的保佑！」

不可思議的是，在極短時間內這個大會的消息傳遍歐洲，哪怕是最遙遠偏僻的角落也沒有遺漏。當最神速的信使騎馬到達時，才發現邊遠省份的人都知道這件事情了，彷彿有超自然的力量發揮作用。很早人們就討論這件事情，都企盼著會議的結果。那些情緒激昂的人堅信會議會有他們希望的結果，果然，傳來的消息肯定了他們的預言。然而，在那個時代，所有人都覺得這件事情無法想像。

　　在克萊蒙會議結束幾個月以後，法國、德國出現一個奇觀。誠實的、瘋狂的、窮困的、放蕩的、男女老少、身體殘疾的人……成千上萬的人爭搶著報名參加十字軍。在每個村落中，燃起人們的激情是教會的唯一的工作，他們向那些為十字軍服務的人們承諾給予永遠的報償，同時警告那些拒絕參加甚至有點猶豫的人們會有可怕的事情發生。按照羅馬教宗的命令，所有入伍的人債務都被解除了，犯有不同罪名的人也與誠實的人享有了相同的地位。所有人入伍以後財產會受到教會的保護，並且有傳言說聖保羅和聖彼得將從天國降臨凡間，保護朝聖者的家產。

　　在空中，人們看到各種相同的預示和先兆，這使十字軍的狂熱大大增加了。這一年還出現十分壯觀的北極光，數以萬計的十字軍戰士衝出家門，趴倒在地，仰望天空，虔誠地拜謁神靈。人們相信，這是上天即將干預人事的跡象，它預示著上帝的軍隊將把異教徒消滅乾淨。關於奇觀的說法廣為流傳。一個修士曾看到天空中有兩個巨大的騎馬武士在戰鬥，他們分別代表基督徒和土耳其人。兩個武士各執烈焰之劍互相砍殺，最後自然是異教徒戰敗了。有人說，天空中墜落了無數的星辰，預示著土耳其人的敗退，分崩瓦解。甚至人們都相信法蘭克王查理曼將會死而復生，並帶領十字軍打敗異教徒。

　　普遍狂熱的一個典型代表是充滿激情的婦女們。她們每個人都動員自己的情人、丈夫放棄一切加入聖戰。許多婦女把滾燙的十字架放在胸前、

臂上灼燒皮膚，然後在傷口上塗抹紅顏料以此作為她對於上帝忠誠的永久紀念。有一些婦女則更加瘋狂，她們竟然將十字的形狀烙在自己的幼子、嬰兒柔弱的四肢上。

當時有一位名叫吉貝爾·德·諾讓的歷史學家，他講到一個修士的故事。這個修士用刀在自己的前額上割了一個十字的形狀，然後塗上醒目的顏料，他卻對人們說這個傷痕是在他熟睡時一個天使幹的。不得不說他並不是一個傻瓜而更像一個無賴，因為他試圖依靠自己的神聖色彩享受比同伴更高級的美食。他經過的地方，十字軍戰士都送上金錢和食物，雖然一路辛苦，生活艱難，但他還是以大腹便便的形象出現在耶路撒冷。如果他很早就承認傷口是自己弄傷的，他就不會受到與眾不同的待遇，幸好他編造的那個天使的故事。

集市聚集擁有各種形式財產的人，他們都打算將財產換成硬通貨。土地、房產的售價只有平時的四分之一，而戰爭中使用的武器裝備的價格則成倍增長。由於天氣乾旱，已經有一年左右在市場上極難見到的穀物也突然變得異常充足，各種貨物的價格大幅下滑，甚至7頭綿羊只值5個第納爾。貴族們將自己的家產抵押給猶太人和不信基督教的人，只為了獲得很少的一點錢，或是乾脆和自己領地中的鄉鎮、社團簽定契約免除義務。而在平時，他們是不可能做這些事情的。農夫賣掉犁，工匠賣掉工具，他們只想得到一把刀劍去參加前往聖城的軍隊。女人們也捨棄了她們的首飾、飾物，當然，她們的目的和男人們相同。

一群狂熱的烏合之眾

在這一年（1096年）的春天和夏天，到處都是十字軍戰士，他們行色匆匆趕往本地區約定的集合地點。他們之中有的騎馬、坐牛車，有的撐著船，他們以各種方式扶老攜幼，盼望著趕快到達耶路撒冷。然而，他們之中幾乎沒有人知道耶城在哪裡。有人說在5萬英里外，也有人說只要走一個月就會到達。但每次看到一個城鎮或城堡，就有孩子們大聲歡呼，「是耶路撒冷嗎？到了嗎？」大路上也有一夥夥的騎士和貴族一路向東，他們一邊走，一邊以鷹獵鳥來消除旅途的勞累。

吉貝爾的描述是親眼所見而非道聽塗說。他說：「激情是最富有感染力的，因為無論哪一個人，只要聽到教宗的命令，就會立刻動員他的左鄰右舍、親戚朋友與他一起『為上帝服務』。就這樣，這場遠征開始了。」

有王權的伯爵有強烈的遠征欲望，下級騎士也受到同樣熱忱的煽動，甚至貧苦的人也異常高興地接受這種瘋狂，他們之中沒有人考慮一下自己是否應該這樣做，或者說考慮一下，要不要放棄自家的農莊和葡萄園。每個人都變得不在意金錢的多寡，他們都準備賣掉自己的家產，無論價錢怎樣，就像他們非常需要錢為自己解脫牢獄之苦一樣。

有一些還沒有決定參與遠征的人譏笑那些虧本出售財產的人，他們當眾預言後者的旅程一定會萬分痛苦，並且慘澹收場。但是他們第一天還在這麼說，第二天就被同一種狂熱感染了。用最響亮的聲音嘲笑別人的人同樣為了幾個金幣而賣掉所有的財產，與那些曾經被他刻薄地嘲弄的人一同踏上征程。此時，他們變成新的嘲笑對象，由於別人知道他們以前猶豫過，所以他們更狂熱的鄰居會透過贈送一根織毛衣針或紡紗桿的方式表達

他們的輕蔑。由於擔心成為大家攻擊的對象，又有許多人匆忙加入主的軍隊。

十字軍東征的另一個效果是使得宗教命令得到普遍的服從，這種服從表現為所有人都接受「上帝休戰日」。在11世紀初，法國的教會感到人民深處苦難之中，但是他們又無法抑制封建領主的貪婪和放縱，於是教會想要透過宣布著名的「上帝之和平」來喚起民眾的良心。所有遵從這個禁令的人都要發誓：不使用致命的武器，不為所受的任何傷害而報復，不享受掠奪而來的財富。作為回報，主將赦免他們所有的罪惡。但無論教會懷著多麼善良的本意，他們的這個舉動只帶來偽善和像以前那樣的無法掌控的暴力。

1041年，教會打算再次努力緩和領主們野獸般的貪欲，教會莊嚴地宣布「上帝休戰日」。「休戰日」的時間定在每個星期三晚上至第二個星期的星期一上午，在這段時間內禁止以任何藉口付諸暴力，或是進行報復行為。但是指望野蠻人受這些措施的教化是不可能的。幾乎沒有人可以在如此漫長的五天裡保持克制，或是即使做到了，他們也會在餘下的兩天裡變本加厲地進行燒殺劫掠。後來「休戰日」被迫改為星期六下午至星期一上午，但是暴力流血事件並未減少。在克萊蒙會議上，烏爾班二世再次莊重地宣布休戰日禁令，強烈的宗教感情使這個法令得到立刻執行。

宗教感情產生的巨大衝動，使所有人拋棄瞭解自己的微不足道的激情。封建領主不再壓迫平民，強盜洗手不幹，下層人民也不再抱怨。所有人的心中只有聖戰，其他想法已經無處容身。

參加聖戰的人們的露營方式反映一個很奇怪的現象。那些跟隨在自己主人旗幟下的人，都將帳篷搭在了主人城堡的周邊。自願參加聖戰的人，則在城鎮、鄉村的邊上建造木棚小屋，隨時準備在某個著名的領導人的帶領下遠征。法國各地的城堡周邊和草地上布滿了帳篷。由於參戰份子們認

為只要到達巴勒斯坦就可以解脫所有的罪惡，這讓他們更加沉迷於無限度的放縱之中。妓女脖子上掛著十字架，但是卻無所顧忌地向參與聖戰的人出賣自己的肉體，那些戰士也無所顧忌地接受。偏愛美食的人，開始酗酒，暴飲暴食，淫亂蜂擁而至。他們用服務上帝的熱忱去掩蓋了他們身上的缺點、蠢行，他們認為自己將和那些嚴格修行的隱士一樣得到上帝的拯救。這個邏輯使無知者更加迷失了方向，以至於時常可以聽到一座帳篷裡既有淫蕩作樂的歡笑聲也有虔誠祈禱的誦經聲。

　　現在應該說說這次遠征的領袖人物。許多人都覺得應該聽從隱士彼得的命令，因為彼得是聖戰的發起者，所以他們認為他是戰爭領導人的最佳人選。另一些人聚集在一個頗有勇氣的探險家的麾下。這個探險家曾經有的經歷為他的名字蒙上一層光彩，人們把他稱作窮困潦倒的桑薩瓦爾或是極其貧窮的沃爾特，但是他卻擁有貴族家庭的出身，並且很有戰爭天賦。第三群人是圍繞在一個名叫戈特沙爾克的修士周圍，從德國出發的人們。史書上沒有關於戈特沙爾克的記載，我們只能說他是受宗教狂熱浸染最深的人之一。所有的這些人總數據說有30萬。他們是歐洲最卑鄙的傢伙們會聚成的烏合之眾。沒有紀律約束，也沒有真正的勇氣，他們像瘟疫一樣透過許多國家，給所到之處帶來恐慌和殺戮。

以聖戰為名的侵略

1096年早春，在克萊蒙會議幾個月以後，由沃爾特率領的第一隊人馬出發了。沒有任何的紀律約束這群人的行為，並且就像他們的境況與領袖的名字一樣，個個非常貧困，所以都希望可以在途中吃到飽飯。他們如潮水般漫過德國，湧進了匈牙利。

剛進入匈牙利的時候，匈牙利人還對他們表示友好。雖然前者對於參加十字軍沒有那麼狂熱，但很願意幫助這些戰士們推進這項事業。但令人遺憾的是，這種支持在不久之後就結束了。這也與十字軍戰士的行為有很大關係，他們對匈牙利人給予的食品極不滿意，他們認為自己應該享受奢侈的生活。於是他們開始攻擊鄉村人民的住所，用手裡的刀劍搶劫財物。匈牙利人被他們的行為激怒了，軍隊將要到達塞姆林時，聚集起來的憤怒的匈牙利人攻擊十字軍隊伍的尾部，殺死一些落後隊伍的人，並且把奪得的十字架和武器當作戰利品懸掛在城頭。面對決心與他們為敵的匈牙利人，沃爾特顯然有些力不從心，因為自己的軍隊像一群蝗蟲一樣到處搶掠。於是，十字軍隊伍的尾部不斷受到攻擊，直到離開匈牙利。

在保加利亞等待沃爾特的是更加糟糕的霉運。所有的城鎮拒絕讓他們通行，鄉村也不提供任何食宿方面的方便。而且城鎮市民還聯合鄉村居民，殺了數百名十字軍戰士。這支軍隊慌亂前進，倒有點像在撤退。最後到達君士坦丁堡時，沃爾特率領的軍隊由於飢餓和殺戮等原因，只剩下出發的時候的三分之一。

激情澎湃的隱士彼得率領人數更多的軍隊。他們帶著很多行李和婦女兒童，人數眾多到都可以組成另一支新的軍隊。如果世界上還有一支軍

隊比窮困潦倒的沃爾特的軍隊更殘暴，那肯定就是隱士彼得的大軍。由於他們的食宿有較好的保障，所以在通過匈牙利時，沒有發生搶劫之類的事情。如果不走那條通過塞姆林的路線，也許他們會安靜地走過這個國家，不幸的是，他們正好選擇那條路線。

走到城下時，他們看到先行者的許多武器和十字架被作為戰利品掛在城頭。這讓他們無比憤怒，他們仗著人數眾多和匹夫之勇凶猛地攻打這座城市。破城之後，他們製造駭人聽聞的恐怖暴行、淫亂等。存在於每個人心中的邪惡衝動變成猥褻、報復、色欲和貪婪，而居住在塞姆林中的百姓成為種種暴行的受害者。每個瘋子都會到處放火，而明智的人不得不用心去撲滅它。隱士彼得具有燃起人們憤怒之焰的能力，卻沒辦法讓它冷卻下來。他的下屬無休止地實施暴行，直到感覺到對方報復的可怕才停手。

匈牙利國王知道塞姆林的慘劇以後，他認為有必要給這位隱士彼得一點教訓，因而他親率大軍前來。聞知這個消息以後，彼得迅速退往摩拉瓦河。這條寬闊湍急的溪流，在貝爾格勒以東幾英里處匯入多瑙河。彼得不知道，在這條溪流邊，一群憤怒的保加利亞人正在等待他們進入陷阱。當十字軍到達時，他們忽然衝出來，許多昏頭昏腦的十字軍士兵葬身魚腹，還有許多死在保加利亞人的刀劍之下。古代的編年史作者沒有記錄彼得大軍有多少人在這裡喪生，只說很多。

在尼薩，保加利亞公爵加強防備以應對可能發生的進攻。根據經驗，彼得覺得最好不要發生衝突。於是，他命令士兵在城牆下駐紮了3天。這個時候，公爵認為過度的不友好可能招致禍端，因此他允許人們向這群凶狠殘暴、貪得無厭的豺狼們提供飲食。第二天早上，彼得率軍和平地離開。但是有幾個留在隊後的德國流浪漢因為前一天晚上與主人發生爭執，竟然放火燒掉兩三座房屋和磨坊。這讓尼薩人覺得完全輕信這群惡棍，他們冒死衝出來武裝報復，將這幾個肇事者殺死以後，繼續追殺大隊人馬，直到

俘獲了隊尾的全部婦女、兒童和大部分輜重才收兵。

在這種情形下，彼得只得回到尼薩要求面見大公進行解釋。大公告訴他事情的經過，這位隱士無法平息如此強烈的憤怒。於是，他們二人進行談判，並且得到令人滿意的結果。保加利亞人同意釋放所有的婦女和兒童。但就在這個時候，一隊膽大包天的士兵卻要自以為是地準備攻打和佔領該市。彼得制止這場越來越大的混亂的努力落空了。孤注一擲的十字軍士兵們戰鬥片刻後也四散而逃。這一隊人馬被徹底打敗後，一場屠殺開始了。這一次死去的不只是成百上千，而是成千上萬的人。

據說，隱士彼得發現大事不妙，就拋開他的軍隊逃到一個尼薩附近的人跡罕至的森林裡。至此，人們都很好奇，經過這樣嚴重的挫折，是否「鋒利的箭穿透了，他那痛苦的胸膛。」或是，他的激情能否再次點燃民眾的激情到達事業成功的彼岸。很難想像剛才還手握十萬軍隊的領袖，現在要躲藏在森林裡，還要隨時防備著被搜索他的保加利亞人發現而中斷自己的這次東征。這個時候，幸運女神降臨了。軍隊中幾個最勇敢的騎士收攏500個打散的士兵，仍舊尊他為領袖，士兵們興高采烈地歡迎隱士彼得。簡單討論之後，他們決定重聚那些分散的士兵。為此，他們燃起篝火，派出探子，不停地吹響號角，讓那些四散奔逃的士兵知道，朋友就在附近。傍晚時分，彼得已經有7千人的隊伍了。幾天以後，又收攏一支2萬人的隊伍。沿原定路線，彼得帶著這些殘兵敗將向君士坦丁堡開去。那些殞命在保加利亞森林裡的士兵們永遠在那裡安息了。

可憐的劫掠者

　　到達君士坦丁堡的彼得見到先於他來到的沃爾特。國王阿歷克塞為他們大擺宴席。事實上，一路上發生的挫折應該讓這些人學會小心謹慎。但是他們很難控制自己凶殘、掠奪的本性。儘管有朋友為他們提供享用不盡的食品，他們還是難以克制。彼得的警告也沒有任何作用。在約束士兵的衝動方面，彼得與最卑賤的士兵一樣沒有任何辦法。

　　這群士兵就為了搞一個惡作劇就放火燒掉幾座公共建築。他們還把教堂屋頂上的鉛條抽下，當作廢舊金屬賣到城郊。這可能是他們讓阿歷克塞感到厭惡的開始。後來他的所有舉動都表現了他的厭惡，這種情緒甚至延續到後來對待謹慎、正直的軍隊上。他清楚地認識到，即使是土耳其人也不像他們這群歐洲來的渣滓這樣難以對付。因此，他很快找到一個藉口，催促他們趕往小亞細亞。

　　彼得和沃爾特一同穿過博斯普魯斯海峽，但放縱的部屬讓他幾乎絕望了，他以補充給養的藉口回到君士坦丁堡。不久，十字軍的內部出現裂隙，他們忘記自己正處在敵國境內，應該團結一致。沃爾特統率的倫巴底人和諾曼人與彼得統率的法蘭克人和德國人之間發生衝突。後者宣布脫離集體，並且推舉一位叫雷納德或雷霍德的人做領袖，他們很快佔領雷克瑞哥根城堡。這引起手握重兵的蘇丹蘇萊曼的警覺。他首先命令士兵突襲一群離開城堡、駐在不遠處當伏兵的十字軍士兵，接著將城堡包圍。被圍困8天以後，十字軍士兵們飽受缺水之苦。沒有人知道所謂的援軍到來的希望或絕望的力量可以使他們堅持多久。這個時候，更可怕的事情發生了，他們狡詐的領袖背信棄義，將城堡拱手讓給蘇丹。雷納德帶著兩三個軍官溜

出了城堡，剩下的人因為不願意成為穆斯林，都被殘忍地殺死。這樣由隱士彼得帶領下浩浩蕩蕩穿過歐洲的人馬全軍覆沒了。

沃爾特軍隊的下場也沒有什麼差別。雷克瑞哥根城堡的慘劇傳來以後，士兵們要求立刻與土耳其人開戰。沃爾特認為，只有好的士兵才可以成就好的將軍。此時，他頭腦冷靜，完全知道進攻面臨的危險，在敵方力量佔絕對優勢的地方他的軍隊不能採取任何行動，因為一旦打敗了，連退路也沒有。他告訴部屬除非援軍來臨，否則不能冒險進攻。但是他的手下並不那麼冷靜。他們聲稱，如果沃爾特不同意，他們就獨自向土耳其人進攻。面對這種情況，沃爾特只好帶領士兵們向死亡衝去。在前往尼西亞，也就是現在的伊茲尼克的途中，他們遭遇蘇丹軍隊的擋截，殘酷的戰鬥就此開始。土耳其人進行一場大屠殺，在2.5萬人基督徒中，有2.2萬人被殺，沃爾特身受七處重傷而死。幸未遇難的3000人退往西韋托，憑壕溝堅守。

儘管彼得非常厭惡這群自己帶出的歐洲人的放縱，但當聽到他們的厄運時，他依然悲痛萬分。這讓他恢復以前所有的熱忱。他熱淚盈眶地請求阿歷克塞發兵解救困在西韋托的倖存者。於是，國王派出一支軍隊，去拯救那些倒楣鬼。這個時候，土耳其人已經開始圍攻這個城市，十字軍士兵瀕臨絕境。阿歷克塞與土耳其人進行談判，最後成功解救了這3000人。鑑於前事，阿歷克塞命令他們放下武器，然後給他們發放路費，將其送回歐洲。

與此同時，在德國的田野森林裡集中的新一隊人馬整裝出發，目標指向耶路撒冷。這支軍隊的首領是一個叫戈特沙爾克的狂熱牧師。他們與沃爾特和彼得一樣，選擇途經匈牙利的路線。但是這支10萬人大軍的命運比起在他們前面的兩支更加悲慘。他們依仗人數，隨意燒殺搶掠，不堪忍受的匈牙利人奮起反抗。國王卡洛曼下定決心要除掉這幫人，因為不除掉這幫人，很難平息匈牙利人達到頂點的憤怒。戈特沙爾克可能還不知道，他

不僅要為他的手下人同時也要為以前途經此地的十字軍士兵所做的壞事付出代價。匈牙利人用計策使他們放下武器，然後對手無寸鐵的十字軍士兵大加殺戮。我們不知道多少人逃過了這場浩劫，但是我們知道，這些人之中沒有一個到達巴勒斯坦。

還有從德國和法國出發的隊伍，他們由一些無名的首領領導。他們的獸性遠遠超過以往的十字軍隊伍。他們的瘋狂遠遠超過隱士彼得手下最癲狂的瘋子。這些人數從1000到5000不等的傢伙們成群結夥地自尋路徑，他們穿過許多國家，一路燒殺搶掠。雖然他們的肩頭上也佩戴著十字架，但他們還是猛烈地指責前行者沒有毀滅土耳其人的蠢行；他們認為猶太人是基督徒不共戴天的仇敵，先行者不該留下如此多的猶太人。就這樣，他們開始凶狠地報復這個不幸的民族，出現在他們面前的猶太人不是被殺死就是被殘酷地折磨。根據阿爾伯特・阿昆西斯的證詞：這群野獸惡行昭彰，不顧廉恥，他們的邪惡程度與他們愚昧無知的程度一樣。他們還借助山羊和鵝尋找猶太人，因為他們覺得這些動物是神聖的，他們擁有神靈賜予的靈性，可以發現不信上帝的人的蹤跡。他們完全不顧教會的勸阻，僅在德國，就有一千多猶太人被屠殺。他們折磨人的方式駭人聽聞，以至於許多猶太人為躲避他們的魔掌而自殺。

又到了匈牙利人為歐洲除害的時候了。到猶太人幾乎絕跡時，十字軍士兵們又聚集起來走上通往匈牙利的老路，這條路上灑滿了30萬十字軍先行者的血跡，而他們踏上這條路也走上幾乎相同的命運。

我們不知道這群人到底有多少，當時的作家也沒有進行準確的敘述。但據傳聞，當時的屍體堆積如山，就連多瑙河的水都被染紅了。在多瑙河邊的梅爾斯堡，曾經有一場最殘酷的屠殺。匈牙利人曾經試圖阻撓他們過河，但是他們憑著自己盲目、瘋狂的勇氣，強行渡河，並且在城牆上打開一個缺口。但就在將要取得勝利的時候，一種莫名的恐怖突然襲來。所有

人都扔下武器拼命地逃跑，沒有人知道原因，也沒有人知道逃往何方，手執利刃的匈牙利人毫不留情地衝上去砍殺。據說，無人埋葬的屍體堵塞了多瑙河的河道。

十字軍的新生

　　至此，歐洲的瘋狂已經宣洩殆盡，緊接著登上歷史舞台的是它的騎士風度。

　　在這股橫跨歐亞大陸的巨大洪流中，產生一批頭腦冷靜、思慮成熟和百折不撓的堅強領導者。而羅曼史大加描繪的正是這些人，羅曼史在這些人物身上灌注大量形容美好品格的詞彙，而把那些盡是邪惡和獸性的先行者留給歷史去批評。在這些人之中，以洛林公爵布永的戈弗雷和土魯斯伯爵雷蒙德（Raymond）最為有名。他們都是具有歐洲皇室血統的領導人。這些人都在不知不覺中受到這個時代狂熱的影響，但是他們投身其中卻並不僅因宗教動機而已。他們與沃爾特的魯莽從事、彼得的衝動而盲目、戈特沙爾克的凶殘野蠻完全不同，雖然在他們身上也或多或少地有這些品格，但表現的形式卻要溫和得多。他們的宗教激情和野蠻的獸性受到世俗的觀念和騎士精神的控制。他們清楚地知道是什麼主導民眾的意志，也同樣清楚如果不願去阻止它，可以投身其中，這樣可以使自己更加安全。

　　在這些貴族周圍，聚集許多不那麼有名的首領，他們之中大部分都是義大利和法國貴族的後裔，只有很少的人來自西班牙、英國和德國。如此龐大的軍隊如果沿著同一條路線前進，給養必然不足。所以，這些英明的首領們決定兵分三路。布永的戈弗雷公爵經匈牙利和保加利亞，土魯斯伯爵經倫巴底和達爾馬提亞，其他人經普利亞進軍君士坦丁堡，那也是事先商定的各路人馬匯合的地方。

　　關於這些首領所率軍隊的數目，歷來說法不一。安娜・科穆寧娜公主用海邊的沙粒或是銀河中的星辰形容其數量之巨。沙特爾的弗切爾的說

法比較客觀，更為可信。他說，在比提尼亞①的尼西亞城前布滿兵馬時，人們看到超過十萬騎兵、六十萬步兵，那些傳教士、婦女和兒童不計算在內。吉朋主張這個數字有誇張成分，但實際數目應該相差無幾。安娜公主則說，戈弗雷自己手下就有八萬騎兵和步兵，據她推測其他首領手下也不會少於這個數目，所以她估算總數將近五十萬。現在看來，這個數目比實際數目要多，因為在出發的時候戈弗雷的軍隊實際上是最多的，他在途中的損失也小於其他各路軍隊。

韋爾芒杜瓦公爵第一個率軍到達希臘境內。在都拉斯，他受到國王代表們的熱烈歡迎。他的部隊也得到充足的給養。然而，在沒有任何原因的情況下，阿歷克塞國王突然命令逮捕公爵並且將其押往君士坦丁堡。人們異口同聲地譴責他公然破壞慷慨和公平的傳統。但對於這位國王會有如此卑鄙而又野蠻行動的原因，不同的史書有不同的觀點。吉貝爾·德·諾讓提出最可能的原因。他說，阿歷克塞擔心十字軍奪取他的王位，所以才會有這個極端行為。他認為，如此有名的王公，並且是法國國王兄弟宣誓效忠於他，後來其他的首領都會爭相效仿。所以此後，他以公爵發誓效忠於他，作為其脫身囹圄的代價。

然而結果卻令他大失所望。但是，這種策略符合心胸狹窄的國王的口味。他一直非常擔心那些強壯而又野心勃勃的西方武士們會危及他日漸削弱的統治，因此他想要用這種方式來逐漸消滅他無力對抗的力量。其實，如果他擔心招致他統治下的眾首領的反對，他可以將這種能量引向歐洲公然反對的目標，即征服耶路撒冷，這樣他自己將處在這次歐洲人運動的首領地位，他擔心的衝突也可以輕而易舉地化解。但是，他沒有做他應該作的事情，即成為他曾派使節向教宗表示全力支持的十字軍的主人和領袖，

---

1. 小亞細亞西北部一個古老的王國。——譯者注

而是淪落成為痛恨鄙視十字軍的人的奴隸。毫無疑問，沃爾特和彼得率領的軍隊的獸行確實令人對整個十字軍產生厭惡之情。但那僅僅是一個小人的厭惡罷了，他竟然用這種厭惡來為他自己的優柔寡斷和貪圖安逸進行掩飾或辯護。

戈弗雷率軍非常安靜而有秩序地在匈牙利的土地上行進。在他經過梅爾斯堡時，他看到遍布鄉間的血肉模糊的屍首，這些屍體正是那些曾殘酷殺害猶太人的十字軍士兵。戈弗雷並不瞭解這些人的暴行，於是他質問匈牙利國王，要求他解釋這些屍體為何橫陳在此。國王耐心細緻地向他講述這些人曾經犯下的滔天大罪，並且說匈牙利人這樣做完全是為了自衛。這位極有修養的十字軍將領對國王的話表示滿意。他帶領士兵們順利地穿過匈牙利，既未騷擾別人，也未被騷擾。在抵達菲力普波利以後，戈弗雷得到韋爾芒杜瓦公爵被囚的消息，他立刻派遣信使，要求阿歷克塞皇帝釋放公爵，並且威脅阿歷克塞，如果拒絕釋放公爵，他將發動戰爭將整個王國夷為平地。

等了一天以後，他命令部隊向埃迪爾內進發。途中他收到皇帝拒絕十字軍要求的報告。戈弗雷，這位十分勇敢、意志堅強的十字軍領袖是一個言出必行的人。於是，阿歷克塞的國土又遭到一次劫難，整個國家陷入一場浩劫。有了這次可怕的經歷，阿歷克塞認識到，十字軍是言而有信的，他立刻同意答應釋放公爵。

阿歷克塞開始是使用卑鄙的手段，後來又因恐懼而屈服。他的做法給他的敵人們一個經驗：他們不能指望阿歷克塞何時再發慈悲，只有讓他害怕恐懼，才可以讓他乖乖聽話。戈弗雷在君士坦丁堡郊區停留幾個星期，這讓阿歷克塞非常擔心。他還透過恐嚇的方法使戈弗雷像韋爾芒杜瓦公爵那樣對他宣誓效忠。因此，他有時候要和十字軍作戰；有時候拒絕提供給養，命令關閉與十字軍貿易的市場；在其他時候，他又會帶著最大的誠

意，宣布自己是如何愛好和平，同時派人給戈弗雷送上昂貴的禮物。誠實正直的戈弗雷非常反感他的虛情假意，反覆無常。因此他異常憤怒，所以就放縱自己的士兵在城郊搶劫，搶劫中燃起的大火持續六天。阿歷克塞嚇得魂不附體，這正是戈弗雷想要看到的，草木皆兵的拜占庭皇帝阿歷克塞擔心君士坦丁堡會成為十字軍攻擊的目標，他急忙派遣使臣邀請戈弗雷進行會談。為了表達自己的誠意，他主動提出以自己的兒子當人質。這個建議得到戈弗雷的首肯，不知是為了趕快結束這場徒勞無益的爭鬥，還是有其他難以描述的原因，他竟然向阿歷克塞宣誓效忠，將阿歷克塞奉為自己的君王。

戈弗雷接受國王給予的各種榮譽。按照當時的常規，他作為君王之子，參加「接受榮譽」的儀式。雖然戈弗雷與他的兄弟布格涅的鮑德溫非常尊重阿歷克塞，但是他們的手下人可不是這樣想的。士兵們認為阿歷克塞是一個虛情假意的君王，不應該聽命於他。有一位名叫羅伯特、來自巴黎的公爵，是有名的野蠻頭領，一次他竟然大膽地坐在了阿歷克塞的寶座上。阿歷克塞對這種不懂禮數的行為表示輕蔑，這也增加他對不斷增加的大隊人馬的不信任感。

這位虛偽的國王，還是十分值得同情的，因為在很長一段時間裡，他始終處在十字軍士兵的傲慢無禮和實實在在的恐懼之中。任何不快都會增長這些無法無天的士兵佔領整個帝國的野心。安娜・科穆寧娜，阿歷克塞的女兒，很為父親的生活狀況感到悲哀。一位學識淵博的名叫威肯的德國人在新近出版的一本書中，模仿公主的語氣說：

為了避免可能的對十字軍士兵們的冒犯，阿歷克塞滿足他們所有的哪怕有些稀奇古怪的要求，甚至為此還犧牲自己的健康——當時他的麻風病正在發作，也是這場病使他離開人世。他不得不隨時接見每位想要見他的士兵。在他的面前，士兵們無休止地高談闊論，而他只能安靜地聽著，不

能表現出哪怕是一丁點兒的不耐煩。

　　阿歷克塞的官員們對那些飛揚跋扈的士兵們很不滿，有時候他們試圖勸阻這些士兵，維護國王的尊嚴，但是卻被國王斥責。阿歷克塞非常痛苦地忍受這一切，他明白，如果他不委曲求全，這些士兵就會變成一群惡魔。頭領們經常帶領一隊士兵出現在阿歷克塞面前，一點都不顧及他國王的尊嚴。但是國王卻平靜地傾聽他們的談話，即使已經到了深夜他也會繼續下去。

　　有時候，他甚至連吃東西、喝水的時間都沒有，晚上也無法休息，因此他常常在王座上以手撐著頭打一會兒盹。而後來，就連打盹的工夫也沒有，總是會被新來的粗魯的騎士們喋喋不休的話語打斷。後來，在場的朝臣們有些體力不支了，他們疲倦地倒在長椅上、地板上，而阿歷克塞依然打起精神與那些拉丁人談話，避免他們找到說出不滿的藉口。

　　長時間處在這樣的驚慌和恐懼中，阿歷克塞哪裡還能顧得上國王的尊嚴和意識到自己是一個君王？

　　雖然阿歷克塞受盡了百般屈辱，但還是受到指責。由於他不夠真誠，十字軍一點都不信任他。最後十字軍中形成這樣的一致看法，西方的基督不共戴天的仇敵並不是土耳其人和撒拉森人，而是阿歷克塞國王和希臘人。在這裡，我們不再贅述他們使用的各種各樣的恫嚇、賄賂、誘騙和敵對的手段了。後來，陸續到達的領袖們都向阿歷克塞宣誓效忠。然後，在他允許後前往小亞細亞。但是有一個人例外，這個人就是聖吉爾的雷蒙德——土魯斯公爵——他嚴詞拒絕這個要求。

　　在君士坦丁堡的停留沒有給這支高舉十字架的軍隊帶來任何好處。意見不一和貪汙腐化幾乎摧毀他們前進的動力，澆滅了他們如火一般的熱情。在某些時候，土魯斯公爵甚至打算解散軍隊，如果不是十字軍的領袖勸他穿過博斯普魯斯海峽，這恐怕會成為現實。

進攻尼西亞①

　　一到亞洲，十字軍的將領和戰士們都恢復出發的時候的精神。危險和困難的出現使他們不敢掉以輕心。他們迎來的首戰是圍困尼西亞城，最終的目的是佔領這座城市。

　　戈弗雷和韋爾芒杜瓦公爵先後率軍來到城下。在這次戰役中，湧現出許多著名人物，除了之前我們提到的那些著名領導者之外，還有勇敢剛毅的坦克雷德，《耶路撒冷的解放》一書有關於他的事蹟的詳細記載；還有英勇的普伊主教鮑德溫（Baldwin），他就是後來的耶路撒冷之王；隱士彼得，由於失去先前的權力和影響，現在他幾乎成為一名普通的士兵；基利傑阿爾斯蘭，魯姆蘇丹國的蘇丹，他是塞爾柱土耳其人的首領。在羅曼史中，他的事蹟被記述者蒙上一層虛假的光環。如果你去讀塔索（Tasso）②的詩就會知道，在詩中，他被稱為索里曼。在戰鬥開始前，他趕來保衛尼西亞，但是他做出的幾次置之死地而後生的努力全部失敗了。

　　廣大的基督徒們在這場戰爭中表現出來的英雄氣概，讓基利傑阿爾斯蘭驚訝不已。在戰鬥剛開始的時候，他還希望自己遇上的是一支毫無紀律的野蠻部隊，就像隱士彼得率領的那支軍隊，領導者根本約束不了士兵。但是事實正好相反，他發現自己的對手是那個時代經驗最豐富的領導人。他們手下的士兵因為內心的狂熱而異常勇猛但是卻不至於失控。在數次戰

---

1. 尼西亞是1204年第四次十字軍東征以後成立的拜占庭希臘人國家。——譯者注
2. 塔索（1544—1595），義大利詩人。——譯者注

鬥中，雙方都有成千上萬的人倒在血泊中，場面異常慘烈。十字軍的士兵們將倒地的穆斯林的頭砍下當作戰利品，運往君士坦丁堡。

在基利傑阿爾斯蘭暫時潰退之後，尼西亞之戰變得慘不忍睹。土耳其人更加瘋狂地投入戰鬥。他們將如雨般的毒箭射向十字軍士兵們，一旦哪個走霉運的士兵被射中倒地，他們就從城上用鐵鉤將屍體鉤上去，剝光衣服後砍斷四肢，再次丟向攻城的人群。

這場戰鬥持續36天，由於十字軍士兵們給養充足，戰爭的激烈程度絲毫沒有減弱的跡象，雙方都竭盡全力在戰場上拼殺。

有許多故事講述這些基督徒領袖們超乎常人英雄氣概——一個人打敗一千個敵人；虔誠的射手百發百中等。有一個關於戈弗雷的逸事值得在這裡簡述一下。這個故事來自艾克斯的阿爾伯特，故事不僅表現了戈弗雷的英武過人，也從一個側面說明當軍隊將領們輕信的習慣已經傳染到整支部隊，這往往會將他們引向失敗的邊緣。

一個身材魁梧、手持巨弓的土耳其人每天都出現在尼西亞之戰的陣地上。他箭無虛發，每支都奪人性命，給十字軍造成極大的損失。十字軍的箭手們都把箭瞄準他的胸口，儘管他沒有身披鎧甲，但是卻始終毫髮無損，射來的箭也都落在他的腳下，看起來他似乎是刀槍不入。

這個流言迅速在軍中傳開，許多人說這個土耳其人不是凡人，他是伊斯蘭教中的魔王下凡，凡間的人根本傷不了他。戈弗雷對此不以為然，他從來不相信那些穆斯林說出的神魔鬼怪。於是，他決定想辦法控制這種使士兵們喪失戰鬥力的恐慌。他拿起一張巨大的弓，站在兩軍陣前，穩穩地瞄準了那個被士兵視為天神的射手：他的利箭正中對方的胸膛，穿透了心臟，那位土耳其人隨即倒地而亡。被圍在城中的穆斯林為喪失屏障而悲傷，而攻城的基督徒則歡呼雀躍，「這是上帝的旨意！這是上帝的旨意！」

這個時候，幾乎所有十字軍將士們都認為，他們立刻就會贏得戰爭的勝利，然後佔領這座城市。突然，他們在戰場上空看到阿歷克塞皇帝的旗幟，讓他們萬分驚訝。

　　原來，阿歷克塞派遣一名叫法蒂修斯③的使者，他帶領一支希臘人組成的軍隊，從戰場中的一處沒有十字軍駐守的缺口處衝進戰場，並且說服土耳其人向他投降，不要向十字軍投降。識破這個詭計以後，十字軍士兵們感到無比的憤怒。但戈弗雷還是費盡心機勸說手下，避免一場與希臘人之間的戰鬥。

　　十字軍的隊伍繼續前進，但是不知為何分成兩個部分。有些歷史學家認為這是一種偶然，但是一些人認為這是雙方商量好的，為的是在征途中獲取充分的給養。其中一支由博希蒙德、坦克雷德、諾曼第伯爵率領，右翼一支由戈弗雷和其他幾個首領指揮。兩支軍隊並行推進，相隔一定的距離。

---

3. 另一說法稱之為塔汀。——譯者注

穆斯林的反擊

　　現在應該再說一下那個魯姆蘇丹國的蘇丹，在尼西亞城失利之後，他沒有灰心。他一直在暗地裡積聚力量，企圖一舉打敗十字軍。在短時間內，他將眾多的部落和散兵游勇網羅旗下。根據保守的估計，他的士兵人數約有二十萬，以騎兵為主。憑藉著手中的軍隊，他在多利蘭山谷為十字軍先頭部隊設下埋伏。

　　1097年7月1日清晨，如洪水般的土耳其騎兵突然殺出，彷彿從天而降。博希蒙德幾乎沒有時間讓自己冷靜下來，他變得非常慌亂。這種優柔寡斷和恐慌的情緒傳染了手下的士兵，所以當那些東方人鋪天蓋地衝向他們時，他們幾乎忘記還擊。

　　這支主要由步兵組成的基督徒軍隊四散奔逃，死在土耳其人戰馬的鐵蹄和暴雨般的毒箭之下的十字軍士兵不計其數。主力被殲滅後，餘下的十字軍士兵撤退到輜重的旁邊。這個時候，一場可怕的大屠殺開始了，男女老少、老弱病殘無一倖免。正在這支部隊將要全軍覆沒之時，戈弗雷和土魯斯公爵出現在戰場上，形勢才扭轉了。

　　面對基督徒的反攻，土耳其人進行英勇的抵抗，最後他們拋下了給養充足的營地逃走了。事後，十字軍清點陣亡的士兵人數：4000人，其中還有幾位著名的首領，包括巴黎的羅伯特公爵和坦克雷德的兄弟威廉。

　　土耳其人的損失要小得多，這次的教訓讓十字軍的領袖們學會在戰爭中如何運用策略——魯姆蘇丹國的蘇丹也保留較強的實力。這位蘇丹率領他的士兵將十字軍行軍路線所經之地搶掠一空。十字軍不知道他們正在墜入敵人的圈套。在發現土耳其人的營地裡有充足的物資以後，他們開始大

吃大喝，沒有一點長遠眼光，幾天之後所有物資消耗得精光。

很快，他們就為自己短淺的目光付出慘重代價。在他們向安條克①進軍的途中，他們發現途中佛里幾亞的鄉村已經成為一片廢墟，他們糧草無從補充，蘇丹用火把想要達到的正是這個目的。

天空中的烈日幾乎可以將土地烤乾曬透。士兵們口乾欲裂，但更嚴重的問題是開拔後的第二天水就喝完了。每天都會有大約500人死在路旁。騎兵的戰馬也一批批死去。他們把馬馱的輜重放在狗、羊、豬的背上，有的直接丟掉了。

在這次苦難中，人們完全忘記財富帶來的紛爭。已經被遺忘的宗教熱情，在災難降臨之時神奇地回到人們的心中。上帝做出的死後永遠幸福的承諾，或多或少地給那些將死的人帶來一絲慰藉。

歷經艱辛的十字軍最終到達安條克，他們再次擁有充足的水源和豐美的牧場，十字軍士兵又陷入瘋狂的興奮之中。他們搭起帳篷，享受美食，又過上無憂無慮的生活。沒多久，士兵們都忘記飢荒之苦，又開始奢侈浪費。

---

1. 土耳其南部城市，安條克公國存在於1098—1268年。——譯者注

鏖戰安條克

　　1097年10月18日，十字軍駐軍安條克城下。安條克圍城戰以及它引發的一連串其他事件，是這次東征中最具有影響力的事件。

　　安條克城佔盡地利，是一座易守難攻的堅城。它建在高地之上，城邊有一條名叫奧龍特斯的河流。土耳其駐軍的給養足以支持他們堅守一段時間。在給養方面，基督徒本來沒有輸給土耳其人，但是後來形勢急轉直下，因為他們的行為太不明智。十字軍共有30萬士兵。根據阿吉萊爾的雷蒙德的講述，他們的物資太多了，以至於他們可以做到只吃被殺死的動物最鮮美的部分，而將其他部分的肉丟掉。他們奢靡浪費甚至有些病態。大約過了10天，飢餓的威脅再次光臨。就在這個時候，他們進行一場試圖奪城的突襲，但徒勞無功。之後，他們想用圍城的辦法困餓城中的敵人，當然自己同時也要挨餓。

　　隨著飢餓的到來，人們逐漸從宗教的狂熱中清醒過來。首領們開始對這場遠征有了厭倦情緒。鮑德溫先前已經開小差前往埃德薩，密謀奪取那個小公國的控制權。其他十字軍將領的熱情和活力也消失殆盡，沙特爾公爵史蒂芬二世和韋爾芒杜瓦公爵對於因為他們的愚蠢和浪費造成的極度困難感到無法忍受，信心也慢慢猶豫動搖了。甚至就連隱士彼得也從內心裡厭惡他們先前製造的罪孽，形勢不斷惡化，人們飢不擇食，甚至出現人吃人的慘狀。為了獲得給養，博希蒙德和法蘭德斯的羅伯特率部到附近征討，但是他們僅獲得小規模的勝利。由於收穫有限，僅過了兩天，他們再次陷入困境。

　　法蒂修斯，這位阿歷克塞的代表、希臘軍隊的統帥以尋找給養為藉口

率部逃走。十字軍中的許多部隊相繼離開。繼續堅守的部隊面臨著難以克服的苦難，他們時常從天象中尋求安慰以減輕痛苦。他們不知疲倦地用雙眼注視著天空。每當星相中有勝利的預兆時，他們個個勇氣倍增；當星相中出現倒轉的十字架時，他們的意志就變得異常消沉。有一次狂風大作，地面上的大樹倒了很多，十字軍將領的帳篷也被大風捲走。另一次十字軍的營地發生一場大地震。之後，傳言四起，許多人都說這是基督徒將會有大劫難的預兆。但是在不久之後，在天空中出現的一顆彗星又將他們的心情從低谷中拉了回來，他們憑藉自己豐富的想像力認為這顆彗星就是天空中燃燒的十字架，它會指引他們獲得勝利。

然而，他們遭受的磨難絕不僅僅是飢餓。從附近的沼澤地吹來的有毒空氣，在十字軍中引發瘟疫，因此而死的士兵遠遠超過死在土耳其人毒箭之下的人。每天都有上千人死去，以至於埋葬死者成為讓他們頭疼的大問題。更不幸的事情接著發生了，各支軍隊開始互相猜疑。他們懷疑有很多土耳其人的間諜潛伏在營地中，這些間諜將他們的一舉一動都通報給城中的土耳其人。

由一種絕望情緒中滋生的殘暴支配博希蒙德，他命令士兵將在偵察後捉捕到的兩名間諜在安條克城下活活烤熟。但即使這樣，間諜的人數還是有增無減，基督徒的一言一行仍然逃不過土耳其人的雙眼。

就在幾乎絕望的時候，一個令人振奮的消息傳來了，歐洲來了援軍，並且還攜帶充足的物資。這個消息喚醒十字軍將士們的信心。幾天以後，援軍在安條克城外六英里的聖西緬港登陸。

為了確保給養可以安全運送，博希蒙德和土魯斯公爵率領著那些面黃肌瘦的士兵前去迎接，還專門派遣幾支由家臣、奴僕們組成的精悍小隊護送。但城中的穆斯林軍隊事先得到對方援軍到達的消息，他們決定破壞給養的運輸。於是急忙派遣一隊弓弩手埋伏到山中，截擊運送給養的部隊。

當博希蒙德帶著大批輜重返回時，在一個岩石林立的關隘遭遇土耳其人。運送給養的部隊大部分在箭下喪生，只有他逃過一劫回到營地。

聽到戰敗消息以後，戈弗雷、諾曼第公爵以及其他十字軍的領導者立刻決定派兵救援。這一半是出於激情，一半因為飢餓的驅使。士兵們迅速整隊待發，準備趕在那些得勝班師的土耳其人回城之前將戰利品從他們手中奪回。一場慘烈的戰鬥開始了，從中午一直持續到太陽落山。在戰鬥中，每個基督徒們都表現得十分英勇，彷彿戰爭的勝負都繫於自己一身，他們取得並且保持明顯的優勢。不計其數的土耳其人被殺死在奧龍特斯河中，兩千多土耳其人橫屍荒野。十字軍士兵們奪回所有的物資，他們一邊高唱著勝利之歌一邊高喊著「上帝顯靈啦」，凱旋回營。

不受飢餓之苦的日子只持續幾天。如果不是肆意揮霍，還可以多維持一段時間。但是這時十字軍內部已經混亂不堪，首領們喪失了對糧草分配的控制權。很快，飢荒再次來臨。由於對前景失去信心，布盧瓦公爵史蒂芬帶領四千人離開營地，到伊斯肯德倫駐守。

他的這個舉動在留下的士兵心中造成很壞的影響。性格急躁、野心勃勃的首領博希蒙德發現不好的苗頭。他預見到如果不立刻遏制這種心態，整個東征都會失敗。現在，他們必須果斷地採取行動，因為土耳其人正在積聚力量，打算一舉殲滅十字軍，圍困安條克的軍隊卻有各自的打算。

在目前的形勢下，十字軍還可以再堅持幾個月，但是如果再遲疑，所有的努力都會前功盡棄。安條克城的統帥是一位名叫巴哈西汗的土耳其親王，他手下有一名叫費羅茲的亞美尼亞人[1]，負責守衛一個建在一段城牆上的瞭望塔。在這座瞭望塔上，土耳其人可以看到山道中的關隘情況。

博希蒙德買通費羅茲身邊的一個人。在他的勸說下，這名奸細皈依了

---

1. 這裡指西亞的一個古國，而不是現在的亞美尼亞。——譯者注

基督教。在受洗禮的時候，博希蒙德將自己的名字賜予他，並且承諾如果費羅茲能夠獻出城池，會得到驚人的報酬。

　　這名奸細每天都絞盡腦汁地勸說費羅茲。最後，費羅茲倒戈，不知是哪一方提出的計畫，但是這已無關大局。最終，雙方達成共識，約定在某日晚上行動。博希蒙德事先將計畫告訴戈弗雷和土魯斯公爵，並且提出一個約定：如果佔領安條克，他作為軍隊統帥，應享有安條克親王的榮譽和地位。由於野心和嫉妒作祟，戈弗雷和土魯斯公爵打算拒絕出兵相助，但是理智告訴他們，他們應該默認這個契約。首領們挑選出七百名最勇敢的騎士來執行這個計畫。由於擔心奸細偵探，他們嚴格地保守著秘密。直到一切就緒時，他們才宣布：這七百名騎士將前去伏擊一支正在向這邊靠近的蘇丹軍隊。

　　那位亞美尼亞人彷彿得到老天的幫助。他在瞭望塔上看到十字軍正在向安條克城靠近。當天晚上，夜空漆黑得看不到一顆星星，風肆無忌憚地狂吼，彷彿要壓過所有的聲音，傾盆大雨不停地下著。塔上的哨兵和費羅茲都察覺到了騎士們的馬蹄聲，然而，他們卻看不到一點的痕跡。當他們走到箭手的射程範圍時，博希蒙德讓一名翻譯去和亞美尼亞人交接。亞美尼亞人告訴他們舉著火把的巡邏隊每半小時巡視一遍，催促他們趕快利用這段間隙通過防線。

　　十字軍的首領們迅速趕到城牆腳下。費羅茲放下一條繩子，博希蒙德將繩子拴到一架他們攜帶的梯子上，隨著費羅茲將繩子慢慢拉起，梯子緊靠城牆而立。費羅茲示意騎士們往上攀登。這個時候，這些冒險者有些猶豫了，他們感到心中湧起的一絲恐懼。在費羅茲的催促和鼓勵下，博希蒙德第一個爬上了梯子，接著戈弗雷、法蘭德斯的羅伯特公爵和其他幾名騎士相繼爬上了城牆。在他們攀登時，城下的人都幫忙扶著梯子。但是由於重量遠遠超出梯子負荷，梯子斷裂開來，上面的十二名騎士全部摔倒在地

上，盔甲因為互相撞擊而發出叮叮噹噹的聲音。他們擔心這個聲音被城上的士兵發現，但山谷中的風聲，奧龍特斯河暴漲後的嘩嘩流水聲掩蓋了一切，城上的哨兵什麼也沒有發現。他們很快修好了梯子，騎士們每次有兩人登城，不一會兒就全部到達城牆之上。

登上60人時，一個拿著火把的巡邏兵來到城牆拐角處。騎士們立刻躲到扶壁後面，不發出一點聲響。這位巡邏兵剛到武器的攻擊範圍之時，騎士們就一擁而上抓住他，沒有等到他喊出聲響，就有人結束他的性命。然後，騎士們迅速地從塔中的螺旋形梯子下到地面，打開城門將他們的夥伴放進城內。作為整個計畫總指揮的雷蒙德，帶領大隊人馬留在後面，當他聽到已經成功入城的號角時，就下令城內城外一起進攻。

當天晚上，安條克城內的恐怖景象是人們無法想像的。帶著由狂熱和痛苦而激起的盲目、仇恨的十字軍士兵們展開一場大屠殺，所有男人、女人、兒童都沒放過，街道上血流成河。

由於黑夜中難辨容貌，他們錯把同伴當成敵人。當天拂曉時，十字軍士兵們發現很多戰友倒在街頭，胸口插著的是自己人的劍，土耳其人的統帥卻逃走了。開始，他躲進了城堡，當城堡快要被攻破時，他又逃到山中，但是他沒有逃脫被殺的噩運。士兵們砍下他灰色的頭顱，並且作為戰利品運回安條克城。天亮以後，屠殺停止了，但是搶劫又開始了。十字軍士兵們找到很多金銀珠寶、絲綢及大量天鵝絨。但是他們最需要的糧食卻很少，城中的糧食數量幾乎與十字軍中的情況相差無幾。

大戰之後的十字軍還沒有來得及採取必要措施來獲取給養、布置安條克城的防禦，土耳其人就把它包圍了。波斯的蘇丹已經派出一支由摩蘇爾的首領克博加統率的大軍，以驅逐這塊土地上的十字軍蝗蟲。克博加率軍與基利傑阿爾斯蘭兩路大軍會師之後，將安條克圍得如同鐵筒一般。

此刻，基督徒徹底心灰意冷了，因為他們成為甕中之鱉。為了不冒這

種最後丟掉性命的風險，一些人逃走，去投奔駐守在伊斯肯德倫的史蒂芬伯爵。這些人對伯爵大談他們經歷的苦難和堪憂的戰爭前景。聽到這些，史蒂芬立刻拔營退往君士坦丁堡。途中，他遇到阿歷克塞，他正率領一支大軍搶佔十字軍在亞洲攻佔的城市。聽到戰況後，他決定與史蒂芬一起返回君士坦丁堡，讓十字軍士兵們自生自滅。

許多不利的消息傳來，安條克城中的士兵們更加絕望了，城中的形勢也一天不如一天。所有無用的戰馬都被吃掉了。狗、貓甚至老鼠肉的價格都在飛漲，就連臭蟲、跳蚤也變成稀罕物。城中的飢荒日趨嚴重，而此時又爆發瘟疫。沒過多久，攻城時的30萬人就減少到6萬。殘酷的現實使軍隊的戰鬥力不斷減弱，但是卻將領袖們更加緊密地團結在一起。博希蒙德、戈弗雷、坦克雷德發誓，只要還有生命，他們就會繼續東征的事業。但士兵們卻沒有鬥志，無論領導者怎樣鼓動，他們都無心再戰。心力交瘁的士兵們對所有的承諾和懲罰都無動於衷。甚至有一些人將自己關在房子裡不出來。博希蒙德採用極端的方法——放火——想要讓他們出來，但是沒有奏效。許多人甘願葬身火海，另一些人冷漠地袖手旁觀。

聖天使的鼓勵

雖然博希蒙德有一腔熱血，但是卻沒有摸準十字軍的脈搏，也不明白那個時候驅使基督徒從歐洲潮水般湧向亞洲的宗教狂熱是什麼。一位對此有透徹瞭解的牧師提出一個完美的計畫。這個計畫不僅重燃了他們的信心，鼓起了他們的勇氣，而且還使得這些瘦弱憔悴、飢餓難耐的狂熱基督徒將6倍於他們的、精力充沛的波斯人打得落花流水。

這位牧師出生在法國東南部的普羅旺斯，名叫彼得‧巴塞洛繆。他到底是一個騙子還是一個宗教狂，或是二者兼而有之；是獨立自主抑或是受人差遣，我們都不得而知。但可以確定的是，他解決了安條克圍城戰，給這支信奉上帝的軍隊帶來最終的勝利。當十字軍將士的戰鬥力在痛苦的煎熬之下已經完全喪失，每個人都感到絕望時，彼得前去拜見土魯斯的雷蒙德公爵，商討一件重要的事情，公爵立刻請他進去。

他講述這樣的故事：幾個星期以前，十字軍還在攻城，他獨自一人在帳篷中歇息。這個時候，他忽然感到大地在震動，附近所有人也感覺到了。他驚慌失措，於是大喊：「上帝救我！」當轉過身時，他看到面前站著兩個頭上都有光環的人，他瞬間就認定這是天上的神靈顯聖。其中一個看起來年紀大一點，紅紅的頭髮，頷下飄著灰色的鬍鬚，臉上有一對灰黑閃亮的眼睛。另一位比較年輕，身材高大，瀟灑飄逸，看起來凜然不可侵犯。他們之中的長者聲稱自己是上帝身邊的福音使者聖安德烈，希望他向普伊主教、雷蒙德公爵、阿爾塔普多的雷蒙德詢問他們主教為何不勸誡眾生，給眾生戴上十字架。當時，他只穿了一件襯衫，那位使者帶他飛入空中，在雲端走到安條克城中心降到地面。

使者帶他進入已經被撒拉森人改為清真寺的聖彼得大教堂。使者帶著他來到祭壇台階旁的一根柱子下，然後登上祭壇。祭壇上掛著比正中午的太陽還要明亮幾分的兩盞燈。那位年輕點的神就站在遠處靠近祭壇台階的地方。然後，年長的使者進入地下室，拿了一根長矛出來。他告訴牧師這就是當年拯救世界的長矛，並且把長矛交到牧師手中。彼得雙眼含淚，懇求使者把長矛賜予他，他保證會把長矛獻給雷蒙德公爵。

使者沒有立刻答應他，而是把長矛埋進了土裡。他告訴牧師，當安條克城逃脫異教徒的魔掌之時，可以挑選12個人到此地挖出長矛。然後，使者又將他從空中送回，化做一陣清風而去。他說，他沒有稟報這件事情，是因為他擔心像公爵這樣身居高位的人不會相信這種荒誕離奇的故事。

幾天之後，在他準備走出營地找食物時，兩名神靈再次現身。這一次，他從那位年輕的使者眼中看到責備的目光。他懇求使者再選一位更適合的人來完成這個使命，但是遭到拒絕。使者透過法術使他的眼睛不適以示懲罰，但是他依然堅持自己的想法，沒有執行使者的命令。

後來，福音使者第三次出現。當時，他正與主人威廉待在聖西緬港的一座帳篷中。這一次聖安德烈讓他傳口信給公爵，永遠不要在約旦河中洗浴，而是應該乘船通過。他應該身著噴灑有聖河之水的亞麻襯衫和褲子去挖掘長矛。當時威廉沒有看到聖徒，但是他卻聽到清楚的聲音，牧師這次還是沒有執行這個命令。於是，在他將要乘船前往賽普勒斯時，聖安德烈再次出現了。他威脅說，如果牧師再不按照他的話做，牧師死後會被打入地獄。這個時候，他才下定決心向雷蒙德稟報。

土魯斯公爵在心中反覆掂量這個牧師的故事，聽到這個故事，他有點震驚。他立刻請來普伊主教和阿爾塔普多的雷蒙德。主教立刻表示他不相信整個故事，拒絕採取任何行動。與普伊主教相反，土魯斯公爵認為這個故事是可信的，即使不真信也可以假裝相信。最終，他向主教說出相信這

個故事可能帶來的好處——可以重燃基督徒的激情。主教很隨意地答應搜尋那件神聖的武器。儀式的時間被定在第三天，而彼得也被任命為公爵的私人牧師，這樣可以避免世俗之人出於好奇而追根究底。

12個虔誠的基督徒被挑選出來參加這次行動，其中就有土魯斯公爵和他的私人牧師。從日出開始，他們不知疲倦地挖掘，直到太陽落山還是一無所獲。就在他們有些灰心認為可能會無功而返的時候，彼得躍入坑中，他祈求上帝將長矛送至人間來增加人們的力量，讓他們獲得勝利。那些藏矛的人對此事當然心知肚明，彼得也知道在哪裡可以找到長矛，因為他親眼見到長矛埋入洞中。突然，彼得和雷蒙德看到露出來的長矛尖，雷蒙德拉出長矛後熱淚長流，他高興地親吻著它。在場的人看到整個過程，這支被用紫紅色的布包裹好的長矛在虔誠的信徒之中傳看。頓時，整個寺院歡聲雷動。

當天晚上，彼得再次目睹聖容。第二天，他講述夢中的經歷：福音使者安德烈和那位「凜然不可侵犯的年輕人」再次顯身，並且告訴他，土魯斯公爵可以攜帶這支聖矛統帥全軍，這是上帝對他的虔誠所給予的回報，發現聖矛的日子應該被作為整個基督教世界莊嚴的節日。聖安德烈還讓牧師看了同伴手上和腳上的洞眼，他才恍然大悟，原來那年輕人就是救世主耶穌。從那天起，在整個軍隊中人們都稱他為「了不起的做夢者」。

受到彼得做夢之事的影響，軍隊之中做夢之風開始盛行。在他住處附近的其他修士們也在夢中看到聖像，聖靈告訴他們，如果士兵們全部英勇戰鬥，他們會贏得戰爭的最後勝利，那些獻出生命的士兵會被賜予永遠的福祉。有兩個士兵因為受不了戰鬥帶來的疲累和飢餓逃離營地，但幾天以後突然返回，他們主動找到博希蒙德，說他們在路上遇上兩名幽靈，這兩名幽靈憤怒地命令他們返回。其中一個逃兵說，他認出了這兩名幽靈中有一個是他幾個月前在一次戰鬥中被殺死的兄弟，他的頭上還圍繞著一個光

環。

另一個說得更是信誓旦旦，說與他講話的那個幽靈就是救世主。救世主說，如果他返回軍隊，將會獲得永遠的幸福。而如果他拒絕這樣做，就會被打入地獄。大多數人都相信這兩個人的話，士氣立刻就恢復了。失望變成希望，每個士兵的身上又充滿力量，飢餓變得不那麼可怕了。那種曾驅使他們離開歐洲的激情又重新回到他們身上。他們大聲呼喊，上陣殺敵。

這樣的結果讓領導者們異常高興。儘管戈弗雷和坦克雷德都對找到聖矛一事心存疑慮，但是他們明智地感覺到，他們不應該破壞這種矇騙行為，因為勝利之門因為它而開啟了。

先前，隱士彼得被派往克博加的營帳中傳信。他提議說，兩種宗教的糾紛可以透過從兩軍中挑選出最勇敢的士兵決鬥來解決。對他的提議，克博加不屑一顧，說他向來不對可憐的乞丐和強盜的建議感興趣。帶著這個無禮的回答，彼得回到安條克城。於是，基督徒們準備立刻開始攻擊。十字軍對敵人的一舉一動都瞭若指掌。因為安條克城堡依然掌握在他們手中，從城頭俯瞰，下面要塞的任何行動都看得很清楚。

1098年6月28日清晨，十字軍的首領們在安條克城內最高的塔頂升起了一面黑旗，明確地告訴圍城的軍隊，基督徒們要殺出重圍了。

穆斯林的領導人很清楚城中的情況，飢荒和疾病使得十字軍的數量驟減，現在的十字軍最多有二百名騎士還有戰馬可用。其餘的步兵更是不堪一擊，不是疾病纏身，就是餓得只剩骨頭。但是，他們忽略一點，那就是宗教的狂熱已經在他們敵人心中注入令人難以置信的力量。

對於聖矛的故事，穆斯林沒有給予多少重視。並且，他們認為不費吹灰之力就可以打敗敵人，因此無需做任何準備應對敵人的進攻。據說，當時克博加正在下一盤棋，當他聽說城堡上空樹起了示意進攻的黑旗時，也

許是因為東方人特有的冷靜，他堅持下完那盤棋後再去對付那些不值一提的敵人。直到他的兩千名先遣騎兵被擊敗的消息傳來的時候，他才有點認真起來。

初戰告捷的十字軍士兵們歡快地向山上進軍，這是他們制定的作戰計畫，目的是將土耳其騎兵引到他們無法發揮優勢的地方。隊伍分成三個部分，先遣部隊由諾曼第公爵、法蘭德斯的羅伯特伯爵、韋爾芒杜瓦公爵帶領。戈弗雷和普伊主教帶領士兵緊跟其後。他們身披鐵甲，手舉聖矛以便全軍都可以看到，博希蒙德和坦克雷德率軍斷後。

這個時候，克博加才弄清楚敵人不像想像中那麼卑微，他開始進行新的軍事部署以彌補他的過錯。他命令魯姆蘇丹國的索里曼蘇丹進攻敵軍的尾部，自己則要親自率軍參加與基督徒的戰鬥。為了避免被敵軍發現蹤跡，他派人點著了地面上乾燥的雜草。在濃煙的掩護下，索里曼繞了一大圈來到預定地點，佔據進攻敵軍尾部的有利地形。兩軍剛開戰，戰鬥就進行到了白熱化的程度。土耳其人的弩箭鋪天蓋地而來，一支訓練有素的百人騎兵隊在十字軍士兵中間左衝右突，如入無人之境。但是，戰爭勝負還未可知，基督徒們的步兵仍然具有優勢，並且很快佔了上風。這個時候，索里曼的大軍也向十字軍的隊尾發起攻擊。戈弗雷和坦克雷德率部立刻趕去支援博希蒙德。與克博加率領的騎兵團激戰的只有普伊主教率領的那一幫法國兵。但是，聖矛的出現使十字軍中最怯懦的士兵也變成雄獅。然而，敵兵人多勢眾，四面受敵的基督徒最終開始後退，勝利的天平偏向了土耳其人。

就在緊要關頭，基督徒中有人大叫聖靈們正在與他們並肩作戰。原來，戰場上雜草燃燒產生的濃煙，在遠山的頂端結成奇形怪狀的雲朵。幾個富有想像力的宗教狂熱份子，透過飛揚的塵土好像隱約地看到什麼，就向同伴大叫，天空中出現聖靈的軍隊，那些聖靈將士們身穿白衣，騎白

馬，正從山頂上傾瀉而下來援助他們。所有人的眼睛都轉向遠方的塵煙，每個人都在心中虔誠地祈禱，戰場上響起了古老的戰鬥口號：「上帝顯靈了！上帝顯靈了！」

基督徒的勝利

　　所有的士兵都相信上帝與他們同在，派遣神兵來援救他們，都如戰神附體般英勇地戰鬥。恐慌緊緊地抓住土耳其人和波斯人的心，他們四散奔逃，狼狽得像狩獵中被凶猛的獵狗追得拼命奔逃的野鹿。克博加想聚攏敗兵再戰，但是沒有成功，恐懼比熱情傳播得更快。所有的士兵都向山上跑去，兩個領導者意識到徹底失敗了，就帶著殘兵敗將倉皇逃走。這支大軍在巴勒斯坦一敗塗地，7萬多人的軀體長眠於此。

　　十字軍佔領富麗堂皇的敵軍營地。營地裡應有盡有，充足的糧食、成群的牛羊、成堆的金銀珠寶全部被十字軍士兵們瓜分了。在山上追擊那些亡命之徒的坦克雷德同樣收穫頗豐，繳獲的戰利品跟在營地的一樣多。敗退的土耳其人沿途拋下了很多有價值的東西。每個基督徒騎士都在戰後如願以償地得到一匹駿馬，但十字軍在這次戰鬥中也付出沉重的代價，損失1萬名士兵。

　　十字軍興高采烈地回到安條克城，城堡裡的敵人自知不敵繳械投降。他們之中的很多土耳其人都皈依了基督教，其餘的也狼狽出逃。戰後，為了感謝上帝的恩賜和援救，普伊主教發起一場莊嚴肅穆的全軍感恩活動，每個士兵都前往拜謁聖矛。

　　連續幾天，人們沉浸在勝利的喜悅中，士氣高昂的士兵們強烈要求進軍耶路撒冷，實現他們出發的時候懷有的偉大目標，但是所有的首領不急於這樣做——戈弗雷和坦克雷德出於謹慎權衡利害後做出這樣的決定，而野心勃勃的土魯斯公爵和博希蒙德則是為了自己的利益不願立刻進軍，首領中發生嚴重的利益紛爭。戰鬥開始前，土魯斯的雷蒙德被派守衛安條克

城，他招降了無力反抗的敵人，並且將自己的旗幟掛在城牆上。得勝歸來的其他首領發現以後，認為雷蒙德的行為極大地冒犯博希蒙德，因為根據以前訂下的契約，博希蒙德在戰鬥勝利以後對整個城市擁有至高無上的權力，坦克雷德和戈弗雷也支持他。因此，經過一番爭論，雷蒙德的旗幟被從塔上降下來，博希蒙德的旗子被升上去，高高地在天空飄揚，從此他獲得安條克親王的稱號。然而在此後的幾個月中，雷蒙德仍舊堅持佔據一個城門和附近的幾座塔。這件事情讓博希蒙德很頭疼，也讓整個軍隊感到不悅。雷蒙德公爵的名聲因此受到很大影響，儘管他的野心與博希蒙德和鮑德溫沒有什麼區別。後者佔領埃德薩，在那個小小的彈丸之地當起皇帝。

彼得‧巴塞洛繆的故事也值得記述。聖矛事件過去以後，人們對他的尊敬與日俱增，不斷有新的榮譽被加在他的頭上。他感到繼續給他帶來要職的夢境很重要。但是，騙子們總是有許多相似之處，例如：他們的記憶力不怎麼好，他的夢境經常出現前後矛盾，而且十分明顯。例如：一天晚上聖約翰出現在他面前，告訴他一個故事，而一個星期之後，聖保羅講述一個完全不同的故事，在這個故事中，就連聖保羅給予的希望也與幾天前他的使徒兄弟講得完全不同。

那是容易輕信的時代。但是，當那些開始的時候相信神矛故事的人拒絕再次相信彼得口中講述的奇蹟時，彼得的臆語就變得有些荒唐和令人憤怒了。終於，博希蒙德為了達到使土魯斯公爵尷尬不堪的目的，故意向可憐的彼得提出挑戰，他提議用神火來判斷聖矛故事的真假。由於當時火灼判法十分流行，所以彼得無法拒絕。此外，土魯斯公爵和他的私人牧師雷蒙德也鼓勵他這樣做，火燒儀式預定在第二天早上舉行。

根據慣例，彼得在儀式進行的前夜進行禱告和齋戒。第二天清晨，他來到儀式現場，手握長矛昂首挺胸走向火堆。焦躁不安的全軍士兵圍攏在周圍等待結局，他們都相信彼得是神的信使，長矛是神的恩賜。由阿吉萊

爾的雷蒙德頌過禱詞以後，彼得在眾多信徒的注視下走進大火之中。在他即將穿過烈火時，突然變得有些神志不清，也許是火焰的高溫干擾他的視覺，他竟然轉過身來往回走，熊熊烈火燒傷他的身體。這次火判讓他受了很重的傷，後來他一直無法從痛苦中甦醒過來，幾天之後就氣絕身亡離開人世。

　　經過屢次大戰的十字軍士兵大多傷痕累累，疾病纏身，憔悴不堪。看到這些問題以後，戈弗雷，這位被公認為最有謀略的首領，提出在安條克城休養的主張。他認為大軍應該在安條克城內度過炎熱的8、9兩個月，等到10月，待大家的精力恢復了，再與歐洲派來的援軍共同向聖城發起攻擊。儘管軍中有許多人指責這是在貽誤戰機，但大家最終還是同意這個建議。同時，大軍還派遣韋爾芒杜瓦公爵作為使者到君士坦丁堡與阿歷克塞會面，他的使命是當面斥責阿歷克塞背信棄義的無恥行徑，並督促他立刻派出他曾承諾的援軍。公爵很好地完成自己的使命，事實上，阿歷克塞對於他的指責一點都不在意，之後在君士坦丁堡逗留了幾天，直到使命所賦予他的激情完全消退。他感到十字軍並不是那麼討人喜歡，所以他決定了返回法國，永遠劃清與十字軍的界限。

　　儘管十字軍首領對停留在安條克城休養生息已經達成共識，但是這樣平靜的歲月多少還是有點令他們難以接受。如果不是因為巴勒斯坦還有土耳其人這樣的敵人可以寄託他們狂熱的激情，他們很有可能會互相廝殺。不甘寂寞的戈弗雷去了埃德薩幫助他的兄弟鮑德溫與撒拉森人作戰，其他首領認為他們有不可告人的目的因而懷有敵意。最後，首領們終於按捺不住進攻耶路撒冷的激情。於是，雷蒙德、坦克雷德、諾曼第的羅伯特帶著自己的部分士兵包圍規模雖小卻堅固無比的瑪拉城。

　　平常大手大腳慣了的十字軍，在這次戰鬥中也不例外，他們攜帶的物資只能支持一個星期左右，但他們還是奢靡如前，不久就開始挨餓了。

要不是後來博希蒙德率軍前來幫助他們，一舉掃平這座城市，不知道會是什麼結局。關於這次圍城，聖矛事件中的那位私人牧師雷蒙德，他同時也是一位敘事詩作者，講述一個他深信不疑的傳奇故事。他以這個故事為內容寫下了非常優美的詩歌，因為這個故事反映那個時代的精神，也顯示處在艱難處境中的十字軍將士們超凡的勇氣，所以值得在此敘述一下。「有一天，」雷蒙德說，「年輕的恩格爾拉姆走入安塞姆‧德‧里波蒙的帳篷。」恩格爾拉姆是聖保羅公爵的兒子，在瑪拉城之役中殉命。「你怎麼會來到這裡？」安塞姆說，「我明明看到你已經戰死，是怎麼活過來的？」「你肯定知道，」恩格爾拉姆說，「所有為耶穌基督而戰的人都會永生。」安塞姆又問，「你身體周圍為什麼會有些奇怪的光亮？」聽到這個問題，恩格爾拉姆用手指了指天空，安塞姆順著手指的方向看到一座閃著鑽石般光彩的宮殿。他說，「在那裡，上帝賜予我榮耀。我將長居在那裡，那裡還有一座更好的宮殿，是屬於你的，我們很快就會在那裡見面。再見了！明天你就會見到我的。」說完，恩格爾拉姆就離開了。這一幕讓安塞姆目瞪口呆。第二天早上，他派人找來牧師，將他接到神諭的事告訴牧師。儘管他的身體非常健康，他還是和朋友一一道別，告訴他們他將要去另一個世界了。幾小時後，敵人開始新的反攻，手持利劍的安塞姆衝出去與之作戰，戰鬥中他被土耳其拋石機擊中前額，不幸喪命。就這樣，他離開塵世，去了那座早已為他準備好的宮殿。

安條克親王與土魯斯公爵之間因為瑪拉城的歸屬問題發生爭議。雖然衝突激烈，但是在各位首領的斡旋下還是平息下來。後來類似的情況又在阿契斯城出現了。士兵們非常憤怒，他們希望有一個新首領可以帶領他們直搗聖城耶路撒冷。在這種情況下，戈弗雷燒毀了自己在阿契斯的營地，以示決心。很快土魯斯公爵手下的法國兵，成群地加入他的隊伍。於是，戈弗雷率領著這支隊伍浩浩蕩蕩開往聖地——耶路撒冷。

圍困耶路撒冷

　　大軍在厄瑪烏遇上從伯利恆（Bethlehem）①趕來求援的基督徒代表團，他們請求十字軍在反抗異教徒壓迫的問題上給予直接幫助。伯利恆，是救世主出生的地方，聞名遐邇！想到他們將要前往這個神聖而令人崇敬的地方，十字軍中的許多士兵流下激動和幸福的眼淚。艾克斯的阿爾伯特這樣描述，激動的情緒主宰十字軍的心，夜晚全軍將士沒有一絲睡意，以至於他們不願待在帳篷裡等待天亮以後再行軍。午夜過後，帶著那種罕有的希望和激情，他們就踏上征途。

　　異常興奮的士兵們在暗夜中行進了四個小時後竟然秩序井然，太陽從遠處的大地上升起，朝霞覆蓋了整個天空，十分壯觀。士兵們看到遠處耶城內的高塔和在陽光中熠熠生輝的閣頂。這番景象觸動人們天性中的柔情，洗盡了所有獸性的瘋狂，讓他們變成一隊謙卑溫順的朝聖者。他們跪倒在地，雙眼中滿含淚水，口中念著「耶路撒冷！」、「耶路撒冷！」。有些人親吻神聖的土地，有些人平躺在大地上，盡情地去感受和吸取聖地的靈氣，有些人大聲地禱告，經歷一路風險的婦女和兒童們此刻也與士兵們共用到達聖地的喜悅。他們情不自禁地禱告、哭泣、歡笑，直到有人意識到這一點，並且感到有點羞愧。

　　等到他們的喜悅情緒稍微平息之後，大軍一擁而上包圍耶路撒冷，進攻幾乎同時就展開了。這種簡單的進攻使他們遭到慘痛的損失，一些勇敢

---

1. 傳說為耶穌誕生地，建有耶穌誕生教堂。——譯者注

的騎士在戰鬥中身亡，直到這時十字軍的首領們才慢慢冷靜下來，開始組織正規的圍攻。他們使用幾乎所有的攻城機械：拋石機，可移動的塔，撞擊器等。此外，十字軍還製作一種叫做母豬的機械。這種機械外面罩著一層生獸皮，隱伏在下面的礦工可以在牆下挖地道。

為了使十字軍戰士重新鼓起作戰的勇氣，重新樹立將領的威信，一直為利益而爭吵的將領們言歸於好，為了讓士兵們知道這一切，坦克雷德和土魯斯公爵當著全軍將士的面緊緊擁抱在一起。教士們也有自己獨有的方式幫助十字軍恢復士氣。他們飽含激情地向士兵們進行演說，宣揚全體將士無論官銜的高低都應團結和友愛的觀念。他們還組織一個莊重的遊行，全軍將士們都排成一列，在每個福音書中描繪過的神聖之地祈禱神的幫助。

站在城牆上的撒拉森人，泰然目睹這些表演。他們非常鄙視基督徒的這些行為。為了表示他們的輕蔑，他們將幾個粗糙的十字架固定在城牆上，用吐痰、撒土、扔石頭等行為侮辱基督教的聖物。這種行為激起十字軍將士的憤怒，也讓他們的勇敢變成殘暴，熱情變成瘋狂。當準備全部就緒時，一場新的戰鬥開始了。每個基督徒士兵都奮勇殺敵，用鮮血去洗清聖物所受的侮辱。

攜帶著足夠裝備，憤怒的十字軍士兵展開最凌厲的攻擊。儘管撒拉森人的箭和火球又密又快，但如潮水般的士兵們還是不斷地用撞擊器攻打著城牆。每層移動塔上都站滿了結束土耳其人性命的弓箭手。戈弗雷、雷蒙德、坦克雷德、諾曼第的羅伯特都站在自己的移動塔上，指揮戰士們戰鬥。

雖然土耳其人擊退一次又一次的進攻，但是他們也不敢再小覷敵人了，他們不斷變換戰術英勇地守衛著耶路撒冷城。直到天黑，戰鬥才告一段落。基督徒在營帳中只睡了很短的一段時間。牧師們全神貫注為十字軍

的戰士們進行禱告，祈求上帝的軍隊一舉攻下聖城打敗土耳其人。拂曉時分，每個人都全心地投入戰鬥中，婦女、小孩也不顧生命危險為乾渴的戰士們送去茶水。包括婦女兒童在內的所有人都堅信上帝一直在保佑著他們，於是他們都英勇地在陣地上衝殺。試想，如果沒有信仰力量的支撐，他們遭遇的困難足以使一支3倍於他們的隊伍潰不成軍。

最終，土魯斯的雷蒙德爬上雲梯衝進城內，同時坦克雷德和諾曼第的羅伯特也攻破一道城門，土耳其人紛紛衝上來想要奪回丟失的陣地。戈弗雷敏銳地意識到戰鬥到了最關鍵的時刻，他命令立刻放下塔車吊橋，全體戰士向城中猛衝。沒過多久，耶路撒冷四邊的城牆都被十字軍佔領了。城外的十字軍將士們吶喊著湧進了城內。進城後，雙方進行幾個小時短兵相接的巷戰。異教徒們對聖物十字架的肆意侮辱使基督徒們怒火中燒，他們瘋狂地燒殺屠殺，男女老少、老弱病殘無一倖免。十字軍的領導者們沒有一個阻止這樣的暴行，他們比任何人都清楚在這個時候沒有人會遵從命令。撒拉森人成群結隊地逃進索里曼清真寺，他們剛剛進入寺廟，還沒有來得及構築工事，基督徒們就趕到了。據說，僅在這座建築物裡就有1萬多土耳其人被屠殺。

基督文明與伊斯蘭文明的對決

在入城的那天，被人們淡忘、忽略許久的隱士彼得，得到城內基督徒兄弟的熱烈歡迎，那些他祈禱聖戰的熱情和一路遭受的痛苦在此刻得到回報。戰事一停止，隱藏在耶路撒冷城中的基督徒們紛紛跑出來迎接將自己救出苦海的軍隊。他們一看到彼得，就想起這就是曾經在多年以前向他們滔滔不絕地歷數他們受的侮辱和虐待，向他們發誓要在歐洲所有的國王和人民面前為他們請命的牧師。他們跪在彼得的長袍邊，心中的感激無以言表。他們當著彼得的面發誓說以後每天都要為彼得祈禱。許多人禁不住放聲大哭，激動的淚水打濕了彼得的肩頭。他們將聖城解放的功勞完全歸於彼得英勇的氣概、堅忍的精神。後來，彼得到耶路撒冷的教會中任職，但史上沒有記載他的具體職務和最終命運。有人說他返回法國創建一個修道院，但是沒有足夠的證據證明這一點。

至此，那個千千萬萬的人為之背井離鄉、拋妻棄子的偉大目標終於實現了，十字軍東征圓滿結束。勝利者將聖城中的清真寺改做教堂，再也沒有異教徒膽敢玷汙基督殉難山及聖墓，民眾的熱情也達到巔峰。但按照大自然的規律，高潮過後人們必然會平靜下來。歐洲的朝聖者聽到聖城解放的消息以後，成群結隊地前來朝拜。史蒂芬和休這兩位在東征途中臨陣脫逃的人也前來朝拜以贖罪，但是以前那種充滿激情、扶老攜幼前來朝拜的景象再也沒有了。

第一次東征到此結束了。但是為了更好地認識第二次十字軍東征，很有必要瞭解兩次東征之間發生的事情。因此，在這裡我們對歐洲君主統治耶路撒冷的那段歷史進行簡要回顧，在第一次東征結束以後，歐洲人與不

認輸的土耳其人之間進行的長期但毫無意義的戰爭，這些因為宗教的熱情而挑起的戰爭恣意揮霍著人們的生命，並且造成貧困和痛苦的後果。

攻陷耶路撒冷城之後，十字軍將士們很快感到要為這座聖城尋找一位深孚眾望的主人。在十字軍的眾多將領中，不像博希蒙德或雷蒙德那麼野心勃勃的戈弗雷受到大家的青睞，平靜地掌握這個其他首領垂涎欲滴的權力。他受命之時撒拉森人正在準備向聖城進攻，他憑藉自己的英勇和敏銳的判斷力擊潰敵人。在敵人還未形成合圍之勢時，他果斷率軍出擊。在亞實基倫，他以巨大的代價重創敵軍，得勝而歸。但是他沒有享受多久戰爭帶來的榮耀，掌權9個月以後，一場致命的疾病就奪走他的性命。

他死後，他的兄弟，埃德薩的鮑德溫接替執掌權柄。這位繼任者雖然做了很多努力擴大地盤和改變耶路撒冷所處的危險境況，但收效甚微。幾乎所有的歷史學者都對他執政之後50年內的歷史非常有興趣。在這段時間裡，十字軍一直處於強敵土耳其人的包圍之中，雙方持續進行著不同規模的戰爭。領地幾番易主，國力漸漸衰退，軍隊內部出現分歧，但撒拉森人卻在這個過程中日漸團結和壯大。他們共同對抗十字軍，企圖將耶路撒冷的基督徒趕盡殺絕。這段時期之內出現許多英勇的騎士和英雄事蹟，這在歷史上是沒有的。但是在同樣處於戰爭連年的敘利亞穆斯林中卻罕有這樣的例子。在與土耳其人作戰期間，基督徒們瞭解了撒拉森人的英勇無畏、完善的社會行為規範和先進的文明成果，並因而對他們產生真心的尊敬和敬佩，他們認為在這些方面，當時粗野蠻橫的歐洲人不及撒拉森人。

信仰上的分歧沒有成為十字軍中的基督徒們娶東方的黑眼睛少女為妻的障礙。先開此例的是鮑德溫國王。此後，部下紛紛效仿，慢慢地眾人習以為常。那些曾經發誓為聖城奉獻生命的騎士們也都娶了當地少女為妻。但是這些東方女郎在結婚前都必須先受洗禮，這些女人及其後代當然不會像當年攻城的基督徒們一樣痛恨撒拉森人。這與當年的狂熱份子認為寬恕

一個異教徒就是對上帝犯下的罪惡的看法已大不相同。由此我們也可得出這樣的結論，在以後的歷史中最慘烈的戰鬥往往是剛從歐洲來的人們進行的。早期的定居者已為理智所控制，他們期望的只是和平安定的生活。但是那些新來的人懷著死後升入天國的夢想來朝聖，在激情的驅使下，他們一點都不在意先前定居的基督徒與撒拉森人之間達成的停戰協定，最終導致撒拉森人的報復。

這種糟糕的狀況到西元1145年末結束了。在這一年，基督徒地盤周邊堅固的堡壘埃德薩城被攻陷。率領這支土耳其軍隊的首領名叫贊吉，他是一個強大而有進取心的人。他死後，兒子努爾丁繼承父職。他的性格與父親相差無幾。努爾丁率領大軍，打敗試圖奪回城堡的埃德薩公爵，接著，土耳其人衝進城內開始大屠殺，並且搗毀城中所有的設施，耶路撒冷失去埃德薩這個有力的屏障。由於通往首都的門戶已經被打開，基督徒們感到非常驚恐。此時，努爾丁只需選擇一個適合的時機就可以佔領耶路撒冷。這時的十字軍內外交困，已經不能進行有效的抵抗。為了解聖城之圍，滿懷悲痛和驚恐的牧師們反覆給教宗和歐洲的君主們寫信，請求組織一支新的十字軍遠征。聖城內的牧師大多數是法國人，所以他們對自己的國家寄予了厚望。接二連三的信使將告急文書呈遞給法國國王路易七世。拿起武器保衛基督誕生的聖地開始成為法國騎士們的話題。沒有參加第一次東征的歐洲國家的國王們開始醞釀這次行動。此時，一個像當年的彼得那樣雄辯的人出現了，這個人的名字是聖伯爾納鐸（St. Bernard）。

第二次東征興起

　　第二次東征前，人們的熱情已經比不上第一次，這一點我們可以清楚地看到。實際上，人們狂熱的頂峰出現在彼得時代，從那個時候開始，已經開始慢慢消退。第三次東征時又比不上第二次，第四次又比不上第三次，等等，直到最後民眾的心已經完全冷靜下來。那個時候，即使耶路撒冷重回故主懷抱，也不會引發基督教世界的一絲騷動。

　　當然，導致這個結果還有其他原因，其中一個是：歐洲人厭倦了無休止的戰爭，不願再「插手亞洲事務」。但是法蘭索瓦・基佐在他關於歐洲文明的演說中卻認為這種說法不科學，同時給出更能令人滿意的見解。他在第八篇演說中說，「有人一再強調十字軍東征的止息源於那個時候歐洲人厭倦了侵略戰爭。依我看，這種說法是錯誤的。人們不可能對自己未做完的事感到厭倦，他們祖先的痛苦也不可能使他們感到勞累，疲倦的感覺是不會遺傳的。也就是說，13世紀的人不會對12世紀的十字軍東征感到厭倦。他們的改變是受另一種因素的影響，那就是：在觀念、情感和社會條件方面的變化，使他們不再具有與祖先們相同的欲望，因而他們也不會相信那些說服他們祖先的理由。」

　　實際上，這正是變化產生的原因。它的正確性也得到越來越多的證明。當我們縱觀十字軍的整個歷史，比較一下戈弗雷、路易七世、理查一世做首領時公眾在不同時期的不同反應就會明白了。十字軍可以看作是改變人民觀念和推動歐洲文明進步的重要力量。在戈弗雷時代，貴族們都掌握大權，氣焰薰天。國王和平民對他們都深惡痛絕。他們離開歐洲就相當於對最愚昧和最迷信的勢力的削弱。國王和人民擺脫貴族專政，在壯大自

身力量的同時，還接受先進文明的薰陶。這個時候，十字軍東征時宗教激情漩渦的中心——法國，其王室慢慢取得實質上而非理論上的權威，人民也開始渴望秩序和安定。當牧師們發起第二次東征時，人們對自己的田產已經有些不捨。曾經到過耶路撒冷的朝聖者們接觸比自己文明的民族，讓他們的心靈更加自由、開闊。他們看到大千世界，拋棄一些無知帶來的偏見和固執。傳統的騎士精神發揮它的影響，使人們的性情更加溫和，封建秩序更富有理性。

這個時候，在西班牙、義大利、法國、德國出現許多吟遊詩人。他們四處傳播那些社會各個階層都喜歡聽的以愛情和戰爭為內容的歌謠。這些歌謠產生根除十字軍首次東征時大眾心目中的愚昧和迷信的積極作用。人們不再像以前那麼甘願受牧師的奴役，並且也不像以前那樣信任他們。

十字軍在英國引起的影響遠遠比不上在歐洲大陸。倒不是英國人缺乏宗教熱忱，而是因為當時他們正忙於其他感興趣的事情。英國當時在進行反侵略的戰爭，根本顧不上同情遠在巴勒斯坦的基督徒。詳觀歷史，我們會發現英國人沒有參加第一次東征，第二次也只有少數人參加。即使這些為數不多的人也主要是諾曼騎士和他們的僕從，而不是土生土長的撒克遜地主和平民。當時，這些平民正處於水深火熱之中，受到痛苦煎熬的他們認為——如同許多智者所說——施善應從身邊開始。

在這場事業中，德國出現大批狂熱之徒，這些未經開化的子民們在二次東征時仍然高舉十字軍的旗幟向東方進發，數量不少於第一次，此時其他國家已經不再這樣狂熱了。德國人的文明程度比其他任何國家的人都低。因此，很久以後他們才從偏見中走出來。事實上，第二次東征的士兵大多數是德國人，遠征軍在這裡徵召來的士兵不少於第一次。

接到敘利亞基督徒多次的緊急求援信以後，教宗安日納三世大為感動，就派聖伯爾納鐸發起一場新的征戰。聖伯爾納鐸完全有資格來做這件

事情，他雄辯的口才在當時無人能敵。而且當時歐洲的思想狀況也給他機會。只要他願意，他就可以讓所有的聽眾們或淚流滿面，或開懷大笑，或滿腔怒火。在生活中，他嚴於律己，什麼樣的誹謗和中傷都不能損害到他一丁點兒的名譽。由於已經辭去教會中的高位，他當時十分愜意地在克萊爾沃的小教堂裡安度晚年。他只想擁有他夢寐以求的閒暇，以便針對那些中傷進行駁斥。他義正詞嚴地譴責任何邪惡。在他面前，沒有人會認為自己是完美的，而且無論身分貴賤，所有人都可以心安理得享受他的慈悲。他就像彼得適合以前的時代一樣適合這個時代。但是，他的前任隱士彼得傾向於衝動，他更傾向於理智。彼得糾集的是一群烏合之眾，而他召集的是一支軍隊。兩者都有熱忱和堅忍，但彼得是出於宗教的衝動，聖伯爾納鐸是出於深思熟慮，他只想擴大教會的影響，因為他是教會的棟樑和榮光。

新「隱士」聖伯爾納鐸

　　他勸服的第一對象是他的主人——路易七世。這位國王具有專橫和迷信的特點，曾經在維提城主使一場臭名遠揚的大屠殺[1]。由於受到悔恨之心的觸動，他決定到聖城朝拜。所以當聖伯爾納鐸勸說他時，路易七世已經有想法，於是聖伯爾納鐸很快就說服國王，他的做法影響許多貴族。由於許多貴族因前輩們變賣家產參加聖戰而變得窮困不堪，他們很希望透過征服外族來獲取財富。他們竭盡所能，招募士兵。在短短的時間內就組成一支20多萬人的軍隊。在韋茲萊，他們舉行一個盛大典禮。在萬眾矚目下，聖伯爾納鐸登上高台上將一個十字架雙手遞到出征的法國國王手裡。有幾位貴族、3位主教以及亞奎丹的艾莉諾皇后參加典禮，並且宣布參加聖戰。聖伯爾納鐸將用自己的長袍剪成的許多小十字架讓出征的人縫在自己的肩上。在典禮上，他還當眾高聲宣讀教宗的敕書。教宗在敕書中保證那些即將參加十字軍的人們會被赦免罪惡；禁止任何人在這次朝聖活動中攜帶沉重的行李和無用的奢侈品；貴族們不得攜帶鷹狗，因為第一次東征時，曾經有一些貴族因為獵鷹獵狗而誤入歧途。

　　由於性好閒暇，聖伯爾納鐸理智地拒絕接受全軍統帥這個職務。在聖但尼，他組織舉行一個莊嚴的宗教儀式，授予路易七世統領全軍的權力，然後他繼續遊歷全國各地，每到一處他都號召人們參加東征。人們對他的

---

1. 由於與教宗作對，維特里的一個教會在未經他的同意下選出自己的主教，觸怒路易七世，他率軍攻城並且在入城以後下令焚燒教堂，1000多人喪生。——譯者注

品德給予很高的評價，大家都把他的話當作神的預言，把他看作能創造出驚人奇蹟的人。許多婦女因為受到他的口才和美好預言的影響和激勵，竟然棄夫離子，女扮男裝地參加東征。在他寫給教宗的信中，聖伯爾納鐸曾經詳細地描述他的宣傳獲得的巨大成功。

他說，在幾個城市中已經沒有一個可以上戰場殺敵的男人，不論是鄉村還是城鎮，到處都是女人悲傷的哭泣聲，因為她們的丈夫都已加入東征的隊伍。但是，除了感受到人們熱情之外，我們很難相信這次拿起武器征戰的人數會超過第一次東征時的人山人海。因為，最終軍隊士兵的總人數不到20萬人，如果確實如聖貝爾德描述的那樣萬民空巷，人數會遠遠超過這個數字。由此看來，他對國家當時狀況的描繪並不真實，而是使用詩化的語言。

路易七世的大臣中，有一位很有才能的人叫蘇格，他竭力勸說路易七世不要親自犯險，作為國王，他更應該留下來處理政務。但是在維提城犯下的殘酷罪行使這位國王的良心深感不安，他急於按照當時的宗教條規去朝聖以彌補自己的錯誤。他也想透過這個行為告訴世人：儘管在教會勢力侵犯他君王的特權時他會毫不留情地回擊，但是他也可以完全遵從宗教神聖的法令，前提是法令要符合他的利益或與他的看法相符。蘇格的勸說沒有改變路易七世的想法。在聖但尼接受法旨以後，他已經為他的朝拜做好了各方面準備。

與此同時，聖伯爾納鐸去了德國，在那裡他的鼓動同樣得到人們的回應。他的高尚品德在德國已經是盡人皆知，因此他所到之處都受到人們的熱烈歡迎。雖然圍觀者不懂他在說什麼，但是一睹他的風采的願望還是使他周圍聚集很多人。騎士們爭相報名參戰，並且從他手中接過象徵東征的十字標誌。但是這次人們的狂熱比不上當年的戈特沙爾克。當然，也沒有二三十萬人的規模龐大的隊伍如蝗蟲般掠過整個國家。但是人們的心情

仍然很激動。各種各樣的故事在人們當中傳播。這些不同尋常的故事中描述了聖伯爾納鐸所帶來的奇蹟，這讓遠近鄉村城鎮人們的情緒變得激動起來。據說，只要他看一眼，魔鬼立刻就會消失；只要他輕輕一觸，各種疑難雜症都曾被治癒。最終，德國皇帝康拉德（Conrad）由於受到自己子民的熱情感染，正式宣布他也要參與聖戰。

康拉德發布命令之後，全國各地開始做準備工作。準備工作進展迅速，在不到三個月的時間裡，竟然聚集一支不少於15萬人的軍隊，那些追隨丈夫和情人的婦女們不計算在內。婦女們也被分成幾隊，其中有一支身披男士的盔甲、跨著戰馬的女隊伍，她們的首領還穿著帶有金色馬刺的半筒靴。因此，人們送了一個「金腳女士」的稱號給她們。康拉德先於法國人做好了各種準備。於是，在1147年6月，他已經順利地通過匈牙利和保加利亞，來到君士坦丁堡城前。

此時，阿歷克塞已經把希臘王位傳給曼努埃爾一世，後者對十字軍的態度沒有什麼不同。聽到十字軍到來的消息以後，他感到有些不妙，因為這支軍隊曾經破壞他的都城，攪擾他的人民的安寧。他的力量太弱小不敢拒絕十字軍通過，但是要做到真心歡迎十字軍，他又缺乏對他們的信任。他不明白十字軍東征會給他帶來哪些好處，也不願意假裝出從來沒有的友好情誼。於是，希臘皇帝從一開始就看不慣十字軍。

他的臣民依仗著自己高度發達的文明辱罵德國人是野蠻之徒，但是德國人認為即使他們是野蠻的，也至少保留坦白誠實的優點。他們立刻還以顏色，說希臘人是陰險狡詐的騙子和叛徒。雙方不斷發生爭執。一路上軍紀嚴明的康拉德，這時也無法壓制部下的怒火。作為對希臘人冒犯的回應，德國人衝進曼努埃爾一世富麗堂皇的遊樂花園。由於當時的歷史學家水準有限，所以這個原因不為世人所知。花園中布滿了各種珍禽異獸，園裡還有森林、山洞、樹叢和溪流，每樣東西都保持它的天然狀態。被賜予

「野蠻人」稱號的德國人帶著憤怒把這個美麗的場所毀壞殆盡，園中的鳥獸不是被殺就是被放。

據說，曼努埃爾一世從宮殿的窗戶裡看到這番對花園的破壞，但是他沒有辦法，也沒有勇氣去阻止。這件事情讓他更加厭惡他的客人，所以他決定效仿前輩阿歷克塞的做法，想辦法立刻把這群歐洲來的野蠻人打發走。

他派人致函康拉德，誠摯地邀請他會面，但康拉德擔心在君士坦丁堡城裡他的安全會受到威脅。曼努埃爾一世也不願意自降身分出城與德國人會面，而且也不安全。在幾天內，雙方不斷討價還價，進行許多次的談判，最終曼努埃爾一世同意派嚮導帶領十字軍的隊伍通過小亞細亞。

陰險的拜占庭皇帝

　　康拉德率軍通過達達尼爾海峽，前隊由他親自帶領，後隊由好戰的弗雷辛根主教率領。歷史學家對於希臘狡詐幾乎持相同的評價，他們認為希臘嚮導一定是事先接到命令要將十字軍引入險境。可以肯定，嚮導將德國人帶到卡帕多奇亞（Cappadocia）的荒野之上，而不是水草豐盛的地區。在那裡德國人不僅沒有找到水和牧草，而且遭到塞爾柱土耳其人的突襲。

　　到了這個時候，嚮導的詭計暴露無遺。因此，在他們見到土耳其軍隊的瞬間就開溜了，把可憐的基督徒們留在無遮無攔的荒漠上與強大的敵人進行自我毀滅式的戰爭。戴著沉重盔甲的十字軍士兵們很難組織有效的抵抗，面對那些動作敏捷、忽前忽後、忽左忽右、時而出現、時而消失的土耳其輕騎兵，基督徒們感到暈頭轉向。密如暴雨的箭射向沼澤地裡的十字軍士兵，後者拼命抵抗，損失慘重。這種打法把德國人搞得狼狽不堪，他們迷失了方向，節節敗退。就這樣，缺少給養的德國人成為土耳其人的獵物。這次遠征隊伍中最勇敢的騎士之一伯恩哈德（Bernhard）公爵率領的分隊全部陷入包圍圈，最後沒有人從土耳其人的箭下逃生。

　　康拉德身上兩處負重傷，差點丟掉了性命。敵人窮追猛打，德國人想要做出一點反抗姿態都做不到。當康拉德最終到達尼西亞城時，他才發現自己原來氣勢如虹的十萬士兵和七萬匹戰馬只剩下五六萬滿臉倦容的殘兵敗將了。

　　儘管有人曾經提醒他要注意提防那位希臘皇帝，但是路易七世似乎沒有將此事放在心上。他繼續率軍經沃姆斯和雷根斯堡向君士坦丁堡進發。在經過雷根斯堡時，一位曼努埃爾一世派來的代表前來拜見他。那位

代表呈上了他帶來的曼努埃爾一世寫給路易七世的盡是阿諛之詞的信件。據說，朗格勒主教念信給路易七世聽時，這位法國國王臉色變得通紅，十分害羞。這個代表此行主要有兩項使命：得到法國國王的一個承諾——友好、和平地通過希臘領土；放棄對小亞細亞目標的征服。路易七世爽快地答應第一個要求，但嚴詞拒絕第二個不合理的要求。路易七世繼續前進，通過匈牙利以後，他在君士坦丁堡城外駐軍。

路易七世剛紮營，曼努埃爾一世就邀請他帶一小隊人馬入城會面。路易七世毫不猶豫地接受邀請，並且在皇宮走廊裡與這位希臘皇帝進行會談。曼努埃爾一世代表竭盡曲意逢迎之能事，透過各種各樣的承諾、各種事實和論據來引誘法國國王放棄將來征服希臘的計畫。路易七世十分堅決地回絕這個要求，回到營地。至此他才明白，曼努埃爾一世滿嘴謊言。

後來，談判又進行幾天，法軍對此極為不滿。當曼努埃爾一世和土耳其人談判的消息傳來的時候，十字軍將士們立刻變得異常憤怒。所有士兵將領都紛紛請戰，要求攻打君士坦丁堡，並且承諾一定將這座陰險狡詐的城市夷為平地。但是路易七世拒絕這個建議，他率軍繞過君士坦丁堡，進入亞洲。

到了亞洲，路易七世知道德皇康拉德的悲慘境遇，並且親眼目睹尼西亞城下德國人狼狽不堪的樣子。經過商議，兩軍合併，兩位國王共同率部沿海岸向以弗所挺進。但康拉德有點忌妒法軍兵多將廣，而且他也不願居於人下，所以不久他就帶領餘部退出聯軍返回君士坦丁堡。在那裡，他得到滿面笑容、彬彬有禮的曼努埃爾一世的接待。對康拉德遭受的損失他表示深切的同情，並斥責了嚮導的愚蠢和狡詐，他友善的外表差不多騙過了康拉德。

路易七世繼續率軍向耶路撒冷進發，在米安德河岸邊與敵人遭遇。土耳其人搶先佔領過河的通道，法國人沒有和土耳其人硬拼，他們重金買

通一位當地的農民，並且成功找到下游的一處淺灘。法軍不費吹灰之力就過了河，並且突然展開對土耳其人猛烈的攻擊，來不及布防的土耳其人四處逃竄。但是到底土耳其是假裝戰敗，還是真的不敵法國，確實是疑雲重重。但是從結果看，後一種說法似乎更加合理。這個計畫很有可能是這樣的，他們假裝戰敗，將侵略者引入更加難以施展本領的地方，然後將他們一網打盡。如果事實是這樣，這個計畫最終全部實現了。

在取勝以後的第三天，十字軍來到一座陡峭的山下，只有一條狹窄的小路通往山裡。這個時候，土耳其的大隊人馬已經隱伏在山頂上，他們隱藏得十分巧妙，以至於在山下什麼蹤跡也發現不了。勞累不堪的法國兵拖著沉重而緩慢的步伐向山上攀登，突然一塊塊帶著呼呼風聲的巨石從山崖上滾了下來，法國兵驚慌失措，死者無數。躲藏在暗處的土耳其弓箭手們也開始向十字軍射箭，一時之間死傷成千上萬。但是土耳其人的箭對穿著鎧甲的騎士們不起作用，箭碰到身上就彈了回來。於是，土耳其人猛射他們的坐騎，許多騎士與戰馬一同跌入崖下湍急的流水之中。

正在後軍壓陣的路易七世從敗退的傷兵、逃兵口中得到前軍的戰況，但還是不瞭解具體情形。於是，他就催馬前進，想用親自出戰來抑制瀰漫全軍的恐慌。但是，他的想法落空了，從山頂往下翻滾的一塊塊巨石使他們根本無法前進。即使有極少幾個人攻上山頂，也被土耳其人抓住頭朝下扔下來。路易七世拼盡全力衝殺，但還是險些被敵人抓住。最後，還是在夜幕的掩護下，他才帶著一些殘兵敗將逃到安塔利亞城下。

在安塔利亞，路易七世重整軍紀，恢復麾下潰不成軍、無心戀戰隊伍的士氣。他召集各個首領討論是否繼續執行原定計劃。考慮到他們軍中已經斷糧而且疾病流行，最終首領們決定向安條克城進軍，這個城市是博希蒙德的繼承者管轄下的一處自由王國，在那裡他們可以稍事休整。當時，城市的統治權掌握在雷蒙德手中，這個雷蒙德是法國皇后艾莉諾的叔叔。

雷蒙德憑藉自己與皇后的親戚關係，勸說路易七世不要參加保衛耶路撒冷的戰爭，留下幫助他擴大在安條克的地盤，增大權力。的黎波里親王也有類似的打算。但是，兩人的建議遭到路易七世的拒絕。短暫停留之後，路易七世繼續率軍趕往耶路撒冷。康拉德率領的德國遠征軍已經先期到達那裡。當康拉德離開君士坦丁堡時，曼努埃爾一世許諾要給予他們援助——但援助從來沒有到過，或者說很有可能曼努埃爾一世從來沒想過要給什麼援助。

爭名逐利的「聯軍」

　　為了商討未來戰爭如何進行，十字軍召開一個由巴勒斯坦的基督徒王公、十字軍將領參加的大會。他們最終決定，在前往埃德薩城之前，聯軍首先包圍大馬士革，佔領這個戰略要地。如果這個大膽的計畫成功，對於聯軍取得最後勝利會有很大的幫助。但令人感到遺憾的是，歷史上悲慘的經歷沒有讓基督徒們懂得聯合的重要性和團結是克敵制勝的法寶。儘管他們整體上對這個計畫沒有異議，但每個人都對具體戰鬥行動有自己不同的見解。安條克和的黎波里的兩個親王互相忌妒，他們二人還對耶路撒冷國王有所猜忌。康拉德忌妒法國國王，法國國王厭惡其他人。但法國國王與他們不同，他來耶路撒冷是為了了卻自己的心願，儘管他的看法有些偏頗，但至少是充滿誠意的。因此，他下定決心等待機會來完成他正全心全意投入的這場戰爭。

　　按照計畫，他迅速包圍大馬士革城。由於十字軍人數眾多，士氣高昂，優勢立刻顯現了出來。幾個星期以後，十字軍從城上被打壞的防禦設施和日益無力的抵抗得出結論：城中的敵人立刻就要完蛋了。就在這個時候，軍隊內部的紛爭達到高潮，領導們都有自己的打算，這種狀況最終導致圍城的失敗，也使整個東征徹底完結。

　　一本現代的烹調書上介紹烹調兔子的程序：「先抓住兔子，再殺掉牠。」——這的確是一句閃耀智慧之光的至理名言。此時的基督徒們不明白這個道理，他們竟然激烈地爭奪一座還未征服的城市管理權。安條克城和的黎波里城已經各自有了一位親王，現在20名首領又開始申請成為大馬士革的管理者。於是，他們循例召開一個大會來決定誰應該享有這份

榮譽。珍貴的時間就在無謂的爭論中過去了，他們的敵人卻在這段期間積聚力量。最後，經過一場異常激烈的爭論，考慮到法蘭德斯的羅伯特公爵曾經兩次到達聖城，因此授予他這項權力。其他的首領表示不承認這樣的結果，而且要求再安排一次更加公正的討論，當然他們也拒絕在圍城中合作。整個十字軍營地瀰漫著猜疑之風，關於奸詐和陰謀的惡毒謠言四處傳播。最後，那些心懷不滿的候選人不顧大局將自己的士兵撤出，轉移到城牆的其他方面。其他軍隊也紛紛仿效這個做法，這些惡劣的行動造成不可挽回的後果——經過連續長時間的攻打，已經變得不堪一擊的城牆無人包圍了。敵人也從十字軍的過失中得到好處——他們補充給養，重新加固城牆，十字軍還沒有意識到這一切。當他們察覺時，已經太遲了。穆斯林強悍的艾米爾（土耳其高官的名稱）薩夫・埃丁已經率領一支大軍前來救援大馬士革了。剛交戰，十字軍就立刻潰退，他們不得不放棄圍城計畫，灰頭土臉地退回耶路撒冷。就這樣，十字軍不僅沒有削弱敵人的有生力量，反而使自己蒙受損失。

　　至此，十字軍的宗教狂熱已經消失殆盡，即使最呆板的士兵也表現了他們的厭倦。如康拉德這樣在開始的時候躊躇滿志的人，現在也灰心喪氣了，帶著他的殘兵敗將返回歐洲。不願承認失敗的路易七世在此地逗留了幾天，但最終還是迫於大臣蘇格的勸說回到法蘭西。第二次東征至此結束。我們可以用不斷失敗來描繪這段歷史。耶路撒冷王國的處境比十字軍剛從歐洲出發的時候更加艱難。這次東征帶給基督徒的只有羞辱，除此之外他們什麼也沒有獲得，與這次征戰有關聯的所有人都感到痛徹心扉的失望。

令人厭煩的十字軍東征

由於東征的實際結果與預言大相逕庭，聖伯爾納鐸名譽掃地。就像以前那些預言家一樣，人們不再尊重他，也不再相信他的話。更不幸的是，在任何國家裡，他都沒有昔日享受的榮耀。但是，還有一些狂熱份子站出來為他辯解，妄想恢復他的聲譽。弗雷辛根主教就當眾表示不是所有預言家的預言都可以實現，十字軍的悲慘境遇與預言家無關，是他們咎由自取。但是來自克萊爾沃的傑佛瑞的辯解更富有想像力，他堅持認為塞翁失馬，焉知非福。他說，聖伯爾納鐸預言一個好的結果，但也不能說十字軍的結果是不好的，因為有一大批光榮的烈士為上天奉獻了生命。傑佛瑞的語言充滿欺騙性，確實有幾個狂熱份子相信他的話，但是那個年代的平民百姓並不魯鈍，他們依然堅持自己的看法，或是可以用另一種說法，他們更願意相信事實。

我們現在應該談談第三次東征以及為什麼必須要組織它了。第一次東征在歐洲造成的狂熱到現在可以說是完全喪失殆盡了。歐洲各國的百姓們冷漠地觀看他們的王公們為戰爭作著各種準備，但是在戰爭中興起的騎士風度現在非常流行。於是，當普通百姓中的身強力壯者不願再參加東征時，騎士風度為解救聖地提供軍隊。

真正激起第三次東征的不是宗教而是詩歌。但是詩歌的地位和當時餐桌上的魚子醬差不多，在大眾之中鮮有應者，因為大眾都有他們認為更值得關心的事情。但是，英、德、法、義等國的吟遊詩人吟唱的關於戰爭和愛情的歌謠也有他們的觀眾，那就是騎士和他們的支持者。他們滿懷喜悅地傾聽美妙的歌謠，夢想透過在聖戰中的英勇表現贏得心愛女郎的芳心。

第三次東征可以稱得上是十字軍歷史上的浪漫時代。那個時候，在男子們參與戰爭的目的中，保衛聖墓和在東方保留一個基督教王國不是最重要的，他們更想透過戰爭這個絕佳的機會為自己贏得榮譽。更準確地說，他們是士兵而非宗教狂熱之徒，他們是為了榮光而非宗教而戰；他們是為了獲取情人的歡心而不是被授予殉教的美名。

我們沒有必要在這裡詳述薩拉丁[1]獲得東方帝國最高權力的過程，或是他透過怎樣的方式將穆斯林的旗幟牢牢插在耶路撒冷的城牆之上。基督徒騎士們和聖城的其他基督徒們都陷入邪惡的深淵，其中包括醫院騎士團的成員，照料窮人的醫院騎士團的成員，保衛聖墓和保護朝聖香客安全的聖殿騎士團的成員。他們之間發生的無謂的忌妒和內訌使他們無法抵禦機智、強悍的薩拉丁帶來的，足以摧毀他們的訓練有素的軍隊。可是，當聖城陷落的消息傳來的時候，歐洲的騎士們還是感到痛苦，因為那些戰死在巴勒斯坦的人都與騎士中最高貴的成員們有血緣和友誼上的種種聯繫。

最先傳來的是基督徒在提比里亞戰役中慘敗後遭到屠殺的消息，接著耶路撒冷、安條克、的黎波里和其他城市相繼淪陷的消息傳來。教士們的心都被憂傷包裹住了。聽到噩耗以後，教宗烏爾巴諾三世異常傷心，知悉詳情以後變得更加憔悴。此後，人們幾乎沒有看到他的笑容，直到他離世為止。他的繼任者額我略八世深陷痛苦之中，但是他挺住了。他命令整個基督教立刻開始行動，號召全體教眾拿起武器光復聖墓。泰爾大主教威廉非常敬仰隱士彼得的神聖行為，他從巴勒斯坦趕到歐洲，向歐洲的國王們痛陳他看到的基督徒遭受的苦難，請求國王們發兵救援。德國皇帝腓特烈・巴巴羅薩（Friedrich Barbarossa）接受他的觀點，很快召集軍隊穿過

---

1. 薩拉丁（1137—1193），埃及埃宥比王朝開國君主，在阿拉伯人抗擊十字軍東征中表現卓越，是埃及歷史上的民族英雄。——譯者注

敘利亞，一路疾行，閃電般地擊敗撒拉森人，佔領科尼亞城。不幸的是，在他的事業如日中天之時，他的生命卻因為草率地在錫德納斯河中洗澡而結束了。士瓦本伯爵代替他繼續指揮軍隊。顯然，後者的能力與他相差甚遠。自從他成為主帥，軍隊多次受挫，他只得固守安條克城等待援軍。

法國的腓力·奧古斯都和英國的亨利二世都代表本國的騎士階層大力支持十字軍東征，直到他們本國爆發戰爭和內訌使他們的注意力暫時轉移為止。1181年1月，兩個國王各自帶領著英勇的騎士和武士在諾曼第的吉索爾會面。在會面的時候，泰爾的威廉用無可辯駁的語言論證東征的必要性。兩位國王的宗教情緒高漲，他們發誓要前往耶路撒冷。同時，做出向所有不能或不願親自參加征戰的基督徒徵收什一稅，即這些人必須將他們田產或財產的十分之一作為稅款交給國家，它又被稱為「薩拉丁的什一稅」。所有的，不管是不是教徒的采邑領主都有義務在自己的領地內代徵此稅。法令規定，任何拒絕繳納應繳份額的人會被強行轉為奴隸身分，失去所有的人身自由。

同時，兩位國王給予那些參加十字軍的人很大的恩惠：任何人不得以任何理由阻止他們參加東征，即使他們欠債、搶劫或是謀殺他人。法國國王還在巴黎召集一次議會，莊重地通過這些規定。亨利二世在盧昂向他在法國的領地發布命令，也在北安普敦郡的蓋丁頓向他在英格蘭的領地宣布決定。一位古代的編年史作者曾經這樣形容他們的做法，「他（亨利二世）召開議會討論前往聖地的事宜，強制徵收的什一稅讓國家不得安寧。」

但是，受到什一稅「騷擾」的不只有英格蘭，法國的人民對此也沒什麼好感。並且因為這個原因，他們對十字軍冷漠的態度也變成厭惡。儘管那些教士們希望別人拿出一半甚至全部的財產來促進這項他們最喜歡的事業，他們自己卻不想出一分錢。在米洛的《法國史要素》中也提到有幾個

教士大聲疾呼，不願交稅。這裡有一個事例可以證明這一點。當國王向蘭斯的地方教會徵稅時，他們派出一位代表向國王陳述，他們國家做的事情已經很多了，國王應該為獲得他們為戰爭所做的祈禱而感到滿足，不應再讓他們交稅，而且他們也很貧窮，除了誠心祈禱外一無所有。腓力·奧古斯都對他們的心思一目瞭然，他想藉機給他們一點教訓。於是，他命令教會附近的三位貴族破壞教會的產業。教會知道以後，要求國王進行賠償。國王卻回答：「我會以祈禱的方式讓上帝幫助你們，請求那幾個貴族放過你們。」事實上，他真的這樣做了，但是這種玩笑的口吻讓那三位貴族覺得不應該停下來，於是他們繼續進行破壞。教會再次致書國王問道：「你到底想要什麼？」國王給了他們這樣的回覆：「你們為國家祈禱，我也為你們做了你們需要的祈禱。」此時，教會才恍然大悟，即刻上繳自己該交的份額。

從以上的故事中可以看出東征是多麼不得人心。如果連教會都不願支持東征，人民大眾對它的看法就可想而知了。但歐洲的騎士階層對東征卻有極大的熱情。有了什一稅作為保障，英格蘭、法國、勃艮第、義大利、法蘭德斯、德國迅速召集軍隊整裝待發。但是，沒有等到出征，意外的事情就發生了，英法兩國之間陷入戰爭之中。事情的起因是吉耶訥伯爵理查[2]，即歷史上有名的「獅心王」，侵犯土魯斯公爵的領地。就這樣，出征的日期被推遲了，兩國之間打起了仗，而且短時間內不會有什麼結果，很多急於東征的貴族們離開兩位國王，獨自向巴勒斯坦進軍。

在敵人的敵意、兒子們的奸詐和忘恩負義之中，亨利二世與世長辭。他的兒子理查立刻與腓力·奧古斯都達成同盟的協定，年輕氣盛、魯莽衝

---

2. 理查（Richard），繼位英王以後稱為理查一世，作戰英勇，素有「獅心王」的美稱，是中世紀最傑出的軍事指揮官之一。——譯者注

動的兩位國王準備聯合東征。在大批強悍將士的擁護下，他們在諾曼第的諾南庫爾會師。在全體騎士面前，兩位國王表現得親如兄弟，他們對天盟誓兩國之間要成為真正的朋友和盟國，這種狀態持續到東征從聖地返回的40天以後為止。

為了革除那些對東征不利的軍營惡習，他們制定新的軍規。鑑於過去軍中賭博盛行並引發爭吵和流血事件的教訓，他們在一項法令中明確禁止軍中騎士級別以下的任何士兵以任何方式賭錢。騎士和教士可以賭博，但每人每天輸贏都不能超過20先令，否則就要處以100先令的罰款。王族中參加聖戰的也被允許參與賭博，但要遵守上述法令。如果他們之中有人違反法令，就要處以裸身鞭笞之刑，然後示眾3日。所有東征的士兵都不能傷害自己人，否則要被砍掉雙手。對殺害同袍之人，法令規定將其捆綁起來與被害者屍體一起下葬。年輕婦女被禁止隨軍，讓那些不敢女扮男裝隱身軍中的許多婦女很傷心。但即便這樣也還是有許多品德高尚、富有感情的已婚、未婚婦女手持寶劍或長矛冒險追隨她們的丈夫或情人。但是那些50歲以上的洗衣婦或其他超過50歲的女人可以光明正大地隨軍出征。

第三次東征無功而返

　　法令公布以後，兩位國王一起行軍前往里昂，他們約定到墨西拿匯合後兵分兩路。腓力翻過阿爾卑斯山，在熱那亞乘上船，安全到達匯合地點。理查則是在馬賽乘船抵達墨西拿。由於理查性格莽撞，因此路上事端不斷。儘管他手下的隨從在打仗時表現得和他一樣勇敢，但是有時候也和他一樣愚昧，他們在路上製造許多麻煩。他們到墨西拿後，在向西西里人購買生活必需品的過程中，西西里人漫天要價，理查的士兵在提出抗議無果後，就和西西里人吵了起來，後來還打了架。

　　因為打了架，士兵們最終沒從西西里人那裡買到東西，於是士兵們就洗劫了西西里人。洗劫讓雙方的矛盾演變成衝突，理查的一名愛將勒布倫還在一次衝突中丟了性命。衝突發生以後，附近的農民從四面八方趕來協助城裡的西西里人，戰爭進一步升級。因為痛失愛將，加之有人來報「西西里王坦克雷德親自帶領部隊向十字軍開戰」，因此理查異常憤怒，手持長劍親自帶領自己最勇敢的士兵加入戰爭，並橫掃整個戰場，擊退西西里人。

　　獲勝後的理查還親手扯下西西里旗幟，換上自己的旗幟。這個行為極大地刺激了法國國王。在法國國王看來，理查東征的目的不僅僅是要到東方重建一個基督教王國，他還想征服其他國家，為自己謀取最大的利益。法國國王很是憤怒，但是他卻沒表現出來，而是透過自己的影響，努力平息英格蘭人和西西里人的爭端，然後乘船去阿卡。這場戰爭讓法國國王不敢再信任盟友。

　　理查方面，在接下來的幾個星期裡，他與西西里人之間已經不再爭吵

了，還過起了安逸、奢華的日子。這種按兵不動的做法與理查的一貫做法大相徑庭。在平靜和快樂的生活中，理查似乎忘記自己東征的目的，也忽略這種無所事事的安逸生活會給整個軍隊帶來什麼樣的不良影響，但士兵們後來的迷信行為喚起理查的責任感。一位名叫約奇姆的士兵激動地手執長劍，穿過營地，他長長的頭髮狂野地在肩頭亂舞。他整夜整夜地大聲號叫著說，如果他們再不立刻出發，瘟疫、饑荒和其他災難將降臨到他們頭上。其他士兵也說，連續幾個晚上都看到一顆彗星在天空劃過，流星也一顆顆劃破蒼穹，他們認為這是上天對他們延誤時間所降臨的處罰。理查這才清醒過來，他為自己近期的疏忽大意進行祈禱以後，也重新起航，向阿卡挺進。

前進的途中，雖然一場風暴吹散他的艦隊，但理查最終還是帶著他的主力部隊安全地抵達羅德島。也是到了這裡，理查才得知自己的三艘船隻在賽普勒斯布滿礁石的海灘上擱淺了，這三艘不幸的船隻在島上遭到搶劫。搶劫行為是島上的統治者伊薩克·科穆寧放縱自己的人幹的，島上的人還拒絕為他的未婚妻貝倫加麗亞提供住處，他的姐姐乘坐的船隻被風暴吹到利馬索港。怒火滿腔的理查立刻召集全部船隻返航去利馬索。對理查的冒犯，伊薩克拒絕道歉，而且也不做任何解釋。理查怎麼受得了這樣的待遇！他登陸以後，將伊薩克的軍隊打得落花流水，並且將整個賽普勒斯國全部納入自己的管轄範圍，命令該國所有人都必須向十字軍繳稅。

耶路撒冷王居伊已經召集醫院騎士團、聖殿騎士團等全部勇敢的騎士包圍阿卡，「獅心王」理查一到阿卡就發現歐洲騎士的精銳部隊已經在那裡等他。由於阿卡城內駐紮著薩拉丁的軍隊，數量眾多且紀律嚴明，基督徒們一直找不到攻克的辦法。在將近兩年的時間裡，什麼辦法都試過了，卻始終沒有效果。雙方也曾經在開闊的地方進行多輪較量，但總是僵持不下。居伊很後悔自己在沒有得到歐洲支援的情況下就選擇攻打這個堅固的

堡壘，他甚至有些絕望。因此，對於法國國王腓力的到來，他非常高興；理查率軍到達的消息傳來的時候，他更是難以抑制內心的喜悅。他渴望理查到來之後，可以對敵軍城池進行一次徹底的最後攻擊。因此，當英格蘭艦隊到達敘利亞海岸時，整個基督徒營地的歡呼聲幾乎響徹雲霄。理查率軍登陸以後，歡呼聲更是一浪高過一浪，甚至在薩拉丁駐軍所在地的南邊山嶺上也可以聽得很清楚。

歐亞雄獅之戰

　　這次東征的特點可以概括為以下幾個方面：基督徒和穆斯林都不再將對方看成是不共戴天的敵人，也不再認為對方就是野蠻人。雙方互相欽佩對方的英勇善戰，寬宏大量，甚至還達成一項停火協議——停火時相互要以禮相待。穆斯林的武士們對基督徒的騎士們不僅禮貌有加，甚至還為「這些優秀的人才不是穆斯林武士」感到遺憾。基督徒們也慨歎「如此慷慨、英勇的人信仰的為何不是基督教呀」。但衝突一旦開始，雙方的士兵又都將這些美好想法拋到九霄雲外，全力投入戰爭的殊死搏鬥之中。

　　墨西拿事件後，腓力也對理查產生戒心，兩位國王都不願意與對方一起行動。法國國王不願意和理查一起攻打阿卡，因此就單獨行動，沒想到卻被打了回來。理查也試了一次，結果也一樣。腓力見這個行動無法勝過理查，就再想了一個辦法——誘惑英國士兵加入他的隊伍。他說，任何一位願意背棄英國旗幟、投到法國國王手下的騎士，每個人每個月可以領到3塊金幣。理查不甘示弱，給法國騎士端出了一塊更誘人的蛋糕——保證給那些願為英王效力的法國騎士每個人每個月4塊金幣。兩位國王把精力浪費在了這種無謂的爭執上，直接損害了軍隊嚴明的紀律和辦事的效率。

　　然而，聯軍還是取得一定成績：因為這兩支大軍的出現，讓阿卡城中根本無法從外界獲得給養，城中的人口由於飢荒而銳減。薩拉丁不願意冒險去營救，他只盼著十字軍發生內訌，力量隨之削弱，然後再一舉挺進，將對方輕鬆殲滅。要是他可以看到阿卡城中慘不忍睹的情景，他或許會改變他的計畫。但是他的軍隊和阿卡城之間的聯繫卻被十字軍切斷了，他不可能知道城中極度困苦的狀況。當他得知城中的困境時，為時已晚。

一段短暫的停火之後，阿卡城投降了，但由於投降的條件十分苛刻（由於城中的十字架被耶路撒冷的穆斯林拿走，土耳其人應該重建這些十字架；土耳其人應賠償20萬個金幣；阿卡城中囚禁的所有基督徒應該被釋放；薩拉丁軍中的基督徒俘虜也應放還。總數為200名騎士和1000名士兵。薩拉丁這位東方的王公哪裡儲備有這麼多的木頭來重修十字架，他也不願這麼做），因此薩拉丁並未批准。薩拉丁很清楚，一旦在城中重新建立十字架，敵人的氣焰會更加高漲。因此，薩拉丁不僅拒絕交出木材，而且其他的條件也一律不接受。於是，盛怒之下的理查殘忍地下令，將所有的撒拉森戰俘都處死。

佔領這座城以後，新的紛爭又出現了，十字軍的領導們又開始為各自的利益爭搶。未和別人商議的奧地利大公擅自在阿卡城的一座塔上豎起自己的旗子。理查發現以後，立刻親自扯下來踩在腳下。對此，腓力雖然不同情奧地利大公，但是他不滿於理查的處理措施，兩個國王之間的裂隙越來越大。與此同時，為了爭奪耶路撒冷的王位，居伊和蒙費拉托的康拉德也開始愚蠢的紛爭。在這樣的環境中，下級騎士很快也沾染上首領們的忌妒、猜疑、惡意中傷等不良習氣。

值得一提的是，在這場利益爭奪戰中，法國國王突然宣布想返回他的國家。理查得知以後，非常憤怒，他氣惱地說：「無論出於什麼原因，他都不能背棄這項未竟事業，否則他和所有的法國人都該永遠感到恥辱！」但是腓力卻不予理會，立刻就動身離開了。他選擇離開一方面是因為不適應東方的環境，他的身體健康每況愈下，另一方面是他想在東征中產生支配作用，但是他的勢力卻不如理查，因此他寧願無功而返，也不肯仰人鼻息。腓力返回法國的時候，幾乎帶走全部的士兵，只留下勃艮第地區的一小支部隊。腓力的離開，讓理查難過得好像失去一隻有力的臂膀。在此之前，理查雖然遇到很多競爭對手，但是他從未予以重視。

腓力離開以後，理查在教堂裡重建十字架，重新加固阿卡城。在留下一支部隊保護阿卡以後，他就順著海岸向亞實基倫進軍了。此時的薩拉丁已經處於警戒狀態，他派出輕騎兵追打理查軍隊的尾部。由於低估腓力離開以後十字軍的戰鬥力，兩支軍隊在阿什杜德附近相遇以後，薩拉丁決定與十字軍決一死戰。一場激烈的交火後，薩拉丁戰敗，率領自己的部隊落荒而逃。對於十字軍而言，通往耶路撒冷的大道也至此被徹底打通了。

　　再次勝利之後，十字軍中也再次出現內訌。其他首領們由於忌妒理查的勇猛和影響，經常違抗他的命令。整個軍隊也不再向耶路撒冷甚至亞實基倫進軍，而是違背原來的計畫，前往雅法，並且疏忽懈怠，直到薩拉丁組織另一次戰鬥來打擊他們。軍中的內訌也直接影響理查再創佳績。

　　十字軍的很多時間都被花在毫無意義的仇視以及討價還價之上。理查想要奪回耶路撒冷，但是英勇的他在重重困難面前卻無計可施。然而，這樣的結局也是他自己造成的，因為很多高尚的人本可以滿腔熱忱地與他合作，但是他身上的那種自負實在是讓人難以忍受，很多仁人志士都疏遠他。最終，大家同意向聖城進軍，但大軍前進得十分緩慢，很不順利，士兵們滿腹牢騷，首領們也不時打退堂鼓。薩拉丁方面已經派人沿途填埋所有的水井和池塘，而十字軍中的士兵又沒有足夠的毅力在困苦中勇往直前。由於天氣又乾又熱，路上還找不到水，因此到了伯利恆時，軍心已經完全動搖了，首領們開始討論是進軍還是撤退，最終他們選擇立刻撤退。據說，理查在撤退前被帶到一座山上，他在那裡能看到耶路撒冷林立的尖塔。理查在那座山上用盾牌掩面，大聲啜泣，他對自己不能解救一座近在眼前的城市倍感遺憾。

　　撤軍中，十字軍分成兩支，人數較少的一支退到雅法，人數多的一支由理查和勃艮第大公率領返回阿卡。在理查準備好即將返回歐洲時，卻傳來了「雅法被薩拉丁包圍」的消息。信使還說，如果不立刻前往救援，

整座城會有淪陷的危險。但是當時在勃艮第領導下的法國兵已經厭倦了戰爭，不願意去援救困在雅法的兄弟部隊。為此，理查十分生氣，同時也為他們的懦弱感到羞恥。理查只有自己召集英國士兵前往救援，及時解救了雅法。據說，那些撒拉森人其實是被「獅心王」嚇跑的，因為「獅心王」的威名他們早有耳聞，所以聽說他來了就趕緊逃跑。

　　理查勝利以後要求締結和平條約時，薩拉丁很快答應了，因為他非常欽佩理查的英勇。雙方在和平條約商定停戰三年零八個月，這段期間，基督徒朝聖者不用繳任何稅，可以自由地拜謁耶路撒冷，十字軍可以佔領雅法和泰爾兩座城池。薩拉丁非常熱情地邀請基督徒們參觀耶路撒冷，很多首領趁機在這塊聖地大飽眼福。一些人還在高貴的異教徒薩拉丁自己的宮殿裡玩了幾天，回來時還對其讚不絕口。

　　雖然理查和薩拉丁在很多人心中留下深刻印象，但是他們二人卻從未見過面。然而，這不妨礙兩人之間的互相欣賞，他們都很欽佩對方的神勇和高尚。由於互存敬意，雙方制定的條約沒有一條苛刻條件，非常簡單。由於有消息傳來「國內有人密謀推翻他的王位」，因此理查不敢耽擱自己的行程，決定立刻回去平息叛亂。但是在返回的途中，路過奧地利時，他卻被囚禁了，不過最終被贖回。就這樣，十字軍的第三次東征結束了。這一次雖然沒有像前兩次那樣草菅人命，但也一樣是無功而返。

第四次東征和第五次東征結果截然不同

公眾熊熊燃燒的激情好像被潑了冷水，當權者們和教宗們使盡渾身解數也很難再次將它全部點燃。最終，好似即將點完的蠟燭一樣，經過一段搖曳不定之後，在最後時刻又明亮地跳躍了一下，而後就永遠熄滅了。

第四次東征沒有引起人們的注意，好像和公眾毫無關係一樣。與理查簽定停火協定到期一年後，薩拉丁死了，他統治下的廣闊帝國也分崩離析，成為眾多小國家。他的兄弟賽義夫·艾丁（又被稱為薩法丁）統治敘利亞，他的兒子們對此十分不滿，於是不斷對薩法丁進行騷擾。消息傳到歐洲，教宗策肋定三世認為東征的好機會來了，不過歐洲的所有國家都反映冷淡，不僅公眾毫無熱情，就連帝王們也沒有表現出半點激情。相反地，他們更願意把精力花在處理國內的事務上。歐洲只有德國皇帝亨利贊成第四次東征。在亨利的支持下，巴伐利亞公爵和薩克森公爵帶領大軍趕往巴勒斯坦。

到了之後，他們卻發現當地的基督徒不歡迎他們。因為在薩拉丁溫和的統治下，當地人已經開始休養生息，十字軍的突然到來讓他們感到自己安寧的生活受到侵擾。這支德國軍隊被他們當作是愛管閒事的冒失鬼，因此在後來和薩法丁的戰役中，他們完全不支持十字軍。這次東征不僅激怒撒拉森人，而且還使得撒拉森人仇視猶地亞城的基督徒，丟掉了堅固的城池雅法，並且使自己出發的時候人數的十分之九客死他鄉。第四次東征的後果比上一次更具有災難性。

然而，第五次東征的結果就完全不一樣了，不僅席捲君士坦丁堡，而且還將法蘭西王朝的勢力延伸到東方帝國。這樣的結果是連當初的計畫者

也沒有想到的。十字軍東征要達到的目的是「竭盡全力維護羅馬教宗的支配地位」，後世的教宗們不管在其他觀點上與前任有多麼不同，他們都異口同聲地同意這一點。歐洲的王公貴族們只要可以被他們說服到敘利亞去衝鋒陷陣或是以身殉教，他們在本國人民心目中的支配地位就可以得到進一步鞏固。出於這樣的目的，他們從來不要求十字軍打勝仗，也不管時間是否選擇正確，不管軍餉、士兵是否夠用。

要是當初教宗依諾增爵三世可以說服英法兩國那些頑固的貴族大臣們順從他的意志，他一定會感到自豪。但是約翰和腓力以前都冒犯過教會，而且都處於教會的禁令之下，同時二人還都事務纏身，都忙著在國內進行重要的改革。當時的腓力正在授予子民豁免權，約翰也不得不進行同樣的改革。因此，教宗的使者多次勸說均是無功而返。野心勃勃、魄力非凡的高級教士、納伊主教福爾克以他雄辯的口才最終說服貴族階層，而且還透過他們點燃更多人的激情。福爾克（Foulque）是一位難得的奇才，羅馬教廷一發現他，就請他四處去鼓動大家參加東征。

福爾克所到之處幾乎沒有對東征不感興趣的人，幸運之神對福爾克也很青睞，他非常輕易地抓到一次絕佳的機會：當時，香檳公爵西奧伯德要舉辦一次盛大的馬上比武大會，邀請很多貴族參加。比武時，不僅有2000多名騎士和他們的隨從到場，很多觀眾也會出現在這場盛會上。福爾克認為這是一個非常有利的時機，因此他親自來到現場，用非常有感染力的言語發表演講，滿懷激情地號召大家報名參加新的東征。年輕氣盛而又容易衝動的香檳公爵聽到他的演講後，雙手接過了十字架。香檳公爵的行動很快感染了在場的人，布盧瓦公爵查理斯也效仿接過了十字架。很快，出場的全部2000多名騎士中，除了150名外都報了名。公眾東征的熱情再次爆發，法蘭德斯伯爵、巴爾伯爵、勃艮第公爵、蒙費拉托侯爵等也都帶著自己的所有臣僕加入東征軍的隊伍。在很短的一段時間裡，在人們面前就出

現一支準備進軍巴勒斯坦的龐大軍隊了。

考慮到越境行軍十分危險，因此東征軍努力同部分義大利城邦訂立了和約——用對方的船隻過境。威尼斯年邁的總督丹多洛還願意將自己共和國的大帆船提供給他們使用。但是到達威尼斯後，東征軍卻發現帶的錢太少了，連支付對方要價的一半也不夠。於是，東征軍開始用各種辦法賺錢：士兵們將盤子鑄成金屬塊來賣，婦女們獻出了自己的飾物。他們還請求歐洲忠實信徒的支援。然而，他們可以賣錢的東西畢竟不多，加上很多人不肯多花錢，因此他們籌乘船費談何容易。最終，丹多洛以「十字軍必須幫助威尼斯收復不久前被匈牙利國王攻佔的城市扎拉」為條件，表示國家願意出錢送他們去巴勒斯坦。儘管教宗對此十分不滿，可是東征軍還是答應這個條件。

教宗非常憤怒地威脅東征軍，他將開除那些半途而廢，放棄去巴勒斯坦的人的教籍。但東征軍卻未被嚇到，他們很快就包圍扎拉城。這座城在經過一段長時間的英勇抵抗後自願投降了。此時，如果十字軍願意，他們就可以無所顧忌地與撒拉森人作戰了，但是一些意外情況卻讓首領們分心了。

曼努埃爾一世去世以後，希臘帝國分裂，他的兒子阿歷克塞二世繼承王位。沒過多久，他的叔叔安德洛尼卡為了奪得王位，殺害阿歷克塞二世；安德洛尼卡也沒坐多久王位，就被同族的伊薩克·安格洛斯殺害；伊薩克·安格洛斯登基不久，他的兄弟阿歷克塞又將他廢黜，還挖出他的雙眼，把他關進牢裡，這位阿歷克塞三世也沒有將王位「坐熱」。

從君士坦丁堡逃出的伊薩克之子也叫阿歷克塞，在聽說東征軍拿下扎拉的消息以後，即刻找到東征軍進行談判，聲稱如果東征軍能幫助他奪回父親王位，希臘教會就歸順羅馬教宗，還將讓希臘全國軍隊幫助東征軍征服巴勒斯坦，同時還向東征軍提供20萬銀馬克軍費。東征軍表示，如果教

宗沒意見，他們就接受這個條件。毫無懸念的是，教宗對此肯定沒意見，因為對於羅馬教廷來說，即使是將巴勒斯坦的撒拉森人徹底殲滅也沒有比讓希臘教會歸順更讓人滿意的。

希臘招來致命一擊

東征軍在熟練的戰術指導下英勇作戰，城裡的人聞風喪膽，一陣徒勞的抵抗之後，伊薩克棄城而逃。年老眼瞎的伊薩克被手下人從地牢中解救出來扶上了王位。他的兒子阿歷克塞四世被定為王位繼承人，東征軍很快就包圍君士坦丁堡。

戰鬥勝利以後，阿歷克塞四世不得不履行自己的諾言，但希臘的高級教士們卻拒絕將自己置於羅馬教廷的控制之下，因為條約中的條件冒犯希臘人民。為了鞏固自己的地位，阿歷克塞四世開始勸說自己的子民歸順羅馬教廷，同時還乞求東征軍留在君士坦丁堡幫助他。因此，阿歷克塞四世很快就在希臘變得聲名狼藉。由於沒有及時付給東征軍曾經承諾的巨額軍費，阿歷克塞四世也觸怒東征軍。這就直接導致他的人民反對他獨裁，他以前的盟友鄙視他虛偽，都向他宣戰。

最終，阿歷克塞四世的衛兵在他的宮殿裡抓住他，並且將他關進監獄。此時的東征軍也正在準備包圍君士坦丁堡，希臘人決定立刻選舉一個勇敢的、精力充沛的、具有堅韌不拔品格的人擔任新國王，最後他們把信任的目光投向杜卡斯（Ducass）。杜卡斯以摩蘇弗里斯的名字登上王位，他登上王位後做的第一件事情就是除掉年輕的前任國王，又老又瞎的伊薩克也已經病死。因此，將阿歷克塞四世處死以後，他如釋重負，終於少了一塊絆腳石。

西元1211年早春，東征軍和希臘人之間的關係已經發展到劍拔弩張的程度。東征軍準備攻打君士坦丁堡。法國人和威尼斯人相信自己絕對能夠取勝，從未考慮過有失敗的可能，在準備攻打之前就簽定戰後如何分享戰

利品的協定，這種自信也令東征軍取得最終的勝利。而當時的希臘人根本就沒有自信應戰，不祥的預兆將他們嚇得毫無還手之力。

讓歷史學家驚訝的是，以英勇聞名的摩蘇弗里斯糧草充足，兵強馬壯，但竟然沒辦法擊退敵人。東征軍的人數只有希臘軍隊的十分之一，如果說東征軍勇往直前是為了進城大肆搶掠，希臘人是在保衛自己的家園，保衛自己的國家，士氣應該更旺。然而，他們只擊退東征軍組織的一次猛烈的攻擊。一天以後，在東征軍再次發起更為猛烈的一次進攻時，希臘軍隊就抵抗不住了，東征軍將船開到了城牆下，殺死所有負隅頑抗的敵人。最後，東征軍以微小的傷亡就攻下了這座城。摩蘇弗里斯留下城池任勝利者恣意搶掠，自己倉皇逃跑。

2000個希臘人倒在東征軍的刀劍之下。要不是東征軍被城中的珠寶所吸引，被屠殺的希臘人很有可能會多得多。城中不計其數的錢財把東征軍給驚呆了，僅僅錢幣就足夠給每個騎士分得20個銀馬克，每個僕人10個，每個弓箭手5個。珠寶、天鵝絨、絲綢、豪華服飾、稀有美酒和新鮮果品以及他們從未見過的奇珍異寶，可以說是應有盡有。這些戰利品透過威尼斯商人變賣成現錢分給每個士兵。

在很多記載血腥戰鬥的相關歷史書籍中，我們發現，對於精美絕倫的藝術珍品，他們流連忘返，讚不絕口，而對於上帝的傑作——人，他們卻是像對待野獸一樣，肆無忌憚地屠殺。他們能保留一幅畫，但是卻會殺害婦女、兒童；他們不願碰壞一件精美的雕塑品，但是卻可以做到將刀刺向疾病纏身的人、孤立無助的人，甚至是頭髮斑白的老人。而進入君士坦丁堡的這些拉丁人則是既不尊重人，也不尊重藝術品。他們在把自己的獸性發洩在人身上的同時，還用藝術品來滿足自己的貪婪。許多漂亮的價值連城的青銅塑像被他們砸碎當成金屬賣掉。那些本應受到悉心保護、精雕細刻的大理石雕像也被他們無所顧忌地毀壞。如果有可能，他們還會做得更

過分。

　　大屠殺結束以後，戰利品分配完畢，東征軍從法國人和威尼斯人之中各選出6人作為代表來選舉這座城的國王。這6名代表事先須向天發誓，他們將選出一位能勝任國王這個位置的領導人。法蘭德斯伯爵鮑德溫和蒙費拉托侯爵博尼法斯為此次國王選舉的候選人，最終，法蘭德斯伯爵鮑德溫當選。他立刻被授予國王的紫袍，並且受命建立新的王朝。可惜，鮑德溫登基以後還沒有來得及享受，也沒有時間為繼承者們鞏固權力，就在不久之後去世了。他的繼承者也無法當好國王，很快就將權力弄丟了。60年後，就像摩蘇弗里斯在世的時候那樣，法國人在君士坦丁堡建立的秩序被一次突如其來的災難性事件畫上句號，這就是歷史上的第五次東征。

3萬兒童成為東征犧牲品

　　教宗依諾增爵（Innocent）三世雖然對東征軍的戰果很滿意，但是他也埋怨他們拯救聖城不力。於是，只要一找到機會，他就又開始大力宣講再次東征的必要性。每年的春夏兩季都有一隊隊的朝聖者陸續出發，前去巴勒斯坦幫助他們的兄弟（這種有週期的遷移被稱為三月大轉移或是聖約翰節大轉移。這些人不都是攜帶武器攻打撒拉森人，其中有很多受誠心驅使的朝聖信徒，他們只是為了前去朝拜聖地，所以除了家人、隨從和錢袋之外，沒帶任何東西），但由於人數太少，因此這樣的場合，宣傳的效果不是太明顯。直到西元1213年，依諾增爵三世的努力終於對歐洲人產生較為深刻的影響。

　　1213年春，在法國和德國又聚起一支人數龐大的軍隊。讓人痛心的是，這支軍隊中有許多的小男孩、小女孩。這些兒童都聚集在大都市裡，他們被人拋棄，四處遊蕩，是在邪惡、艱難的環境中長大的，他們什麼事情都敢幹（他們被兩個僧侶以送他們到敘利亞為幌子騙到運奴船上，再將他們運到非洲海岸賣為奴隸。許多可憐的小孩在馬賽被裝上船，但是這些船隻除了3艘以外都在義大利海岸失事沉沒，船上人員無一生還。船上倖存的小孩則安全抵達非洲，被當成奴隸養大以後再賣到非洲腹地；另一隊小孩到達熱那亞。在這次可怕的陰謀中，這兩個僧侶新的同謀此時已經在馬賽等待他們，沒有在熱那亞採取行動，熱那亞人勸說這些可憐的小孩返回自己的家）。根據記載，在這兩個僧侶的勸誘下，3萬個兒童踏上前往巴勒斯坦的旅程。

　　「這次東征是在魔鬼的指使下進行的。」富勒（Fuller）在他的著作

《聖戰》中如是說。他還加了一條當今人看來很好笑的原因——魔鬼厭倦了無謂的屠殺，試圖用孩子們的血為自己虛弱的胃做補藥。就像那些注重飲食的人在吃膩了大羊的肉後一樣，想換換口味，品嚐品嚐羊羔！

根據其他一些作者的說法，那兩位邪惡僧侶的勸誘非常動聽，以至於那些被騙的小孩像中邪一樣，門閂、柵欄都攔不住他們，就連父親們的恐嚇和母親們的疼愛也不能使他們回心轉意，放棄前往耶路撒冷的志向。他們甚至還在國內四處呼喊：「啊，耶穌基督！將十字架賜給我們吧！」

對於這次東征細節的描寫非常非常少，僅有的一些記載也顯得十分混亂。在提到這次東征時，當時的作家都認為，那兩個策劃此次行動的僧侶的名字和因此而遭到的報應不值得他們說出。據說，兩個即將從這次拐賣中獲取利潤的馬賽商人因為犯其他的罪被帶上法庭判處死刑，但是不知道他們是否透露關於這件事情的一些情況。對這次少年東征的真正動因，教宗依諾增爵三世好像也不太清楚，因為當他得知這些小孩宣誓參加東征軍、正在趕往聖地時，他忍不住大聲驚呼：「我們都在沉睡，只有這些孩子們是清醒的呀！」很明顯，他以為歐洲收復巴勒斯坦的願望都非常迫切。他在讚揚孩子們熱情的同時，還透露出對「此前自己對此次東征的冷淡態度」的自責。

因此不久之後，他給整個基督教世界的教士們寫了一封供廣泛傳閱的信，催促他們為新的東征祈禱，並積極地鼓動再次東征。和以前一樣，一些無所事事、熱衷冒險的貴族又帶著自己的僕人報了名。在徵軍過程中，依諾增爵還在拉特朗召開一次會議，他在會上宣誓，他將帶領基督的軍隊去保衛聖墓，他要親自參加東征軍。要是不被死神奪走生命，對東征充滿激情的他肯定會實現他的誓言。他的繼任者雖然也鼓勵東征，但卻不願意親自帶隊前往。

第六次東征虎頭蛇尾

　　教會籌備東征的步伐始終未停止，他們繼續在法、英、德三國徵集軍隊並且籌備軍餉，不過這些國家都沒有重要人物願意來充當首領，只有匈牙利國王安德烈（Andrew）願意離開自己的國家來幹這件事情。與此同時，安德烈也得到奧地利和巴伐利亞的支持。奧地利和巴伐利亞的兩位大公帶領一支德國軍隊加入他的隊伍。隨後，一起趕往史普利特，到那裡去乘船到賽普勒斯，再從賽普勒斯輾轉到阿卡。匈牙利國王在整個行動中卻表現得十分膽小懦弱且優柔寡斷。但是到了聖地以後，他卻發現自己的士兵十分英勇善戰，這直接導致撒拉森人吃驚得連續幾個星期不敢組織任何抵抗。因此，匈牙利國王帶領的部隊打敗第一支向他們抵抗的軍隊以後，向塔博爾山挺進。他打算佔領一座撒拉森人新建的重要城堡。他一路暢通到了山下，本可以輕鬆拿下山上的城堡，但是他突然感到有些害怕，因此在沒有採取任何行動的情況下就返回阿卡。安德烈後來很快就徹底放棄東征之事，返回匈牙利。

　　因為安德烈臨陣脫逃，奧地利大公就成為這次東征的主要領導人。援軍緩緩從歐洲各地抵達，奧地利大公仍然擁有可以給撒拉森人沉重打擊的足夠兵力。他和其他幾位首領商量後，決定傾盡全部東征軍兵力攻打埃及，因為埃及是撒拉森人勢力的活動中心，與巴勒斯坦聯繫緊密，土耳其人在埃及可以調兵抵抗東征軍。

　　東征軍很快包圍埃及最重要的城市之一，比鄰尼羅河的達米埃塔，對其發起猛烈攻擊，直到佔領尼羅河中一個被看作是「開啟達米埃塔鑰匙」的高塔為止。當東征軍歡呼鼓舞，將本來應該用來擴大戰果的時間用來慶

祝勝利時，他們卻接到蘇丹薩法丁的死訊，他的兩個兒子凱末爾和克里丹，已經將整個帝國一分為二。克里丹掌控敘利亞和巴勒斯坦，凱末爾佔據埃及。因為凱末爾在埃及不得人心，遭到人民的反抗，這就給了東征軍「實現征服撒拉森人理想」千載難逢的好機會。

然而，歷次東征軍的通病又犯了，他們吵鬧不休，無法無天。不知道是沒有發現這個絕佳機會，還是沒有看到可以從中受益，因此他們在達米埃塔城下將寶貴的時間都花在「窩裡鬥」上，而此時凱末爾卻採取有效措施鎮壓了叛亂，鞏固了自己在埃及的統治，並且決定聯合他的兄弟克里丹把在達米埃塔的基督徒們趕走。由於當時整個城市已經被東征軍團團包圍，土耳其人不得不花費3個月的時間與東征軍戰鬥，還有就是向城內投擲裝備給養。讓他們遺憾的是，這兩個措施均沒有奏效。達米埃塔城內飢荒十分嚴重，就連老鼠肉都變成奢侈食品，在市場上賣得相當貴，一隻死狗的價格也比平時一頭活牛的價格高很多。由於飢餓導致疾病，這座城裡能夠保衛城牆和打仗的男子越來越少。

克里丹和凱末爾雖然深知保住達米埃塔的重要性，但也清楚達米埃塔被攻陷已經在所難免，於是就和東征軍的首領商量，提出以「東征軍撤離埃及」為條件，將整個巴勒斯坦送給東征軍。沒想到，經一個無知而又狂熱的紅衣主教佩拉吉烏斯勸說以後，這些東征軍的領導者輕信「那些異教徒們從來不信守諾言，他們的條件是騙人的，只是為了愚弄東征軍」之說，愚蠢地拒絕對東征軍有利的條件。東征軍的首領們透過協商，決定向達米埃塔城展開最後一擊。在受困者幾次無力的、希望渺茫的反抗之後，東征軍攻下了這座城。進城後，他們才發現瘟疫和飢荒已經將這座擁有7萬居民的熱鬧城市變成只有3000人的冷清城市。

在達米埃塔城待了幾個月以後，不知道是因為氣候導致的體格虛弱還是智力下降，東征軍喪失了所有鬥志，他們成天在那裡肆無忌憚地尋歡

作樂，製造混亂。布里昂的約翰憑藉妻子的關係成為耶路撒冷城名義上的統治者，但是他卻非常厭惡東征軍首領們的驕奢淫逸、優柔寡斷和內部紛爭，於是便率領自己的士兵徹底退出東征軍，返回阿卡。

　　之後，越來越多的人都選擇返回歐洲，只留下紅衣主教佩拉吉烏斯繼續推進這項事業。他為了取悅約翰，便率東征軍從達米埃塔出發前去攻打開羅，但卻在差幾個小時就要到達開羅的時候發現兵力不足，不得不掉轉馬頭回去。然而，尼羅河在他出發以後就已經漲水，水閘已經打開，他根本回不去。無奈，佩拉吉烏斯請求與土耳其人締結那個他一度拒絕過的和約，讓他慶幸的是，慷慨的凱末爾和克里丹兄弟竟然答應了。在拱手讓出達米埃塔城以後，這位紅衣主教回到歐洲。約翰退回阿卡，為自己王國的喪失感到十分悲痛，對朋友的虛偽更是感到憤慨，因為他們原本應該幫助他，但卻將他的整個王國斷送了，第六次東征就此結束。

為第七次東征皇族聯姻

　　與前一次東征相比，第七次東征效果更加明顯。在溫和而開明的君主克里丹的統治下，敘利亞的基督教徒開始休養生息，但布里昂的約翰對丟掉的王國很不甘心。歐洲的教宗們想得最多的卻是如何攪亂歐洲各國，以伺機擴大自己的勢力。因此，在當時歐洲的君主中，除了德國的皇帝腓特烈二世之外，誰也幫不了約翰。但是德國皇帝腓特烈二世雖然經常發誓要率軍保衛巴勒斯坦，但卻因為其他的事一再將行程延緩。為了激起他的熱情，約翰決定將自己年輕的公主，耶路撒冷王國的女繼承人維奧蘭特嫁給腓特烈二世。

　　這位德國皇帝喜出望外，迫不及待地答應了。於是，年輕的公主立刻便從阿卡被請到了羅馬，並且在那裡與腓特烈二世舉行隆重的婚禮。婚禮上，約翰把自己所有的權力都給了他的女婿，耶路撒冷便出現一位不僅有意願而且有實力實現自己理想的君王，新一次東征的準備工作也立刻開始了。六個月以後，腓特烈二世已經成為擁有6萬名士兵的軍隊首領。根據作家馬修‧帕里斯所言，在英格蘭也組成一支同樣數量的軍隊。在沒有想到將女兒嫁給腓特烈二世之前，約翰曾經在英格蘭請求過英王亨利三世和英國的王公貴族幫助他收復失去的王國，但卻沒有人願意幫助他。但當歐洲政治舞台上更有影響的人物腓特烈出現時，英國的貴族們又像「獅心王」理查在位時那樣，非常願意在東征事業中貢獻所有的一切。

　　由於被一場傳染病襲擊，德皇駐紮在布林迪西的大軍不得不將行程又推遲了幾個月。就在這個時候，德國皇后維奧蘭特卻因為難產而死。約翰開始懊悔將自己的權力全部交給腓特烈。更讓他生氣的是德皇經常對他表

現出的那種傲慢和鄙視。因此，在看到女兒這個維繫他和德皇之間關係的紐帶不復存在後，約翰就開始請求羅馬教宗宣布自己先前的承諾無效，試圖重新奪回已經放棄的王位。

教宗額我略九世是一個自負、固執而且報復心還很重的人，因為腓特烈以前多次挑戰過他的權威，因此便對德皇懷恨在心。正是這樣，教宗雖然力不從心，但還是很支持約翰。腓特烈對兩人的聯盟卻不屑一顧，在軍隊擺脫病魔後，就向阿卡挺進。然而，他們在海上航行了幾天以後又遭遇疾病的侵擾，不得不返回最近的港口奧特朗托。這個時候的教宗已經公開地站到約翰這邊，他以腓特烈二世中途返回為藉口，將其教籍開除了。

剛開始的時候，腓特烈二世對教籍被開除一事只是一笑置之，但是他很快就覺得這是對他的冒犯，而冒犯他的人要受到相應的懲罰，於是就派出一支軍隊騷擾和破壞教宗的領地，但是事情卻被弄得一塌糊塗。教宗派信使趕去巴勒斯坦，禁止那裡的信徒和腓特烈二世領導的東征軍交往，否則將會給予嚴厲懲罰。因為在這種情況下，東征的事業可能會被毀掉，他不想讓撒拉森人夢寐以求的情況出現。

對於腓特烈二世來說，他不是為基督教世界，也不是為它代表的教宗而戰，而是為了他自己，他現在是耶路撒冷之王，因此他依然滿腔熱情地繼續自己的事業。當他得知約翰要離開歐洲時，他便立刻起程，快馬加鞭趕到阿卡城。然而，他卻在這個地方首次嘗到教籍被開除造成的後果。耶路撒冷的基督教徒拒絕向他提供任何方式的幫助，不僅不信任他，而且討厭他。在剛開始的時候，聖殿騎士團和醫院騎士團以及其他的騎士和大家一樣，不信任這支軍隊，但他們也不是盲從的人，尤其是當他們發現東征軍的利益和自己的一致時。因此，在腓特烈二世即將率軍攻打耶路撒冷的時候，他們全部加入腓特烈二世的軍隊。

據說，腓特烈二世在離開歐洲以前曾經針對關於重奪聖城一事和凱

末爾蘇丹有過談判。因為凱末爾擔心自己兄弟克里丹的雄心勃勃會危及自己，所以就和腓特烈二世商量，如果腓特烈二世幫他鞏固在埃及的權力，他就支持東征軍奪取聖城。但東征軍還沒到巴勒斯坦，凱末爾就聽到兄弟的死訊，於是所有的擔憂消除了。由於不願意與東征軍爭奪那片沾滿基督徒和撒拉森人鮮血的不毛之地，凱末爾以「穆斯林應該被允許在耶路撒冷的清真寺中自由出入」作為唯一的附件條件，議休戰三年，但如此有利的條件也沒讓城裡心胸狹窄的基督徒們滿足。

城裡的基督徒們認為，不應如此寬容撒拉森人。因此他們大聲抱怨，不應給敵人這樣的特權。突如其來的好運讓城裡的基督徒變得粗魯無禮，對腓特烈二世有無簽約的權力也提出疑問，因為腓特烈二世被開除教籍，不該再打著基督教的旗幟。腓特烈二世也開始厭惡他的新子民，他願意前往耶路撒冷行加冕之禮也完全是因為聖殿騎士團和醫院騎士團的騎士們對他忠心耿耿。但是他去了之後卻發現，所有教堂都對他關上了門，甚至連一位主持加冕典禮的牧師都沒找到。由於已經對教宗的權威感到失望，因此他決定「勇往直前」，無人為自己加冕，他就自己為自己加冕。他無所畏懼、雄心勃勃地走上去，從祭壇上雙手捧起王冠，戴在了自己的頭上。除了士兵舉起林立的刀劍來證明他們將誓死保衛他們的新國王外，這次加冕沒有臣民響徹雲霄的歡呼聲，也沒有迴盪在耳邊的牧師們歌功頌德的祈禱。很難理解腓特烈二世竟然會為了巴勒斯坦那塊不毛之地和那頂不舒適的王冠而長時間離開自己的國家。

六個月以後，由於腓特烈二世再也無法忍受自己的新子民，加之國內有更重要的事需要他返回（約翰明目張膽地與教宗額我略組成聯盟，正準備率領一支教宗軍隊前去破壞德國的領土），德皇就決定返回歐洲。在返回之前，腓特烈二世懲罰了那些蔑視其權威的人，他要讓那些人痛苦地知道，他不是其他什麼人，而是那些人的主人。因為懲罰，腓特烈二世在巴

勒斯坦人的詛咒聲中離開那裡，第七次東征就此結束。此次東征雖然途中遇到很多挫折，但對聖地做出的貢獻卻比以前任何一次東征都要大。對於這個成果，英勇無畏的腓特烈二世和慷慨大度的凱末爾功不可沒。

大獲全勝的第八次東征

腓特烈二世離開以後不久，賽普勒斯皇后愛麗絲（Alice）就提出要接替耶路撒冷王位。最終由於耶路撒冷城中的許多武士更支持腓特烈二世，這位皇后不得不選擇放棄。歐洲沒有因為東征軍取得的極大和平結果而有太大的喜悅。腓特烈二世與撒拉森人簽定的停火協議沒有結束，法國和英格蘭的騎士們已經閒不住了，他們已經在為第八次東征做著積極的準備。聖城附近不屬於停火協議簽約方的很多穆斯林小國不斷對耶路撒冷王國的邊境城鎮進行騷擾。聖殿騎士團一直在與敘利亞的一座古城阿勒坡的土耳其人苦戰，直到最後幾乎被全部殲滅。巴勒斯坦的很多人感到不滿意。

大屠殺不斷發生，聖城的教徒們關於悲慘命運的講述不斷在歐洲人耳邊迴響。因為這座多災多難的城市關係到很多珍貴的、能喚起崇高情感的紀念品的安危，因此很多高貴的武士拿起武器維護當地的秩序。得知歐洲人準備再次東征之後，凱末爾認為自己之前已經足夠慷慨大度，因此在停火協議期滿的當天就率兵前往耶路撒冷，擊敗聖城裡武士的抵抗，拿下了這座城市。這個消息傳到歐洲之前，一支由位於法國西南部與西班牙北部王國的納瓦拉王、勃艮第公爵、布列塔尼伯爵以及其他首領率領下的大軍正在行軍途中。他們到達以後才知道耶路撒冷已經被佔領，凱末爾已經死去了，這個蘇丹王國已經被王位爭奪者們分成很多小國。

敵人的不和原本是東征軍團結一致奪取勝利的好時機，但東征軍和以往一樣，每個封建領主都打著自己的小算盤，擅自行動，完全不考慮整體計畫，首領們率領的各支分隊之間不斷發生衝突，其結果當然也就一事無成。由於各分隊不能協同作戰，因此當一支分隊打了勝仗後也無力再擴大

戰果。同樣地，當一支分隊吃了敗仗後，也沒有援軍來幫他們脫身。這樣的戰爭一直持續到加薩①之戰。在此次戰役中，被敵軍重創以後的納瓦拉王為了避免全軍覆沒，不得不與敵軍的首領卡拉克簽署了一份於己十分不利的條約。瞭解這樣的情況以後，一支由康瓦爾伯爵理查②率領的援軍很快從英國趕來。

　　康瓦爾伯爵理查的軍隊強大而且富有朝氣，士兵們對自己和首領都充滿信心。這支常勝軍隊的到來讓雙方的力量對比發生改變。由於埃及的新蘇丹正在和大馬士革的蘇丹交戰，因此他不願意也沒有精力對抗這兩個強勁的敵人。他就派使者去與這位英國伯爵交涉，提出願意透過交換俘虜和割讓聖城來換和平。對己方如此有利的條件，不是為打仗而打仗的理查當然樂於接受。於是，理查不費吹灰之力就成為耶路撒冷的解放者。

　　埃及的蘇丹把自己所有的兵力投入與穆斯林人的戰鬥中，康瓦爾伯爵也回到歐洲。於是，最成功的第八次東征就此結束。基督教徒們再也找不到向東方派遣軍隊的理由了。許多跡象顯示，聖戰好像已經走到盡頭：耶路撒冷、的黎波里、安條克、埃德薩、阿卡、雅法、猶地亞的大部分已經全部被基督教徒佔領。如果不發生內訌，基督教徒們完全能夠輕鬆克服鄰邦的忌妒和敵意。但是一個意外的災難改變這幅極有可能出現的畫面，並再次點燃東征軍的滿腔熱情和怒火。

---

1. 巴勒斯坦西南部的海港。——譯者注
2. 這個名字是根據獅心王的名字取的，他是獅心王勇猛精神的繼承者。——譯者注

路易帶領的最後一次東征

　　成吉思汗和他的後繼者像一股熱帶風暴一樣席捲整個亞洲。所到之處，攻無不克，不論是北方還是東方，許多王國都在鐵蹄踏過之後變成他們的天下。在他征服的國家中，有一個王國叫花剌子模王國。花剌子模人被從自己的家園趕出來以後，就在亞洲南部四處燒殺搶掠，尋找安身之地。在持續不斷地四處征戰的行程中，這個凶悍而未開化的種族將矛頭指向埃及。由於阻擋不住這群早已對肥沃的尼羅河谷垂涎三尺的野蠻人，埃及的蘇丹就派使者去邀請他們到巴勒斯坦安家。

　　這支部落欣然接受邀請，在基督徒完全不知道他們即將到來的情況下，他們就像一股夾帶黃沙的熱風般掠進巴勒斯坦，情況之突然甚至讓當地居民還沒有來得及打量他們。而對於當地居民來說，又是如此具有災難性。他們在當地肆意燒殺搶掠，就連婦女兒童也不放過，他們將婦女、兒童以及牧師屠殺在祭壇上，而且還故意踐踏那些已經逝去了幾個世紀的聖者的墳墓。他們將所有能表現基督教信仰的遺跡都破壞掉，造成的慘狀在戰爭史上前所未有。大約有7000多居民為了保住性命撤出了耶路撒冷，但是在他們逃離得還不太遠，回頭還可以看見聖城時，這些野蠻人卻在城牆上升起基督教十字架旗幟，故意引誘他們回來。結果他們的詭計得逞了，可憐的逃亡者們誤認為是從另一個方向來了援軍，為了重新奪回家園，就趕緊掉頭返回。等待他們的卻是慘死在刀劍下的結局，而且無一倖免，街道上血流成河。

　　大敵當前，聖殿騎士團、醫院騎士團、條頓騎士團雖然積怨已久，但他們還是決定聯合起來肩並肩作戰，掃除這群惡魔般的敵人。他們召集巴

勒斯坦所有倖存的騎士，堅守在雅法城，還努力去聯合埃米薩和大馬士革的蘇丹來協助他們共同抵抗敵人。很快，蘇丹派來的援軍到了。儘管剛開始的時候，援軍只有4000人，但雅法城的首腦瓦爾特還是迫不及待地選擇與花剌子模人開戰。發起此次衝突的一方發誓要拼個你死我活，但哪扛得住凶猛殘暴的花剌子模人。兩天的戰鬥中，雖然形勢也有過好轉的時候，但最後還是寡不敵眾，埃米薩蘇丹逃回自己的城堡，瓦爾特則落入敵軍之手。這位勇敢的騎士被捆綁在一個雅法城的守軍可以看到的十字架上，吊在城頭。花剌子模人的首領放言說，如果雅法城不投降，瓦爾特將永遠被吊在那裡。瓦爾特用微弱的聲音向他的士兵們發出堅定的命令：一定要堅持到最後，絕不能投降！但是他的勇敢已經無力回天。在之後的大屠殺中，他的騎士們只有16名醫院騎士、33名聖殿騎士和3名條頓騎士倖存。這些騎士和其他殘兵不得不逃回阿卡，花剌子模人完全佔領巴勒斯坦。

敘利亞的蘇丹人也非常厭惡這個凶殘的部族，他們更願意基督徒做自己的鄰居。即使是埃及的蘇丹也開始後悔自己當初幫助如此野蠻的敵人，於是開始聯合埃米薩和大馬士革蘇丹的力量來趕走這塊土地上的敵人。三方聯合起來，孤注一擲的大軍發起攻擊後，總數只有兩萬的花剌子模人開始招架不住了，蘇丹連連獲勝，農民也紛紛從四面八方趕來，向敵人報復。逐漸地，花剌子模人越來越少。沒有人同情他們，他們的首領巴巴幹也被打死。在苦苦掙扎5年之後，花剌子模人終於全部被殲滅，巴勒斯坦再次成為穆斯林人的領地。

在此次毀滅性的災難發生前，在巴黎生病的路易九世在高燒昏迷後做了個夢。他在夢中看到基督教徒和穆斯林人在耶路撒冷城前交火，戰敗的基督徒慘遭屠殺。這個夢境給迷信的他留下很深的印象。他慎重地發誓說，只要他恢復健康，他將前往聖地朝聖。巴勒斯坦遭遇的不幸以及耶路撒冷和雅法大屠殺的消息傳到歐洲時，聖路易想起這個夢。於是，他比以

前的任何時候都堅信，這是天意。他決定率軍東征，解救聖墓。

　　從那個時候開始，聖路易就脫去紫色王袍，換上樸素衣服，變成一位朝聖者。儘管他的王國離不開他，他還是做好了各種準備離開這個國家，他一心一意要實現自己的想法。他的熱忱讓教宗依諾增爵四世讚賞有加，於是給了他很多幫助。依諾增爵四世寫信給英國的亨利三世，要他在英格蘭推進東征事業，並且號召歐洲的教士和平民為東征貢獻自己的力量。其後，英國著名的索爾茲伯里伯爵威廉・郎索德率領很多勇敢的騎士以及士兵參加東征軍。但無論是在法國還是在英國，人民的熱情始終沒有被喚起。因此，此次東征雖然召集大批軍隊，但卻沒得到民眾的支持，因此而增加的賦稅更像是一盆涼水向人民潑來。

　　在這樣的背景下看，即使是對於一個騎士來說，不參加十字軍也不是什麼可恥的事情。當時（1250年），有名的法國吟遊詩人魯特伯夫杜撰一個東征軍騎士和一個沒有參加東征的人的對話。對話中，東征軍騎士找出很多理由來說服沒有參加東征的人捨棄所有財產，拿起武器投身神聖的事業。從這段對話中可以看出，作者喜歡的是不參戰的人。他是這麼寫的——

　　在他的東征軍騎士朋友的懇請下，不參戰的人回答：「我明白你的意思，你是說我該立刻離開這裡，趕快去那個地方，用鮮血去奪回它，之後帶不回一抔土壤。而我被拋棄的可憐妻子和孩子卻在家裡哭泣，我的好房子被肆意破壞，因為只有小狗在看護它，可是，我的朋友，我記得一句很有哲理的古老格言——保護你擁有的東西。我願意按照它去辦事情。」

　　由於東征不是民心所向，因此路易九世整整忙活了三年，才組建起他的軍隊，做好東征的必要準備。一切都準備好以後，他帶著皇后、兩個兄弟以及安茹和阿圖瓦兩地的兩位伯爵，率著一長隊法國最傑出的騎士揚帆

起航，前往賽普勒斯。他的第三個兄弟普瓦捷伯爵留在法國徵召另一支軍隊，幾個月以後也趕往賽普勒斯和他會師。此時，除了威廉‧郎索德率領的英國軍隊，他們的軍隊人數也達到5萬人。不幸的是，一場傳染病讓他們犧牲幾百名士兵，他們就決定在賽普勒斯駐紮到第二年春天。路易帶領所有人馬乘船前往埃及，但是一場可怕的風暴卻把他的艦隊吹散了。

當他抵達達米埃塔的時候，身邊只剩幾千人。儘管如此，他們依然滿懷信心，氣勢逼人。因此，雖然岸上有埃及蘇丹馬立克沙帶領的一支數量上佔絕對優勢的軍隊嚴陣以待，但他們還是未等後續部隊抵達就強行登陸。路易身先士卒，快速從船上跳下，涉水衝向海灘；在他大無畏精神的激勵下，他的士兵們和他一起喊著「上帝與我們同在」（第一次東征時的戰爭口號）衝向了敵人。土耳其人被這種氣勢給鎮住了。一隊土耳其士兵正欲向東征軍靠近的時候，騎士們把自己巨大的盾牌深深插入了沙裡，長矛指向天空，形成威風凜凜的屏障，土耳其人見此嚇得掉頭就跑。在這個恐慌的時刻，撒拉森人之間還傳開了一個「蘇丹已經被殺」的錯誤消息，整個軍隊頓時亂了陣腳，四處逃跑，達米埃塔城就這樣被放棄了。

當天夜裡，勝利的東征大軍將他們的總部設在城裡。在海上被風暴吹散的士兵也在不久之後陸續趕到。此時的路易不僅有力量征服巴勒斯坦，就連埃及也不在話下，但過度的自信成為其軍隊的致命弱點。在取得這個重大戰果後，他們開始放縱自己，隨意享樂，他們覺得已經沒有什麼需要他們做的。成功不僅沒有激勵他們勇往直前，反而讓他們解除精神武裝。腐敗淫亂帶來疾病，病情又由於氣候炎熱、生活不適應而惡化。當這支軍隊被路易帶著前往開羅的時候，他們先前的那種精神狀態已經沒有了。在前往開羅的路途中，塔尼西安運河擋住他們的去路，撒拉森人在河岸邊阻住了運河的通道，路易下令搭橋。軍隊在兩座移動塔的掩護下開始搭橋，但剛搭起的橋樑很快就被撒拉森人投擲的火把燒毀了。路易不得不考慮採

取其他辦法來達到自己的目的。在重金的賄賂下，一個當地的農民給他們指出可以徒步走過的淺灘。隨後，由路易率主力抗擊撒拉森人，阿圖瓦伯爵帶領1400人涉水過河。阿圖瓦伯爵安全抵達對岸以後，成功擊敗抵抗他們登陸的一支敵軍。

在勝利的鼓舞下，勇敢的伯爵乘勝追擊，完全忘記自己在人數上所處的劣勢，最終把惶恐的敵人趕進曼蘇拉城。到了那裡他才發現自己已經與兄弟部隊失去聯繫。此時的穆斯林人也發現這個情況，於是重新鼓起勇氣，和曼蘇拉城及周圍派來的援軍一起，掉頭向公爵的軍隊殺來。

基督徒們竭盡全力和敵人殊死搏鬥，但敵人越來越多，把他們團團包圍了。他們徹底失去勝利和逃跑的希望。在屠殺中，阿圖瓦伯爵首當其衝，當路易趕來援救時，這位勇敢的先鋒已經被砍碎了。他帶領的1400人也只剩下300人。戰爭至此達到白熱化，路易和他的軍隊表現得相當勇猛。在頭領賽西丹的帶領下，撒拉森人也充滿鬥志，好像是要立刻將侵犯他們海岸的歐洲人一舉消滅一樣。在夜幕降臨的時候，基督徒們自負地認為，撒拉森人是逃跑了，而不是撤退了，以為自己勝利了，已經成為曼蘇拉城的主人。但是這塊致命的戰場卻讓他們的首領痛苦地發現自己軍隊所處的混亂狀態，征服對方的希望已經變得十分渺茫。

也正是這樣，東征軍開始求和，但蘇丹堅決要他們立刻撤出達米埃塔，而且還要將路易本人作為人質來擔保實現上述條件。路易手下的部下拒絕這個要求。談判破裂後，東征軍決定嘗試撤退，可動作敏捷的撒拉森騎兵時而出現在他們的隊尾，時而又出現在他們的對前，因此撤退談何容易。騎兵不斷攔截迷路的士兵，成千上萬的士兵溺死在尼羅河裡，逃脫各種襲擊的人受到疾病和飢荒的困擾，喪失了戰鬥力。路易自己也差點在疾病、疲倦和沮喪的共同打擊下倒下。在逃跑的混亂中，路易和他的隨從們被沖散了。在埃及的沙漠裡，路易成為一個純粹的陌生人，只有一位名叫

傑佛瑞的騎士追隨著他，並且將他帶到一個小村莊的一座簡陋小屋裡面暫且安身。他疲病交加，又舉目無親，只能躺著等死，最終被撒拉森人發現並俘虜了，但由於他身分高貴，狼狽不堪，所以敵人對他產生憐憫，對他十分優待。在撒拉森人的照料下，路易的健康狀況很快好轉，他們要做的下一件事情就是向東征軍索取路易的贖金了。

　　撒拉森人除了要求贖金以外，還向東征軍提出「割讓阿卡、的黎波里以及巴勒斯坦的其他城市」的要求。路易非常堅決地拒絕這些要求，他的英勇和自尊讓撒拉森人非常感慨：這是我們見到過的最高傲的異教徒。一番艱苦卓絕的討價還價之後，埃及蘇丹同意放棄上述條件，簽署了內容為「基督徒必須歸還達米埃塔，雙方停戰10年，東征軍交付1萬個金幣作為釋放路易和其他俘虜贖金」的條約。然後，路易退回雅法城。在之後的兩年裡，在巴勒斯坦教徒的支持下，路易將雅法城和另一個叫凱撒利亞的城市建成一道牢固的防線。之後，他返回自己的國家。他作為聖人的名聲在當時是遠近聞名，但是英勇的一面卻很少有人知曉。

聖地熱漸漸冷卻

　　根據馬修・帕里斯介紹，1250年，當路易還在埃及的時候，數萬英國人都想去參加聖戰。如果不是英王下令嚴守所有港口，不准人們出去，數萬英國人已經離開英國，追隨路易去了。但當東征軍遭到重創，路易被俘的消息傳回歐洲時，這些英國人的熱情都被澆滅了。人們雖然會去提起東征的事蹟，但卻沒有人真正討論它了。

　　國王被俘的消息在法國出現另一番景象，全國上下一片恐慌。一個來自熙篤修道院的修士向農夫和牧羊人宣講，說他看到在眾多聖者和烈士的陪同下，聖母瑪利亞命令他鼓動所有的農夫和牧羊人及農民拿起武器，保衛基督。受他滔滔不絕演講的感染，數萬人放棄自己的草場和莊稼，聚集在他周圍，準備隨時聽候他的調遣。這支由牧羊人組成的軍隊隊伍越來越大，最後超過5萬人（米洛說有10萬人）。剛開始的時候，國王不在期間暫時攝政的布蘭卡皇后也鼓勵他們這樣做。但是他們很快就變得無法無天，所到之處，燒殺搶掠，無惡不作。原來支持他們的那些人開始對他們進行抵制。在政府的支持下，善良的百姓聯合起來制伏了這群狂徒。在其中已經有3000人被殺死（許多作者認為被殺的人數還要更多）後，這支隊伍最終被遣散了。

　　西元1264年，10年的停火協議到期。聖路易在宗教的狂熱和想要藉此來顯示其武功這兩個動機的驅使下，想透過發起第二次遠征解放巴勒斯坦。歐洲的豪俠之士開始躍躍欲試，教宗也鼓勵他的這個計畫。1268年，愛德華作為英國王位的繼承人，宣布加入東征軍。教宗克萊孟四世向歐洲的教士和民眾發出「要他們以自己的勸說和金錢來支持這場偉大事業」的

倡議。在英國，人們願意繳納自己財產的十分之一，民眾需要按照議會的規定，在9月29日的米迦勒節繳納自己二十分之一的穀物和動產。

路易周圍幾個頭腦清醒的政治家提醒國王，這樣做會毀了其富庶的王國，但是路易卻置之不理，繼續全力備戰，執意要離開。好戰的王公貴族們也樂此不疲。1270年春天，國王帶領一支6萬人的大軍揚帆起航。在海上，惡劣的氣候將他趕到地中海中的薩丁尼亞島上。這個時候，路易修改之前的計畫，不再按照原計畫前往阿卡，而是決定向非洲海岸的突尼斯挺進，因為突尼斯國王曾經表示對基督徒有好感。

「我要是能成為這個穆斯林國王的教父，那該多好！」路易當時常常發出這樣的感慨。在路易看來，如果能夠讓突尼斯國王皈依基督，並且在和埃及蘇丹的戰鬥中獲得他的支持，那就勝利在望了。帶著這個良好願望，在迦太基舊址他登上非洲的陸地。不過到了之後，他卻發現是自己過於樂觀了。突尼斯國王不僅沒有放棄自己的信仰，而且也沒有任何幫助他們的意思。非但如此，還緊急調集了能調集的所有力量來阻止他們上岸。由於法國兵最先搶佔有利地勢，所以穆斯林軍隊大敗。雖然敵人的援軍不斷增加，但是路易的軍隊依然有優勢。但是一場瘟疫卻在軍中迅速蔓延，直接粉碎他勝利的美夢。每天都有上百人喪生，而這個時候，敵軍的攻擊卻越來越猛，交火造成的傷亡也絲毫不比瘟疫少。

路易是最先感染瘟疫的人之一，由於飢荒，他的身體變得異常虛弱，甚至承受自己身體的重量都是問題。士兵們對他們敬愛的國王可能很快就會離開人世感到十分悲痛。又硬撐了幾天，56歲的路易在迦太基死去。他的士兵和子民都深感痛惜，他的聲名在歷史上閃耀光輝。在宗教作家的眼中，他的缺點也變成優點，因為即使是缺點也是為了推進他的事業。因此路易對他們而言，是一位模範君主。很多不帶傾向的歷史學家雖然對路易的宗教狂熱頗有微詞，但也對他高貴、罕見的品格讚賞有加。他們認為，

路易在狂熱上落後於時代，但卻在優秀的品格上走在時代的前列。

在聽到路易的死訊之前，路易的兄弟查理（Charles）（透過發動叛亂而成為西西里的國王）已經率領大批援軍從墨西拿出發前去幫助他。在迦太基附近登陸時，查理伴著威武的鼓號樂音走在隊伍的前列，然而，他很快就發現自己的高興是如此不合時宜，他當著全軍將士的面就忍不住灑下了讓人盪氣迴腸的熱淚。而後，查理很快與突尼斯國王簽定和約，法國和西西里的軍隊也分別返回自己的國家。

東征的號召在英國遭到冷遇，很少有人響應。王位繼承人全力倡議後，也只召集1500人。愛德華王子帶著這支小部隊從多佛爾出發，前往波爾多。他希望可以在波爾多遇上法國國王，但聖路易早在幾個星期以前就離開那個地方。之後，愛德華又趕到薩丁尼亞島，再趕往突尼斯。但法國國王路易離開人世時，他還沒到達非洲。他抵達的時候，法國人已經和突尼斯簽了和約。但愛德華卻不肯放棄東征計畫。他返回西西里，在那裡，他度過冬天並進行積極的擴軍備戰。

春天到來後，愛德華又重新揚帆起航，通過巴勒斯坦後安全抵達阿卡。和以前的東征一樣，基督徒軍隊的忌妒和怨恨這兩個通病又犯了，士兵們人心渙散，聖殿騎士團和醫院騎士團兩支軍隊相互仇視，各行其是。愛德華軍隊到達以後，基督徒軍隊盡釋前嫌，重新並肩作戰。6000名精悍的武士加入愛德華的軍隊，準備重新向撒拉森人開戰。

借助一場流血叛亂登上王位的埃及蘇丹拜巴爾一世（也叫本多克達）正與四周鄰國開戰沒有太多精力對抗東征軍。愛德華抓住這個機會，勇敢地進軍拿撒勒，並且在打敗敵人以後佔領此地，但是他的勝利也到此為止了。炎熱的天氣使得軍中疾病流行，這位遠征軍的靈魂也被病魔擊倒了。

病了一段時間以後，愛德華的健康狀況終於有所好轉。此時，一個信使說要親手交給他幾封信箋，向他稟報一些重要的事情。在他閱讀信箋

時，這位叛變的信使突然從皮帶上拔出一把匕首插入了愛德華的胸膛。所幸的是，並未傷到要害，愛德華還有力量對抗。愛德華與暗殺他的人搏鬥了一會兒後，用那把匕首殺死對方。愛德華大聲呼救以後，手下人衝進來趕緊對血流如注的他進行救治，由於匕首也是有毒的，人們趕緊設法清潔傷口，聖殿騎士團的首領送來了消毒藥，避免傷口惡化。康登在他的史書中把這件事情記錄得比較感人、浪漫，他說，埃莉諾王妃十分敬愛她英勇的丈夫，她冒著生命危險親口將愛德華傷口中的毒血吸出來。用老富勒的話講則是，「遺憾的是如此動人的故事竟然是假的。更讓人遺憾的是，女人舌頭這樣的好藥與愛情的巨大力量結合在一起，不應該做出什麼好事來的。」

愛德華懷疑刺客是埃及蘇丹雇來的，他的懷疑不是無中生有，但懷疑終歸只能是懷疑，刺客死了線索也就斷了。誰也無法知道背後主謀到底是誰了。愛德華痊癒後，準備進兵埃及。由於埃及蘇丹擔心自己的利益受到損害，他就提出與東征軍求和。但是這樣一來，埃及蘇丹也暴露了自己力量的弱小，這使得愛德華更加渴望與埃及交火，但是他也有需要保護的其他利益。他的父親亨利三世駕崩的消息傳到巴勒斯坦，他必須回英國。於是，他以基督徒在巴勒斯坦的財產應該被保護為條件，同意對方求和的條件，10年之內，雙方保持和平。之後，愛德華乘船返回英國，最後一次東征也就此結束。

值得一提的還有，聖地巴勒斯坦的基督徒很快就忘記以前遭受的苦難，也忘記留心周圍鄰國的忌妒和垂涎，竟然在瑪加特城附近搶劫一些埃及商人，首先破壞停火協定。作為對埃及冒犯行為的報復，埃及蘇丹立刻派兵佔領瑪加特。兩國之間的戰爭再次打響。由於沒有援軍從歐洲前來協助，儘管瑪加特城組織勇敢的抵抗，最終還是讓聖地淪陷了，特里波里以及其他城市都相繼落入敵軍之手，最終只留下基督徒們的唯一據點阿卡

城。

在賽普勒斯國王提供的時斷時續的援助下，聖殿騎士團的首領召集起數量極少、滿腔忠誠的武士們準備為自己的最後據點血戰到底。歐洲方面則是對他們的求援呼聲充耳不聞，最終，無論他們有多麼英勇，都因寡不敵眾而在埃及蘇丹的包圍下全軍覆沒。聖殿騎士團的首領身受一百多處重傷，倒在陣前。只有7位聖殿騎士和同樣數量的醫院騎士逃脫這次可怕的大屠殺。看到抵抗無用後，賽普勒斯國王逃走了。

基督徒在巴勒斯坦的統治至此永遠結束了，勝利的穆斯林放火燒毀了阿卡城。這個消息讓歐洲的教士們非常震驚和悲傷，他們開始重新激發歐洲各國為解放聖地而戰的熱情，但公眾普遍的宗教狂熱已消耗殆盡，再也燃燒不起來。儘管偶爾有一兩個騎士發誓要拿起武器，偶爾也可以聽見一兩位國王冷冷地對東征表示贊同，但那也只是一提起就又立刻放到一邊的話題，時間久了，願意再次提及的人更是越來越少。這麼多次東征的後果或結果又是什麼？

歐洲因此失去200萬人的生命，耗費了百萬千萬計的財富，一些自以為是的騎士佔領巴勒斯坦大約100年！即使是基督教佔領聖地一直到今天，歐洲人付出的代價也太慘重了。當然，東征軍也不是一無是處，儘管他們有極端的狂熱，也做過許多蠢事。由於和亞洲更先進的文明接觸，封建主們變得更加理性了，人們也因此得到一部分權力。而且國王們與本國貴族的關係也和諧許多，至少不再互相仇視，不時還頒布一些利於社會進步的法律。

在慘痛的經歷中，人們的智慧還是得到一定增長，開始從羅馬教廷的迷信沼澤中清醒過來，並且開始準備播種宗教改革的種子。人們還從神聖的自然規律中得到教訓，開始借助東征時的那股熱情創造更先進的文明，並且為西方國家創造更加幸福的生活。十字軍東征的主題也成為最吸引人

的主題之一，如果要將它所有蘊涵的意義全部挖掘出來，那這本書的篇幅肯定遠遠不夠。哲學專業的學生可以透過分析歐洲這場瘋狂事件的優點、缺點、成因和結果來鍛鍊自己的分析能力。

古斯塔夫・勒龐點評

[1]　傳統的、舊有的人格因素在特定事件的影響下開始分解，新的人格在這時又是如何塑造的？仔細研究後我們會發現，有很多途徑可以塑造新的人格，其中最有效的一種方式就是對一種信仰懷著強烈的執著追求，它能夠清晰地指明新人格形成的方向，這簡直就像磁鐵聚攏金屬屑一樣快速有效。

[2]　在諸如十字軍東征、宗教改革、法國大革命這樣的重大歷史事件或歷史時期中，我們能清晰地觀察和認識到這種方式如何塑造新的人格。

第十一章

「女巫」活在許多國家

是神降下的什麼憤怒？

是淚水中湧出的何種邪氣？

讓惡魔折磨無罪的人，

還用盲目的愛和無知的情，

將毒害的瘟疫撒向地球，

侵染世人純潔的內心。

——史賓塞（Spenser）的「繆斯之淚」

同胞們：鞭打她！殺掉她！絞死她！

正義：正義在何方？快來阻止這無端的暴力吧！

索耶媽媽：一群地痞無賴——

幾個滿手鮮血的劊子手！開始摧殘我！

這到底是為什麼？

正義：天哪！你這告密者！你是罪惡之源嗎？你竟去虐殺年老的婦人！

告密者：年老的婦人？她是來自陰間的母貓！她是一個女巫！

為了證實她的身分，我們在她的茅草屋上點了把火。但是她卻發瘋般地衝進去。

好像邪靈在用火藥驅趕她。

讓她進去。

——福特的「埃德蒙頓的女巫」

靈魂可以在脫離軀殼之後繼續存留在人世間，這種觀念在人們的心中

由來已久。人們追求永生的神聖希望，曾經是人類理性擁有的最重要的精神安慰和最大的文明成果。雖然救世主沒有告訴我們，但是我們內心仍然會存在著這種永生的信念。今生今世的所有人生體驗都會使我們更加堅定地相信並守護著世界上存在因果報應的想法。在人類文明的洪荒時代，這個充滿神秘色彩的信念成為許多迷信行為和思想的母體，這些迷信行為和思想又成為新的源泉，流淌出貽害世人的血腥與恐怖。在歐洲歷史上，有大約兩個半世紀的時間，一直為這種思想陰霾所籠罩。人們相信，不僅離開軀體的靈魂穿梭於人間，參與世人之事，而且人們在殘害同族的時候，也可以請求妖魔鬼怪的幫助。

把無法解釋的東西妖魔化

　　一場罕有的瘟疫席捲歐洲，人們非常恐懼，認為自己難逃厄運。他們感到再也無法確保自身以及財產的安全，並且把這一切歸結為無法逃脫的魔王及其徒眾的陰謀。在這樣的時代，所有的天災人禍都被認為是女巫作祟。如果狂風暴雨破壞糧倉，人們會覺得是女巫在施展巫術。如果有牲畜因疫病而死，如果某人的四肢染上疾病，如果死神意外帶走一位親人，所有這些都被人們看作是附近某個相貌奇醜的老巫婆的妖法所致，而絕不會被看作是上帝對世人的懲罰。無知愚昧的人看到癲狂和不幸的她，便指認她就是女巫。從此，人們經常說起「女巫」一詞，以至於這個詞流傳極廣。在法國、義大利、德國、英格蘭、蘇格蘭及遙遠的北部地方，人們不僅熱衷於談論這個話題，甚至對它有些狂熱。

　　在之後連續許多年裡，出現在各國法庭上的案件幾乎都與巫術相關，而其他種類的犯罪幾乎被人們忽略了。這種殘忍、荒唐而沒有任何根據的巫術妄想症奪走無數不幸人的生命。在德國的許多城市平均每年有600人因為這個幻想中的罪名而被殺害，如果星期日（因為人們相信巫術在星期日無法施展）不算在內，每天都會有兩人因為這個罪名丟掉性命。關於這一點，以下會有更為詳細的敘述。

　　摩西戒律[1]中有這麼一句非常有名的經文：「你接受不了一個女巫活在這個世界。」很多有良知的人因為對這句經文的誤讀而誤入歧途，而且

---

1. 摩西戒律為猶太教設立，是猶太人法律的一部分。——譯者注

還在不斷升級，如果說他們的迷信之前還只是處在一個比較溫和的階段，現在他們正試圖用孤獨而又略帶淒涼的怒火來加熱催化他們的迷信，還想將之熊熊燃燒。自古以來，人們都在想盡辦法試圖與超自然的神對話，希望透過它們研究未來，試圖解開未來之謎。在摩西時代，出現這樣的事情，江湖騙子抓住人們輕信於他的弱點，謊稱有神靈賦予力量，進而侮辱真正的上帝所特有的崇高尊嚴。因此，摩西根據神的旨意頒布法律來懲治這樣的罪犯。但是他頒布的法律和中世紀那些迷信偏執狂認為的不一樣。

　　按照權威人士的解釋，這個希伯來[2]詞彙後來被譯為「venefica」和「witch」，意思大概是投毒者及女預言家、占卜家或符咒涉獵者。然後，現代意義上的女巫卻扮演著不同的角色，不過也標榜自己能夠預測那些可以給人們的生命財產帶來不幸的未來事件。這種能力必須親自和魔王本人透過白紙黑字達成明確的協定，而且還要在協定上面用血來簽字後才可以獲取。按照協議，女巫、男巫均須放棄洗禮，將自身不朽的靈魂出賣給魔王，值得一提的是，這個協議中找不到可以贖回靈魂的附加條款。

　　大自然中有很多很多難以理解的奇怪現象，直到今天，科學以及哲學也無法解釋清楚。在人們對自然規律不甚瞭解的前提下，就將會難以解釋，無法理解的現象歸結於超自然的力量。而今，那些涉世不深的人也可以理解以前智慧超群的奇才想不通的事情，小學生也知道為什麼站在高山上仰望天空有時候可以看到三四個太陽同時現身，為何一個旅者的身影可以被複製成一個很大的倒置重疊身影，形成一個看似「佛光」的影子。

　　大家都知道在自己生病時腦海裡曾經出現過的一些好玩的奇怪遊戲；大家也知曉憂鬱症患者會看見一些幽靈或是幻影一樣的東西。有時候可能還會出現這樣的情形——感覺自己就是一個茶壺。是科學掀開這層神秘的

---

2. 猶太民族的語言，世界上最古老的語言之一。——譯者注

面紗，趕走那些籠罩在我們先輩腦海裡的稀奇古怪的想法。而今將自己當作狼的人不再被活活燒死，而是被送去醫院接受治療。但是在捉拿女巫非常盛行的年代，將自己當作狼的人往往會被架在火刑柱上活活燒死。大地、空氣和海洋的形成一度被當作是妖魔鬼怪頻繁出沒使然，現在大家都知道這簡直就是無稽之談。

在更加深入地追溯有關巫術的歷史之前，我們可以先猜猜僧人們是怎麼荒唐地將魔鬼的教義進行擬人化的。我們先瞭解事件是怎麼發生的，再搞清楚是誰賦予女巫摧殘折磨自己同胞的力量，還騙走她們的靈魂。人們對魔鬼往往是這個認知：身體龐大、畸形，是一個長著犄角、一條尾巴、兩隻蹄子和有一對龍的翅膀的幽靈。在早期，僧人們常常透過「奇蹟劇」以及「神秘的宗教儀式」將這個奇形怪狀的魔王搬上舞台。在這種舞台表現形式中，魔王是一個可以和現代默劇中的小丑相提並論的重要人物。大家不僅可以看見魔王被聖人棍棒痛打，而且還可以聽見他淒慘大叫著一瘸一拐地離開，之後還會看到他被一個力大無窮的隱士襲擊致殘⋯⋯人們在這個過程中可以找到樂趣。聖鄧斯坦處置魔王的常規手段是將一把鉗子燒得火紅後夾他的鼻子，讓他的慘叫聲在山谷裡迴盪。這個不同尋常的處置方法使得聖鄧斯坦聲名遠揚。

有些聖人當著惡魔的面就唾棄，讓惡魔氣惱萬分；有些聖人是將他的尾巴一段段地剁掉，不過剁掉的尾巴還會再次長出來。由於大家都記得魔王捉弄過他們以及他們祖先的那些詭計，因此這些聖人「以其人之道，還治其人之身」的做法大快人心。人們認為魔王處心積慮地用他隱形的尾巴來阻擋人們的去路，當路人抬腿試圖邁過去時，可惡的魔鬼還會猛擺尾巴，故意將路人絆倒在地。

在人們的腦海中，魔王不僅酗酒成性，而且貪杯之後還會呼風喚雨，大興其害，搞得人們不得安寧，破壞人們的果園、虔誠教徒的穀倉以及宅

基地。更讓人氣憤的還有，魔王還不停地詛咒人們。人們還認為，魔王在漫長的冬天向人們吐著人們肉眼看不見的唾沫，而且還樂在其中。玩夠之後，魔王自己去酒館，叫上酒館裡最好的飯菜大吃大喝。更可氣的是，惡魔付給酒館的錢第二天清晨還會全部變成石頭。有時候，他還會偽裝成巨型公鴨躲在蘆葦叢中，用那種可怕的怪叫聲將累得四肢乏力的路人嚇得魂飛魄散。讀者可能還記得伯恩斯為「魔王」而寫的詩句，這首詩記載魔王的惡行：

在那個寒風蕭蕭的夜晚，
蒼穹上一片星光。
湖泊上你陡然出現，
嚇得我魂飛魄散。
你如同一片雜草叢生的樹林闖進我的視線，
刮起猖獗的寒風呼嘯而過。
我揮舞著手裡的棍棒，
一根根頭髮木樁似的直立著。
在肆虐的狂風中，
你「嘎嘎」地叫著，
展翅而飛，
彷彿是一隻綠頭鴨。

在廣為流傳的民間故事裡，人們總是把魔王描繪成一個醜陋無比、無恥之極、荼毒生靈的怪物，經常用各種荒誕的把戲來捉弄無計可施的人類。米爾頓（Milton）大概是首位較好地刻畫過魔王的人，但是他描寫的魔王荒誕至極。在他的筆下，魔王有超群絕世、傲然不凡的威武之態，這樣的特徵描述在米爾頓時代之前是絕無僅有的。其他作家描寫的魔王形象

都是怪異無比，到了米爾頓的筆下，魔王不只是荒誕怪異，而且還多了讓人畏懼的特徵。關於這一點，僧侶們把自己偽裝成浪漫主義者，因為把魔王塑造得盡可能恐怖正是他們希望的。但是他們刻畫出來的魔王撒旦卻毫無威武之態，正好相反，這個撒旦僅僅是一個醜陋而又矮小的魔鬼。他詭計多端，卻輕而易舉就被識破。但是有一位現代作家卻說，這種素材也有其嚴肅的一面。

作為一個印度人供奉的神靈，當他被從寶座上搬下來，放置於博物館中，在光天化日之下供人參觀時，他就不再被當作神。人們只會覺得他長得可怕，神情滑稽，荒誕可笑。但當他又被放回到原來陰暗的神廟中時，我們又會隨之進入對歷史的追憶中。許多人在這個祭壇上流血犧牲，許多人倒在其戰車之下。那種讓我們覺得可笑的感覺瞬間消失，取而代之的是一種讓我們感到憎惡和恐懼的感覺。因此，如果以為從前的迷信只是一種瘋狂的推測，就會驚詫於現實中有些病人那種語無倫次的胡說八道。當我們知道巫術信仰是萬惡之源的時候，當我們明白這些驚世駭俗的誤解之後，這些誤解就應該僵死了，可是我們卻發現它依然在這個社會當中對人產生作用。它甚至會使一些非常聰明和溫順的人犯謀殺罪以及那些與謀殺的罪名類似的罪行。它還會使知識淵博的紳士和漂亮動人的淑女受到牽連而葬身於火刑柱上或是絞刑架上，無論是男女老少都有過這樣的劫難。這個時候，所有其他的感覺都瞬間消失了，只會對如此荒謬的事情也會發生感到驚訝，只會為這樣的謊言也可以如此廣為流傳而感到滑稽可笑和羞愧。

公眾刺巫人藉機行騙

　　在戰爭時期國內長時間爭端不止，謬論叢生，還四處瀰漫。獵巫者馬修・霍普金斯（Matthew Hopkins）在當時非常出名。這個可惡的傢伙於1644年住在埃塞克斯①的曼寧特里鎮，由於在幾個不幸的女巫身上找到魔王的記號，馬修・霍普金斯從此名聲大振。他在這個案子中表現出的非凡能力為自己贏得好名聲。他也因此而備受鼓舞，於是開始考慮嘗試一些新方法。在當時不長的一段時期之內，只要有人談到埃塞克斯的什麼地方有女巫，馬修・霍普金斯一定會親自到現場，憑藉他所掌握的和「此類牲畜」（他這樣稱呼女巫）有關的知識來幫助法官。名氣增加之後，他還被尊稱為「捉巫將軍」。他在諾福克、埃塞克斯、亨廷頓、薩塞克斯等地到處尋找女巫。在短短一年的時間裡，讓60個不幸的人被綁在火刑柱上。而他用來證明女巫身分的辦法竟然是「投水」。更可怕的是，詹姆士國王對這種方法還推崇備至，這在他的《惡魔學》一文中有記載。驗證時，將嫌疑人的手腳交叉捆綁著，具體來說，是將「嫌疑人右手的大拇指和左腳的腳趾捆綁在一起，左手的大拇指和右腳的腳趾捆綁在一起」之後，用一條大床單或是一條毯子將她們裹起來，然後把她們仰面朝天地放在河流或是池塘上。如果她們沉下去了，說明她們是無辜的，她們的親朋好友將得到安撫；如果她們漂浮在水面上，說明她們犯有巫術罪，她們將會被活活燒死。事實上，將包裹好的人輕輕地放到水面上，通常是不會下沉的。

---

1. 英格蘭東南部的郡。——譯者注

還有一種證明身分的方法是讓她們背誦主禱文和上帝的教義。其結果是，她們都沒辦法一字不差地進行背誦。如果出現漏字或是背得不流暢，背得不夠連貫，都會被認為有罪，當時沒有多少人能夠準確無誤地背誦主禱文和上帝的教義，背誦時漏字或是不連貫那是很容易出現的情況，因此人們惶惶不可終日。還有人認為，女巫很少哭，即便哭也不會超過3次，而且女巫哭時右眼不會流眼淚，眼淚只會從左眼中流出來。很多人為了證明自己的清白，只能強忍折磨和摧殘。有些地方證明一個嫌疑人是不是女巫的辦法是稱她的體重，然後將之和《聖經》的重量進行比較，如果嫌疑人的重量比《聖經》的重量重，她就可以被無罪釋放。此種方法對職業獵巫者來說，要人道多了。但是霍普金斯始終認為，針刺和投水才是最好的驗身方法。

　　霍普金斯以前經常在兩名助手的陪同下像一個重要人物一樣行走在各地，住的總是當地一流的飯店，花的也總是公款。到每個城鎮，他都會先收20先令的費用，用做他的差旅費及伙食費，而且不管是不是找到女巫，他收的這個錢都是不退的。如果是找到女巫，他還在女巫被送往刑場的時候，加收20先令。他經營這個臭名遠揚的行當大概有三年之久。這個經歷也讓他變得自以為是，狂妄自大，而且還貪婪無比。也正是這樣，他的敵人也越來越多。亨廷頓郡霍頓有一名叫高爾的牧師就寫了一本小冊子，指控他是社會的公害，罵他矯揉造作、傲慢無禮。霍普金斯為此氣急敗壞地給霍頓的官員回信介紹想去拜訪這個鎮的目的，而且想瞭解霍頓鎮還有多少人像高爾先生那樣在巫術這個問題上固執己見，以及霍頓鎮還願不願意像以前那樣熱情地款待他。他最後甚至還用威脅的口氣說，如果不給他滿意的答覆，他會徹底放棄這個地方，把自己全部的精力都投入那些不受別人控制而且還可以得到別人感激以及回報的地方，努力經營好自己尋找女巫、懲處女巫的事業。然而，霍普金斯那些要將霍頓鎮徹底放棄的威脅言

論沒有讓霍頓的官員驚慌失措，相反地，他們選擇對霍普金斯以及他的信件都置之不理的態度。

高爾先生在他的那本小冊子中介紹霍普金斯使用的一種可以讓他大大增加收入的驗明正身的辦法。此種辦法與投水驗身的方法相比，要殘忍很多。他在小冊子中說，「獵巫將軍」以前常常將嫌疑女巫帶到一個房間裡，命她雙腿交叉坐在房間中間的凳子或桌子上；或是命她擺出其他某種極度不舒服的姿勢。如果女巫不按霍普金斯的要求辦，霍普金斯就用結實的繩子把她綁起來，並且派人24小時監視，而且還不讓嫌疑女巫吃飯、喝水。有人認為，在這段時間裡，可能會有鬼娃娃變成黃蜂、飛蛾、蒼蠅或是其他的昆蟲來找她並吸吮她的血，因此會故意在門窗上開洞，以便黃蜂、飛蛾、蒼蠅等蟲子能進來。監視人員獲悉後會高度警惕，密切監視，而且還要竭盡全力將進到房間的昆蟲打死。如果有任何昆蟲沒有被打死而逃跑了，逃走的昆蟲就會被認定為嫌疑女巫的鬼娃。嫌疑女巫也會被判有罪，被燒死。而後，20先令再次進入霍普金斯的口袋。他正是用這種方法迫使一位屋裡出現四隻蒼蠅的老婦人承認自己受到「黑馬兒」、「派伊·外凱特」、「王冠上的啄痕」、「格利澤爾·格里迪古特」4個鬼娃的侍奉。

讓人欣慰的是，這個江湖騙子最終自食其果，落入自設的圈套之中，結束其罪惡的生命。高爾先生的揭露以及他的巧取豪奪讓他在各地的影響力日益銳減。老百姓逐漸意識到，在霍普金斯的迫害下，那些道德至上、純潔無瑕的人也沒了安全感，於是公開地表達對他的憎恨。後來，在沙福郡的一個小村莊，他遭到村民圍攻。村民罵霍普金斯就是一個男巫，指控他利用巫術在撒旦那裡騙得一個記錄英格蘭所有女巫名字的備忘錄就開始招搖撞騙。村民怒不可遏地揭露說，他查出了女巫是得到撒旦的幫助，而不是得到上帝的幫助。由於他不承認村民的指控，村民就以其人之道，還

治其人之身，快速地剝光他的衣服，還仿照他的做法，將他的大拇指和腳趾也綁在一起，同樣也用一條毯子裹起來以後扔到池塘中……有人說他沒有沉下去，因此將他撈到岸上進行審訊以後，在沒有其他犯罪證據的情況下將他處死了。有人說，他是溺水而亡，這種說法可信度要大一些。由於沒有司法部門的審判記錄以及處決過程，後來人們推斷，他極有可能是被村民整死的。在《赫迪布雷斯》一書中，巴特勒（Butler）用了以下這首打油詩把這個惡魔記在了史冊中：

> 可不是現在的這個議會，
> 給這個魔鬼派去兩名奴僕，
> 讓他查清全部謀反的女巫，
> 還授予他至上的權力嗎？
> 可不是他在1年的時間裡，
> 在一個郡裡就絞死60名女巫嗎？
> 有些人只是因為沒有被水淹沒，
> 還有一些也僅僅因為成天被迫，
> 衣衫襤褸坐在台上示眾，
> 覺得痛苦便被送上絞刑架？
> 他還推斷說有人施展巫術，
> 讓豬、小鵝、小雞都暴病而亡，
> 結果是他也被驗證成一名巫師，
> 搬石頭砸人最終卻砸了自己。

當時，在蘇格蘭查找女巫成為一種職業，人們將查找女巫的人叫做「公眾刺巫人。」公眾刺巫人和霍普金斯一樣，查出一個女巫就可以得到一份報酬。1646年，對珍娜·皮斯頓進行審判時，特朗特一個叫金凱德的

公眾刺巫人就被達爾基斯的地方官員叫去，讓他用他的方法來證明珍娜·皮斯頓是不是女巫。金凱德在珍娜·皮斯頓的身上找到魔王留下的兩個記號。為什麼說這兩個地方是魔王留下的記號？因為別針刺進這兩個地方的時候，珍娜·皮斯頓沒有感覺，而且在別針拔出來的時候也沒有血流出來。當問珍娜·皮斯頓針是刺在什麼地方時，珍娜·皮斯頓手指的地方也離實際針刺的地方相去甚遠。當時，用於針刺的別針足足有3英寸長。隨著民眾刺巫人數量的劇增，這些公眾刺巫人也被看成社會的公害。後來法官也不再採納他們提供的證據。1678年，一名誠實的婦女被一個刺巫人卑鄙陷害以後，蘇格蘭的樞密院聽取她的申訴，最終認定公眾刺巫人是公眾騙子。

然而，是在很多無辜的人成為犧牲品以後，高層機構才開始認為公眾刺巫人是公眾騙子。可以說，英格蘭和蘇格蘭議會是妄想症產生和發展的始作俑者。他們為了讓地方官員和牧師接受他們提供的證據，就授予這些刺巫人權力。一位可憐的老紳士就是霍普金斯刺巫驗身的犧牲品，他的遭遇很有史料價值。路易斯先生原本是一名非常受人敬仰的牧師，年過70，在沙福郡的弗瑞林姆當了半個世紀的教區長。後來，有人猜測說，他是一名男巫。由於他是一名激進的保皇黨人，因此很難得到他人的同情，甚至是他忠心服務了長達半個世紀的教區居民在聽說他遭到指控後，也都背叛了他。於是他就落到容易讓倔強的人低頭的霍普金斯的手裡。由於年事已高，他的智商已經有些減退，因此竟然承認自己就是一個男巫，還說自己有兩個鬼娃，經常迫使他去做壞事。有一天，他在海邊，有一個鬼娃唆使他禱告前面一艘隱約可見的船沉到海底去。他同意了，而且還眼睜睜地看著這艘船在自己的面前下沉。聽他交代完之後，法官進行審訊。審訊中，他又恢復理智，重新燃起智者的光芒。他機智老練，義正詞嚴地與霍普金斯在法庭上對質。然而，最終他還是被判處死刑，他祈求教會在葬禮上為

他誦讀禱辭的要求也被拒絕了。在被押赴絞刑場的路上，他憑藉記憶為自己的葬禮默誦禱辭。

　　還有蘇格蘭婦人在證據更不充分的情況下也被判處死刑。原因是一個名叫約翰‧貝恩的公眾刺巫人堅持說，在他經過她的門前時，聽見她在和魔王說話。她為自己申辯，自己平時就有自言自語的習慣，幾位鄰居也都幫她證明這一點。但是約翰‧貝恩卻說，不是女巫的人怎麼會自言自語？其後，這個刺巫人還在她的身上找到魔鬼的記號，於是她被扣上「罪犯和畜生」的帽子。

　　從1652年到1682年，類似的審判案件漸漸減少，被判無罪釋放的數量也有所增加。被認為有巫術的人也未必會引來殺身之禍。在農村的司法部門雖然還有因為一些荒謬的理由把人處死的事，但法官告誡陪審團後，他們會採納更加善意、更加聖明的觀點。一小部分受過高等教育的人雖然沒有大膽到完全否認巫術存在，但是他們卻開始公開地表達自己對巫術的懷疑。後來，他們還與信奉舊教義的人進行激烈爭辯。凡對舊教義持懷疑態度的人都被稱作撒都該人②。為了讓人們瞭解撒都該人，博學的約瑟夫‧格蘭維爾牧師還撰寫名作《撒都該人的勝利》和《聯繫綜論》。

---

2. 是古時猶太教一個以祭司長為中心的教派。——譯者注

兩位老婦因為別人患癲癇被處死

　　人們的認識雖然有一定的進步，但是這種進步卻十分緩慢。1664年，名叫艾米‧杜尼和羅斯‧卡倫德的婦女在聖埃德蒙茲伯里被受人擁戴的馬修‧黑爾爵士處以火刑，證據十分荒謬可笑。由於這兩位老太婆面容猙獰，很容易給人以女巫的印象。這樣的形象讓人們對她們有偏見。有一天她們到商店買鯡魚遭到拒絕之後，憤怒之餘，謾罵了幾句。之後不久，賣鯡魚的商人女兒患了癲癇病，有人就認為這個小女孩是中了這兩位老太婆的魔法。為了查明艾米‧杜尼和羅斯‧卡倫德的罪行，有人用圍巾緊緊捂住小女孩的眼睛，然後責令兩位「女巫」來觸摸她。兩位「女巫」照辦了，結果小女孩的癲癇病立刻發作。根據這個證據，這兩位可憐的老太婆被抓進監牢。後來又有一個毫不相干的人摸了小女孩一下，小女孩癱倒在地，癲癇病和以前一樣劇烈發作。因此又被認為是女巫所為，但是這件事情沒有被作為有利於兩個老太婆的證據。

　　審判報告中，這段文字記載法官判決的證據：

　　萊斯托夫的塞繆爾‧佩西性情有些憂鬱，但卻是一個好人。他指控說，去年10月10日星期二，他9歲左右的女兒黛博拉的腳突然瘸了，站不起來。這樣的狀況一直持續7天。17日，小女孩請求大人帶她去她家東面的海邊看大海。她在海邊坐著的時候，艾米‧杜尼到證人家來買鯡魚遭到拒絕，之後她又來了兩次都被拒絕了。她很不高興地離開了，一邊走一邊說著牢騷話。就在這個時候，小女孩突然像幼狼一樣號叫，還說自己的肚子疼，就像是有人用別針扎她，是可怕的癲癇病發作了。這種情況一直持續

到那個月的30日。小女孩的父親說，艾米・杜尼女巫的名聲由來已久，還說小女孩在犯癲癇時，會不斷地嚷著艾米總是出現在她面前嚇唬她，是艾米讓她生的病。這位作證的父親說他自己也懷疑艾米就是女巫，還以艾米導致他孩子生病為由控告了她，讓她戴上足枷。兩天之後，他的另一個女兒伊莉莎白也患上嚴重的癲癇病，發作的時候必須用開瓶器才可以撬開她的嘴。由於與小女兒的病情相似，這位父親給伊莉莎白服用了同樣的藥。兩個孩子一邊呻吟著，一邊痛苦地抱怨說，艾米・杜尼和另一位老婦人確實出現在她們面前，折磨她們。有時候兩個孩子還會喊著：「艾米・杜尼就站在那裡！羅斯・卡倫德就站在那裡！」同時還把她們兩人的外貌特徵和習慣都描述出來。羅斯・卡倫德是另一位折磨她們的婦女。她們的癲癇病症狀並不完全一樣。有時是左腿跛，有時右腿瘸，而且還疼痛難忍，觸摸不得。當然，有時候她們除了耳朵聽不見以外，其他方面都是健康的。她們有時候會看不見東西，她們有時候會失語一兩天，有一次竟然長達8天之久。癲癇發作的時候，她們就昏倒在地，待到能講話時卻咳嗽不止，吐出的痰裡還有別針，有一次竟然吐出了40多枚別針和一個價值兩便士的大釘子。這是證人親眼看見的。證人還在法庭上出示了別針和釘子。這種情況持續兩個月。期間，證人常常讓孩子們朗讀《新約全書》。證人發現，當她們朗讀到「上帝耶穌」「基督」這幾個字眼的時候，她們的癲癇病就會發作。朗讀到「撒旦」以及「魔王」這些字詞時，她們就會指著說：「看到這個字我不舒服，但卻能讓我流利地說話。」看見孩子們被病魔折磨著，還沒有康復的希望，證人決定將孩子送到雅茅斯的妹妹瑪格麗特・阿諾德的家裡，想透過換換空氣來幫助她們康復。

第二個出庭作證的人是瑪格麗特・阿諾德。她在證詞中說，大概是11月30日，她哥哥帶著兩個女兒來到她家。哥哥向她介紹之前發生的事情，還告訴她伊莉莎白和黛博拉・佩西中邪了。當時，她認為這是小孩搞的惡

作劇，是孩子自己將別針塞進嘴裡而已，因此她並未把這件事情放在心上。她取下孩子們衣服上的所有別針，但讓她意外的是，孩子們有時候依然當著她的面吐出來別針，至少是30枚。癲癇病依然還在發作，而且在發病的時候，孩子們還喊著艾米‧杜尼和羅斯‧卡倫德，說她們看見這兩個老婦人，而且還和之前一樣嚇唬她們，她們還說屋裡有像老鼠一樣的東西在亂竄。姐妹倆中一個還做出抓住一隻扔到火裡的動作，扔的東西隨後發出老鼠的聲音。還有一次，小女兒在外面玩耍時突然尖叫著跑回家，說有東西使勁兒往她嘴裡鑽，像蜜蜂一樣。證人還沒有來得及問清楚是什麼狀況，她吐出一枚價值兩便士的別針，癲癇病又犯了。後來，證人問她釘子是從哪裡搞來的，她回答說：「是蜜蜂啣來強行塞進我的嘴裡。」姐姐也告訴過證人，是蒼蠅誘發了她的癲癇病，嘔吐出別針是蒼蠅啣來的。這孩子有一次還說自己看到老鼠，於是爬到桌子底下去抓，而後說抓住了，並且跑到火爐前，扔到火爐裡，證人雖然沒有看見孩子手裡有東西，但孩子扔過之後火爐上便出現像是槍藥著火後發出的光。還有一次是，這個孩子突然間不能講話了，但其他方面全都是正常的，她在屋裡「噓、噓……」地喊著，並跑來跑去。證人雖然什麼也沒有看見，但孩子給她的感覺是看到家禽。最後，小孩子似乎是抓住件什麼東西扔到火裡。小孩子恢復語言能力時，證人問她到底是看見什麼？她告訴證人是看到鴨子。還有一次，妹妹的癲癇病發作後，她說艾米‧杜尼與她在一起，想要淹死她，或是把她的喉嚨割斷，或是採取其他方法整死她。還有一次，她們邊哭邊喊：「艾米‧杜尼、羅斯‧卡倫德，你們怎麼不自己來？你們為何要派鬼娃娃來摧殘我們！」

本案審訊過程中，《世俗的謬誤》一書的作者，著名的湯瑪斯‧布朗（Thomas Brown）爵士作為證人也被詢問。他旗幟鮮明地說，她們都是中邪了，他說丹麥近期發現女巫，她們用迴紋針、針、釘子塞進人的體內，

折磨人。他認為，在類似的案例中，魔王透過激發她們非常豐富的奇怪幻想，採取慣用的伎倆對人體施以魔力。更讓人吃驚的是，有時候甚至在疾病自然發作的情況下，故意透過施展魔法或是在女巫的惡意協助下，加重她們的病情。

馬修·黑爾爵士在證據提供完畢以後發表談話。他對陪審團說，為了避免出現錯誤，他不再做重複證據內容，他希望陪審員調查兩件事：首先是這些孩子為什麼會中邪；第二，她們是不是真的是被這兩位婦女迷惑了。他說他之所以相信女巫的存在，第一是因為《聖經》就證明這一點，第二是所有國家都頒布反對巫術的法律，尤其是我們本國，這就說明大家都相信巫術的確存在。他說，無論是將無辜者判處死刑，還是讓罪犯逍遙法外，都是上帝所不容的。因此，他要求陪審團嚴格審查證據，請求上帝在陪審團做出重大決定的時候，可以指導他們的思想。

其後，陪審團在退了下去大約半小時後又回到法庭，被告因為十三條起訴內容被判有罪。第二天早上，在父親的帶領下，姐妹倆來到馬修·黑爾爵士的住宿，身體也康復了。爵士瞭解她們的健康狀況是什麼時候有所好轉時，佩西先生說，被告被判刑半小時後，她們的身體就很好了。

法庭採用過很多方法，試圖誘使這兩位不幸的老婦人承認自己的罪行，但都是徒勞無功。這兩位不幸的女人最終還是被絞死了。在大法官霍爾特就職前的11次審判中，雖然證詞都大同小異，但是最終使所有人都得到無罪釋放，這是因為霍爾特在每件案子中都非常成功地喚醒陪審團的常識。當時，國家意識到因為這些荒誕的指控而逝去的人已經夠多了。雖然在某些偏遠的地方還會偶爾有這樣的迫害，但是人們不僅不再輕視這些事件，而且還十分關注。如果找不到其他的確鑿證據，這或許就是類似的迫害事件變得越來越少的原因吧！

因為像貓而被判死刑

　　1711年，法官大人鮑威爾（Powell）曾經審理一件與巫術有關的案件，被告名叫珍・溫漢，但是她以「沃克恩的女巫」之名為更多人所知；聲稱自己受到她的巫術迫害的是兩個年輕女子，分別叫索恩和斯特里特。一個名叫亞瑟・錢西的證人在證詞中說，他曾經目睹安・索恩好幾次病情發作，還親眼看見過她嘔吐別針，而當時她衣服上和手能觸及的地方都沒有別針。他還說，自己還收藏了幾枚別針，隨時可以在法庭上出示。不過法官卻沒有讓他出示就認定了確有其事。證人還說，如果她念了禱文或珍・溫漢上她那裡去了之後病情總能得到好轉。還說他給被告的手臂上扎了好幾針，都沒見一滴血。最終，在這場官司中，被告還是被一致認為有罪，儘管和以前的案件一樣，證詞還是那麼的荒誕和漏洞百出；而且為了讓陪審團成員做出正確的決斷，開明的法官還使盡了渾身解數。

　　還有一名叫法蘭西斯・布萊吉的證人說，他非常想看看那些從安・索恩的枕頭中取出來的，由施了巫術的羽毛做成的「怪餅」。他曾經去過一個有這樣羽毛的屋裡拿過兩塊餅來比較。這些餅比五先令硬幣稍微大一些，都是圓形的。讓他感到奇怪的是，這些小羽毛排列得非常有規律：這些羽毛圍繞中心呈放射狀，毛根卻在中心匯合，羽毛間的相隔距離還是相同的。他數了一下餅上的羽毛，發現每個餅上的羽毛都是32根。他試圖拔下兩三根，但發現一種黏性物質將這些羽毛黏得很緊，拉長七八倍這種黏性物質才會斷。當他取下幾根羽毛，抹開黏性物質以後，看到黏性物質下面的中間有一些灰黑相間短毛髮黏在一起，他斷定那是貓毛。他還說，珍・溫漢向他承認過自己行巫術已經有十六年，之前確實對那個枕頭施了

巫術。

　　此時，法官打斷他的話說，想要見見那些被施過巫術的羽毛。法蘭西斯‧布萊吉卻說這些奇怪的餅他一塊也沒有保留。法官大人有些迷惑地問證人為什麼一塊餅也不留時，法蘭西斯‧布萊吉卻說，由於沒有其他更好的方法來給她治病，又想將她從痛苦中拯救出來，只有將那些餅都燒了。

　　一位名叫湯瑪斯‧愛爾蘭的證人說，他多次聽到他家附近有貓叫聲，他出去趕這些貓的時候，這些貓都朝珍‧溫漢家跑去。他還指控說，他看見珍‧溫漢和一隻貓的臉很相像。還有一名叫巴維爾的人也陳述類似的證詞——他常常看到一隻長得十分像珍‧溫漢的貓。有一天，他在安‧索恩家裡，突然有幾隻貓闖了進來，有一隻就是長得像珍‧溫漢的那隻。這個人原本想向法庭提供更多證詞，但卻被打斷了。法官說，這樣的證詞已經聽夠了。

　　被告在為自己辯護時，只是堅持說自己是清白的，但卻也找不到什麼理由來為自己辯護。法官對案情和證詞進行總結之後，讓陪審團根據自己聽到的證詞來做出判決。沒想到，經過很長一段時間的討論以後，陪審員團竟然認定被告有罪。被法官問及是不是因為「被告被指控變成貓的樣子和鬼魂交流」而定她有罪時，陪審團裡那個自以為聰明的發言人還極其嚴肅地回答說：「我們確實是因為這個判她的罪。」於是法官不得不判被告死刑。所幸的是，在法官的不懈努力下，這個可憐的老婦最終被赦免了。

一度猖獗之後，信「巫」一度沉寂

　　1716年，一位婦女和她年僅9歲的女兒被吊死在亨廷頓，判處她們死刑的理由竟是她們向魔鬼出售靈魂，而且還透過脫長筒襪和抹肥皂泡呼風喚雨。這大概就是英格蘭最後一宗處決女巫的案件。從那個時候開始，一直到1736年，雖然民間依然還會叫囂著要懲處女巫，而且還不只一次地出現過貧困的婦女因為被懷疑是女巫，而被拖到池塘裡弄得半死不活，不過那些早晚要為窮人道德以及觀點制定標準的哲學卻總是能安靜地找出應對邪魔的方法。對於女巫的害怕不再是普遍性的，只有極少數極端偏見的人才不時會產生這種恐懼感。1736年，該國進步的知識界多了一絲光明，詹姆士一世制定的這條刑法終於在法令書中被刪去。那些自稱精通巫術的人、算命者、念咒者和他們的追隨者都會被判坐牢或處以枷刑，和流氓以及騙子受到的處罰一樣。

　　在蘇格蘭，這種荒誕的認識同樣是在文明曙光的照耀下才漸漸褪去的。英格蘭也不例外，文明的發展過程也十分緩慢。直到1665年，這種荒謬的認識也完全沒有一點褪去的跡象。1643年，公民大會建議樞密院成立一個由知書達禮的紳士或是地方官組成的長期委員會來審理近年來被指數量大增的女巫。1649年，通過一項肯定瑪麗女王最初制定的法律的法案，還解釋其中有疑問的地方。不僅對巫婆制定嚴厲的懲罰措施，而且那些和她們站在一起或是想要透過她們來探索未來秘密的人，以及那些對她們鄰居的生活、土地或是身體造成任何危害的人都逃不過法律的懲罰。

　　在之後的10年，大眾對此的狂熱達到前所未有的程度，期間有4000多人因為這個罪受到嚴厲懲罰。對於這種結果，通過那項法案的行政官從未

想過是自己造成的。因此還抱怨說，如果他們在哪一天燒死了兩個巫婆，次日將會有10個巫婆等著被燒死。1659年，在格拉斯哥、艾爾、史特靈等地的一次巡迴審判中，就有17個不幸的人被燒死，原因是被指控為與撒旦做交易的人。1661年11月7日，樞密院在每個省任命14個以上的審判委員會。第二年，遭迫害的情況有所減少。

1662—1668年，儘管上述這種所謂「知書達禮的紳士及地方長官」依然在審判和定罪，但是最高法院卻只受理一個類似的案件，而且最終還判被告無罪，並且釋放他。有一個名叫詹姆斯·威爾士的普通扎針者，甚至還因為誣告一名婦女是女巫而被在愛丁堡遊街，同時還被當眾施以鞭刑。這個案子足可以證明高級法院對待類似案子中的證詞遠比以前嚴肅、認真。喬治·麥肯基爵士[1]盡了非常大的努力才把「巫婆的供詞不足為憑，更不能相信針刺者及其他利益相關者的證詞」納入法庭。這種做法事實上只是恢復以前的做法，但卻讓很多無辜的生命得以保住。

雖然喬治·麥肯基爵士自己對那些古老的包括現代的巫術都深信不疑，但是他卻無法放任那些打著公正旗號行野蠻之事的人。1678年，他在一本論述蘇格蘭刑法的著作中就曾經這樣說：「我從此種讓人髮指的罪行中總結出一個這樣的結論，那就是要判處這種罪名必須有最直接的證據，這些證據必須具有相當的說服力。除了那些女巫，我認為那些殘忍的、激進的、用這個罪名來燒死成千上萬女巫的法官也一樣有罪。」同年，約翰·克拉克爵士毅然決然地離開某審判巫婆委員會，不再做它的成員。其理由是他自己本身就不是一個夠格的魔法師。蘇格蘭的最高民事法庭法官極為讚賞喬治·麥肯基的這些觀點，因此還在1680年選擇他為代表，將正關在監獄裡等候審判的貧窮婦女的案件向最高民事法庭彙報；喬治·麥肯

---

1. 被尊稱為蘇格蘭的尊貴聖賢。——譯者注

基爵士在彙報中說，被告的口供是在嚴刑拷打下逼出來的，因此如果找不到其他不利於她們的證據，她們就是無罪的。因為這些口供不僅荒唐，而且還前後矛盾，最終這些女人被釋放了。

一名癲癇患者再掀波瀾

之後的16年裡，在有關記載中，蘇格蘭最高民事法庭未再接到過與巫術相關的案件，一件也沒有。但是在1697年，卻接到一起比詹姆士國王統治時期更為黑暗、更為荒誕的案件。巴格蘭的約翰·蕭有一個11歲的名叫克莉絲汀娜·蕭的女兒患有癲癇。她脾氣古怪，由於女傭經常和她爭執，她就指控女傭對她施了巫術。讓人難以置信的是，人們竟然相信她的鬼話，還慫恿她介紹女傭是怎麼摧殘她的。在人們的唆使下，這個女孩最後捏造了一個涉及21人的完全不存在的故事。

更為可怕的是，儘管除了這個孩子編造出來的謊言和刑訊逼供得到的供詞外，根本就沒有其他的證據證明這些人就是女巫。但樞密院特別任命的受理此案的布蘭泰爾勳爵及其他委員會成員竟然據此就處死至少5名婦女，這些人在佩斯利的格林被燒死，其中一個名叫約翰·里德的魔術師在監獄裡自縊，當時佩斯利的人都認為，魔鬼害怕他在最後關頭透露更多與巫術有關的罪惡秘密，就將他勒死了。當時這個案子引起蘇格蘭人的反感，一個作家兼牧師貝爾先生說，在這樣的案件裡，那些比誣告者品行更高尚和更善良許多的人卻因為巫術敗壞了名聲名譽；應該受到譴責的是那些過於激進和輕浮的大臣們及那些住在格拉斯哥及其附近的自以為是的教授。

該案發生以後，7年之內，那個地方都很平靜，後來皮騰溫一幫地痞的殘暴行徑再次引發民眾對這個問題的關注。這件事情發生在1704年，一名患有癲癇（或是為了引起他人同情而假裝說自己患有暈厥病）的流浪漢，控告兩個女人對她施了巫術。這兩個女人被抓往監獄，受到嚴刑拷

打，直到招供。其中一名叫珍娜・康芙特的婦女想辦法逃了出來，但次日又被一隊士兵押回皮騰溫。在回皮騰溫的路上，她還不幸遇見了一群發瘋的地痞。這些人主要是漁民和他們的老婆，他們試圖淹死她，強行把她拉到海邊，還用繩子綁著她，把繩子的一端繫在附近一艘漁船的桅杆上，而後多次將她投入水中。在這名婦女就快被折磨死了的時候，一名水手過去將繩子割斷，那群地痞才將她拖上海灘。她昏迷不醒地躺在海灘上，一個長得非常結實的暴徒將他家不遠處的房門卸了下來，壓在她的背上。暴徒們還將從海灘上抬來的大石頭壓在門板上，直到將這個不幸的婦人活活壓死。更為讓人憤怒的是，在暴徒實施這個殘暴行徑的過程中，竟然沒有官員出來阻止。士兵們不僅只是袖手旁觀，而且還一副幸災樂禍的架勢。此事發生以後，公眾強烈呼籲懲處這種怠忽職守的可惡行徑，但是法院卻沒有派人調查。

蘇格蘭對巫術的最後一次判決

　　還有一個案件發生在1708年，以安斯圖瑟勳爵為首的審判團在鄧弗里斯的一次巡迴審判中判艾爾斯佩絲·露爾觸犯了巫術罪。對她的處罰是用燒紅的烙鐵在臉上刻下烙印，並且將她永遠驅逐出蘇格蘭。其後的很長一段時間裡，都沒再發生過類似的案件。1718年，在其他地方早已根除對巫術的錯誤認識之時，這種錯誤認識卻在一座名叫凱瑟尼斯的偏僻小縣城表現得尤為活躍。一個名叫威廉·蒙哥馬利的笨蛋木匠，因為貓經常將他家後院作為談情說愛的地方，就非常討厭貓。

　　他常常感到困惑：為何這些貓偏偏要打擾他，而不是去騷擾他的鄰居？最終，他得出一個荒謬的結論，折磨他的是女巫，而不是貓。他的女傭完全贊同他的這個結論，還對他說，她就聽見過這些貓互相說著人話。後來這幾隻母貓又在他家後院聚集時，這個愚蠢的木匠拿著一把斧子和一把短劍，腰裡還插了一把大刀，向母貓砍去。他的砍殺讓一隻貓的背部受了傷，還有一隻貓的屁股被砍了一刀，另一隻貓的腿部也被砍了一斧子，但是一隻也沒抓到。

　　數日之後，該教區的兩個老太太死了。據傳，兩個老太太的屍體被抬出來的時候，人們發現其中一位的背部有新傷，另一位的臀部也有新的傷疤。木匠和女傭便認定這兩個老太太就是那3隻母貓中的兩隻。這個謠言很快就傳遍全國，大家都在非常敏感地搜尋可靠的證據。沒過多久，就有人發現一個令人驚詫的證據——一個名叫奈妮·吉伯特的70多歲的老太太，因為腿斷了不得不臥床。由於她長相猙獰，看起來像傳說中的女巫，人們就認為她就是木匠砍殺的三隻母貓之一。當人們將這個資訊傳遞給木匠

時，木匠便說自己還十分清晰地記得確實用大刀砍傷一隻貓的腿，而且還十分肯定地說將它的腿給砍斷了。不幸的奈妮也因為木匠的這番話而被從床上拖了起來，送入監牢。

在受刑之前，奈妮十分明確而淡定地講述她的腿是如何被弄斷的，但是她的辯解並未幫她翻案。反倒是行刑者用他高超的說服力讓這位可憐的老太太改口承認自己就是女巫，自己的腿也是木匠蒙哥馬利給砍傷的，在她之前死去的兩個老太太也是女巫。最後她還供出其他20個女巫。這不幸的老太太被從家裡拖出來以後受到過多的折磨，加上施刑者又對她上刑，次日便死在監牢裡。讓人略感欣慰的是，當時國王的總律師，阿尼斯頓區的鄧達斯，寫信給代理行政長官羅斯上尉，提醒他不要把事態擴大，「事情太複雜了，超出所有地方法庭的受理許可權」。鄧達斯也認真考慮過事情將如何演變，他最終認為這個時間確實很荒誕，於是控制事態進一步發展。

但讓人失望的是這位凱瑟尼斯區的代理行政長官，在4年後的另一起巫術案件審理中又變得十分激進。儘管有人警告他說，這樣的案件要留到以後去高級法院審理，但是他完全置之不顧，以蠱惑鄰居的牛和豬的罪名將一名住在多諾的老太太判處死刑。這位不幸的老太太瘋了，竟然在見到即將吞噬她的焰火時，拍著手仰天大笑。她有一個手腳都殘廢了的女兒，人們指控老太太的理由之一就是她女兒的殘廢。人們在指控時說，是她在參加惡魔聚會的路上，將自己的女兒當驢來騎，由於惡魔們將她女兒的手腳都釘上了馬蹄鐵，所以她女兒才殘廢的。

這也成為蘇格蘭對巫術的最後一次判決。1736年，嚴厲的刑罰處罰法規被廢除，與英格蘭差不多，蘇格蘭政府也規定，今後對用魔術或是巫術行騙的人的懲罰是：鞭笞、絞刑、坐牢。

「女巫」案件在歐洲不勝枚舉

很多年以後，在英格蘭和蘇格蘭各地還殘存著這些迷信，直到今天，有些地方仍然有許多類似的迷信活動。在這裡，我們姑且不探討這種嚴刑被廢除的事情，而是去論說它的起源。首先，讓我們回顧一下從17世紀初一直到18世紀中葉，女巫在歐洲大陸所引發的那場瘟疫吧！其中，法國、德國以及瑞士是遭受侵襲最嚴重的國家。在16世紀中，這些國家的受害者數量前面已經介紹過，而在17世紀初的歐洲，特別是在德國，受害者更是數都數不過來。

要不是有官方的判案記錄，人們可能會難以相信人類曾經竟然變得那麼瘋癲和不明事理！用堅韌不拔而又博學的霍斯特的話來說，就是「整個世界好像就是一個大瘋人院，瘋人院裡全是女巫和魔鬼在表演各自的遊戲。」撒旦無所不能，能讓旋風驟起，能讓電閃雷鳴，能摧毀人們的莊稼，能損害人類的健康，讓人四肢麻痺。大多數的牧師都堅信這一點，而牧師們的這個信仰對造物主的威嚴以及仁慈是一種極大的侮辱。那些每天早晚都在祈禱中承認上帝才是唯一聖人的人，都因此成功地能保佑他們順利地耕耘和收穫而讚美他，他們同時也認為人性的弱點極有可能讓他們和陰間的魔鬼簽約，讓這些魔鬼來攪亂人們的做人標準，同時挫傷人們所有的善良以及仁慈。依諾增爵八世以後，教宗宣揚和鼓吹一個讓人倒退和墮落的信條很快被傳播開來，這個信條就是社會被劃分為蠱惑人的和被蠱惑的兩大宗派。

一位因為寫了魔鬼研究一書《女巫之槌》而臭名昭著的作者雅各·斯普林格和一位博學的律師，史特拉斯堡的主教亨利·因斯提特被教宗依諾

增爵八世當作特派員，派到德國去查處巫術審判。他們主要去了班貝格、科隆、特里爾、帕德博恩、符茲堡。根據不完全統計，他們在這幾個地方處死3000多人。由於搞巫術的人迅速增多，因此新特派員源源不斷地被派往德國、法國和瑞士。在西班牙和葡萄牙，宗教裁判所對這類案件是進行單獨審判。我們在這裡不可能將那個時候的愚昧和無知完全呈現出來。所幸的是，當今宗教審判已經不復存在。但是追溯當時，有那麼多的民眾因此而被害，還是讓我們不寒而慄。

有些國家與其他國家相比，其審判模式更容易讓人明白。斯普林格在德國，波迪納斯和德里奧在法國打著宗教以及正義的幌子犯下滔天大罪。17世紀極具爭議權力又很大的波迪納斯說：「對這種罪行的審判不能和其他的違法行為一樣。誰要用一般的法律程序來審判，誰就歪曲了法律神聖而又具有人性的一面。一個人一旦被控告進行巫術活動，就不能被無罪釋放，除非是起訴人對他的私憤十分明顯，因為很難找到這種神秘罪行的充分證據。如果根據一般的刑事法審判，100萬個女巫中也不會有一個人會被證明有罪！」

一個名叫亨利・博格的獵巫人自稱是「聖克洛德區神明的巫術審判官」，他頒布一項共有70條的法規來約束所有與巫術審判有關的人。這些法規和波迪納斯制定的法規一樣冷酷無情。在該法規中，亨利・博格明確地規定：只要一個人被懷疑是女巫，當局就可以立刻拘捕這個被懷疑的對象，而且還可以對她施以刑罰。在受到刑罰時，如果這個被懷疑對象低著頭小聲地嘀咕，但卻不流一滴眼淚，就可以證明她就是女巫。在每個與巫術有關的案件中，孩子說的話也有可能被當作是對父母的控告。那些名聲不好的人如果在與人爭吵中說了一句什麼咒語，我們可以不相信他們，但如果他們堅稱是有人對他們實施巫術，我們就必須相信。如果這些慘絕人寰的法規都可以被平民以及牧師們普遍接受，怎麼還會有人「對成千上萬

的遭遇不幸的人到底該不該走向火刑柱」產生懷疑？怎麼還會有人對「科隆多年來每年燒死300個女巫」感到不可思議？還有，班貝格地區每年燒死400人，紐倫堡、日內瓦、巴黎、土魯斯、里昂，還有其他城市每年有200人被燒死，所有這一切都不會變得難以置信。

按照在歐洲大陸不同地區發生的先後順序列舉幾個審判案例。1595年，一位居住在康斯坦斯附近村莊的老太太對村民「為慶祝節日而舉辦的體育活動沒有邀請她」感到憤慨，小聲地嘀咕了幾句，豈料被人聽見了。其後，有人還看見她穿過田地，朝一座小山走去後，就消失得無影無蹤了。兩個小時之後，村莊大雨傾盆，跳舞的村民被淋成落湯雞，田裡的莊稼也被損壞了。有人就指控說，是這位老太太實施巫術造成的，說她透過將葡萄酒倒在一個洞裡，然後用棍攪拌喚來那場暴雨，她因此而被拘禁。在被實施酷刑之後，她不得不承認自己確實做了這樣的事情。因此，在次日傍晚，她被活活燒死了。

幾乎就在同一天，土魯斯兩個被指控實施巫術的人也被逮捕。他們被控告的原因是，有人看見他們半夜拖著一個十字架在街上走，不時地停下來啐它、踩它，還念咒語招引惡魔，次日就下了冰雹摧毀莊稼。鎮上有一個鞋匠的女兒也證實說，自己在前一天晚上確實聽見過魔術師念咒語。和其他的案件一樣，他們在飽受摧殘和折磨之後不得不承認自己確實施行了巫術，自己的確能呼風喚雨，與此同時，他們供出幾個所謂會施巫術的人。被供出的7人和他們一樣，在被絞死之後又被搬到集市上焚燒。

1599年，德國兩位知名的魔術師霍波和史塔德林被處死，受到他們牽連的有二三十位女巫。他們被指控的罪名是到處遊走，不僅讓婦女流產，而且還可以喚來雷電。更可怕的是，幾個女孩還發誓說，他們讓自己生出了蟾蜍。最終，史塔德林交代說，自己確實殺死過一個婦女還未出生的7個月的嬰兒。

波迪納斯對法國一位名叫尼德的獵巫者的「發現」曾經表示驚訝。因為尼德「發現」的女巫數量之多就連他自己也數不清楚。她「發現」的女巫據說有的可以讓人死亡，有的可以讓婦女懷孕三年，而不是十個月。有的女巫還可以透過祈禱和其他的一些儀式，讓仇人的臉上、下顛倒，或是180度扭轉後，臉朝背後去。雖然沒有任何人看見誰的臉被他們施巫術以後變成上述模樣，但是這些女巫承認自己的確具備這樣的能力。因此，在沒有其他證據的情況下，她們就被處以火刑了。

　　在阿姆斯特丹，有一位發瘋的女孩被絞死，屍體被燒成灰燼，原因是她承認只要自己念「吐里亞斯，舒里亞斯和因吐里亞斯」這樣的咒語，就可以讓牛絕種，豬和家禽也會被她蠱惑。不久之後，就在這個城市的另一位名叫科內利斯·范·皮爾默倫德的婦女也被絞死以後焚化了。原因也是她被人指控，說曾經親眼看見她在自己的屋子裡坐在火堆前與魔鬼交流。目擊證人還信誓旦旦地說，聽見魔鬼回答皮爾默倫德的問題，因此皮爾默倫德絕對是在和魔鬼對話。隨後，還有12隻黑貓從地板下躥出來，圍著皮爾默倫德用後腿站立，跳了大約半個小時的舞以後，在一種讓人恐懼的聲音後不見了，留下奇怪而難聞的味道。

　　從1610年至1640年，巴伐利亞班貝格地區每年大約會處死100個人。一位婦女在誇獎一個小孩之後不久，這個小孩病死了，於是這位婦女便被關進監獄，因為有人懷疑她就是女巫。在嚴刑拷打之後，她不得不承認自己就是女巫，說魔鬼給過她魔力。她還聲稱只要她誇張地讚美說「他多麼結實啊」「她是一個多麼可愛的女人啊」「多可愛的小孩啊」，魔鬼就會明白她的意思，並且立刻使他們遭受疾病的折磨。她承認說，她是透過讚美別人來將巫術用在討厭的人身上。她的下場當然是可想而知了。

　　在此期間，還有許多婦女被控告「向她們憎惡的人身體裡塞東西」而獲刑。她們朝別人身裡塞的東西不僅有木頭、釘子、頭髮、雞蛋殼、玻璃

渣、布片、碎石，而且還有燒熱的煤渣以及刀子。她們塞的東西會一直留在他人身體裡，直到這些女巫招供或是被處死，才會從嘴、鼻子、耳朵和其他器官排出。當時，許多醫生都碰到過這樣的情況：一個女孩吞下一根針，後來這根針從手臂、腿或者是身體的其他部位出來了。由於無法對這種現象進行科學解釋，大家就認為這是魔鬼的魔力使然。一個女僕吞下一根針就會導致一位老太太被判死罪。如果因此受到牽連的不止一人，人們就認為這是一件十分幸運的事情。因此，抓到一個犧牲品以後，捉巫特派員們基本上是不會善罷甘休的。也正是這樣，在許多案件中，在嚴刑拷打之後，往往會有10多人受牽連。

為了佐證這個成功時代創造許多奇蹟，有許多巫術審判的記載。其中，最讓人膽顫心驚的應該是1627年到1629年間發生在符茲堡的那件事了。豪伯在他的一本著作《聖經的奇蹟》中記錄一份名單。他在最後的註腳中寫到，這份名單很不完整，由於數量太多還有很多火刑無法都記錄下來。這份記錄不是關於整個符茲堡省的，而只是和該座城市有關的一部分。其中，記錄兩年的29次火刑中有157個人被燒死，平均每次燒死5～6人。該份記載中，有3位話劇演員、4位酒館老闆、3位符茲堡的下議院議員、14位牧師、市長夫人、藥劑師的妻女、大教堂唱詩班的兩名男童歌手、這個城市最漂亮的女孩戈貝爾·巴貝林，以及史托森伯格議員的妻子、兩個小兒子和女兒。無論是貧窮還是富貴，無論是老人還是孩子，都有差不多的遭遇。

該書記錄的第七次火刑中，受害的是4個睡在集市上的陌生男女和一個12歲的流浪兒。這份名單中有男有女，其中32人是流浪者。而他們被指控犯有與巫術有關的罪行僅僅是因為不能對其行為做出讓審判官滿意的解釋。該名單中孩子的數量讓人觸目驚心。第13次以及第14次被處以火刑的4人之中，就有一個年僅9歲的女孩，以及她更小的妹妹，其他兩位是她們的

媽媽和24歲的姨媽。兩名12歲的男孩和一名15歲的女孩則在第18次火刑中被燒死。羅騰漢這個高貴家族年僅9歲的繼承人以及一個10歲的男孩，一個12歲的男孩也在第19次火刑被吞噬。符茲堡最肥胖的市民波納赫和最富有的市民史泰奈克也出現在這份名單中。

很多人患自疑病症和其他疾病是讓這種不幸在這個城市乃至歐洲得以生存的原因之一。這些人最終都承認自己懂巫術。上面的名單中幾個受難者也是承認自己諳習巫術才被處死的。還有很多人裝作會巫術，而且還出售毒藥，抑或是試圖透過咒符和魔法來興風作浪，其中就包括前面提到的藥劑師的妻女。而在此期間，法官的幻想症也同罪犯一樣嚴重。那個時候，一些自甘墮落者則渴望自己會巫術，他們有時希望自己能夠得到凌駕於同胞之上的魔力，有時候還希望可以得到撒旦的庇護而免受處罰，第一次火刑中就有一個娼妓希望她的頭號敵人變成山羊而不停地吟誦咒語。

在德國，那些懶惰的蠢小男孩也會念那些亂七八糟的咒語，在打鬧時也有反覆念咒語的時候，其結果是許多不幸的小淘氣付出生命的代價，符茲堡就有3個10~15歲的小男孩只是因為玩耍時念這個而被燒死。在符茲堡，小男孩們都非常相信咒語的魔力，有一個小男孩就說，只要他一生中每天都可以吃上好飯，有匹小馬騎，他就願意把自己賣給魔鬼。最終，這個想要安逸生活的小傢伙非但沒騎上馬，反而被絞死以後焚燒了。

燒死女巫的數目之大比符茲堡更令人髮指的可能要數林德海姆這個小地方了。在這個擁有一千人的教區裡，每年平均被處以極刑的就有5人。1633年，一個名叫波姆普・安娜的女巫和其他3位同伴一併被處死，理由是她被指「只要她的敵人被她看一眼就會生病」。1660—1664年，總共有30個人被處以火刑。如果整個德國都按照這樣的比例判刑，任何一個家庭估計都不可避免地會失去一位親人。

1627年，《女巫公報》這首民謠在德國十分流行，它是經過譜曲以後

用多蘿西雅的曲調演唱的，歌詞細緻地描寫發生在法蘭克尼亞、班貝格、符茲堡的那些有影響力的案件，記錄那些「因為某種野心或貪圖享受而將自己出賣給魔鬼」的人最後得到怎樣的報應，還詳盡地描寫女巫們在火刑柱上所受到的痛苦。而詩人在寫到她們「因為疼痛而扭曲的猙獰面容以及被活活燒死時發出的痛苦大叫」時，卻採用詼諧的表達方式。

以下的打油詩中，記錄一個用來讓「女巫」招供的好辦法：由於她拒絕承認和魔鬼有瓜葛，審判官就讓劊子手戴上犄角，披上熊皮，拖著尾巴或其他的一些東西，去女巫的監牢。「女巫」因為本身迷信，身在黑暗的牢房中難免會感到非常害怕，於是在看到喬裝後的劊子手時，會誤以為自己真的進入地獄，魔王就在眼前。當這個「魔王」告訴她要始終保持勇氣才可以被解救時，她就會跪下來發誓，來世會把自己的身體和靈魂貢獻出來為這個所謂的「魔王」效力。由於幻想症盛行，這些可惡的詩句在德國還為人們所鍾愛，幸好歐洲的其他國家卻不是這樣。

他們派劊子手進到監牢，
劊子手身上穿著熊皮。
女巫看見怪異的他時，
誤認為是魔鬼出現了。
於是立刻跪在他腳下哭泣：
你為什麼要拋棄我呀，
趕快把我救出這個監牢吧！
只要能夠離開這黑牢，
我今後永遠都只是你的人，
親愛的，救救我吧！

這首詩接下來是說，當女巫向劊子手祈求之時，不曾想到自己立刻就

要遭受火刑之苦。之後，詩人還插了這麼一句話「真是滑稽！」，並且用括弧括了起來。詩人在詩中表現出來的輕鬆讓人歎為觀止，但是也表現出當時的人心向背。

1617年，馬雷莎勒·昂克爾在巴黎被處死，讀過歷史的人估計都知道這個案子。她的車夫作證說，她曾經於一天午夜向一個教堂進獻一隻公雞。還有人說看到她詭秘地走進一個名叫伊莎貝拉的有名的巫婆家中。當被問及如何控制皇太后的思想時，她自負地說她沒有力量控制皇太后，只是她的思想比較堅定，後者的思想比較軟弱。因此，雖然別人最先指控她的只是巫術，但讓她被處死的真正原因卻是她控制皇太后的思想，透過皇太后間接地影響國王路易十三。

兩年後，拉波爾出現一個比以往所有事件都更加驚世駭俗的案件。波爾多議會委派有名的議員皮埃爾·德·朗克和議長伊斯班紐到拉波爾及其周邊地方查處女巫，還授予這兩個人全權懲罰違法者的權力，因為他聽說這些地方有很多女巫。這兩個人在1619年5月到達拉波爾。德·郎克寫了一本書詳細記錄這段他與邪惡鬥爭的戰果。書中那些「他們審理的案件數量以及如何迫使那些可憐的嫌疑犯招供，承認自己犯了莫須有的罪行」的記錄還是比較可信的，儘管書裡許多內容十分荒誕，不足為信。

皮埃爾·德·朗克和議長伊斯班紐安頓之後，每天審訊的人達40個，其中被釋放的人不到百分之五。所有的女巫都承認在女巫狂歡日裡，魔鬼一般是坐在一張寬大、鍍金的王位上，有時變成一隻小山羊，有時又變成一名紳士，全身黑衣，腳穿靴子，還佩帶著馬刺和寶劍。魔鬼經常像是一團無形無狀、變幻無窮的東西，像被閃電炸開的樹幹，在暗夜中飄忽不定。女巫們通常騎著烤肉用的叉子、叉乾草的長柄叉或是掃帚。她們一到目的地，就與魔鬼妖怪們縱情地做出各種淫亂、放蕩之事。女巫們有一次還公然把慶祝節日的地點選在了波爾多市的中心。魔鬼之王的椅子被放在

加里安廣場的正中間，整個空間裡擠滿從四面八方趕來的男巫、女巫，有些竟然來自遙遠的蘇格蘭。德·朗克在談到拉波爾為何會有那麼多的女巫時，竟然說是這個地方重巒疊嶂，土地貧瘠使然！更可笑的是，他還說，他發現「女巫」都喜歡吸菸。值得一提的是，他的這個發現與詹姆士國王的看法一致，菸草就是「魔鬼之草」。

200名無辜者被判絞刑並焚燒後，嫌犯人數竟然還是有增無減。她們在被嚴刑拷打之後，在拉肢刑架上被問及「撒旦看見法官正在摧殘自己的下屬會說什麼」時，女巫的回答往往是——他無動於衷。其中還有一些人聲稱自己責備過撒旦，怎麼忍心眼睜睜地看著他的朋友被處死。她們說自己是這樣問撒旦的：「你這個可怕的魔鬼，你保證過不會讓她們死的！她們現在為什麼會被燒成一堆灰燼？你為什麼要食言！」而撒旦卻沒有覺得她們冒犯自己，還變幻出一堆不會傷人的火焰，證明法官們燃起的火堆也一樣毫無傷人的效力，鼓勵她們走進去，說這場災難會結束。這些人還說問過撒旦：既然這些被處死的人都沒有受苦，那她們都做什麼去了。滿嘴胡言的撒旦堅定地告訴他們說，那些死去的人可以看到聽到這裡發生的所有事情，如果她們呼喚想要見的這些人的名字，他們可以聽到這些人的回答。被燒死的這些人都幸福地生活在一個遙遠的地方。她們說，撒旦善於模仿這些被處死的女巫的聲音，回答所有的問題以後，還和女巫們恣意狂歡，直到公雞啼叫為止。她們還說，欺騙在世的女巫，對於撒旦來說，是一件輕而易舉的事情。

德·朗克在審判幾個「狼妖」時，也表現得極為熱心。在此案中，幾個被逮捕的嫌疑犯還未被用刑就承認自己是「狼妖」，還招供說，每天晚上，自己都會衝到牛羊群中飽餐。貝桑松的一位年輕人也自覺地向宗教裁判員伊斯班紐承認他是一個被稱為「森林之主」的魔鬼的僕人，儘管知道招供後將不得好死。他說，魔鬼對他施魔法，把他變成一隻狼的樣子以

後，自己也變成一隻狼，但比他顯得更強壯、更勇猛。他們在半夜一起到草地上遊蕩，吃了很多綿羊，被他們咬死的羊則比他們吃掉的多，他們還咬死牧羊犬。他說自己在做這些事時，他可以感受到一種前所未有的快感，於是會大叫著將還帶著餘溫的綿羊身體撕碎。其他很多人也自願承認自己是「狼妖」，更多的人是在刑訊逼供下才承認自己是同樣的妖怪的。

這些罪犯通常被活活燒死，骨灰撒到野外在狂風中被吹散。因為宗教裁判員們認為將這些罪犯絞死以後焚燒的處罰太仁慈了，畢竟他們的罪孽太深重了。格雷夫和其他神學界的飽學之士只是憑藉聖經上一些相關記載就認為被魔鬼點化不是不可能的事情。他們說，既然尼布甲尼撒①曾經就是一頭公牛，魔鬼為什麼就不能把人變成狼？他們還說，只要嫌疑犯親口承認，即使沒有其他的證據，也可以定罪。德里奧曾經介紹說，有一位紳士被指控為狼妖，在被折磨了20多次後依然不認罪，是在審判員給他灌了一口烈酒後，才在不清醒的狀態下承認自己是狼妖。審判員這樣做的目的是彰顯宗教裁判員在審判類似案件時絕對公平，他們是在罪犯認罪後才判處刑罰的。審判中，如果一輪折磨達不到效果，他們就進行第二輪、第三輪的折磨，直到審訊對象再也不能支撐。這種折磨有時竟達二十餘輪！「無論是獅子，還是老虎，都不比宗教的信徒更殘忍。」當這種暴行被冠以宗教的名義實施時，我們完全可以這麼說。

烏爾班・格蘭迪爾，這位可憐的來自盧丹地方的助理牧師，被控告在烏爾蘇林修道院對許多女孩施以巫術，被非常殘酷地燒死。這個有名的案件不僅在當地，而且在整個法國長達幾個月的時間都引起騷動不安，因為它的本質在當時也難以掩飾，他的死不是人們為之不寒而慄的巫術使然，而是那些發誓要他丟掉性命的卑鄙的陰謀家的傑作。這些陰謀家利用巫術

---

1. 古代巴比倫的國王。——譯者注

指控，在1634年是不會被駁倒的。就像波迪納斯所說的那樣，雖然被告可以將原告的惡意栽贓都說出來進行反駁，但無論他說得有多麼清楚、多麼實在，也會被「一群幻想自己被實施巫術的瘋女人的證詞」擊敗。那些瘋女人的供詞越是荒唐可笑，越是前後矛盾，就越是給了他的敵人可乘之機。他們會說，這些瘋女人正是被實施巫術才變成這樣的。

1639年，發生在里爾城的一件怪事顯示當時的人們對巫術有一種看待傳染病般的恐懼。一位虔誠而有些糊塗的女士在城裡辦了一所慈善學校，這位女士叫安朵涅特·布里尼翁。有一天，在她走進教室的時候，她產生一種幻覺——孩子們的頭頂有很多小黑精靈飛來飛去。大驚之後，她告訴學生們，有小鬼在他們周圍盤旋飄蕩，讓他們謹防魔鬼作亂。在之後的日子裡，這位女士神經質般重複著告訴孩子們這件事情，直到魔鬼以及魔鬼的魔力成為學校學生之間，甚至是師生之間交流的核心話題。之後的一天，一個女孩跑出學校後，很快被找了回來，而後受到責問。女孩回答說，不是她自己要跑出去的，而是魔鬼將她帶出了校外。還說自己就是女巫，而且是從7歲開始就是女巫了。學校裡其他幾個被這件事情嚇暈了的小女孩，在恢復之後，也承認自己就是女巫。最終，總共有50名學生因為受不了巨大的精神壓力而產生幻覺，承認自己是女巫，還稱自己參加女巫狂歡日，看到魔鬼；還說自己能夠騎著掃帚在空中飛行、能夠爬過小小的鑰匙孔，還吃嬰兒的肉。

這件事情讓里爾的市民非常憤慨，教士們匆忙調查。有些人說這只是一個騙局，很多人卻強烈地堅持說，有必要殺雞儆猴，將這些孩子全部當女巫處死，她們的供詞是有效的。父母們堅持說孩子不是能施巫術的女巫，而是被巫術所害，這種觀點被全城人普遍認可。可憐的父母非常擔心自己孩子的處境，他們噙著淚水祈求審判人救救他們的孩子。安朵涅特·布里尼翁因為將自己的幻想灌輸給學生而被控告實施巫術。由於整個事件

變得對她很不利，她在第一次被審訊以後，就喬裝打扮逃跑了。要是再晚逃4小時，她就會被當作女巫或是異教徒燒死了。但無論她逃到哪裡，都有可能被認出是那個蠱惑小孩的女人，誰還敢把孩子交給她來管。

審判員審判嫌疑犯使用的殘酷刑罰讓布倫瑞克公爵和美因茲的選帝侯非常吃驚。在他們看來，一個正直的法官不應將刑訊逼供得來的供詞作為斷案的依據，進而對被告進行處決。據傳，布倫瑞克曾經還邀請過「兩名因為堅信有女巫作亂而出了名」的耶穌會會員到家裡，試圖讓他們知道刑訊逼供是一件多麼荒唐和殘酷的事情。有一個婦女被控犯了巫術罪，被關在本城的牢裡，公爵還事先與審判員打好招呼後，帶著這兩位耶穌會會員去聽她招供。

這個婦女在別人精心設計的問題的誤導下，大腦進入極度混亂狀態。她交代說，自己常常在布羅肯參加「女巫狂歡日」活動，在那裡她看到過兩個聲名狼藉的耶穌會會員。她還說，自己曾看見他們變成過山羊、狼和其他動物的樣子。很多有名的女巫還與這兩個人淫亂，而且淫亂之後還會生下六七個腦袋像蟾蜍、腿像蜘蛛的怪物。當審判員問她，這兩個會員離她有多遠時，她竟然說就在隔壁房間。聽到這個話，布倫瑞克公爵把嚇壞了的這兩位朋友帶到一邊，表達他的觀點——這件事情非常有力地證明成千上萬人遭受的折磨都是不公平的。由於這兩位會員清楚自己是無辜的，因此他們為這樣的證詞不寒而慄，因為如果不是朋友，而是仇人將他們帶到此，他們就完了。他們之中有一位叫弗里德里希·斯佩，是《審判須知》的作者。這部出版於1631年的作品描寫審判女巫時的可怕場景。這在德國發揮良好的迴響，在美泉宮、美因茲的大主教和選帝侯在自己的管轄範圍內廢除刑訊逼供以後，布倫瑞克公爵和其他的當權者也仿效他的做法。被控告成女巫的人數自此以後大大減少了，捕巫熱也逐漸降溫。1654年，布蘭登堡的選帝侯就對艾勒布羅克的安娜涉嫌女巫案發過一個禁

令——禁止使用酷刑，還明確表態說，將女巫嫌犯投入水中的做法是殘酷的，是不公平，也是荒唐的。

這也成為漫漫長夜之後新的曙光。裁判所裡每年不再有成百上千的女巫被處決。以火刑燒死罪犯而著稱的符茲堡當年也只有1人被火刑處死。而在40年前每年要燒死60人。1660—1670年，德國各地的議院也在將當地裁判所判處的死刑犯不斷地減刑為終身監禁，活著的減為在臉上烙個標記。學者們也漸漸將自己從荒唐的迷信中解脫出來，而且不管是世俗的還是教會的，當局開始掃除他們以往提倡的荒謬之見，一種更加理性的哲學正在漸漸矯正大家的思維習慣。1670年，諾曼第議會以「騎著掃帚參加女巫狂歡活動」的罪名判處一批婦女死刑，路易十四就將這個判決減為終身流放了。議會為此還給路易十四呈遞了一封有名的請願書，內容如下：

盧昂地方議會呈遞給國王的請願書，1670年。

陛下：

承蒙國王陛下賦予諾曼第省議會權力，我們才得以審判並處罰各類違法活動。其中，我們對巫術罪特別重視。這類罪犯毀損宗教，破壞國家，真的是罪大惡極。在陛下管轄範圍內的議會在此斗膽冒犯您，將近期發生的這類案件的詳情稟報如下，懇請我主三思後，改變您的裁決。我們不太同意您下令讓我們的檢察長官將那些因為巫術被判死刑的人減刑，以及要求他暫停其他幾個類似案件的審理，我們認為這是考慮不周而做出的決定。還有國務卿以您的名義來信要求將對這類罪犯的處罰減為終身流放。根據總檢察長和巴黎議會中罪犯學士關於巫術案件的見解，盧昂地方議會的裁定會被巴黎議會和王國各地議會爭相效仿。雖然按照先王的規定，各地議會不能對蓋有國璽的信件提出異議，但依我們的愚見和陛下子民的公見，陛下對大家的福祿關懷備至，我們對陛下的所有命令都會立刻執行，不敢懈怠，所以議會已經中止了對這件案件的審理。懇請陛下再次斟酌巫

術罪的嚴重性，再權衡一下如果對其寬大處理將會帶來怎樣的嚴重後果，重新允許我們繼續對巫術罪審判，並允許我們處罰被認定為有罪的人。自從接到國務卿的信以來，議會對您的決心已有知曉。您是要將那些因巫術罪而被判死刑的人減刑為永遠驅逐出敝省，這是要讓她們重獲新生。我們認為，我們有責任讓您瞭解敝省民眾對巫術罪普遍而且不變的觀點——巫術讓上帝的榮光受到玷汙，讓您的子民飽受折磨。您的子民在巫術罪犯的威脅和桎梏下在痛苦地呻吟，精神和肉體都受到摧殘，財產也蒙受巨大損失。

陛下深知巫師們毀壞宗教賴以存在的基礎，違抗上帝的訓誡是犯了最嚴重的罪，民眾對此也恨得咬牙切齒。也正是這樣，聖經才規定對此類犯罪者處以死刑。羅馬教廷和基督教經典的作家也對施巫術者進行嚴詞譴責，他們也認為，應該採取最嚴厲的手段來根除這種惡行。法國的國家教會在先王們的激勵下，也對施巫術者極端厭惡，雖然終身監禁作為教會許可權之內的最高處罰已經非常嚴厲了，但教會還會將這類罪犯交給世俗政權，企圖讓他們受到更嚴厲的處罰。

這是一個司法團體為了支持「獵巫狂的彌天大錯」而做的最後一次努力。這份請願書的主題以及引用的案例有一定的說服力，但是路易十四沒有為之所動，這也為他在後人眼中的形象增添了許多光彩。

像這種類型的罪犯應該被處以死刑，這樣觀點被各國民眾普遍認同，同樣，過去各個時代的民眾也主張應該如此。對於這種處罰，作為羅馬法律主體的十二銅表法[1]也做出同樣的規定。在這一點上，所有的法律學者都保持一致看法，而且所有的帝王也都持相同的觀點來制定他們的法律，

---

1. 十二銅表法（西元前451—前450年），羅馬初期制定的法典，主要由羅馬貴族編制，並且為貴族利益服務。——譯者注

這些人之中，尤其以君士坦丁大帝[2]和狄奧多西[3]最為突出。在福音書的啟發下，他們不僅恢復同樣的懲罰措施，而且剝奪所有的上訴權，並且宣布任何王公貴族都不能對那些被認定為犯有巫術罪的人有任何的憐憫之心。同樣地，在同一種心情的感召下，查理八世也頒布那項辭藻華麗、措施嚴屬的法令，命令要求法官們必須根據案子的具體情況對巫婆們處以各種懲罰，否則法官將會被判處罰金、監禁或解除職務。同時，法令還規定了任何不願告發巫婆的人將按同犯處理。相反地，任何人只要提供證據證明別人犯有這種罪，都可以因此獲得報酬。

考慮這些方面以後，敝議會在執行這項如此神聖的法令過程中，按律辦案，並且迄今為止從來沒有發現自己的判決和其他的法庭有什麼不同。因為所有關於對這種案件的判決的法律書籍中記載不可計數的法令，都同意對施巫術者應該施以火刑、車磔之刑（即車裂之刑）或其他刑罰。

以下只舉幾個例子來證明：英伯特曾經在他的《法庭實踐》一書中提到過，在希爾佩里克[4]時代，巴黎議會根據本王國歷代法律裁定通過的所有法律由蒙斯特雷在1459年引用過的阿圖瓦地方女巫案；巴黎議會在1573年10月13日做出的關於索米爾本地土著瑪麗·勒·費夫案的決定；巴黎議會在1569年10月21日做出的關於德·博蒙案的決定，案件中這個人為自己辯解，說求助於魔鬼的力量只是為了驅除那些被施巫術的人遭受到的巫術和用於治療疾病；巴黎議會在1606年7月4日做出的關於法蘭西斯·杜·博斯案的決定；巴黎議會在1582年7月20日做出的關於庫洛米耶當地人阿貝

2. 君士坦丁大帝（274—337），羅馬皇帝，是世界歷史上第一位信仰基督教的皇帝。——譯者注

3. 狄奧多西（347—395），羅馬將軍，後來成為羅馬皇帝，他於西元379—395年在位。——譯者注

4. 可以參閱都爾的額我略所著《法蘭克民族史》。——譯者注

爾·德·拉努一案的決定；巴黎議會在1593年10月2日做出的關於盧梭及其女兒案的決定；巴黎議會在1608年做出的關於另一位叫盧梭的人和一位叫佩利的人的案件決定，在這兩個人的招認中提到，他們會施巫術並且經常狂歡，崇拜魔鬼，並且曾變成公山羊；巴黎議會在1615年2月4日做出的關於勒克萊爾案的決定，案件中的這個人是由奧爾良議會來上訴的，他被控參加巫師狂歡晚會，並且和他的兩位死於獄中的同夥一致供認——他曾經崇拜撒旦，褻瀆聖禮及上帝，跳女巫的舞蹈，並且供奉不潔的東西；巴黎議會在1616年5月6日做出的關於一位名叫萊格的另一案件的決定，這個人的罪名與之前那個案子相同；在以供出同犯為條件的查理九世對特魯瓦·埃塞萊斯的赦免中，由於後者使用巫術，赦免沒有生效；莫爾納克在1595年引證過的巴黎議會的規定：根據亨利四世的指示，法庭做出的關於波爾多議會議員德·朗克案的判決；巴黎議會在1619年3月20日做出的關於艾蒂安·奧迪貝爾案的決定；內拉克議會在1620年6月26日通過的關於幾名女巫的決定；土魯斯議會在1577年通過的，曾經被格里高利·多洛薩努引證過的，關於400名被控犯由於身上都有魔鬼留下的印記被判有巫術罪的人的案件決定。除了上述這些案件之外，我們還可以向陛下提供普羅旺斯議會做出的各類決定，特別是1611年關於高弗雷迪案的決定；第戎議會和雷恩議會依照已經在1441年被火刑處決的德·雷斯巫術罪判決做出的類似決定；布列塔尼公爵曾經出席這個巫術案的審判。——陛下，所有的這些例子都證明本王國內各地對施巫術的人都判處死刑，並且一直是這樣。

　　這就是您在諾曼第議會上為什麼會將近來被認定為犯了這種罪的人判為死刑的動機。如果在某些特定情況下，包括諾曼第議會在內的這些議會曾經將犯了這種罪的人判了較輕的刑罰，那是因為他們犯的這種罪還不是特別深重。陛下和各位先王曾經授權我們幾個人全權處理各種案件以及對已經鐵證如山的罪行給予相應處置。

在上文中，我們引用各種世俗的以及教會頒發的法令和對案件做出的處理，引用這些的目的就是謙卑地懇請陛下可以對這種罪犯所做的惡行帶來的嚴重後果進行深思。陛下應該考慮到在我們的王國中還有一些人會不明不白地死去，通常情況下，這就是巫師幹的。不僅如此，還有人們財物和牲畜的丟失；被告人身上留有魔鬼留下的顯而易見無法掩飾的印痕；人的身體會被突然地從一個地方轉移到另一個地方；人獻上不潔的犧牲品和參加女巫狂歡晚會，以及其他一些已經被古代、現代的作家描述過的，被許多犯了巫術罪的同謀犯和那些正直的人親眼見證過的，並且被罪犯親自供出來的事實證實的案例。這些不同的案例竟然有如此多的一致和相同之處，就是最無知的被告也說出了相類似的內容，他們講的甚至和那些最著名的作家描寫過的情況沒什麼不同。以上的所有事實可以在陛下執掌下的各地方議會審判記錄中得到證實。

　　這些都反映基督教的各種原則緊密聯繫並且保持一致的事實。即使有些人為了反駁上述事實而引用那個所謂的在安卡拉公會議上制定的法規和聖奧古斯丁（St. Augustin）[1]在《精神和靈魂》一書中的某篇文章中談到的一段話作為論據，也是站不住腳的，同樣也無法說服別人。我們都可以輕易地證明上述的兩個論據都缺乏權威的認定。除了安卡拉公會議提出的那項法令以及教會後來的會議所制定的各個法令都有矛盾之處之外，巴羅紐斯主教和所有其他的博學評論者們都一致認為從這項法令中找不出任何古代的版本。事實上，所有記載這個法令的版本都是用其他語言寫成的，並且和同一會議制定的第23項法令完全不一樣，後者同所有以前的法令一

---

1. 聖奧古斯丁（Aurelius Augustinus，也作希坡的奧古斯丁，天主教譯「聖思定」「聖奧思定」「聖奧古斯丁」，354—430），古羅馬帝國時期基督教思想家，歐洲中世紀基督教神學、教父哲學的重要代表人物。——譯者注

樣，都對巫術嚴加譴責。就算假定這項法令真的是安卡拉公會議頒布的，我們也必須意識到這項法令發布的日期是在2世紀，那個時候的教會正在集中注意力重點打擊異教偶像崇拜。因此，這項法令譴責那些聲稱自己可以徒于在空中飛行而且可以飛過廣袤的地區，以及能夠與黛安娜（Diana）和希羅底（Herodius）②這兩位女神為伍的婦女們，法令要求所有的牧師要向教民宣揚上所述婦女所聲稱的本領內容是錯誤的，進而讓人們不再崇拜這些異教的神祇，但是這項法令卻承認魔鬼有力量來影響人們的身體。其實對於這些，耶穌基督已經在聖福音書中證實了。至於偽託聖奧古斯丁的話，其實人們都知道那不是他寫的，因為作者在書中提到一個叫波愛修斯的人，他比聖奧古斯丁晚死了80年。此外，對於這位神聖的教父在自己所有的文章中都證實巫術的存在這件事情，還有更具說服力的論據來證明它，特別是在他的《上帝之城》③第一卷第二十五個問題中，他講到巫術是人類和魔鬼之間的交流，因此所有正直的基督徒都應該將它看作洪水猛獸一般的東西。

總之，在您掌控下的諾曼第議會全體議員都期盼您可以明察，這是我們用陛下您賜予的權力所做的卑微懇請，為了盡職盡責，不愧對良心，我們必須稟明陛下，諾曼第議會上通過的所有對巫術案、女巫的判決都是來自全體法官們深思熟慮的結果，沒有一點不符合全王國範圍內各地的司法實踐。同時由於人民之中沒有一位敢說自己完全沒有受到這類罪犯的敵

---

2. 黛安娜，羅馬神話中的處女守護神、狩獵女神、月亮女神；希羅底（Herodias），《聖經》中的一位女人，施洗約翰被殺是由於受到她的唆使（見馬可福音6章第17～23節）。——譯者注

3. 《上帝之城》（拉丁語：De Civitate Dei），也作「天主之城」，為希坡的奧古斯丁所著，當時羅馬城已經被蠻族攻破。人們把羅馬帝國的衰退歸咎於基督徒之離棄傳統多神宗教。——譯者注

視，所以這也是為陛下子民的福祉所考慮。因此，我們請求陛下批准我們通過的判決，同時接著審判那些犯了這種罪的人。只有這樣，陛下萬世的英明以及對宗教無比虔誠的聲譽才不會受到那些與神聖宗教的原則相違背的看法影響。」

就像我們提到過的那樣，路易沒有對這封請願書加以理睬。那些老婦人的性命保住了，而對巫術的指控在整個法國也銷聲匿跡了。在1680年，法國通過一項法案，其中指出對女巫不做懲罰，只是對冒充實施巫術者、算命先生、女預言者以及投毒者予以懲處。

與此同時，這樣的一絲曙光也出現在德國、法國、英格蘭和蘇格蘭，而且這絲光線越來越亮，直到18世紀中期，巫術除了還在被那些最粗鄙的人固守以外，已經變成沒有人願意相信的東西。然而，這種瘋狂的信仰行為在中途又爆發兩次，其荒謬程度並不遜色於第一次。這後來的兩次，第一次發生在1669年的瑞典，第二次發生在1749年的德國。這兩次都值得我們注意。這其中第一次是有史以來最不尋常的一次，因為它在殘暴和荒唐的程度上無以復加。

曾經有人向瑞典國王報告說達拉納省中一個叫莫拉的村子受到巫婆的嚴重騷擾，於是瑞典國王指派一個由教士和俗人組成的調查團前去調查，並且賜予他們全權懲罰罪犯的權力。1669年8月12日，調查團到達這個中了巫術的村莊，村民們由於輕信他們的話，對他們表示熱烈的歡迎。第二天，全村的3000名居民全部到教堂集合。牧師開始佈道，「宣布那些受魔鬼引誘的人會受到嚴厲的懲罰」。他們還說上帝將會除掉村民中禍患的根源。

然後，全體村民又轉移到教區長的家裡，他們擠滿房前的整條街道。這個時候，調查團當眾宣讀國王的旨意，要求每個知道巫術線索的人都要走出來檢舉揭發。聽了國王的旨意後，淚水從所有激動的村民眼中湧出，

這之中有男人、女人、小孩，他們開始痛哭流涕，並且保證他們會說出自己所知道或聽過的任何與這相關的事情。在經歷這個熱情洋溢的場面後，所有人被要求返回自己家中。過了一天，他們又被召集起來，此時，調查團已經接受幾名村民的公開指控。結果有70人，其中包括15名孩子，都被關進監獄，同時鄰近的埃爾夫達爾地區也被抓走了許多人。後來，在嚴刑拷問下，被逮捕的人都供認了自己的罪行。這些人在供認時提到他們過去常常會到一個離鄉村集市不遠的碎石坑裡集會，在那裡他們都用長袍蒙住頭，一圈又一圈地跳舞。然後，他們再到那個不遠處的集市去呼喚魔鬼三次。第一次聲音低沉輕柔，第二次稍微大聲，第三次就會變成大聲呼喊。他們每次都會說，「先行者快來吧，把我們帶到布洛庫拉！」他們認為這個咒語屢試不爽，魔鬼也會應聲出現。根據他們所說，魔鬼大體上看起來就像一個矮個兒的老頭兒，身上穿著灰色的外套，腳上穿著紅藍相間的襪子，襪子上還有兩根特別長的襪帶，還戴著一頂非常高的帽子，上面垂著許多彩色的亞麻布帶子，脖子下面長長的紅鬍鬚一直拖到腰間。

魔鬼問他們的第一個問題就是，他們是否願意為他獻出自己的靈魂和肉體？魔鬼聽到他們肯定的回答後，就會告訴他們做好前往布洛庫拉的準備。這個時候，他們得先到祭壇上刮下一點碎屑，同時還要收集教堂鐘上銼下的金屬粉末。然後，這位先行者就會給他們一個裝著藥膏的牛角，讓他們用藥膏塗滿全身。這些都準備好以後，他就給這些人帶來各種動物供他們騎乘，有馬、驢、山羊和猴子，並且發給他們每人一個鞍子、一個鐵錘和一個釘子。然後，他就開始念咒語，這些人就上路了，並且一路上暢通無阻。他們飛過教堂、高牆、岩石和高山，最後會來到一片碧綠的草地，布洛庫拉就坐落在這裡。為了能夠到達這個地方，他們必須帶上自己所能帶來的所有小孩。這裡如果有誰沒有帶來小孩，魔鬼就會折磨、鞭打他們，讓他們不得安寧。

聽到這些以後，許多父母為這些供詞提供一部分證據，因為他們說自己的小孩常常告訴他們自己曾經在夜裡被人帶到布洛庫拉，並且在那裡他們會被打得渾身青紫。他們早上也曾經看到過傷痕，但是這些傷痕很快就消失了。其中，有一個小女孩在被詢問時信誓旦旦地說她曾經被那些女巫們帶著在空中飛行，但是飛到高空時，因為她叫了一聲耶穌的聖名，就被摔到了地上，而且左肋被摔了一個大洞。後來魔鬼又把她拉起來，治好了她的傷，又將她帶往布洛庫拉。她還補充說（她的母親證實她的話），到現在她還覺得「左肋鑽心地疼痛」。也正是因為這個至關重要的證據，更堅定法官們捉拿罪犯的決心。

他們所提到的那個叫布洛庫拉的地方是一所大房子，上面有一扇通往房內的門。房子的四周是一片一眼望不到邊的柔軟草地。在房子裡面有一張很長的桌子，女巫們都分別坐在桌子的兩旁，在其他房間裡排列著供她們睡覺的非常精緻可愛的床。

她們先是舉行幾個儀式，以此來表示她們將會全心地為先行者服務。然後她們會坐下來舉行宴會，大口地喝著用油菜和豌豆煮成的清湯，吃著燕麥片、奶油麵包、牛奶和乳酪。在她們吃飯的時候，魔鬼會經常坐在一把椅子上，有時候也會演奏豎琴和小提琴來為她們的宴會助興。吃過晚飯後，她們就開始圍起來跳舞，有時赤身裸體，有時穿著衣服。有幾個婦女還在供詞中補充一些非常恐怖和極其淫穢的細節，實在令人不忍重複。

有一次，魔鬼為了試探一下她們對他是否忠誠，就假裝死去用以試探她們會不會感到悲傷。這些人見到魔鬼死去立刻開始號啕大哭，每個人都哭出了3滴眼淚。看到這些以後，魔鬼高興極了，於是就跳到人群中把那些哭得最響的人摟在懷裡。

上述這些就是孩子們所說的一些主要情節，並且得到成年女巫供詞的證實。在法庭上還從來沒有見過如此荒謬的事：許多被告顯然前後的說法

不一致，可是調查團對此卻置若罔聞。調查團中的一位成員是當地教區的牧師，他在參與審訊的過程中說，有一天晚上，鑽心的頭痛把他折磨得難以入睡，而且他也找不出病因，只能認為自己中邪了。事實上，他認為這一定是有十多個女巫在他頭頂上跳舞。這番話使得在場的那些虔誠的婦女們覺得十分恐怖，她們驚訝地大聲說魔鬼怎麼會來傷害一名如此正直的牧師！對此，一位可憐的將要淪入死神魔爪中的女巫說她知道這位牧師頭痛的原因。她說魔鬼曾經派她手拿一柄大槌把一枚長釘砸進這位牧師的頭骨裡。她砸了很久，但是由於這個人的頭骨特別的「厚」，她竟然沒有在他頭上留下任何的傷痕。聽了這位女巫的話，所有在場的人都吃驚得睜大眼睛，紛紛舉起手，而這位虔誠的牧師聽了這原因之後也開始感謝上帝賜予他這樣堅固的頭顱。從此，他就以「頭骨厚」而著稱。這個女巫所說的是不是只是一個笑話，對此沒有人去追究，但是她卻因此而被看作是一個十惡不赦的罪犯。法官們在這場大規模的審訊中根據像這樣既可怕又荒唐可笑的供詞就將70人判處死刑。其中有23人在莫拉村一起被燒死，幾千名圍觀的人將四周圍滿了，顯得十分高興。第二天又有被用同種辦法處死的15名小孩做了迷信之神的祭品。剩下的32人也被押到鄰近的法盧那鎮處決。除了那些被判死刑的人之外，還有被認定犯了輕微巫術罪的56名小孩分別被判處不同的刑罰，如夾擊之刑[1]、監禁和一年之中每個星期當眾鞭打一次等。

後來，這件事情被人們長期認定為是巫術氾濫的一個有力證據。難以想像，當人們想要創造或支持一個說法時，竟然會透過歪曲事實來實現他們的想法！僅僅是幾個在他們愚蠢的父母鼓動下有些病態的小孩說出幾句荒唐可笑的謊話，一旦被周圍迷信的鄰居傳播開來，就可以讓一個國家陷

---

1. 夾擊之刑：在兩排人中間跑過去，受每個人的鞭打。——譯者注

入瘋狂的烈火中。假使當時的調查團成員和人民的頭腦沒有被深深的迷信所禁錮，假使其中有一個人能夠堅定地站出來澄清事實，結果就不會是這樣了！如果是那樣，這些可憐的孩子也許會被及時地送到醫院，而不是被活活地燒死，而剩下的那些孩子也就只會受些鞭刑罷了。那些輕信傳言的父母也會被人嘲笑，那70個生命也會倖存下來。雖然在瑞典，人們對巫術的信仰直到今天也一直保留著，但是令人感到慶幸的是，再也沒有像當年那種精神錯亂所造成的可悲案例出現在這個國家的歷史中。

幾乎就在同時，新英格蘭殖民地的居民也被類似的關於魔鬼的故事嚇得心驚膽顫。忽然之間，一種恐懼的感覺充斥在每個人心中。每天都有所謂的犯了此罪的犯人被逮捕，人數多到監獄都裝不下了。古德溫（Goodwin）是一個泥瓦匠的女兒，她患有憂鬱症，經常會昏厥。她認為在幻覺中有一位叫葛洛弗（Glover）的愛爾蘭老太太在她的身上施加巫術。她的兩個兄弟也有相同的毛病，也常常會昏厥，並且大聲叫喊說魔鬼和葛洛弗老太婆在折磨他們。有時候，他們的關節會僵硬得不能動彈，但是在其他時候，他們的骨頭又軟得像一攤泥。後來，所謂的「女巫」被逮捕了，只是因為她不能一字不差地將主禱詞重複下來，她就被判處死刑並且被立刻處決了。

但是，到處捉拿女巫的熱潮沒有因此而消退下來。人們認為這個犧牲品還不夠，仍然在睜大雙眼等待還會有新的事件被揭發出來。還有一件事情，有一戶人家有兩個女孩，她們都患有歇斯底里症①，最近卻突然每天都要昏厥幾次。其實，喉嚨中有窒息的感覺本來就是歇斯底里病的正常症狀，但是由於這種巫術的說法在殖民地中的廣泛傳播，這個時候在女孩身上發生這種事就自然而然地被說成是由魔鬼引起的。她們描述說魔鬼把幾

---

1. 一種精神疾病，典型症狀是患者自己認為失去身體某部分功能。——譯者注

個小球放入了她們的氣管，想要噎死她們。這個時候，她們會感到全身每個部分都一直被刺扎著，其中甚至還有一個女孩嘔吐出了幾根針。這兩個女孩分別是帕維斯（Parvis）先生的女兒和侄女，帕維斯先生就是喀爾文[2]教派教堂的牧師，這樣，她們的情況就引起人們極大的關注，使得後來殖民地中所有體弱的婦女們都開始懷疑自己也像她們那樣中邪了。她們越想越害怕，而越是擔心害怕，她們就越對巫術的說法深信不疑。她們這種精神病就像鼠疫一樣迅速傳播開來。以至於後來有婦女昏倒過去，醒來後都堅持說她們看到女巫們的幽靈，這類事件層出不窮。如果在一個家庭中有三四個女孩，她們將這種病態的幻想相互影響，每天都會昏倒5~6次。對於這件事情，有人說，撒旦[3]親自在她們面前出現，手裡拿著一個羊皮紙卷，告訴她們如果她們簽定這個出讓自己靈魂的合約，他就立刻解除她們精神和肉體上正在遭受的痛苦。還有人說，女孩們只看到許多女巫，而女巫們也做出同樣的承諾，並且還威脅說她們將永遠被痛苦折磨，直到她們願意成為魔鬼的使徒為止。但是，如果她們拒絕，女巫們就掐她們，打她們，或者用長針刺她們。由於受到這些害人的幻想狂指控，有二百多人被抓進監獄，各個年齡段的人都有，還有許多品德高尚的人也涉及其中。殖民地居民在頭腦找回理性之前，就已經有19人被處死了。對於這段可悲的歷史，最恐怖的是其中一名只有5歲的幼童竟然也被處死！那些指證他的婦女還發誓說她們常常看到這個幼童和魔鬼在一起，並且如果她們拒絕和魔鬼簽約，這個幼童就經常會用他那些細細的牙咬她們。這還不算，如果我

---

2. 喀爾文教派（Calvinists），是基督教新教主要宗派之一，以喀爾文神學思想為依據的各教會團體的總稱。——譯者注

3. 撒旦（Satan），主要指《聖經》中的墮天使（或稱墮天使撒旦），他是反叛上帝耶穌的墮天使（Fallen Angels），曾經是上帝座前的六翼天使，負責在人間投擲誘惑，後來他墮落成為魔鬼，被看作與光明力量相對的邪惡、黑暗之源。——譯者注

們聽到下面的這件事情，就不會再覺得還有其他事情更加令人噁心和討厭了，因為這個社會竟然瘋狂到以相同的罪名審判並且處死一條狗！

後來，有一個叫科里（Cory）的男子勇敢地反抗人們對他荒謬的指控。但是，這是徒勞的，就像之前發生的那麼多類似事件一樣，等待他的只有死路一條。聽說，他是被擠壓致死的，而且死的時候痛苦異常，甚至舌頭都伸到了門外。但是當時監督行刑的新英格蘭司法長官竟然拿起一根棍子硬生生地把這可憐人的舌頭塞回了嘴裡。要是世界上真的存在披著人皮的惡魔，這個司法長官就是一個！他竟然還以自己對上帝的虔誠為榮，認為這是在為上帝做好事。他

希望將塵世變成一座地獄
來使自己的靈魂升入天堂。

雖然還有人固執地認為仍然有人在施巫術，但是那些即將喪失親屬的人忽然發現這種廣為蔓延的指控就要把他們最親愛的親友們從自己身邊奪走了。這個時候，他們開始懷疑會不會是整個的審判過程也受到魔鬼的控制？會不會是魔鬼把錯誤的證詞放到證人的口中？會不會是證人也中了巫術的邪？那些即將失去自己妻子、女兒或姐妹的人們都像久旱遇上甘霖一樣熱切地同意這個看法。於是，這種忽然轉變的思想就像最早捉拿巫女時的熱潮一樣被迅速傳播開來。一夜之間，殖民地的居民們都發現原來是自己錯了。由於那些已經供認不諱的人一旦獲得自由就會翻供，而且這其中許多人甚至已經想不起來自己在嚴刑拷打之下都說了些什麼，所以法官們也不再起訴那些人了，被判死罪的那8個人也被釋放了。逐漸地，那些女孩也不再昏厥了，不會再談起魔鬼對她們的折磨。那個曾經處決了第一個罪犯的法官也為自己所辦的蠢事感到後悔，心靈受到悲傷和自責的沉重打擊，為了贖罪，他從此就把每年的那一天作為自己懺悔和齋戒的日子。即

使是這樣，他也仍然堅持認為有人在用巫術毒害別人。對於這種想法，他在思想上沒有多大轉變，令人慶幸的是，持這種想法的人在社會中越來越少了。對於整個巫術事件的反思，全體殖民地人民達成一致意見。為此，各個審判中的陪審員們也在教堂中公開表達他們的懺悔之心。那些受苦的人得到平反，他們被當作是錯誤思想的犧牲品，而不是撒旦的同謀犯。

據說，新英格蘭的印第安人部落對於英國人醉心於捉拿女巫這件事情感到十分不理解。他們認為這些英國人不是比附近的那些法國殖民者更愚蠢，就是比他們還要罪孽深重，他們認為「聖靈從來不讓女巫存在」。

接下來，讓我們再回到歐洲大陸，我們會發現，自從1680年以後，人們在對待巫術這件事情上變得更加理智了。之後的20年裡，雖然在平民百姓中仍然有人堅持原來的看法，但是政府已經不會再透過處決「女巫」來鼓勵這種信仰了。尤其是路易十四的法令沉重地打擊這種迷信思想。從此，這種迷信思想就一蹶不振，再也沒有恢復到當年的那種盛況。只是在1652年，瑞士信仰新教的各個州中發生最後一次這種類型的判決。那個時候，德國的各位當權者雖沒有阻止住這類審判，但是只要被告僅僅是被指控犯有巫術罪，而不牽連其他罪行，他們就努力地將死刑改成監禁。就在1701年，為了給那些正在走下坡路的流行的荒謬觀念一次沉重打擊，德國哈勒大學（Halle University）的著名教授湯瑪修斯（Thomasius）發表一篇名為「關於巫術罪」的演說。但是，由於巫術的觀念已經在人們頭腦中扎根，想要一夜之間將它根除是不現實的。因為那些學問淵博者的雄辯言辭是很難傳到那些住在偏遠山村和簡陋小屋裡的人的耳中，但是就算是這樣，社會狀況還是發生巨大的變化，因為在他們的感召下，人們對巫術的信仰成為一種沒有什麼作用的想法，而且還阻止這種信仰繼續製造更多的慘劇。

就這樣，幻想就像受了重傷已經垂死的野獸一樣，再次破滅了。但

是，這種荒謬的思想卻在累積殘餘下的全部力量來做最後的垂死掙扎，以此來顯示它的力量曾經是多麼可怕。由於這種臆想最早是在德國孕育出來的，所以這裡也就成為它的彌留之所。符茲堡是在這種藉口下曾經殺死過許多人的地方，似乎它也註定要成為它最後的舞台。而且，由於這一次和之前一樣慘無人道，所以這個地方的惡名依然不會消減。這個案件與莫拉和新英格蘭的巫婆案相比，除了受害者的人數不同之外，有很多相似之處。只是由於這個案子是發生在1749年，歐洲其他國家的人民認為在這個時代卻仍然發生這種事情，讓人感到震驚和厭惡。

事情的起因其實是這樣的：住在符茲堡修道院的5個年輕婦女由於感到喉嚨中有窒息的感覺，就像所有的歇斯底里症患者那樣，一再失去知覺，她們就無端地認為有人對她們施了巫術。更過分的是，其中有一個婦女曾經吞下了許多根針，而這些針後來又從長在身體各部分的膿瘡中顯露出來。於是，她們就大聲呼喊說她們中了別人的巫術。一位名叫瑪麗亞（Maria）的年輕女人因此被逮捕，罪名就是她與魔鬼串通迫害那5名年輕女士。證人甚至在法庭上發誓說她們曾經看到發生在瑪麗亞身上的怪事，就是瑪麗亞會經常變成一頭豬爬過院牆，等到了酒窖後，她總是用最好的酒把自己灌得酩酊大醉，然後就突然恢復原形。還有其他女孩說瑪麗亞就像貓一樣在屋頂徘徊，還經常會鑽進她們的房間，發出淒厲的叫聲來恐嚇她們。她們還說瑪麗亞曾經變成一隻兔子，把修道院草地上母牛的奶擠得很乾淨。還有人說，她過去常常在倫敦的德魯里巷皇家劇院演出，每次演出完的當天晚上，她就會騎著一把掃帚柄飛回符茲堡，然後施巫術讓那些年輕的小姐們感到四肢疼痛難忍，使她們飽受折磨。這些證詞最終使得瑪麗亞被判處死刑，人們把她押到符茲堡的一個刑場上活活燒死了。

這場由謀殺和迷信構成的可怕災難終於結束了。從那天開始，這種對巫術的信仰除了只能從那些文明的腳步很難走到的，既蠻荒又條件惡劣的

偏遠村落、地區找到立足之地外，已經從大多數人的心中消失了。但是，那些粗笨的漁夫和無知的農民仍然認為產生那些他們不能解釋的自然現像是由於魔鬼和巫婆在作怪。例如：愚蠢的長舌婦常常會把像突然昏厥這一類奇怪的病看作是撒旦在作怪。憂鬱症患者由於對這種病症在自然科學方面的解釋一無所知，所以他們仍然虔誠地相信自己的幻覺。也許現在的讀者們很難理解當時英格蘭人對於這種事的心態。還有，在那個時候，由於人們認為老婦衰老後面容很難看，就說她們對別人都懷有惡意，精神都不正常，她們的面部會讓人聯想起往日的巫婆，所以許多老婦經常會遭到無情鄰居們的辱罵，過著非常悲慘的生活。而那些無情鄰居們還經常叫囂著用手指對老婦們輕蔑地指指點點，就是在大城市周圍也不例外。在沒有人受害的前提下，法律產生的全部作用就是防止那些像17世紀時的恐怖案件再次發生。對於這一點，最好的說明就是，即使像臭名昭著的馬修·霍普金斯證實的那樣荒謬絕倫的事情，也會有成千上萬人發誓為它作證。

人們在1760年的《年鑑》中，記載一個有關巫術信仰的例子，這個事例告訴我們迷信有時候也會殺一個回馬槍。這件事情發生在萊斯特（Leicester）郡的一個叫格蘭的小村裡，有兩個老婦激烈地爭吵起來，並且互相指責對方犯有巫術罪。她們爭吵得越來越激烈，最後雙方就達成協議：用水淹裁決法來判斷誰對誰錯。根據裁決的慣例，她們兩個人要先把各自的衣服脫下來，只剩下內衣，用這樣的方法來表示二人完全平等。然後，她們請幾個男子幫助她們把雙手的大拇指和雙腳的大拇指分別捆緊，然後分別在每個人的腰間捆上兩根牛車上用的繩子。等到這些準備工作都做完以後，她們就被扔進池水中。這個時候，其中一位老婦立刻就沉下去了，另一位則在水面上掙扎一段時間。圍觀的人們立刻就認為那個掙扎一段時間的老婦一定有罪，然後就把她拉上來，並且要她立刻供出和她一起實施巫術的同犯。於是，這個老婦就供認說，在一個不遠處的叫伯頓的

村子裡，也有幾個「像她那樣有巫術」的老女人。只憑藉著說了這樣一句糊塗的話竟然蒙混過了關，對這個老婦來說，她還是比較幸運的。聽了老婦的供詞後，人們又在一名專攻占星術的學生帶領下，來到伯頓村搜尋老婦供認出的所有同夥。他們到了那裡後，只問了幾句這裡的情況，就向其中一位最可疑的老婦家走去。這個可憐的老太婆知道這件事情以後，嚇得把大門鎖住，只敢從樓上的窗戶中探出頭來問他們要做什麼。眾人說她已經被指控犯有巫術罪，他們今天來這裡的目的就是要把她扔到水裡以辨真偽，而且她必須接受這種裁決。如果她是無辜的，這裡所有的人都會為她作證。但是這位老太婆堅決不肯下來，他們就破門而入，強行把她帶到一個貯滿了水的碎石坑邊上。然後，他們捆住她的手指和腳趾，把她扔進水裡，過了幾分鐘，又用捆在她腰間的繩子把她拉上來。就這樣重複幾次之後，人們還是沒辦法判斷這個老太婆到底是不是巫婆，最後他們就讓她走了。事實上，更確切地說，他們是把她扔在岸邊，等到她醒過來後自己走了回去。第二天，他們又用同樣的辦法審問另一個老婦，然後又審問第三個。但是，比較慶幸的是，以上的幾位受害者都沒有在這些人的暴行中喪生。一個星期以後，宣導這次行動的許多首領都被逮捕了，並且被押到法庭上接受審判。其中有兩個人被判處站在絞刑架上示眾並且入獄一個月，剩下的20人因為捆綁和傷害平民被判處繳納一定數額的罰款，並且警告他們不得在1年內再次擾亂治安。

直到1785年，阿諾特（Arnot）在他編寫的《蘇格蘭罪案審判紀實》一書中講到，教派有每年在講壇上懺悔所犯罪惡的習俗，其中有教派會有在全國範圍內的懺悔和個人懺悔。在全教派的懺悔內容裡有這樣被特別提出的一條，即「由議會撤銷有關對女巫處罰的規定，因為它與上帝的法規相悖」。

如今，人們還可以在英格蘭許多房子的門檻上看到釘著一個馬蹄鐵

①。如果有哪位哲學家自作聰明地想要試著幫人們將它們去掉，等待他的不是對他的感謝，而是被打斷骨頭的命運。任何人都可以走進位於十字街的哈頓花園，然後從那裡走入血心庭院。人們在那裡可以聽到一些經常被人談起的、曾經發生在這裡而又令人深信不疑的故事。人們聽到這些故事，常常會驚愕地問自己這樣的事情竟然會發生在19世紀。著名的克里斯多夫（Christopher）大人的妻子哈頓（Hatton）女士因為在伊莉莎白時期跳的舞蹈十分優雅而聞名，她也被指控犯有巫術罪。據說，這件案子也十分聞名，被認為是一件鐵案。在這裡，我們還可以看到當年的那個房間，就在這個房間裡，魔鬼在與哈頓女士簽定的合約期滿以後，將她抓住，運到托菲特坑②。當年哈頓女士被魔鬼甩出時所撞上的那個抽水機還是依然存在著，魔鬼用鐵爪挖出她的心臟被發現的地點現在被叫做血心庭院，我們還可以站在這裡回憶這一切。所有這些痕跡都增加這個故事的可信性。我們不清楚這幢鬧鬼房子的大門上是不是還掛著辟邪的馬蹄鐵。但是，一個之前住在這幢房子的居民說，「大約在20年前，有幾個老太婆不斷要求保留那塊馬蹄鐵。有一天，一個明顯精神不正常的老太婆衣衫襤褸地來到門前，用力地敲了兩下門，發出很大的聲音，然後她像一個驕傲的步兵一樣，順著路直接走到馬蹄鐵前。令這位居民感到詫異的是，這個婦女只是向馬蹄鐵吐了幾口，以此來表示她很悲傷，因為有這塊馬蹄鐵在，她傷害不了任何人。吐過以後，她又朝它踢了幾腳，然後，她冷冷地轉身離開房子，一句話也沒有說。也許這個可憐的人是在開玩笑，可是很有可能她是在幻想自己是一個女巫。她居住的那個地方叫藏紅花山，我想她這種性格的形成，是緣於她周圍的鄰居每天都用恐懼和厭惡對待她。」

---

1. 據說這樣的做法可以防止中女巫的巫術。——譯者注
2. 《舊約》中記載以火焚人祭火神的地方。——譯者注

直到1830年，在黑斯廷斯四周的郊區，還不只一次出現對巫術普遍信仰的事例。一個老婦住在本城的制繩所，她長得十分醜陋，讓人一看就感到厭惡。那些認識她的愚昧的人都一致指控她是一個巫婆。因為人們說她的腰幾乎彎到了地上，儘管她年紀已經很大了，但是她的眼睛裡卻閃露著逼人的凶光。她經常身披紅袍，手拿拐杖。從外表看，她就是一個不折不扣的典型女巫。大家都對自己的看法深信不疑，而且這個老婦實際上也在助長民眾的迷信，因為她從來不刻意使人們消除對她的壞印象，反而看起來還有這種想法：雖然她很老，生活也很艱苦，但是她卻能讓那麼多生活得幸福、健康的同類們隨時對她滿懷敬畏之心。因為那些膽小的女孩見到她就會被嚇得縮成一團，許多人為了避開她，寧願多繞1英里路。她就像古代的巫婆一樣，對於那些冒犯她的人，動不動就破口大罵。與她家相隔一家的鄰居中有一個婦女，孩子是一個殘廢，這個母親經常說她的孩子一定是受到老太婆巫術的迫害，而且所有鄰居都相信她的這個說法，後來又有人說老太婆可以變成一隻貓。因此，大人小孩們就開始成群地去捕捉那些無辜的貓，那些貓一旦被捉住，幾乎就會被折磨死，因為人們認為這種動物會在他們面前突然站起來，變成那個老巫婆。

　　還有一個漁夫也住在同一個鎮上，有人說他已經把靈魂和肉體出賣給魔鬼，他因此常常遭到虐待。有人說他可以從鑰匙孔裡爬到房內，還說他想獲得更大的法力來控制鄰居，於是他就把自己的女兒也變成一個女巫。據說，他可以坐在針尖上卻感覺不到疼痛。而其他的漁夫們知道他有這種本領後一有機會就用這種辦法來試探他。他們往漁夫經常去的酒館中的椅墊上擺上讓人一坐下就會被刺到的長針。結果顯示，他坐上擺滿針的椅子時竟然連眉毛也不眨一下，這種結果讓那些人更加相信他有超自然的力量了。以上這些就是幾年前黑斯廷斯鎮上人們思想狀況的真實呈現，也許現在還是這樣。

在英格蘭北部，迷信思想曾經再次興盛，並且達到令人驚訝的程度。事情是這樣的：據說，在蘭開夏郡出現許多巫醫。這些人就是一夥庸醫，但是卻裝成可以治好魔鬼造成的疾病的樣子。關於這個情況，我們可以從1838年6月23日《哈特福改革者報》上報導的例子中清楚地看到這些騙子的所作所為。他們主要在林肯郡和諾丁罕郡各縣範圍內活動。根據《改革者報》上作者的敘述，有一個人患膿瘡已經有兩年了，感到十分痛苦，報上沒有記載他的名字，只說之前已經有好幾位醫生給他看過了，但是一點也沒有好轉。他的幾個朋友——既有本村的，也有外村的——說他肯定是中邪了，都建議他去找巫醫。他聽後點頭答應了，就讓妻子去找住在林肯郡新聖斯威辛的一位巫醫。這位巫醫根本就是一個不學無術的騙子，他告訴那個人的妻子，她丈夫是受了魔鬼的騷擾才得了病，並且信誓旦旦地說是她的鄰居們在詛咒他，她丈夫才會這樣。那個巫醫告訴她說，那些人在整個過程中所用的符咒，與所有像費安（Fian）博士和格利・鄧肯（Gellie Duncan）那樣使國王詹姆士非常苦惱的符咒完全一樣。他還說，在一個女巫的煽動下，她的鄰居們在火前依照她丈夫的模樣製成一個十分逼真的蜂蠟塑像，然後他們一邊用針刺那個蠟像全身，一邊在口中倒背主禱詞，向魔鬼祈求就像他們扎蠟像一樣用刺扎到蠟像代表的人身上。然後，這位巫醫開了一種可以消除這種惡毒咒語的藥，這種藥就是他寫的一個符咒，讓她把這符咒戴在她丈夫生病的主要部位上，而且他還要求病人每天都背誦第109和第119首讚美詩，否則治療就無效。最後他收取了1個金幣作為治療費。由於病人對巫醫能有效地治好任何疾病這件事情深信不疑，他的病情在三個星期的療程之後大為好轉了。後來，他打開那個騙子送給他的符咒，它就是一張寫滿了古怪文字並且還畫有星象圖的皮紙。

後來，他的病情漸漸好轉了，他隔壁的鄰居們聽說這件事情以後卻感到很恐慌，因為他們害怕這位病人會懇求巫醫採取措施來懲罰他們。為了

避免這種情況的發生，鄰居們又從諾丁罕郡找來另一位巫醫，他告訴他們一個能夠抵禦敵人任何類似惡意的符咒。在他的文章快結束的時候，作者說，「那位巫醫在被諮詢以後不久就寫信說，他已經發現他的病人不是被撒旦影響，而是被上帝影響，他的病將不會完全康復，直到死去。」

就在1830年前後，在唐橋井附近也有一個騙子做著這種類似的生意。他做這種事已經很多年了，而且用這種方法從病人手中賺取大量的診療費。這個傢伙謊稱自己是一個排行第七的人所生的第七個兒子，正是因為這樣，他身上具有某種神奇的力量，可以治癒各種疑難雜症，特別是那種由巫術造成的疾病。人們聽說後，紛紛找他來看病，其中不僅有窮人，就連貴婦人也搭乘馬車來請他看病。經常會有人從六七十英里外的地方趕來請他去看病，而且對方不僅付給他往返的盤纏，還會送上豐厚的報酬。這個人大約有80歲，正是他的那副令人肅然起敬的外表使得他的騙術屢屢得逞。這個人名叫歐凱或歐克萊（Oakley）。

現在迷信的思想在法國比在英格蘭更有市場。加利奈在著作裡引用發生在1805年和1818年間的20多件事例來寫有關這個國家的魔術和巫術的歷史。而且在這裡，那些令人們感到羞恥的案件僅僅在1818年就至少有3個法庭在審理。以下我們只說其中的一個案子：53歲的朱利安・德斯博德（Julian Desbourdes）是一位泥瓦匠，他就住在波爾多附近的蒂盧茲村。在1818年1月，他突然患病。由於無法解釋病因，他最後就開始懷疑是不是有人對自己施加巫術。他把這種想法告訴女婿布里迪爾，他們就一起去請教一名巫醫——一個叫博杜安的蠢貨。這個人告訴他們德斯博德肯定是中了別人的巫術，並且主動要求陪他們一起去一個名叫雷納德（Renard）的老人家中，他說這個老人就是真正的罪犯。1月23日晚上，三個人溜進雷納德的家，並且指控說是他在借助魔鬼的力量詛咒別人患病。德斯博德在老人面前雙膝跪倒，真誠地懇求老人解除魔鬼的咒語讓他恢復健康，然後

他就不再追究此事。這位老人堅決不肯承認自己是一個巫師，他拒絕德斯博德繼續強求他解除咒語，他說他根本不知道什麼咒語，也不會解除什麼咒語。這個時候，那個叫博杜安的騙子又出面說，想要減輕德斯博德的病痛，只有要求雷納德坦白自己的罪惡。為了強迫老人招認，他們就把帶來的幾根硫黃棒點燃，放在老人的鼻子下面，不一會兒，老人就因窒息而暈倒在地上。他們見狀都很吃驚，認為自己殺了人，就把那老人抬起來扔到旁邊的一個池塘中，讓人們誤以為老人是失足落水的，但是冰涼的池水使老人恢復知覺，而且池塘也不深，他就睜開眼坐了起來。這個時候，德斯博德和他的女婿還待在岸邊，他們看到老人醒過來後更加驚愕了，害怕他恢復過來會向法庭告發他們。他們就跑到池塘裡，抓住那個可憐老人的頭髮，把他痛打一頓，然後按住他直到把他淹死。

過了幾天以後，三個人以謀殺罪被逮捕歸案。德斯博德和布里迪爾被判嚴重過失殺人罪，只是在背上烙印以示懲罰，並且被送到軍艦上的廚房裡做終身苦役，那位叫博杜安的巫醫竟然被法院當成瘋子釋放了。

在加利奈先生寫作這本書時（1818年），他還告訴我們，那個時候的法國到處可以見到一種以驅鬼捉巫為職業的人。他說，無論何時，只要在農村裡有一位愚蠢的人認為有人對自己施加咒語，當地的教區牧師就會積極地驅邪伏魔，正是他們的這種做法使得教民們更加沉溺在迷信思想之中不能自拔。為此，加利奈先生在書中還推薦了一種補救措施，就是把所有這些驅邪的傢伙們押到軍艦的廚房裡做苦役。這樣，女巫的數目就會立刻減少。

至今迷信思想還是依然糾纏人類，我們仍然可以在法國和英國找到這樣的事例。事實上，其他的歐洲國家也是這樣的情況。有些錯誤的思想已經在人們的心中深深地扎根，即使歲月變遷也無法把它消除。不屈不撓的聖賢先哲們可以砍倒覆蓋在大地上的毒樹，太陽也可以直射到那些曾經安

全地蜷曲在陰影裡的醜惡東西，但是交錯纏繞的樹根還是依然留在地面下盤根錯節，一旦有人挖掘，還可以發現它的蹤跡。要是再出現一個像詹姆士一世那樣的君王，就會使它們再度發芽。令人更加恐怖的是，如果再有一個像依諾增爵八世①那樣的教宗出現，這些正在腐爛的根又會再次抽枝長葉，變得鬱鬱蔥蔥。讓人感到欣慰的是，那個曾經對迷信極度癡迷的社會已經一去不返了，從當初的極度瘋狂減弱變成現在的輕度愚昧。雖然在過去的歲月裡，迷信思想擁有幾百萬忠實的信徒，也使得數萬人因為它而受害，但是現在崇拜迷信思想的人已經寥寥無幾了。

---

1. 依諾增爵八世（1432—1492），原名Giovanni Battista Cibo，義大利人，羅馬天主教教宗，在位時間1484—1492年。——譯者注

古斯塔夫・勒龐點評

　　如果想要知道理性在與感情對抗時有多麼不堪一擊，不用降低到這麼原始的水準，你只需想一下這個事實：在幾百年前，甚至連最簡單的邏輯都沒有的宗教迷信生命力有多頑強，在漫長的歲月裡，就連最清醒的天才也不得不對它們俯首聽命。即使到了現代，也無人敢大規模地挑戰它們的真實性。中世紀和文藝復興時代開明之士眾多，但是完全沒有人透過理性思考，認識到自己的迷信中非常幼稚的一面，或是對燒死巫師、魔鬼的罪行等表示質疑。

第十二章

慢性投毒者

佩斯卡拉：同樣的人從未看見。

史提凡洛：據我所知，

所有人都會聽到，將要出現，

一個最荒誕的無稽之談。

佩斯卡拉：真的，我將告訴你，

他們已經陷入這場瘋狂之中。

——《米蘭公爵》

在整個歷史中，慢性投毒這種殘忍的害人方法都會被人普遍採用。因為人們普遍認為，採用這種方法可以使被害人看起來就像自然衰竭一樣慢慢地死去而不露痕跡。如果對此感到好奇，人們可以查詢貝克曼（Beckmann）的《發明史》中有關「秘密毒藥」的部分。在這本書裡，他收集從希臘[1]和羅馬的作家那裡得來的有關這種事的幾個例子。早在16世紀初，慢性投毒這種行為的犯罪率就在逐漸升高了，到了17世紀，它就像瘟疫一樣席捲歐洲。這種犯罪通常是由所謂的女巫和男巫來施行的，並最後成為那些宣稱擁有巫術和超自然技能的人必學的一種技藝。在亨利八世[2]統治時期的第21年，通過一項法令將此種行為定為重罪。根據規定，凡是觸犯該法令的罪犯都會被烹煮而死。

---

1. 希臘（The Hellenic Republic），位於歐洲東南部巴爾幹半島南端，陸地上北面與保加利亞、馬其頓、阿爾巴尼亞接壤，東部與土耳其接壤，瀕臨愛琴海，西南臨伊奧尼亞海及地中海。希臘被譽為是西方文明的發源地，擁有悠久的歷史，並且對三大洲的歷史發展有重大影響。——譯者注

要說發生時間最早、行為最為凶殘的就要屬在1613年發生的那起投毒謀殺湯瑪斯・奧弗伯里爵士的案件，這件案子使得詹姆士一世王朝一度蒙羞。對於這件事情的描述，可以作為整個投毒狂歷史最恰當的開場白。50年後，這種犯罪也在法國和義大利盛行起來。

　　有一個叫做羅伯特・科爾（Robert Kerr）的蘇格蘭年輕人，憑藉著自己當世罕見的英俊外表，剛結識詹姆士一世[3]就被授予很高的榮譽。甚至是在詹姆士一世的統治時期，人們就已經懷疑這位君主對一切卑鄙的罪過有特殊的嗜好。而現在，我們越研究他的歷史，這種懷疑就越加深重。無論事實究竟如何，我們發現英俊的科爾只憑藉他在公共場合任由他的君主親吻他光潔的臉頰這件事情而迅速地發跡了。在1613年他又被任命為蘇格蘭財政大臣，並且被冊封為羅徹斯特子爵而躋身於英國貴族之列。然而，令人意想不到的是，還有更多的榮譽在等待他。

　　在科爾仕途發達的過程中，有一個朋友一直在暗中幫助他，這個人就是國王的秘書湯瑪斯・奧弗伯里（Thomas Overbury）爵士。他一直幫助國王製造許多罪惡，並且在暗中參與國王許多危險的秘密活動。他正是利用自己的勢力來促使科爾在仕途上不斷提升。毫無疑問，他從科爾那裡也得到相應的回報。奧弗伯里從來不會吝嗇他的友情——如果說在他們兩人之間確實存在過友誼——並且把這種友誼的付出當作一種很好的享受，在羅徹斯特與弗蘭西絲・霍華德（Frances Howard）夫人，即埃塞克斯伯爵[4]夫人通姦時為他們提供便利。霍華德夫人是一個情欲旺盛、不知羞恥的

---

2. 亨利八世（Henry VIII，1491—1547），是英國都鐸王朝的第二位國王，亨利七世的次子。他自1509年4月22日開始在位，英國已經逐漸從一個歐洲偏遠蠻荒的小國，發展成為有影響力的大國。——譯者注

3. 詹姆士一世（James VI and I，1566—1625），瑪麗一世之子，伊莉莎白女王逝世以後，繼承英格蘭王位，1603至1625年在位。——譯者注

女人。她為了擺脫丈夫而提起離婚訴訟，理由是她這個樸實無華、感情純真細膩的女人寧死也不願意承認這樣的婚姻。最終，她贏得這件可恥的訴訟案的勝利，而且判決一公布，她就忙著籌備她與羅徹斯特子爵的盛大婚禮。

湯瑪斯·奧弗伯里爵士曾經心甘情願地支持科爾與埃塞克斯伯爵夫人偷情幽會，但是現在看來，他似乎已經猜想到與如此無恥的婦人成婚將會妨礙到科爾的仕途。因此，他極力勸誡科爾不要與這個女人結婚。但科爾對伯爵夫人卻是一往情深，並且產生和她一樣強烈的愛與激情。有一次，有人看到奧弗伯里與科爾在白廳的遊廊漫步，無意中聽到奧弗伯里對科爾說，「唉，我的大人，如果你真的與那個下賤的女人結婚，將會毀掉你的一切。依我看，你最好接受我的忠告不要做這種傻事，但是如果你一意孤行，你也切記不要過於沉湎於她的美色之中。」科爾聽了這些以後憤然離去，並且揚言說：「你要為你今天說的話負責！」這句話應該就預示著奧弗伯里的不幸即將到來。因為他暗示科爾將會在國王面前失寵，並且他在竭力抑制魯莽、無情、放蕩的科爾正在不斷迸發的激情，而這些都嚴重地損傷了科爾的自尊。

後來，奧弗伯里的話傳到伯爵夫人的耳朵裡，她聽後就發誓聲稱要報這個仇。然而，科爾夫婦十分善於偽裝，他們的意圖絲毫沒有流露出來。而國王在科爾的懇請之下，將奧弗伯里任命為駐俄大使，表面上這看起來是對奧弗伯里的恩惠，實際上這只是他們惡毒陰謀的開始。這個時候，科爾又假裝說為了奧弗伯里的利益考慮，建議他拒絕接受這項任命，解釋說這是國王要疏遠他的計謀，並且保證如果奧弗伯里一旦因為拒絕接受這項

---

4. 伯爵：在歐洲大陸，古代稱為「Count」，其土地為「County」，現代譯為「郡」或「縣」；後來，伯爵也用作英國貴族稱號Earl的翻譯。——譯者注

任命而產生什麼惡果，他將會竭盡全力幫助奧弗伯里。結果，奧弗伯里果然中了圈套，國王由於奧弗伯里的拒絕而震怒，立刻下令將他關進倫敦塔內。

奧弗伯里的仇敵科爾在他一被監禁起來時，就開始對他復仇的行動。首先，科爾利用職權，解除倫敦塔內原先代理獄長的職務，讓自己的手下傑維斯‧艾維斯來填補這個空缺。還有另一個不可缺少的人就是之前經營雜貨後來又經營藥品的零售商理查‧威斯頓（Richard Weston）。科爾把他安插在看守室裡。科爾的陰謀計畫也得到他同謀們的鼎力支持，這樣，他就實現對奧弗伯里的直接控制。

同時，陰險的羅徹斯特子爵在給奧弗伯里的信中用最友好的語言說，希望他可以平靜地對待不幸，並且保證他不會被監禁太久，因為他的朋友們正在設法平息國王的怒火。他裝作對奧弗伯里十分同情的樣子，還不時地給他寫信，並且給他送去一些倫敦塔內沒有的糕點等精美食物。事實上，這些食品都已經被下過毒了。有時候，傑維斯‧艾維斯也會收到一些相似的禮物，他知道只要這些食品沒有和信件同時送過來，就表示是無毒的。當然，奧弗伯里無法吃到這些無毒食品。後來，又有一位名叫特納（Turner）的女人參與到這場陰謀中。這個女人曾經不止一次地將自己的房子租給羅徹斯特子爵與埃塞克斯夫人來幽會，現在他就要她來負責採辦毒藥，這些毒藥是由蘭貝斯的一個所謂未卜先知者佛曼（Forman）醫生和他的助手藥劑師富蘭克林（Franklin）共同調製的。這兩個人十分清楚在什麼樣的場合應該用什麼樣的毒藥。他們把毒藥混在糕點和其他食物之中，透過不斷地投放小劑量的毒藥來將奧弗伯里的體力逐漸耗盡。特納夫人會定期地把這些有毒食物透過看守轉交給奧弗伯里，在這些食物中不管是吃的還是喝的都被摻進了毒藥。他們通常會將砒霜摻進食鹽裡，而將斑蝥⑤混入胡椒粉內。很明顯地，奧弗伯里的健康狀況變得越來越差，他的身體

在一天天衰弱下去，這個時候，他開始對甜食和糊狀食品產生一種病態的偏愛。在這種情況下，科爾一直「慰問」奧弗伯里，並堅持給奧弗伯里送來一些精美的糕點、鮮嫩的豬肉，有時候還有松雞等野味，他希望他的關心能夠滿足奧弗伯里的需要。特納夫人在這些野味的調料汁中摻入斑蝥，同時又在豬肉裡浸入了硝酸銀。等到奧弗伯里要被審判的時候，他所吞食的各種毒藥加起來足以毒死20個人。但是，他的體質卻依然很好，生命還在維持著。後來，藥劑師富蘭克林在供詞中說，他為佛曼醫生配製了7種不同的毒藥，裡面都有：硝酸、砒霜、汞、衲脊蛇毒粉（產於北美）、硝酸銀、巨蜘蛛毒以及斑蝥。但是，看到奧弗伯里依然健在，科爾已經失去耐心。他在給埃塞克斯夫人的信中說，他不能理解為什麼他們都這樣做了卻還是不能迅速地了結這件事情。於是埃塞克斯夫人命令看守立刻結束奧弗伯里的性命。表面上看，雖然奧弗伯里沒有想到自己會被毒殺，但其實他已經對科爾的背信棄義產生懷疑，但是對於結果，他只是猜想自己可能會被終身囚禁，或者讓國王更加怨恨他而已。於是，他在給科爾的一封信中威脅說，如果科爾不能讓他盡快恢復自由，他的惡行將會被公之於眾。他寫道：「在不久的將來，你和我都將面臨死亡的審判，別欺人太甚，否則我會說出讓你和我都後悔的事情來。不管我是生還是死，你都將遺臭萬年，而你所做過的令人羞恥的事會讓人們知道你是一個最最可憎的卑鄙小人！我非常驚奇你會忽視一個與你共有許多秘密的人。」「共同的秘密，不就是共同的危險嗎？」

奧弗伯里為了迫使科爾來救助自己，就利用他所知道的秘密向粗魯的羅徹斯特子爵進行警告和暗示。但是，他沒想到羅徹斯特子爵卻認為：與其救他倒不如犧牲他。之所以他會產生這樣的想法是因為他信奉一條殺人

---

5. 一種昆蟲，古時曾經用作催情藥物，含有劇毒。——譯者注

犯所遵循的邏輯，那就是「死人是不會告密的」。科爾在收到奧弗伯里的這些信以後，他就向他的情婦抱怨說這件事情拖延得太久了。為了加快完成這項計畫，威斯頓受命去促成這件事情。其實，這個時候的奧弗伯里也正在死亡的邊緣上掙扎著。在1613年10月，奧弗伯里在被迫吞下一劑腐蝕性的毒藥以後，立刻喪命，也結束六個月來被他們玩弄於股掌之間所忍受的痛苦。在死去的當天，卻沒有人為他舉行葬禮，只是被人用床單草草地裹上埋在倫敦塔附近的一處深坑裡。

在《詹姆士一世的性格特徵及其宮廷生活》一書中，安東尼‧威爾登（Anthony Weldon）爵士對這件慘案的最後情景做了不同的描述。他寫道：「富蘭克林和威斯頓走進奧弗伯里的牢房時發現，他正在被極端的痛苦折磨著。他們知道，這時在他的體內，他的自然機能正在與毒藥的藥力進行較量，而且身體的本能似乎已經佔了上風。他們擔心醫生們會發現他身上出膿的瘤子、小膿皰、水泡而有所懷疑，於是他們決定用床單把奧弗伯里悶死，就這樣將奧弗伯里悲慘的生命結束了。但是他們倆卻向同謀們保證說奧弗伯里是被毒死的。對這兩個殺人犯所供認的內容也沒有人會有其他的想法。」

當人們知道奧弗伯里突然死亡，而他的葬禮也被匆匆結束，以及驗屍報告遲遲沒有做出這些事情以後，都加深對這件事情的猜疑。後來，人們不再只是偷偷地議論這件事情，而是開始大聲談論。死者的親屬也公開表示說，奧弗伯里是被人謀害致死的。但是，由於科爾依然權傾朝野，所以也沒有人敢公開聲明懷疑他。很快，他就和埃塞克斯伯爵夫人舉行規模宏大的婚禮，國王也親自出席他們的結婚典禮。

看來，比起羅徹斯特子爵，奧弗伯里更加瞭解詹姆士國王的性格。他曾經預言，羅徹斯特子爵一旦和那個女人結婚就表示將在國王面前失寵，只憑這句話，他就可以算是一個真正的預言家。在他做出這個預言的時

候，羅徹斯特子爵正蒙國王的恩寵，極為得勢。但是好景不長，不久，他果然被奧弗伯里言中了。有關他的謠言一直沒有停止，他也一直懷有一種犯罪感，最終成為可悲的人。他的臉上失去往日的光彩，面色黯淡，喜怒無常，粗心大意，而且意志消沉。因而，國王不再欣賞他了，又開始尋找新的意中人。白金漢公爵喬治·維利爾斯（George Villers）是一個機智聰慧的人，英俊瀟灑而且膽大妄為，這些正合國王的心意。尤其是後兩點，使得國王更加喜歡他。就在羅徹斯特子爵無所作為的時候，白金漢公爵正值得寵之時。人一失勢朋友也就沒了，有關羅徹斯特子爵的流言蜚語比以往更有聲勢，也更加厲害了。新受寵的人一般也會想盡辦法來加速失寵者的失勢。由於白金漢公爵急著想要讓羅徹斯特子爵在國王面前徹底失寵，就開始鼓動奧弗伯里的親屬們去為他們親人的離奇死亡提出質疑。

詹姆士國王在未涉及自身犯罪的處罰上是極其嚴厲的。除此之外，他還吹噓說自己有解決這種疑案的神奇本領，湯瑪斯·奧弗伯里爵士一案讓他有了英雄用武之地。首先，他下令逮捕了傑維斯·艾維斯。他在做這件事情時，似乎沒有發覺羅徹斯特子爵和這件事情有極大的牽連。由於他十分嫌惡慢性投毒這種殘忍的害人方式，他召集所有的法官來商討這件事情。根據安東尼·威爾登爵士所說，詹姆斯坐在他們中間說：「尊敬的法官們，最近我聽說你們正在調查一起投毒案。天啊！如果我們的餐桌變成如此的陷阱，每個人都將覺得生命不保，義大利人的風俗就會在我們中間蔓延。如果確實是這樣，我們國家（這個世界上唯一的以殷勤好客而聞名的民族）將會處於一種怎樣悲慘的境地啊！因此，大法官們，我命令你們，在那個偉大而又可怕的審判之日，你們的調查一定要公正嚴格，不應該因為自己的喜好、感情和偏愛而有所偏倚。如果你們寬恕任何一個投毒犯，你和你的子孫後代將會受到上帝的懲罰！如果我也這樣做了，我與我的子孫後代也會受到上帝的懲罰！」

這個詛咒後來果然應驗了，確切地說是應驗在倒楣的斯圖亞特王朝頭上。詹姆士國王真的違背他的誓約，他與他的後代們也真的因此受到上帝的懲罰。

在傑維斯‧艾維斯之後被逮捕的是看守人威斯頓，然後是富蘭克林和特納夫人，最後是索美塞特伯爵和夫人。羅徹斯特子爵在奧弗伯里死後正是憑藉這些身分顯要、身處高位的後援而不斷得到高升的。

到了審判那天，威斯頓最先被帶進法庭。公眾都對此案懷有極大的好奇心，他們不再討論其他的話題。法庭裡人頭攢動，十分擁擠，裡面的空氣簡直令人窒息。根據《英國審判》的報導，首席大法官科克向陪審團揭露這些試圖暗中破壞人體自身良好的保護和防禦機能的卑鄙怯懦的投毒犯。在英國，如此可惡的投毒事件真是聞所未聞，令人髮指。但是，可惡的魔鬼已經教會了一些人精通這種方法，因此他們可以靈活地掌握投毒的時間和空間，如其所願，可以在一個月、兩個月、三個月或者四個月以內將人的體能耗盡。通常他們會採用與其結交、投其所好、美酒佳餚、暗加毒藥這4步來施行。

起訴書宣讀完畢以後，人們只聽到威斯頓一直在不停地重複著一句話「上帝可憐我，上帝可憐可憐我！」等他被問到將接受怎樣的審判時，他就宣稱拒絕依靠陪審團，而是來接受神的審判。他有一段時間一直堅持這種說法，但是由於害怕因蓄意藐視法庭而受到嚴厲懲罰，他最終在懇請宣布自己「無罪」之後按照法律程序接受審判。

最終，所有對威斯頓不利的情況都被證實，他因此被判有罪並且在倫敦死刑場內被處決。特納夫人、富蘭克林、傑維斯‧艾維斯這些人也被判有罪，並且在1615年10月19日至12月24日這段時間內被處決。但是，直到第二年（即1616年）5月才開始對索美塞特伯爵及其夫人進行莊嚴的審判。

在審判傑維斯‧艾維斯的時候，人們根據所透露的情況發現，原來北

安普敦伯爵家族的部分成員，如索美塞特夫人的叔叔以及本案的重要涉案者湯瑪斯・蒙森（Thomas Monson）都掌握投毒犯罪方面的知識。由於索美塞特夫人的叔叔已經死了，於是就逮捕了湯瑪斯・蒙森並且對他進行審訊。然而，由於他所知道的詹姆士一世的醜事太多了，審判者害怕他在臨刑前陳述時會洩露一些損害國王名譽的事情，這樣一來將他送上斷頭台就十分具有危險性，因而只好作罷。人們為了隱匿原有的罪惡只好再犯下新的罪惡。這樣做的結果就是：對湯瑪斯・蒙森的審訊被突然中止，他又重新獲得自由。

這樣一來，詹姆斯就違背他的誓約，現在他對自己當初太過輕率地發誓要對投毒犯繩之以法感到恐懼。毫無疑問，索美塞特伯爵將會被宣布有罪，而且國王也明白索美塞特伯爵盼望著自己會下令特赦他和免除他的懲罰。索美塞特伯爵還被關在倫敦塔裡時就很自信地斷言國王不敢審判他。然而他失算了，國王這時正處在苦惱之中，雖然他們兩人之間的秘密永遠不會被外人知道，但是人們肯定會對這件事情產生猜疑。有些人在猜想這些秘密應該是關係到國王那些見不得人的嗜好，還有另一些人卻聲明這個秘密肯定和亨利王子的死有關。亨利王子是一個很有德行的年輕人，他在世的時候十分討厭索美塞特伯爵這個人。但是他的父親（詹姆士一世）對於他的英年早逝卻沒有感到一點惋惜和悲痛。那個時候人們私底下都認為他是被索美塞特伯爵毒死的。也許有一些犯罪或其他什麼事情正在國王的頭腦中糾纏著，使得索美塞特伯爵——國王的幫凶不能被公開處決。因此，當國王發現他所寵信的這個人和謀殺奧弗伯里的殺人犯有如此緊密的關聯時，他就陷入可怕的痛苦折磨之中。正處在苦惱中的國王採取各種辦法來讓索美塞特伯爵保持冷靜，還派人暗中建議索美塞特伯爵承認有罪，並要他相信國王會對他寬厚仁慈。同樣地，伯爵夫人也得到這種建議。國王指示培根擬定一份所有有關「仁慈與偏愛」觀點的文件給索美塞特伯

爵——這是有可能成為證據的，並且再次勸告索美塞特伯爵承認有罪，並且保證他這樣做不會有事。

伯爵夫人首先走上被告席。宣讀起訴書的時候，她聽得渾身發抖，臉上布滿淚水，用微弱的聲音表示服罪。她被問到為什麼認為自己的死刑判決不會通過的時候，她溫順地回答：「這樣做我可能會被深深惹惱，但是卻不能減輕我的罪過。我渴望仁慈，並且希望上議院的全體議員替我向國王說情。」結果出乎她的預料，她的死刑判決被通過了。

第二天是審判伯爵的日子。他似乎根本就不相信詹姆士國王對他的承諾，所以他表示不服罪。也許是仗著對國王性格的瞭解，他表現得很自信，十分鎮定，而且很嚴厲地反詰證人，並頑固地為自己進行辯護。儘管是這樣，經過了11個小時的審判以後，法庭認定他有罪，並且以重罪判處他死刑。

暫且撇開國王和這個罪犯之間所謂的秘密不談，雖然國王也曾發過重誓，但他還是不敢在死刑判決書上簽字，因為他認為這個判決書也許本該就是他自己的。因此，伯爵與夫人在倫敦塔內被關了將近5年。最後他們夫婦倆都收到皇家特赦令，只是限定他們倆不得出現在皇宮附近，這樣的結果出乎民眾的意料，引起公憤，這也使得國王蒙羞。伯爵在被判重罪的同時，也被剝奪財產權，但是詹姆士國王卻批准他們免去每年4000英鎊的所得稅，這樣做簡直是無恥至極！

對於這些罪犯以後的生活情況，我們也不太清楚。但是，我們瞭解到的唯一一點情況就是：最初在他們之間燃燒的愛情火焰已經被相互嫌惡所代替，最後甚至到了生活在同一屋簷下也好幾天不說一句話的程度。

雖然這些罪犯殘暴的行徑被揭露了，但即使是這樣也無法阻止投毒行為的蔓延發展。相反，就像我們現在所看到的，它形成人類性格中奇怪的特色——愚蠢的模仿。根據猜測，詹姆士國王很有可能就是這種模仿行為

的犧牲品。對於這件事情，哈里斯（Harris）在他所著的《詹姆士一世生平與寫作》一書的注解裡做了大量的說明。儘管還不能完全確定白金漢公爵的犯罪事實，但是根據很多情況的猜測就足以使和這件事情相關的數百人被送上絞刑架。據說，他的犯罪動機有三點：其一是出於報復欲望，因為國王在位的最後幾年裡，對白金漢公爵非常冷漠，實際上這個時候國王已經開始注意他了；其二是出於恐懼心理，他擔心國王會降低他的職位；其三是出於一種希望，那就是等到詹姆士國王死後，他可以影響新國王，並且使他開始新的統治生涯。

在《哈里安雜記》的第二卷中，有一篇題為《復仇的先驅》的短論，作者是醫學博士喬治・埃格里森，他同時是詹姆士國王的一名御醫。哈里斯在引述這篇短論時說整篇文章都充滿怨恨之情和偏見，顯然，他這樣說是誇大其詞的。然而，這篇文章卻形成一連串證據中的一環。埃格里森寫道「國王染上瘧疾[1]，公爵開始利用這個有利時機。當國王的所有御醫午餐之時，公爵給了國王一點白色粉狀物讓其服下，長期以來國王一直拒服此藥，但是經不住公爵的軟磨硬泡，國王還是飲酒服下此藥。他的健康狀況立刻變糟，暈厥數次，疼痛難忍，並伴隨著劇烈的腹瀉。在受了如此折磨之後，國王陛下大聲抱怨這種白色藥粉，並且大喊：『即使去見上帝我也不會再吃這種藥了！』後來，公爵告訴我們，白金漢伯爵夫人（公爵的母親）在國王的胸部塗上膏藥，國王之後就變得虛弱不堪，呼吸短促，處於痛苦掙扎之中。醫生們聲稱國王中毒了，白金漢公爵隨即命令醫生們退出國王寢室，然後將其中一名醫生作為嫌疑犯提交給議會，將另一名驅逐出宮廷。國王死後，人們發現國王的身體和頭顱比平常腫脹許多，他的頭

---

1. 瘧疾（malaria），感染瘧原蟲引起的，以往來寒熱、休作有時、反覆發作、日久肋下有腫塊為主要表現的疾病。——譯者注

髮連同頭皮都黏在枕頭上，而且手指甲與腳趾甲都開始鬆散脫落。」

克拉倫登（Clarendon）是白金漢公爵的黨羽之一，他卻對詹姆士國王的死有完全不同的描述。他說：「在58歲的年齡，肥胖笨拙的身體內有許多古怪念頭的國王（經過痛風這樣短暫的小病後）在第四或第五次瘧疾發作引起的痙攣中死去。國王死後，各種毫無根據的譭謗、中傷之語四起。不久之後，在一段放縱而混亂的時期裡，沒有人害怕會冒犯國王陛下，而且當對皇室的責難與謾罵值得稱讚之時，似乎看起來最嚴格、最有惡意的檢查也可以實施。」雖然這些聲明聽起來是那麼言之鑿鑿，可人們還是很難相信到處散布的謠言完全是杜撰的。而對這件事情的審查也並不像他說的那樣嚴格，事實上，白金漢公爵那些握有實權的心腹都在透過做一些違憲的行為來干預這件事情。對此，我們發現以下這些事：布里斯托伯爵在起草對白金漢公爵的起訴書時，只把詹姆士國王的中毒一事列在末尾；而在歷史書中有關這件事情的章節通常都是一筆帶過，甚至有一段時間還被取消了。

據說有一個名叫蘭姆的醫生，是一個會變戲法的庸醫，白金漢公爵就是從他那裡找來的毒藥。他除了經營毒藥以外，還假裝成一個算命的。人們把對白金漢公爵產生的憤怒情緒全都轉移到他的身上，導致他都不敢公開在倫敦街道上露面。但是，他的命運同樣是不幸的。有一天，他走在齊普賽街上，自以為偽裝得很好，結果一些街頭流浪兒卻將他認出，開始對他怪叫起鬨，朝他身上扔石頭，並且大聲喊叫著：「投毒犯！投毒犯！打倒這個男巫！打倒他！」很快就聚來了一群人。蘭姆設法溜出人群，為了保全性命，撒腿就跑，可人群仍然緊追不捨，終於在伍德街把他抓住了。人們從那裡開始抓住他的頭髮沿街示眾直到聖保羅大教堂。與此同時，人們還用棍棒和石塊不斷地打他，一邊打一邊高聲喊：「殺死男巫！殺死投毒犯！」

聽說這場混亂以後，查理一世立刻快馬加鞭地從白廳趕到出事地點去平息混亂。但是，他來得太晚了，等他到了這裡，蘭姆醫生已經死去多時了，身上的骨頭都被打碎了。對此，查理一世感到非常憤怒，還因為無法交出肇事的頭目而罰全體市民600英鎊的罰金。

　　與英國不同，在義大利投毒卻是一件非常普通的事情。在那裡，從很久以前開始，投毒就被看作是除去仇敵十分正當的手段。在16世紀和17世紀，義大利人認為毒死對手就像現在的英國人對傷害自己的人提起訴訟一樣正常，幾乎不會受良心譴責。我們也可以從當時的一些作品中發現，斯帕拉和托帕尼亞進行罪惡的交易時，夫人小姐們就明目張膽地將毒藥瓶擺在梳妝檯上。人們看待對別人進行微量投毒這種行為就像是現代婦女給自己的身上噴灑古龍香水或薰衣草香水一樣自然和正常。社會風氣的影響力是這樣巨大，以至於殺人犯在人們眼裡也被認為只是犯了一點小錯。

　　在1648年，吉斯公爵曾經做了一次唐吉訶德式的嘗試，妄圖襲擊那不勒斯市政府。在他的回憶錄中，我們發現一些令人費解的詳情與民眾對待投毒的態度有關。一個名叫詹納羅‧安尼塞的人曾經在馬薩尼洛度過一段短暫而離奇的漁民生活，而且他還是民間自治組織的首領。為此，吉斯公爵十分憎惡他，公爵的親信們決定殺死安尼塞。公爵本人冷靜地告訴我們，他派衛隊長去執行這項任務。有人向他建議最好用匕首，但是衛隊長聽了之後卻雙眼朝天顯得對這個建議非常不屑。他還說，用匕首殺死對方是不光彩的，而且有失衛隊軍官的體面！最後，他決定採用投毒方式，並且做好準備，一接到命令就毒死詹納羅‧安尼塞。國王最信賴的事務律師奧古斯汀‧莫拉給公爵帶來一瓶液體，以下是公爵本人的陳述：

　　晚上，奧古斯汀來見我，並且告訴我「我給你帶來一些東西，它可以使你擺脫詹納羅帶來的煩惱」。既然他罪該萬死，他以何種方式得到懲處就無關緊要了。請您瞧一瞧這個小玻璃瓶，它裡面裝滿清澈美麗的液體。

不出4天，這種液體就會懲罰詹納羅的不忠行為。衛隊長已經對詹納羅下毒了，因為它無色無味，詹納羅對此不會產生任何懷疑。

在這之後，公爵史進一步命令我們一定要適時適量下藥，但是詹納羅卻很僥倖，那天晚上他除了一點油煎捲心菜之外沒有吃其他東西，正好捲心菜就是解毒藥，它使詹納羅把所有的東西都吐了出來，這救了他的命。在這之後的5天裡，他一直臥病在床，但是他怎麼也沒想到自己差點會被毒死。

隨著時間的推移，經營毒藥已經變成一種利潤豐厚的行當了。又過了11年，這種交易在羅馬忽然興盛起來，使得政府不得不一改沉默態度開始對它進行干涉。對此，貝克曼[1]的《發明史》及勒布雷特（Lebret）的《聯邦教堂歷史雜誌》[2]這兩本書都對此進行揭露。在1659年，有人稟告羅馬教宗亞歷山大七世，有許多年輕婦女在對神懺悔時承認曾經用慢性毒藥殺過自己的丈夫。通常情況下，嚴格保守懺悔者的懺悔內容是天主教牧師的一項神聖的職責，但是當他們面對如此驚人猖獗的犯罪時還是會感到震驚和恐慌。他們在盡量避免洩露懺悔者姓名的情況下，還是負責任地將這些正在實施的犯罪暴行告知教堂主事。在當時的羅馬，年輕寡婦的隊伍正日益龐大這個事實是人們經常談論的話題。而且也有人說，只要夫妻生活不幸福，那個丈夫不久之後就會患病或者死亡。羅馬教宗當局開始調查以後就瞭解到，一個由年輕妻子們組成的社團每天晚上都在一個老年婦女家裡舉行出於不可告人目的的聚會，這個相貌凶惡的老婦人是一個頗有名氣

---

1. 貝克曼（Johann Beckmann，1739—1811），德國人，著有《發明史》一書（這是一本介紹工具和機械發展史的著作）。——譯者注
2. 《聯邦教堂歷史雜誌》，是一種關於基督教教會歷史介紹的雜誌。——譯者注

的巫婆和未卜先知者，並且成為這批潑婦的頭領。後來查明，在這些人之中，還有幾人竟然是羅馬王室成員。

政府為了獲取關於這些婦女秘密聚會內容的絕對證據，派出一名婦女打入她們之中。她把自己打扮成一個十分時髦而且富有的貴婦人。當對這些人說明自己的情況以後，她幾乎不費吹灰之力就被批准成為這個組織的成員。她假裝很苦惱地告訴這些人，說她丈夫對她不忠而且還虐待她。她知道斯帕拉那裡有一種羅馬婦女們極力稱頌的能讓那些殘忍冷酷的丈夫們「長眠不醒」的靈丹妙藥，並且央求給她一點。斯帕拉果然中計，她出了一個買主的財力所能承受的價格賣給她一點所謂的「靈丹妙藥」。

這種溶劑剛得到，就被送去進行化驗分析，結果和吉斯公爵所說的一樣，這是一種透明而且無色無味的慢性毒藥。警察掌握這些證據，就將那所房子包圍了，隨即斯帕拉和她的同夥就被逮捕了。當局對斯帕拉這個被說成是醜陋的老婦人進行拷問，但是她卻相當頑固，堅決不承認自己的罪行。然而，另一個名叫格拉特奧薩的女人卻沒有她那麼強硬，很快就堅持不住，把這個窮凶極惡的婦女組織的秘密全部交代了。雖然她是在受不了酷刑的折磨下被迫招供的，但是我們仍有足夠的證據向後代證明她們的犯罪事實是毫無疑問的。她們被判有罪，並且根據犯罪情節和輕重程度，分別被處以相應的刑罰。斯帕拉、格拉特奧薩和其他3個毒死丈夫的婦女在羅馬一起被絞死。有30多名婦女被沿街鞭打示眾，還有幾個身分高貴的婦女，雖然免受了這種屈辱的懲罰，卻被罰以重金並流放國外。在之後的幾個月裡，至少有9名婦女因投毒而被絞死。還有一群包括許多年輕貌美的女孩在內的婦女，半裸著身軀沿羅馬的街道被鞭打示眾。

儘管當局對這種行為的懲罰很嚴厲，卻仍然無法阻止這種犯罪的繼續實施。那些忌妒心重的婦女和貪得無厭的男人為了快些得到她們的父親、叔伯或者兄弟的遺產而紛紛對這些親人們使用毒藥。由於這種毒藥具

有透明、無色無味的特點，因而使用它一般不會引起人們的懷疑。善於製造這種毒藥的攤販又將它按不同濃度進行配製，只要買主說出他們想要藥力在一個星期、一個月或者六個月以內發作，這些攤販就可以賣給他們相應的毒藥。這些攤販主要是婦女，其中最有名的就是一個名叫托帕尼亞（Tophania）的女巫。她透過這種方式間接地殺死600多人。她從少女時代起就開始經銷毒藥，從巴勒摩①一直到那不勒斯。一個有趣的遊客被人稱作雷貝特（Lebat）神父，我們可以從他在義大利時寫的信裡瞭解到有關托帕尼亞的詳情。在1719年，他還在奇維塔韋基亞②的時候，那不勒斯總督發現在他的轄區內毒藥買賣十分猖獗。這種毒藥被人們稱作仙液或微化水。總督在經過進一步的調查以後查明，正是托帕尼亞（她當時已近70高齡，在斯帕拉被處決後不久就開始她罪惡的交易）把一種用小玻璃瓶裝的署名「巴里的聖尼古拉斯甘露」的毒藥，大量銷往義大利的各處。

巴里的聖尼古拉斯（Saint Nicholas Barri）的墳墓在整個義大利都很有名。據說，這個墳墓上常常會冒出一種神奇的油，這種油可以治癒幾乎所有身體上患有的遺傳病，患者大可放心使用。為了逃避海關官員的檢查，托帕尼亞很巧妙地給她的毒藥取了這個名字。因為這些官員和其他普通公民一樣，對巴里的聖尼古拉斯和那種奇特的油都懷著一種極其虔誠的敬重之情。

其實，這種毒藥和斯帕拉製造的毒藥很像。順勢療法學說之父哈內曼醫生③寫過關於這種毒藥的文章。他說，這種毒藥是由富含砷的中性藥和鹽一起配製而成的，服用它的反應是食用者會逐漸失去胃口，變得蒼白、虛弱、乏力，並且在胃部開始出現咬齧般的痛苦以及肺癆等症狀。加利亞

---

1. 巴勒摩（Palermo），義大利西西里首府，位於西西里島西北部。——譯者注
2. 奇維塔韋基亞：義大利的城市。——譯者注

爾迪神父說：「如果幾滴這種毒藥被滴進茶、巧克力或者湯裡，藥效是很慢的，幾乎感覺不到。」加雷利（Garelli）是奧地利皇帝的內科醫生，他在寫給霍夫曼的信中介紹說，這是一種晶粒狀的砒霜，把它和一種名叫鐃鈸花的香草一起放在煮沸的熱水裡（有一種難以解釋的效果），差不多能完全溶解。它被那不勒斯人稱作托法娜仙液；在歐洲，它因為托帕尼亞仙液的名字而臭名遠揚。

儘管這個女人在很廣泛的範圍內都經營這種有名的買賣，但是想要見到她本人卻很不容易。當然她也因此一直生活在擔驚受怕之中，為了不被發現，她常常會更換自己的姓名和住所，而且假裝成一個特別虔誠的教徒，在修道院中一住就是幾個月。當她感到自己要被發現的時候，就會尋求基督教會的保護。沒過多久，有人就告訴她那不勒斯總督正在派人搜尋她，於是和以往一樣，她又躲進了一家修道院。由於當局對她的搜捕行動不嚴密，再加上她的應變措施很有效，所以這幾年裡她都可以十分巧妙地逃脫。更特別的是，她像在展示自己作品的結果一樣繼續進行交易並且和往常一樣大量而廣泛。雷貝特告訴我們，她很同情那些十分憎恨自己丈夫並且想除掉他們的可憐妻子們。如果她們買不起神奇的仙液，她就會把藥免費贈送給她們。

然而，當局不會允許她一直這樣做下去。終於，他們在一個女修道院發現她，並且截斷她的退路。總督曾經幾次向修道院院長提議，要求把她交出來，但是沒有成功。因為那個女修道院院長得到這個主教管區大主教的支持，所以堅持拒絕把她交出來。結果，這個意外的重要情況被傳開，

---

3. 哈內曼：德國醫生，順勢療法創始人。1789年，哈內曼首先將順勢醫學理論從古代刊物中發掘出來，在臨床上進行長期探索與應用實踐，正式確立此學術理論——順勢醫學，後來被世人稱為順勢療法學說之父。——譯者注

這激發民眾對罪犯強烈的好奇心，為了一睹她的尊容，竟然有成千上萬的人開始湧向那座修道院。

看來，這件事情的拖延使得總督的忍耐已經達到極限。這位總督不僅是一個有理智的人，而且是一名不熱心的大主教徒，在這種情況下，他堅決認為即使是教會也不能包庇一個如此凶殘的罪犯。總督無視教會的特權，最終派出一隊士兵破牆而入將她抓走。這個舉動深深地激怒皮尼亞泰利紅衣主教，他威脅說將剝奪教友特權並且將停止全市的宗教活動。這個聲明將所有普通教士都鼓動起來並且開始行動，他們發動那些信奉迷信的虔誠信徒，準備集體衝進總督府去營救托帕尼亞。

形勢十分嚴峻，但是總督沒有被恐嚇嚇倒。實際上，他面對這一切的做法更能表現出他已經集機敏、冷靜與精力於一身。為了避免剝奪教友特權的這條威脅在民眾之中可能引發的可怕後果，他在主教府四周安置了一隊士兵，這樣做是為了判斷主教是不是真的愚蠢到去實施那條，會使包括主教本人在內的全城人陷入飢荒的詛咒。因為，如果被逐出教門這條戒令一直有效，商人們就不敢把食品帶進城裡進行交易，這樣一來，會給他和他的信徒們帶來很大的不便。正如總督所預料的那樣，仁慈的紅衣主教沒有實施這個威脅。

然而，政府還要面臨這些鬧事的百姓們。為了平息動亂，防止瀕臨的暴動發生，政府巧妙地派出一些人混入人群之中，到處散布消息說托帕尼亞已經在全市所有的水井和泉水中投放毒藥。這樣做就足夠了，民眾立刻對她產生反感，那些剛剛還把她看成聖人的人們現在卻罵她是一個惡魔，而人們現在希望她將會受到制裁的熱切心情就像之前一直希望她會逃脫一樣急切。這之後，當局對托帕尼亞進行審訊，她不僅在審問中供出一長串受害者的名單，還供出那些曾經雇請過她的人。不久之後她就被絞死了，而她的屍體也被從牆外扔進那個女修道院院內，因為她正是從這裡被抓走

的。當局允許教士們為這個曾經在他們轄地內請求避難的人舉行葬禮，這樣一來至少可以贏得這些教士的好感，進而安撫他們。

在托帕尼亞死後，投毒狂似乎是減少了，但是在較早時期的法國，我們依然可以看到投毒行為發生的線索。在1670—1680年這段時間裡，法國的投毒行為是如此根深蒂固，以至於塞維涅（Sévigné）夫人[1]曾經在她的一封信裡表達她對這種情況的憂慮之情，她擔心有一天法國人將會成為投毒犯的同義詞。

與義大利一樣，關於這種盛行的犯罪，最初的情況政府是從傳教士那裡得到的。教士們說一些上層、中層甚至下層的婦女們在懺悔時對他們承認她們曾經毒殺過自己的丈夫。這些情況被曝光以後，艾希利和葛拉瑟這兩個義大利人由於被指控為那些謀殺犯製造和販賣毒藥而被逮捕並且被關進巴士底監獄[2]。後來，葛拉瑟死於獄中，艾希利在獄中待了7個月，一直沒有受到審判。不久以後，他就在巴士底監獄又結識另一位名叫森特·克羅伊的犯人，儘管有他們的反面例子，但是這種犯罪在法國人之中卻被更廣泛地傳播開了。

從森特·克羅伊那裡學到的這種方法中，最為有名的罪犯是布蘭維利耶侯爵夫人，她的出身和婚姻都使得她與法國最高貴顯赫的家族聯繫在一起。從很小時候起，她看起來就很冷酷和墮落。如果她的供詞可信，（我

---

1. 塞維涅夫人：塞維涅侯爵夫人，1644年與塞維涅侯爵結婚，婚後生活十分痛苦，因此她寫信給女兒，一共寫了1000多封信，這些信不僅反映路易十四時期的政治內幕，而且文情並茂，既虔誠又風趣。——譯者注

2. 巴士底監獄（Bastille），是一座曾經位於法國巴黎市中心的堅固監獄，它建造於12世紀，高30公尺，圍牆很厚，總共有8個塔樓，上面放有大炮，監獄內設有軍火庫。到了18世紀，監獄專門關押政治犯，被當時的民眾視為法國王權專制獨裁的象徵之一。——譯者注

們可以瞭解到）她在十幾歲進入少年時代以前就已經墜入邪惡之中。然而她卻端莊賢淑，才華出眾。而且在世人的眼中，她還是一個溫柔善良和值得效仿的典範。古約特·德·佩特維在《轟動一時的訟案》一書中介紹說，塞維涅夫人在信裡聲稱她溫柔典雅，待人親和，而且在她的面目中根本看不出她邪惡靈魂的一點痕跡。在1651年，她嫁給布蘭維利耶（Marquis de Brinvilliers）侯爵，和他一起過了多年不幸福的生活。而且侯爵是一個荒淫放蕩的人，也正是他把森特·克羅伊這個人介紹給自己的妻子。這個人摧殘了她的生活並且將她拖向一次又一次的犯罪，直到她的罪孽深重到連她都為自己充滿罪惡的靈魂感到毛骨悚然。為了博取森特的興致，她產生犯罪激情，而為了滿足他，她立刻陷入罪惡的深淵。在她得到報應之前，她可怕的罪惡達到極端。

然而，她在世人面前仍然表現出一副正派的形象，而且她發現和她那個一直毫不掩飾自己惡行的丈夫實現合法分居並不困難。不過她的做法卻觸怒她的家族。之後，她將面紗完全撕開了，開始公開與情人森特·克羅伊的私情。她的父親德奧布雷（D'Aubray）侯爵對她的行為感到十分憤怒，就弄到一張秘密逮捕令把森特抓進巴士底監獄關了12個月。

森特·克羅伊以前居住在義大利，是一個毒藥業餘愛好者。他知道一些斯帕拉的秘密，而在艾希利的指導下，這些秘密使他提高得很快。就這樣他與艾希利很快建立起一種友誼關係，後者不僅教給他如何配製那種在義大利盛行的液體毒藥，而且還有後來在法國非常流行的粉末狀毒藥。森特像他的情婦一樣，在民眾面前表現得溫和、詼諧、聰明，而且那兩個正在腐蝕著他內心的強烈欲望——報復和貪婪，一點也沒有顯露出來。這兩種欲望都是針對不幸的德奧布雷一家。他的報復，是因為他們曾經使他入獄，而他的貪婪，則是覬覦他們的財產。由於他對錢財的漫不經心和奢侈浪費，使得他總是缺錢。只有布蘭維利耶侯爵夫人不停地接濟他，而她分

到的那些財產不能滿足他的需要。那個隔在他與財富之間的障礙使他感到很苦惱，於是一個可怕的念頭在他頭腦中產生，那就是毒死布蘭維利耶侯爵夫人的父親德奧布雷侯爵還有她的兩個兄弟，這樣，她就可以繼承財產了。對他這個壞蛋來說，這三件謀殺根本不算什麼。他將自己的計畫告訴布蘭維利耶侯爵夫人，她竟然沒有感到一絲良心上的譴責並且還願意幫助他：由他著手去配製毒藥，而她負責下毒。無法想像她竟積極熱情地開始工作。而且森特‧克羅伊發現她是一個悟性很高的學生。不久之後，她在製造毒藥方面幾乎和他一樣熟練。她常常找來狗、兔子、鴿子做實驗，來測試第一劑毒藥的藥力。後來，由於（在她研製的毒藥中）沒有一種毒藥是用來立即置人於死地的，她為了更準確地把握藥力就去訪問醫院，順便以慈善的名義帶給那些可憐的病人放了毒藥的湯。這樣一來她可以把它們用在某一個病人身上而不用擔心背上謀殺的罪名。在她父親的餐桌上，她又在她父親的客人們身上應用這個殘忍的實驗，她在客人們的鴿肉餡餅里下了毒。為了進一步確保藥力，緊接著她又開始拿自己做實驗！在這種不顧死活的嘗試後，只要她確定一服藥的藥效，她就可以從森特‧克羅伊那裡得到一服解毒劑。排除了所有疑慮後，她開始對自己的白髮老父下手。她親手將第一劑毒藥放在父親的巧克力中，而且毒藥藥效很好。老人果然「病」了，而她的女兒看起來充滿關切焦慮之情地在他的床前守候。第二天，她給他送了一些說是很滋補的肉湯，她又在湯裡下了毒。她透過這種方式使父親的體力慢慢耗盡，並且在10天內就一命歸天了！表面看來，他的死似乎完全是疾病造成的，甚至沒有引起任何懷疑。

為了對父親盡最後的孝心，她的兩個兄弟從鄉下趕來，他們看到自己的姐姐表面上表現得就像人們期望中的愛子那樣悲傷，哪裡會想到厄運即將降臨到他們身上。因為他們阻隔在森特‧克羅伊與他已經快要到手的財富之間，所以他們已經在劫難逃了。為了盡快達到目的，森特‧克羅伊雇

了一個名叫拉·紹塞的人對布蘭維利耶侯爵夫人的兩個兄弟投毒，而且在不到六個星期的時間裡，這兩兄弟就都被毒死了。

　　儘管這一次引起人們的懷疑，但是由於他們在行動中相當小心謹慎，因此沒有人把這件事情和毒藥聯繫起來。由於親人們的死亡，侯爵夫人的妹妹繼承一半家產，儘管不是全部財產，仍然引起森特·克羅伊的不滿。他決定讓她以和她的父親與兄弟一樣的方式死去。然而侯爵夫人的妹妹疑心很重，繼承財產後很快就離開巴黎，這使得她躲避開了正在逼近她的死亡。

　　侯爵夫人所做的這些謀殺都是為了討得情夫的歡心。現在，她為了自己的利益正在急於實施另一項犯罪。儘管她正在和丈夫分居，但是他們仍然沒有離婚，不過她卻希望可以和森特·克羅伊結婚。她認為法庭很有可能會駁回她的離婚申請，而直接將丈夫毒死會比向法院申請離婚要容易得多。但是事實上，森特·克羅伊已經不再愛她這個「犯罪的工具」，因為壞人也不喜歡和自己一樣壞的人。儘管自己也是一個壞人，可是他根本不想與侯爵夫人結婚，也不希望侯爵死去。然而，似乎他也參與這個陰謀，因為他一邊向她提供毒殺她丈夫的毒藥，一邊他又小心翼翼地去解救侯爵。布蘭維利耶侯爵夫人第一天給自己丈夫下毒，第二天森特·克羅伊就會給他一粒解毒藥。他們一個下毒一個解毒，使得侯爵深受折磨，但是他最終得以逃脫一死。然而，他的體質已經被徹底摧毀，心臟也遭到破壞。

　　森特·克羅伊和他的侯爵情婦的報應也在不久之後到來了，一場可怕的災難暴露了殺人者。由於配製的毒藥藥性很烈，在實驗室工作時，森特·克羅伊不得不戴上面具以防窒息。有一天，面具突然脫落，導致他猝死。第二天早晨，人們在被他改裝成實驗室的昏暗住所內發現他的屍體。由於在人們的印象中他既沒有親戚也沒有朋友，所以警察代管了他所有的物品。警察在清理物品時，發現一個小盒子，盒上貼著一張說明：

如果這個盒子落到您的手上，我誠摯地懇求您可以幫我一個忙，將它交給住在聖保羅第九大街的布蘭維利耶侯爵夫人。這個盒子裡所有的東西與她相關並且僅屬於她一人所有。而且，盒內的東西對其他任何人都不會有用，僅僅對她才有價值。如果她在我之前死去，我希望您將這個盒子燒毀。為了有人以不知道情況為藉口，我對崇敬的上帝發誓，對一世聖明發誓，我所說的都是真的，絕不會有假。如果我的合理打算遭到任何人的阻撓，不管是今生還是來世，你都將備受良心的責備。我聲明這是我最後的遺願。書於巴黎，1672年5月25日。

（簽名）森特・克羅伊

　　人們沒有像他希望的那樣尊重他這種急切的懇請，正好相反，這個舉動卻激發人們的好奇心。有人將這個盒子打開，發現裡面放著一些紙和幾個玻璃瓶、粉末。這些粉末被送到一個化學家那裡進行化驗分析，那些紙張被警察保存起來。在這些文件中，警察發現一張寫給森特・克羅伊的總額3萬法郎的期票，上面有布蘭維利耶侯爵夫人的簽名。還有一些更加重要的文件，這些文件可以證明布蘭維利耶侯爵夫人與她的僕人拉・紹塞和最近的謀殺案有關。當侯爵夫人聽到森特・克羅伊的死訊時，她就嘗試要回那些文件和盒子，但是她的請求遭到拒絕。她看準時機，立刻啟程離開本國。等到第二天早晨，當警察去逮捕她時，她已經成功地逃往英國。可是拉・紹塞就沒有這麼幸運了，他完全不知道發生那場使他惡行暴露的災難，所以就連做夢也沒想到危險已經逼近了。在他被逮捕後當局對他進行審訊。一頓拷問過後，他供出並且承認曾經給德奧布雷先生下過毒藥，在他完成任務之後，森特・克羅伊和布蘭維利耶侯爵夫人給了他100個皮斯托爾[①]，並且承諾給他終身年金。他被判處車磔刑，侯爵夫人在缺席的情況下被判斬首之刑。1673年3月，拉・紹塞在巴黎被行刑。

　　在英國，布蘭維利耶侯爵夫人住了三年。就在1676年年初，她覺得對

她的嚴密追蹤風頭已經過去了，決定冒險回到歐洲大陸。於是，她悄悄地來到比利時的列日市[2]。即便她很小心地行動，她返回的消息還是很快就被法國當局得知。對此，列日市政府立即做出安排，並且標記法國警察代表可以在對她的裁判權範圍內逮捕她。隨後，一位來自軍警部隊的名叫戴斯格瑞斯（Desgrais）的警官接受這項命令動身從巴黎前往列日市。等到他了列日後，才發現她已經在一個女修道院內找到庇護所。按當時的法律，法律不能在這裡制裁她。雖然很棘手，但是戴斯格瑞斯沒有退卻。他考慮到既然強力無法辦到，採用計謀可能更容易成功。他把自己假扮成牧師，並且獲得允許可以進入這個女修道院，進而得到拜訪布蘭維利耶侯爵夫人的機會。他在拜訪時對她說，自己正路過列日這個地方並且聽說這裡有一個美貌驚人而又遭遇不幸的夫人，對於他來說同為法國人很難不來拜訪一下。他的這一番恭維話極大地滿足布蘭維利耶侯爵夫人的虛榮心。戴斯格瑞斯覺得，簡單來說，就是「他已經抓住她的弱點」。於是，他就繼續巧妙地表達對她的愛慕之心，直到最後侯爵夫人完全放下戒備。由於她覺得在修道院外幽會比在修道院內方便得多，所以很輕易地就答應與他相會的提議。出於對她心目中新情人的信任，她果然前來赴約，結果發現沒有投入情郎的懷抱，而是遭到一個警察的逮捕。

對她的審判如期進行，關於她犯罪的證據也是確鑿充分。而且拉·紹塞在死之前的供認已經足以證明她的罪惡。除此之外，還有森特·克羅伊盒子上可疑的說明以及她無端逃離巴黎的舉動這些證據。然而所有證據中最有力、最確鑿地證明她有罪的是在森特·克羅伊的遺物之中發現的她親

---

1. 西班牙古金幣。——譯者注

2. 列日市，比利時的一個城市，位於倫敦-布魯塞爾-柏林TGV道路上的7條公路支線網的正中心，距離荷蘭30公里，距離德國45公里。它是歐洲第三大河港、會議中心、國際活動的主人，以及瓦隆人（Walloons）居住地區的經濟中心。——譯者注

筆寫的一張紙。她在這張紙上向森特‧克羅伊詳細地講述她一生所做的罪行，也講到她曾經謀殺她的父親和兩個兄弟，這已經足夠證明她的犯罪事實。在她的審判期間，整個巴黎都轟動了，布蘭維利耶侯爵夫人成為人們茶餘飯後所談論的唯一話題。有關她的犯罪細節被全部公開後，人們對這些很感興趣。秘密投毒的意識第一次進入許多人的頭腦中，而且有些人後來也開始實施這種犯罪。

在1676年7月16日，巴黎高級刑事法院宣布布蘭維利耶侯爵夫人犯有謀殺自己父親和兩個兄弟以及謀殺自己妹妹未遂罪這樣的判決。宣判結束以後，她光著腳被拖進一輛囚車裡，脖子上拴著一根繩子，手裡舉著一個燃燒的火把被押送到巴黎聖母院大教堂的門口。她將在那裡當著全體人民的面正式認罪。然後她又被押往格列夫廣場斬首示眾，她的屍體被火化，而她的骨灰被拋到空中，隨風飄散。

在她被判刑以後，對自己所犯下的罪行供認不諱。看起來她似乎不怕死，但是支撐她的不是勇氣而是她不顧一切的態度。在她被押往刑場的路上，塞維涅夫人說，她在囚車裡懇求聽她懺悔的牧師能把劊子手支開並離她近些，好讓他用身體把那個「使她身陷囹圄的卑鄙之人戴斯格瑞斯」擋在她視線之外。她還問那些正靠在窗邊看熱鬧的女士們，正在看什麼？還說，「你們所看到的是多麼美妙的呀，千真萬確！」就連在斷頭台上，她也在不停地大笑，她的死也像她活著的時候做的那樣，執迷不悟，冷血無情。第二天早上，人們成群結隊地來收集她的骨灰並且把它當成聖物一樣保存起來。由於她被看作是殉道的聖人，人們把她的骨灰當成是上天恩賜的能治百病的神藥。人們常常會產生一些愚蠢的念頭，在那些自詡負有神聖使命而內容又含糊曖昧的人死後把他們尊奉為聖徒。然而在這件事情上，公眾那種讓人噁心的想法簡直是史無前例。

她在死之前，還有人對佩諾捷提起訴訟，這個人當時身兼法國南部省

的財務主管和牧師最高收稅官的雙重身分。控告他的人是一位名叫聖‧勞倫特（St. Laurent）的夫人，她的丈夫是前任最高收稅官，她指控他為了取代她丈夫的職位而毒死了他。關於這件案子的詳細情況從來沒有被公開，而且最高當局還施加壓力阻止這件案子的審判。人們只知道他與森特‧克羅伊和布蘭維利耶侯爵夫人關係密切，並且根據猜測，瞭解到他的毒藥是從那兩個人手裡弄來的。然而，他拒絕說出任何會牽連他的事情。最終，佩諾捷在巴士底監獄被關了幾個月以後，對他的調查就不了了之。

當時，有傳言指控邦齊（Bonzy）紅衣主教曾經是佩諾捷幫凶的一個好朋友。紅衣主教由於要支付幾項數額頗高的年金以至於他的資產有點不堪重負。然而，就在投毒之風盛行的時候，那些來領取年金的人也都一個接一個地死去了。後來，每當談論起這些領取年金的人時，紅衣主教常說：「我真幸運呀！我比他們都長壽。」有一個聖賢看見他和佩諾捷坐在同一輛馬車裡時，大叫道，「瞧！這不是邦齊紅衣主教和他的『運氣』嗎！」

當時，狂熱的投毒想法已經在人們的頭腦中根深蒂固。一直到1682年，法國監獄裡的犯人大多是因為投毒而被判入獄的。同時，讓人感到奇怪的是，其他類型的犯罪相應都減少了。之前在義大利，我們也已經看到這種來勢洶洶的犯罪，換句話說，這種情況比法國有過之而無不及。在那些心腸狠毒的人眼裡，這些無色無味的毒藥極具誘惑力，在它們的幫助下這些人可以悠閒自在地靜等謀殺結果的如期實現。就連妒忌、報復、貪婪甚至微不足道的怨恨都會驅使他們去投毒。雖然使用手槍、匕首或者烈性毒藥這些都可以使對方立即斃命，但是這樣一來事情會因此敗露，所以有些人就轉而有恃無恐地使用慢性毒藥。儘管當時的政府腐敗到可以縱容一個像佩諾捷一樣富有而又有權勢的朝臣實施如此暴行，但卻對這種犯罪在民間的氾濫感到極為震驚。因此在歐洲人的眼裡，恥辱這個詞實際上已經

成為法國人的代名詞。路易十四[1]為了杜絕此種犯罪繼續橫行，立即創立緊急議會，並且審判和制裁這種類型的罪犯。

這個時期，有兩名極為臭名昭著的婦人，她們對數百人的死負有一定責任。這兩個人一個叫拉瓦辛，另一個叫拉維格瑞克絲，都居住在巴黎。她們效仿斯帕拉和托帕尼亞，主要將毒藥賣給那些想要擺脫丈夫的婦女，而且在個別時候，也會賣給那些想要擺脫妻子的丈夫們。她倆的公開身分是接生婆，而且還假裝成未卜先知的人，她們接待的顧客來自社會各個階層。窮人、富人都紛紛湧向這裡，就像是可以從她們曼薩爾式的房屋裡獲取未來的秘密似的。她們主要會做一些有關死亡問題的預言，對於那些婦女們，會預測說她們的丈夫正臨近死亡。對貧窮的繼承人，她們就會預言說他們那些富有的親戚將面臨死亡。正像拜倫[2]表達的那樣，這些繼承人「已經等得太久，太久了」。通常，她們為了完成預言會提供一些器具。她們經常會告訴那些可憐的顧客有一些正在迫近死亡的預兆會出現在他們的房內，例如：玻璃杯或瓷器碎裂的聲音。為了證實她們的預言，她們事先會給傭人一定的小費安排她們在約定的場合製造出破裂聲，表現得就像是極偶然發生的。而且她們在做接生婆的時候，窺探到許多家庭的隱私，這些隱私在之後對她們又有極可怕的利用價值。

我們不知道她們在被發現之前已經從事這種可怕的生意多長時間。就在1679年年底，她們的罪行終於敗露了，兩人都受到審判，並且被宣告有

---

1. 路易十四：路易・迪厄多內・波旁（Louis-Dieudonne，1638—1715），自號太陽王（法語：le Roi Soleil，英語：the Sun King），是法國波旁王朝著名的國王，納瓦拉國王，巴塞隆納伯爵。——譯者注

2. 喬治・戈登・拜倫（1788—1824），是英國19世紀初期偉大的浪漫主義詩人，他的代表作品有《恰爾德・哈羅爾德遊記》、《唐璜》。後來，他參加希臘民族解放運動，並且成為領導人之一。——譯者注

罪，於1680年2月22日在格列夫廣場被燒死。人們用燒紅的烙鐵將她們的手燒出洞來，然後又砍下來。隨後，在巴黎和外省，她們的黨羽也被揭發並且被審判。就像某些作家所說的，在各省城，有將近30~50人被絞死，這些人主要是婦女。由於拉瓦辛保留一份從她這裡買過毒藥的人的名單，隨著她的被逮捕，這份名單也就落到警方手上，很多法官開始對它進行研究。他們發現，陸軍元帥盧森堡（Marshal de Luxembourg）、蘇瓦松伯爵夫人以及布永（Bouillon）公爵夫人的名字都在這份名單上。陸軍元帥看起來似乎只和一名婦女有點風流韻事，可是當時的公眾卻認為他的罪責不僅僅是風流放蕩這麼簡單。《烏特勒支③和平以來歐洲大事記》的作者寫道：「那些經營毒藥、進行預言的一幫人宣稱，他（陸軍元帥）早已將自己出賣給魔鬼，一位名叫杜平的女子就是被他毒死的。在其他許多故事中，說他與魔鬼簽了合約，是為了使他的兒子可以與盧福瓦侯爵的女兒成婚。對他進行第一次指控時，陸軍元帥自己就走進巴士底監獄。面對這些拙劣荒唐的指控，他以驕傲和清白交雜的感情做了回答：『當我的祖先，馬蒂厄‧德‧蒙莫朗西與路易‧拉‧格羅斯（Louis le Gros）寡婦結婚時，為了使年幼的國王獲得蒙莫朗西家族的支持，他沒有依靠魔鬼，而是依靠國會。』這個勇敢的人被關進6.5英尺長的牢房內，對他的審訊持續14個月之久，其間有幾個星期的中斷，但是沒有對他做出判決。」

　　蘇瓦松伯爵夫人寧願逃到布魯塞爾，也不願陷入受審的危險之中。她永遠無法洗刷掉對於自己企圖用粉末式毒藥毒殺西班牙王后的嫌疑指控。隨後布永公爵夫人也被逮捕，緊急議會對她進行審問，然而她看起來似乎只是竭盡全力地探尋有關未來的機密，而且僅僅是為了滿足看見魔鬼的好

3.　烏特勒支：1713年和1715年，荷蘭人和西班牙人在這裡簽定《烏特勒支和約》，進而結束西班牙人的海上霸權，確立荷蘭人海外殖民的主導地位。──譯者注

奇心，沒有使用慢性毒藥。議院議長是一個名叫拉·雷尼的又矮又醜陋的老者，他非常嚴肅地問她是不是真的看見魔鬼，這位夫人盯著他的臉說：「啊，是的，我現在看見他了，他是一個又矮又醜陋的老頭，性情極壞，並且穿著國王顧問的長袍。」面對這樣一位尖酸刻薄、伶牙俐齒的夫人，拉·雷尼很小心地避免問她其他問題。由於沒有找到她犯罪的證據，公爵夫人僅僅在巴士底監獄被關了幾個月，就在她那些有權勢的朋友說情之下被無罪釋放了。也許對這種犯罪的嚴厲制裁會降低民眾的模仿熱度，然而上述這些人的免受懲罰卻產生反作用。尤其是佩諾捷和他的雇主——富有的邦齊紅衣主教的逃脫造成極壞的影響。幾乎在兩年的時間裡，這種犯罪一直都很猖獗，直到後來重新啟用火刑和絞刑，並且用這些刑罰處死一百多人以後，這種犯罪才最終被壓制下去。

第十三章

鬼屋魔影

傳來清晰的敲門聲……咚！

咚咚！咚！

……是誰在敲，是

巴力西卜嗎？……

是誰在敲，難道是幽靈？咚！

咚咚！咚咚！——

怎麼總是敲個不停？

——莎士比亞《馬克白①》

有誰既沒有見過也不曾聽過這樣的房子——這裡終年門窗緊閉，沒有
人居住，一天比一天破敗，屋裡到處都是灰塵，看起來陰森恐怖。尤其是
在午夜裡，經常會從房裡傳出奇怪的聲音——有些像似有似無的敲門聲，
有些像嘩啦啦地拽動鏈條的聲音，有些又像是煩躁的鬼魂呻吟聲——人們
認為晚上在這間房子旁邊經過也是危險的。這樣的房子一年到頭也沒有人
居住，即使倒貼錢，也沒有人敢在這裡住下。如今，不僅在英國有上百所
這種鬼屋，在法國、德國，幾乎歐洲所有的國家都有上百間。在無形中這
些房子被打上恐怖的印記——它們被認為是魔鬼和邪惡的幽靈們的藏身之
處。膽小的人們會遠遠地避開它，虔敬的信徒們經過這鬼屋時就會一邊祝
福自己，一邊尋求上帝的保護。在倫敦，像這種房子就有很多。如果有人

---

1. 《馬克白》（Macbeth），是莎士比亞最短的悲劇，也是他最受歡迎的作品。這部作品
經常在世界各地的專業和社區劇院上演。——譯者注

自負地認為人類不斷增長的智力已經足以對付這些迷信，只要他願意花時間去找一找這些鬼屋，並數一數它們，他就會明白想要根除這古老的迷信，人類的智慧還有待大大地提高。

這種相信有鬼屋存在的思想，是巫術時代留下的殘餘。鬼屋會受到人們的特別關注，是因為它相對來說對人是沒有害處的，也沒到那種可以使大眾都變得荒唐的瘋狂程度。我們在上文中已經用很長的篇幅詳細地講述過那些發源於巫術崇拜的其他觀念了，然而它並不像那些觀念，因為玩弄這種把戲的人沒有像以往那樣被燒死或是絞死，只有少數的幾個人蹲了監獄。

很多房子僅僅是因為它自身有一些很難被人察覺的特點而被人誤以為是在鬧鬼，由於膽小之人輕信這種說法，於是就遠遠地躲開它，其實只要有一個頭腦聰慧的人去揭開疑團就可以打消人們的恐懼心理。在亞琛就有這麼一間大房子，不管白天黑夜，裡面總會傳出一些神秘的敲擊聲，所以一直有5年的時間沒有人敢在裡面住，那裡看起來很荒涼。沒有人可以解釋那個聲音是從哪裡來的，因此旁邊的鄰居感到越來越害怕，最後竟然相繼放棄自己的房子，把家搬到城裡其他地方，他們覺得那樣就可以不再受到魔鬼的影響。這間房子由於很久都沒有人看管，慢慢地變得破敗不堪，裡面光線昏暗，一片狼藉，整幢房子看起來簡直慘不忍睹，這讓它看起來更像個鬼屋。太陽下山後幾乎沒有人敢從這裡經過。人們說他們聽見那敲門聲是從樓上的某間屋子裡傳出來的，聲音不是很大，可是經常響起。街坊裡流傳常聽見地窖裡有人的呻吟聲，還有人說曾經在午夜鐘聲剛過後看見燈火在住戶的窗外飄過來蕩過去，有人還說有身穿白衣的幽靈們在窗外咯咯地笑著，互相嘀咕著，鬧個不停，但是這些說法都經不起推敲。可是不管怎樣，那個奇怪的敲擊聲卻依然不停地出現，房主曾經幾次下定決心要查出事情的真相，可是都沒有成功。他們請來牧師給所有房間撒上聖

水，用適當的方式命令魔鬼離開這間房子搬到紅海，但是不管牧師怎麼做法事，敲擊的聲音還是每天都響著。最後，由於人們在無意中發現敲擊聲的起因，鄰里間才終於恢復昔日的平靜。事情其實是這樣的：由於房子原有的主人再也受不了那個可惡的聲音，只好以極低的價錢賣掉它，賠了一大筆錢。有一天，房子的新主人站在二樓的房間裡，突然聽見房門撞擊門檻發出相當大的聲音，然後門也被打開大約兩英尺。他安靜地站在那裡，盯著那門看。又過了1分鐘，這種情況又發生兩次。於是，他仔細地檢查房門，就明白了一切。由於門閂壞了，所以門關不緊，就只能繞著門底下的折葉轉動。正對著門有一扇窗戶，正巧窗上邊的一塊玻璃壞了。風從某個角度吹進來時，強大的氣流就會把門關上，而因為沒有門閂，所以門又被彈開了。如果再有一陣氣流吹進來，門就又會被關上而後又被彈開。新房主發現這個情況以後，趕忙找了個玻璃工將那塊玻璃裝上了。從此以後，那個神秘的聲音永遠地停止了。經過一番重新塗泥和刷漆後，老房子又恢復原來的好聲名。然而，由於兩三年前人們就知道這間房子「鬧鬼」，就算是真相大白了，許多人如果有其他路可走，還是會遠遠躲開這間房子。

華特・史考特（Walter Scott）爵士曾經在他的《關於魔法和巫術的信箋》這篇文章中講述過與這件案子相似的故事。男主角是一個世家子弟，口碑很好，而且在政界相當有名氣。就在他繼承爵位和財產後，他發現公邸裡的僕人之中流傳說晚上總是會聽到一些奇怪的聲音。這位紳士就下定決心親自找出事情的真相，並和一個老家人一起來尋找聲音的來源，而這老家人也和其他人一樣說過關於老主人死後就開始奇怪的敲打聲之類的話。他們兩人監視著整個宅邸，終於聽到響動，最後一直隨著聲音找到一個存放著全家各種食品的小貯藏室。老家人正好有這個貯藏室的鑰匙，可是當他們打開門進了貯藏室後發現那個帶他們進來的聲音消失了。過了很長一段時間以後，他們才再次聽到那個聲音，可是它聽起來卻比在外邊

遠處聽時小得多，這種狀況不由得使他們開始浮想聯翩。後來，兩人竟然
毫不費力地發現問題的關鍵：原來這個奇怪的聲音是一隻被關在一個舊式
鼠籠裡的老鼠企圖逃脫鼠籠造成的，牠可以在籠子裡掙扎著把關牠的籠門
舉到一定的高度，然後在毫無辦法時只好又放下來。就是這個鼠籠的門
「啪」的關上的聲音在宅院裡造成迴響，才引起人們神秘的流言。要不是
主人的這一番調查，這些流言肯定會給這幢房子帶來不好的名聲，進而再
沒有人敢在這裡繼續居住下去。後來，這位紳士又親口將這件事情告訴華
特‧史考特爵士。

　　但是整體來說，由這種意外的緣故而不幸得到惡名的房屋要少得多，
但是大多數的「鬼屋」之所以得到如此「優雅」的稱號都應該「感激」那
些活人的流氓詐騙行徑。國王路易曾經就被六個修士狡猾地愚弄過。路易
這個人很虔敬，正因為這樣他在本國的歷史上留下「聖人」的美名。路易
聽說他的神父十分熱情地稱譽聖布魯諾修道院的修士們善良博學的品行，
就想到原來在巴黎附近有這麼一群好修士。修道院主教伯納德‧德拉圖爾
將六個弟兄送到國王身邊，國王把他們安排在尚蒂伊村的一所美觀的房子
裡。這裡有一座沃韋爾古行宮，它是羅伯特國王建造的一處皇家宅邸，
已經很多年無人居住。巧的是，它剛好就在教士們房子的附近，他們可
以從窗裡看見這所漂亮的宮殿。可敬的修士們認為這所宮殿正好適合他們
來住，但是他們認為自己是謙謙之士，若是直截了當地向國王索要就顯得
太難為情了。修士們為了達到這個目的，發揮他們的聰明才智，終於想出
個好辦法。以前從來沒有人責難過沃韋爾宮的名聲，可是不知怎麼的，自
從這六位修士搬到這裡以後，它立刻變得臭名昭著。在晚上，人們常常會
聽到宮裡發出一些恐怖的尖叫聲，而且還可以從窗外突然瞥見紅、綠、藍
各種顏色的微弱閃光，但立刻又突然消失了。人們不僅會聽見鏈條碰撞的
響聲而且還伴著飽含極大痛苦之人的哀號聲，這些古怪的現象一直持續幾

個月，把附近村莊的人們都嚇壞了。所有的這些現象經過道聽塗說者的添油加醋，這些流言蜚語一直傳到巴黎，可把虔誠的國王路易嚇了一跳。甚至到後來宮裡竟然出現一個垂著長長的白鬍子，有蛇一樣尾巴，全身青綠的幽靈，它總會在午夜時從宮裡的主窗後現身，不僅可怕地號叫著，還向附近的人們張牙舞爪。這個時候，尚蒂伊村的修士們也適時地聽說這些流言，並且憤慨地說：這個幽靈竟然如此膽大包天，膽敢在他們的眼皮底下作亂！六人向國王派來負責調查此事的官員暗示說，只要讓他們住在這座宮殿裡，裡面的幽靈很快就可以被趕走。國王也被他們的虔誠深深地打動了，很感激他們竟然那樣無私。這六名修士很厲害，立即開始驅魔，很快就成功了，而且他們的功績還被載入皇家大事記，沃韋爾宮就變成聖布魯諾修道院這些教士們的財產。這件事情發生在1259年，從此以後這所宮殿裡所有的古怪騷擾立刻就停止了，那些古怪的亮光也消失了。修士們是這樣說的，那個綠色的魔頭已經被他們永遠地鎮在紅海滾滾的波濤之下。

就在1580年，一個叫吉爾斯‧布萊克（Gilles Blacre）的人在都爾城的城郊租了一間房子，可是他後來覺得房東彼得‧畢奇訂的房租太高，他又後悔了，所以就下定決心勸房東來解除租約。但彼得對他的房客和租約都很滿意，根本不想做出任何讓步。這件事情過去以後不久，關於吉爾斯‧布萊克的房子鬧鬼的流言就在都爾城裡傳遍了。吉爾斯自己也說他可以肯定法國所有的女巫和魔鬼都聚集在他的房子裡，那簡直成為它們的大本營。由於這些惡魔時常會弄出一些令人毛骨悚然的聲音，使得他難以入睡。它們一邊敲牆，一邊在煙囪裡奇怪地號叫著，還將窗玻璃打碎，將廚房裡的瓶瓶罐罐摔碎弄得到處都是，還使他的桌子椅子一晚上不停地跳舞。後來在他這間房子周圍聚集成群的人，都是來聽這些不可思議的聲音的。就在這個時候，牆上的磚頭突然自己掉下來，砸到街上那些早上出來前沒有念主禱文之人的腦袋上。很長一段時間這樣的怪事都在上演著，而

吉爾斯·布萊克只好向都爾本地法庭抱怨這間房子的怪異。於是，彼得·畢奇被法庭傳喚，法官質問他為什麼還不解除租約。可憐的彼得又能說什麼？法庭一致通過，認為在這種情況下租約是不能成立的，就這樣解除吉爾斯的租約，還宣判倒楣的房東來付一切訴訟費。可是彼得不服，就向巴黎的議會上訴。就這樣，議會經過很長時間的調查，最終確定租約成立。「都爾法庭不是因為缺乏充分而令人信服的理由來證明房子被惡魔擾亂，」議會法官說，「而是因為其在審判此案中以非正式的理由判定此案，所以此判決無效。」

1595年的波爾多議會也審理過和這類似的一件案子，也是關於該市一間嚴重鬧鬼的屋子。為了調查情況是否屬實，議會指派一批牧師去那裡，他們竟然報告議會說這間房子肯定鬧鬼。就因為這些，議會下令解除這間房子的租約，而且也因此免除房客的一切房租和賦稅。

在這些鬧鬼房屋的故事中，最奇特的一個算是發生在伍茲塔克（Woodstock palace）宮裡。事情發生在1649年，一批長期議會的革命者從倫敦被派遣去佔領伍茲塔克宮，還破壞那個宮裡所有帶皇家標誌的東西。但是他們也遇到麻煩，有一個保皇黨人裝神弄鬼地搞惡作劇，使得宮裡大亂，那些委員們的膽子都被嚇破了，將他們擾得不得安生，就這樣徹底把他們驅逐出伍茲塔克宮。這些革命者們原本就什麼都不怕，自從1649年10月13號這座已故國王的別墅被他們佔領以來，就開始為所欲為。他們把美麗的臥室和更衣室改成做飯和洗碗的地方，議事廳也被改成釀造間，將柴火堆滿餐廳，除此之外，他們還將宮中的皇家象徵大肆破壞，他們使出渾身解數把所有能讓人想起與查爾斯·斯圖亞特[①]這個名字或其王權相關的東西汙辱一番。有一個叫吉爾斯·夏普的教士是和他們一起來的，他滿懷熱情地和他們一起大搞破壞。他還協助那些革命者將一棵高大的老樹連根拔除了，就是因為它叫「國王的橡樹」。不僅如此，他還把拔樹產生的碎

木扲給委員們做飯生火，因此贏得這些人的喜歡和信賴。最開始的兩天，他們聽到宮裡有些奇怪的響動但是沒有在意。然而就在第3天，他們覺得有什麼東西在搗鬼，因為他們隱約聽到床底下有隻奇異的狗在咬他們的睡衣。又過了一天，屋裡的桌子、椅子都好像自己跳起了舞。第5天上午，臥室裡好像有什麼東西在上躥下跳，還「啪」的一聲從衣帽間跑進一個長柄暖床炭爐，聲音很大，革命黨們覺得耳朵裡像有5個教堂的鐘在鳴響一樣。第6天，餐廳裡的盤子碟子滿天飛，也不知道是誰在扔。再過了一天，又有一股神秘的力量將幾根圓木扔進臥房，砸在委員們柔軟舒適的枕頭上。然而第8天，第9天，連著兩個晚上，突然所有的混亂和騷動都停了下來。可是好景不長，等到第10天晚上，煙囪上的磚頭紛紛飛到地板上，有些在地上轉圈打旋，有些圍著革命黨們的頭跳舞，整整折騰了一晚上。第11天，他們的褲子被魔鬼抓跑了，第12天，他們的床裡又被塞滿了白蠟盤子，也無法上床睡覺了。第13天晚上，整個宮裡的玻璃莫名其妙「嘩啦嘩啦」都碎了，遍地都是玻璃碎渣。第14天，忽然「轟」的一聲響，就像40門炮一起開火一樣，從頭上落下一陣卵石「雨」，這些委員們被砸得哇哇亂叫，他們極度恐慌，每個人都哭叫著要別人幫他一把。

開始的時候，他們打算祈禱神的力量來驅除魔鬼，但是毫無效果。於是他們轉念一想是不是該離開這裡把這鬼地方留給妖怪們去折騰。然而，

---

1. 查爾斯·斯圖亞特，全名為查爾斯·愛德華·路易·約翰·卡西米爾·西爾維斯特·塞弗里諾·馬里亞·斯圖亞特（Charles Edward Louis John Casimir Silvester Severino Maria Stuart），又稱小王子查理（Bonnie Prince Charlie）或小王位覬覦者（The Young Pretender，1720—1788），老王位覬覦者詹姆士的長子，英格蘭國王詹姆士二世之孫。又理解為斯圖亞特王朝（英語：The House of Stuart，蓋爾語：Siol Na Stiubhartaich），初名為斯迪瓦特王朝（House of Stewart），是1371至1714年統治蘇格蘭和1603至1714年統治英格蘭和愛爾蘭的王朝。——譯者注

他們最後還是決定再試著住一段時間。他們向諸神懺悔過後就勉強上床睡了。當天晚上倒是睡得挺踏實，但這其實只是耍弄他們的人為了給他們製造一個「安全」的錯覺所玩的把戲罷了。第2天晚上，依然沒什麼異樣。這些人就開始吹噓說妖怪已經被趕跑了，就開始準備在這裡過冬。在經歷後面的情況以後，他們才明白原來這些徵兆正預示著魔鬼在醞釀著新一輪的騷動。就在11月1日，他們又聽見更衣室傳來沉重而莊嚴的腳步聲，像是有人在來回走動。後來不知道怎麼了，突然一陣磚頭、石塊、泥灰、玻璃渣朝他們的腦袋上砸來。第2天，更衣室裡又傳出了腳步聲，聽起來就像一隻巨大的熊在踏步。過了一刻鐘，腳步聲停了；卻突然有一個暖床炭爐被扔在桌子上，緊接著一把石子和一副馬下頜骨又被撒進來。有幾個膽大的人抓起佩劍和手槍，勇敢地衝進更衣室，卻發現裡面什麼也沒有。他們嚇得晚上都不敢睡覺，把所有房間都生起了火，還點了許多蠟燭和油燈。他們認為：魔鬼喜歡黑暗，所以才點了這麼多燈，應該不會再來騷擾了。可是他們想錯了，煙囪裡倒了幾桶水將火堆澆滅了，蠟燭也被一陣風吹滅了，他們完全不知所措了。當一些僕人正在想盡辦法地讓自己入睡時，突然不知誰潑了他們一身又髒又臭的餿水，把他們嚇得從床上跳起來，還不住地在嘴裡小聲祈禱著「上帝保佑」。僕人們跑去將他們的遭遇告訴委員們，還給他們看了沾滿綠色髒東西的亞麻布床單和當時不知是被誰敲得又紅又腫的手指關節。就在他們在驚慌地討論這些的時候，突然一陣極其猛烈的雷聲把他們都給鎮住了，那個聲音聽起來就像是整個兵火庫的炮一起開火一樣。他們都趕緊跪倒在地，祈求萬能上帝的保護。在場所有人都趴在了地上，忽然一個委員強作鎮定地站了起來，以上帝的名義問，是誰在折騰他們，他們究竟做錯了什麼，會得到這樣的懲罰。他們等待著，卻沒有聽到回答，但是那些折磨人的聲音都停下來了。最後委員們只好抱怨說：「妖怪又回到宮裡，而且還帶來7個比它自己還要壞的夥伴。」他們摸著黑

又點了一支蠟燭放在兩個臥室中間的走廊裡，以便兩間房都可以被照到。但蠟燭很快又被吹滅了，他們之中有一個人聲稱「看見一個馬蹄般的東西把蠟燭連同燭架一起踢到他睡的房子裡，然後打3個噴嚏吹滅了燭火」。說著，他就想去拔佩劍。可是，沒有等到他從劍鞘裡拔出劍，就被一隻看不見的手抓住了。他和那股不知從何而來的莫名力量僵持了一會兒，結果非但劍被奪走了，自己還被劍柄狠狠地頂了一下，差點沒痛暈過去。這個時候，那些魔鬼們活動的聲音又傳了過來，委員們聽見了都不約而同地退回臥室，又是祈禱，又是唱聖歌，終於將這個難耐的一夜熬過去了。

委員們終於意識到魔鬼這是決定要霸佔伍茲塔克宮，就憑他們的力量是鬥不過魔鬼的。而魔鬼於星期六、星期日又一連折騰了兩晚上，他們再也承受不了了，就決定立刻離開這個鬼地方，趕回倫敦去。在星期二早上一起來，他們就將行李收拾妥當，拍拍屁股逃走了，把伍茲塔克宮和那裡所有的東西都留給那個可怕的魔鬼。

事情過去了好幾年才真相大白。等到查理二世復辟以後，人們終於知道這一切原來都是當年和委員們在一起的那個「可靠的」教士一手策劃的。這個人的真名叫約瑟夫・柯林斯（Joseph Collins），是一個秘密的保皇黨人。正好，他就是在伍茲塔克宮長大的，因此他對裡面的地形十分熟悉，對他來說，不管是那些犄角旮旯，還是宮裡那些數不清的暗藏著的陷阱、暗道，都瞭若指掌。當年，革命黨們原本以為他是一個徹底的革命者，十分信任他，從來沒有想過要去懷疑他。當然，他和與他一起裝神弄鬼的保皇派們知道這些以後都樂得要死。

這種精心安排的把戲在1661年塔德沃斯縣蒙佩森先生家裡也有人用過。約瑟夫・格蘭維爾（Joseph Glanvill）牧師在他寫的名為《塔德沃斯魔怪》的書中詳細地介紹這件事情，這本書被他收在有關巫術的故事集《撒都該信仰的勝利》裡。1661年的4月中旬，蒙佩森先生從倫敦旅行回來剛到

家，他的妻子就告訴他，在他出去的這段時間裡，她在家中常常聽到一種奇怪的聲響，快把她煩死了。就在回來的第3天晚上，他自己也聽見這種聲音，聽起來就像是「有人在門上、牆外急劇地敲打著」。於是，他立刻爬起來，披上衣服，隨手拿起一把手槍，無謂地朝著那個聲音慢慢摸索過去，原以為這樣就可以抓到搗鬼的人，因為他認為那是一個強盜在搞怪。可是，好像他走到哪裡，那個聲音就跟到哪裡，忽前忽後。他走到門口，本以為那個聲音是從這個地方發出的，卻沒有發現什麼異常的地方，但還是能聽見一種「奇怪的空洞聲音」。他苦苦思考了很久，找遍了房裡的每個角落，卻什麼也沒有發現，只好回去接著睡。他剛脫掉衣服舒舒服服地在床上躺下，就聽見那個聲音又響了起來，而且這次更加強烈了，就像是有人在房頂上不停地敲打，不久之後聲音在空中逐漸消失了。

在蒙佩森先生的房子裡，就這樣接連鬧了幾晚的鬼後，他突然想起在此之前有一個流浪的鼓手，由於他拿著一面大鼓敲遍了全國，擾亂了人們安靜的生活，並且還以這種方式來乞求施捨，因此當局下令將他逮捕並且把他關進監獄，而蒙佩森還曾經將他的大鼓扣押了。蒙佩森先生因此認為那個人也許是一個巫師，他為了報復自己就將魔鬼召喚過來在他的房子裡搗亂。他越來越肯定這種想法，尤其是他覺得有時候那個奇怪的聲音特別像敲鼓，聽起來就像哨兵換哨時的敲鼓。為此，蒙佩森夫人被嚇得病倒在床，妖精或者說那鼓手，倒是很「善解人意」，發生這種事情以後，一切擾亂就停止了。但是只要蒙佩森太太一恢復健康，立刻就會開始比以往更粗魯的混亂，雜訊追逐著、騷擾著孩子們，粗暴地拍打他們的床架，人們都擔心床架要被拍碎了。正如令人敬佩的蒙佩森先生向莫名其妙的鄰居們不斷抱怨的那樣，這魔鬼般的鼓手總會敲奏像《圓顱黨人和綠帽子》、《歸營曲》這樣的戰地小調，拍子拿捏得和大兵們一樣準，而且可以一連敲1個小時。過了一段時間，魔鬼變換戰術，開始改用他的鐵爪在孩子們床

底下刮磨。就在11月5日那天，約瑟夫・格蘭維爾牧師記敘道：「人們聽見特別大的雜訊，有一個僕人看見孩子們的房裡好像有兩塊木板活動了，就想要那個神秘的力量遞給他一塊木板，那木板聽到此話（他沒看見有什麼人在活動），就挪到了距離他僅有一碼①的地方。僕人又說：『不，把它拿給我！』木板就被那妖精、魔鬼或是鼓手什麼的推近了些，直到他可以摸到木板。」「這件事情，」格蘭維爾接著寫道，「發生在大白天，而且整整一屋子的人都親眼目睹了。那天早上，魔鬼身上散發著一股十分令人噁心的硫黃氣味。晚上，村裡的克拉格（Cragg）牧師和幾位鄰居來拜訪蒙佩森先生，他們一起跪在鬧鬼最凶的地方——孩子們的床前做禱告。但就在人們祈禱的時候，妖精都退到閣樓上。可是祈禱剛做完，在眾目睽睽之下，屋裡的椅子自己就開始滿屋跑起來，孩子們的鞋子被扔到他們頭上，而且屋裡所有能移動的東西都滿屋跑起來。就在這個時候，只見一根床桿飛過來砸到了牧師的腿上，但妖怪卻手下留情，那根床桿下落得甚至比一綹棉花還要輕柔。」還有一件事情，村裡有一個叫約翰的鐵匠和馬夫，他從來不相信什麼妖魔鬼怪，可就在一天夜晚，他睡在房裡，也聽見那個奇怪的騷動聲，突然一陣像釘馬掌的聲音傳過來，就在這時不知道怎麼回事，好像有一個夾子一樣的東西出現了，鐵匠的鼻子被又是鉗，又是擰地拉扯著，可憐的鐵匠被折磨了大半個晚上，從此之後他再也不敢說世界上不存在鬼了。第二天，這個魔鬼又開始發出像狗喘粗氣的聲音，有一個女人把一個床桿拿起來想朝聲音傳來的地方扔過去，突然床桿卻從她手裡被奪開扔掉了。人們都好奇地擁過來，就在這個時候，突然一股惡臭的氣味在房裡瀰漫開，暖烘烘的撲鼻而來。這件事情正發生在寒風刺骨的冬天，

---

1. 「碼」本來是長度單位，主要使用於英國、其前殖民地、英聯邦國家，美國等國家也使用它。作為長度單位的1碼等於三英尺，即0.9144公尺。——譯者注

屋裡也沒有生火。魔鬼就趴在床底下，還不斷地喘息著，剧蹭著床板，持續一個半小時，然後鑽進另一間屋子，又在那裡敲打了一會兒，好像又開始發出嘩啦啦的甩動鏈子的聲響。

不久，由這些奇怪的事情而引發的流言在全國都傳遍了，人們無論遠近都跑來看塔德沃斯的鬼屋，他們根據個人的推斷，有的對此持相信的態度有的就表示懷疑，大家對這件事情都滿懷極大的好奇心。後來，流言也傳到皇宮裡，幾位紳士受了國王陛下的派遣來調查這件事情，國王還命令他們草擬一份關於他們見聞的調查報告。不知是由於派來調查這件事情的專員們比蒙佩森先生的鄰居們更明智，需要更加確鑿的證據來證實此事，還是因為他們擁有懲罰任何可能進行欺詐的人的權力，結果把那個搗鬼的人嚇倒了。格蘭維爾雖然不情願但還是不得不承認所有奇怪的雜訊隨著專員的到來都消失了。而且人們發現也沒有再發生什麼異常的情況。「但是，」他寫道，「對於為什麼朝臣們在場時房子裡會變得安靜下來，這也許只是出於偶然，也許是魔鬼對於以前發生過的事情不打算這麼公開地證實，寧願讓那些不相信自己存在的人繼續不相信，而這樣做很有可能會使他們動搖。」

等那些皇家專員們撤離，邪惡的鼓手又開始搗亂了。每天都有數百人來聽他演出鬧劇，並且對這件事情感到很驚奇。然而，蒙佩森先生的僕人卻很走運，正好妖怪就站在他床腳，他不僅聽見了，而且還親眼看見那個固執的妖怪。「雖然他看不清楚它的身材大小，到底長得什麼樣，但是他看見妖怪碩大的身軀和它兩隻發出耀眼紅光的眼睛，它一直盯著他看了很長時間，而後就消失了。」魔鬼玩的這種把戲不勝枚舉。它有時候不僅像貓那樣發出咕嚕聲，還把孩子們的腿上弄得青一塊紫一塊的；它把一根長釘藏在蒙佩森先生的床上，又把刀子放在他母親的床上；它把灰火扔到粥碗裡；把一本《聖經》藏在壁爐架下面；又把人們口袋裡的鈔票塗黑。

一天晚上，蒙佩森先生在寫給格蘭維爾先生的一封信中講道：「房子裡出現七八個變化成人樣的魔鬼，可是等他一開槍，它們就拖著腳走進涼亭裡。」要不是因為當時蒙佩森先生正閉著眼睛還不如盲人看得多，也許根據這種情形，他可能相信那些折磨他的傢伙也會有一死。

就在這個時候，那個人們確信操縱所有這些惡性事件的鼓手因為被判為惡棍流氓罪正在格洛斯特（Gloucester）蹲監獄。有一天，一些住在塔德沃斯附近的人去探望他，他就問起最近在威爾特郡（Wiltshire）都發生過什麼事情，還問那裡的人是不是都在談論一位紳士宅裡傳出的擊鼓聲。探監者回答說除了這件事情再也沒有聽過其他事情。鼓手於是義正詞嚴地告訴他們：「那就是我敲的鼓，我就是要這樣來騷擾他，除非他對搶走我的鼓這件事情做出讓我滿意的補償，否則他就永遠別妄想安生！」毋庸置疑，這個天生的吉普賽人說的可是千真萬確，而且蒙佩森先生宅裡的各種噪音是怎麼來的他那一幫人也比其他人更清楚。但就是因為他說過這種話，他就被冠以使用巫術的罪名送上索爾茲伯里法庭，並且被判有罪而被放逐。然而就在那個時候，像這樣的罪名，無論罪行是否確定屬實，一般都是要被處以火刑或絞刑的，像這樣的寬大處理倒是激發人們的極大興趣。格蘭維爾寫道：「鼓手剛被放逐海外，所有雜訊都停止了。但是不知怎麼的，鼓手在流放途中又逃了回來——聽說是他掀起海上風暴，將船員們都嚇倒了。」——在這之後，所有的擾亂又立刻恢復如常，而且就這樣斷斷續續地鬧騰了好幾年。確實，如果這個流浪的吉普賽人和他的同夥真這麼固執地將虛弱可憐的蒙佩森先生折磨了那麼多年，他們的頑固可真算是人的復仇心理達到極端的典型案例。那個時候，很多人認為蒙佩森先生為了使他自己的名聲大振，在幕後指揮了這一切，而且還放任、鼓動別人在他的房子裡搞鬼。表面看來那些吉普賽人才是真正的罪犯，而且蒙佩森先生也表現得和他那些輕信的鄰居們一樣擔驚受怕，惶恐不安。其實，像

這種類型的故事很大一部分都是人們的想像力臆造出來的，「它們像滾雪球那樣滾來滾去，變得大到清晰可見。」

　　格蘭維爾和他同時代的作家收集許多發生在17世紀的和以上所述相似的有關鬼屋的故事，但是在一些細節上他們沒有充分證實。在本章中一個離我們所處的這個時代非常近的，最為著名的和鬼屋有關的例子尤其值得我們關注，和它相關的場面是相當嚴肅的，而且它也作為一個十分適當的史例來向我們證明即使是見多識廣的睿智之人也會輕易地上當受騙。這個名叫「庫克巷幽靈」的鬼使得倫敦很長一段時間都處於動亂之中，它也成為從王子到農夫所有社會階層雅俗共聊的話題。

　　就在1760年年初，西史密斯菲爾德（West Smithfield）附近的庫克巷，有一位叫肯特的股票經紀人住在聖墓（Holy Sepulchre）教區牧師帕森斯（Parsons）的家裡。在一年前，他的妻子因為難產而去世。他妻子的妹妹是芬妮女士，聽說這件事情之後就從諾福克郡趕來為他操持家務。他們不久就偷偷地喜歡上了對方，還相互許下誓言。於是，這兩個人在帕森斯家住了幾個月，然而帕森斯家裡很窮，就從肯特先生那裡借了些錢。在這之後，房東和房客之間就出現衝突，於是肯特先生就從這裡搬走了，而且還想辦法採取法律措施，索回他借給教區牧師的錢。

　　然而，這件事情正被擱置著還沒有解決的時候，芬妮小姐突然染上天花，所有的醫療和照料都沒有作用了，所以她很快就去世了，被葬在克勒肯維爾（Clerkenwell）教堂的地下墓室裡。這個時候帕森斯就責難說可憐的芬妮小姐死得蹊蹺，是由於肯特先生正急著享有芬妮女士遺贈給他的那份財產，就將她謀害了。雖然之後的兩年裡沒有什麼紛爭出現，但是帕森斯先生卻是一個斤斤計較的傢伙，他一刻也沒忘記過他和肯特先生之間的摩擦，對於肯特因為錢的事將他告上法庭害得他失了體面這件事情，他不僅沒有忘記更不會原諒。在十分強烈的自尊心和貪婪的本性驅使下，帕森

斯兩年裡默默地研究著一個又一個復仇計畫。他那些不夠實用的計畫都被放棄了，直到最後，一個絕妙的計謀終於亮相了。在1762年年初，據說芬妮的幽靈常出沒於帕森斯家裡，而帕森斯12歲的女兒見過幽靈好幾次還和它談過話，整個庫克巷街區的人知道這件事情以後都陷入一片恐懼之中。甚至幽靈還跟帕森斯的女兒說，它是被肯特先生毒死的，而不是像人們想的那樣是死於天花。帕森斯不僅散布了這些謠言，還想盡辦法促進謠言的流傳。當越來越多的人來詢問他時，他就告訴他們說，事實上，自從芬妮死後，他家每天晚上都一直被門上、牆上特別響的敲擊聲困擾兩年了。那些無知而容易輕信的鄰居們不僅相信甚至還把他的故事進行大肆誇張，自此之後，一位高貴的紳士也被他請來見證這些詭異的現象。紳士來到帕森斯家裡之後，根據傳言，幽靈只讓帕森斯的女兒一個人看見，而且只回答她一個人的提問，所以他來到這裡以後，就發現那個孩子躺在床上劇烈地顫抖，還說剛看見幽靈，幽靈又說它自己是死於中毒。這個時候，無論房間裡的哪個角落都可以聽到一陣劇烈的敲擊聲。這位客人原本就不太明白，現在就更加迷惑了，以至於臨走前他雖然不敢懷疑此事，卻也羞於相信這種怪事，不過他還是承諾第二天要請教區牧師和一些紳士們來分析這種神秘的現象。

等到第二天晚上，他帶了3位教士和大概20人過來，裡面還有兩個黑人。他們在和帕森斯協商之後，下定決心要熬夜等待幽靈出現。於是帕森斯就解釋說，儘管那個幽靈不願意讓除了他女兒之外的人看見它，但是它可以回答現場任何人提出的問題。它在回答時，會用敲擊聲來表示，一下就表示認同，兩下就是否認。它要是不高興，就會發出一種刮擦的聲音。這孩子和她姐姐一起睡在床上，教士們將她們的床鋪和睡衣檢查一遍，把所有藏在睡衣裡的東西都敲打一遍，滿意地發現沒有人在耍把戲，人們還發現那床像昨天晚上一樣在劇烈地晃動著。

人們一直等著，那種耐心簡直可以做世人的模範。又過了幾個小時，那個神秘的敲擊聲忽然從牆上傳來，那個孩子說看見可憐的芬妮的鬼魂了。由於聽說瑪麗和死者生前關係很密切，所以以下問題是由牧師在帕森斯的僕人瑪麗・弗雷澤（Mary Frazer）的轉達下向幽靈莊重地提問的。還是和往常一樣，透過一次或連續敲擊來回答問題。

　　「你是因為肯特先生傷害你，所以來這裡製造這麼多混亂嗎？」——「是的。」

　　「你這麼早地死去，是中毒導致的嗎？」——「是的。」

　　「毒被放在哪裡了，是在啤酒中還是在苦艾酒裡？」——「是在苦艾酒裡。」

　　「那杯酒是在你死之前多久喝的？」——「大約3個小時前。」

　　「卡蘿茲（Carrots），那個你以前的僕人，她知道關於毒藥的事嗎？」——「知道。」

　　「你是肯特夫人的妹妹嗎？」——「是的。」

　　「你在你姐姐死後嫁給肯特嗎？」——「沒有。」

　　「除了肯特，還有別人參與謀害過你嗎？」——「沒有。」

　　「要是你喜歡，能不能讓所有人都看見你？」——「可以。」

　　「你願意這樣做嗎？」——「願意。」

　　「你可以從這個房子走出來嗎？」——「可以。」

　　「你想要一直跟著這個孩子嗎？」——「是的。」

　　「你樂意回答這些問題嗎？」——「樂意。」

　　「這樣做，你痛苦的靈魂可以有所放鬆嗎？」——「是的。」

　　這時，人們聽見一種神秘的聲響，在這些人之中，有一個人自作聰明地說那像是翅膀拍擊的聲音。

　　「在你死之前，你是什麼時候告訴你的僕人卡蘿茲你中毒的？一個小

時之前嗎？」——「是的。」

這時，正好卡蘿茲在場，但是她肯定地說當時不是這樣的，因為事實上死者臨死前的1小時已經幾乎不能說話了。這個回答開始動搖一些人的信心，但還是要繼續提問。

「卡蘿茲伺候了你多長時間？」——「三四天吧！」卡蘿茲說這句話是真的。

「要是肯特先生由於謀殺你而被逮捕，他會認罪嗎？」——「他會的。」

「要是他就此被吊死，你的魂靈就可以安息嗎？」——「會的。」

「他會因為這件事情而被吊死嗎？」——「是。」

「你和肯特認識多久了？」——「三年了。」「有幾位教士在這間屋裡？」——「3個。」

「幾個黑人？」——「兩個。」

「這是一支白色的錶（就在一位教士手裡）嗎？」——「不。」

「是黃色的嗎？」——「不。」

「是藍色的嗎？」——「不是。」

「是黑色的嗎？」——「是的。」

錶就在一個黑皮套裡裝著。

「你將在今天早上什麼時候離開？」

這個問題問完後，在場所有人都清楚地聽到4聲敲擊。鬼魂就像在暗示這些人，它4點的時候果然準時離開了，鑽進附近的惠特謝夫酒館，跑到老闆床上面的天花板上敲敲打打，店主和夫人被嚇得驚慌失措，簡直都要精神錯亂了。

很快，這種流言就在整個倫敦傳遍了，每天都有一群人在牧師房前聚集，就為了看見幽靈或是聽到那個神秘的敲擊聲，人們提出應該禁止庫

克巷通行並且獲得批准。人們整天嚷嚷著想要得到准許進入幽靈出沒的地區，最終大家決定可以滿足那些願意為此出錢之人的要求。對貪婪愛錢的帕森斯先生來說這安排真是佔了大便宜。實際上，現在這種情形讓他十分滿意，他不僅報復了別人，而且還因此發了筆財。這種行為導致每天晚上鬼魂都會來顯靈，不僅讓數百人從中得到樂趣，也使得更多人感到困惑。

然而，最讓帕森斯和牧師洩氣的是，有人引誘幽靈，使它做了會極大打擊其名聲的許諾。在回答自克勒肯維爾（Clerkenwell）①的奧德里奇先生時，它承諾不僅一直跟著小帕森斯小姐，如果她或者其他先生要去那被毒害的女人下葬的聖約翰教堂地下室它也願意陪同，為了表示它的存在它將會在棺材上發出清晰的敲擊聲。在去那裡之前，已經有一大批人聚集到教堂旁奧德里奇先生的家裡。這些女士們、先生們，有些知識淵博，有些地位顯赫，有些相當富有，在這之前小女孩已經作為預備，被送到那裡。在2月1日夜裡，大概10點的時候，人們用馬車把小女孩從庫克巷接過來，他們把小女孩的睡衣嚴格地檢查過了，表示裡面什麼也沒有藏，然後她就被幾位女士安置好睡在奧德里奇先生的床上。就在旁邊屋裡的男人們在商量著要不要一起去地下室的時候，突然聽到女士們在叫他們去臥室。她們惶恐地說幽靈來了，就在這個時候，敲擊的聲音和刮擦聲也傳到他們的耳中。男人們趕緊衝進臥室，決心要查出裡面是不是有什麼矇騙的把戲。人們詢問小女孩是否看到幽靈，她回答：「沒看見，但是我覺得它就像一隻老鼠一樣，趴在我的背上。」她被人們要求將手伸出來，她的雙手被幾位女士

---

1. 克勒肯維爾：位於倫敦東北部，原本是倫敦燒毀財富倉庫的一片不毛之地，現在發展成為最新興的創意園區。這裡有程度一流的音樂、劇院、展覽館、電影院、博物館，還有各類酒吧，而且很多都是免費的，這裡每年還會進行克勒肯維爾建築美術展（London Architecture Biennale in Clerkenwell），吸引眾多的美術愛好者前去參加。——譯者注

握住，而後人們按照習慣的方式來呼喚幽靈，問它是否在屋裡。人們鄭重地提問好幾次，但是沒有像以往那樣作為回答在牆上發出敲擊聲，刮擦聲也沒有了。鬼魂被人們要求現出原形，但是它沒有聽從。人們沒有辦法就只好要求它發出一些聲響，哪怕是碰一碰屋裡任何人的手或臉也好，只有透過這種方式才可以證明它的存在。但即使是這樣，幽靈也沒有回應。

就在人們等了很長時間之後，一位教士上樓去質問正在等候實驗結果的小女孩的父親。他堅持自己沒有說謊，而且還誇大其詞，甚至說有一次他也見過那個可怕的幽靈，還跟它交談過。人們聽說這件事情以後，就一致同意再試一次幽靈。牧師大聲呼喚他們想像的幽靈，說它已經向奧德里奇先生承諾過在地下室裡現出原形，它應該兌現了。於是，人們在午夜過後的一個小時趕到教堂，奧德里奇先生在另一位先生的陪同下進入地下室，就站在芬妮女士的棺材旁。奧德里奇先生開始呼喚幽靈要求它現身回應，但是它沒有這麼做。又要求它發出敲擊聲，它也沒有敲。再叫它弄出刮擦聲，還是沒有反應。於是，從地下室出來以後，兩個人都堅信整個事件就是帕森斯父女一起製造的騙局。但是還是有一些人認為僅僅因為這些就急於下定論很不妥，並且提出對待這個超自然的生物大家可能太輕率了，也許是人們的貿然推測冒犯它，所以它不願意回應他們。經過審慎的商議，人們一致認為既然任何人的提問幽靈都願意回答，它應該也會回答肯特先生這個所謂的謀殺犯了，所以他在人們的要求下去了地下室。他在幾個人陪同下要求那鬼魂回答他，她是不是真的被他殺害的。為了打消心中的疑團，奧德里奇先生就懇求它，它要是真是鬼魂就應該拿出現實存在的證據來證明，並且指出到底誰是凶手。可是依然沒有回應，人們在這之後的半小時裡也沒有聽到任何回答。這些呆子們在這段時間裡一直堅持等著，表現出令人稱讚的毅力。這段時間過去以後，人們又回到奧德里奇先生的家裡，命令那個小女孩穿好衣服起床。她的身上被人們嚴格地檢查

過，可是她卻堅決稱自己沒有騙人，她真的見過幽靈。

很多人都公開表示相信這次「訪鬼」的結果，對於帕森斯一家人長期的行騙行為這個說法他們表示認同，正是因為實驗的結果將許多人說服了。即使事實勝於雄辯，也不是所有人就這樣相信它了。藉此機會，還有人散發謠言說，是肯特先生事先叫人將棺材搬走了才導致幽靈沒有在地下室現身。於是，面臨艱難處境的肯特先生在眾目睽睽之下進入地下室，打開芬妮的棺材，並且因此顛覆以前對他不利的證據。很快這場實驗的結果被印刷出來，在全國發行，肯特先生將帕森斯和他的夫人、女兒、女僕瑪麗・弗雷澤告上法庭，他還控告牧師穆爾先生和那個商人犯有同謀罪，因為正是他們倆作為同夥大張旗鼓地策動這場謊言。在7月10日，王國法庭曼斯菲爾德首席大法官[1]親自主持這場審判，在長達12個小時的調查過後，所有被告的罪名都被判成立。大法官在法庭上嚴厲譴責穆爾先生和他的同夥們，並且建議他們為惡意中傷被害人人格的行為在經濟上對肯特先生做出一定的賠償；判決帕森斯在恥辱柱上站3次，以及監禁2年；他的妻子被判了1年，僕人則判了六個月，他們都要在布萊德維爾（Bridewell）服刑。他們雇來印刷分紅表的印刷工也被罰了50法郎，而且還遭到驅逐。

關於行騙的具體經過，從來沒有人詳細地解釋過。好像是由帕森斯的妻子來製造出牆上的敲擊聲，他的女兒負責發出刮擦聲。所有人竟然都被如此拙劣的騙術矇騙了，我們不得不注意這個事實，但是確實如此。某件荒謬的事只要至少有兩三個人帶頭做，無論這是一件多麼不可思議的事，也會有很多人去跟著去模仿。這種情況就類似當羊群要竄入田裡時，只要

---

1. 曼斯菲爾德（Mansfield，1705─1793）首席大法官，曼斯菲爾德勳爵（Lord Mansfield），本名威廉・穆雷，生於蘇格蘭伯斯郡，1730年成為一名律師，1742年和1754年分別擔任皇家副總檢察長和總檢察長，1756至1788年擔任王座法庭首席大法官。他在英國的法律史上是里程碑式的人物，被稱為英國「商法之父」。——譯者注

柵門被一頭羊撞開，剩下的羊肯定會一起跟著跑。

　　然而，就在10年後，倫敦再次因為鬼屋的故事而陷入惶恐。沃克斯霍爾（Vauxhall）①附近的斯托克韋爾（Stockwell）這個地方在人類迷信史上幾乎和庫克巷一樣有名，因為新一代魔鬼常常在這個地方作怪。格爾丁夫人（Golding）是一位老太太，她和女僕安妮·羅賓遜（Anne Robinson）住在一起。然而，就在1772年1月6日主顯節②的晚上，她可被嚇了一大跳，因為她說她的陶器都在詭異地晃動著，杯子、碟子「呼呼」地從爐灶上掉落下來，鍋碗瓢盆「哐哐」響著旋轉著不是從樓梯上滑下來，就是飛出窗外；火腿、乳酪、麵包塊就像是有什麼鬼在驅使它們一樣，在地板上不停地移動著。不管事實怎樣，至少格爾丁夫人是這麼認為的。因為她實在是太害怕了，不得不請幾位鄰居來陪她一起住，幫助她對付那魔鬼。但是，即使有鄰居們的陪伴，那些暴亂的瓷器也沒有因此而安靜下來。不久之後，房子的每間房裡都被撒滿了碎瓷片。後來，事態看起來開始變得十分嚴重和無法解釋，到最後，就連桌子、椅子也被捲進這場暴動之中。鄰居們開始擔心，不知何時會突然降臨一股擾動使得整幢房子轟然倒在他們頭上。於是，人們陸續地離開，留下可憐的格爾丁夫人一人來對付這場混亂。人們莊重地譴責這個魔鬼，催促它趕緊離開，但是魔鬼仍然一如既往

1.　沃克斯霍爾（Vauxhall），英國某地區，因為出產汽車而聞名。1903年，佛賀汽車公司開始製造汽車，1925年被美國通用汽車公司收購，為通用汽車公司的子公司，現在它是英國產量較大的轎車生產廠商。——譯者注
2.　主顯節（英語：Epiphany，有出現或顯示之意，東正教俗稱為洗禮節），原本是東方教會慶祝耶穌誕生的節日，是一個天主教及基督教的重要節日，以紀念及慶祝耶穌在降生為人以後，首次讓外邦人（指東方三賢士）看到。主顯節是在每年的1月6日，但是因為不同的宗教而有不同的慶日。「主顯」（Epiphaneia）一詞在古希臘文的原意是：人類的肉眼可以看見一位神的出現；或是一位皇帝被當作神崇拜，他到自己王國的某個城市，當地的居民都可以看見他。——譯者注

地毀壞著房間裡的東西。最終，格爾丁太太只好決定從這幢屋子搬出去。她帶著安妮・羅賓遜到一個鄰居家去住，來躲避災難。但是，等到她搬到鄰居家後，主人的玻璃以及陶器之類的東西也都遭遇相同的厄運。在迫不得已之下，主人只好不情願地暗示她搬走。這樣一來，老太太也沒有辦法了，只好又回到自己家。她再次受了幾天的折磨後，就開始懷疑安妮・羅賓遜是這件事情的禍根，於是就將她解雇了。令她吃驚的是，從此之後那詭異的騷動就停止了，而且再也沒有發生過。這就足以說明到底是誰在搗亂。過了很久之後，安妮・羅賓遜向牧師布雷菲爾德先生（Brayfield）說出這件事情的全部經過。從他那裡瞭解到這一切之後，這段神秘故事被霍恩先生印製成冊，向民眾公布出來。當時，安妮希望可以找到一處安靜的房子和她的情夫私通，於是就想到「扮鬼」的把戲。她把那些碗保持平衡地放進壁櫥，保證只要有一些輕微的晃動就會掉下來。為了不被任何人發現，她還把那些東西拴上馬尾，然後她在旁邊的屋子裡將它們猛然拉倒。她做這種事情十分靈巧，相當在行，估計就連很多的職業魔術師也不是她的對手。關於這件事情，讀者可以在《每日手冊》上找到對它的詳盡描述。

在1838年冬天12月5日發生的一起鬼屋故事，使得輿論為之譁然。就在亞伯丁郡（Aberdeenshire）班科里（Banchory）地區鮑德洛奇的一間農夫家裡，一家人驚恐地看見他們家院子裡、房頂上掉落著許多的棍子、卵石、土塊，人們開始都懷疑可能是有人這間蘇格蘭的房子搞惡作劇。可是找了半天，他們也沒有發現是誰在捉弄他們。斷斷續續一直下了5天的「石子雨」，人們最後只好猜想這是魔鬼和它的精靈們幹的。整個地區都傳遍了這種流言，有數百人為了看鮑德洛奇魔鬼耍的把戲從不同地方趕來。過了5天之後，屋子外面停止下土塊、石塊雨，但是屋子裡又開始下「雨」了，勺子、刀子、盤子、芥末瓶、擀麵杖、熨斗這些東西好像都突然有了

生命，在屋子裡像陀螺般轉來轉去，又從煙囪裡叮叮噹噹地掉下來，沒有人知道這到底是怎麼回事。人們驚愕地發現，一個芥末瓶蓋被一個女僕當面放進了一個小櫥裡，可是沒過幾分鐘，它就從煙囪裡蹦出來了。人們還聽見門外、屋頂發出極大的敲擊聲，玻璃也被一根根棍子、一塊塊石頭砸碎了。因此，整個街坊都陷入恐慌。方圓20英里①之內，不只是庸人，就連受過教育、受人尊敬的紳士都相信這件事情是由超自然力量造成的，而且還虔誠地祈禱以防魔鬼來侵襲自己家。就像所有怪誕的事都可以勾起人們的好奇心那樣，這個可怕的消息剛傳出去，就有人趕來參觀，人們爭先恐後地前來親眼看看這個離奇的事件。就在一個星期之內，不只是班科里（Banchory）、特南（Ternan）、德魯莫克（Drumoak）、杜里斯、金卡丁-奧尼爾教區，還有梅恩斯、亞伯丁郡（Aberdeenshire）附近地區的人普遍都相信有人見過魔鬼在鮑德洛奇那幢房子頂上敲擊。還有一位老人十分肯定地說，有一天晚上，當他看了刀具和芥末瓶蓋「跳完舞」後，碰到一個身材高大的黑人魔鬼，這個惡魔圍著他的腦袋轉圈，還在他耳邊刮起嗖嗖的大風，幾乎都要把他的帽子吹掉了。就這樣，魔鬼纏著他走了3英里。而且，人們還觀察到，所有的馬、狗一旦靠近這片著了魔的土地都會立刻有反應。有一天，一位不信教的先生在出門的時候忽然看見一個奶油罐跳到屋裡，從此以後，他就加入虔誠的教徒行列。人們還傳言說房頂被魔鬼掀掉了，幾堆玉米地裡的乾草伴隨著從山頂上傳來的風笛聲跳起了方陣舞。女人們到處散播著那一家人被鬼纏住後的遭遇，人們的好奇心隨著她們詭異的故事迅速流傳而不斷增加。房子的女主人對僕人說，她們不管在何時上床睡覺，都會從地毯下鑽出一陣石頭飛彈雨襲擊她們，然後又輕

---

1. 英里（Mile），又稱哩，是英國、前英國殖民地、英聯邦國家使用的長度單位。1英里＝5280英尺＝63360英寸＝1609.344公尺＝1760碼＝1.609344公里。——譯者注

輕地落在她們的腳趾上。有一天晚上，突然有一隻鞋從上面的閣樓裡飛出來，在飛過幾個長工旁邊時，有一個人想要去抓鞋子，卻立刻感覺到鞋子又燙又重，簡直無法捉住。有一個很重的擊熊器（是一種用於搗碎大麥的臼），要幾個人才可以搬得動它，忽然從糧倉裡飛出來，從屋頂上飄過，最終擊中一個女僕，但是一點也沒傷著她，甚至都沒嚇著她。因為她明白，像這種被魔鬼扔出的東西都會失重，就是落在頭上也不會受傷。

聽了這件事情之後，包括財產繼承人、牧師、科克（Kirk）地區所有老人在內的很多人，都趕到鮑德洛奇，在他們的監督下，很快進行一項調查。就在進行秘密調查的幾天中，謠言都傳遍整個蘇格蘭高地，而且傳得越遠就越離奇。據說是女主人正在火上煮馬鈴薯罐子時，當她一掀開蓋子，許多馬鈴薯變得就像沸騰的水那樣從鍋裡浮出來，朝著她恐怖地呲著牙笑。還有人傳言說，不只是桌子、椅子，就連胡蘿蔔也神奇地在地板上歡快地跳舞；在沒有任何人撥動下，鞋子、靴子們能一直跳過高地。還有人說一塊掛在食品室鉤子上的肉忽然自己脫下來落在火堆旁，在它完全烤熟之前，整間屋子裡沒有人可以把它弄走，然後隨著「砰」一聲巨響，烤肉飛到煙囪上。事實上，鮑德洛奇的魔鬼沒有鬧得這麼凶，但主人堅持肯定這只會是大魔鬼幹的。於是，他花了一大筆錢從40英里外請來一位叫威利‧福曼（Willie Foreman）的老魔術師，幫他驅除魔鬼。當然，也有些頭腦清醒，有知識的人在去掉那些誇大之辭以後，對那些傳聞進行仔細分析，發現這件事情有兩種可能：一種可能是有些藏在附近的吉普賽人或遊乞者，知道人們容易輕信，就透過愚弄他們來找樂子；另一種可能是不知是何緣由，住在鮑德洛奇的這家人，自己在搞鬼。但是，由於這家人平日裡很受尊敬，所以很少有人願意相信後一種說法。曾經有很多人公開宣稱，他寧願相信這是由超自然力量造成的，也不願意承認自己被愚弄，因為要是那樣，他們也太蠢了。

又持續兩星期的嘈雜以後，謎底終於揭開了。經過嚴格調查以後，秘密調查團發現正是這兩個女僕搞的鬼，於是兩個人被逮捕進了監獄。由於鄰居們和附近的村民，特別是兩個女僕的主人遇到這件怪事時變得極度惶恐和盲從，她們只是使了一個慣用的小手段，就輕而易舉地實現她們的謀劃。她們捏造出那一例例讓人們更恐懼的怪事，就是為避免別人懷疑自己。她們將煙囪上的磚塊弄得鬆動了，還在放盤子時擺成很容易從架子上掉下來的樣子。簡而言之，她們和斯托克韋爾的女孩一樣是為了滿足兒女私情的目的，而且要的是同樣的把戲，當然也達到相同的效果。所有的喧囂隨著她們被投進監獄都消失了，大多數人也都相信由「人」鬧的「鬼」這個事實。但是還有少數十分迷信的人依然堅持原來的看法，根本聽不進去解釋。

　　上述這些鬼屋的故事，特別是最後在本世紀發生的那個，雖然我們會因為故事本身感到難堪而臉紅，但是它們反映現在的社會已經大為進步這個令人滿意的事實。如果帕森斯夫婦和其他參與製造庫克巷事件的人們生活在200年前，他們就會發現竟然有這麼多人甘心做傻瓜，與此相反，他們就不會只被當作流氓關起來，而是會被當作巫師處以絞刑。即使是聰明的安妮·羅賓遜和鮑德洛奇那兩個狡猾的女傭也逃脫不了相同的厄運。所以我們會很高興地發現，儘管世界上依然存在著愚蠢和輕信，但是社會卻隨著時間的推移變得更加開明、更加仁慈了。前輩們在成文法典上制定的不合理且血腥的法令被立法者抹去了，因而對人民的教化又前進了一大步。在不久的將來，希望統治者為了防止這樣的騙局再次發生會透過更直接的方法來教育人民，如盡最大限度地保證每個孩子都可以受到與人類文明同步的教育。假如還有許多人相信鬼神、巫術的存在，主要責任並非是無知人民的過錯，而是應該由他們的法律和政府承擔責任，因為他們忽視對人民的教育。

古斯塔夫・勒龐點評

　　群眾對事物有極為強烈的敏感性，他們的情緒總是特別誇張、特別極端，無論這件事情是好的還是壞的。這種特性在革命期間表現得非常明顯，一點微弱的刺激就可以引起他們採取最狂暴的行動。他們輕信的特點在正常情況下已經很嚴重了，更不用說是在革命時期，隨便什麼說法都不會讓他們生疑。法國大革命期間發生一件事情，一位詩人遊歷於克萊蒙附近的水泉，半路上，一群人攔住了他的嚮導，原因是他們認為他是受王后的指使來這裡炸毀小鎮的。那個時候，關於王室的恐怖謠言四處流傳，最後王室甚至被誇張為盜屍者和吸血鬼的聚集區。

第十四章

煉金術士

汞（開始講話）：那些所謂的想在藝術上創造奇蹟的人像賈比爾（Geber）[1]、阿諾德（Arnold）、盧利（Lulli）或是喜歡吹噓的霍恩海姆，他們除了將木炭耗盡，把威士忌都喝光了之外，沒有發現任何秘密，他們唯一在做的就是背叛自然！看那個樣子，就像可以從熔爐裡煉出一個榮耀的哲學家頭銜似的。我一會兒被稱為是他們的粗製品，一會兒又變成淨化品；我一會兒被稱為是男的，一會兒又變成女的，有時候甚至還被稱為是雙性的。一個端莊的婦人被他們放在火裡燒，等她被燒成灰燼時，就會從中走出來一個像鳳凰一樣新豔的少女；他們會像燻腸、燻魚那樣把一個老臣放到炭上燒烤，烤到一定火候，再拿鼓風機吹，這樣靈魂就會進入他的體內。瞧，他們又聚到一起了！他們要向我施威了！天才們啊，快來救救我吧！

——班·強生（Ben Jonson）的《假面劇》中，煉金術士手下汞的申訴

不滿足現狀是全人類共有的特性，人類正是在這種動機的驅使下得以擺脫野獸的生存條件，並且開始自身進化。雖然這種不滿足於現狀的心態在某種程度上促進了人類進步，然而，同樣是這種不滿曾經使人類走向過愚蠢和荒謬，寫作本文的目的就是對後者的追憶和反思。為了使讀者能夠

---

1. 賈比爾（721—815），阿布·穆薩·賈比爾·伊本·哈揚，阿拉伯煉金術士、藥劑師、哲學家、天文學家、占星家、物理學家，被稱為「現代化學之父」。他在煉金學說中提出金屬都是由硫、汞兩種元素按照不同比例而組成，是一位具有熟練技巧的實驗家，最早引用鹼、銻等化學術語，並且記載硝酸、王水、硝酸銀、氯化銨、氯化汞的製法，金屬的冶煉方法以及染色方法。——譯者注

輕鬆地理解，同時不乏教育性和娛樂性，我們從大量的事例中精挑細選了一部分來介紹。

人類的不滿是由三個原因激起的。

它們分別是死亡、勞累和對未來的無知——即命運註定每個人都是要死的（由於人們都熱愛生命因而憎惡死亡），對富有的渴望和對未來強烈的好奇心。很多人在第一個原因的驅使下試圖找到長生不老的辦法，即使做不到，也想要不能只活幾十年，至少也要活上幾十個世紀。人類就是在這種想法的驅使下開始尋找長生不老藥的，而且從此之後許多的人宣稱自己找到它，相信它存在的人也越來越多。而人們又在第二個原因的驅使下開始尋找點金石，幻想各種金屬都可以被自己變成黃金。又是由於第三個原因才產生星相學和神學，他們透過利用一些自成體系的符號和咒語創造招魂術、手足相學和占卜術等。

我們用野心勃勃的騙子來形容那些不僅誤導還騙取人們信任的哲學家更為適合。為了簡明地進行這項研究，我們將他們分成3類：第一類是那些為了尋找點金石和長生不老藥耗盡一生心血的煉金家；第二類包括所有妄圖預知未來的相學家、巫師、術士等；最後一類包括念咒語的、畫護身符的、賣春藥和萬能藥的、驅邪的、順勢療法專家、動物磁性說專家，還有亂七八糟的江湖騙子等。

我們在介紹這些人的職業時，實際上很容易發現他們會同時從事上述的幾個或全部職業。例如：煉金術士同時是一個算命的或巫師——自稱利用觸摸或魔力能夠治好很多疾病，而且能化解各種災難等。在歐洲黑暗的早期時代，經常會出現這種情況。這些職業甚至到了近代的時期也很難區分，很少會有煉金術士把自己僅僅局限在他們對外宣稱的「科學」事業中，就連巫師、術士、江湖郎中等也是這樣。現在，我們先從煉金術開始講起，開始的時候難免會有些混亂，但越往後就越清晰。

當我在介紹前人所犯的錯誤時，請各位不要因為有了更高級的知識而嘲笑和輕視他們。對於前人在追求真理時所犯錯誤的研究我們有很多可以借鑑的地方。這就像一個人在回憶他的青少年時代，他肯定會為那個時候只是因為一個奇怪的想法，一個錯誤的選擇而做了不該做的事覺得不可思議。我們對社會的歷史進行反思也是這個樣子。只有「淺薄的思想家」才會只因為某件事是荒謬的就輕蔑地拒絕聽一下，聰明人會從曾經的錯誤思想和行動中吸取教訓。同樣的道理，社會只有不斷地反思之前走過的彎路才可以進步。我們所做的這項研究不單單產生教育作用，它不僅會讓那些只想圖個消遣而隨便翻翻這本書的人發現人類思想史上更多的趣事，而且它還展現給大家一個虛幻的領域——在這裡，有各種形式的原始的、怪誕的、神奇的「不存在、也不可能存在卻被人想像成是存在」的東西。

　　在一千多年的時間裡，很多傑出的人物沉迷於煉金術，也有更多的人相信它存在，但是人們不知道它是從何而來。一些為它獻身的人宣稱它是和人類同時代產生的，其他一些人認為不會比諾亞方舟時代晚。博韋的樊尚（Vincent de Beauvais）稱在大洪水之前所有人都知道煉金術方面的知識，特別是還有人提出諾亞肯定對長生不老藥很熟悉，否則他不會活那麼長，甚至到500歲了還可以生兒育女。倫格萊特‧杜‧弗雷斯諾在他的《煉金哲學史》一書中說道：「大多數的煉金術士認為諾亞的兒子閃姆是煉金術的專家，並且認為化學和煉金術這個名詞都是來自於他的名字。」此外，有人認為煉金術這門技術是由赫密士‧崔斯墨圖創立的，源自於埃及。摩西（Moses）被稱作是一流的煉金術士。他就是從埃及人那裡學來的這些知識，但是他一直保守這個秘密。雖然他喜歡引用「金牛犢的故事」[1]來證明制定法典的人是一個煉金專家，因為他可以把黃金隨意

---

1. 出自《舊約‧出埃及記》第32章。——譯者注

地變出來再變回去，然而他從來不向希伯來兒童傳授這些。根據記載，摩西在希伯來人之中是一個很值得崇拜的偶像，「他先在火裡燒他們已經做好的牛犢，再將它磨成粉末，放到水裡，然後讓希伯來兒童喝掉。」煉金術士們在看待這件事情的時候說，如果用一般的方法不可能讓金粉漂在水面上，摩西要是沒有點金石是絕對不可能做到的。即使真的發生過這麼一回事，我們也必須擺脫這個惑人的問題而來看一下距今更近的歷史。在《中國史》中，耶穌會教士馬蒂尼（Martini）神父寫道：「中國在西元前兩千五百多年時就有了這門技術。」但是他的論斷由於查無實據而毫無用處。而在西元1世紀時的羅馬，就有人宣稱可以煉出金、銀，但是一旦被發現，這些人就會被當成騙子而受到懲罰。西元4世紀，在君士坦丁堡，人們已經普遍接受金屬間可以相互轉化這個說法，甚至有很多的希臘傳教士為此大做文章。這些人的一些論文在倫格萊特·杜·弗雷斯諾的《煉金哲學史》第三冊中被不指名地提到了。在他們看來，所有的金屬都由兩種物質構成：一種叫做金屬泥，而另一種是被他們稱為硫黃的紅色易燃物。金是由這兩種純物質構成的，而其他金屬則是被各種其他雜質汙染了的。點金石的作用就是為了把鉛、鐵、銅等金屬變成黃金，而將所有這些雜質溶解和中和。許多博學而聰明的人耗盡他們的心血只為了這個徒勞的追求。但是，人們在幾個世紀之中都沒有意識到這一點。從此之後，這門虛幻的技藝就像是從歷史中消失了似的，直到西元8世紀才在阿拉伯人那裡又出現了。在這之後，人們可以輕而易舉地找到關於它的歷史記載。與此同時，一位偉人出現在這個時期。他長期以來被稱作「科學之父」，但是他的名字和煉金術緊密地連在一起。

賈比爾

　　我們對於這位哲學家除了知道其一生都與煉金術有關之外，其他的都不瞭解。根據推測，他生活在西元730年前後，真名叫阿布・穆薩・賈比爾（Abou Moussah Djafar），人們經常會在他的名字前加上「Al Sofi」，意思是「智者[1]」。他在美索不達米亞平原[2]的浩蘭出生。人們對於他的身分眾說紛紜，有些人說他是希臘人，有些人說他是西班牙人，還有些人說他是印度斯坦的王子。在這裡，斯普林格《醫學史》的法文譯者所做的推論是這些錯誤推斷中最可笑的。他從賈比爾名字的發音推斷說他是一個德國人，甚至還把他的名字翻譯成Donnateur或Giver。我們完全不清楚他的生活細節，只是聽說他在點金石和長生不老藥方面寫了500多本著作。他在對待這個技藝時十分狂熱。他認為那些不相信這個技藝的人就像是關在一個封閉小屋裡的孩子，只因為看不見，就認為這個世界不存在。他認為，從人到低等動植物，他們身上的所有疾病都可以用金製成的藥劑治好。他還想像當軀體裡含有各種金屬時就會生病，只有用金這種金屬才會十分健康。他聲稱，那些古人和當代智者不只一次地發現點金石的秘密，由於他們認

---

1. 智者：西元前5至前4世紀，希臘的一批收徒取酬的職業教師的統稱。西元前5世紀以前，智者泛指聰明並且具有某種知識技能的人，後來自然科學家、詩人、音樂家甚至政治家，也被稱為智者。——譯者注
2. 美索不達米亞平原：在中東兩河流域，是一片位於底格里斯河及幼發拉底河之間的沖積平原，在現今的伊拉克境內，那裡是古代四大文明的發源地之一古巴比倫所在，有高度發達的文明。——譯者注

為普通人不相信也不配知道這個秘密，所以不肯把它傳授給這些人。雖然賈比爾為了追求這些毫無意義的虛幻東西而窮盡一生，但也不是沒有一點價值的。許多他本不想要的東西被他無意中發現，如他在科學史上對氯化汞[3]、汞的紅色氧化物、硝酸[4]、銀硝化等做了首次描述。

---

3. 氯化汞（Mercury chloride），俗稱升汞，化學式$HgCl_2$，白色晶體、顆粒或粉末；熔點277℃，沸點302℃，密度5.44g/cm（25℃）；有劇毒，溶於水、醇、醚、醋酸。——譯者注

4. 硝酸（Nitric acid），分子式HNO_3，是一種有強氧化性、強腐蝕性的無機酸，酸酐為五氧化二氮。——譯者注

阿爾法拉比

　　在西元10世紀初，人們稱阿爾法拉比為那個時代最有學識的人，那個時候也是他的輝煌時期。他為了便於搜集不同的哲學家關注自然之謎的觀點，一生都在周遊世界。他為了實現自己一生最大的目標，即發現一種能造出大量黃金，並且可以一直流傳下去的技藝，無論是危險還是勞累都被他克服了，就連旅途中很多國王要留他在宮廷裡，都被他拒絕了。因此，他的一生都在過著這種遊蕩的生活。他曾經為了哲學去過聖地麥加①，而不是因為宗教信仰。在回來的路上，經過敘利亞時，他停在被譽為「知識庇護神」的蘇丹——賽福杜雷特的宮廷裡。他仍然穿著旅行時的服裝就出現在這位君主和他的朝臣面前。他在沒有接到邀請的情況下，就冷冷地坐在了這位國王身旁的沙發上。朝臣們被激怒了，而且蘇丹從來沒有見過這位不知來歷的人，因此他們打算按照這裡的規矩來處置這個人。他命令一位官員把這個膽大妄為的外來者逐出宮廷。但阿爾法拉比卻擺出一副「諒你們也不敢把我怎麼樣」的姿勢動都不動，然後鎮定地轉頭對國王說，國王還不瞭解他，應該對他以禮相待而不應該用使用暴力。這位蘇丹很欽佩這個外來人的鎮定，也沒有像其他統治者那樣表現得更加惱怒。於是蘇丹授意他坐近一點，又跟他聊了很久的科學和神學，就是這麼個陌生人將卻將宮廷裡的所有人都鎮住了。他將討論的所有問題都解決了，進而展現出

1.　麥加：全稱是麥加·穆卡拉瑪，意為「榮譽的麥加」。麥加是伊斯蘭教最神聖的城市，擁有克爾白和禁寺。麥加是伊斯蘭教的聖地，部分宗教聖地非穆斯林不得進入。——譯者注

了他淵博的學識。最後，敢和他辯論的人都折服了。當在場的人聽到他滔滔不絕地談起煉金術時，立即認為他是僅次於偉大的賈比爾的人。在場的一位御醫問他：「既然你懂得那麼多科學，是不是也懂一點音樂？」阿爾法拉比沒有直接回答他，而是讓人取來一把魯特琴②，隨手就彈了一曲婉轉淒美的樂曲，將宮廷裡的所有人都感動得熱淚盈眶。然後，他又換了一首旋律活潑的曲子，就連蘇丹和那些儒雅的哲學家都伴著這旋律歡快地跳起舞來。然後他又演奏了一首悲傷的曲子令他們開始傷心地抽泣和歎息，以此來讓這些人鎮定下來。蘇丹非常賞識他的能力，懇求他可以留下來，這位煉金家仍堅決地拒絕所有誘惑他的金錢、權力、地位等。他說，只要他一天沒找到點金石，他就一天都不會停下來休息。當天夜裡，他就從這裡出發了，但是他最終被一群強盜殺死在敘利亞的沙漠裡。這件事情發生在西元954年。給他寫傳記的作者們只提到一些他寫過的重要的技術論文，但是這些論文在很久以前就失傳了。

---

2. 魯特琴，也稱琉特琴，是一種曲頸撥弦樂器。這個詞語主要指中世紀到巴洛克時期在歐洲使用的一類古樂器的總稱。——譯者注

阿維森納

伊本·西那是阿維森納的真名，他出生在西元980年的布哈拉[①]，是一個有名的煉金術士。由於他已經作為一名醫生和訓練有素的科學工作者而遠近聞名，所以他決定要試試自己在統治國家方面的能力。於是，蘇丹馬吉德·杜拉任命他為首相，並賜予他一些特權去管理這個國家。但實踐管理這門科學沒有他想像的那樣容易，在這個方面他是徹底地失敗了。他無法控制自己的感情，過著終日飲酒作樂這樣可恥且放蕩的生活。然而，他竟然可以在追求商業、享樂等亂七八糟的生活中抽出時間寫出7篇有關點金石的論文，並且還被業內人士大力稱讚。很少有像阿維森納這樣有名的醫生終日沉溺於感官享樂的。幾年後，他已經完全沉迷在這種生活方式之中，卻從那個顯赫的位置上突然被趕了下來。由於他之前的放蕩生活使得他過早地衰老，同時還引發幾種疾病，所以沒過多久，在1036年他就去世了。

自從他的那個時代過去以後，阿拉伯世界的記載中就很少還有熱衷於研究煉金術的哲學家了。然而，不久之後煉金術又在歐洲吸引很多人。一些法國、英國、西班牙、義大利等國的著名學者曾經都聲稱他們相信存在這門科學，甚至還有許多人為此而獻身。特別是在12、13世紀，人們開始大張旗鼓地研究這門技術，煉金術就和那個時代最響亮的名字聯

---

1. 布哈拉（Bukhara），是烏茲別克斯坦第五大城市，約27萬人口，位於澤拉夫尚河三角洲畔，沙赫庫德運河從城中穿過，有2500多年歷史，是中亞最古老城市之一。——譯者注

繫在一起。艾爾伯圖斯・麥格努斯（Albertus Magnus）和湯瑪斯・阿奎那（Thomas Aquinas）是他們之中最傑出的人物。

艾爾伯圖斯‧麥格努斯^①和湯瑪斯‧阿奎那^②

在1193年，第一位哲學家誕生在多瑙河^③畔諾伊堡公國勞因根的一個貴族家庭中。他在30歲以前表現得非常遲鈍和愚蠢，人們都對他不報以任何希望。他在小的時候加入一個道明會（Dominican）教派的修道院，但是學習不好，甚至有好幾次都要放棄。但是，由於他天生有令人震驚的堅強毅力，在中年以後，學習成績大為提高，並且任何他想學的東西都可以用驚人的能力學成。在當時的人們看來，這種巨大的轉變只能被理解為奇蹟。傳說聖母瑪利亞知道他立下雄心壯志要有所成就，又因為他的能力差

---

1. 艾爾伯圖斯‧麥格努斯（Albertus Magnus，約1200—1280），即大阿爾伯特，是一位中世紀歐洲重要的哲學家和神學家，被稱為大阿爾伯特，他是多明我會的神父，因為博學而著稱，他提倡神學與科學和平並存。他被稱作是中世紀時期德國最偉大的哲學家和神學家，也是第一位將亞里斯多德的學說與基督教哲學綜合到一起的中世紀學者，羅馬天主教將他列入36位教會聖師之一。——譯者注

2. 湯瑪斯‧阿奎納（Thomas Aquinas，約1225—1274），是中世紀經院哲學的哲學家和神學家，他將理性引入神學，用「自然法則」來論證「君權神聖」說。他是最早提倡自然神學的人之一，也是湯瑪斯哲學學派的創立者，成為天主教長期以來研究哲學的重要根據，死後也被封為天使博士（天使聖師）或全能博士。《神學大全》（Summa Theologica）是他撰寫的最知名的著作。他被天主教教會稱作是歷史上最偉大的神學家，並且被評為36位教會聖師之一。——譯者注

3. 多瑙河（The Danube），它是歐洲第二大河，僅次於窩瓦河。它流經9個國家，是世界上幹流流經國家最多的河流。它發源於德國西南部，自西向東流經奧地利、斯洛伐克、匈牙利、克羅埃西亞、塞爾維亞、保加利亞、羅馬尼亞、烏克蘭，在烏克蘭中南部注入黑海，全長2850公里（1770哩），流域面積81.7萬平方公尺，河口年平均流量6430立方公尺/秒，多年平均徑流量2030億立方公尺。——譯者注

而可憐他，於是就在他絕望地坐在修道院回廊裡時出現在他面前，問他打算在哲學上還是神學上成名。聖母很不高興他選擇哲學，她用哀婉的語氣對他說這個選擇不是很好，但是她依然答應他的要求，把他變成當時最優秀的哲學家。然而不幸的是，他卻在成功之後又回到原來蠢笨的樣子。艾爾伯圖斯無視這些流言，仍然堅持認真從事他的研究工作。他的名聲很快便傳遍歐洲，著名的湯瑪斯・阿奎那在西元1244年拜他為師。關於這對師徒有很多離奇的傳說。他們不僅花費適當精力在科學的其他分支上，而且還一直孜孜不倦地堅持研究點金石和長生不老藥。雖然他們沒有發現任何東西，人們還是相信生命的部分秘密已經被艾爾伯圖斯掌握，甚至認為他可以在特定的星相條件下變活銅塑像。他在這項研究上花費很多時間，最終這個工作被他和湯瑪斯・阿奎那合作完成。他們使這個銅人可以說話，還讓它做一些僕人做的事情。雖然它的這種功能很實用，但美中不足的是，它整天嘮叨著，將兩位哲學家吵得無法忍受。對於這種嘮叨病，他們絞盡腦汁來治療，卻沒見到任何作用。終於有一天，正在進行數學計算的湯瑪斯・阿奎那被它激怒了，隨即抄起一個重鐵錘將它砸了個粉碎。湯瑪斯在做過這件事情之後又開始後悔了，他的老師也責備他說哲學家不應該這樣發脾氣。但是，即使是這樣，他們也不想再把這個塑像重新變活。

時代精神都是透過一些故事反映出來的。人們把所有致力於研究自然奧秘的偉人都看作是有魔力的人。由此，我們可以想像，當公眾在聽了哲學家宣稱發現長生不老藥或可以創造許多財富的紅石頭時，這種言論就會被進一步誇大其詞，甚至說他們掌握更神奇的力量。當時，很多人傳言說艾爾伯圖斯・麥格努斯可以變換季節，他們覺得相對於發現最重要的長生不老藥來說，這要容易得多。艾爾伯圖斯打算建一座修道院，他選中科隆附近的一塊土地。荷蘭的威廉公爵和羅馬國王是這塊地的主人，他們由於某種原因堅持不賣這塊地。據說，艾爾伯圖斯是用了一種奇特的辦法得到

這塊地的。他專門準備一個宴會來邀請正路過科隆的國王和他所有的大臣們參加。國王和眾多達官貴人一起來到這位哲人的住處。那個時候正趕上嚴寒的冬天，萊茵河全部都被凍住了。這麼冷的天，騎士們為了避免腳趾被凍掉，只得紛紛跳下馬來。等到了艾爾伯圖斯的家，他們驚訝地發現宴席被擺在了有幾寸厚積雪的花園裡。國王很生氣，要離開，但是最終還是被艾爾伯圖斯勸服入席了。就在這個時候，天空中烏雲翻滾著不見了，大地被溫暖的陽光照耀著，刺骨的北風也突然消失了，輕柔的南風取代它，積雪和小溪都融化了，嫩綠的葉子從樹枝上長出來，還結出了果實，花兒也從花骨朵中鑽了出來，所有會唱歌的鳥兒，像百靈鳥、夜鶯、烏鴉、布穀鳥、畫眉等都在樹枝上唧唧喳喳地叫起來。國王和他的隨從們都驚呆了。就這樣，他們在晚餐過後，為了回報艾爾伯圖斯，將那塊土地賣給他，讓他成功地在上面修建一座女修道院。然而，此時的艾爾伯圖斯還沒有完全將他的法力展示給他們。他在宴會結束的時候，又念了幾句咒語，太陽又重新被烏雲遮住，鵝毛大雪又飄落下來，正歡快鳴叫著的小鳥全都被凍死了，樹葉也紛紛落下，又刮起了刺骨的寒風，客人們趕緊裹緊衣服躲進艾爾伯圖斯的廚房裡烤火。

和老師一樣，湯瑪斯·阿奎那也會施展魔法。傳說他曾經在科隆的某條大街上住，那條街上整天都有一隊馬夫在遛馬，他被不停的馬蹄聲搞得煩躁極了。於是他去懇求馬夫換個地方遛馬，不要再打擾他了，可馬夫根本不聽。實在迫於無奈，他不得不使用魔法了。於是，半夜裡，他將一個刻有一些神秘字元的小銅馬埋在馬路中央，等到了第二天，這隊馬隊依然像平時那樣沿這條路走來，當走到埋神馬的地方時，那些馬突然驚慌起來，不是仰天嘶鳴，就是猛烈地向後踢著——由於驚恐，大張著鼻孔，鬃毛也豎了起來，汗流浹背。馬夫們想盡辦法都無濟於事，那些牲口就是不願走過那裡，此後一天還是這樣。最後這些馬夫也沒辦法了，只得換一個

地方遛馬了，湯瑪斯・阿奎那也過上安寧的生活。

在1259年，艾爾伯圖斯・麥格努斯成為雷根斯堡④的主教。因為他不想把大部分時間花在事務性工作上而是打算研究哲學，所以這份工作他只做了4年就辭職了。1280年，他以87歲的高齡在科隆去世了，道明會教派的作家認為他從來沒有研究過點金石，但是他寫的一些有關礦物的論文可以充分證明他這樣做過。

---

4. 雷根斯堡（Regensburg），是德國巴伐利亞邦的直轄市，是上普法茲行政區和雷根斯堡郡的首府，天主教雷根斯堡教區主教的駐地。2006年，雷根斯堡老城入選聯合國教科文組織世界文化遺產。這裡是德國最古老的天主教教區之一，739年起隸屬於羅馬主教，即使在1542年成為帝國自由城市開始信仰新教，這裡依舊保持天主教主教駐地的身分。——譯者注

阿特菲烏斯

根據煉金術歷史的記載我們可以知道，阿特菲烏斯是在12世紀早期出生的。他寫過兩篇很著名的論文：一篇是有關點金石的，另一篇是有關怎樣延長人類壽命的。他在後一篇文章中吹牛說他那個時候已經1025歲，因此自認為最有資格指導別人如何延長壽命。有許多他的弟子都相信他真的有這麼長的壽命，而且為了證明他就是提亞納的阿波羅尼烏斯，他想盡了辦法。這個人是在耶穌降臨不久之後出生的，斐洛斯托拉德曾經詳細地描述他的生活和事蹟。這個說法使阿特菲烏斯在他同行中的地位大大提高，所以他為了使自己避免露出馬腳而絞盡腦汁。只要一有機會，他就會大肆吹噓。因為他有非凡的記憶力、豐富的想像力以及充足的歷史知識，所以當人們在問有關各位古代偉人的外表、做事方式、性格等方面的問題時，他從來沒有被問倒過。他對外聲稱點金石已經被他找到了，還說在找它的時候，他曾經下過地獄，還看到坐在金製御椅上被眾多魔鬼簇擁著的撒旦。有關他煉金術方面的著作曾經被翻譯成法文，於1609年或1610年在巴黎出版。

阿蘭・德・里爾

　　住在法蘭德斯的阿蘭・德・里爾和艾爾伯圖斯・麥格努斯是同一個時代的人，他因為有淵博的知識而被人們譽為「神醫」。人們認為他不僅將所有的科學知識都融會貫通，而且還跟阿特菲烏斯一樣也發現長生不老藥。後來，他在熙篤修道院成為一名修道士，於1298年去世，享年110歲。有傳言說，他在50歲的時候就應該死去了，令人慶幸的是他後來發現長生不老藥，於是他又多活了60年。他還曾經為《梅林①的預言》做過注解。

1.　梅林（Merlin）：他存在於亞瑟王朝的傳說中，以一位謀士和預言家的身分出現在人們面前。Merlin英文中的意思是「隼」。——譯者注

阿諾德・德・維拉諾瓦

　　這是一位曾經留下很高聲譽的哲學家。他於1245年出生，曾經在巴黎大學研究過醫藥學並且在這個方面樹業頗多。之後的20年時間裡，他一直在義大利和德國旅行，還在那裡結識皮耶多・達阿波內，這兩個人在性格和追求上很相似。他在那個時代被人們稱為是最高明的醫生。他也和其他同時代的哲人一樣，在星相學和煉金術方面有所研究，據說他曾經用鉛和銅造出了許多黃金。就在皮耶多・達阿波內在義大利被逮捕並且以耍弄邪術的罪名被審判時，阿諾德也受到相同的起訴。幸好，他想辦法及時逃離那個國家，進而躲過他朋友那樣的厄運。他曾經因為預言世界末日導致全天下人都不信任他了，但是後來他的信譽又恢復了。雖然人們不知道他具體是哪天去世的，但能肯定是在1311年之前。因為教宗克萊孟五世①曾經在那一年寫了一封公開信給在他管理下的歐洲神父們，請他們盡最大的努力尋找阿諾德著名的論文《醫藥學實踐》，因為作者曾經在活著的時候承諾將這篇著作贈送給羅馬教廷，但是一直到死都沒有這麼做。

　　有一部非常特別的著作是由蒙舍爾・隆威爾・阿爾古寫的，題目是《長壽而且可以返老還童之人的歷史》。這裡面就有一條是引用阿諾德・德・維拉諾瓦的方法，人們用它至少可再活幾百年。阿諾德和蒙舍爾・阿爾古最先解釋說：要是想長壽必須先學會自我按摩，每個星期加肉桂汁或

---

1. 教宗克萊孟五世（Pope Clement V）：他是一個戛斯坎尼人，在教會裡一直代表法蘭西派，在他當教宗的任期中，他從來沒有去過義大利。他在里昂接受加冕禮，並且在1309年在亞維農定居，在這之後，繼續在這裡住了約70年。——譯者注

者骨髓按摩兩到三次。有一種由東方的藏紅花、紅玫瑰葉、檀香木、蘆薈和琥珀等成分溶於玫瑰花油和上乘的白蠟特製而成的藥膏，每天晚上睡覺前都要貼在左胸前，到第二天早晨時必須揭下來，放在一個鉛盒中密封好，到了第二天晚上再將它貼上。除此之外，還要在一個水和空氣都很清新的院子裡養些雞。要是樂觀的人，就養16隻；要是冷漠無情的人，就養25隻；要是抑鬱寡歡的人，就養30隻。這些雞是專門用來吃的，每天吃一隻，但是必須先用特殊的方法將這些雞餵肥，這樣才可以有助於食用者的長壽。先將這些雞餓一段時間，然後再用一種特製的湯來餵養那些被餓得半死的雞，這種湯由蛇和醋做成，再加入小麥和糠讓它變得黏稠。而且，在做這個湯之前還需要很多複雜的儀式，如果有人對此感到好奇可以查閱蒙舍爾・阿爾古寫的書。這些雞要這樣被養上兩個月才可以宰殺，然後再用上等的白酒和葡萄酒沖洗。這種辦法需要7年重複一次，按照這種辦法去做，所有人都可以活瑪土撒拉②那麼久！事實上，蒙舍爾・阿爾古把這個配方歸功於阿諾德・德・維拉諾瓦沒有可靠的證據。因為這個配方在這位哲學家的文集中沒有被提到。在16世紀初，一位叫普瓦里亞的先生首次公開聲稱這個配方被證實確實是在阿諾德的手稿裡。

---

2. 瑪土撒拉（Methuselah），《聖經・創世紀》中的人物，他是以諾之子，在《創世紀》中，他是亞當與夏娃歸隱之後所生的塞特的後裔。他活了969歲，是世界上有記錄以來最長壽的人。築方舟保存地球各類動物的諾亞，就是他的孫子。（參見《聖經・舊約・創世紀》第五章21—32）。——譯者注

皮耶多・達阿波內

　　這是一位很不幸的哲人，他於1250年在帕多瓦附近的阿波內出生，他和他的朋友阿諾德・德・維拉諾瓦一樣，一方面是一位著名的醫生，另一方面又研究星相學和煉金術。他在巴黎做了很多年的醫生，而且他透過給別人做手術、治療和算命大賺了一筆。後來，他作為一名著名的巫師，在一個對他來說很可怕的日子回到自己的家鄉。人們都認為他在7個水晶花瓶裡藏了7個從地獄裡捉來的鬼魂。他會在有需要時把它們放出來。這些鬼魂中，第1個擅長哲學，第2個擅長煉金術，第3個擅長星相學，第4個擅長物理學，第5個擅長詩歌，第6個擅長音樂，第7個擅長繪畫。在相關的這些藝術上，皮耶多一有需要就會把相應的鬼魂放出來，鬼魂會立刻把那個方面的秘密完全展示給他看。要是他願意，在詩歌上他可以超越荷馬[1]，在繪畫上他可以超越阿佩萊斯，在哲學上他可以超越畢達哥拉斯（Pythagoras）[2]。傳言說，他雖然可以把銅變成金，但卻很少這樣做，而是使用其他不正當方法來得到金錢。而且，他會在用完黃金時念一個只有他自己才明白的咒語，於是第二天早晨他就再次擁有黃金。和他進行交易的商人箱子不管鎖多堅固，或者派重兵看守，一旦黃金聽了咒語就會飛回到它上一任

1.　荷馬，古希臘盲詩人，西元前873年生。相傳記述西元前12—前11世紀特洛伊戰爭以及有關海上冒險故事的古希臘長篇敘事代表作史詩《伊利亞德》和《奧德賽》，即是他根據民間流傳的短歌綜合編寫而成，代表作《荷馬史詩》。——譯者注

2.　畢達哥拉斯（Pythagoras，西元前570—前495），古希臘數學家、哲學家。——譯者注

主人那裡。黃金就是被埋到地裡或是扔進大海，也還是會在第二天清早回到皮耶多的口袋裡。因此，很少有人喜歡和他交往，尤其是有關黃金的事情。有一些膽大的人覺得他可能無法對銀子施展這樣的魔法，但嘗試過後，發現銀子也同樣鎖不住，它會突然從你手中不見了，迅速地從空中穿梭回到這位巫師的錢包裡。因此，他難免會養成一些壞習慣。這時，他還發表一些有違宗教正統的言論，並且因此被當作異教徒和玩弄邪術者而傳訊到宗教法庭上。即使是受了非人的折磨之後，他依然在答問台上高呼他是無辜的。所以，他沒有等到正式宣判，就死在獄中。後來，他被證實有罪，當局命令掘出他的屍骨當眾焚燒。同樣地，他的畫像也在帕多瓦的街道上遭受著同等對待。

雷蒙・盧利

　　就在阿諾德・德・維拉諾瓦和皮耶多・達阿波內分別在法國和義大利聲名大噪時，一位比他們更有名氣的行家在西班牙出現了，這就是雷蒙・盧利，一個一流的煉金術士。與其他煉金術士前輩們不同，他不研究星相學或巫術。他從來不利用咒語、咒符等所有愚蠢的儀式，而是效仿賈比爾，只做涉及金屬的本質和合成方面的研究。然而，他很晚才開始研究這項技術，所過的一生都相當浪漫。他於1235年誕生於馬約卡島上一個著名的家庭裡。他出生的這個島是阿拉貢國王詹姆斯一世在1230年從撒拉森人[1]手中奪回的，於是雷蒙的父親就從加泰隆尼亞搬到這裡定居，而且他和王室交往很密切。雷蒙很早就結婚了。他為貪圖享樂，帶著新娘從這個孤島上離開了，乘船到了西班牙，還做了詹姆斯國王的宮廷大管家，逍遙自在了幾年。他對妻子不忠，總是喜新厭舊，十分好色，這種狀態一直持續到安布羅西亞・卡斯德羅的出現並完全佔據他的心，她是一個很可愛但對他並不友好的女人。和崇拜他的人一樣，這位女人也是已婚的。但是這位女人和他不一樣，她恪守婚誓，並且十分蔑視他的追求。雷蒙非常愛慕她，她的拒絕反而點燃他的熱情。他會在她的窗下整夜地徘徊，為了讚美她還寫過許多滿懷激情的詩，為了做這些，他甚至耽誤了本職工作，成為宮廷裡的笑柄。有一天，就在她的窗下，他正朝上面張望著，忽然那個

---

1. 撒拉森人（從613年開始），撒拉森的原來意義，是指從今天的敘利亞到沙烏地阿拉伯之間的沙漠牧民，廣義上是指中古時代所有的阿拉伯人。——譯者注

女人的圍巾被一陣風吹開，她的胸部被他看到了。於是，他突發靈感，立刻坐下來就著這幕情景寫了一段充滿柔情的詩送給這位美女。漂亮的安布羅西亞之前從來沒有屈尊回過他的信，但是這次回覆了他。她在信中說對於他的追求，她無論如何都不會答應的，還說他這樣的聰明人應該把心思放在上帝身上，同時懇求他不要浪費精力在沒有意義的激情上，而是應該獻身於宗教生活。雖然是這樣，要是他很渴望她那「美」胸，她還是會答應的。看完信後，雷蒙很高興，誤以為雖然她給了他很多建議，但最終還是可憐他，願意滿足他的心願。於是他寸步不離地跟著安布羅西亞，懇求她履行諾言。可是她依然是那麼冷漠，還哭求他不要再糾纏了，哪怕是她明天就離婚了，她不可能，也不願意和他在一起。「你給我寫的信是什麼意思？」這位求愛者絕望地問。「給你看！」說著，安布羅西亞露出了她的胸部。看著那擴散到她雙乳上的大腫瘤，她的崇拜者滿臉驚恐。見他被震住了，安布羅西亞就過去擁抱了他，再次懇求他皈依宗教，把他的心從萬物身上轉移到萬物之主上。他回到家後就像變了一個人似的，第二天一早，他就到宮廷裡將那份待遇優厚的工作辭掉了。他給妻子和兒女們留了一半的財產，然後將剩下的一半財產分發給窮人。做完這些之後，他投到了耶穌腳下，獻身於上帝。他發誓要在剩下的人生教化穆斯林[2]為了贖罪皈依基督。他曾經三次夢見耶穌對他說：「雷蒙！雷蒙！跟我來吧！」他確信這是上天的旨意。等他把所有的事情安排好以後，就動身到孔波斯特拉的聖詹姆斯教堂去朝聖了，之後的10年他又來到阿蘭達山中隱居。為了完成轉化穆斯林的使命，他在那裡學會阿拉伯語。一些東方哲人的著作中

---

2. 穆斯林，是指順服伊斯蘭教的神阿拉的人。一般提到的穆斯林，都是泛指伊斯蘭教徒。此外，穆斯林也可以指穆斯林世界，可以指現今的伊斯蘭國家或中世紀的阿拉伯帝國。——譯者注

所介紹的不同類別的科學，他都有所涉獵。賈比爾的著作是他最早研究的，這也對他後來的生活有很大影響。

他40歲的時候結束這段見習期，從此結束隱居生活，開始參加到更積極的社會生活中。由於他累積的財富在他離開時仍有剩餘，於是他在教堂的支持下創建一所教阿拉伯語的學院，他的熱情和虔誠受到教宗的讚揚和獎賞。幸運的是，他還得以躲過他那年輕的阿拉伯僕人在這段期間對他的暗殺。在他對宗教異常狂熱的那段時間裡，他曾經在對上帝禱告時說，他願意為神聖的目的而殉道。然而，他的禱告被他的僕人偷聽到了，這位奴僕和他的主人一樣狂熱。為了滿足他主人的心願，也為了懲罰他的主人總是不斷地咒罵穆罕默德①和他的追隨者們，他決心暗殺自己的主人。有一天，趁主人坐在桌邊時，這位奴僕突然對他暗下殺手。但由於雷蒙自我保護的本能比殉道的願望更強烈，很快就將他的僕人抓住並且把他摔倒在地，儘管他咒罵著要親手把這個僕人殺掉，但後來還是將他送交官府。最終，這個僕人死在獄中。

雷蒙經歷這次危險之後，就到了巴黎旅行，他在那裡停留時認識阿諾德・德・維拉諾瓦，還在他的鼓舞下開始尋找點金石。從此以後，他就開始研究煉金術因而很少關注宗教上的事情。然而，教化穆斯林是他一生追求的目標，他從來沒有忘記過，於是他又到羅馬和教宗若望二十一世②探討如何達到那個目標的最佳方案。儘管教宗在口頭上對他進行鼓勵，可是沒有指派具體的人幫助他完成這個他苦苦追求的事業。因此，雷蒙孤身一人到了突尼斯。在瞭解到他是煉金術方面的行家後，阿拉伯的很多哲

---

1. 穆罕默德：是伊斯蘭教的創建者，也是伊斯蘭教徒（穆斯林）公認的伊斯蘭教先知。按照傳統的穆斯林傳記，他約於571年出生於麥加，632年逝世於麥地那。——譯者注
2. 教宗若望二十一世，又譯為約翰二十一世（1215—1277），原名Pedro Hispano，在位時期：1276—1277年。他是歷屆教宗中，唯一的葡萄牙人。——譯者注

學家盛情款待他。當時，如果他就在這裡踏實地研究煉金術，以後的事就都不會發生了。可是他竟然在這裡公開咒罵穆罕默德，並且因此惹了很大麻煩。有一次，由於他在突尼斯最繁華的地區宣講基督教義被逮捕入獄，沒過多久就被判死罪。他那些在哲學上志同道合的朋友都想盡辦法為他求情。最終，他得以逃脫死罪，但前提是立刻從非洲離開，再也不許回來。要是他還在那裡出現，不管什麼理由，不管待多久，都要處死他。雖然他在安全時十分熱切地渴望殉道，但他還是會在生死關頭選擇活下來。他很樂於接受這些條件，於是打算離開突尼斯去羅馬。後來計畫又改變了，到米蘭③停留一段時間，專門研究煉金術，也有人說是研究星相學，而且很成功。

大多數相信煉金術的作家在寫雷蒙・盧利時會提到：他在米蘭的時候，英王愛德華曾經寫信給他，邀請他到英格蘭定居，而且還說其愉快地接受邀請。英王在倫敦塔附近提供一套專供他使用的房子，他在那裡一邊精煉了許多黃金，一邊又監督製造玫瑰金幣。他曾經利用鐵、汞、鉛和鉑④來煉金將近600萬。在著作世界名人傳記方面相當權威的作家認為雷蒙不曾到英格蘭居住過，並且認為所有關於他是一個全能煉金術士的這些傳說是被另一個叫雷蒙的塔拉戈納猶太人搞混了。在諾德（Naudé）寫的《辯護》中，作者簡要地說：「愛德華國王確實從雷蒙那裡得到600萬來用於和土耳其人等異教徒的戰爭，」但是他之所以弄到這麼多錢，是因為他建議

---

3. 米蘭（Milano），城市名，位於南歐，義大利的西北方大城，米蘭省的省會和倫巴第大區的首府。它是歐洲南方的重要交通要點，歷史悠久，以旅遊觀光、時尚、建築聞名。——譯者注

4. 鉑，是一種化學元素，俗稱白金。它的化學符號是Pt，它的原子序數是78，在自然界中常以自然礦狀態存在，極為分散，由西班牙人烏略亞（Ulloa）和伍德（Wood）分別於1748年和1741年發現。——譯者注

愛德華國王對羊毛收稅，而不是真的把那麼多金屬變成黃金。但是他寫的一部名叫《金屬的轉化》的著作經常被他的追隨者們用來證明他確實到過英格蘭。他明確地在這部書中提到是英王勸說他才來到英格蘭，但是具體是愛德華一世[1]還是愛德華二世[2]邀請他的，那些寫煉金術的人並不確定。但是看他旅行的日期是1312年，那個時候應該是愛德華二世。艾德蒙·迪金森（Edmond Dickenson）在著作《哲人精英》中提到雷蒙曾經在西敏寺[3]（Westminster Abbey）工作過。發現在他離開那裡很久以後有大量的金渣在他的密室中，因此那裡的建築師們在這裡得到很多好處。西敏寺院長是約翰·克里默（John Cremer），倫格萊特在寫有關他的傳記中講到，是這位院長幫助雷蒙來到英格蘭。克里默已經研究30年試金石了，但什麼也沒得到。後來在義大利他偶然間遇到雷蒙，於是他想盡辦法誘導雷蒙將這個偉大的秘密告訴他。但是雷蒙卻跟他說，先輩們都是自己去尋求的，因此他也必須自己去發掘。回到英國以後，克里默就在愛德華國王面前大力誇讚雷蒙在這個方面很有成就，於是雷蒙很快就收到一封邀請函。在1515年出版的由羅伯特·康斯坦丁（Robert Constantinus）所寫的《醫學經典術語》一書中講到，大量研究顯示雷蒙·盧利的確在倫敦住過一段時間，還在倫敦塔中利用點金石煉金。他鑄造的金幣，作者也親眼見過，它在現在的英國仍然被叫做雷蒙金幣或玫瑰金幣。他自己也吹牛說他曾經煉過金。

---

1. 愛德華一世（Edward I），生於1239年，於1272年即位為英王。——譯者注

2. 愛德華二世（Edward II，1284—1327），英格蘭國王（1307—1327年在位），金雀花王朝成員。他的一生被寵信的臣子和叛亂的貴族主宰，最後因此悲慘地死去，被葬在格洛斯特大教堂。——譯者注

3. 西敏寺（Westminster Abbey），位於倫敦泰晤士河北岸，原本是一座本篤會隱修院，建於西元960年，1045年進行擴建，1065年建成，1245至1517年進行重建。西敏寺在1540年英國國教與羅馬教廷決裂以前，一直是天主教本篤會即天主教的隱修院修會之一的教堂，1540年之後，一直是倫敦的國家級聖公會教堂。——譯者注

在那篇著名的《遺囑》中他說，至少有5萬磅[4]重的汞、鉛、鉑等曾經被他變做純金。看來事實很有可能是，英王相信他是一個具有超人能力的煉金家，於是就把他邀請到英格蘭來親眼看看。因此，國王就將他雇來指導精煉黃金和鑄幣。康登（Camden）雖然一點也不信那些關於煉金的傳說，但對於有關鑄幣的說法他表示認同。他認為一個掌握很多金屬學知識的人被雇來鑄幣是很平常的事，並不稀奇。這時已經77歲高齡的雷蒙，到了人生的遲暮之年，他渴望著人們可以相信這個偉大的秘密已經被他發現。因此，他不僅沒有揭穿謠言，相反地還助長了它的聲勢。為了回到羅馬去進行那個比煉金術更讓他掛念的工作，他沒有在英國多做停留。他曾經向歷代的教宗提議幾個計畫，都沒被採納。他的第一個計畫是將東方語言引入歐洲所有的修道院。第二個是為了更有效地抗擊撒拉森人，要將所有的軍事教團縮編成一個，統一領導。最後一個計畫是由於魯世德（Ibn Rushd Averroes）[5]的書在穆斯林中比在基督教徒中更受歡迎，因此教宗應該下令禁止在學校中學習此書。但是對於他的計畫教宗根本沒興趣，因此他只在羅馬待了兩年，就在什麼保護都沒有的情況下又一個人去非洲傳播基督的福音書。在1314年，他到達博納（Bona）。由於穆斯林的先知在他的攻擊下被惹怒了，拿石頭對他一頓毒打後，又將他扔到海邊自生自滅。在幾小時後，一隊路過那裡的熱那亞（Genova）[6]商人發現他，將他帶到船上，

---

4. 磅（pound），英美制重量單位，1磅=0.45359237公斤，是英國和美國使用的英制質量單位。——譯者注

5. 魯世德（Ibn Rushd Averroes，1126—1198），西班牙的穆斯林，為亞里斯多德注釋，史像一個亞里斯多德主義者，儘管其注釋主要依據希臘作者，其中一些只是借題發揮，闡述新柏拉圖主義。——譯者注

6. 熱那亞（Genova），是一個海港城市，義大利最大的商港，也是地中海沿岸僅次於馬賽的第二大港，位於義大利北部。——譯者注

開往馬約卡島（Mallorca）[1]。這位不幸的人雖然還活著但是已經不能說話了。他就這樣活了幾天，當船開到能看到他家鄉海岸線時，他已經停止呼吸。人們將他的屍體送到帕爾馬[2]的聖埃烏拉利亞教堂（The church of St. Eulalia），還在那為他隆重地舉行葬禮。後來，據說他的墓中經常鬧鬼。

雷蒙·盧利是他所在的那個時代最傑出的人物之一，雖然他曾經在晚年時吹牛說煉過那600萬的黃金，但是他在所有煉金術士中依然是最誠實的人。他的一生中著述相當多，有涉及語法、修辭學、倫理學、神學、民法、教規、物理學、玄學、星相學、醫學和化學方面的著作將近500卷。

---

1. 馬約卡島（Mallorca），位於地中海，島上到處是砂質的海灘、陡峭的懸崖、種植橄欖或是杏樹的田野等自然風光。——譯者注

2. 帕爾馬，義大利北部城市，建於西元前183年，位於波河平原南緣，緊挨著帕爾馬河，東南距離波隆那89公里，19世紀初為奧地利控制下的公國。——譯者注

羅傑・培根[①]

　　一個比雷蒙・盧利更偉大的人也曾經對煉金術十分著迷，這個人就是羅傑・培根。他堅信存在點金石並且用了很長時間來發掘它。在他的模範帶頭作用下，他那個時代的學者更加相信存在煉金術了，因此對尋找點金石更加積極。羅傑・培根於1214年出生在索美塞特郡[②]的伊爾切斯特。他曾經有一段時間在牛津大學學習，後來又到了巴黎大學，還獲得那裡的神學博士學位。他1240年回到英國，做了聖方濟各修道院的修士。在那個時代，他被稱為是最有學問的人，同時代的人都對他的才學感到詫異，認為他只能是從魔鬼那裡學來的知識。

　　雖然有一層迷信的外殼包裹在他那聰明的大腦外，但是他天才的光芒沒有因此被遮擋。在那個時代所有喜歡鑽研的人之中，有關凹鏡和凸鏡的性質只有他一個人懂，還有一種「幻燈」也是他發明的，到現在已經成為玩具。這個小玩意一方面讓他贏得聲譽，另一方面又將痛苦帶進了他的生活。雖然煉金術在他眼裡比不上其他追求，但是這位偉人的名字也不應該被煉金術的歷史忽略。由於各種知識他都喜歡，所以如果他或者社會沒有對某個學科發現任何錯誤，他是不會放棄任何一個學科的。他耗費在煉

---

1. 羅傑・培根，英國方濟各會修士、哲學家、煉金術士。他學識淵博，著作涉及當時所知的各門類知識，並且十分熟悉阿拉伯世界的科學進展；提倡經驗主義，主張透過實驗獲得知識。——譯者注
2. 索美塞特郡（Somerset），英國英格蘭西南部的郡，北臨布里斯托灣。索美塞特是34個非都市郡之一，實際管轄5個非都市區，佔地3451平方公里。——譯者注

金術上的時間，也被他的物理學知識和對天文學的精通彌補回來。他因為發明望遠鏡、燃燒透鏡、槍藥等而聞名於世並且被世代流傳，但是與此同時，也由於人們過於關注他的成就而忽視他在煉金術上的愚蠢——這是他那個時代社會的普遍問題。1557年，他所著的《在點金石生成中藝術和自然的偉大力量》這篇論文被翻譯成法文在里昂出版。同年，他的《煉金術之鏡》這篇論文也在法國出版，又於1612年在巴黎出版與雷蒙・盧利著作參照後的增補本。

教宗若望二十二世①

　　據說，這位教宗在阿諾德‧德‧維拉諾瓦這位朋友兼老師的指導下，煉金術的所有秘密都被他掌握。根據傳統的說法，他煉了許多的黃金，臨死前他已經跟大富翁克羅薩斯（Croesus）一樣富有了。他於1244年在吉耶訥（Guienne）省的卡奧爾②降生。作為一個佈道者，他十分雄辯，因此在教堂中很快就升到了高高在上的位置。他曾經寫過一本關於金屬間相互轉化的書，還在亞維農③有一個著名的實驗室。就因為有眾多的煉金術士從基督教世界中湧現出來，於是他發出兩個諭令來反對這個技藝，由此可以看出他當時沒有被這種幻想迷惑住。但是，他卻被煉金術士們譽為這個方面最成功的專家，甚至認為他的諭令是為了對付那些濫竽充數的人，而不是針對真正的行家。他們解釋說：那些貧窮的煉金術士就是冒牌的，很明顯諭令是針對他們的。1344年他與世長辭，在下葬時他的棺材裡被放進了1800萬弗羅林④。人們都認為他的財富都是自己創造的而不是累積的。因此以此為證據，煉金術士們驕傲地認為這些就足以證明點金石不是幻想。他們我行我素地認為那筆錢真的被教宗留下了，還說他用其他辦法哪能得

---

1. 教宗若望二十二世（拉丁語：Ioannes PP. XXII，約1249—1334），1316至1334年在位。若望二十二世在法國亞維農與神聖羅馬帝國皇帝路易四世互相衝突及對立，他把路易四世革出教門。——譯者注
2. 卡奧爾（法語：Cahors），是法國南部奧克西塔尼大區洛特省的一個鎮。——譯者注
3. 亞維農（法語：Avignon），是法國東南部城市，沃克呂茲省首府，在隆河畔，南距迪朗斯河和隆河匯合處4公里，市內有宮殿、教堂，還有建於12世紀的亞維農橋。——譯者注

到這麼多錢啊？而後，他們就得意地回答：「他從阿諾德・德・維拉諾瓦和雷蒙・盧利那裡學到煉金術這件事情，從他的著作中就可以找到答案。但是他和所有其他的煉金術士一樣小心謹慎，由於教宗已經想盡辦法保密，所以任何人都沒辦法從那裡探知到這個秘密。」不幸的是，為了對他們自己的話負責，所有的煉金術士都陷入同樣的窘境：這個偉大的秘密已經被他們發現，為了不讓它失去價值又不能告訴別人，只能自己一個人研究。到後來，他們很有可能會認為人們都去變黃金了，結果這項技術都不值錢了，結果人們又不約而同地去變銅和鐵。要是他們真的這樣想，他們的自制力將會得到全社會的感激。

---

4. 弗羅林（Florin），這是一種名為弗羅林的金幣，熱那亞和佛羅倫斯於1252年開始鑄造，這種金幣重3.5克左右，足金。弗羅林幣透過南歐日益重要的貿易路線進入西歐和北歐，成為後來大多數歐洲金幣的原型。——譯者注

讓・德・默恩

那個時候，探索這項技藝的人遍布各個階層。我們在之前介紹的是一位教宗，接下來要講的這個人是一位詩人。讓・德・默恩在1279年或1280年出生，以詩歌《玫瑰傳奇》而著稱，在路易十世、腓力五世、查理四世和腓力六世等人的朝中都曾經任職過。那個時候流行的各種事物，尤其是他堅信煉金術這個技藝存在的態度，在他那首著名的詩中都談論到了。除此之外，兩首分別題為《大自然對煉金術士的規諫》和《煉金術士給大自然的答覆》的短詩也是他寫的。他最喜歡詩歌和煉金術，然而他最討厭的是修士和女人。這裡有一個有意思的故事，是有關他和查理四世宮中女人的。他曾寫過一首誹謗婦女的詩：

> 每個人曾經或將要，
>
> 被那些自願的妓女打擾；
>
> 我們都在尋找她們，
>
> 她們也在把我們尋找。

這顯然將她們觸怒了。有一天，一些等待觀見的婦女在王宮前堂看見他，她們打算教訓他一頓。這群婦女大概有10或12人，每個人手裡都拿著棍棒，將這個不幸的詩人團團圍住。為了報復他，她們懇請在場的紳士們將他的衣服剝光，然後一邊拿鞭子抽他一邊遊街。其中一些貴族覺得很有趣，表示樂意懲罰他。但是這種場面沒有把讓・德・默恩嚇住，他鎮定地站在人群中，請求在場的人聽他解釋，要是他解釋完了他們還不滿

意，他就任其懲罰。等局面平靜下來，他就開始站在一個椅子上為自己辯護。他說他是寫了那首不討人喜歡的詩，但是他解釋說那並不是針對全體人的。他只是針對那些邪惡的、墮落的女人，根本不是在講他周圍這些如此善良、可愛、端莊堪稱典範的淑女們。要是在場的女士們哪位覺得受到侵犯，他願意被剝光衣服，讓她抽打他，直到她打累為止。他正是用此舉躲過一頓鞭打，而那些女人們也很快就消了氣。在場的紳士們卻都認為，因為這首詩，要是在場的所有婦女都發了脾氣真的把他打一頓，他肯定會被打死。在他的一生中，他最討厭修士。他在那篇著名的詩中大篇幅地描寫修士貪婪、凶殘和卑鄙的品行。由於生前他過多地辱罵過那些修士，為了表示與他們和解，他將一個相當重的大箱子贈給他們了。人們都認為這個箱子裡一定裝滿金銀，因為大家都知道他曾施展過煉金術。這些修士們還以為發了一筆財，開始相互祝賀。然而，當他們打開箱子後，卻大吃一驚，發現裡面只放著一些刻著象形文字和神秘符號的大石板。他們很生氣，決定以他是一個巫師為托詞，不肯按基督教的儀式給他舉行葬禮。但是，最終他還是在巴黎被厚葬了，而且全體宮廷人員都出席他的葬禮。

尼古拉・弗拉梅爾

　　傳說中有關這位煉金術士的故事相當離奇，這個故事也被珍藏在倫格萊特・杜・弗雷斯諾（Lenglet Du Fresnoy）的書中。13世紀末14世紀初，他出生在蓬圖瓦茲[①]的家庭裡——一個貧窮但受人尊敬的家庭。因為祖上沒有給他留下什麼家業，於是他很早就到巴黎謀生了，在那裡做了一個公共抄寫員。由於他有很好的教育背景，對學術術語十分精通，而且書法也很好，所以他很快就得到一個代人寫信和謄寫的職位。他常常在馬里沃街（Rue de Marivaux）的一個角落裡工作著，但是日子過得很拮据。為了使收入多些，他試圖寫詩，但是這個職業更加糟糕。他給別人抄些東西，還可以買到麵包和乳酪，可是他寫的詩連個麵包皮都買不起。於是，他又嘗試畫畫，依然沒有效果。後來，又去給人算命和尋找點金石。這個辦法很不錯，他很快就賺了許多錢，他可以用這些錢很舒服地生活了。不久之後，他和佩托尼拉（Petronella）結婚了。婚後他開始攢錢了，但是他依然穿得跟原來那樣寒酸。在這幾年中，他的頭腦裡只有點金石、長生不老藥和萬能溶劑這些東西，其他的什麼都不顧，完全地沉浸在煉金術的研究中。就在1257年一個偶然的機會，他花了兩弗羅林買了一本舊書，緊接著他就投入專注的研究。那本書是用一種鋼器在樹皮上劃出來的，總共21頁，或用他的話說就是共3乘以7片。書中是很漂亮的拉丁文字，每7片

---

1. 蓬圖瓦茲（法語：Pontoise），是位於法國北部法蘭西島大區瓦茲河谷省的一個市鎮，瓦茲河谷省的首府。——譯者注

裡就有一片是沒有文字的圖。第一幅圖上畫著一條蛇在吞一根柱子；第二幅畫的是一條蛇被釘在一個十字架上；第三幅畫的是在一個荒原中央的噴泉，在它旁邊爬著一條蛇。寫這本書的人號稱身分不低於「亞伯拉罕（Abraham）[1]、主教、猶太教[2]徒、國王、哲學家、牧師、利未人和星相學家」。所有那些既非殉道者又非抄寫員的人看了都會咒罵它的。尼古拉·弗拉梅爾竟然認為亞伯拉罕懂拉丁文這件事情一點也不稀奇，並且堅信他書上的那些字元就是這位大主教親筆刻出來的。當他知道書裡有咒語時，他都不敢看了。後來，當他想起雖然他不是一個殉道者但曾經是一名抄寫員時，就不再害怕了。他在讀這本書時是滿懷著敬意的，而且他發現這是一篇研究金屬間相互轉化相當不錯的論文。像容器、蒸餾器、混合物以及實驗的最佳時間和季節等這些過程中的細節，書中都清楚地講述。但是它有一個不可逾越的困難，就是已經假定點金石或這個過程的原始材料已經存在，這就變得棘手了。這就像告訴一個飢餓的人烤牛排的方法卻不給他錢去買生牛排一樣。但是尼古拉沒有因此而放棄，而是針對書中大量的甲骨文和有寓意的圖畫開始著手研究。他很快推斷出這是一部耶路撒冷清真寺遭破壞後被提圖斯拿走的猶太人的聖書，但是有關這個結論的推理過程他沒有提到。

他在研究論文時推斷出點金石的秘密就隱含在書的第四頁和第五頁上的圖畫中。這篇優美的拉丁文沒了它一點用都沒有。為了研究這些圖畫，

---

1. 亞伯拉罕（英語：Abraham，多國之父的意思），又譯作亞伯蘭或亞巴郎（Abram，意為崇高之父），是猶太教、基督教、伊斯蘭教的先知，是耶穌從地上眾生中挑選出來並且給予祝福的人，同時也是傳說中希伯來民族和阿拉伯民族的共同祖先。——譯者注
2. 猶太教（希伯來語：Yahadut），中文曾經俗稱挑筋教，是在西元前2000年西亞地區的游牧民族希伯來人之中產生的。猶太教的成年禮在12歲（女）與13歲（男）。猶太教崇拜單一的主神（一神信仰），是希伯來人民族宗教。——譯者注

巴黎所有的煉金術士和學者都被他邀請過來,但是這些人一無所獲,從尼古拉的圖畫裡沒有人可以發現什麼。甚至有人說他那寶貝書本來就什麼價值都沒有,他聽後覺得有點不可忍受。因此,尼古拉決定不再用那些哲學家,由自己來親自發掘這個秘密。他發現在第四頁的正面畫著一個正在打墨丘利③的老年人,他看起來就像時間老人或農神④。那老人頭戴沙漏,手拿大鐮刀,正瞄準了砍向墨丘利的腳。這一頁的背面畫著一朵長在山頂上的花,正在風中劇烈地搖動著,它的莖稈是藍色的,花朵是紅白色的,葉子是金黃色的。有許多龍和獅身鷹頭獸圍繞在它周圍。在第五頁的正面畫著一個漂亮的花園,花園中央有一根巨大的橡樹幹支撐一棵盛開的玫瑰樹,有乳酪狀的泉水從它的腳下滴出,泉水匯成一條小溪,從花園中流過,然後又在沙地中消失。在這一頁的背面是一個手持利劍的國王,完全不顧一群母親的哀求和恐懼,正在命令一隊士兵去殺害一群兒童。同時還有另一隊士兵正在仔細地收集著這些兒童的血,並且將它集中在一個大桶裡,象徵太陽和月亮的兩個人在桶中洗澡。

可憐的尼古拉21年都在不知疲倦地研究著這些圖,但是一無所獲。最後他在妻子佩托尼拉的勸說下去找一位博學的老師,但是巴黎沒有人博學到能夠做他的老師。尼古拉·弗拉梅爾瞭解到法國人不歡迎猶太人,因而大多數的猶太人都住在西班牙,所以他決定去西班牙找他們。他擔心書會在路上被人劫走,於是就把它留在巴黎,他還告訴鄰居他要去孔波斯特拉

---

3. 墨丘利(Mercurius),是羅馬神話中朱庇特與女神邁亞(Maia)生的兒子,擔任諸神的使者和傳譯,也是掌管畜牧、商業、交通旅遊、體育運動的神,還是小偷們崇拜的神。他也是醫藥、旅行者、商人、小偷的保護神,西方藥店經常用他的纏繞兩條蛇的手杖作為標誌。——譯者注

4. 農神:薩圖恩努斯(Saturnus)是宙斯的父親,希臘神話中的農業之神,土星(Saturn)也以他的名字命名。——譯者注

①的聖詹姆斯大教堂朝聖。隨後，他為了尋找一位老師，就步行著長途跋涉到馬德里。他住在這個國家的兩年裡，和那些在卡佩王朝統治時被逐出法國的猶太人後裔混得很熟，以下這段奇遇就是那些相信點金石的人講述的。他在里昂認識一位名叫柯希斯的改教猶太人，是一位很出色的醫生。他將那本書的題目和內容告訴這位醫生，這位醫生聽後立刻激動起來，決定即刻和尼古拉一起動身回巴黎，親眼目睹一番。於是，這兩個人一同起程。在路上這位醫生充滿熱情地對他的同伴講述那本書的歷史。若真的如他所想，那確實是亞伯拉罕的真跡，而且一直以來擁有它的都是像摩西②、約書亞③、所羅門④、以斯拉這樣傑出的人物。由於煉金術和其他科學的一切秘密都囊括在它之中，因此它被稱為有史以來世界上最有用的書。這位醫生也很擅長煉金術。在他們身穿朝聖者的衣服回巴黎的路上，尼古拉從醫生那裡學到很多知識，並且堅信他們可以將巴黎城裡所有破舊的鐵鍬都變成純金。很不幸的是，這位醫生到達奧爾良時忽然染了重病，尼古拉既做醫生又做護士地在他床前伺候著，但是在幾天以後這位醫生還是死去了，死之前他還在為無法見到那本珍貴的書而感到心痛惋惜。伴著心中

1. 孔波斯特拉，又譯為聖地亞哥-德孔波斯特拉，是西班牙加利西亞自治區的首府，是天主教朝聖勝地之一，相傳耶穌十二門徒之一的雅各安葬於此。聖地亞哥-德孔波斯特拉古城於1985年被列為世界文化遺產。西班牙境內和法國境內的「通往聖地亞哥-德孔波斯特拉之路」分別於1993年和1998年被列為兩項單獨的世界文化遺產。——譯者注
2. 摩西，是在《聖經・舊約》的〈出埃及記〉等書中所記載的西元前13世紀猶太人的民族領袖。他在猶太教、基督教、伊斯蘭教、巴哈伊信仰等宗教中，都被認為是極為重要的先知。按照以色列人的傳承，《摩西五經》就是他寫的。——譯者注
3. 約書亞，《聖經》中的人物，是繼摩西以後，以色列人的首領。他的主要事蹟記載在《聖經・舊約》的〈申命記〉、〈約書亞記〉等章節中。——譯者注
4. 所羅門，古代以色列王國第三任國王，是大衛王朝的第二任國王、大衛王朝創始人大衛王的愛子，《聖經・舊約》中〈箴言〉、〈傳道書〉、〈雅歌〉的作者。——譯者注

巨大的悲痛，尼古拉把他很體面地埋葬了，然後一貧如洗地回家見他的妻子。回家後，他立刻再次投入對那些圖的研究之中。兩年過去了，依然什麼也沒有發現。第三年，一個偶然的機會，突然有一個靈感閃現在他腦海中，他回憶著他那位朋友的話，發現之前所有實驗的前提都是錯的。於是，他又重新開始，繼續研究。皇天不負苦心人，就在1382年1月13日，他成功地把水銀變成上等的白銀，隨即又在4月25日把大量的水銀變成純金。就這樣，這個偉大的祕密終於被他發現了。

雖然這個時候尼古拉已經80歲的高齡了，但仍精神健旺，身體硬朗。他的朋友說，他就在這個時候還發現長生不老藥，所以他又多活了25年。他在1415年去世，享年116歲。那個時候，雖然他造出了很多的純金，但是他從表面上看起來仍然是窮困的樣子。在他剛開始變富有的時候，他和所有可敬的人一樣，與他上了年紀的妻子商量這些財富該如何合理利用。佩托尼拉說，很不幸的是，他們沒有後代，所以最應該拿這些錢來辦醫院和捐贈給教會。尼古拉很認同，尤其是他發現即使有了長生不老藥他也依然會死，而且死神正在漸漸逼近。於是，他捐建很多錢給他一直生活的馬里沃街（Rue de Marivaux）附近的聖雅各伯屠宰場教堂⑤。除此之外，他捐建7個位於這個國家不同地方的教堂。同時，有14所醫院和3個自由教堂也是他創建的。

他因為富有和慷慨的善行而聞名全國。當時，著名的醫生讓·熱爾松、讓·科特庫斯和皮埃爾·戴伊都去拜訪他。他們在拜訪時發現他衣衫襤褸，住的房子也很破舊，就連喝麥片粥用的飯盆都是土做的。當問他那個祕密時，他和之前所有煉金的先輩們一樣絕口不提。不久，國王查理六

---

5. 聖雅各伯屠宰場教堂（St. Jacques de la Boucherie），位於法國巴黎的第四區。——譯者注

世也聽說他，於是就派審理長坎莫西先生去打聽點金石是不是真的被尼古拉找到了。坎莫西先生絞盡腦汁想要從尼古拉那裡盤問出秘密，結果什麼也沒打聽出來，只得像洩了氣的皮球似的回去覆命。就在西元1414年，他的妻子去世以後不久，他也隨妻子而去。為了感謝他的善舉，聖雅各伯屠宰場教堂的教士們為他舉行隆重的葬禮。

法國一些教堂和醫院的記錄都可以證明尼古拉的確相當富有。而且從他留下的大量相關著作來看，他也確實研究過煉金術。那些很瞭解他卻不相信點金石的人，為了圓他們的觀點就對他的富有做了一個自認為合理的解釋。他們解釋說，一直以來他都是一個守財奴並且還放高利貸。對於那次他去西班牙的目的的解釋也和煉金術士們的說法很不一樣，說他是為了從那裡的猶太人手中討回他們的兄弟在巴黎欠下的債才去那裡。他甚至還索要了百分之百的傭金來彌補收錢的困難和路途的艱險。等他富有了之後，他只需待在家裡享受就行了。他放債給那些無所事事的年輕人以獲取高額利潤，成為法國最大的債主。

《玫瑰傳奇》第三卷的附錄是由尼古拉‧弗拉梅爾寫的一篇名叫《哲學紀要》的詩，它出自於他寫的有關煉金術的1735年重印版的著作中。他還寫了三篇關於自然哲學的論文以及一篇有關煉金術的名叫《嚮往的願望》的寓言。他的手稿樣本以及亞伯拉罕那本書上的圖畫在薩爾蒙的《哲學家傳記》中都可以查閱到。《世界名人傳記》中講述弗拉梅爾這篇文章的作者說：「雖然弗拉梅爾已經去世100多年了，但是仍有許多煉金術士相信他還活著，而且還可以活到600歲。常常會有相信他的人在參觀馬里沃街角落的故居時，搜遍了那裡的每個角落，試圖找出黃金來。在1816年以前，巴黎有一篇報導講到一些房客在屋頂發現一些擺滿了黑色重物的罐子。有一個人對所有關於尼古拉的神奇的故事都深信不疑，並且在傳聞的誘惑下，將這座房子買下了。在他嘗試著從牆壁和護壁板中找出藏著的黃

金時，差點把房子弄塌了，也沒有發現任何東西。後來，為了將這個破爛房子恢復原貌，他欠下很多的債。」

喬治・里普利

　　就在歐洲大陸的人們火熱地追求煉金術之時，也深深地影響到不列顛群島。從羅傑・培根時代開始，就有很多熱情的英國人對煉金術很感興趣。但是，在1404年通過一項法案，指出會將那些製造金、銀的人判重罪。因為那個時候人們都害怕會有某位成功的煉金術士使用他的財富來幫助某位野心家來奴役國人，那樣會將這個國家毀掉。很快，人們就不再擔心了。1455年，在議會的建議下，國王亨利六世[①]為了尋找點金石和長生不老藥，連續四次授權給一些爵士、倫敦市民、化學家、修士、牧師還有一些其他人專利。專利證上寫著「一方面是為了國家的利益」，「另一方面還可以用真正的金銀來幫助國王償還王室的債務」。普林在為他的一本書中的一段話做注解的時候說，國王之所以將這項工作授權給牧師來做是這樣打算的，「既然他們在領聖餐時都可以把麵包和酒變成基督的身體和血，怎麼就不能把金屬從不值錢變成值錢？」當然，這些人也沒有煉出金來。1456年，國王開始懷疑這是否可行了，為了判斷和驗證是否真的可以轉化金屬，他又挑選10位學者和名人組建一個委員會來調查。很顯然，對於這個問題該委員會沒有研究出任何結果。

　　然而，就在接下來的一個王朝裡，有一個人聲稱他已經發現這個秘密。他就是約克郡布里德靈頓的牧師喬治・里普利。他曾經在義大利的大

1.　亨利六世（Henry Ⅵ，1421—1471），蘭開斯特王朝的最後一位英格蘭國王（1422—1461；1470—1471）。因為他很軟弱，使得在亨利五世時代英格蘭取得的豐碩戰果都逐漸喪失，最終陷入血腥的玫瑰戰爭之中。——譯者注

學裡學習了20年，教宗依諾增爵八世十分寵愛他，還任命他做教宗的家庭牧師，在教宗家中主持一些儀式。1477年，他回到英國，將他的名著《煉金術的化合物》或稱《通往發現點金石的十二道門》獻給國王愛德華四世©，在這本書中分別講解了煅燒、熔解、分離、連接、腐爛、冷凝、攝食、提純、發酵、精煉、增殖和噴射這些方法。然而，還有一個最重要的過程就是自尋煩惱。人們確信他可以把鐵變成金是因為他相當富有。在《英國名人傳記》中富勒（Fuller）講到，根據一位可靠的英國紳士報導，他去國外旅行到了馬爾他島時，發現那裡記載一件事情：每年，里普利都會資助該島和羅德島上的騎士們10萬英鎊去打土耳其人。等到里普利老了後，他就隱居到了波士頓附近，還寫了25卷關於煉金術的著作。在他去世之前，他好像認識到他研究的這些都沒有意義，並且請求人們不要相信他的書，看到就將它燒毀。因為那些書中描述的都是他個人的想法，而且沒有依據，人們後來也在實驗中證實那些方法是錯誤的和徒勞的。

---

2. 愛德華四世（Edward IV，1442—1483），英格蘭國王，於1461年3月4日至1483年4月9日在位，是約克公爵理查之子。——譯者注

巴希爾·瓦倫丁

在15世紀的德國也湧現出許多有名的煉金術士，其中主要有巴希爾·瓦倫丁、特里爾的伯納德（Bernard）及修道院長特里特米烏斯。巴希爾·瓦倫丁出生在美茵茲，大概在1414年被選做艾福特[①]的聖彼得修道院院長。很顯然，他曾經孜孜不倦地尋求點金石，還就金屬轉化過程這個問題寫了許多相關著作，多少年來都被誤以為失傳了。但就在他去世以後，人們很快就在修道院的一個石柱裡發現這21本書。這件事情被倫格萊特記載在《煉金哲學史》中。煉金術士們說這些奇書被奉獻給世人是天意。因為據說是一道霹靂將那個石柱給劈開的，等取走手稿以後，石柱又合起來了。

---

1. 艾福特（Erfurt），是圖林根邦的首府，人口20萬，位於圖林根盆地的南部，市內有醫學科學院。1970年3月19日，東西德政府首腦的首次接觸會談在此市舉行。——譯者注

特里爾的伯納德

這位哲學家就是典型的將天才和耐性集為一體的錯誤化身。他對幻想的追求是任何東西都無法阻擋的，他的希望也不會被連續的挫折打擊磨滅。從14歲到85歲，一直以來，他都在實驗室裡與藥劑和熔爐打交道。對長壽的希望使他將自己的生命耗費，而對富有的渴望卻使他窮困潦倒。

1406年，他在特里爾或帕多瓦出生。有人說他的父親是帕多瓦的醫生，還有人說是特里爾馬爾凱的伯爵，是國內最富有的貴族之一。總之，不管他的父親是醫生還是伯爵，都是一個大富豪，留了大量的家產給他的兒子。伯納德在14歲的時候開始鍾情於煉金術，還為此找來原版的阿拉伯著作開始閱讀。對於自己的工作和旅行，他做了很有意思的記錄。我們主要從他的記錄中摘出了如下的內容。他讀的阿拉伯哲學家拉齊寫的那本書是他讀的第一本書，讀完以後他認為自己發現一種方法可以將一塊金子增加一百倍。因此，他拿著拉齊的書連續4年都在實驗室裡工作。後來，他發現自己除了火和煙之外一無所獲，還為了做那些實驗花掉不少於800克朗。後來，他對拉齊失望了，又轉而研究賈比爾的書。為了研究賈比爾的著作，他又用了大約兩年的時間。由於他這個人既年輕、富有又很容易相信別人，因此所有城裡的煉金術士整天圍著他，好心地幫他花錢。2000克朗——在那個時候已經是很大一筆錢——都被他花光之後，他對賈比爾也失望了，同時也開始厭煩那些飢餓的助手了。

圍繞在他身邊的這些人之中，和他一樣專注且無私的只有一位。這個人是一名修士，來自聖方濟各修道院。他和這個人形影不離，成為很要好的朋友。後來，一些魯佩西塞和薩克羅博斯科寫的晦澀難懂的文章被他

倆發現了。他們發現酒精在高度提純之後將可以溶解任何東西，這將會在很大程度上有助於轉化工作。酒精被他們提純了30回，最後甚至把裝它的容器都炸裂了。就這樣，他們持續做了三年，光是買酒錢就花費300克朗，最終才意識到他們的方向錯了。於是，他們又用明礬和綠礬做實驗，依然沒有破解這個秘密。後來他們又覺得所有的糞便都有奇效，特別是人的糞便，隨後他們竟然真的花了兩年的時間用糞便和水銀、鹽、熔鉛等做實驗。後來在他身邊聚集許多來自各地的煉金「高手」，他們給他一些建議，他都友好地接受，還大方地將他的財產贈與那些人。因此，他被這些人稱作「特里爾的善人」。煉金術方面的相關書籍中這個稱呼常常被提到。在這12年中，他每天都在白天時拿新物質來做實驗，而到了夜裡和早上就向上帝禱告助他早些將轉化的秘密破解。

在這段時間裡，他的修士朋友離他而去。然而與此同時，特里爾城中又有一名和他一樣鍾情於這項研究的官吏加入他這一行。他的這位新同伴覺得既然海洋是金的母親，可以用海鹽將鉛或鐵轉化成貴重的金屬。伯納德聽說後，下定決心嘗試一下。因此，他將他的實驗室轉移到波羅的海[1]海濱。這一年多的時間，他們一直用鹽做實驗。他們把鹽熔化、蒸餾、再結晶，有時候出於一些實驗需要，他甚至還喝一些。但是在他們的努力下依舊一無所獲。這位奇怪的工作狂仍然沒有放棄，一次實驗的失敗只能激發他做下一次實驗的決心。

這個時候，他已經快50歲了，也沒去過外面開開眼界。於是，他決定去旅行，到德國、義大利、法國和西班牙這些國家走走。每到一個地方，

---

1. 波羅的海（Baltic Sea），是世界上鹽度最低的海，因為芬蘭灣沿岸從斯塞新到的雷維爾的波羅的山脈而得名。波羅的海被西歐各國（英國、丹麥、德國、荷蘭）稱為東海，被東歐的愛沙尼亞稱為西海。——譯者注

他都會詢問一下這裡有沒有煉金術士，每次他都會有所發現。要是遇上貧窮的，他就幫幫忙，要是富裕的，就鼓勵一下。他在熙篤的時候，結交一位當地的修士，名叫傑弗里‧盧維耶。他聽這位修士說蛋殼中的元素很有利用價值，就盡他所能地做了實驗。法蘭德斯省貝赫姆的一位律師的觀點扭轉他的錯誤，他才沒有為此而浪費一兩年的時間。那個律師說，秘密的關鍵在於醋和綠礬。然而，他按律師的意思去做，差點把自己毒死，這個時候，他才發覺這是一個多麼荒謬的想法。在法國，他住了將近5年。一次偶然的機會，他聽說點金石已經被一位給國王腓特烈三世做懺悔的亨利大主教發現了，他立刻啟程去德國拜訪這個人。這個時候，依然有一群食客圍在他身旁，還有幾個要跟他一起去，他不忍心拒絕，於是就帶了其中的5人到了維也納。伯納德很紳士地邀請這位神父，熱情地款待他以及維也納當地所有的煉金術士。亨利大主教坦率地講自己完全沒有發現點金石，但是他把全部心血都放在尋找它上，日復一日，年復一年，要麼死，要麼找到它。這兩個志同道合的人成為一生的朋友。而且在他們吃飯時，為了湊足42馬克，要求在場的所有煉金術士都奉獻出一些馬克[2]金幣。亨利大主教信心滿滿地說，他的熔爐在5天之內就可以製造出5倍的金。首先，作為這裡最富裕的人，伯納德出了10馬克的金幣，佔了總數的很大一部分，然後亨利大主教拿出5馬克，別人各兩馬克。而跟隨伯納德來的那些人為了交他們的那部分，只能從他們的資助人那裡借錢。人們立刻著手實驗，他們將金馬克和一些鹽、綠礬、濃硝酸、雞蛋皮、水銀、鉛和糞便一同放入一個坩堝。煉金術士們滿懷希望地看著這寶貴的雜燴，盼望著看到它們鍛造

2. 馬克，古代歐洲的貨幣計量單位，最早相當於8金衡盎司（249克）純銀，後來演變為半磅。馬克作為古代貨幣單位名稱，曾經通用於古代的歐洲西部地區，包括英格蘭。——譯者注

成一大塊純金。三個星期之後，由於坩堝不夠堅硬，還有就是少了一些必要的元素，他們不得不放棄這個實驗。據說，他們沒有放進42馬克，因為實驗結束以後，那裡還剩下16馬克的金幣，也不知道是不是有小偷拿走了坩堝裡的錢。

在維也納，伯納德不僅沒有造出一點黃金，而且還花掉許多錢。由於這次損失，他又開始心疼錢了，下定決心再也不去想該死的點金石。雖然他為這個明智的決定堅持兩個月，但是他自己卻感覺異常鬱悶。他就像個賭徒似的，在誘惑的驅使下，哪怕還剩一分錢，也會帶著挽回損失的念頭繼續嘗試，致使最終絕望到無法生存也在所不惜。於是他又下定決心，重整旗鼓，帶著「去尋找一個發現這個偉大秘密並且和他有共同語言的哲學家」這樣的目的繼續他的旅行。他從維也納動身，先後到過羅馬、馬德里，又從直布羅陀①坐船去了美西納②，此後他還先後到過賽普勒斯③、希臘、君士坦丁堡、埃及、巴基斯坦和波斯④。這樣，他在外漂蕩了8年之後，又從波斯回到美西納，然後又去了法國，再漂過英吉利海峽到了英國，這又耗費了兩年的時間，他始終沒有放棄那偉大的幻想。這個時候他已經62歲了，為了生存，他不得已將大部分祖業都賣掉，又窮又老。去波斯旅行那次，他就花掉1.3萬克朗，其中有一半被耗費在煉金爐裡，另一半則是被他大方地送給所到之處費力找出來的那些類似小人的趨炎附勢的煉

---

1. 直布羅陀（Gibraltar），歐洲伊比利亞半島南端的城市和港口。在直布羅陀海峽西端的北岸，是大西洋與地中海的交通要道。——譯者注
2. 美西納（Messina），義大利西西里島的港口城市。——譯者注
3. 賽普勒斯（the Republic of Cyprus），在地理上是一個亞洲島國，隸屬歐洲，位於地中海東部，如今是地中海地區最熱門的旅遊地之一。——譯者注
4. 波斯（Persia），伊朗古名。歷史上，在西南亞地區曾經建立許多帝國，全盛時期領土東至巴基斯坦，西北至土耳其、歐洲的馬其頓、色雷斯，西南至埃及。——譯者注

金術士。

　　等到他返回特里爾後，他傷心地發現自己淪落到跟個乞丐差不多了。他被親戚們看成是一個瘋子，甚至都沒有人願意見他。他不肯求助於任何人，依然堅信未來的某一天他會變得很富有。為了不讓人看到他這落魄的樣子，他決定隱居到羅德島去。很不幸，他又遇到一個像他一樣瘋狂研究煉金術的修士。雖然他們都沒錢買做實驗的材料，但是他們依然毫不氣餒地認真鑽研煉金哲學問題，並且閱讀相關名著。

　　在羅德島住了一年以後，伯納德得到曾經與他家交往的商人資助他的共8000弗羅林，並且用他們家以前大莊園僅存的最後一部分地產作為擔保。在別人的資助下，他如同個年輕人般熱情高漲地重操舊業。他把自己關在實驗室裡，甚至都沒時間洗手、刮鬍子，他就在這樣高強度的工作下過了三年。令人惋惜的是，像這樣驚人的毅力竟浪費在這種徒勞的追求中，像這樣充沛的精力竟沒有發揮到有價值的領域中。甚至在他老年時，就連最後一個金幣也被他熔完、連溫飽都不能解決時，他也依然堅信他終有一天會成功。雖然他已經是白髮蒼蒼的80歲老者了，卻還在讀有關煉金術的書，從賈比爾時期一直讀到他生活的那個時代。他認為，這樣一來就算是某些過程被他誤解了，他也還有機會重新開始。煉金術士們說，他終於在82歲的時候成功地發現這個偉大的秘密，還說他人生的最後三年生活得很富裕。當然，他在將近83歲的時候確實有一個比黃金和寶石更有價值的發現。用他自己的話說就是一個哲學上最大的發現，即知足常樂。他要是早一點發現這個秘密，就不會這麼老了還像乞丐一樣到處流浪。

　　1490年，他在羅德島去世，歐洲所有的煉金術士都不約而同地為他唱起挽歌，將他稱作「特里爾的善人」。針對他那個幻想，他還寫了幾篇論文，主要有《化學之本》和一個小品文《字彙闡釋》。

特里特米烏斯

　　雖然他在煉金術上做得很少，但是這位傑出的人物在煉金術史上名氣很大，這個有爭議的榮譽還是被他得到了。1462年，他出生在特里爾領地一個叫特里滕海姆的村莊，約翰·海登堡是他的父親，從事葡萄種植工作。他的父親在他7歲的時候去世，把他交給母親照顧。很快，母親就改嫁了，而且對他不管不顧。他在15歲的時候依然不會寫自己的名字，還總是挨餓，動不動就會遭到繼父的虐待。雖然他的童年生活如此不幸，可是他心中卻十分熱愛知識。在鄰居家的房子裡，他學會讀書。他白天在繼父的看管下在葡萄園裡幹活，但是他可以自由支配晚上的時間。等全家都睡熟了，他經常偷跑到地裡趁著微弱的月光學習。他的初級拉丁語和希臘語就是這樣學會的。後來，他決心離開這個家，一方面是由於他在家中總是被奴役，另一方面是出於對學習的熱愛。於是，他拿著生父留給他的遺產到了特里爾城，就連他的名字特里特米烏斯也是根據那裡的村名取的。在那裡住了幾個月以後，他接受一些名師的指導，打算考大學。不過到了20歲的時候，他忽然打算去看望他的母親。於是，他離開那所遠離家鄉的大學，徒步返回。在一個冬天的夜晚，天氣陰冷，就在他接近斯蓬海姆時，飄起了大雪。由於他無法到達那個小鎮了，為了躲避風雪，就住進了附近的一個修道院。但是在連續幾天的暴風雪之後，道路都被堵住了，而這裡的修士們也十分好客，不願讓他離開。因為他也很喜歡這些修士以及他們的生活方式，所以他決定要永遠留在那裡。而修士們也都喜歡他，很樂意把他認做弟弟。兩年後，雖然他依然很年輕，但是大家都一致同意選他做院長。那個時候財務沒有人管理，這裡建築的牆也開始倒塌，局面混亂不

堪。在特里特米烏斯精明的管理和規範下，每一項花銷都有很大改進。在他的努力下，修道院被重新修繕，財政每年不僅不再虧空反而有盈餘，這一切充分證明他的勞累沒有白費。他發現修士們總是很閒，除了禱告就是下棋娛樂，他不願意看到他們這樣虛度年華，就給他們每人分一些名著來抄。就這樣，在他們的勤奮工作下，幾年時間裡原本只有四十幾冊藏書的圖書館逐漸擁有包括以前一些神父的手稿，和當時一些知名歷史學家和哲學家的著作，以及一些經典的拉丁語著作在內的幾百本有價值的手稿。在這個院長的職位上，他一做就是21年，最終，由於修士們實在無法忍受他那嚴格的戒律就開始反對他，並選出了另一個院長取而代之。離開這裡之後，他沒過多久就被任命為符茲堡①的聖詹姆斯修道院（Abbot of St. James）院長，並且於1516年在那裡去世。在斯蓬海姆時，他在閒暇之餘還寫了幾部關於神秘科學的著作。裡面主要包括這樣的幾篇論文：一篇是關於泥土占卜術的，即在地上畫一些線和圈來占卜。第二篇是關於巫術的，第三篇是關於煉金術的，第四篇是關於天使對世界的統治的。

相信轉化說的人認為，斯蓬海姆修道院的財產是從點金石上得來的而不是來自於精善的管理。和其他的煉金術士一樣，特里特米烏斯也曾經被以搞邪術的罪名而起訴過。有一個故事說得很神奇，說他接受國王馬克西米利安（Maximilian）②的請求，從墓中將國王死去的妻子勃艮第的瑪麗的人形變了出來。由於他在有關神秘文字的著作中宣揚魔法和邪術，有人去普法爾茲選侯腓特烈二世那裡將他告發了。他得知以後，索性從書架中抽出那本書燒了。對於魔鬼和浮士德博士的故事，特里特米烏斯都持相信的

---

1. 符茲堡（Wurzburg），德國中南部城市，濱臨美因河，符茲堡大學就建在此地，德國物理學家倫琴1895年在此發現X射線。——譯者注
2. 馬克西米利安一世（Maximilian I，1459—1519），神聖羅馬帝國皇帝，奧地利大公（1493—1519），神聖羅馬帝國皇帝腓特烈三世之子。——譯者注

態度，而且他在所有的作者中是第一個將這個故事寫進書中的。他曾經還宣揚過一些奇怪荒誕的思想，講的是一個總是折磨他的名叫霍德金的神。

德・雷斯元帥

　　吉爾・德・拉瓦爾（Gilles de Laval）是雷斯伯爵和法國元帥，是最大限度地推動15世紀煉金術的人之一。對於他的名字和事蹟很少有人知道，但是他的罪行和錯誤則是史無前例的。在小說中，他幹過的事情是最殘忍、最可怕的。要不是有確鑿的法律文件來證實這些細節，那些浪漫的人肯定不會認為這些是歷史上的真實故事，而是輕易地把它當作是那些富於幻想的人編造出來的。

　　1420年，他出生在一個位於布列塔尼最顯赫的家族中，吉爾的父親在他20歲的時候就去世了，留給他很大一筆財產。法國的統治者們都因此而忌妒他。他與蒙莫朗西[1]、羅西、克朗（Craons）等是近親，擁有15個領地，每年有將近30萬里弗爾[2]的收入。除此之外，他還長相英俊、學問淵博、十分勇敢。他因為在查理七世[3]領導的戰鬥中表現突出，被封為法國元帥。由於他在年輕時習慣了任何欲望和要求都要滿足，所以他生活

---

1. 蒙莫朗西公爵（法語：Duc de Montmorency），是法國的一個貴族稱號。它最早是蒙莫朗西家族的專屬頭銜，於1551年被授予法國陸軍總司令安尼・德・蒙莫朗西。1632年，由於蒙莫朗西家族捲入叛亂事件，爵位被剝奪。1633年，此爵位再次被頒發，接受者是蒙莫朗西家族的女婿亨利二世・德・波旁（第三代孔代親王）。此爵位於1689年改稱為昂基安公爵（Duc d'Enghien），從此成為孔代家族的世襲稱號。——譯者注
2. 里弗爾，法國古代貨幣單位之一。——譯者注
3. 查理七世（法語：Charles VII，又稱忠於職守的查理，1403－1461），法國瓦盧瓦王朝國王，於1422至1461年在位。他最後打贏百年戰爭，為法國在往後幾個世紀的強盛奠定基礎，被稱為勝利者。——譯者注

奢侈，而且開始不斷墮落，不斷犯罪，最終成為人類歷史上最臭名昭著的人。

在尚托塞的城堡中，他過著一種像東方的君主那樣的生活。在他身旁有一支由200人組成的騎兵隊隨時保護著他。因此，每次他外出狩獵的場面就成為當地一個奇觀。甚至連僕人和馬匹的裝束都相當華麗。他的城堡一年四季都全天開放來招呼所有來訪的人。他規定，就算是最貧窮的乞丐，也要用美酒來熱情招待。每天，他的廚房裡不僅有羊、豬、家禽等，還要烤一頭牛，這些東西足夠500人吃了。他也投了很大一筆資金在宗教信仰上。他在尚托塞建了一個全法國最漂亮的小教堂，像巴黎聖母院、亞眠、博韋、盧昂的這些有豐厚捐資的教堂也遠遠比不上它，他甚至將金衣和貴重的天鵝絨掛在教堂裡。純金上鑲嵌著白銀製成全部的枝形吊燈，祭壇上放著銀製的十字架，還有純金打造的聖餐杯和香爐。除此之外，他還有一架很好的風琴，他每次換住所時，都會找六個人抬著它跟著他一起搬走。他還擁有一個唱詩班，在當時最好的音樂師指導下由25個童男童女組成。有主教、主持牧師、副主教、牧師等這些職位設置在他的教堂中，都是待遇很豐厚的職位。主教年薪4萬克朗[1]，其他人按照比例發放。

他找來舞女和民謠歌手各10名，還有跳莫里斯舞的、變魔術的以及各種各樣的江湖人士組建一個戲班，還建了一個豪華的戲院，每天晚上他攜帶自己的家眷和來這裡享受奢侈款待的陌生人一起看神話劇、莫里斯舞等。

他在23歲的時候和圖爾家族的女繼承人凱薩琳（Catherine）結為夫妻，還花了10萬克朗重新為她裝修城堡。結婚以後，他卻更加奢侈浪費

---

1. 克朗，一種貨幣單位，名稱的意思是「王冠」，同英語的「crown」，在以下地區作為貨幣使用：丹麥、挪威、瑞典、冰島、捷克、斯洛伐克。——譯者注

了。新生活開始後，他比以前更瘋狂了。為了供他和妻子娛樂，他請來國外著名的歌手和舞伎，每個星期都在他的大院子裡舉行馬上比武大會，布列塔尼[2]的騎士和貴族都會參加。就連布列塔尼領地的公爵都比不上德·雷斯元帥的一半奢侈。眾所周知，他縱情揮霍。他以3倍的價格買來各種東西，他把錢隨意地賞給晃蕩在城堡裡的貪婪食客和說客。後來，他往常那種追求感官的行為突然都中止了。人們看到他開始控制食欲，也不再像往常那樣關注漂亮的舞女了。他變得常常惆悵和少言寡語。在他的眼中會發現一種異常的野性閃耀，類似精神錯亂初期的表象，但他還是跟以往一樣講話很有邏輯性，彬彬有禮地招待那些來自各處的客人們。和他交談過的那些有學識的牧師都認為他是法國最博學的貴族。但是，在這個國家裡逐漸散播出一種恐怖的謠言。在這個謠言中他被懷疑是凶手，如果謠言是真的，他甚至比凶手更凶殘。據說，突然失蹤了很多童男童女，而且再無音訊。曾經有人看到其中的一兩個進了尚托塞的城堡後就沒再出來。但是，像德·雷斯元帥那樣有權勢的人，沒有人敢控告他。每當人們當著他的面提到有關孩子失蹤的事時，他總會表現得很驚訝，還對那些綁架小孩的人表示十分氣憤。但是他這樣做也無法瞞天過海，孩子們認為他的名字就像神話故事中吃人的妖魔一樣可怕，孩子們經常被大人們告誡，即使是繞遠多走幾里路，也不能經過他的塔樓。

　　這位元帥驕奢淫逸地生活幾年後，很快就花光了所有的錢，不得不將家產變賣。他昂貴的安格朗德莊園在他與布列塔尼公爵簽定契約後就被賣掉了。但是，國王查理七世卻被吉爾的繼承人請來干預這次拍賣。於是，查理立刻發出詔書，在布列塔尼省議會批准後，他轉讓祖業的行為被禁

---

2. 布列塔尼，法國的一個大區，位於法國西北部的布列塔尼半島，英吉利海峽和比斯開灣之間，首府是雷恩。——譯者注

止。沒辦法，吉爾只得屈從。這樣一來，他的元帥津貼成為供他揮霍的唯一來源。但是這些錢連他花費的十分之一都不夠。以他的性格和習慣，不可能節儉地生活，於是他的騎兵、弄臣、莫里斯舞表演者、唱詩班、食客等被迫遣散了，而且只有那些他真正需要的人才會被款待。雖然他失去很多，但是他仍然不知悔改，還想著回到曾經那樣的生活中。在這個欲望的驅使下，他打算成為一個能把鐵變成金的煉金家，這樣一來，他在布列塔尼最富有、最輝煌的貴族地位就可以一直保持下去。

為了實現他的計畫，他派人將巴黎、義大利、德國、西班牙等地煉金術方面的專家邀請到尚托塞。吉爾·德西勒和羅傑·德·布里克維爾是他的兩個最貧窮、無恥的僕從，他將他們倆派去完成這個任務。其中後者最會投其所好，元帥還把自己5歲的沒了母親的女兒交給這個人撫養，還同意這個人必要時可以把她許配給他看中的人或他自己。這次，這個人又積極地參與他主子的新計畫，還給他主子帶回一個叫普勒拉蒂的醫生，這是一名和普瓦圖的醫生一樣狂熱的帕多瓦煉金術士。

這位元帥建了一個豪華的實驗室供他們使用，這三人就開始研究點金石。後來一個名叫安東尼·帕賴爾莫的哲學家又參與其中，在這為他們工作了一年。有了元帥的錢供他們奢侈花費，他們每天都告訴元帥就要成功了。他的城堡中總是源源不斷地有來自歐洲最遙遠地方的新的參與者，導致幾個月以後，替他工作的煉金術士已經有將近20多個。他妄圖將銅變成金，卻在藥水中不斷地浪費著自己的金幣。

那些煉金術士為了更長久地過這樣舒適的生活，每天都慢吞吞地工作。如果可能，他們會耗上好幾年。但是對他們這種消極怠工雷斯伯爵已經沒有耐心了，突然有一天，除了義大利的普勒拉蒂和普瓦圖的醫生，剩下的人都被辭退了。為了幫助他用更多更大膽的方法來發現點金石的秘密，這兩個人被留了下來。這位普瓦圖人說有一個魔鬼掌握所有的秘密，

他可以讓這個魔鬼在吉爾面前出現，然後吉爾就可以和魔鬼達成協議。吉爾告訴他說除了靈魂他什麼都可以給這個魔鬼，而且不管讓他做什麼事他都願意做。於是，半夜裡，這位醫生陪著他到了附近森林裡一個很恐怖的地方。這個醫生在他們四周的草地上畫了個圈，然後口中念著咒語祈求魔鬼出現將煉金術的秘密告訴他們。吉爾饒有興趣地看著，隨時都幻想看到大地裂開，出現那個魔鬼。施法到最後，這個醫生的眼神顯得十分呆滯，頭髮也立了起來，似乎在和魔鬼交談。但是，除了同伴外，元帥沒有看到任何東西。然而，這位醫生竟然倒在草地上沒知覺了。

看著這個結局，元帥盡量讓自己保持鎮定，過了幾分鐘，醫生站起來了，問他有沒有看到這個魔鬼有多憤怒。吉爾回答說沒有看到任何東西。他的同伴又告訴他說，魔鬼沒有說一句話，只是變成一頭野豹的樣子對他咆哮，還說之所以元帥沒有看到是因為他猶豫著不能全心地投入。元帥承認他是這樣想過，還問究竟怎樣做這個魔鬼才會說出秘密。這位醫生回答，要派人到西班牙和非洲去採集一些這兩個國家獨有的草藥，而且只要元帥提供必要的資助，他願意前往，元帥立刻就同意了。第二天這個醫生就帶著騙來的錢離開了，從此元帥再也沒有見過他。

這位元帥仍然堅持不懈，但是沒有其他辦法了，只能借助超自然的力量，因為對於他的享樂來說，黃金實在是太重要了。就在那位醫生離開走了還不到60英里時，為了讓這個魔鬼說出煉金術的秘密，元帥打算再試一次。但是他的祈禱根本沒用，這位魔鬼在元帥眼中看來實在是太固執了，一直都不出現。後來，他又求那位來自義大利的煉金術士普勒拉蒂來幫助他征服這個魔鬼。後者同意了，前提是元帥不要打擾他的禱告，還要替他準備好必要的咒符和護身符。然後，他還要用元帥手臂上的血來寫一個「我願為魔鬼做任何事情」的契約，不僅如此，還要用小孩的心、肺、手、眼和血來祭祀。這些噁心的條件很快就被這位貪婪的偏執狂答應了。

第二天晚上，普勒拉蒂一個人出去了三四個小時，然後回來告訴正在焦急等待的元帥說，他看見這個魔鬼已經變成一個20多歲的英俊少年，而且魔鬼要他們在以後禱告時稱它為巴倫，還讓他看了在附近森林裡一棵大橡樹下埋藏的金錠，比元帥希望得到的多得多。如果德·雷斯元帥能夠堅定地遵守契約，這些金錠就可以得到。然後，普勒拉蒂又拿給他一盒黑色顆粒來看，說能夠用它把鐵變成金，就是太麻煩了，他建議說想要滿足最奢侈的生活他們只需找出橡樹下的金錠，但前提是他們不得不等上七七四十九個星期才可以去找，不然只能找到一堆石塊、石板等。元帥非常憤怒和失望，立刻表示他等不了那麼久。他還告訴普勒拉蒂轉告那個魔鬼，他也不是好惹的，要是它再不快點，他就不再理它了。最終，普勒拉蒂還是勸服了他等了七七四十九個星期。等到那天半夜裡，他們來到大橡樹下，用鎬和鍬開始挖掘，除了大量刻著神秘符號的大石板以外沒有任何東西。這回，輪到普勒拉蒂發怒了，他大吵大叫地咒罵那個魔鬼，說它是一個純粹的騙子，這位元帥也很認同。顯而易見，這個狡猾的義大利人又輕易地將他說服，決定再試一次。與此同時，這個義大利人還保證說第二天晚上就去查出為什麼魔鬼不守信用。第二天晚上，他又一個人去了，回來時他告訴主子說他看到巴倫，由於他們沒有等到適合的時間就去挖金錠，令它十分憤怒。同時，巴倫還說，要是德·雷斯元帥不到聖地去朝拜，並且懺悔他所犯的罪行，就無法從它那裡得到任何東西。很顯然，這是那個義大利人根據元帥不小心說漏的話編造的。因為德·雷斯曾經坦率地說過，等他對這個世界厭倦了的時候，他就會為上帝獻身。

在這幾個月中，那個義大利人用這種辦法不停地誘惑這個以為自己真的有罪的元帥，而且從他那裡賺來了許多的財物，就等著找機會拿著這些東西逃走。但是他們的報應很快就來了。在此期間，依然會有小孩子離奇地失蹤，那些有關尚托塞的主人是幕後黑手的傳言變得更加強烈和明白

了，最後到了教會不得不干預此事的地步。南特的主教警告布列塔尼公爵說，要是再不審理對德·雷斯元帥的起訴，這就會變成一樁醜聞。於是，當局在德·雷斯元帥的城堡中將他和他的幫凶普勒拉蒂抓獲，並且將他們投入南特的地牢等待審判。

　　法庭請來南特的大主教、布列塔尼的大法官、法國宗教裁判所的主教和著名的布列塔尼省議會主席皮埃爾·洛皮塔爾作為專門負責審理這個案例的法官。吉爾因為使用邪術、雞奸和殺人的罪名被控告。在審判的第一天，吉爾擺出一副傲慢的姿態，他狂妄地指責法官席上的各位法官們是買賣聖職而且不純潔，還說他就算不經審判而被像狗一樣吊死，也不願乞求這些可恥的無賴們寬恕。但是他的自信隨著審判的進行逐漸消失殆盡了。證據確鑿，對他的每個指控都成立。有證據顯示，他為了滿足他那變態的欲望，把那些孩子殺害以後，看著他們的肉體在顫抖，然後看著他們的眼睛逐漸失去光澤最終死去。在供詞中這些可怕的事情由普勒拉蒂首先提出來，而在吉爾死前他自己也證明此事。在這三年之中，靠近他的尚托塞和馬什庫勒兩座城堡周圍的村莊裡失蹤了將近100名兒童。為了滿足他的貪欲，這些孩子絕大多數都被這個凶殘的人殺害，成為他的祭品。他幻想這樣一來就可以與那個惡魔交朋友，點金石的秘密就會作為對他的回報。

　　吉爾和普勒拉蒂在審判過後被定為火刑。他們在刑場上表現出虔誠懺悔的樣子，吉爾溫柔地擁抱著普勒拉蒂並且對他說：「再見了，我的朋友，在這個世界裡，我們再也看不見彼此。讓我們一同祈禱願上帝能讓我們在天堂裡重逢！」看在他的職位和王室的關係上，對元帥的懲罰得到從輕發落——人們沒有像對普勒拉蒂那樣將他活活燒死，而是先將他絞死然後再扔到火中焚燒，等他的身體被燒得只剩下一半時，就被他的親戚領回去埋葬了。那個義大利人就沒那麼幸運了，活活地被燒成灰又隨風消散了。

雅克・柯爾

　　這位傑出的煉金術士和之前那位是一個時代的人。他在查理七世朝中是一個很重要的大臣，對那個朝代的各項重大事件都影響很大。他這個人出身卑微，後來逐漸走到這個國家舉足輕重的位置上，他的那些大量財富都是透過挪用、盜竊等手段從這個國家聚斂的。為了他的這些巨額財產，他誇大其詞地說之所以他有如此多的財產是因為他發現把低等金屬變為金、銀的方法。他的父親是布爾日城的一個金匠，上了年紀後生活很窮苦，甚至連讓他兒子進入行會的錢都沒有。在1428年，年輕的雅克進了布爾日（Bourges）皇家造幣廠。由於他紮實的金屬學知識使他在工作上表現十分突出，很快就在那裡得到提升。他又有幸認識美麗的阿涅絲・索蕾（Agnès Sorel），並且得到她的賞識和資助。能力、毅力和王后的支持這三個有利條件，雅克都擁有了。很多人只擁有其中一條就可以成功了，而雅克・柯爾集這麼多有利條件於一身，必然會成名。在他年紀還不大的時候就成為造幣廠的廠長，當然這只是中間的過渡階段，很快，掌管皇家金庫的職位就被他得到了。

　　他的金融知識相當豐富，這個有利條件在他受人之託管理巨額的基金時就被充分地利用，他開始在生活必需品上做投機買賣。他公開地將穀物、蜜、酒等生活用品買斷，然後等到這些物資緊缺時，再高價賣出，從中獲取高額利潤。由於有了王室的支持，他在用先發制人和壟斷等手段欺壓窮人時更加無所顧忌。有句話說得好，疏遠的朋友是最大的敵人。一個從窮人中出來的暴發戶在對待窮人時卻比一個暴君更加凶殘。他對下面的人傲慢無理，導致城裡人都憤恨他，對待上層人物的唯命是從形象只會被

那些貴族更加鄙視。但雅克對於這些人的反應都毫不在意，繼續做自己的事，到最後終於成為法蘭西的首富。國王非常看重他，甚至連法蘭西重建一個企業都要跟他商量。他在1446年時被任命為駐熱那亞的大使，此後他又到了教宗尼閣五世[1]那裡。由於派他執行的兩項任務表現得都很突出，國王看了相當滿意，因此除了他已經擁有的那些差事之外又得到很多好差事。

1449年，由於諾曼第的大將軍貝德福德公爵不在了，那裡的英國人撕毀了與法國國王簽署的停戰協議，然後將布列塔尼公爵屬下的一個小鎮佔領了。這個信號預示著戰爭又要打響了。[2]後來，在雅克·柯爾的資助下，整個省幾乎都被法國收回了。盧昂投降法國以後，查理勝利進駐這座城池，迪努瓦還有他手下的幾位名聲顯赫的大將軍隨行，雅克就是他隨行人員中最光耀的一顆明星。他的車馬裝飾和國王一樣豪華，他的對手說他曾經宣稱英國人是被他自己趕出去的。此外，要不是他拿黃金資助，軍隊再英勇好戰也沒有用。

好像迪努瓦也同意這種看法。他一方面沒有輕視軍隊的英勇好戰，另一方面他也同意正是有了這位能幹的金融家的資助，才可以安穩軍心，犒勞士兵，進而強有力地保護人們。

等事態平靜，雅克即刻又著手商業活動，用幾艘組裝大木船和熱那亞[3]人進行交易。他還將法蘭西各地包括聖法爾戈男爵、蒙頓男爵、薩隆男爵、毛布朗奇男爵、米奧尼男爵、聖熱朗德沃以及聖安德博西男爵這些地

---

1. 尼閣五世（1447—1455年在位），俗名托馬索·帕倫圖切利，文藝復興時期第一位教宗，梵蒂岡圖書館、格拉斯哥大學等文化場所的建設者。——譯者注

2. 西元1337—1453年為英法百年戰爭的諾曼第戰爭。——譯者注

3. 熱那亞，位於義大利的亞平寧半島（Appennino）西北海岸頂端，濱臨利古里亞海（Ligurian）北側，是世界知名探險家哥倫布的出生生長的地方。——譯者注

主們的土地，還有拉帕利斯伯爵領地、尚皮格勒、博蒙特伯爵領地以及維爾納沃萊熱內特、圖西侯爵領地在內的大量土地收購為己有。他已經從教的兒子讓・柯爾在父親的活動下也謀得了一個幾乎和布爾日大主教位置差不多的職位。

人們說什麼的都有，都覺得他這些錢是不義之財。不管是窮人還是富人都想挫挫他的銳氣，在窮人眼裡他就是壓迫者，而在富人們看來他就是一個暴發戶。在這些有關他的各種傳言中，有人指出他曾經出了一份公文，是用偽造的國王玉璽蓋的章，導致國家貨幣貶值，他趁機從國家撈了很大一筆財富，聽到這些傳言雅克感到有一點驚慌，他便請了幾個國外的煉金術士來他家，還散播謠言說點金石的秘密已經被他發現了，以此來平息這些傳言。為了更加逼真，他還在他老家蓋了一幢門口雕有煉金術象徵標誌的華麗樓房。不久之後，在蒙皮立他又蓋了一幢相似的也有同樣標誌的樓房。為了進一步讓人們相信他已經發現變金的秘方，他還親自寫了一篇有關這門神秘玄學的論文。

儘管他絞盡腦汁地掩蓋挪用公款的行為，但最終還是無法逃過法律的制裁。在1452年，他因有人向法庭指控他曾經試圖將他的保護人——阿涅絲・索蕾（Agnès Sorel）毒死而被拘禁，等候審判。雖然這個沒有成立的指控是那些惡意中傷他的對手為了毀掉他而編造的，但是他卻因其他指控而在罰款40萬克朗後被驅逐出境，因為他曾經偽造國王的玉璽這件事情被證實了。在他擔任布爾日造幣廠廠長期間，國家的金幣、銀幣曾經被他貶了許多值。他還大膽地向土耳其人提供金錢和武器，讓他們發動戰爭，他從這件事情上就獲取暴利。對於他的供認查理七世感到十分痛心，甚至到最後也不相信雅克會這麼做。正是由於這些，對雅克・柯爾的罰款數額削減到他可以承受的程度。雅克只在監獄裡待了一段時間就被釋放了，他還拿了一筆鉅款離開法蘭西，據說，其中有一些是查理偷偷從他被沒收的資

產中拿給他的。他到賽普勒斯島去隱居了，直到1460年在那裡去世，他一直都是島上最富有和最光耀的名人。

雅克‧柯爾被那些寫煉金術的作家一致歸為他們協會的會員。甚至那些審判的訴訟詞也被他們懷疑是偽造的，對他財富來源的合理解釋都是誣陷。在皮埃爾‧博雷爾寫的《粗俗的古董》一書中，將雅克描繪成一個誠實的人，並且說他的黃金都是靠點金石從鉛和銅裡變出來的。雖然煉金術士們的觀點都一致相同，但雅克那個時代的人卻很難認可，到後來相信的人更少了。

14、15世紀的三流煉金術士

　　在14、15世紀的歐洲各國中，總會有很多人公開聲稱自己發現點金石的秘密。由於廉價的金屬能變成黃金這種觀點被人們普遍認可，導致幾乎所有的化學師都是煉金術士。後來，大量卑賤的煉金術士出現在德國、荷蘭、義大利、西班牙、波蘭、法國和英國這些國家。他們在追求點金術的幻想時，依賴占星術、占卜這些更賺錢的手段來謀生。在歐洲，就連各國的君主也跟他們的臣民們一樣相信能發現點金石。其中，英國國王亨利六世和愛德華四世①都支持發展煉金業。由於德國帝王馬克西米利安②、魯道夫③及弗雷德里克二世④都十分重視煉金術，在他們管轄下的各個小君主也開始效仿他們。煉金術士通常會被德國的貴族和小君主們邀請去他們那裡住，以此來把他囚禁在地牢裡，直到他們能煉出足夠的黃金將自己贖出去。不幸的是，很多可憐的煉金術士被終身監禁。雷蒙·盧利（Raymond Lulli）也經歷過類似的事情。愛德華二世藉口讓他為自己煉金把他囚禁在倫敦塔裡，幸虧他在厄運沒有到來前就識破詭計並且想辦法逃跑了。有些

---

1. 愛德華四世（Edward IV，1442—1483），英格蘭國王，於1461年3月4日到1483年4月9日在位，約克公爵理查·金雀花的兒子。——譯者注
2. 馬克西米利安二世（Maximilian II，1527—1576），是哈布斯堡王朝的神聖羅馬帝國皇帝（1564—1576年在位）。——譯者注
3. 魯道夫二世（Rudolf II，1552—1612），是哈布斯堡王朝的神聖羅馬帝國皇帝（1576—1612年在位）。——譯者注
4. 弗雷德里克二世（1534—1588），奧爾登堡王朝的丹麥和挪威國王（1559—1588年在位）。——譯者注

為他作傳記的作家認為，他先跳進泰晤士河，然後游到已經為他準備好的小船裡逃生。這種體制直到16世紀都還存在，在四海漂泊的塞頓的經歷中可以充分證實這一點。

　　以下要介紹的是有關煉金術方面的許多主要作家。在這段時期之內他們相當活躍，但是他們的經歷卻很少有人知道，或者人們認為不值得研究。在1315年，有一個名叫約翰·道斯頓（John Dowston）的英國人發表兩篇有關點金石的專題文章。在1330年，一個名叫理查（還有人稱他羅伯特）的英國人寫出《煉金術校正》，這本書一直流傳到帕拉塞爾蘇斯（Paracelsus）時期，依然被推崇。倫巴底的彼得的《煉金術全論》也在這一年發表，後來這部書的簡寫本是由卡拉布里亞（Calabria）⑤的一位名叫拉齊尼（Lacini）的修道士出版的。在1330年，奧德瑪是巴黎最有名的一位煉金術士，他寫的《術士實踐》曾經在一段時期被同行當作指南。在1357年，法國聖方濟各修道院活躍著一個名叫約翰·魯佩西薩（John de Rupecissa）的修道士，他聲稱自己既是一名預言家又是煉金術士。教宗依諾增爵六世對他某些預言很反感，為了防止他將這些預言散播出去，就把他關進梵蒂岡⑥的地牢裡。雖然沒有證據，但是人們普遍認為他死在牢裡。《光之書》、《五要素》、《煉金術士的天堂》還有他的巨著《點石成金》都是他的主要作品，但是他在許多的煉金術士中並不出眾。還有一個叫奧赫多蘭尼（Ortholani）的煉金術士，人們除了知道他曾經在尼古拉·弗拉梅爾（Nicholas Flamel）時代之前在巴黎練過占星術、占卜術之

---

5. 卡拉布里亞（Calabria），從前稱為Brutium，是義大利南部的一個大區，包含那不勒斯以南像「足尖」的義大利半島。——譯者注

6. 梵蒂岡，天主教教宗駐地，目前是世界上最小的主權國家，也是世界上人口最少的國家，位於義大利首都羅馬城西北角的梵蒂岡高地上，四面與義大利接壤，是一個「國中國」，領土包括聖彼得廣場、聖彼得大教堂、梵蒂岡宮、梵蒂岡博物館。——譯者注

外，對他一無所知。他就是於1358年在那裡創作出有關煉金活動的著作。據說，有關這個時期的情況，荷蘭的艾薩克（Isaac）曾經描寫過。後來，他的兒子也投身到煉金術之中，至於他們的生活卻不值一提。他們作品中的很多文章曾經得到布爾哈夫的高度讚揚。1608年在伯恩印刷的《珠寶製作三規則》以及1600年在米德爾堡印刷的《賤礦煉金術》是帕拉塞爾蘇斯最推崇的兩部書。除此之外，他們在這個方面還寫過其他8部書。大概在1488年，有一個叫科夫斯基（Koffstky）的波蘭人寫過一篇關於煉金術的專題論文——《礦物之學》。在這些作家中，有一個人我們不能忘記，他是一位皇室人員，即法國國王查理六世（Charles VI），他也是最容易被欺騙的王儲之一。在他的宮廷裡隨處可見各種各樣的煉金術士、巫師、占星家、江湖騙子。他曾經還有幾次親自去嘗試著發現點金石。後來，他自認為很精通這個方面的東西，為了啟迪眾生，就寫了一篇名叫《法國國王查理六世之著作——煉金術寶庫》的論文。據說，尼古拉・弗拉梅爾的觀點就是受了這篇文章的影響。然而，倫格萊特・杜・弗雷斯諾卻覺得它裡面包含很深的意蘊，很難理解。如果讀者想要詳細瞭解14、15世紀煉金術士的情況，可以參考我們已經引錄過的倫格萊特的《歷史》第三卷。

16、17世紀癡迷煉金術的熱情高漲
——煉金術的現狀

在16、17世紀，仍然有數不勝數的容易盲從的人們繼續狂熱地追求點金石。但是，這個時期卻發生一個巨大的轉變。那些一直專注於研究煉金術的著名人物忽然改變主意，轉而開始對奇珍異石和煉金藥的佔有行動。這個方面可以把低值礦物煉成貴重金屬，另一方面還可以順便將其他科學的所有難題解決了。

他們宣稱：這種辦法更加密切了人類和造物主的聯繫，可以消除這個世界上的疾病、悲傷，可以使生活在地球上的數百萬人們無法看到的精神實體現身，變成人類的朋友、夥伴和導師。尤其是在17世紀，這些理想化的、荒誕的教條被從德國由羅森克魯茲（Rosencreutz）最早傳播傳到法國、英國，進而引起歐洲的關注。而且所到之處都會得到那些聰明卻狂熱地尋求真理的人們的好評。

這個新神話不僅吸引帕拉塞爾蘇斯、迪伊，還吸引其他不太著名的人物，而且後來也影響歐洲文學。在16世紀，雖然大部分的煉金術都不知道是哪一個教派的玫瑰十字會①，卻和它們一樣在某種程度上帶有那種空想信條的色彩。但是在詳細介紹這些理想化的空想家之前，我們必須繼續回

---

1. 玫瑰十字會，是一個根植於西方神秘傳統的秘傳教團，以玫瑰和十字作為它的象徵，由偉大的法師們組成，目的是協助人類的靈性發展。玫瑰十字會的問候語是「願玫瑰在你的十字上綻放」。——譯者注

憶煉金術那段荒謬的歷史，發現煉金術士追求夢想的一絲絲變化。我們接下來就會發現，隨著時間的變化，人們對煉金術的癡迷不減反增了。

奧古雷洛

　　那些在15世紀出生，在16世紀出名的煉金術士中，約翰·奧雷里奧·奧古雷洛最為突出。1441年，他出生在里米尼[1]（Rimini），後來成為威尼斯、特雷維索純文學專家。很早的時候他就十分相信煉金術，而且經常向上帝祈禱，希望他可以有幸發現點金石。他把全部家當都用在買藥品和金屬上了，而且常常將自己埋身在化學設備之中。他也自詡是知名詩人。他在《轉化》中介紹煉金術，然後，這本書又被他獻給教宗良十世。他原以為教宗看了這些讚美的話後會大大獎賞他，但是教宗對他的獻辭一點也不滿意，一方面由於教宗也很精通詩歌鑑賞，很討厭他這些低劣的詩，而且教宗也是一個不錯的煉金術士，無法接受他灌輸的這套怪論。據說，當時教宗在應對奧古雷洛請求獎賞時表現得很自然、友好，還熱情地將一個從口袋裡掏出的空錢包送給這位煉金術士，並且告訴他說既然他會煉金，一個能裝黃金的錢包送給他作為禮物是最適合不過了。這位可憐的煉金術士、詩人得到的報酬就是這個侮辱性的獎賞，最後在83歲的時候，他在貧困潦倒中死去。

---

1. 里米尼（Rimini），古時候被稱為「阿里米努姆」，義大利北部城市，位於聖馬利諾東北的馬雷基亞河口，濱臨亞得里亞海。——譯者注

科尼利厄斯・阿格里帕

　　這位煉金術士名氣很大。有關他的那些神奇能力和離奇故事人們紛紛傳頌而且深信不疑。他可以說句話就將鐵變成黃金；他可以調遣上天的神仙和地下的惡魔，它們都順從他；如果有哪些好奇的、大膽的觀眾敢看，他就可以在死人身上喚起過去偉人的形體，還讓他們穿著那個時候的衣服出現。

　　1486年，他在科隆出生，學習化學、煉金術是在他很小的時候就開始了。他超人的造詣以某種無法明說的方式令人們信服和欽佩。他成為一位聲名顯赫的煉金術士時只有20歲。在巴黎，那個時候很有名的煉金術士們都寫信邀請他從科隆搬到法國去居住，這樣他們就可以借助他的經驗來發現點金石。各種榮譽都紛至遝來，他被當時所有的博學者極端推崇。墨蘭頓（Melancthon）每每談到他時都會十分尊重和讚賞。伊拉斯謨也提出有利於他的證明。那個時候他被人們普遍讚揚為出色的文學人物，還光耀了煉金術。有些人帶著極端自私的目的，想盡辦法令那個時候的人們相信他們確實是偉大人物。他們大肆地向人們誇耀他們的造詣，還一直自我吹噓，令全世界都崇拜他們。阿格里帕好像就是這樣的人，他自命為一位偉大的神學家、出色的法理學家、造詣高深的醫師、著名的哲學家、專業的煉金術士。人們覺得如此自大的一個人肯定會有些過人的才能，最終相信他的話，不過他的確是有些本事。他成為國王馬克西米利安的秘書，還得到爵士的稱號，被任命為一個團的名譽團長。後來，他又成為法國都爾大學希伯來語純文學教授。但是，後來因為神學的一些棘手問題和方濟各會的修士們發生爭執，他不得不從這個城鎮離開。他逃到英國後，大概一年

的時間都在那裡教希伯來語或者為人占卜、算命。他之後又從倫敦轉站去了帕維亞，在那裡舉辦了關於赫密士·崔斯墨圖作品方面的講座。原本他可以平靜、體面地在那裡生活，可是他和那裡的牧師吵架後，他們就開始設法陷害他，使得人們越來越不歡迎他。後來，他又在梅斯①地方行政官的邀請下，成為那裡的政府官員和辯護長。但是，在那裡他好與人辯駁，因此四處樹敵。有一個自詡知曉一切的神學士宣稱聖亞納有三個丈夫，當時的人們都認可這個觀點。其實，阿格里帕和這個觀點或他所謂的偏見發生衝突是不必要的，就因為這樣他的影響也大打折扣。不久之後，他又因為一個更能表現他個性的爭論而使得梅斯市民開始徹底地唾棄他。一位被指控為使用巫術的年輕少女得到敵對他的人們的同情，他們揣測說阿格里帕就是一個巫師，在人們的猛烈攻擊下，他不得不離開這座城市。再後來，他又被任命為國王法蘭索瓦一世（Francis I）的母親薩伏依的路易絲（Louisa de Savoy）的醫生。這位母后對未來很好奇，於是就命令她的醫生給她算命，但阿格里帕回覆說他不能支持如此無聊的好奇。結果就是她不再信任他，而且立刻辭退他。要是他因為覺得占星術沒有價值而這樣說，也許我們會佩服他如此誠實和獨立。但是，據說他那個時候一直都在占卜、算命，他給波旁公爵算命說未來他在所有事業上都會取得偉大的成功。所以，對於他只因為自己的任性、執拗就放棄一位權勢滔天人物的支持而感到很奇怪。

大概就在這個時候，他被英國國王亨利八世和奧地利國家女總督瑪格麗特（Margaret）同時邀請去他們的國家定居。他選擇去了奧地利，並依

---

1. 梅斯（Metz），法國東北部城市，近盧森堡邊界，在洛林高原摩澤爾河和塞耶河的交匯口，是洛林大區中心城市，摩澤爾省的省會，位於羅馬至蘭斯的大道上，自古以來就是交通要道。——譯者注

靠她的權勢成為國王查理五世的宮廷史官。但是，很不幸，阿格里帕沒耐心一直在一個職位上，而且他的庇護人也被他的多變和傲慢觸怒了。瑪格麗特去世以後，人們以施行巫術的罪名將他囚禁在布魯塞爾。他在一年後被釋放，從這個國家離開以後，他又經歷很多人間的滄桑。1534年，他只有48歲，就因為極端貧困而死去了。

他在效力於奧地利瑪格麗特的那段時間裡，主要在魯汶居住，並且在這裡完成他的《人類知識的虛榮與虛無》這部著作。他又寫了一篇名叫《女性的優勢》獻給女主人，以此來取悅她，來感激她的恩寵。他在這些省中留了很多對他十分有利的名聲。許多有關他的離奇故事都是在他生命中的這段時間發生的。據說，他將一些特別亮的黃金付給做生意的商人，但是它們在一天之內就都變為石塊。人們認為他攜帶的這些大量的偽金是在魔鬼的幫助下製造的。由此我們可以發現，他對煉金術只是略知皮毛，德·雷斯元帥對他的稱譽實在是言過其實了。有關阿格里帕的一件神奇的故事，被耶穌會教士德里奧在他的一本有關魔術、巫術的書中介紹出來。有一天，住在魯汶的阿格里帕打算離開家出去一段時間，就把他書房的鑰匙交給妻子保管，還三令五申地說在他出去的這段時間不許讓任何人進去。奇怪的是，他的妻子對丈夫的秘密並不好奇，也從來沒有想過進這間屋子。但是，一個在他家閣樓居住的年輕學生卻起了好奇心，特別想進這間書房一探究竟，也可能是打算偷一些對他的煉金術有幫助的書或器具。這個年輕人長相俊俏而且口才很好，極力誇讚女主人，很容易地就拿到了鑰匙，但女主人卻警告他一定不能動任何東西。這個學生在保證之後就進了阿格里帕的書房。在煉金術士書桌上的一本打開的巨大符咒書最先吸引他。他立刻坐下開始閱讀。他剛念出一個字，就聽到好像是敲門聲。他仔細一聽，周圍什麼聲音也沒有，他想了想感覺可能是幻覺，於是繼續往下讀。但突然一通響亮的敲門聲把他嚇得趕緊站了起來，他想說「請進」，

但舌頭卻不受控制，一句話也講不出來。他死死地盯著門，門逐漸地開了，一個嚴厲的陌生人出現在他面前，帶著滿臉的憤怒厲聲問他為什麼要召喚它。「我沒有叫你。」這個學生顫音回答道。「你叫了！」這個陌生人說著，氣勢洶洶地走過來，「絕對不能白叫魔鬼出現。」這個學生被嚇傻了。魔鬼十分憤怒，一個外行的人竟然如此怠慢，將它召喚出來。於是，它掐住他的脖子，把他掐死了。過了幾天以後，阿格里帕回來時，發現魔鬼都將他家佔領了。一些在空中晃蕩著腿坐在煙囪管帽上，一些在擋牆旁邊蹦蹦跳跳。他的書房裡充滿魔鬼，以至於他沒辦法走近他的書桌。當他從群魔中擠到書桌前時，發現他的書被打開了，學生已經死了，正躺在地板上，他立刻找出這一切的禍端。他將這一群小魔鬼遣散，然後問魔王為何如此莽撞地將這個年輕人殺死。魔王回答說，這個年輕人很無禮，無緣無故地就把它召喚出來，像這樣冒犯它的人只能被殺死。阿格里帕嚴厲地責備了它，還命令它立刻喚醒死去的年輕人，並帶他在集市上走一下午。魔王按照他的意思做了，年輕學生就這樣醒來了，和那陰間凶手挎著手臂，神氣活現地從人們面前走過。太陽下山後，他就躺在地上，和之前一樣渾身冰涼，沒了氣息。他被人們送到醫院，後來人們普遍認為他是死於中風。與此同時，他的同伴也立刻不見了。人們在驗屍時發現，他的脖子上有被掐住的痕跡，在其他部位還有魔鬼的長爪子留下的印跡。人們透過這些跡象和很快傳播開的他的同伴在一片煙火中消逝的傳說，瞭解了事情的真相。魯汶的地方長官立刻對此展開調查，結果，阿格里帕不得不離開這個城鎮。

和這個故事相似的有關這位煉金術士的傳說，不僅德里奧，其他作家也介紹過。從前，人們經常相信魔術、巫術故事。就像阿格里帕的事，這位被控告的魔術師如此吹噓炫耀他創造的奇蹟，而他的自大可以被當時的人們容忍也就不奇怪了。炫耀在當時是非常危險的，有時候甚至會被判處

死刑，因此人們覺得肯定不是憑空炫耀。保羅・喬維奧（Paulus Jovius）提到，在阿格里帕身旁的那隻大黑狗是魔鬼扮的。在湯瑪斯・納許（Thomas Nash）的《傑克・威爾頓歷險記》中也講到：阿格里帕接受薩里勳爵（Lord Surrey）、伊拉斯謨[1]（Erasmus）和其他學者的請求，從墳墓中召喚出許多過去偉大的哲學家。在那些人之中，他讓圖利烏斯・西塞羅將有關羅斯修斯的著名演講重新發表。曾經他為自己美麗的德國女主人潔拉丁（Geraldine）在她的杯子裡展現薩里勳爵栩栩如生的身形。傳說中，潔拉丁由於情人不在身邊而躺在長椅上哭泣，薩里勳爵說了這個幻象被他看到的具體時間，然後他也確定那個時候情婦確實是那個樣子。阿格里帕還把在溫莎公園狩獵的英王亨利八世和宮廷高官們的活動場景展現給湯瑪斯・克倫威爾[2]勳爵看。從墳墓中召喚出國王大衛和所羅門來討好國王查理五世。

在《為那些偉大的被誤疑為魔術師的人而辯》這本書中，諾德想盡辦法替阿格里帕平反，除去了德里奧、保羅・喬維奧還有一些無知、偏見得站不住腳的文人對他的栽贓誣陷。這種故事在諾德那個時候會遭到反駁，但是現在卻由於它的荒謬而被忽略了。可是，人們在聽到這些故事時會回憶起一個人，他自稱能指揮鐵變成黃金，並自創一本以他命名的魔術著作，這毫不奇怪。

---

1. 伊拉斯謨（Desiderius Erasmus，1466—1536），荷蘭哲學家，16世紀初歐洲人文主義運動主要代表人物，1524年著作《論自由意志》。——譯者注
2. 湯瑪斯・克倫威爾（1485—1540），英國近代社會轉型時期傑出的政治家，英王亨利八世的首席國務大臣。他歷任財政大臣、掌璽大臣、首席國務大臣，獲封埃塞克斯伯爵，成為亨利八世身邊第一權臣。1540年，他被亨利八世判處斬首的死刑。——譯者注

帕拉塞爾蘇斯[1]

　　這位煉金家於1493年出生在靠近蘇黎世的艾恩西德爾恩，諾德稱他為「煉金術士之巔，如日中天」。霍恩海姆是他的本名，他自稱還要在這前面加上奧里歐勒斯·德奧弗拉斯特·博姆巴斯茲·帕拉塞爾蘇斯這個教名。在他兒時，他從這一長串名字中挑出最後一個當作他日常用的名字，而且在他死後，他也將這個名字的首字一起光耀史冊。由於有一個做名醫的父親，於是他也被教育著朝這個方向發展。他不僅是一位聰慧的學者，而且發展卓越。他於一次偶然的機會瞭解到艾薩克·霍蘭杜斯的著作，從此就迷上了點金石。因此，他將全部思緒都投入到煉金術的研究中。他旅行到瑞典時，考察了該國的礦產，就連深埋在地下的礦藏也被他檢查一遍。他還去斯蓬海姆修道院拜訪居住在那裡的特里特米烏斯，請教有關煉金術方面的經驗。他繼續旅行，穿過普魯士、奧地利來到土耳其、埃及、韃靼這些地方，然後掉頭回君士坦丁堡，自稱已經掌握煉金術，並且發現煉金藥。後來，他成為家鄉瑞士蘇黎世的一名醫師，開始撰寫一些有關煉金術和醫藥方面的書籍，而且很快就被歐洲所關注。他的聲譽沒有因為作品的晦澀難懂而受到影響，甚至那些魔鬼學家、狂熱份子和尋找點金石的人認為越是讀不懂一位作家就越欣賞他。由於他用被同行們無禮譴責的水銀和鴉片這些藥品將一些病人成功地治好了，他的醫師聲望和他作

1.　帕拉塞爾蘇斯（1493—1541），瑞士的醫學家，原名德奧弗拉斯特·博姆巴斯茲·馮·霍恩海姆，1493年11月11日生於瑞士，父親是移居瑞士的德國醫生，因此他從小學到許多醫學和化學知識。——譯者注

為煉金術士一樣顯赫。他在1526年成為巴塞爾大學①物理學、自然哲學教授。許多的學生都被他的講座吸引了。他認為前輩醫生的著作是誤人子弟的，就將它們都拋棄了，他將蓋倫和阿維森納稱為庸醫和江湖騙子，還將他的作品公開焚毀了。他還當著在場的狂熱崇拜者的面聲稱那些庸醫的作品還沒有他的鞋蘊藏的知識豐富。然後，他又用相同的語氣宣稱無知的騙子充斥在世界上所有的大學裡，可是他，帕拉塞爾蘇斯，卻無所不知。「我的新體系都將被你們採用，」說著，還帶著憤怒的手勢，「阿維森納（Avicenna）、蓋倫（Galen）、拉齊、蒙塔尼亞納、梅梅這些人將都會追隨我。不管是巴黎、蒙皮立②、德國、科隆、維也納的教授們，還是萊茵河、多瑙河畔的人們，海中所有島嶼上的居民們，還有義大利人、達爾馬提亞人、雅典人、阿拉伯人、猶太人，這些人都將會遵從我的教義，因為我是醫學之王！」

　　但是，巴塞爾人們沒有尊崇他多長時間。據說，他總是肆無忌憚地喝酒，人們總能看到他醉倒在街頭。這對一名醫生十分不利，他的聲譽很快下降。然而他的壞名聲，尤其是在他以巫師的姿態出現後，就開始直線上升。他吹噓說，很多的神仙都要聽從他的命令，而且其中有一位專門被他封在他的劍柄裡。韋特拉斯侍候他27個月，他說經常聽到這名醫生拿召喚出群魔來嚇唬他，向他炫耀自己駕馭群魔的本領。他想盡辦法地讓人們相信長生不老藥就在被他關在劍柄裡的神靈手裡保管著，任何一個人吃了它都可以像大洪水以前的人活得那樣久。他還炫耀說有一個名叫「萬應靈

---

1. 巴塞爾大學，位於瑞士德語區，成立於1460年4月4日，是一所歷史悠久的公立大學，主要授課語言為德語。——譯者注

2. 蒙皮立（Montpellier），位於法國南部，地中海沿岸，經萊茲河與海相通，是奧克西塔尼大區（Occitanie）的首府和埃羅省（Herault）省會，是法國第六大城市。——譯者注

丹」的神靈被他囚禁在珠寶裡控制著。他出現在過去的畫像中時，手中總會持著一顆刻有「萬應靈丹」字樣的珠寶。

　　要是一位理智的預言家在自己的國家都聲譽全無，當這個預言家變成醉鬼，情況自然就更糟糕了。最終，帕拉塞爾蘇斯適時地離開巴塞爾，定居在史特拉斯堡[③]。在這裡有一個瀕死的病人，全鎮的醫生都認為他必死無疑了，他最後來到帕拉塞爾蘇斯這裡，並且承諾要是帕拉塞爾蘇斯能把他的病治好，就會得到一筆豐厚的酬金。病人只吃了帕拉塞爾蘇斯給的兩粒小藥丸就立刻好了。等他康復後，帕拉塞爾蘇斯去索取酬金，雖然這兩粒藥救了這位市民的性命，但是他認為這見效很快的兩粒藥不值比一次診斷還高的價格，拒絕支付。為此，帕拉塞爾蘇斯控告他，但是沒有成功。他憤怒地從史特拉斯堡離開了，又開始流浪的生活。他一邊利用各色人等的盲從和迷戀維持著生計，一邊又遊歷了德國、匈牙利。他不僅給人占卜，算命，幫助那些為尋找點金石耗盡家財的人們，還給牛、豬等牲畜看病，幫人尋找丟失的物品。他先後居住在紐倫堡、奧格斯堡、維也納、明德爾海姆這些地方，最後在1541年他來到薩爾斯堡隱居，窮困潦倒地在當地的一家醫院裡死去。

　　要是這位古怪的庸醫在活著的時候就知道他有上百的崇拜者，而在他死後竟然會發展到成千上萬，不知他會作何感想。帕拉塞爾蘇斯學派在法國、德國興起，把所有由他們創立的學科，尤其是關於煉金術的那些偏激的教義永遠地流傳下去。波登斯坦（Bodenstein）和多恩斯是這個學派的主要領導人。以下是一個對他的以假設點金石存在為基礎的教義的總結。防止荒謬的看法存在市場，而且在哲學史上這是以前從來沒有發生過的。首

---

3. 史特拉斯堡，位於法國國土的東端，與德國隔萊茵河相望，是法國亞爾薩斯大區和下萊茵省的首府。——譯者注

先，他認為，人們完全可以透過平心靜氣地默默禱告讚美上帝來得到智慧和知識；所有疾病理論都是以《聖經》為核心的；想要瞭解魔藥的重要性就必須查閱《啟示錄》。可以治好所有疾病，或這可以將生命隨意增加幾個世紀的點金石在那些完全遵從上帝意志的人手裡；亞當和大洪水之前的祖先們的生命都是以這種方式延長的。心臟被太陽統治著，大腦被月亮統治著，肝臟被木星統治著，膽被土星統治著，肺被水星統治著，膽汁被火星統治著，腰被金星統治著，整個生命就是星體的輻射物。有一個魔鬼或智慧，或者某種意義上就是一個煉金術士存在於每個人的胃裡。他在熔爐裡將各種疾病按照一定的比例混合，然後送到胃這個巨大的實驗室裡。他為擁有魔術師的稱號感到驕傲，還吹噓說他經常和地獄裡的蓋倫聯繫。他常常會把阿維森納召喚出來，和他探討流傳的關於煉金術尤其是可飲用金和長生不老藥方面的錯誤概念。他幻想黃金可以將心臟硬化治好。在他看來，要是用點金石從低劣金屬冶煉出黃金再將它用在某些相合的行星上，就可以治好所有疾病。光是這些胡思亂想（他稱之為教義）的作品名單，他就足足寫了幾頁紙那麼長。

格奧爾格・阿格里科拉

　　這位煉金術士於1494年在米斯尼亞省[1]誕生。他的本名是保爾，即「農夫」的意思。但是為了趕上潮流，他將名字翻譯成拉丁語，就叫做「阿格里科拉」。他從小時候起就沉迷於煉金術的幻想之中。在還不到16歲的時候，他就盼望著找到可以讓他活700歲的長生不老藥，還有一塊可以使他富有、盡情享受的點金石。他於1531年在科隆發表一篇這種題材的論文，因此得到著名的薩克森莫里斯公爵（Maurice duke of Saxony）的恩寵。他在波希米亞[2]的約阿希姆斯塔爾做了幾年醫生後，他被莫里斯雇去做肯尼茲（Chemnitz）銀礦的總監。他在礦工中間過得很快樂，利用深埋在地下的礦石做了各種實驗。他學到許多有關金屬的知識，慢慢地就將點金石的狂想放棄了。那些完全不信煉金術的礦工們以他們的思維方式從許多方面影響他。在聽了他們講的傳說後，他確信善良和邪惡的神靈住在地球裡，而沼氣和其他爆炸只是他們愛淘氣的習性製造的。1555年，他去世了，死後將聰明、能幹的美名留在世間。

---

1. 米斯尼亞省（The province of Misnia），今德國薩克森邦境內。——譯者注
2. 波希米亞，捷克西部地區舊稱，原是日耳曼語對於捷克區的稱呼。——譯者注

丹尼斯・扎卡伊爾

　　讀一個自以為聰明的傻瓜寫的自傳不僅可以啟發自己，也是一件十分有趣的事情。生活在16世紀的煉金術士丹尼斯・扎卡伊爾就做過這樣的事，他將他追求點金石時的愚蠢行為和癡迷心理都記錄在一部自傳中，值得後人仔細研讀。1510年，他出生在吉耶訥的一個古老的家族中。很小的時候家人就把他送到波爾多大學，專門有一位導師負責指導他的學業。但糟糕的是，他的導師醉心於追求長生不老藥，不久也把他的學生引進來了。在下面對丹尼斯・扎卡伊爾的敘述中，我們將用他自己的語氣來表達。他說：「我從家裡拿了200克朗作為我們的費用，但還是沒有到年底，隨著煉丹爐飄散的煙，我們所有的錢也一併耗盡了。就在這個時候，我的導師也死於實驗室的酷熱引起的高燒，這個煉丹爐他雖然很少，甚至從來沒動過，但是它的熱度不次於威尼斯軍火庫的高溫。不幸的是，隨著他的去世，我父親藉機把我的津貼減少了，只給我足夠的生活費，而我要繼續做煉金實驗的那筆錢則沒再給我。」

　　「為了解決這個問題，擺脫對父母的依賴，我在25歲的時候回到家鄉，抵押了我的一部分財產，拿到了400克朗進行一次實驗。我從土魯斯的一個義大利人那得知一個煉金實驗，據說他已經成功了，這筆錢正好可以用來做這個實驗。我雇了他，這樣我們可以一起查看實驗的結果。我嘗試利用高溫蒸餾的辦法來提煉金銀，但是沒有成功。我從熔爐得到的黃金比剛放進去時輕了一半，於是我的400克朗很快就變成230克朗。我給那個義大利人拿了20克朗，要求他趕緊去米蘭，找那個住在那裡的寫處方的作者問一些我們覺得很難懂的篇章。我在土魯斯等了他一個冬天，盼望著他可

以回來，但是直到今天我也沒有等到他再次出現。」

「之後的那個夏天，城鎮發生一場大瘟疫，我不得不離開那裡。但是，我沒有放棄我的工作。後來，我在卡奧爾（Cahors）住了六個月，還認識一位老人。他被村民們稱為『哲學家』，在鄉村，人們用這個稱呼來指那些比鄰居們知道得多一些的人們。我將收集的煉金處方拿給他看，還徵求他的意見，他從裡面挑出了10個或12個他認為不錯的。等瘟疫過去了，我又回到土魯斯，繼續做點金石的實驗。我這樣操勞的結果卻是我的400克朗只剩下170克朗了。」

「為了我的工作能繼續穩妥進行，就在1537年，我又認識一位住在附近的神父。他和我一樣醉心於煉金術。他跟我說，他的一個朋友跟隨紅衣主教達馬尼亞克（d'Armagnac）去了羅馬，還從那座城市給他帶來一個能把鐵和銅煉成黃金的新處方，但要200克朗才可以得到。於是，我和這位神父各拿了一半錢，開始合作。我買來一桶上好的加亞克酒，從中提取出酒精，又仔細地蒸餾了好幾次後，用做我們實驗的酒精。然後，我們將提煉出來的大量酒精放進已鍛燒了一個月的4刻度銀和1刻度金裡。接著，我們巧妙地把這混合物倒進一個角狀器皿，把另一個當作蒸餾瓶，又將所有的儀器都放到熔爐上以便產生凝結物。這個實驗連續做了1年，但是在空閒時我們還做了很多小實驗來自娛。這些小實驗跟我們的大工程相似，讓我們從中受益匪淺。」

「一整年過去了，也沒有任何變化。事實上，我們就是等到酒精凝結也不會有什麼變化。我們放一點金石粉在熔化的金屬上，再把它們放進已經加熱的水銀中，但是這樣完全沒有用。看看我們沮喪的樣子就知道，尤其是那個神父，他曾經還當著修道院所有修士的面吹噓說，要是他們能把立在修道院迴廊角落的水泵搬過來，他可以將它變成黃金！我們沒有就此放棄，我又把父親的土地當了400克朗，發誓不惜犧牲所有財產也要再次探

索出這個秘密,那位神父也出了同樣一筆錢。我得知巴黎擁有世界上最多的煉金術士後,就帶著800克朗去了那裡。我發誓就是花掉所有的錢也要找到點金石,否則我絕不從這座城市離開。在我所有的親戚和朋友心中,我應該做一名卓越的律師,所以我的這次出行大大地觸怒他們。他們只是焦急地盼望著我可以在法律界站穩腳跟。為了能偷偷地做實驗,最後我謊稱那就是我的目標。」

「15天的旅行過後,在1539年1月9日這天我到達巴黎。在第一個月,我幾乎什麼也沒做。但是當我開始和那些煉金愛好者交往以及參觀熔爐製造者的實驗室時,就結交100多個有經驗的煉金術士。他們每個人的理論和工作方式都各有不同,其中有些人鍾情於黏接處理,另一些人卻尋找萬能溶劑,一些人還大肆誇耀剛玉精粉的極大功效。有些人嘗試著在其他金屬中提取出水銀,然後再將它凝固。為了使大家互相瞭解彼此的過程,我們約好每天晚上在某個地方聚集在一起,報告各自的進展。至於見面的地點,有時我們選在某個人的家裡,有時就在另一個人家的閣樓裡。我們的會面時間不僅在工作日,還有星期日以及教堂重大節日的時候。『啊,』有人說,『如果我有錢重新開始這個實驗,我一定會成功的!』『是的,』另一個人就會說,『要是我的熔爐沒有破裂,我已經成功了。』然後第三個人又歎息說:『要是我有一個足夠堅固的圓銅器皿,我就可以把水銀與銀子化合。』他們很多人都為自己的失敗找到藉口,但是我根本不想聽這些,我也不想在他們身上花掉我身上所有的錢,因為我已經被這種承諾騙過無數次了。」

「最後,有一個希臘人毛遂自薦,我接受他,和他一起研究很久用朱砂做成的釘子,但是一無所獲。我又認識一位剛到巴黎的外國紳士,而且經常陪他去金匠店賣他所謂的實驗造出的金塊、銀塊。很長一段時間內,我都跟他形影不離,希望可以從他那得知這個秘密。他一直都不肯告

訴我，但是最後他看在我如此誠懇地請求的面子上告訴我，但是我發現那就是一個巧妙的詭計罷了。我在給留在土魯斯的那個神父朋友寫信時告訴他我在這裡的全部經歷，還告訴他那位紳士自稱能將鉛煉成黃金的詭計。神父仍然幻想我最後能成功，就建議我既然已經在這裡有了一個良好的開始，那就在巴黎再繼續停留1年。我在巴黎一直停留三年，但是就算盡了最大努力也和別處一樣沒有任何收穫。」

「所有的錢都要被我花掉的時候，神父給我寫信說要我立刻放下一切事情返回土魯斯見他。然後我就回去了。回去以後才知道，原來是納瓦拉國王（亨利四世的祖父）寫了一封信給他。這位國王對煉金術也很感興趣，而且有很大的好奇心。他寫信給神父說，要我去波城拜訪他，要是我把從那位外國紳士那裡得來的秘密告訴他，他就給我們4000克朗。神父被這4000克朗誘惑住了，在我安全地踏上去波城的行程之前，這件事情一直讓使我寢食難安。在1542年5月，我終於到了那裡。我拿著手裡的處方盡力地工作著，最終成功了。國王對我的工作非常滿意，我也得到預期的獎賞。當初，很多宮廷官員都熱切地希望我能來，但是現在儘管國王還希望我繼續做下去，可是他們卻想盡辦法地阻撓這件事情。他便滿口感謝地把我打發走了，還說要是他的王國中有一些我看上的東西——像沒收的產品或跟這相似的東西——他會很高興的。我想，就是我在這等很久也不會得到這些，與其這樣，還不如回到我的神父朋友那裡。」

「我得知有一位精通自然、哲學各方面的修士居住在波城和土魯斯之間的路上。因此，我就在回去以後拜訪他。他歡息地對我說，那些都是詭辯，是虛假的，還熱情地建議我說不要在這種實驗上浪費時間。他建議我去讀一些古代哲學家的好書，我不僅可以從中發現煉金術的實質，而且還可以知道確切的操作程序。我採納這個明智的建議，但是在這麼做之前，我要回到土魯斯神父那裡，將我們共有的一張800克朗的帳單給了他。同

時，還把納瓦拉國王給我的獎賞跟他平分了。然而，我所講述的、我們首次分開之後我經歷的事情他聽後顯得不太滿意，當我決心放棄尋找點金石時，他就更為困惑了。他堅持認為我應該是一個煉金術大師。我們的800克朗很快就花得只剩下176克朗。我離開神父，回到家裡，決心將所有古代哲學家的書籍都讀完以後再去巴黎。」

「就在1546年，我在諸聖日的第二天到了巴黎，又花費一年的時間來研究著名作家的作品，其中有崔維尚（Trevisan）的《眾哲學家》、讓・德・梅恩（Jean de Meung）的《自然對迷途煉金術士的啟示》，還有一些其他著作。但是，因為沒有正確的指導原則，我不知道應該怎麼開始。」

「最後，我從寂靜的書齋中走出來，不是去找以前的熟人、煉金術士還有江湖騙子，而是去拜訪那些真正的哲學家。但是，從他們那我看到各種各樣的操作，這讓我更加困惑了。即使如此，我也帶著某種狂熱的衝動或靈感的啟示開始埋頭於雷蒙・盧利（Raymond Lulli）和阿諾德・德・維拉諾瓦（Arnold de Villeneuve）的著作。又花了一年的時間閱讀和思考這些書籍，之後我終於決定要做什麼了。但是，我要做的這些事情不得不讓我抵押了大部分繼承的遺產，直到1549年的大齋節這一切才算完事，隨後我開始著手我的工作。我準備好了一切必需品，打算在復活節後開始行動。但是，我的朋友們一直對我存有疑慮和反對。有人問我，『你在這些蠢事上已經浪費了這麼多錢，你還想要做什麼？』另一個人就說：『要是你耗費的錢僅僅是這麼多木炭，你應該立刻打消自己是一個鑄造假幣大師的懷疑。』還有一個人建議：『既然你已經是一名法學博士了，就該在地方行政長官管轄區買一處房子。』我被親戚們的話深深地激怒了，但是他們不為所動，還威脅說要是我頑固不化，繼續出醜，他們就讓警察把我家裡的裝置、熔爐都摔成碎片。雖然我被這些連續的騷擾折磨得要死，但是我始終全神貫注，每天都勇敢地堅持著我的實驗，我從工作和實驗的過程中找

到慰藉。就在這個時候，一場可怕的瘟疫在巴黎爆發，人們因此暫時斷絕了交往，我也終於可以清靜地工作了。很快，3種顏色的相繼出現使我感到很滿意，那些哲學家的論述中提到過，這預示著我的工作即將圓滿成功。我發現這3種顏色非常明顯、一個接一個地出現。於是，就在第二天，那是1550年的復活節星期日，我進行一次重大的實驗。我將一些普通的水銀小熔爐裡加熱，結果不到1小時它們就變成純金。你可以想像那個時候我有多麼興奮，但是我小心地沒有張揚出去。我感謝上帝可以給我這樣的恩賜，還祈禱說作為回報我要增進祂賜予的榮耀，希望只有我能操作這一切。」

「因為我們約定好要互相交流彼此的發現，於是我在第二天就啟程去土魯斯找神父。在返回的途中，我去拜訪那位給我明智建議的修士，卻難過地發現他們兩個都已經去世了。在這之後，我沒有回家，又去了另一個地方，去等一位幫我看管地產的親戚。為了償還過去的債務，我讓他將我所有搬得動的和搬不動的財產都賣掉，然後將剩下的所有東西都給我的親戚們分了，這些東西他們可能有需要，這樣他們也可以分享我的好運氣。鄰居們在有關我突然歸隱的事情上眾說紛紜，一個最聰明的人認為，我因為瘋狂迷戀煉金術使得自己破產、淪落，我最後只能將僅剩的一點財產賣掉，然後去很遠的國家遮羞度日。」

「我的親戚告訴我，他把我交給他的事處理完之後，會在7月1日來同我會合。他會和我一起走，去尋找一個自由的地方。我們先是到了瑞士洛桑[1]。在那裡度過一段時間以後，我們決定剩下的人生將要在德國一些著名的城市平淡地度過。」

講到這裡，對於丹尼斯・扎卡伊爾的自傳就結束了。但是，他自傳的

---

1. 洛桑（Lausanne），瑞士西南部城市，也是瑞士沃州（Vaud）的首府，是瑞士第二大講法語的城市。——譯者注

結尾沒有開頭那麼清晰明瞭，這就讓世人開始懷疑他自稱發現點金石的真正動機。可能他歸隱的真正原因就像那位最聰明的人所說的：事實上很有可能他已經一無所有，為了遮羞跑到國外過日子去了。其他有關他生平的故事我們就不清楚了，而且他的真實姓名人們一直都不知道。他寫了一本叫《真正的金屬自然哲學》的書，是有關煉金術方面的。

約翰・迪伊博士和愛德華・凱利

約翰・迪伊（John Dee）和愛德華・凱利應該放在一起來介紹，因為很長一段時間內他們都在為共同的追求而相互合作，而且二人在一起經歷很多人世的沉浮、榮辱。大體上看，迪伊很出色，以他這樣的能力，要是他生活在一個愚蠢與迷信不太盛行的時代，他死後的聲譽會流芳百世。1527年，他出生在倫敦，很小的時候就十分熱愛學習。他在15歲的時候就被送進劍橋①。他特別愛讀書，一天中有18個小時都在看書。剩下的六個小時，他用4個小時來睡覺，兩個小時吃飯。他的健康沒有因為這樣高強度的學習而損害，而且他因此成為當時首屈一指的學者。但是很不幸，由於他開始醉心於沒有好處的神秘學幻想，導致他放棄數學和真正哲學的研究。劍橋管理階層在得知他學習煉金術、占星術、魔術後感到不悅。當時，有關他從事巫術的謠言很多，因此他要是繼續停留在英國就會很危險，為了逃避迫害，他最後不得不退到魯汶大學。他在那裡找到很多志趣相投的人。因為科尼利厄斯・阿格里帕曾經和他們一起生活過，所以他們都認識他。迪伊對這位煉金神秘學大師的離奇經歷有很大興趣。在和他們交談時，他從他們那裡受到很大的鼓勵，要繼續追尋點金石。因此，他的全部思緒很快就被這些佔據了。

他沒有在歐洲大陸待多久，就在1551年，也就是他24歲的時候，他又

---

1. 劍橋大學（University of Cambridge），位於英格蘭的劍橋市，是英國也是全世界最頂尖的大學之一。英國許多著名的科學家、作家、政治家，都是來自於這所大學。——譯者注

回到英國。在他的朋友約翰‧切克（John Cheek）爵士的幫助下，他受到國王愛德華六世的盛情款待，還得到100克朗年金的賞賜（至於原因很難查詢）。在接下來的幾年裡，他每天為人占卜、算命（指出凶吉的日子），在倫敦過著占卜術士的生活。但是他卻在瑪麗女王[1]統治時期遇到麻煩：人們懷疑他傳播歪門邪說，還指控他施展魔法謀害瑪麗女王的性命。因為第二條指控他被審判，但是最終無罪釋放。可是，他卻由於第一條指控被投進監獄，只能任憑仁慈的邦納主教處置。在史密斯菲爾德的火刑場上他得以逃生，後來他又將那些盲從宗教的人們說服了，並且使得他們相信他的做法是正統而且無可指責的，並且在1555年獲得自由。

伊莉莎白女王[2]繼位以後，他的境遇開始出現好轉。他在伍茲塔克（Woodstock）休假時，他的僕人問他瑪麗女王去世的時間，很顯然這就是他第一次出庭受審的嚴重指控。這個時候，他們公然向他詢問他的女主人的命運。女王自己還派著名的萊斯特伯爵——羅伯特‧達德利（Robert Dudley），來他這問她加冕的吉日。他就這樣被恩寵，以至過了幾年，伊莉莎白親自來摩特雷克他的住處拜訪他，參觀他的古玩館，甚至在他生病的時候派御醫給他治病。

他以占星術維生，所以總是在孜孜不倦地練習，但是他的心思卻在煉金術上。他的全部頭腦幾乎日日夜夜被點金石和長生不老藥佔據著。曾經他將《塔木德經》[3]的秘密進行深入研究，他堅信自己從那古籍中得到啟示，可以和精靈、天使對話，還可以從他們那裡得知宇宙的所有秘密。在

---

1. 瑪麗女王，英國女王伊莉莎白一世的姐姐，亨利八世的長女，人稱「血腥瑪麗」，1553—1558年在位。——譯者注

2. 伊莉莎白一世，被普遍認為是英國歷史上最傑出的帝王之一。在她當政的45年期間，英國的經濟繁榮昌盛，文學璀璨輝煌，軍事上一躍成為世界首屈一指的海軍強國。——譯者注

德國旅行的時候，他可能是遇到一些玫瑰十字會會員，而且他們的觀點不謀而合。在他看來，他可以用點金石任意控制這些神靈。他的思維因為持續思考這個問題變得越來越不正常了，最後他被自己說服，相信一位天使現身在他眼前，並且向他承諾成為他的終生朋友和伴侶，他說，就在1582年11月的一天，他狂熱地祈禱的時候，突然有一團耀眼的光芒從他博物館向西的窗戶裡湧現出來，那位躊躇滿志的天使長烏列爾在這團光耀之間矗立著。他因為敬畏和震驚而說不出話來，但天使卻仁慈地對他笑著，還將一個凸面水晶球送給他，說無論什麼時候，如果他想和其他天體上的生物對話，他只要全神貫注地盯著水晶球，他們就會在水晶球裡出現，來告訴他全部有關未來的秘密。天使說完就不見了。迪伊在使用水晶球的過程中發現：一個人必須將全部器官集中注意到水晶球上，不然那些神靈肯定不會出現。他還發現他和天使們的對話再也無法回想起來了，這讓他打算把這個秘密告訴另一個人。這樣一來，當這個人和精靈對話時，迪伊就可以隱蔽在一旁將他們的啟示記錄下來。

當時，有一個叫愛德華‧凱利的人成為他的助手來幫助他。凱利也跟他一樣，十分癡迷點金石。但是有一點，兩個人卻不同：事實上，迪伊不像個江湖騙子，更像是一個空想家，而凱利卻不是空想家，而是一個純粹的江湖騙子。他在早年當秘書時因偽造罪不幸被割掉了雙耳。這對於一個人來說是相當具有侮辱性的傷害，更不要說是一位哲學家，那簡直是毀滅

---

3. 《塔木德》：西元1世紀到2世紀，羅馬帝國將猶太人恢復獨立的願望粉碎。於是，猶太人的目光轉向傳統律法的研究和編纂之上。猶太人的生活受到《聖經》，尤其是《摩西五經》的嚴格約束。對於《聖經》無法直接給予解答的問題，歷代拉比就會按照《聖經》的精神進行處理和裁斷。西元2世紀初編纂的律法集《米書拿》，如果它無法解決的問題，就由拉比們進行討論。拉比們會將一些判例、見解、言行記錄在《米書拿》上，最後就形成《塔木德》。——譯者注

性的災難。從此之後，凱利為了使輿論最低限度地影響他的聲譽，就將一頂黑色的無簷便帽戴在頭上。他的頭被帽子緊緊地包住，他的雙頰也被遮住了，這不只掩飾了他的傷殘，而且他的儀容也因此顯得嚴肅、睿智。他如此謹慎地掩飾，就連和他一起生活多年的迪伊也從來沒有發現。他這個舉動說明為了自己的私利，凱利可以不擇手段地欺詐，或者為了同一追求而助長他主人的妄想。迪伊剛告訴他偉大的烏列爾來過了，他就立刻狂熱地表示相信，這使得迪伊非常高興。從此，他開始從事水晶球研究。就在1581年12月2日，神靈終於現身了，還和凱利進行一次不同尋常的交談，迪伊做了記錄。讀者若是對那些胡言亂語感到好奇，可以去查看保存在大英博物館①的由哈利父子搜集的文稿和圖書。在1659年梅里克・卡索邦博士將後來的諮詢談話以對開卷本的形式出版，名為《真實揭露約翰・迪伊博士和一些神靈的談話內容，如獲成功，世界上大多數國家的命運將會徹底改變》。

這些神奇的對話很快就傳遍英國，甚至傳到歐洲大陸。就在這個時候，迪伊聲稱他已經掌握長生不老藥的秘訣。他說，他是在索美塞特郡格拉斯頓伯里修道院的廢墟中發現它的。那些不太出名的占卜術士就從各處來到摩特雷克找他算命，人們都喜歡拜訪他，他們希望可以看到一位自稱永遠不會死去的人。大體上看，他的生意很興旺，利潤也很多，但是由於他將大量金錢用在買藥品和金屬上，打算用某種特殊的過程煉出黃金，所以他從來沒富有過。

大概就在這個時候，謝拉茲的普法爾茲伯爵阿爾伯特・拉斯基

---

1. 大英博物館（British Museum），又稱為不列顛博物館，位於英國倫敦新牛津大街北面的大羅素廣場，成立於1753年，1759年1月15日正式對公眾開放，是世界上歷史最悠久、規模最宏偉的綜合性博物館，也是世界上規模最大、最著名的博物館之一。——譯者注

（Albert Laski），這位富有的波蘭貴族來到英國。他說自己此行來英國的主要目的就是參觀伊莉莎白女王的宮廷——他遠在波蘭時聽過它宏偉、豪華的威名。伊莉莎白盛情招待這位諂媚的陌生人，還派她的寵臣萊斯特帶他參觀英國所有的名勝。他將倫敦和西敏（Westminster）所有的古玩店都參觀了一遍，然後從那裡去牛津、劍橋和那些因為他們的著作而光耀了自己出生地的偉大學者們談話。但是，他因為沒有在這群人之中找到迪伊博士而感到非常失望。他對萊斯特伯爵說，要是他早知道迪伊不在牛津，他肯定不會去那裡的。後來，伯爵向他保證等回到倫敦後，就會把他介紹給這位偉大的煉金術士，這位波蘭人才滿意。過了幾天以後，迪伊博士與伯爵和拉斯基在宮廷前廳一起等待女王殿下的接見，並且被引見給那個波蘭人。在進行一場有意思的交談後，這位陌生人請求去摩特雷克煉金術士家裡進餐。迪伊要是以適合他們身分的宴席來款待拉斯基伯爵和他的隨從們，他就不得不將他的鍍金餐具典當了，才可以湊上足夠的錢，所以他有些為難地答應帶著他們回家。事後考慮再三，他派人將一封急件送去萊斯特伯爵那裡，坦承他的窘迫境遇，還請求他將這件事情稟告給女王殿下。伊莉莎白聽說這件事情，立刻派人送去20英鎊作為禮物。

到了預定的那天，在許多侍從的陪同下，拉斯基伯爵來到這裡，熱情、坦誠地表現出十分仰慕主人精湛造詣的樣子。於是，迪伊開始思考究竟怎樣才可以穩妥地和這位打算和他結交的人相處，以便使他給自己帶來好處。由於長期和凱利交往，他也深深地受到他的欺騙性格影響，因此他決定要讓那位波蘭人用昂貴的代價為他這一餐埋單。很多天以前他就發現，在波蘭，拉斯基有很多地產而且勢力強大，但是他現在這種窘況只是暫時的，是他那奢華的稟性所致。而且他還知道拉斯基這個人也在追逐點金石和生命之水。因此，作為一位冒險家，正好可以利用拉斯基這樣的人，凱利也很認同。就這樣，兩人合起夥來，這個富有、盲目的陌生人還

不知道自己已經被陰謀所籠罩。他們謹慎地展開計畫，先是暗示他點金石和長生不老藥的一些複雜難懂的資訊，最後又隱約地講到神靈。他們可以在這些神靈的幫助下，閱讀未來之書，發現書裡講到的神奇秘密。拉斯基急切地要求能參與一次他們與烏列爾的眾天使之間的神秘交談，但是這兩個人已經將人的本性摸透了，沒有立刻答應他。他們僅僅暗示由於陌生人可能只是想滿足自己虛榮的好奇心，所以在一個陌生人面前召喚神靈是很難，也是很不適合的。他們這樣推脫只是想將他的胃口吊起來。但是，要是他真的就此就放棄，他們可能會很後悔。如果讀者參閱卡索邦博士所著的他們與神靈的第一次會談的介紹，就可以瞭解這時迪伊和凱利是怎樣想盡辦法地將他們的目標套住的具體情況。1583年5月25日，迪伊在記錄中寫道：就在神靈現身的時候，「我（約翰・迪伊）和愛德華・凱利坐在一起，講著高貴的波蘭伯爵阿爾伯特・拉斯來拜訪他們的事，還有他和眾生都大致一樣。」顯然，他們正在討論怎樣才可以最大限度地將這位波蘭貴族利用起來，還有討論後來他們編造出的一些故事，以此勾起他的好奇心，讓他跟他們緊密聯繫在一起。「突然，」迪伊說那個時候他們正在討論著，「一位聖靈從祈禱室走出來，看起來像一個七八歲的美麗小女孩。她的頭髮從前面捲起垂到後面，頭上戴著華麗的飾物，身披一件有拖裾的紅、綠相間的絲製長袍。她就像在書後面上下地玩著，出來進去，而且書會自己翻開，給她讓路，讓她任意出入。」

日復一日，他以相似的故事誘惑著這個波蘭人，最終勸服他來見證他們的秘密。到底是不是他們用視覺幻象來欺騙他，或者他是不是運用自己豐富的想像力欺騙了自己，這些我們都不清楚，但可以確定的是他已經完全變成他們手裡的工具，而且他們讓他做什麼他就願意做什麼。在所有的談話中，凱利都和那個神奇的水晶石保持一定距離，然後聚精會神地凝視著它，此時迪伊就坐在角落裡，以便隨時將神靈們的預言記錄下來。他

們用這種方法對那位波蘭人預言：他將有幸擁有點金石，他可以活幾個世紀，還會當選為波蘭國王；他的王國會在他的領導下無數次打敗撒拉森人，他的名字會舉世聞名。但是，為了實現這些，前提是拉斯基必須將他們，還有他們的妻子、家人帶離英國，他必須讓他們過上豪華的生活，享用不盡的財富。拉斯基爽快地答應了，然後，他們很快動身去了波蘭。

他們往北走了4個月才到了伯爵在克拉科夫①附近的莊園。他們在這裡享受著舒適的生活，大手大腳地花錢。等在伯爵宮殿裡安頓下來後，他們就開始著手將鐵煉成黃金的巨大工程。所有必需品拉斯基都為他們提供，甚至親自運用煉金術知識幫助他們。但是，不知道為什麼總是在實驗就要成功的時候功虧一簣，他們不得不用更大的規模重新開始。但是，拉斯基沒有因此而輕易地放棄希望。由於他已經把自己幻想成擁有無數財富，因此不會因為現在花費的拮据而感到沮喪。就這樣日復一日，年復一年，為了供養貪婪的迪伊和凱利還有他們同樣貪婪的妻子、家人，他一直堅持著，直到最後被迫將一部分已經典當的莊園賣掉。直到他即將面臨破產的時候，他才從癡迷的幻境中清醒過來。那個時候，他甚至為自己還沒完全淪為乞丐而感到慶幸。等清醒過來後，他最先考慮的是怎樣將這些奢侈的客人們打發走。他不想跟他們爭吵，所以就建議他們帶著給國王魯道夫的推薦信去布拉格②。我們的煉金術士也清楚地發現幾乎一貧如洗的拉斯基伯爵一點利用價值也沒有了。所以，他們爽快地接受他的建議，前往王室所在地。他們到了布拉格之後，很容易就受到皇帝的召見。他們發現，國王這個人也很願意相信像點金石這種事物的存在。他們還自認為國王對

---

1. 克拉科夫（Krakow），位於波蘭南部距離華沙約300公里的維斯瓦河畔，是波蘭最大的文化、科學、工業、旅遊中心，曾經是波蘭的首都。——譯者注

2. 布拉格（Prague，來自德語，意為「門檻」），是捷克共和國的首都和最大的城市，位於該國的波希米亞州、伏爾塔瓦河流域。——譯者注

他們的印象很好，但是不知怎麼回事——可能是凱利表現出的狡猾和騙子神情——國王並不認可他們的能力。不過他還是同意他們在布拉格待幾個月，這個舉動讓他們幻想國王可能會雇用他們。然而事實相反，國王對他們越來越反感。後來，當羅馬教宗的使節告訴他，他接見這些煉金魔術師是不適合的時候，他就下令讓他們在24小時之內從他的國土上消失。他們應該為只有這麼少的時間感到慶幸，因為使節已接到命令，要是他們再多待六個小時，就要把他們終身監禁在地牢裡，或者將他們處死。

由於不知道應該去哪裡，想到在克拉科夫還有許多朋友，他們決定返回那裡。此時他們已經將從拉斯基身上弄來的錢幾乎都花光了，很多天都被迫空腹行進。為了防止外界知道，他們十分艱難地掩飾著他們的困窘狀況。由於他們知道一旦真相暴露，將會對他們的諾言產生不好影響，因此他們想盡辦法一點也不抱怨地忍受著貧困。要是有人懷疑他們都不能維持生計，再也不會有人相信他們發現點金石。他們還可以依靠算命賺點錢，使他們可以填飽肚子。就在這個時候，一位富有的、正合他們意願的皇室成員陷入他們的陰謀之中。有人將他們引見給波蘭國王斯特凡（Stephen），他們對他預言：魯道夫皇帝很快就會被暗殺，日耳曼人會在波蘭找他們的繼任者。由於這個預言不是很精確，很難讓這位國王滿意，他們只好用上水晶球。施法後出現一個神靈，向他們預言波蘭的斯特凡將會是德國的新任國王，斯特凡這次終於相信他們。有一次，斯特凡還親眼看到凱利和水晶球裡的影像秘密交談。他也提供給他們金錢，讓他們做煉金實驗。但是，他們連續違背諾言，不斷地跟他要錢。最後他厭煩了，甚至差點不顧面子將他們逐走。這個時候，他們又遇到一個對煉金術感興趣的人，所以他們高興地改變服務對象。這就是一位在波希米亞特熱邦擁有許多莊園的貴族——羅森伯格（Rosenberg）伯爵。在將近4年的時間裡，他們舒適地生活在這位慷慨大方的保護人的宮殿裡，享受奢華，幾乎沒限

制地花錢。要說這位伯爵很貪婪，還不如說他有野心。他很有錢，關心點金石不是因為了得到金錢，而是因為它能延長他的壽命，迪伊和凱利編造的預言正合他的胃口。他們預言他將會成為波蘭國王，而且確保他可以活到300歲，盡情享受！當然，前提是他必須一直給他們充足的金錢來做實驗。

　　但是，當他們運氣十足並沉浸在由罪惡行徑的成功而帶來的獎賞的興奮中時，報應以出乎他們預料的形式到來。由於這兩個同謀總是因為相互忌妒和不信任而經常激烈地爭吵，迪伊因此總擔心事情會敗露。凱利也許是以欺詐的無恥標準來衡量雙方，認為他比迪伊更強，所以對迪伊在到處都享受那麼多的榮譽和重視感到十分不滿。他總威脅著要離開迪伊，另謀他法。迪伊已經淪為這位親密夥伴的一個工具，因此對自己被拋棄後的前景感到擔心。他的立場並不堅定，竟然會相信凱利的胡言亂語多半是來自於他和天使們的談話。他不知道該從哪裡再找一位這樣深奧、明智的人來頂替凱利的位置。因為他們每天爭吵的次數與日俱增，迪伊寫信給伊莉莎白女王說要是他被凱利拋棄了，他就去英國，希望他可以在英國受到熱情款待。他還送了一塊圓銀給她，說那個是他從熱鍋裡剪下的一塊黃銅煉成的。後來，為了令她相信那塊圓銀與黃銅上剪下的圓洞十分吻合，他把熱鍋也送給她了。他已經做好了最壞的打算，他只是希望可以和羅森伯格伯爵一同住在波希米亞，因為伯爵對他很好，而且十分信任他。凱利對於繼續住下去也不反對，但是他胸中卻正洶湧著一股新的激情。他謀劃很深，打算用這種方式來滿足自己。他自己的妻子也很惡毒，一點也不惹人喜愛，迪伊的妻子卻很漂亮，招人喜歡。他希望他們互換妻子而不至於惹惱迪伊，或衝擊迪伊的倫理道德。這件事情很難，但對於一個像凱利這樣一點也不正直，缺少良知卻陰險狡詐、詭計多端的人來說，克服這個困難並不是不可能的。他仔細地將迪伊的性格和他的弱點研究之後，就開始採取

相應的措施來實現他的陰謀。就在他們接下來的一次和神靈談話時，凱利說他被他們的話強烈地震撼了，而且不肯將他們談話的內容告訴迪伊。在迪伊的一再懇求下，凱利告訴他：從今往後他們將共用一個妻子！迪伊吃驚地問神靈的意思是不是不想他們友好地相處了，凱利只好裝作十分不情願地再次去問神靈後，說神靈依然這樣堅持。就這樣，鬼迷心竅的迪伊屈服了，但凱利卻假裝推脫了一會兒。他聲稱那是一群邪惡而且不善良的神靈，他從此以後再也不跟它們交談。然後，他就走了，聲明再也不回來。

這樣一來，迪伊一個人整天煩惱擔心，他不知道應該要誰來替代凱利和神靈對話。最後，他決定讓他8歲的兒子亞瑟來做。他將這個神職莊嚴地交給他，還要他牢牢記住：他是被召喚去履行神聖、虔誠的職責。但是這個可憐的孩子一方面沒有想像力和信心，另一方面也不像凱利那樣虛偽和狡詐。他根據指示，凝視著水晶球，但既看不見任何東西，也聽不見任何東西。最後，當他感到自己的眼睛都要麻木時，他說他看見一個看不清的影子，除了這個，沒有其他的，迪伊絕望了。他被騙了那麼久，導致只有在他幻想和神靈交談時，才是他最高興的時候，因此他把離間了他和他的好朋友凱利的那一天詛咒了。然而，這正是凱利的目的。因此，在他覺得迪伊正因為他的離開而感到傷心絕望時，又出乎意料地回來了，回到那個小亞瑟在徒勞地觀察水晶球的房間。迪伊將這個情形記錄在他的日記中，他覺得凱利的突然回來是「命運的奇蹟」「上天的安排。」還接著寫道：凱利立刻就看到小亞瑟看不到的神靈。其中的一位神靈再次提到之前的預示——他們將共有妻子。凱利低下頭，表示屈從，迪伊也不得不屈辱地將這個安排接受了。

就這樣，這個邪惡的人作惡到了極點。他們以這種方式生活了三四個月，然後又爆發新的爭吵，也因此再次分手了，從此之後他們再也沒有見過面。凱利拿著他從格拉斯頓伯里教堂發現的長生不老藥去了布拉格，將

他曾經被趕出這座城市的險惡形勢忘在腦後。似乎他前腳剛進城，立刻就被魯道夫皇帝下令逮捕，關進監獄。他被關了幾個月以後就被釋放出來，在德國流浪了5年，他在一個地方替人算命，又在另一個地方謊稱自己能煉黃金。後米，他再次因異端邪說、實施巫術而被抓進監獄。在此之後他打定主意，一旦被放出來，就回英國。但是他很快就發現連這個希望也變得十分奢侈了——他也許會被終身監禁。1595年2月的一個暴風雨的夜裡，他將床單擰成一根繩子順著高塔頂端的牢房窗戶爬了下來。但是意外發生了，他從空中摔了下來，結果兩根肋骨和雙腿都摔斷了，再加上其他傷害，他在幾天以後就死了。

迪伊在這個時候卻前程似錦——他送給伊莉莎白女王的熱鍋有了效果。凱利走後，他立刻就接到回英國的邀請。他曾經一直被極度壓制的自傲再次恢復到原來的樣子。他帶領一隊以大使身分跟隨他的人聲勢浩大地從波希米亞動身了。至於他是怎樣弄到的錢就不得而知了，但是不難猜想，不是由慷慨大方的羅森伯格伯爵給的，就是他騙來的。3輛馬車由他和家人乘坐，3輛貨車用來拉行李。每輛馬車都被4匹馬拉著，整列隊伍還有24名士兵保護著。也許人們會懷疑這樣的陳述，但這是迪伊親口說的。他是在伊莉莎白派官員詢問他的境況時，這樣發下的誓言。傳說到了英國後，女王盛情款待他，還下令任何人不得打擾他進行化學和煉金術的研究。伊莉莎白覺得一個自稱能把低賤金屬煉成黃金的人不可能缺錢，所以只是接見和保護他，沒有批給他充足的金錢。

迪伊沒有想到在這裡只能靠自己，於是開始焦急地尋找點金石。他不間斷地在熔爐、蒸餾間工作，差點被有害的煙氣毒死。他去問水晶球，但神靈們並不現身。他為了彌補凱利的位置找來一個叫巴托羅繆（Bartholomew）的人，但是這個人既沒有德行，又沒有想像力，神靈根本不願意和他交談。後來，迪伊又雇了一個叫做希克曼（Hickman）的煉

金術士，但結果一樣。自從那位偉大的神父離開以後，水晶石也失去它的威力。於是，透過這種方式，迪伊無法得到有關點金石或長生不老藥的資訊，然而他採取其他辦法尋找的努力不僅沒用，而且代價很高。於是，他很快就陷入貧困中。他可憐兮兮地寫信給女王，希望得到幫助。他講到，他和拉斯基伯爵一起從英國離開以後，暴民們藉口指控他為巫師，將他在摩特雷克的住處洗劫了，把他所有的家具都砸壞了，也將他那藏有4000多卷奇書的圖書館燒毀了，全部的煉金器具和博物館的古玩都被搗碎了，他針對這個破壞舉動來申請賠償。然後，他又講到，既然是女王要他來英國的，她就應該報銷路費。伊莉莎白接受他的申述，會時常給他一小筆錢來接濟他。但迪伊還是不斷地抱怨，女王就派一個官員來調查他的情況。最後，他被任命成聖保羅大教堂的一個小教士，到了1595年他又改為曼徹斯特學院①的院長，在這個職位上他一直做到1602年或1603年。由於體力、智力開始不行了，他不得不辭職，回到老家摩特雷克，幾乎一貧如洗。他以算命為生，總是為了換得一頓飯而不得不賣掉或典當書籍。他經常對詹姆士一世吹噓，但是國王卻不肯幫他做任何事情。換句話說，國王不信任他，他覺得他唯一可以給一個又老又窮還精力充沛的術士的獎賞就是准許他乞討，但是沒有人會因為他不照顧一個像約翰·迪伊一樣的江湖騙子而怪罪他。迪伊在1608年去世了，享年81歲，被葬在摩特雷克。

---

1. 曼徹斯特大學（University of Manchester），英國規模最大的單一校址大學，位於英格蘭北部大城曼徹斯特。——譯者注

世界公民

　　曾經人們在關於這位以這個為名寫了許多著作的煉金術士的真實姓名上有過許多爭論。人們一般都認為他是一個名叫塞頓（Seton）的蘇格蘭人。跟那些吹噓煉金能力的煉金術士們的命運相同，德國一位君主將他關進地牢，逼迫他煉出百萬黃金來贖他自己，而他卻不幸死在地牢裡，有些人將他跟一個曾經在17世紀初的歐洲名噪一時的叫麥克・森迪沃吉烏斯（Michael Sendivog）的波蘭煉金術專家混淆了。倫格萊特・杜・弗雷斯諾對煉金術士相當瞭解，因此他覺得這些人物非同一般，還將以下這位世界公民的詳細情況從喬治・莫霍夫（George Morhoff）著的《倫格萊特書信集》和其他作家的著作中摘錄出來。

　　大概是在1600年，在蘇格蘭海岸有一個叫雅各・豪森（Jacob Haussen）的荷蘭領航員沉船了。他被一個叫亞歷山大・塞頓（Alexander Seton）的紳士解救上來，等回到岸上，在紳士的家中他又被熱情款待好幾個星期。豪森發現塞頓醉心於煉金術，但是那個時候他們從來沒有討論這個話題。大概過了一年半，在荷蘭恩克赫伊森的家中，豪森招待自己救命恩人的拜訪，他決定回報他曾經受到的恩惠。他們建立深厚的友誼，在離開之前塞頓主動將點金石的秘密告訴他，還在他面前將大量的低賤金屬煉成純金，然後為了表示對他的尊重就送給他。之後，塞頓離開他的朋友，旅行到德國。在德勒斯登，他沒有將他的魔力掩飾起來，據說他當著那裡大批學者的面成功地表演煉金術。當這些傳到薩克森伯爵的耳中以後，他就下令將他逮捕，把他困在一座高塔裡，為了防止他逃走，專門派40個人看守他。一切陌生人都不能來見他。伯爵也親自拜訪這位可憐的塞頓幾

次，絞盡腦汁地勸他說出秘密，塞頓卻很頑固不肯說出秘密，也不替這位暴君煉金。因此，他被綁在肢形架上，受盡牽拉酷刑。但是他沒有因為折磨而屈服，他的意志也沒有因為威逼利誘而動搖。連著幾個月，在監獄裡他輪番受到鎮靜劑和酷刑的折磨，身體遭到極大摧殘。他的健康每況愈下，幾乎變成一架骷髏。

那個時候，一位叫麥克・森迪沃吉烏斯的波蘭學者住在德勒斯登，他將大量時間和金錢浪費在了沒有好處的煉金術上。對於塞頓的悲慘命運他感到十分同情，也相當佩服他的頑強不屈，決定盡最大努力助他逃脫。他懇請伯爵同意他來看望這位煉金家，費了好大的勁才被允許。他發現塞頓的處境極其悲慘，在暗無天日雜亂無章的地牢裡關著，吃、住跟死刑犯一樣。對於他幫助自己逃跑的建議，塞頓按捺不住心中的驚喜，還對這位大方的波蘭人承諾，說要是他可以幫自己獲得自由，他會讓他比東部君主還要富有。森迪沃吉烏斯立刻開始實施他的計畫。他先將自己在克拉科夫附近的一些財產賣掉，再拿那些錢到德勒斯登去尋歡作樂。他舉辦最豐盛的晚餐，常常將那些獄官邀請過來，尤其是那些看守煉金術士的人。最終，他得到他們的信任，藉口說他可以說服煉金術士，讓他說出秘密，因此可以隨意出入地牢。時機成熟後，他們定好了逃跑的時間，森迪沃吉烏斯還準備好一輛郵車，可以用最快的速度把他運到波蘭。等到這一天，他給獄卒送來一些酒，使得他們醉得不省人事，他和塞頓很容易地就爬上牆，成功地逃離那裡。塞頓的妻子早已等候在車中，將一小包黑色粉末穩妥地保存好，事實上，那個就是所謂的點金石，或是可以說把銅、鐵煉成黃金的東西。他們所有人都平安到達克拉科夫。但是，因肢刑、飢餓以及精神上的折磨，塞頓此時已經病入膏肓。不久之後，就於1603年或1604年在克拉科夫去世了，他被葬在當地的教堂。以上就是以「世界公民」為名而寫的煉金術士的故事，詳情請參閱《煉金術史》第三卷。

森迪沃吉烏斯

　　塞頓去世以後，森迪沃吉烏斯與他的妻子結婚了，渴望可以在她那裡得到她前夫關於煉金術的奧秘。那些黑色粉末讓他官運亨通，因為煉金的術士說，他可以用它將大量的水銀改變成純金。並且，聽說他還沒離開布拉格，成功地當著皇帝魯道夫二世①的面將這個實驗示範出來。為了紀念這個事件，皇帝將一塊大理石牌匾鑲嵌在他表演的那間房的牆上。德斯諾耶是波蘭女王、岡薩加公主瑪麗的秘書，她於1651年在華沙寫道，那塊匾牌她親眼看見過。那個時候，很多人都懷著好奇心去參觀過。

　　森迪沃吉烏斯的管家布羅多夫斯基將他後來的經歷以拉丁語記錄在他的回憶錄中，皮埃爾・博雷爾將它編進他的《高盧古人之寶藏》。根據這個權威記錄，魯道夫皇帝十分滿意他的成功，他被任命做了政府顧問，並且他還被邀請在王室任職，並且在宮殿裡居住。可是森迪沃吉烏斯嚮往自由，拒絕擔任宮廷官員，他更加鍾情於住在格拉瓦納祖傳的地產上。他好像王儲一樣熱情好客，給他管家的人說，他的煉金粉不是黑色的，而是紅色的，當他把煉金粉放進一個用來裝黃金的小盒時，僅僅用其中一粒，便能夠煉出1000枚銀幣。一般他把煉金粉放到水銀裡。每當在他去旅行的時候，就把盒子交給管家，把用金鏈子吊住的盒子掛在管家的脖子上。可是大部分煉金粉通常被藏在馬車梯子上一個隱秘地方。在他的理解之中，

1.　魯道夫二世（Rudolf II，1552—1612），是哈布斯堡王朝的神聖羅馬帝國皇帝（1576—1612年在位）。——譯者注

不管什麼時候強盜襲擊他時，他們都會忽略掉那種地方。當有危險情況被他預感到時，他就換上他僕人的衣服，坐到車夫的位置上，而讓僕人坐在他那裡。他之所以採取這些措施提高警惕，是因為他有點金石的事情幾乎家喻戶曉，許多不法之徒都想盡辦法搶劫他。德國的一位王子（布羅多夫斯基認為記下他的名字不適合）向他玩弄一個卑鄙的手段，進而以後讓他保持高度警惕。這位王子跪在地上，拜倒在森迪沃吉烏斯的面前，迫切地請求他將一些水銀當面變成黃金，來使他的好奇心得到滿足。森迪沃吉烏斯被他糾纏得疲倦了，要求他保證絕不洩密，之後就同意他的要求。他走了以後，這位王子叫過來一個住在他家裡的名叫穆倫菲爾斯的煉金術士，把發生的一切事情告訴他。穆倫菲爾斯請求讓他帶領12名騎兵去追他，或者搶回煉金粉，或者迫使他說出秘密。王子同意了，穆倫菲爾斯隨即帶領12名攜帶武裝的騎兵急速地向森迪沃吉烏斯追去。不久，他們在路旁的一個小酒館找到他，當時他正坐在那裡用餐。起初，穆倫菲爾斯先勸他說出秘密，發現無濟於事後，他就命令跟隨他的人脫去森迪沃吉烏斯的衣服，把他脫光了綁在屋裡的一根柱子上。隨之在他身上搜出一個金盒子，裡面裝著少量的煉金粉，一本寫著點金石內容的手稿，一枚帶著鏈子的金質獎章，這些東西的是魯道夫皇帝送給他的，還有一頂價值10萬銀幣的帽子，上面鑲嵌著鑽石。這班人帶著這些戰利品離開了，森迪沃吉烏斯還光著身子著緊緊地在柱子上捆著，他的僕人們也是同樣的待遇。直到這幫強盜走得看不見後，他們才被酒館裡的人們鬆綁了。

森迪沃吉烏斯來到布拉格，找皇帝申訴。皇帝立刻派人到王子那裡，命令他將穆倫菲爾斯和所有搶劫品交出來。王子恐怕皇帝發怒，就派人架了3個絞架，將穆倫菲爾斯絞死在最高的那個絞架上，剩下的兩名強盜也在其他兩個上面絞死了。他這樣不僅將皇帝的怒火平息下來，而且還把一個對他不利的罪惡見證人除掉了。與此同時，他把從森迪沃吉烏斯那裡搶來

的鑲嵌著珠寶的帽子、帶鏈的獎章以及關於點金石的手稿如數奉還，但是對於煉金粉，他說他從來沒有見過，根本不知道。

　　森迪沃吉烏斯經歷這次危險後變得更加小心了，不管怎麼建議他，他都不會當著任何陌生人的面展示他的煉金術。而且他還把自己偽裝成很窮的樣子，有時在床上一躺就是幾個星期，讓人們覺得他正患重病，由此來推斷他肯定不可能擁有點金石。他偶爾也會鑄造一些假幣，冒充成金幣。就算人們把他當成騙子，他也不希望將他當作成功的煉金術士。

　　有關他的許多其他故事，他的管家布羅多夫斯基也講述過，但是不值得再次提起。在1636年，他以年近八十的高齡安然辭世，被葬在格拉瓦納的教堂。他在世的時候，還出版幾本有關煉金術的著作。

玫瑰十字會[1]

　　玫瑰十字會與上文最後一位作者同一時代，但是那個時候已經在歐洲轟動一時，雖然短暫，但是他們卻在歐洲歷史上留下無法泯滅的痕跡。此前，人們認為煉金術只是一種任何人都會鄙視的謊言，而玫瑰十字會卻巧妙地將它神化和精煉。他們將煉金術的範圍擴大了，還嘗試著令人們相信點金石不僅可以帶來財富，還可以帶來健康和幸福。人們可以將它作為操控神靈來服侍自己的工具，可以隨意操控暴風雨和天氣變化，可以衝破時空限制，得到一切關於宇宙的終極秘密。儘管他們的這些想法很瘋狂也很虛幻，卻也不是一點好處都沒有，它在某種程度上衝擊黑暗的歐洲的各種迷信陋習，還有中世紀各種宗教思想，而且找到一個溫和、優雅、善良的東西來取代它。

　　傳說，他們的名稱來自於基督教徒羅森克魯茲，也就是「玫瑰十字」——這是一位14世紀末到處遊訪聖地的德國哲學家。有一回，他在一個叫達姆卡的地方患了重病，幾個很有學問的阿拉伯人來到他面前，他們叫他師弟，他們不僅瞭解他的過去，還知道他的未來，包括他怎樣思考，怎樣想或怎樣做。他們拿點金石將他的病治好後，又將所有的秘密都傳授

---

1. 德國朝聖者「C.R.C」，傳說這個朝聖者在中東跟隨神秘學大師學習，返回德國以後創立玫瑰十字會，目的是帶來「人類全面的改革」。在他的有生之年，據說教團中只有不超過八名成員。在羅森克魯茲死後，即15世紀，教團就消失了，直至17世紀初期才「重生」（就在諸宣言發表的年代）。傳說在羅森克魯茲死後120年，他的墳墓被人發現和開啟，在那裡找到一些珍貴文獻，教團因此重新興起。——譯者注

給他。1401年他正好年滿23歲，這時他回到歐洲，他對幾個朋友講述這門學科，並要他們發誓將這個秘密保守100年。聽說此後他又活了八十三年，在1484年去世。

　　很多人認為根本不存在羅森克魯茲這個人，他們覺得這個教派誕生得還要晚些。他們說，這個教派始建於帕拉塞爾蘇斯的理論和迪伊博士的夢想。他們原本無意這樣做，雖然沒有被認可，但是事實上，他們才是真正創造玫瑰十字教派哲學的人。現在很難確定，到底是迪伊和帕拉塞爾蘇斯從隱晦無名的玫瑰十字會那裡借鑑的想法，還是羅森克魯茲只是跟著他們發展的或者在這個基礎上做了一些改進和提升。但可以確定的是，這個教派在德國直到1605年才開始被人關注。他們的教義被傳播開後沒多久，所有的夢想家、帕拉塞爾蘇斯的信徒們、煉金術士們都紛紛投到他們門下，吹捧羅森克魯茲才是造物主。那個時候，有一個叫麥克·梅耶（Michael Mayer）的著名醫生，耗盡全部家財以及健康來找點金石，他於1615年在科隆出版一份他寫的有關這個教友會的教義和規則的報告。他宣稱，首先，「創立者的思想在有人存在以來可以想像的萬物之上，就算是神靈的啟示也不及它；他們的目標是在世界末日到來之前實現人類的新生，以及全世界和平；他們相當聰明，極其虔誠；一切都是他們的，他們可以隨意地布施給人類；他們絕不會受到飢餓、焦渴、疾病、衰老的折磨，更不會有一些其他自然方面的困惑；他們僅靠著感覺一眼就可以發現適合進入他們圈子的人；要是他們在世界之始就存在，他們在那個時候的知識就已經極為淵博，實際上他們還在不停地學習，他們總會讀整卷的書，這樣他們就可以知道曾經發生過的或者世界末日到來之前要記錄進書中的事；他們可以把最厲害的神靈和魔鬼召喚出來並留下來依附在他們身旁；他們用歌聲將位於深海和地殼中心的珍珠、寶石召喚過來；由於上帝為了避免他們受到仇敵的惡意傷害，就將一層很厚的雲團覆蓋在他們身上，所以他們可

以隱身；「玫瑰十字」教派的前8個人可以治很多疾病；他們可以利用教友會將教宗的三重皇冠變成粉末；只有兩件聖事他們會承認，那就是他們改進過的原始教堂儀式；他們將第四代君王認做他們的首領，而所有基督徒的領袖則是羅馬皇帝；他們可以給他提供的黃金比西班牙國王從東西方黃金產地搶奪來的還要多，因為他們擁有的寶物無窮無盡。這就是他們的信條。他們一共有6條行動規則，如下所示：

第一，在遊歷時幫人免費治病。

第二，著裝和所駐國的時尚保持一致。

第三，每年要在教友會指定處舉行一次聚會，要是無法出席要給出書面理由。

第四，要是哪個成員有謝世的想法，要選出一位適合的繼承人。

第五，他們將「玫瑰十字」這幾個字作為相互識別的標誌。

第六，保守教友會的秘密120年。

他們說這些條文鐫刻在羅森克魯茲墓地裡的一本金書上，從羅森克魯茲去世那天算起，到1604年已經20年了。所以，這才將他們召集起來宣傳造福人類。[1]

就在這8年中，在德國這些宗教狂使一些人皈依了他們，可是在歐洲其他地方作用不大，幾乎沒有人過問。最後，他們在巴黎粉墨登場，竟然在那些輕信的博學之人和癡迷於奇蹟的人之中引起一片騷動。1623年3月初的一個早晨，巴黎的市民們驚奇地看到他們貼滿牆面的一些詭異宣言：

這個城市中有形或無形的住所，都已經被我們『玫瑰十字』教友會主要教團的代理人進駐了。承蒙我主的恩賜，來皈依真正的靈魂，不需要書和符號我們就可以示範傳授給你。我們會用當地的語言來講解傳授，目的

就是為了拯救我們的同胞們——人類，進而避免錯誤和死亡。

　　這塊怪異的告示一度成為街頭巷尾議論的中心話題。很多人都是付之一笑，只有很少的人對此好奇。然而就在幾個星期的時間裡，這個神秘團體卻透過兩本發行的書使人們開始恐慌，因為沒有人知道他們住在哪裡，也沒有人見過他們成員的蹤影。這兩本書的其中一本是史書，寫的是有關魔鬼與自稱隱形人之間達成的可怕協議，這些令人詛咒的隱形人教義，還有隱形人的門徒們可怕的毀滅以及悲慘的結局。另一本叫做《關於一個新的不為人所知的玫瑰十字教友會神秘教法的考察》，書中講到這個教友會最近已經到了巴黎，還提到他們的生活方式、歷史，他們創造的奇蹟以及其他的細節。

　　這些書十分暢銷。每個人都急著瞭解這個神秘恐怖教友會的一些情況。巴黎市警察更加驚恐，他們夜以繼日地監視著來往的每個人，好像每個人都是那個撒旦似的。這些書講到玫瑰十字教友會共有三十六個成員。

---

1. 以下是有關羅森克魯茲陵墓的傳說，是恩斯泰斯·布吉爾發表在第379期《觀察家》上的一段文字：「某人有一次挖地，碰巧挖到埋葬這位先哲的地方。他先是挖出一個小門，門兩側各有一堵牆。出於好奇，加上想找到藏寶之地的夢想，他把門撬開了。突然，閃過一道光芒，他驚奇地發現，這是一個挖得很巧妙的地窖，地窖頂頭是一個全身盔甲的人像，左手撐在桌邊坐著，右手舉起一根木棒，前面亮著一盞燈。這個人剛把腳踏進地窖，人像立刻由原來的斜坐姿勢站立起來。這個人又走了一步，人像右手裡的木棒舉了起來。此人又斗膽走了一步，人像憤怒之極，把燈打成碎片，這個不速之客立刻陷入黑暗之中。當地村民們聽說這次歷險記以後，都拿著火把來到墓裡，發現那個鉛做的雕像只是一件類似時鐘結構的裝置；地窖的地板都鬆垮了，下面是彈簧，人們一踏上去就會發生以上的情形。」
羅森克魯茲的門徒說，他是想借助此法來向世人說明，儘管他決定不讓任何人藉由他的發現索取利潤，是他重新發明古墓中不熄滅的神燈。——譯者注

他們把基督教的「洗禮說」和「來世說」拋開。他們聲稱不是天使創造的奇蹟，而是靠自己的奮鬥，魔鬼將力量賦予他們，像閃電一樣把他們從世界的一邊瞬間帶到另一邊。他們會說很多種語言，無論他們花多少錢，他們的錢袋總是鼓鼓的。他們還可以隱身，無論人們插著多少門閂，他們都可以從容地走進屋中，他們不僅可以講述過去而且能預知未來。這三十六個兄弟分成幾個團隊，派到巴黎六個，義大利六個，西班牙六個，德國六個，瑞典四個，瑞士兩個，法蘭德斯兩個，洛林兩個，法蘭琪-康堤地區兩個，絕大多數人認為那幾個到法國的人都住在瑪萊堂裡的某個地方。很快，這個地方就惡名遠揚，人們再也不敢在那裡過夜，害怕玫瑰十字的六個隱形人會附上他們的身體。在人們之中甚至有很多受過教育的人也相信有幾個模樣詭秘的人去過巴黎的飯店和旅館，他們吃最好的菜肴，喝高級白酒，但是當店主要他們付帳時，他們卻突然變成一團空氣消失了。此外，還有傳說講到，年輕貌美的少女們上床睡覺時還一個人，夜裡醒來時卻發現有一個形體健美勝過希臘的阿波羅①的男人躺在自己床上，這名美男子被驚醒後就消失了，還有謠言說許多人發現忽然家裡出現不明來歷的成堆的黃金。整個巴黎都陷入慌亂之中，男人為自己的財產擔心，少女為自己的童貞擔心，妻子為自己的貞潔擔心，這時玫瑰十字會的人還沒有出現。就在這個混亂的時候，又有一張布告貼了出來，大意如下：

要是有人只是因為好奇而想看到『玫瑰十字』會員的面目，他將永遠也沒辦法和我們交流。但如果他真心願意將自己的名字鐫刻在我們教友會

---

1. 阿波羅（拉丁語：Apollo），古希臘神話中最著名的神之一，希臘神話中十二主神之一，是主神宙斯與黑暗女神勒托所生之子，阿提米絲的孿生弟弟，全名為福玻斯‧阿波羅（Phoebus Apollo），意思是「光明」或「光輝燦爛」。——譯者注

的名冊上，我們必然明察秋毫令其真心歸順。因此，我們不願讓公眾知道我們的居所，思想本身與真誠願望的統一足夠讓我們相識。

雖然像玫瑰十字這個教友會是不是真的存在本身還是一個問題，但很明顯有人在專門做這些布告的宣傳和張貼工作，因為布告幾乎貼滿了巴黎的每一面牆。警察嘗試著找到肇事者，然而他們沒有成功，這使得公眾更加困惑了。關於這個問題教會很快開始插手進來。為此，高堤耶（Gaultier）作為一位天主教耶穌會神父，寫了一本反映這些人輕視教宗的書，說他們肯定是路德派來傳播異教邪說的異教徒。他還補充說，他們的名字正好能表示他們就是異教徒。因為異教徒首領路德的紋章圖案就正是一個十字架上面加一朵玫瑰。還有一個叫格拉斯的人說，他們就是一幫酒鬼，一夥騙子。他們的名字來自於一種標誌——「一叢玫瑰加上一個十字架」。這種標誌常常作為隱秘的象徵被懸掛在德國小旅館的桌子上。有一句俗語是「在玫瑰花下面」，就是說一個人對另一個人透露秘密。還有其他一些人把F、R、C這三個字母的意思理解為蒸露教友會（Fratres Roris Cocti）而不是玫瑰十字教友會。對此，他們給出的解釋是，聲稱他們收集許多的晨露，並且將其蒸煮後提煉出了一種有很高價值的製造點金石和生命水的成分。遭到各種各樣抨擊的教友會想盡辦法來自衛，他們不承認使用過任何一種魔力或者他們曾經和魔鬼商量過，他們說他們都有幸活了一個多世紀，而且可能會再活幾個世紀。他們之所以能夠精湛嫻熟地掌握大自然，是因為上帝看到他們的虔誠和忠心才傳授給他們這些有能力的。那些覺得他們的名字是來自於玫瑰十字架的人，以及說他們是醉鬼的人都是錯的。他們反覆重申說他們的名字是來自於基督教徒羅森克魯茲——他們的創立者，以此來向世人證明這一點。為了對後一種責難進行解釋，他們反覆說他們不知道所謂「渴」的概念，說他們有比口感更高級的快樂。雖然他們不承認教宗最高的權力而且還將他稱作暴君，但是他們沒有打算參

與到政治或宗教中。他們說，這些有關他們的誹謗之中最不公平的就是人們總覺得他們沉迷於肉欲，認為他們在隱形外衣的幫助下會偷偷溜進美麗少女的臥室。正好相反，他們加入這個教友會的第一個誓言就是貞潔。無論是誰違反這項誓言，其所有特權都會被剝奪，而且會像普通人一樣遭受飢餓、痛苦、疾病、死亡等折磨。他們是那樣重視貞潔，甚至單純到認為亞當的墮落是因為他缺少這種美德。除此之外，他們進一步宣揚他們的信仰，聲稱像巫術、妖術以及和鬼交流這種陳舊的故事他們根本就不相信，並且他們聲稱像人們說的夢魘、魅魔之類令人噁心恐怖的東西根本就沒有，像人們多年來一直堅信的無數奇形怪狀的小精靈也沒有。圍繞在人類四周的不是這樣的敵人，而是充滿無數美麗善良、十分熱切地想要幫人類做事的精靈。西爾芙擁擠在空氣中，溫蒂妮或那伊阿得斯在水中，諾姆在地殼裡，沙羅曼達潛在火裡，所有這些都是人類的朋友。人類只要潔淨自身之後，就可以看到他們，而且可以和他們交談。有巨大的能量蘊涵在他們之中，這種能量不受空間限制和物質阻礙。然而在某一方面，人類又更勝一籌：人類擁有一顆不朽的靈魂——這是他們沒有的。但是他們可以透過激發人類對他們的熱愛來和人類一起分享這種永恆。這樣可以解釋那些女精靈為獲取男人愛慕，還有男諾姆、西爾芙、沙羅曼達、溫蒂妮為了得到女人愛慕的各種不懈的努力。被愛的對象在報答他們的愛時就會傳送一部分天火——靈魂過來，這樣一來，那個被愛的就會和他所愛的平等了。於是，雙方在這種規則下完成發展過程後，就會一起進入幸福的領域。他們講到，這些精靈在夜以繼日地監視著人類。夢境、預兆、顯靈等都是他們幹的，這是他們在用適當的方法來警告凶險。不過他們是為了自己才會這樣善待人類的，他們因為缺少靈魂，有時候會反覆無常，有時又充滿報復。他們會由於一點小事就被觸怒，對於那些失去理智、沉迷於吃喝、色情還有其他一些沉浸在肉體欲望中的人，他們會施展一連串的傷害而不是

給予恩澤。

　　幾個月以後，在巴黎教友會的布告和教士的攻擊引起的騷動慢慢平息下去。那些廣泛流傳的和他們有關的故事就是在那個荒謬的年代也是極其不可靠的，這時人們轉而開始嘲笑那些隱形紳士還有他們那些瘋狂的教義了。在這個關鍵時刻，加布里埃爾·諾德出版他的《法國的玫瑰十字會》這本書。他把這個新教派的愚蠢在這本書中成功地揭露出來。雖然寫得很牽強，但是這本書卻來得很及時，很大程度上壓制了法國的玫瑰十字會的發展。從此以後人們很少再提起他們了，只是國內偶爾會有騙子為了遮掩他們的惡行還打著這個旗號招搖過市。這些人之中，經常有人被抓住判處絞刑，因為他們「將別人口袋裡的珍珠寶石騙到自己的口袋裡」的能力很有一套。除此之外，他們「靠點金石把大塊的鍍金銅塊變成純金」的本事也很厲害。然而，他們也是憑著這些特長才得到赦免。

　　玫瑰十字會的教義不是只局限在法蘭西這個地方。它在德國繁榮發展、輝煌一時，在英國也有許多人皈依它了。後來，德國和英國出現兩位大師：雅各·波墨和羅伯特·弗拉德——所謂的哲人。很難判斷這兩個人哪一個更可笑，哪一個更怪誕。這樣看來，這個教派是分成兩派——一派是玫瑰十字教友會，這個教友會關注世俗的奇聞逸事；另一派是金色十字教友會，他們癡迷於對神靈的默禱研究。弗拉德屬於前一派，波墨屬於後一派。可以說弗拉德就是英國玫瑰十字會的鼻祖，也是就這樣在愚蠢的世界裡得到一個地位顯赫的神龕禪位。

　　1574年，弗拉德出生在肯特郡的米爾蓋特，他的父親湯瑪斯·弗拉德（Thomas Fludd）是伊莉莎白女王的軍部司庫。開始的時候他打算從軍，然而他性情喜好安靜、閒適，學習十分用功並且打算在這個方面有所成就。父親不願逼迫他選擇一條不適合自己的路，由於他小時候喜好醫學，於是父親就鼓勵他學醫。他在25歲的時候到了歐洲大陸，開始醉心於這些

在他看來極為玄妙神奇甚至無法理解的知識。他成為一個帕拉塞爾蘇斯派的狂熱信徒，而且把帕拉塞爾蘇斯當作是醫學界和哲學界的創新人物、改革家。他在義大利、法蘭西、德國住了6年，而且大腦中一直充斥著瘋狂的幻想，到處尋找狂熱者及空想家組織團體。他在1605年回到英國就被牛津大學授予醫學博士學位，開始在倫敦行醫。

由於技術精湛，他的名氣很快就傳播開來。他將他的英文名字——羅伯特·弗拉德改成拉丁文名字——羅伯特斯·阿·弗拉科特博斯，並且開始散播一些古怪的教義。他宣稱他相信點金石、生命水和萬能溶劑都是存在的，並且認為世間萬物都是由兩大要素構成的，即濃縮北方美德和稀釋南方美德。他說，人類的身體被很多惡魔操控著，他把它們放在一個菱形中，每種病都對應著一種特別的惡魔，只有在惡魔的幫助下，才可以治好這種病。由於他是催眠術的創始人之一，我們還會在本書其他地方深入論述催眠術的一個分支時涉及他的醫學概念，這些曾經轟動一時。

也許剛剛提到的宣揚教義還不夠狂妄，弗拉德名揚歐洲後就加入玫瑰十字會。他不僅成功地加入他們，而且還得到極大的重視。針對這個教友會被幾個德國作家（利巴菲鳥斯也在其中）猛烈抨擊的情況，弗拉德回擊了他們。而且他為了捍衛玫瑰十字教派哲學，就針對這個問題在1616年出版一本叫做《Apologia compendiaria Fraternitatem de Rosea-cruce questionis et infamiæ maculis aspersam abluens》的書。他因為這本書而在歐洲大陸迅速走紅。從此以後，他被看作是這個教派的高級教士之一。就是因為他是重要人物，所以克卜勒、伽桑狄覺得應該找機會駁斥他。弗拉德寫了一本書對他的教義進行詳細介紹。當有人指責笛卡兒曾經加入玫瑰十字會時，他的朋友梅森曾經幫他辯護。當時，他攻擊阿·弗拉科特博斯博士（他很喜歡別人這樣稱呼他），並且將玫瑰十字派上至教友會團體下至阿·弗拉科特博斯博士的各種可笑與荒謬揭露出來。對此，弗拉科特博斯寫了一

篇很長的回覆，他說梅森是一個只會誹謗別人的白癡，又再次說煉金術是一門實用科學，玫瑰十字會應該是全世界的創新者。這本書在法蘭克福出版，被命名為《Summum Bonum, quod est Magiæ, Cabalæ, Alchimiæ, Fratrum, Roseæ-Crucis verorum, et adversus Mersenium Calumniatorem》。此外，弗拉科特博斯還用關於煉金術的一些其他著述來答覆利巴菲烏斯，他還有一些醫學著作。1637年，他在倫敦去世。

在英國，弗拉德的時代過去之後，這個教派就逐漸衰落了。他們只能吸引到一點關注，再也無法成為公眾關注的焦點。他們也會創作一些幾乎是晦澀難懂的著作，以此來讓人們知道他們的蠢行依然存在。一個匿名的著名煉金術士以尤金尼厄斯·菲拉勒斯為化名翻譯《玫瑰十字教友會的名聲與懺悔》，並且於1652年在倫敦將這本書出版。過了幾年，有一個叫約翰·海頓的宗教狂熱者以這個為題又寫了兩本書，即《智者的皇冠或玫瑰十字的榮耀》和《聖導·玫瑰十字：人文與自然統一的先驅》。兩本書都沒有引起公眾多少關注，第三本書倒是有一些轟動，叫做《玫瑰十字會醫術新法》，署名為約翰·海頓（John Heydon），自稱上帝的僕人兼自然的秘書。摘錄於這本書中的文字，可以反映那個時候英國玫瑰十字會的一些想法。這本書的作者是一名律師，「活著的時候（引自他的原話），在西敏廳一直從事律師職務，在休庭的時候就專心研究煉金術以及對玫瑰十字會的冥想和領悟。」在他的前言中（他說自己是為一篇宗教儀式的結束語而寫的寓言故事），他用這個教派的真實歷史和教派的宗旨來啟示公眾，說摩西、以利亞（Elias）、以西結這些人都是玫瑰十字教派哲學最早的先知。那些只存在於英格蘭和歐洲其他地方的玫瑰十字會教徒就是宇宙大王的耳目，他們觀察並且傾聽著萬物。天使曾經教導啟發過他們，無形的靈魂與永恆的天使的聖友是他們的夥伴，他們可以像海神普羅透斯一樣變成各種形狀，他們有創造奇蹟的神奇力量。就算最心不在焉的教友會成員也

和最虔誠的教友會成員一樣都可以去除城市瘟疫，平息狂風暴雨、江海怒濤，在天空穿行，挫敗巫術及惡魔、治療各種疾病，並且將所有的金屬都變成黃金。他知道沃爾福德和威廉斯是跟他同時代的兩個著名的玫瑰十字會成員。他親眼看見他們向他展示奇蹟，還將許多占星術和地震預言法教給他。「曾經我希望他們之中能有人告訴我」，他說，「我的氣質脾性可不可以讓我和我的保護神交往。」「我再看到你時，」他說，（是他高興時才會來找我，我根本不知道去哪裡找他）「你就會知道答案了。」後來我們又相遇了，他說，「你應該禱告上帝，一個術士將他自己——他的靈魂獻身給宗教工作，是他可以給上帝提供最高的並可以接受的服務。」他還說，上帝仁慈的眼睛是保護神，他們穿梭於世界各地，他們滿含著熱愛和同情，關注著善男信女們天真淳樸的努力，並且隨時準備降福和幫助他們。

　　海頓堅信玫瑰十字會認為吃喝對於人類並非必要的教義，在他的思想中，任何人都可以像那些在恆河之源附近居住的怪人們一樣生存。一個和他同名的，也叫做克里斯托夫‧海頓（Christopher Heydon）的人，在他的遊記裡曾經提到那些怪人。這些人因為沒有嘴巴而不能吃飯，鼻孔是他們呼吸生活的工具，他們只有在長途跋涉時才改為聞花進食。他認為，有一種「上好的異種脂肪」在真正純淨的空氣中，陽光全部照射在上面，這些就足以提供人類營養的需求。食欲很大的人，並不排斥肉類，因為他們離不開肉，但是他堅信沒有必要吃肉。如果他們把一塊美味的肉貼在他們的肚皮上，即便那些健壯而貪吃的人也會滿足食欲！因為好似寬闊大門的嘴巴是他們不具備的，所以以這種方法吃飯，他們也就不會染病了。好比是喝水，一個置身於水裡的人是永遠不會覺得口渴的。他所知道的，靠這種方法品酒是好多玫瑰十字會的人的習慣，他們多年沒喝酒了。海頓說，「事實上，做到一輩子齋戒對我們來說原本會很輕鬆，甚至300年不進肉

食，這樣也就不會得病了。」

「這位聖明的哲人」又告訴那些有疑慮的同代人說，標誌「R、C」總是被教派的首領帶到聚會地點。該標誌是　個烏木十字架，用金色玫瑰裝飾點綴著，耶穌為人類罪孽而承受的苦難表現在十字架上，金色的玫瑰是他復活之後的美麗與光榮最好的代表。他先後把這個標記帶到麥加、各各他山、西奈山、哈蘭及其他三個地方，這些地方可能都處在半空中，叫做卡索、阿帕米亞和沙拉提索・維利沙・考奴赤。那裡就是玫瑰十字會成員聚會娛樂並且策劃所有行動的地點。在這裡他們縱情歡樂，處理了世界上出現但是已經解決的、正在解決以及待解決的問題，從始至終。「這些人，」他概括說，「就是玫瑰十字會！」

17世紀末，一些理性的思想漸漸佔據這個教派，但是它仍然擁有追隨者。令他們心滿意足的好像只有點金石。他們放棄追求純粹的、不明智的幻想。艾迪森（Addision）在《觀察家》（1714年7月30日，星期五，第574卷）中有一段他與一個玫瑰十字會成員對話的描述。這也推斷出這個教授在做事上聰明一些，儘管他們談起話來仍然還像原來那樣愚蠢。「這個秘密，我曾經與一個玫瑰十字會成員談過。」他說，「一個精靈住在一塊綠寶石裡，它可以竭盡全力地把附近的一切東西變得完美無缺。」他還說，「它可以讓太陽充滿光輝，讓鑽石充滿光澤，它可以讓所有的金屬熠熠生輝，即使是鉛塊，它也會使它帶上黃金的特性。它可以讓煙霧升成火焰，讓火焰變成光芒，讓光芒變成光輪。」他又補充說，它只要用一道光線就可以將人的痛苦、焦慮、憂鬱全部去除。總之，它出現的每個地方都會變為天堂。接著一通難以理解的說教又出現了，一些自然與道德的思想被他揉了進來，而「滿足」才是他的最大秘密。

雅各・波墨

　　接下來要講一講雅各・波墨這個人。這個人自稱從《聖經》中發現變黃金的秘密，並且創制一套將煉金術和數字於一體的詭異教義，他還在這個基礎上創建曙光十字架派。雅各・波墨於1575年出生在上盧薩蒂亞的哥利茲，30歲以前他一直是鞋匠，在1607年或1608年玫瑰十字教派哲學在德國地區開始傳播之前，他一直沒什麼名氣，但是他卻集幻想家的特徵於一身，而且他有一顆不安分的心。從此，他關心的不再是皮革，而是鑽進玄學的垃圾堆之中，每天捧著帕拉塞爾蘇斯的著作研讀。他整個人都被這些書還有玫瑰十字會的幻想吸引了，他將他的買賣全部扔掉，也因此從還不錯的經濟條件淪落到貧困之中，但是他沒有被身體上的不幸及經濟上的困乏而嚇到。他的頭腦關注的是另一個世界的生靈，他在思想上已經成為新的人類傳道者。經過4年的鑽研，他在1612年出版他的首本著作，名為《曙光》或《日出》。很多帕拉塞爾蘇斯的可笑概念都被編入其中，雅各把他的著作弄得更加晦澀難懂了。他還宣稱，若對《新約》、《舊約》進行認真的研究，特別是《天啟》這一節（全部煉金術的秘密都包括在這一節之中），就可以發現點金石。他認為神的恩典是按照相同的規定，遵循同樣的法則來給予的，人類去除罪惡和腐敗跟金屬的提煉淨化渣滓是一樣的，都是以烈火焚燒的途徑實現的。

　　他不僅能召喚西爾芙、諾姆、溫蒂妮、沙羅曼達，還可以招來各種妖魔鬼怪。他說自己會隱形術，還說自己有很高的自制力。他還說，要是他願意，他可以連續幾年不吃不喝以及徹底關閉新陳代謝。但是，我們不用去跟他這種癡人說夢多做糾纏，哥利茲地方官斥責他創作這本書妖言惑

眾，還命令他不要再寫了，回去做自己的老本行，如此一來，他的家人也不會再被教區所有的居民指控了。但是他根本就不聽，依然我行我素，今天燒礦煉金，明天裝神弄鬼，後來他又創作3本書，哪一本都跟第一本一樣荒謬絕倫。可以說，《金屬冶煉》是他的著作中最晦澀的一本。另一本名為《永恆的時間鏡子》，最後一本是《昭示的神學》，裡面到處都是寓言和隱喻。

所有的奇怪與惶惑
沒有知覺及普通的理性

1624年波墨去世，死後留下一大批追隨他的門徒。其中有很多人在17世紀時和他們的老師一樣鼓吹那些荒唐的理論。這其中，吉夫希爾、溫登哈根、約翰·雅各·齊默爾曼和亞伯拉罕·弗蘭肯伯格這幾個人還值得一提。羅馬教宗特別痛恨他們的異端邪說，因此很多人遭到監禁及嚴刑拷打的折磨。在1684年，有一個名叫庫爾曼（Kuhlmann）的人，因為涉嫌施行巫術而在莫斯科被活活燒死。後來，一個名叫威廉·羅的宗教狂熱者將波墨的著作翻譯成英文並且在多年之後得以出版。

莫米烏斯

　　彼得・莫米烏斯（Peter Mormius）和波墨是同時代的，也是一個頗有臭名的煉金術士。他在1630年致力於將玫瑰十字教派哲學引入荷蘭。他申請議會賜給他一批人，便於他傳播這個教派的教義，並且對他們提出一項計畫，是關於透過點金石和小精靈把荷蘭改造成世界上最幸福、最富庶的國家。這件事情被議會決議明智地否決了，所以莫米烏斯發誓出一套書來羞辱議會。就在這一年，他的《最神秘的自然奧秘》在萊登出版。這本書分成三個部分。第一部分討論「恆動」問題，第二部分討論「變金」問題，第三部分別講到「萬能藥」。此後，到了1617年，他的一些有關玫瑰十字教派哲學的德文著作又在法蘭克福出版。

　　同時，玫瑰十字會也給這個時代帶來大量優雅的詩歌與浪漫小說作品。英、法、德等文學作品中所描述的愛情故事，大多數是根據他們的白日夢改編的。其中最著名的就要屬莎士比亞的「靈巧愛麗兒」。在波普（Pope）的《捲髮遭劫記》中，他也根據同樣的題材勾勒出貝琳達化妝室裡虛幻的房客。穆特・福開也用這種方式描繪出極其曼妙多姿、自由變幻、幽雅而討人喜歡的水中仙女溫蒂妮，這還引起人們深深的同情和無限的想像，這些都是對以往時代的超越。華特・史考特（Walter Scott）公爵也給白衣女士阿凡妮（Avenel）賦予許多水神、水精的特徵。然而，有關西爾芙、諾姆、溫蒂妮、沙羅曼達的比喻和暗指也瀰漫在德國浪漫主義文學和抒情詩中。法國人也迎風趕上，這些精靈被他們用在小說中代替希臘羅馬大篇幅的神話。吟遊詩人更加偏愛西爾芙，人們對它熟悉到甚至將它和仙女混同了，在人們心目中，仙女的地位可以說是年代久遠了。由於玫

瑰十字會還可以給人們帶來這些好處，每個熱愛文學的人都樂意有這個教派存在，無論它的教義是多麼荒唐。

博里

在麥克‧梅耶正向世人宣稱玫瑰十字會這個團體的存在時，在義大利出現一個日後必然會成為這個教友會裡最輝煌的人物。約瑟夫‧法蘭西斯‧博里簡直是煉金狂之中最完美、最成功的天才騙子。有些權威人士指出，他在1616年，還有一種說法是在1627年，生於米蘭。他的父親伯蘭達‧博里先生是一個醫生。約瑟夫16歲就被送到羅馬耶穌學院學習。在這所學校，他以超凡的記憶力聞名全校。他毫不費力就可以掌握任何東西，就算是大篇幅巨著，他也可以過目不忘。他可以學會一切深奧的知識。令人惋惜的是，他的放縱、墮落和愛搗亂的惡習毀掉了他的大部分天資。

他連續被各種麻煩糾纏著。不斷有校長、羅馬警方來找他，他的壞名聲可以遺臭萬年了。在朋友的幫助下，他開始在羅馬行醫，竟然可以在教宗家裡謀得一個職位。他忽然開始醉心於煉金術，並且打算專心研究點金石。他的這個嗜好外加其他太多糟糕的愛好最終使他一貧如洗。他從事的研究跟享樂一樣耗費錢財，它們都可以將他的身體和名譽毀掉。他在37歲的時候終於發現靠行醫是無法維持他那奢侈的生活的，於是就開始另尋出路。他在1653年成為羅馬法官、因斯布魯克大公的代理人、米洛格里侯爵的私人秘書。在這個職位上他又混了兩年，他的生活仍然和以前一樣放蕩，總是和賭徒、浪子、蕩婦混在一起，而且還糾纏在許多不體面的街頭鬥毆事件之中，反而和那些想善待他的庇護人漸行漸遠了。

然而，似乎是突然之間，他的行為又發生很大變化。這個放蕩的無賴忽然假裝成一副哲人的沉靜樣子。形跡惡劣的他決心要改邪歸正，從今以後重新做人，朋友們對於他的變化相當高興。博里模糊地講這是超能力，

他裝作自己曾經跟善良的神談話時，神仙們將一些自然和上帝的秘密告訴他，他還說他已經擁有點金石。他和之前的雅各·波墨一樣將哲學術語和宗教問題混淆了，還竭盡全力宣稱自己又創立一個新的教派。這種行為在羅馬，特別是在教會的宮殿中是相當危險的。博里很明智地意識到這些，他及時從聖天使城堡的地牢逃了出來，來到因斯布魯克住了1年，之後又回到他的出生地——米蘭。

那個時候，他的名聲已經人盡皆知，很多人願意將自己的財產放到他的名下，所有打算加入這個教派的人都發誓會和教友會同甘共苦，共渡困境，為了教友會的整體利益而捨棄自己的財產。博里對他們說，大天使米迦勒給了他一把劍柄上刻著7位天神名字的神劍。只要是不肯加入他新教會的人都會被羅馬教宗的軍隊摧毀掉，上帝要他來做領袖。願意跟隨他的人就會將所有快樂賜給他們，他不久就會發現點金石而完美地結束他的化學研究。因此，他們也將擁有無數的黃金，無窮無盡。眾天使都會幫助他的，特別是大天使米迦勒。當他像神靈一樣走路時，他就可以看見夜的幻景，聽見天使向他承諾說他將會是一個先知。他見到作為標誌的一棵棕櫚樹，天堂的光芒圍繞樹的四周。只要一呼喚，天使們就會過來告訴他宇宙的秘密。西爾芙和小精靈們都聽命於他，這些小精靈和西爾芙從各處趕來服侍他和他所崇拜的那些神靈們。在博里不斷地重複這種故事的作用下，很快就發現自己已經擁有大批的追隨者。由於他在本書中是以一個煉金術士出現而不是一個宗教背叛者，所以就不必重複他對羅馬教宗這些當權者的憎恨了，他們與他的哲學主張一樣荒謬透頂。看著自己的追隨者數量不斷擴大，他好像逐漸產生出一種某天要成為新穆罕默德的念頭。他要在他的誕生地米蘭創立一個君主政府和宗教教派，他來做他們的國王和先知。在1658年他曾經計畫將米蘭城所有的守衛都抓起來，然後正式宣布自己是米蘭的君主。就在他覺得時機成熟要開始實施的時候，計畫被洩露了，有

20名他的追隨者都被逮捕。他費了很大力氣逃脫羅馬教宗的魔掌，來到中立區瑞士。

接下來就是對他的追隨者進行審判。所有這些人都被判處監禁，時間都不一樣。雖然博里缺席了，但對他的審判依然進行，而且持續兩年多的時間。他們在1661年以異教徒和巫師的罪名將他判處死刑，就在羅馬將他的肖像燒毀了。

當時，博里卻在瑞士過著自在的日子，在宗教法庭對他訴訟程序的謾罵攻擊之中悠然自得地陶醉著。後來他到史特拉斯堡之後，打算在那裡的小鎮上居住下來。他作為一個因宗教觀點不同而遭迫害的偉大的煉金術士，受到那裡人十分真誠的款待。然而，他覺得這個狹小的鎮子無法讓他的才能得到施展，於是就在這一年，他又去十分富庶的阿姆斯特丹城隱居了。他在那裡租下了一幢豪華公寓，招募了一群隨從，奢侈的程度令當地首富都比不上。他還用上「閣下」的頭銜。他到底從哪裡弄到錢過上這種奢侈的生活一直是一個謎。對此，煉金術士們提出各種推測。頭腦還算明智的人會認為這些錢是透過某種旁門左道弄來的。有人會想到，他在米蘭的那些門徒裡有很多富有的人，他們為了符合教義規定，就將他們的世俗錢財送給他們的創立者。無論如何，錢是在他那裡。在荷蘭，博里大手大腳地揮霍錢財，人們都佩服和崇拜他。他還治癒了幾個病人，這讓他名聲大振，被人吹捧為「奇人」。他接著專心研究他的煉金術，每天都盼望著有一天能把低等金屬變成閃閃的黃金。他一直都沒有放棄過這個夢想，即使在最窮困的時候，他依然揮金如土。但是他不可能一輩子都依賴從義大利帶回的那些錢過這種日子。雖然點金石可以在明天給予他一切需要，可是在今天它卻不能帶來一點必需品。幾個月以後，他被迫縮減開支，不再用大房子、鍍金馬車、昂貴的好馬、穿特製衣服的僕人以及各種奢華享受。然而伴隨這一切輝煌的漸漸消去，他的名聲也逐漸衰落了。當他走著

去幫人看病而不是像從前以「閣下」的名義駕著6匹馬拉的馬車來到窮人門前時，他的醫術也不再神奇了，他從一個「奇人」淪落為一介草民。朋友對他冷眼相待，那些原本虔誠奉迎他的人們也拿著香燭去其他的神龕燒香了。博里覺得自己真是應該另謀高就了。就這樣他開始到處借錢，並且從一個叫德‧米爾的商人那裡成功地籌集到了20萬弗羅林。據他所說，他是要用這些錢來尋找生命水的。他還找到6顆帶斑點的昂貴鑽石，而且承諾能將上面的瑕疵去掉而不會減少它的重量。他拿著騙來的戰利品連夜逃到漢堡。

博里在別人的引薦下見到瑞典前女王，著名的克莉絲汀娜[1]。剛到那裡，他就專門去找她。他懇請她做他的庇護人，然後他會專心尋找點金石。她給了他很大的鼓勵，可是博里害怕阿姆斯特丹的商人們會和漢堡有關聯，一旦他待在漢堡，他們有可能將他的罪行揭發。在惶恐中他又動身趕到哥本哈根，要求丹麥國王弗雷德里克三世[2]的保護。

弗雷德里克對煉金術的信仰十分堅定。由於缺少金錢，他很快就相信這個能說會道的投機家的計畫，而且對他的操作過程十分感興趣，還給他提供各種實驗工具。弗雷德里克國王盼望著他每個月都可以得到足以買下秘魯的錢財。雖然有些失望，他依然耐心接受博里的各種藉口，而博里似乎在每次失敗之後都可以為自己找到托詞。他很快討得了國王的喜歡，而朝廷大臣們由於忌妒對他的各種攻擊國王都替他抵擋了。那些大臣們眼睜睜地看著國王中了這個江湖騙子的計，每個都氣憤不已。博里想盡辦法不辜負國王的好意。幸好他懂一點醫術，這個時候可產生了作用，常常替他

---

1. 克莉絲汀娜，瑞典女王（1626－1689）。——譯者注
2. 弗雷德里克三世（Frederik III，1609－1670），是丹麥及挪威國王，在丹麥實行君主專制。——譯者注

挽回面子。就這樣，他在弗雷德里克的宮廷裡待了6年的時間，可是好景不長，1670年國王去世了，他也從此失去庇護。

在哥本哈根，博里的敵人比朋友多得多，再加上對新任國王不敢抱任何希望，於是他又去尋找其他避難所。他先是來到薩克森，不僅沒有得到一點鼓勵，反而遭遇來自宗教法庭的許多危險。因此，他只在那裡停留幾個月。他推斷出在全部認可羅馬教宗的國家他都會遭到迫害，他便毅然決定去土耳其，去做穆斯林的信徒。就在他剛到匈牙利邊界，在前往君士坦丁堡的路上，他被指控涉嫌納達斯迪和弗蘭格帕尼伯爵謀殺案而被逮捕。他報出自己的真實姓名和職業，然而他無論怎樣申辯都無濟於事。他被扣押進監獄，皇帝利奧波德一世 接到怎樣處理他的信，他開始走霉運了。國王剛拿到信時正好趕上教宗使節和陛下在密室中議事，教宗使節一聽到約瑟夫・法蘭西斯・博里的名字立即就定了他的罪，當然他的罪名自然是按律法執行的。在一隊士兵的監禁下，博里被五花大綁押到了羅馬宗教法庭的監獄。他的確是一個騙子。只要能保全性命，他就可以當眾宣布不再堅持他的異端邪說，因此對方這樣提議，他趕緊就接受了。於是，處罰改成比較輕的終身監禁。博里終究是逃脫劊子手的處罰。1672年10月27日，他在羅馬當眾認罪。他被轉移到聖天使城堡監獄，在那裡待了二十三年才去世。據說，他在晚年得到很多特權：如在獄中有專門的實驗室研究點金石來打發寂寞的時光。克莉絲汀娜女皇住在羅馬時曾經常常來拜訪他，跟他探討化學和玫瑰十字會的教義。她甚至幫他徵得特權從監獄帶他到她的宮殿小住了一兩天，她親自負責再將他押送回來。她還鼓勵他找出那個煉金術士們不斷探尋的大秘密，並且因此在經濟上資助他。能夠推斷出，這個老朋友給了博里許多好處，而克莉絲汀娜僅得到一點經驗。就是這一點也不能確定，因為就在克莉絲汀娜臨死前也依然堅信能夠發現點金石，而且隨時準備資助那些瘋狂的冒險家或是聲稱做這行的無賴們。

在監禁11年後，博里在科隆出了一本小冊子，名為《打開騎士約瑟夫・弗朗西科・博里箱子的鑰匙》。書中包含幾封有關化學和其他學科的奇信，由他自己撰寫並附上了他的生活回憶錄。這本書論述了一整套有關坟塊十字會的哲學，這為德・維拉爾（Abbé de Villars）神父寫作生動有趣的《加巴利斯伯爵》這本書提供素材，並且在17世紀末被廣為關注。

　　在聖天使城堡監獄，博里一直苟活到1695年，於80歲的時候去世。關於他一生的著作，其中《箱子鑰匙》這本書是他於1666年在哥本哈根指導弗雷德里克三世時創作的，除此之外，他還出版一本名為《羅穆盧斯[1]對羅馬人的使命》的書，是關於煉金術和秘密學科的著作。

---

1. 羅穆盧斯是傳說中古羅馬的建國者。——譯者注

17世紀的三流煉金術士們

　　除了以上講述的點金石妄想者們的生活之外，還有許多作家是被這個世紀和前一個世紀造就的，他們寫的有關煉金術的作品充滿那個時代的文獻。實際上，當時絕大多數有學問的人都對這個多少有點相信。雖然像范·海爾蒙特、博雷齊斯、基爾學、布爾哈夫等這幾十個人不是專業煉金術士，但是都偏愛並支持贊助他。愛爾維修是一位著名哲學家的祖父，他說曾經親眼見到一個陌生人將低賤金屬變成黃金。他說，某天他在書房中坐著的時候，一個陌生人進來了，這個人穿著很體面，像荷蘭南部的自由民，長相樸實，說話很謙恭，說他是來解決有關點金石的疑問的。他問愛爾維修他要是看見那個寶石能否判斷出是不是點金石。愛爾維修回答說，肯定不能。說罷，那個自由民立即將一個小象牙盒子從口袋裡掏出來，有3塊金屬在裡面，有硫黃石的顏色，有一定的分量。他對愛爾維修保證說他可以用它變出20多噸黃金。愛爾維修對我們說，他十分認真地將這3塊金屬檢查一遍，他發現這些金屬有些易碎，於是就藉機拿拇指刮下一小塊，然後就把他歸還給這個陌生人，請求他給自己表演變金過程。陌生人拒絕他，隨後就走了。等這個人離開以後，愛爾維修找來一個鍋和一塊鉛，將鉛加熱後，就把從點金石上偷來的晶粒放進去了。讓他感到很失望的是，晶粒都被蒸發了，而鉛塊還是那樣。

　　過了幾個星期，在他快要將這件事情忘記時，那個陌生人又出現在他面前。他急忙懇求將鉛變金的過程給他解釋一下，陌生人終於答應了，還對他說只需要一粒點金石就足夠了，但是在放進熔化的金屬中之前一定要用一個蠟球將它包住，不然由於它本身極易揮發的性質會使它變成蒸汽。

他們又試了一回，真的成功了，這讓他們相當高興。愛爾維修又自己重做了一次，他將六盎司的鉛變成純金。

這件事情在整個海牙都傳遍了，鎮上的知名人士都聚集到愛爾維修的書房裡 探究竟。愛爾維修又在奧蘭治親王面前示範一次，此後又做了幾次，直到陌生人給他的粉末都被他用完了。需要說明的是，這個陌生人之後再也沒有出現過，也從來不清楚他的名字或其他情況。就在第二年，愛爾維修出版《金牛犢》這本書，他將以上情節翔實地記載在這部書中。

大約同時，著名的基爾學神父的《地下世界》也出版了。他將煉金術士稱作「流氓」「騙子」或是一群「烏合之眾」。他們所講的科學僅僅是一種幻想，一場騙局。他自己曾經專心於這個領域，然而他透過無數次沒有價值的實驗和仔細思考得出這個結論。所有的煉金術士立刻全副武裝打算駁斥這個可怕的對手。一個名為所羅門·德·布勞恩斯坦的人率先挺身而出，嘗試著憑藉回憶最近森迪沃吉烏斯當著弗雷德里克三世和美茵茲選帝侯的面變黃金的事來判定他有故意誤傳的罪名。這次責難，茲維爾弗和格勞伯也參加了，他們說基爾學神父的敵意是在故意忌妒和責難比自己成功的人。

根據其他一些人聲稱，古斯塔夫·阿道夫曾經將一些水銀變成純金。知識淵博的博雷齊斯說他見過用這種黃金鍛造的硬幣，倫格萊特·杜·弗雷斯諾也可以證明確有此事。在《蒙科尼斯遊記》中講過一個故事：有一個呂北克（Lubeck）商人，沒做多大的生意，但是他卻知道如何將鉛變成黃金。他將一個他製造的少說也有100磅的金錠獻給瑞典國王，國王下令立即將它鑄成金幣，因為他相信它的原料就像這個人講的那樣。他在一面刻上自己的手臂，又將象徵商神荷米斯①和維納斯神②的圖案刻在背面了。蒙科尼斯又繼續寫道：我正好有幾個這樣的小金幣，然後還有人告訴我說，就在那個從來不顯露自己財富的呂北克商人死後，人們發現在他的棺材裡

有很大一筆錢，少說也有170萬克朗。

　　像這種連高層人物都堅信的故事導致歐洲各國的人們對煉金術有持續的癡迷。只需要看看17世紀有關煉金術的著作的豐厚程度就足以令人驚歎了，更不用說為了這個幻想而獻身的那些聰明人。在路易十三統治時期，有一名叫加布里埃爾‧德‧卡斯塔涅的聖方濟各修道士引起很大關注，國王甚至賜給他王室官吏的職位，去擔任總施賑吏。他說他已經發現長生不老藥，要是路易吃了它就會繼續執政100年。海爾蒙特還宣稱他曾經成功地完成水銀變黃金的過程，之後魯道夫國王二世又將他安置在維也納宮廷裡。因為發明鹽而聞名的格勞伯（Glauber），17世紀中葉時在阿姆斯特丹行醫，而且在這座城市建立一所公學來研究煉金術，由他親自授課。斯派爾的約翰‧約阿希姆‧貝歇爾曾經一度輝煌，他相信採用某種特殊的過程可以把燧石煉成黃金，只是要有點金石這個相當神奇的東西來輔助。他曾經建議奧地利國王利奧波德資助他做這個實驗，但由於成功的希望太小，要消耗相當大的一筆資金，因此無法誘惑國王。儘管沒提供一分錢，卻大方地誇獎了他許多。貝歇爾又試圖去荷蘭議會那裡要求資助，又碰了個大釘子。

　　在一切有關黃金的把戲中，有一個故事還比較讓人滿意，這就是老若弗魯瓦於1722年4月15日在巴黎皇家科學院工作時宣讀的一篇文章。其中講的主要內容是關於16、17世紀的煉金——騙術成就。以下這段摘錄現在放在這裡可能不太適合，因為有關成功變金的例子相當多，而且顯然都很權

---

1. 荷米斯，又譯赫密士，他是宙斯與邁亞的兒子，是奧林匹斯十二主神之一。他是邊界及穿越邊界的旅行者之神，也掌管牧羊人與牧牛人，辯論與靈舌，詩與文字，體育，重量與度量，發明與商業，他也是狡猾的小偷和騙子之神。——譯者注

2. 維納斯（拉丁語：Venus），是愛神、美神，也是執掌生育與航海的女神，相對應於希臘神話的阿芙蘿黛蒂（Aphrodite）。——譯者注

威，然而在這裡對老若弗魯瓦的強烈曝光最可以轉變民眾的錯誤觀念。一般情況下，他們耍的把戲就是拿一個雙底鍋，鋼或銅在鍋的下面一層，塗成類似金屬顏色的蠟在上面一層來以假亂真。他們在兩層中間放入適當的金粉、銀粉，然後又放入鉛、水銀等其他金屬，然後用火來燒這個鍋架。自然，等實驗結束的時候，總是可以在鍋底發現一塊黃金。用其他辦法也可以達到相同的效果。有人就找來一根在中空部分裝滿金粉、銀粉的魔杖，再拿蠟或奶油將末端堵住，然後一邊用魔杖來攪拌鍋裡熔化的金屬，一邊又謹慎地施加各種儀式來轉移人們的注意力，巧妙地實現他的真正目的。有人還將鉛塊鑽出孔，將熔化的黃金注入其中，然後再謹慎地拿鉛將小孔封住。有時候他們先用水銀把黃金洗得看起來像一塊次等金屬，又用一點硝酸再將它變成一塊黃燦燦的黃金，這樣一來就可以輕易地騙過外行的眼睛。

還有人拿釘子來行騙。釘子一半是鐵一半是銀或金，他們解釋說這種釘子之所以這樣，是因為在一種烈酒裡泡過了。老若弗魯瓦給科學院帶來幾個這樣的釘子，而且故意講到這兩個部分是怎樣完美焊接在一起。其實釘子金的或銀的那一半是塗上鐵一樣的顏料，只要將它浸到硝酸溶液裡這顏色立刻就掉了。很多年來，托斯卡尼（Tuscany）大公手裡一直收藏著這麼一根鐵釘。若弗魯瓦又說，英國伊莉莎白女王從一個修道士那裡得到的那個刀子就是這樣的。刀刃有一半是金的一半是鋼的。那個時候常見的半金半銀的硬幣，就是煉金術士們為了騙人才造出來的。實際上，在若弗魯瓦先生長篇報告結束的時候說到，完全可以確定那些至今還流傳著的有關變金變銀的故事（在嬗變粉或煉金粉的作用下）全部是根據以上所描述的幾種成功的騙術來做的。毫無例外的，做完一兩次實驗後，這些假哲人就全都失蹤了。一方面是因為他們的能力達不到了或者是萬靈藥不靈了；另一方面，就是他們再沒機會在無人知曉的情況下再做一遍了；還有一個原

因就是他們的金粉不夠用了。

這些所謂哲人的無私剛開始很能矇騙人，他們大方地將他們得到的一切利益甚至各種榮譽都放棄了，這種例子經常會有。但是這表面上的無私正是他們狡猾騙人的地方。它讓人們一直充滿希望，好像是能夠發現點金石的，而且它可以給未來提供很多方便之處。他們確實急著想要得到例如進入皇室、公費贍養還有從野心很大而且又貪心的君主們那得來的禮物，以及所有他們輕而易舉地承諾變出黃金以後想要得到的東西。

現在的任務就是，回憶這些開始於18世紀的妄想的發展史。人們能發現，到最近已經出現一些理智回歸的蛛絲馬跡。

讓・德利爾

　　在1705年，有一個叫德利爾的鐵匠在法蘭西吸引民眾的注意。傳說他找到點金石，而且到全國各處遊歷示範如何將鉛變成黃金。這個人出生在普羅旺斯，他的名聲就是從那裡傳播到巴黎的。很少有資料記載他的早年生活，然而倫格萊特・杜・弗雷斯諾還是盡力找到一些他晚年故事的詳情，這是一些很有趣的故事。德利爾沒有接受過任何教育，在青年時期曾經是一個煉金術士的僕人，而且從煉金術士那裡學到許多這個教友會的伎倆。到現在，連那個煉金術士的名字都記不清楚了，但據說他得罪路易十四政府，被迫躲到瑞士去尋求庇護，德利爾於是就跟著他來到薩伏伊。據說，德利爾將他的主人騙到一個偏遠寂靜的小山路上，搶劫並且謀殺他，之後他就將自己打扮成一個朝拜的香客，返回法蘭西。在返回途中，他在一個路邊蕭條的小旅館住宿時結識一個叫阿魯伊斯的女人，二人一見鍾情，阿魯伊斯願意放棄一切去和他流浪，同甘共苦。在普羅旺斯，他們共同默默地過了五六年安樂的生活。1706年，有傳言說他是擁有點金石的人，於是人們從各地湧入他居住於巴約蒙附近的西蘭奈的帕盧城堡，來看一看他從泵、火鏟等廢銅爛鐵中變出來的財富。以下的內容是1706年11月18日在普羅旺斯的里耶茲教區教皇新堡修道院副院長塞里斯寫給巴黎聖雅各伯修道院牧師的一封信，信中講述的是有關他的操作情況：

　　我親愛的侄子，我要告訴你一件事情，我想你和你的朋友們肯定有興趣知道。在大多數人心中覺得是癡心妄想的點金石現在終於有人找到了。有一個名叫德利爾的人發現這個偉大的秘密，他在西蘭奈教區居住，跟我

的一個同僚在同一住宅區。他可以將鉛變成黃金，將鐵變成白銀，這些金屬被燒得滾燙之後，他趁熱把他的油、粉澆在上面。這樣，要是他有足夠的奇特混合物，他一天就可以賺到100萬。他還將煉成的白金拿到里昂的珠寶商那裡來檢測。他還把20磅黃金賣給迪涅一個叫塔克西斯（Taxis）的商人。珠寶商們全都說他們有生以來也沒有見過這麼純正的黃金。他還可以製作一半是鐵一半是金還有一些銀的釘子。有一天我接到塞內斯（Senés）主教的命令來跟他長談時，他同意送一顆給我，主教親眼看到全部過程還對我進行詳細介紹。

萊茵瓦爾德伯爵和夫人把一錠黃金給我拿出來看，這黃金是德利爾從錫蠟中當著他們的面變出來的。我的姐夫花費50年的時間來從事這個偉大的研究，他有一天拿來一根金釘子，這是德利爾變出來的，我之前認為姐夫以前所做的實驗全部是建立在錯誤的原則之上，透過這件事情使我更確信。前不久這個出色的工匠接到一封來信，是皇室主管人寄來的，我懷著崇敬的心情讀了一遍這封信，皇室主管在信中提到透過借助他和部長們的威信來阻止任何人干涉德利爾的自由。這樣的事件政府官員們也確實曾經兩次採取制止措施，聽說德利爾用某一種特別的油來煉金銀，他總是把它放在陽光之下長期曝曬。他告訴我說，準備這一切通常需要用六個月的時間。我向他傳達國王要召見他的資訊，他回覆說他不是在任何時候都可以獻藝，只有在氣候和溫度適合的情況下，才可以保證煉金的成功。實際上，在別人看起來這個人沒有什麼貪婪的欲望。他除了兩匹馬、兩個男僕外，什麼都沒有。除此之外，他嚮往自由，不太注重細枝末節，他的法語說得不是很好，雖然如此，他對事物的判斷卻很有章法。之前他只是一個鐵匠，但是他善於在工作中學習總結，幹得不比別人差。附近的地主和莊園主都渴望能夠見他一面，像崇拜聖神一樣崇拜他。如果這個人能向國王說出這個秘密（實際上，國王已經收到皇室大主管進獻給他的幾錠黃

金），為此法蘭西會歡呼雀躍。但是這種歡愉顯得十分虛幻、可望而不可即，因為我擔心這個工匠即便在臨死時也不會說出這個秘密。毋庸置疑，全國會因為這個發現而沸沸揚揚，除了我剛才描述的這個人，這件事情因為他的名聲而受到阻止。不管怎樣，他總會為後代子孫所知道的。

另一封信是在1707年1月27日寫給同一個人，塞里斯在信中寫道：

我親愛的侄子，在上封信中我跟你提到的普羅旺斯那個地方有關於著名的煉金術士德利爾的事情大部分沒有事實的根據。現在，我可以透過自己的親身經歷來向你講述。我自己變出來一根一半是鐵一半是銀的釘子。那個手藝可謂是崇高而令人尊敬的，他把更大的特權賜給了我——我可以按照他的方法將我自己帶的鉛用他的油和粉末變成純金。這位先生讓全國都對他倍加矚目。有人立刻予以反駁，有人抱懷疑的態度。通常誰見到過這件事情都會相信這件事情是真實的。他被派到宮廷去的通行許可證曾經被我拜讀過。他被國王命令初春趕到巴黎。他曾經告訴我說他很樂意去，而且選擇春天出發是他自己的主意。他廣泛地收集材料，這樣便可以在見到國王的第一時間為他做一個實驗，證明最純粹優質的黃金是由大塊鉛變成的。我真心希望他的這個秘密可以長久地保留下來，並且能向皇帝陛下傳授這個秘訣。上個星期四，即這個月的20日，我有機會能和他一起吃晚餐。我私底下對他說，要是他願意，他可以將法蘭西所有的敵人打敗。對此，他沒有否認，只是笑了笑。這個人確實是一個奇才，有時候他把油和粉混在一起用，有時只用粉，也只用很少的一點。可是我用金粉來摩擦自己做的金屬錠時，卻無論如何也變不出黃金。

毫無疑問，不是只有這個容易輕信的教士會在面對這個狡詐騙子的大筆財產時失去理智。還有一個是在格勒諾布爾教堂唱讚美詩的名為德·萊

昂斯（De Lions）的教士在1707年1月30日寫的：

　　蒙蒂耶的副牧師梅斯納德在給我的信中提到，有一個年紀大概35歲左右名叫德利爾的人，他可以將鉛和鐵變成金、銀，他變黃金的過程很值得相信，他變出來的金銀就連金匠們都承認是他們見過的最純正、最精緻的金銀。在這5年之中，人們一直將這個人看作瘋子、騙子，然而現在，人們又開始敬重他。現在，他和帕盧先生（M. de la Palu）同住。帕盧先生不富裕，他缺少一筆錢給女兒置辦嫁妝，他的女兒都已經年近中年卻還未出嫁，然而沒有男人會娶一個沒有嫁妝的女人。國王召見德利爾，在他準備去宮廷以前，他曾經答應他的女兒們要她們成為這裡最富有的女兒。臨走前，他又將時間延遲了一些來找到充足的能替國王變出幾擔黃金的粉末。製造他的神奇粉末的主要物質是藥草，主要有大緞花和小緞花，帕盧的花園裡被他種上了許多大緞花，而要是採集小緞花他就不得不跋山涉水地到距離蒙蒂耶六英里之外的山中。我正在講述的並不是一個編出來取悅於人的故事，梅斯納德先生的事情有很多人可以作證，其中包括塞內斯主教，他曾經親眼看到讓人震驚的整個變金過程。除此之外還包括塞里斯先生，大家應該很熟悉這個人。德利爾就在這些人面前變出了黃金。他拿他的粉來不斷地摩擦鉛塊、鐵塊，然後將金屬放在燃燒的木炭上，不久它們就開始變色了，鉛塊變為黃色，變成上等的黃金，鐵變為白色，變成純正的白銀。德利爾根本不識字，是一個徹底的文盲。聖奧班曾經嘗試教他讀書寫字，但是他的努力沒多大效果。德利爾這個人很猖狂而且粗魯，容易幻想，並且總是意氣用事。

　　看來，德利爾是打算去巴黎冒險。他知道在皇宮裡自己的伎倆會被嚴格監控。他找了各種藉口將行程推遲了兩年之久。德斯馬雷是路易十四的金融總長，國王考慮到這個「哲人」可能是怕自己會在路上出現一些不測

或遭遇暴行，於是曾經送了兩次蓋著國王御璽的通行許可證給他，但依然被德利爾拒絕了。據此，德斯馬雷寫了一封信給塞內斯主教，表達他對這些偉大的煉金術的真實看法。以下就是主教的回覆：

1709年3月，塞內斯主教回函路易十四陛下金融總長德斯馬雷文件副本。

先生，最遲好像是在一年以前，我曾經為您晉升總長一事寫信表示祝賀。在此我很榮幸地能把我對德利爾先生的一些看法寫信稟告給您。他一直用來變黃金的地方是我管轄的教區。前兩年針對他就有人問過我這件事情，我曾經在龐恰特雷恩伯爵面前多次提起他，不過對您或查米拉特，我沒有特意寫過信，因為關於此事我沒有被您二人要求談及過。既然現在我知道您想瞭解我對這件事情的意見，我將如實闡述自己的觀點來維護國王的利益及財政部的繁榮。

對於德利爾先生這個人，有兩件事我認為應該給予公正的看待：一件是關於他變金的秘法，另一件是有關他素來的人品。換句話說，無論他的變金術真實與否，或者他的行為正常與否，一說起點金石的秘密，我曾經長期否認這是可能的。差不多有三年的時間，我比任何人都更懷疑德利爾的聲名。在這段時間內，我沒有給他提供過任何支援，曾經有一個由本地貴族極力推薦給我的人，我幫助過他，但也是這個人，告訴我說曾經好多次拿了他從鐵和鉛中變來的金銀到尼斯、艾克斯、亞維農的金匠那裡，這麼做是出於他對德利爾的憤怒。我起初對德利爾的看法有些不好，後來一次偶然的機會在一個朋友家裡見到他。我的朋友讓他在我的面前秀一下演技，他似乎是為了向我討好，答應得很爽快。我把幾顆鐵釘交給他，當時有六七個我認為可靠的人做證，在他把這些釘子放到煙囪裡以後，這些釘子頓時變成白銀。我半信半疑，於是就派我的手下施賑吏把這些銀釘子送到艾克斯的珠寶商英伯特那裡鑑定一下。經過專業的鑑定，他在還給我

時說鑑定證明這是上好的白銀，可是我對此還不是十分滿意。龐恰特雷恩兩年前曾經向我暗示過，一旦我透過調查知道德利爾的秘密，我就有責任為國王陛下做一件好事，我認為現在是時候開始著手做這件事情。於是，我請一位煉金術士到卡斯泰朗（Castellane）來見我。他應邀趕到了，我特地找了10個警衛來陪同他，在事前曾經暗示他們一定要關注他手的一舉一動。他當眾把兩塊鉛分別變成黃金和白銀，我把變好的黃金和白銀送到龐恰特雷恩那裡。他不久給我回了一封信，這封信現在就放在我的面前，他說把變好的黃金讓巴黎市最有經驗的金匠鑑定過了，他們口調一致地宣布這是現今遇到的最純正的黃金和白銀了。在這之後，我徹底改變對德利爾以前的看法。尤其是他在塞內斯當著我的面又變了五六次，我自己又在他完全沒有插手的情況下親自操作了一下，這些結果更改變我的看法。先生，有目共睹，我侄子貝拉爾（Pére Berard）在巴黎一家劇院寫的信，他自己在卡斯泰朗試著做了一個實驗。我可以證明這件事情確實是真實可靠的。布爾熱先生（Sieur Bourget），我另一個侄子在3個星期前把這個實驗當著我的面又做了一遍，等他到了巴黎以後就會親口向你原汁原味地講述發生的一切，在我的主教管區內，親眼見到這些事的有100多人。先生，我不得不承認，經過了所有旁觀者及金匠的一致鑑證，這個實驗在我親眼目睹的情況下，成功了無數次之後，我之前所有的疑慮都全部消失了，眼見為實，耳聽為虛，我個人之前主觀臆斷其不可能的想法徹底被我的眼睛給否定了。

現在可以做的就是讓我來為您講述這個人的其人其事。關於他，有三個地方讓我覺得可疑：第一，他在錫斯特龍有犯罪的嫌疑，他把當地的硬幣作為偽造的對象。第二，國王曾經兩次向他發出『通行許可證』，他卻置若罔聞。第三，他一再拖延去宮廷給國王表演變金術的時間。先生，您看，我對任何一個問題都沒有隱瞞或迴避。關於錫斯特龍一事，德利爾一

再地向我保證說他從來沒有做過任何違反法律的事，他也從來沒有做過任何對不起國王的事情。六七年前，他確實到過一次錫斯特龍採集過用來製粉的草藥。當時，他曾經在一個叫佩魯斯的人家裡寄宿過。起初他還認為佩魯斯是一個很老實的人，佩魯斯曾經被指控損毀路易錢幣。德利爾因為曾經和他住在一起，所以被懷疑為是佩魯斯的同夥。因為這個無憑無據的懷疑，德利爾當時沒有出席法庭，他又被判定為故意藐視法庭，法官們向來對缺席的人嚴加懲辦，這個案子對久經法庭的法官們來說簡直是稀鬆平常的一件事情。我在艾克斯任職的時候，就聽過一個透過到處散布謠言來詆毀德利爾人格的名叫安德烈‧阿魯伊斯的人，因為這個人想藉這個機會把他欠德利爾的一筆約40路易的錢賴掉。但是，先生，請允許我進一步補充，即便我們有充分的理由懷疑德利爾，對如此一個在社會上有重要地位的特殊人物，我們還是應該以禮相待，對一個國家而言，對如此優秀的秘密人物還是法外施恩為好。至於國王給他的兩個通行證，我敢肯定他之所以無視，是因為他自己根本沒錯。嚴格地講，他的1年時間僅有夏天的4個月。要是有任何事阻止他充分利用這幾個月，可以說整個1年的時間就被他丟掉了。所以，第一個通行證的浪費是因為1707年薩伏伊公爵的入侵。而到1708年年底得到第二個通行證時，正趕上一幫以格里尼昂伯爵的名義攜帶凶器的人將德利爾侮辱了。他上訴了幾次，不是沒有回音，就是只同意給他安全保證。我現在講的這些事只是為了解釋第三點疑慮，即為什麼德利爾不能立刻去巴黎向國王實現他兩年前的承諾。在連續的干擾下，他已經喪失了兩三個夏天。不能收集充足的油、粉，無法將它們提純到一定程度，他就不能變黃金了，所以在您面前許諾給布爾熱先生的嫁妝也就不能兌現了。在我侄子來之前他就把這些情況告訴我了，要是哪天他拿自己的幾克粉把鉛變成黃金，那一定是花光了所有的積蓄了。我敢說，就算他有這一點材料供他表演，稍微動動腦筋他也不會去國王面前冒這個險的。因

為哪怕在金屬裡有那麼一丁點兒障礙（如只有操作時才發現金屬太軟或太硬），人們都會把他當成是一個騙子，要是再趕上他第一次用的粉沒起作用，他又沒有更多能夠再重複實驗的東西來解決這個問題，他就麻煩了。

先生，請准許我最後再聲明一次，總之，我們不能將這種人才逼上絕路，更不能將他逼到其他國家去避難，事實上，他自己也不想去。他曾經對我在提出這些建議時表示不屑一顧。給他一些時間，你也不會損失什麼，而過於逼他只能讓你失去更多。毋庸置疑，他變來的黃金一定是真的，這已經被艾克斯、里昂、巴黎這麼多珠寶商確切評價過了。前兩個給他的安全許可證沒有用上不是他的錯，所以我覺得應該再給他一個，我敢保證這一次會成功的。要是您可以相信我還有願意效勞陛下的忠心，我請求您把這封信轉交給國王陛下，或許我也可以不用受到那些看似正當的責難。要是他對我給您寫的這些情況不太瞭解，總有一天他會對我發火的。如果您答應了，請對國王保證，要是給我發一個安全許可證，我會帶上德利爾先生和我一起表達他的真誠，並且以此來表示對國王的責任。以上只是我的一些拙見，特此提呈以求明鑑。

塞內斯主教約翰謹上
致巴黎金融總長，國務大臣
德斯馬雷

從這封信中我們就可以看出，很明顯這個德利爾非同尋常，相當狡猾和善於辭令。他的詭計把主教大人弄得沒了方寸，而疑問一消除，他就開始像德利爾希望得那樣自欺欺人。這一點主教堅信不疑，他甚至成為他的保護人，無法容忍任何人對德利爾有哪怕是一丁點兒的懷疑。顯然，路易十四和他的大臣都被他製造的幻象迷惑了。於是，這位煉金術士很快就拿到了第三個安全許可證，國王命令他立刻到凡爾賽宮①在眾人面前用他的油、粉做實驗，但這卻不是德利爾的原意。在他那個地方，他可不是泛

泛之輩，無論他走到哪裡，他都得意於圍繞左右的諂媚恭維，這也就使他更不願意放棄這裡的各種好處而去國王宮殿受人監視。這樣一來他開始找各種理由推脫，也全然不顧他的主教朋友再三懇求。主教可是跟大臣保證過的，他拿名譽來擔保勸德利爾去巴黎，然而他發現他根本沒辦法消除掉這個人一絲一毫的固執念頭。這兩年中，他一直苦口婆心地規勸也沒有產生任何作用，總是會碰釘子。例如：要麼是沒有充足的粉，要麼就是陽光曝曬時間不充足。教士最終無法再忍耐了。他怕時間再拖久了會被皇室懷疑，於是致信給國王要求將德利爾放逐。根據這道命令，他們將這位煉金術士送進帕盧城堡，而在1711年6月，又將他送去巴士底監獄。

憲兵們知道他們押送的犯人是一個擁有點金石的人，就密謀搶劫並且殺害他，這裡面有一個人假裝十分同情這位哲人的不幸，而且答應提供給他一次逃跑的機會，只要他可以轉移他同伴們的注意力，德利爾趕忙道謝，卻沒料到這是一個陷阱。最終，為了小心行事，他狡猾的朋友和他的同夥商量決定最好讓德利爾趁剩下幾個人在遠處時擺脫其中一個，然後他們再一邊追他一邊朝他的心窩開槍。在他的身上找到點金石以後，再用馬車將他的屍體運到巴黎，向德斯馬雷先生彙報說罪犯想要逃跑，幸虧他們從背後開槍，不然就讓他跑了。他們找了一個適合的地方進行這個陰謀。「好心」的憲兵發出事前約定的信號，德利爾立刻開始逃跑，早已隱藏在四周的憲兵先是給了他大腿一槍，沒想到卻引來一些圍觀的農民，因此他們無法如願將他殺掉。他被押回巴黎，關進巴士底監獄的一間地牢裡，但下肢的傷勢頗為嚴重，一直無法止血。他固執地將醫生包給他包紮傷口的

---

1. 凡爾賽宮（法語：Chateau de Versailles），位於法國巴黎西南郊外伊夫林省省會凡爾賽鎮，作為法蘭西宮廷長達107年（1682—1789年），1979年被列入《世界文化遺產名錄》。——譯者注

繃帶扯掉，從此再也無法從床上坐起來。

　　塞內斯大主教曾經幾次去監獄拜訪他，而且答應要是他可以當著國王的面將鉛塊變成黃金，就放他自由。這個倒楣的人這個時候已經是想騙人也沒有辦法了，既沒有黃金，也沒有雙底鍋和魔杖，就算是有，他也不肯承認自己是一個騙子，只說他清楚如何製作金屬嬗變粉，他只是在一個義大利哲人那裡弄到一點，而且他早在普羅旺斯做實驗時就用光了。他在巴士底監獄被關押七八個月，最後死於傷口感染，死時年僅41歲。

阿爾伯特‧阿魯伊斯

　　這個宣稱自己已經擁有點金石的人，是一個女人和她的前夫德利爾所生的兒子。德利爾年輕時，在一個路邊的餐館裡認識這個女人，然後就和她結婚了。德利爾只對他盡了部分父親的義務，他覺得他可以給兒子最好的愛莫過於教給兒子一些行騙方面的技巧，因為是行騙使他如此成功。年輕的阿魯伊斯很有靈性，很快就掌握煉金術的術語。他可以到處引證，給人們講述各種有關嬗變、發酵、萬靈藥、長生不老藥、萬能溶劑的故事。德利爾去世以後，人們都傳言說他將煉金秘方只傳授給了他兒子一個人。他母親跟他合夥騙人，幻想以這種方式來吊住那些有錢人的胃口，在他們煉金期間這些人相當順從。德利爾的厄運完全沒有妨礙他們在法蘭西的活動。普羅旺斯人跟以往一樣高度評價了他們的手藝，他們也願意相信德利爾的繼承人、這個年輕小夥子煉金的故事。然而，巴士底監獄的地牢也已經向他們敞開大門。阿魯伊斯和他母親輕裝上路，幾年之間他們在歐洲各處遊歷，常常用雙底鍋之類的東西成功地表演變金術，也遇到很多高人。在1726年，阿魯伊斯獨自（很明顯他母親在途中去世了）來到維也納，他毛遂自薦到了黎希留公爵（當時的法國宮廷大使）那裡。這個貴族對他信任有加，很明顯他已經好幾次成功地把鉛變成金，甚至讓黎希留公爵自己將一顆鐵釘變成銀釘。公爵從此以後就開始向倫格萊特‧杜‧弗雷斯諾誇耀他這個煉金術士的本領，並且對他連煉金用的珍貴粉末的秘密都不能發現表現出很遺憾的樣子。

　　不久之後，阿魯伊斯發現黎希留公爵是一個相當小氣的人。他不僅不給阿魯伊斯一分錢，與此相反，公爵想要他將他的撥火棒、火鏟們都變成

銀的，將全部銅器具都變成金的，還覺得對他這個平民來說能夠結識公爵就是很大的恩賜了，而且認為一個擁有這種祕密的人根本就不需要錢。阿魯伊斯發現公爵對他的期望自己根本無法達成，就離開這個貪婪的人。在一個學生的陪伴下去了波希米亞，與此同時還遇上一個愛上他的維也納女孩。一些波希米亞的貴族盛情款待他，而且曾經有一段時間在家裡款待他們好幾個月。跟以往一樣，他說自己只有幾克粉末，要是他決定在哪裡定居，他就給哪家表演，還說他會給東家一塊變成的黃金當成禮物，而且要是確保在此期間能提供給他去山頂上採集大小緞花的時間並且供他的妻子和學生吃、住及零用錢，他會為他變出百萬黃金。

他的這種方式將幾十個人的耐心都消耗完了。他想在法蘭西的年輕國王路易十五①統治之下的國度可能會少一些危險，於是他回到普羅旺斯。剛到艾克斯，他就去拜見這個省的省長布雷特，這是一個癡迷於煉金術而且總是幻想自己也可以發現點金石的紳士。他沒料想到，可能是由於布雷特聽到一些有關他的謠言，接待他時態度很冷淡，而且讓他第二天再來見他。阿魯伊斯不喜歡這位知識淵博的省長那不屑的神情，懷疑有詐，就連夜逃到馬賽。但是警方已經盯上他，不出24小時，他就以偽造貨幣的罪名被關進監獄。由於證據確鑿，幾乎沒有無罪釋放的可能，他只能計畫越獄。剛好看守人有一個善良漂亮的女兒，阿魯伊斯就努力討好這位少女，竟然成功了。少女愛上他，但是不知道他已經結婚了。女孩為自己的情人想出逃跑的辦法。一年的監禁生活之後，他又重獲自由了，只剩下可憐的女孩黯然神傷，傷心自己將一顆純真善良的心交給一個有婦之夫，一個忘恩負義的流浪漢。

---

1. 路易十五（1710—1774），法國國王，被稱為「被喜愛者」，1715—1774年期間執政。——譯者注

他從馬賽離開時，腳上沒穿鞋，身上也沒一件衣服，在鄰鎮居住的妻子給了他一些錢財和衣物。得到資助後他們動身去了布魯塞爾，憑著他們的無賴又在那裡混出名了。他們找了一處公寓住下，還配了一間豪華的實驗室，然後對外散播說他們發現煉金的秘密。他們的謊言被住在布魯塞爾的波塞爾（Percel）先生（倫格萊特的姐夫）揭穿了，然而他卻被當眾侮辱為一個白癡、騙子。沒有人相信波塞爾的話，人們寧願相信煉金術士的話。這些人將阿魯伊斯的家團團圍住，想一睹他是如何將鐵釘變成金釘、銀釘。一個法院書記官給了他一大筆錢，打算從他那裡學到一些東西，可是卻只得到一些最基本的化學原理。書記官努力學了1年，最後才弄明白他的老師是一個騙子。他想要回自己的錢，阿魯伊斯不願意給他。這件事情就鬧到了當地的民事法庭。碰巧書記官不知因何突然暴斃，傳說是他的債務人堅決不肯還債就將他毒死了。這件事情一度鬧得很大，可能阿魯伊斯跟這件事情沒什麼關係，但也不敢留下來面對這件事情，於是就趁天黑偷偷躲到巴黎去隱居了。到了這裡，有關阿魯伊斯這個人的線索就斷了，他沒有再出現在任何記載當中。倫格萊特推測說，可能是他由於偽造貨幣或一些其他的劣跡被人送到某個無名地牢，並且死在那裡。

聖傑曼伯爵

　　這個冒險家比上一個級別高一些。在路易十五的宮廷裡他擔任重要職位。這個人說他發現長生不老藥，服下它可以活幾百年。他還說服別人相信他已經活了兩千多年了。他的很多想法都是玫瑰十字會的觀點，還誇耀說他已經找到點金石，卻將大量的時間消耗在操作煉金術上。很多人認為，要是真的存在點金石這種東西，或者真的能有人製造出點金石，這個人就是聖傑曼伯爵。

　　從來沒有人知道他的真名叫什麼，在哪裡出生。有人根據他英俊的臉龐和猶太人的臉型斷定他是一個「流浪的猶太人」，還有人推斷他是阿拉伯王子的後嗣，還有人說他的父親是一個火怪，其他一些比較理智的人就斷言他的父親是定居在布爾多的葡萄牙裔猶太人。聖傑曼最早在德國行騙，透過賣長生不老藥賺了很大一筆錢。貝爾島元帥買了他一劑長生不老藥，他被這個江湖騙子的才學和風度迷住了，並且堅信他荒謬絕倫的學說，還勸他在自己巴黎的家裡定居。有了這位將軍的庇護，聖傑曼首次在巴黎娛樂圈亮相，那個時候他大概70歲左右，但表面看來只有45歲多一點。他的淡定給很多人留下深刻的印象。他學問淵博，記憶力很強，就連最細小的情節都記得很清楚。自然地，對於他說自己已經活了幾百年，人們提了很多困惑的問題。例如他的外表、生活還有和古時候大人物的談話。每個問題他都應付自如，他的靈巧回答還有他對歷史上每一件相關事情的驚人記憶力，使得許多為了存心刁難他才發問的人看到他如此鎮定都很驚訝，為了增加他身上的神秘感，聖傑曼不讓任何人知道他的生活方式。他的打扮極其奢侈，昂貴的鑽石點綴著他的帽子、手指、鞋帶，有時

候他還將一些貴重禮物送給宮廷夫人們。許多人懷疑他是英國的臥底，這種猜疑沒有一絲證據證實。國王對他極為寵愛，經常跟他一連探討幾個小時，而且不允許任何人對他不敬。伏爾泰①總是嘲笑他，伏爾泰在給普魯士國王的信裡將他稱作「un comte pour rire」（一個少見的孔德②門徒），而且指出他竟然大膽地吹噓自己曾經和聖父在特倫特議會一同用過餐。

有一些有關這個人的奇聞逸事記錄在《霍塞夫人回憶錄》這本書中（霍塞夫人是龐巴度夫人的女侍衛）。聖傑曼伯爵到巴黎之後，很快就開始出入龐巴度夫人的化妝間，這可是龐巴度夫人用來獎賞宮廷情人之中最有本事的勳爵。夫人喜歡和他聊天，而聖傑曼伯爵覺得在她面前他不必太吹噓自己，但是他依然勸服她相信他至少活了兩三百年。「有一天，」霍塞夫人寫道，「我也在場時，夫人問他，法蘭索瓦一世是什麼長相，我喜歡他這樣的國王。」「是的，他風度翩翩非常迷人，」聖傑曼伯爵回答說，他開始針對他的五官和性格進行描述，就像他曾經認真端詳過一樣。「遺憾的是，他脾氣太暴躁，本來我可以給他一些不錯的建議，可能那樣他就不至於那麼倒楣了，可是他拒絕了。他如同走厄運的王子們一般，他根本不聽如此明智的忠告。」「他的宮殿很壯麗嗎？」龐巴度夫人問。「相當壯麗，但是他的孫子們比他更厲害，在瑪麗·史都華和瓦盧瓦的瑪格麗特的朝代，這裡成為一個專供各種娛樂的迷人國度。」「就像你都親眼目睹過似的。」夫人笑著說。「我的記憶力很好，」他說，「我仔細閱讀過法蘭西歷史，有時僅供愉悅自己，不是假想，而是令自己相信自己的確活在古時。」

---

1. 伏爾泰，原名弗朗索瓦-馬里·阿魯埃，伏爾泰是他的筆名，法國啟蒙思想家、文學家、哲學家。——譯者注

2. 奧古斯特·孔德（Isidore Marie Auguste Francois Xavier Comte，1798—1857），是法國著名的哲學家，社會學、實證主義的創始人。——譯者注

有一次龐巴度夫人說，「可是你不讓我們知道你的年齡，你還假裝自己很老的樣子。你知道德·格吉伯爵夫人嗎？我想她可能50年前曾經擔任過駐維也納大使吧，她說她在那裡見到你時你就像現在一樣。」

「確實是這樣，夫人，」聖傑曼回答，「我很多年前就認識德·格吉伯爵夫人了。」

「但是根據她說的，你應該有100多歲了吧？」

「不是不可能，」他笑道，「但是更可能是這位夫人年老了。」

「你將長生不老藥給了她，她吃了以後效果很神奇。因為她說她在很長一段時間裡都像84歲的時候的樣子，也就是她吃藥時的年齡，你為什麼不給國王吃？」

「哦，夫人，」他叫起來，「御醫們會用車裂刑處死我，我哪有膽量給陛下用藥。」

當一個人奇怪的行為被世人開始相信時，這種大膽的行為什麼時候結束就很難說了。一旦這些人開始信了，就開始比誰信得更多。這段時間的巴黎充滿聖傑曼伯爵的離奇故事，一群愛惡搞的年輕人為測試它的可信度做了個實驗：他們找來一個機靈的喜劇演員，將他裝成聖傑曼伯爵的樣子，來演一個為提供種種樂趣而向上流社會擠入的形象。他們讓他在瑪萊街的幾戶人家中出入，這個人將伯爵的樣子模仿得十分逼真，他看到雖然觀眾很驚訝卻根本不覺得他是在胡編，無論發生什麼事，人們都相信，對他們來說沒有任何故事是荒謬的。他一提到救世主就如數家珍，還說曾經在加利利的迦南的婚禮上和他一起吃晚餐，還神奇地將水變成酒。實際上，他說他和耶穌基督是很好的朋友，他總是警告他不要太放蕩，不然他會死得很慘。令人奇怪的是，這些無恥的、有辱神靈的言論竟然能被人接受。過了幾天，就有人開始說，聖傑曼伯爵是在大洪災之後出生的，而且他會永生。

聖傑曼平時很世故，敢發表一些奇怪的言論。他沒有刻意去否認這些故事，他在不同層次和教育程度不一的人交談時，總是表現得很謙遜，他的看法似乎都是不經意地提出來的，事實上，這樣的效果更明顯，而他只有在取得對方的完全信任後，才宣揚說自己已經活了300年。他在跟別人提到亨利八世時，就像兩個人很熟似的，還有查理五世，好像國王都很願意和他交往似的。他會逼真地描繪他們之間的對話，對人物的打扮和外表刻畫最為詳細，甚至詳細地講到當時的天氣和屋裡的擺設，而總會有四分之三的人相信他所說的。常常會有一些老富婆來懇求他的長生不老藥以便恢復青春美好的面容。好像他以這種方式賺了許多錢，對於那些他樂意稱為朋友的人，他說他的膳食和生活方式比一切靈丹妙藥都管用，只要吃飯時不喝酒，而在其他時候偶爾喝一點，誰都可以活得很久。格萊興伯爵按照這一套方法，吃了很多番瀉葉，原本期望能活到200歲，結果沒到73歲就死了。公爵夫人舒瓦瑟爾（The Duchess de Choiseul）也想這麼做，被她的公爵丈夫嚴厲制止了，禁止她用聖傑曼伯爵這個不明底細的人開出的藥方亂來。

霍塞夫人說她見過聖傑曼，還多次跟他談話。她覺得，他大約50歲，身材中等，五官端正，精神奕奕，著裝簡樸但卻很有品位。他總是戴著昂貴的鑽戒，他還將很多寶石裝飾在手錶和鼻煙盒上。有一天，在龐巴度夫人的房裡，主要廷臣們都到了，聖傑曼也來了，他膝上、鞋帶上的鑽石十分耀眼。夫人看到了大為震驚，歎息著說就連國王也比不上他。在這一群人的極力懇求下，他只好走進接待室，把這些寶石拿下來讓夫人仔細看看。當時在場的貢坦（Gontant）說這些寶石至少值20萬里弗爾，或8000多英鎊。在男爵格萊興的《回憶錄》中講到，有一天伯爵向他展示很多鑽石，他以為自己見到阿拉丁神燈裡的財富。他還說他對寶石頗有研究，因此他確信伯爵的那些寶石都是真的。還有一回，聖傑曼讓龐巴度夫人看了

一個小盒子，裡面裝著黃玉、綠寶石、鑽石等價值50萬里弗爾的物件。他裝成很不在乎的樣子，而且令人相信他可以像玫瑰十字會的人一樣，唱魔歌從地裡呼喚出寶石。他還分給宮中女士們大量的珠寶，龐巴度夫人被他的大方行為打動了，為了表示她的關心就將一個裝飾華麗的鼻煙盒送給他作紀念。有一個惟妙惟肖的蘇格拉底[1]或者其他希臘哲人刻在盒蓋上，她將他比作這些哲人。聖傑曼不僅對夫人們很慷慨，對僕人也一樣。霍塞夫人說：「伯爵來看望生病了正在沙發上躺著的龐巴度夫人，他給她看的鑽石足以裝飾國王的金庫了。夫人要我去看這些寶石，我神情驚異地看著這一切，我向夫人示意這不是真的寶石。伯爵將一個比眼鏡盒大兩倍的東西從錢袋裡掏出來，最後又將兩三個小紙包掏出來，將它打開，拿出一顆高級紅寶石。他很不屑地將一個白綠寶石相間的小十字架扔到桌上，我瞥了一眼，說這個倒是可以，然後就戴上了，心裡很高興。伯爵要我收下，我沒有接受，他催促我收下，一直到最後他都極為熱情地竭力勸我接受。夫人看這個價值不過1000里弗爾就示意我收下來，於是我就將十字架收下了，對伯爵的禮貌心存感激。」

對於這個冒險家是怎樣弄到這麼多財富的，一直沒有人知曉，這麼大筆錢不可能全是靠他在德國賣長生不老藥得來的，儘管確實有一些是來自於這個。伏爾泰宣稱，他是被外國政府買通的。伏爾泰在1758年4月5日寫給普魯士國王的信裡，講到聖傑曼瞭解舒瓦瑟爾、考尼茲及皮特等人的所有秘密，至於他對這些大臣中的哪位有什麼作用，特別是對舒瓦瑟爾更是迷霧重重。

---

1. 蘇格拉底（西元前470—前399），著名的古希臘思想家、哲學家、教育家，他和他的學生柏拉圖，以及柏拉圖的學生亞里斯多德被並稱為「古希臘三賢」，更被後人廣泛認為是西方哲學的奠基者。——譯者注

很明顯，他掌握去除寶石瑕疵的神秘方法，他很有可能以很低的價格買了有斑點的寶石，將斑點去掉之後又以百分之百純利再賣出去，這樣賺取暴利。根據這一點，霍塞夫人講了以下一則軼事：「國王派人帶來一個中等人小的帶斑點的鑽石，稱重後，他對伯爵說，『這塊有瑕疵的鑽石價值6000里弗爾，要是沒有斑點，少說也值1萬里弗爾，你願意將這4000里弗爾讓我賺到嗎？』聖傑曼認真檢查一遍說：『可以，下個月我就給你拿來。』到了約好的時間，伯爵真的將一個沒有任何瑕疵的鑽石帶給了國王，還用石麻布包著。他將石麻布打開，國王現場稱重，發現幾乎沒有減輕一點重量。於是，陛下又將它送到珠寶商貢坦那裡，也沒對他說之前發生什麼事。珠寶商給了他9600里弗爾，但是國王又將鑽石要回來，說是要將它保存為珍奇玩物。國王相當震驚地說，聖傑曼伯爵本身就價值幾百萬，特別是他有可以將小鑽石變成大鑽石的本領。伯爵既沒有說可以，也沒有說不可以，但是他卻肯定地說他知道如何變大珍珠，而且給它加上最好的光澤，變成最上乘的品質。國王十分關注，龐巴度夫人也是。杜克斯諾曾經指責聖傑曼是一個江湖騙子，卻遭到國王的斥責，看來他真是被迷惑住了，一講到聖傑曼就像他是偉大的人物。」

聖傑曼的僕人是一個滑稽可笑的流浪漢，兩人總是配合默契，特別是在講幾百年前的奇事時。這個傢伙也不是一個沒用的人，總能和聖傑曼配合得完美自然，不露任何痕跡。有一次，他的主人在一個宴會上向一位紳士談到他在巴勒斯坦和英國國王理查一世的一些對話，他說理查一世是一個很特別的朋友，人們臉上立刻表現出驚奇和懷疑的表情。看到這些，聖傑曼相當鎮靜地扭頭詢問正站在他椅子後面的僕人他說的是不是真的。「這很難回答，」僕人從容地說道，「先生，您忘了，我僅跟隨了您500年！」「噢，對了，」主人說，「我竟然忘了，和理查一世對話時你還沒有跟隨我，時間真是太久了。」

他偶爾也會遇上一些不好愚弄的人，這個時候，他就會說一些很輕蔑的話，來對他們的懷疑表示不屑。「這幫巴黎蠢驢，」他跟格萊興男爵說，「相信我少說也有500歲了，既然他們願意相信，對他們的想法我就不予駁斥了，但是我確實是比我表面上看起來的歲數大多了。」

還有很多離奇的故事發生在這個奇怪的騙子身上，現在引用的這些就足以說明他的性格和謊言了。看來他是下定決心要找到點金石，但是他從來沒有吹噓說自己擁有點金石。幾年以前，他在德國結識黑森-卡塞爾的王子，給他寫信催他趕緊離開巴黎去他那裡，聖傑曼最終答應了。之後有關他的事業就杳無音信了，因為在黑森-卡塞爾的宮廷裡沒有好事的傳記作家來將他的言行記錄下來。在1784年，他在他的王子朋友的「屋簷下」——什勒斯維希去世。

卡里歐斯特羅

　　這個紅極一時的江湖騙子是聖傑曼的朋友兼繼承人。他做的事比聖傑曼還要驚人，他成為當時最大的騙子，而且曾經一度光耀，他是那個時代最後一個說自己擁有點金石和生命水的騙子，也是當時歐洲最著名的幾個名人之一。

　　他本名叫約瑟夫・巴爾薩摩（Joseph Balsamo），於1743年出生在巴勒摩，出身卑微，很小的時候就不幸沒了父親，被母親的親戚撫養成人。由於親戚很窮無法供他讀書，在15歲的時候被送進一個修道院，他在那裡學習化學和醫學。由於他脾氣暴躁，又非常懶散，這些壞習慣由來已久，所以什麼成就也沒有。幾年後，這個年輕人變得很沒教養而且生活放蕩，雖然他的資質很好但是天性頑劣。成年後，他沉醉在放蕩腐化的生活中，還參加有名的教友會——法國、義大利將他們稱為「工業騎士」，在英國被稱作「紳士扒手」。但是他不是因為無事可做才被迫參加的，他成名的第一個伎倆就是偽造劇院入場券。之後，他又盯上他叔叔的財產，還偽造了一份遺囑。由於這些劣行，他成為巴勒摩監獄的常客。後來不知何故他又變成一個巫師——這種人不能找到煉金秘術，卻將靈魂賣給魔鬼，來擁有他不能用變金術獲得的黃金。巴爾薩摩輕易地就將人們對此事的看法糾正了，使得這些人不再懷疑他而是相信他。最後，他用這種辦法從一個叫馬拉諾（Marano）的銀匠那裡騙到了60盎司的黃金，然後就不得不從巴勒摩離開。事情是這樣的，卡里歐斯特羅說服這個人，說他可以在一個山洞給他指出一個藏寶的地方，但是他要收60盎司黃金作為服務費，而銀匠要做的就是挖出這些寶貝。他們在半夜時到達靠近巴勒摩的一個山洞裡，巴爾

薩摩弄出了一個魔圈來呼喚神靈將寶貝展現給他。就在這個時候，突然出現五六個傢伙，他們都是巴爾薩摩的同夥，這時都裝扮成鬼怪形狀，頭上長著長角，手上有尖利的爪子，嘴裡吐著紅、藍兩種顏色的火舌。他們手裡拿著草耙，將可憐的馬拉諾打昏，然後就將他攜帶的60盎司黃金和所有貴重物品都搶走，和巴爾薩摩一起逃走了。不幸的銀匠被拋在那裡，是生是死只能聽天由命了。上天保佑，天亮以後沒多長時間，馬拉諾就醒了過來，但是這個可憐人因為先是被欺騙後又慘遭毒打，身心俱痛。他想到的第一件事情就是去鎮上法官那裡控告巴爾薩摩，但仔細一考慮又擔心整件事被傳出去會遭到人們的嘲笑，於是發誓用真正的義大利方式來報復巴爾薩摩：找一個適當的時候殺死巴爾薩摩。巴爾薩摩從朋友那裡打聽到情況不妙，趕緊收拾貴重物品逃離歐洲。

他去了阿拉伯的麥地那，將那裡當作他未來的棲身之處，而且在那裡認識一個叫奧托塔斯的希臘人。這個人精通東方各國語言，醉心於煉金術研究，還找到一些對於他熱愛的學科相當有價值的阿拉伯文稿。他一頭紮進書中，甚至沒有時間去管理他的鍋、火爐。這時他正需要助手，而巴爾薩摩就適時地出現了。這個希臘人對巴爾薩摩的第一印象很好，要求他立即開始工作。但是他們的主僕關係沒有堅持多長時間，巴爾薩摩很有野心，頭腦靈活，不甘心一直做別人的下屬，認識之後才過了15天，他們的關係就由主僕變為夥伴朋友。在奧托塔斯鑽研煉金術時，倒在無意中找到一些化學上有價值的發現。改進亞麻原料就是這之中的一件。透過這種原料，可以令用這種亞麻材料製成的東西像絲綢那麼光滑柔軟。巴爾薩摩提議說暫且先不去找點金石，還是先從亞麻纖維裡大賺一筆，奧托塔斯接受他的建議。他們將許多亞麻運到亞歷山卓進行交易，在那裡待了40天，果然賺了很多錢。然後他們又到埃及的其他城市，一路上收穫頗豐。此後，他們又去土耳其賣藥和護身符。在返回歐洲的路上，為了躲避糟糕的天

氣，他們不得不去了馬爾他，他們在那裡受到「騎士祖師」——平托的盛情款待。平托是那個時候很知名的煉金術士。花了幾個月的時間，他們在他的實驗室裡努力工作，嘗試著將一個大白淺盤變成一個銀盤。跟同伴不一樣，巴爾薩摩其實內心裡並不怎麼相信煉金術，不久他就對這種工作感到厭煩了。他從主人平托那裡弄到許多去羅馬和那不勒斯的推薦信，然後他離開奧托塔斯和平托，自己去尋找點金石。

考慮到巴爾薩摩這個名字會讓人產生很多壞聯想，他在很長時間之前就不用這個名字了。他在遊歷的這段時間用了不少於10個別名，還增添了一些頭銜。有時候，他稱自己為菲希奧騎士、梅利薩侯爵、貝爾蒙特男爵、佩利格里尼男爵、德安男爵、費尼克斯男爵、哈雷特男爵，但是卡里歐斯特羅伯爵這個名字使用率最高。他帶著最後一個頭銜去了羅馬，之後再也沒有換過名字。在羅馬城，他說他是復興玫瑰十字哲學的人。他說他可以將一切金屬變成閃閃的黃金，還說他會隱身術，能治百病，擁有一種防衰老而且會讓人長生不老的藥物。他透過祖師平托的信得以住進最好的房子，他很快就靠賣長生不老藥大賺一筆，而且跟其他江湖庸醫們一樣，仗著病人對他的信任和依賴成功地治好了很多病，這是大部分無賴庸醫都具有的一個優勢，然而一個合格的醫生卻不具備這一點。

正是以這種正當的賺錢手法，他結識有高貴出身而年輕漂亮的女士洛倫薩·費利西亞納，但是她沒有多少財產。卡里歐斯特羅很快發現她擁有非凡的才華，她不僅十分美貌，而且才思敏捷，風采迷人，有豐富的想像力。而讓卡里歐斯特羅最看重的是，她連羅馬少女最起碼的節操觀念都沒有。這正是卡里歐斯特羅要找的妻子，卡里歐斯特羅向她求婚，洛倫薩接受了。婚後，他將他這一行中全部的秘密都傳授給美麗的洛倫薩——教她怎樣用她美麗的嘴唇將天使、鬼怪、西爾芙、沙羅曼達、溫蒂妮召喚過來，要是必要，還包括魔鬼和惡精靈。洛倫薩悟性很高，她很快就掌握煉

金術士們所有的行話以及女巫們唱的咒語。然後,這對夫婦滿懷希望地開始行程,去在那些容易輕信的人們身上收取一些捐獻物品。

　　他們先是到什勒斯維希去拜訪聖傑曼伯爵,這位偉大的騙子先行者以最豪華的方式款待他們。毫無疑問,在接受這位德高望重的先生的英明指教後,他們更加堅信自己的事業,這從他們離開伯爵以後不久就開始行動就可以看出來。在這三四年中,他們遊歷了俄國、波蘭、德國,他們到那裡變金、算命、呼喚神靈、賣長生不老藥,他們到底是什麼時候開始的,沒有詳細記載。1776年,他們在英國第一次亮相以後,卡里歐斯特羅伯爵和夫人開始名揚歐洲。在1776年7月他們剛到倫敦時,大概有3000英鎊的財產,大部分都是金銀餐具、寶石、硬幣。他們在惠特科姆大街租了一間公寓平靜地住了幾個月。跟他們一起住的有一個叫布拉瓦里(Blavary)的葡萄牙女人,由於手頭緊就來給伯爵當翻譯。伯爵常常邀請她到他的實驗室,這裡是他花費大量時間研究點金石的地方。她常常在外面竭盡全力為他做宣傳,努力讓人們都相信他的非凡能力,以此來回報他的熱情好客。由於她只是一個翻譯,並且是一個婦女,她講述伯爵尊貴和體面的效果沒有達到他的初衷。於是,伯爵又雇了一個名叫維特利尼的語言教師來做這件事情。維特利尼這個人熱衷於賭博,他一直絞盡腦汁想辦法挽回他曾經賭博時輸的錢,其中尋找點金石的辦法他也想過。維特利尼看到伯爵操作的時候,便立刻深信只有他才可以擁有這個偉大的秘術。他認為財富宮殿的金色大門正在敞開著等待他的來臨。他投入布拉瓦里無法比擬的熱情,在所有的公共場合和他的熟人說伯爵這個人不是一般的凡夫俗子,他是真正的能人、奇人,他的錢財數不勝數,只要他樂意,他可以把鉛、鐵、銅中的任意一樣變成純正的黃金。結果,卡里歐斯特羅的家裡每天都被一幫遊手好閒、好吃懶做的人群包圍著,他們急於想要見到「哲人」,一睹他的風采,或者更直接地說是為了想在他變來的大把財富中沾點光。

不幸的是，卡里歐斯特羅落到壞人的手裡。他不僅沒有如他所願地那樣騙了英國人，反而被一夥騙子利用。這幫人把他的神力奉若神明，他們的唯一想法就是從他身上撈一點油水。維特利尼向他推薦了一個叫做斯科特（Scot）的人。這個人和他一樣也是一個賭徒，而且還輸得傾家蕩產，斯科特喬裝成一個趕遠路來的蘇格蘭貴族，聲稱要親眼見一見這位聲名遠播的神人，並且想和他談一談。卡里歐斯特羅十分真誠、友好地招待他。與此同時，斯科特勳爵介紹一位名叫弗萊（Fry）的女人，把她稱作「斯科特夫人」，是來陪伴卡里歐斯特羅伯爵夫人的。弗萊將不列顛所有的貴族家庭都介紹給她結識。一切發展得都十分順利，這位勳爵「還沒把財產從蘇格蘭運來」，在倫敦連一個帳戶都沒有，就想要從伯爵那裡借200英鎊。伯爵毫不猶豫，很爽快地借給了他們，他們對卡里歐斯特羅的關注、尊敬甚至崇拜，還有他們在聽他說出每句話的時候那種五體投地的表情，把卡里歐斯特羅搞得飄飄欲仙。

　　和其他瘋狂的賭徒沒什麼區別，斯科特別迷信。他已經試過各種魔法和神祕數字，寄希望於摸彩或輪盤賭桌上能發現幸運號碼。他自己有一本神書的原稿，各種算術組合數碼上面都有記載。他興致勃勃地向卡里歐斯特羅展示那本書，原本以為他會從裡面挑出一個數字。卡里歐斯特羅看了一下展示在面前的書，雖然他自己曾經跟我們說過，他其實對這一套迷信不怎麼感興趣，但他還是預言說下個11月6日的幸運數字將會是20。斯科特每次從借來的英鎊中抽出一小筆錢押在這個所謂的幸運數字上，結果竟然真的贏了一筆。這次的成功使卡里歐斯特羅深受鼓舞，他又預言下一次抽的幸運數字將會是25。斯科特按照他所預測的又試了一次，這次竟然又賺回了100畿尼。同樣，當月18日所預測的55、57也應驗了。就連卡里歐斯特羅本人也為之大吃一驚，很是驚喜。於是他就決定自己來預測試試，斯科特和夫人曾經一再懇求他可以為他們預言更多的幸運數字，他還認為斯

科特是有身分的勳爵，但即使這樣他還是一概回絕他們的請求。後來，他發現斯科特只是一個騙子，那個假斯科特夫人只是住在鎮上的妓女，他立刻把這幫人拒之門外，不再和他們來往了。

　　由於迷信伯爵的超自然神力，因此他們一想到要失去他就感到痛心和惋惜。這些人絞盡腦汁來討好他，軟硬兼施，甚至賄賂他，但是都沒有用。卡里歐斯特羅不僅不見他們，而且也不回信。他們依然在心中幻想，繼續享受奢侈生活，最終將所有錢都花光了。最後，弗萊小姐去對伯爵說她現在一直忍飢挨餓，這樣伯爵夫人才肯見她而且給了她1個畿尼。弗萊小姐不依不饒，懇求她幫她在伯爵那裡求情，最後一次幫她指引摸獎券的幸運數字。伯爵夫人同意說她會試試看，在夫人的懇求下卡里歐斯特羅指點了一個數字8，同時再次表示要和他們斷絕來往的決心。實在是運氣太好了，竟然8號是頭獎，卡里歐斯特羅十分高興。弗萊小姐和同夥們這次賺到1.5萬畿尼，他們更加堅信卡里歐斯特羅的神力，因此決定要賺到大錢才甘休。弗萊小姐從這筆錢中拿出90畿尼去當鋪買了一串漂亮的項鍊，然後又去珠寶商那裡訂做一個精緻的金盒子，裡面分為兩半，一半放項鍊，另一半放著精美的芳香迷人的鼻煙。然後她又去拜訪卡里歐斯特羅夫人，而且為了表達她的感激和敬重之情，她懇請她收下這個小盒子，根本就沒有提放在裡面的貴重項鍊。卡里歐斯特羅夫人接受這個禮物。自從她收下禮物那個時候開始，他們就開始面臨這幫人不斷的迫害——布拉瓦里、維特利尼、假勳爵及其夫人，他們吹牛說已經再次安紮在他的房子裡，每天他們都來問幸運數字，有時候甚至追到樓上，不顧僕人的阻攔橫衝直撞地闖進伯爵的實驗室。卡里歐斯特羅快被他們氣瘋了，他威脅說要找來當地警察處理這件事情，有一天他將弗萊小姐攔住，將她推到大街上。

　　從此，卡里歐斯特羅就開始倒楣了。弗萊小姐的情夫教唆她開始展開報復行動。首先她控告卡里歐斯特羅欠她200英鎊的債，藉機將他送進監

獄。斯科特趁卡里歐斯特羅還在拘留時，找來一個小律師陪伴他闖進了伯爵的實驗室，將一個他們覺得是裝變金粉的盒子拿走了，同時還帶走許多秘密的書稿和有關煉金術的論文，他們發現項鍊後又再次指控他。弗萊小姐控告他們兩人利用巫術和妖術在魔鬼神力的幫助下預測摸彩的號碼，後一種指控是由法官米勒（Miller）先生聽審的，而非法侵佔項鍊的案件則是由民事法庭的主審官審判的，法院提議雙方提交仲裁人。卡里歐斯特羅這段時間只得在獄中度過幾個星期，最終交了保釋金才重獲自由。這件事情過後沒多久，又有一個叫雷諾斯（Reynolds）的律師盯上他，這個人也參與這個陰謀，而且建議如果卡里歐斯特羅能答應他們幾個條件就可以調整全部指控。斯科特跟隨雷諾斯上門拜訪並躲在了門後，在卡里歐斯特羅開門之後，忽然跳出來拿一支槍對準他的心窩，威脅說要是他拒絕告訴他們預測幸運數字的辦法和變金術，就立刻槍斃了他。雷諾斯裝作很生氣的樣子，卸下他同夥的槍，請求伯爵告知他們準確的秘密，而且承諾說要是他願意這樣做，他們就不再指控和騷擾他。卡里歐斯特羅回答說，他們想要知道的這些，問他沒有任何意義，因為他也不知道這個秘密。他們在他那裡搶去的變金粉，只有他才可以用，對別人來說都沒用。但是他提出，要是他們將指控解除，把手抄稿和粉末還給他，他們從他那裡騙走的錢他就不再追究了。但是這些條件都被拒絕了，斯科特和雷諾斯走之前還咒罵著要報復他。卡里歐斯特羅根本不瞭解英國的法律形式，也沒有朋友告訴他怎樣做更適合。就在他告訴夫人他們遭到的各種困苦時，來了一個他的保釋人，邀請他坐著一輛老式馬車到一個能夠替他鳴不平的人家裡。卡里歐斯特羅答應了，結果他被送進王座法庭監獄。他的那個朋友也走了。過了幾個小時他才知道原來自己又被保釋人送回監獄，變成一個囚犯。

　　他過了幾個星期之後又重獲自由，弗萊小姐的仲裁人做了一個對他不利的決定，被判處將弗萊小姐控告他欠下的200英鎊債務全部還清，而且將

她送給伯爵夫人的項鍊和金盒子也一併歸還。卡里歐斯特羅相當生氣，他發誓要離開英國。除了這些倒楣的事之外，他的那些欺詐行為也被《歐洲信使報》的主編———一個叫莫蘭德（Morande）的法國人無情地曝光了，然後在倫敦出版。更加火上澆油的是，他被西敏廳定為約瑟夫·巴爾薩摩——巴勒摩的騙子。這一堆的壞名聲簡直令他難以忍受，他和老婆收拾家當，僅拿著不到50英鎊從英格蘭離開了，我們都清楚他們是帶著3000英鎊來的。

他們來到布魯塞爾，在那裡的運氣比在英國要強得多。他們賣掉很多長生不老藥，也治癒了很多疾病，他們空蕩蕩的錢袋很快就鼓了起來。然後，他們從德國去了沙俄，一路上十分順利。難以計數的黃金不斷地被他們收入囊中。兩人已經逐漸淡忘了在英國時遭受的所有痛苦，但是在跟人交往時倒是小心多了。

在1780年，他們在史特拉斯堡第一次亮相。真是未見其人，先聞其聲。他們住在一家豪華飯店，並邀請當地全部的知名人士聚餐，看起來他們的財富如同他們的熱情好客一樣令人豔羨。伯爵和夫人一起給人看病，奉送給鎮上所有的窮人和病人錢、藥、諮詢等。那些沒有將想像力的神奇功效充分運用在個別病例中的普通醫生們，對他們治癒的一些病例感到震驚。那個時候只有25歲芳齡的伯爵夫人優雅迷人，聲稱她有一個帥氣的28歲大的兒子，而且已經在荷蘭當了多年的船長。這個謊言果然引來許多羨慕的目光，史特拉斯堡方圓幾里之內的醜老女人們全部聚集到伯爵夫人的大廳裡來要可以將她們變得跟自己女兒一樣年輕漂亮的藥水，年輕女人們為了青春永駐也蜂擁而至，即使比尼農·德恩克洛斯老兩倍的人也想要變得比她更迷人。而對這些沒有興趣的男人們，就愚蠢地幻想有這樣一兩滴相同神力的長生不老藥可以阻止他們的衰老。事實上，伯爵夫人看著就像一個年輕美麗的女神，像是永恆的化身。那些一有時間就到這個香氣撲鼻

的房間裡來的老少男人們，應該更多的是迷戀她靚麗、惹人憐愛的雙眸和有豐富啟發性的教誨，而不是對她神力的迷信。雖然卡里歐斯特羅夫人一直被神龕前的香氣環繞著，但是她對自己的丈夫忠貞不渝。她給人希望，但是她從來不會兌現。她引誘了男人的羨慕，但是她總會將它控制在一定限度裡。她令男人們成為她的奴隸，但卻從來沒給一點恩惠讓最虛榮的人去誇耀。

他們認識很多這個城市裡的知名人士，其中包括紅衣主教德・羅漢王子，這個人必定會對他們的命運造成一些不好的影響。紅衣主教好像很相信他這個哲人，而且勸服他跟他一起去巴黎。卡里歐斯特羅只在那裡停留13天，他覺得他還是更願意待在史特拉斯堡，回來以後就下定決心要在離首都很遠的地方定居。但是他不久就發現人們對他們的興趣沒有他剛到史特拉斯堡時那樣強烈了。人們開始理智地想問題，並且將羨慕他們當成是恥辱。他曾經大量救助的人們竟然開始責難他是一個反基督教徒，一個流浪的猶太人，一個人形妖怪，一個活了1400年的老怪物，一個被指派來要摧毀他們的人。那些生活條件比較富裕和學識淵博的人們就說他是外國政府派來的間諜，警察的代表、騙子、一個作惡多端的人。抗議和責難與日俱增，卡里歐斯特羅覺得另尋發財之處才是明智的。

他先是到了那不勒斯，但是這裡離巴勒摩太近了，他怕以前的那些朋友把他認出來。沒住多久，他又返回法蘭西，將布爾多選為他的新定居處，這竟然激起很大的震動，就和之前在史特拉斯堡的情形一樣。他公開聲明自己創立一個新醫藥和哲學派別，大肆誇耀自己能治百病，他將病人和窮人都召集到他這裡，說他可以減輕這個人的痛苦，可以治好那個人的病。一整天，他下榻的豪華飯店門前的街道上人流擁擠，瞎子、跛子、抱著生病孩子的女人、身上患有各種疾病的病人都聚集到這個神醫的住所來。與其說萬能藥有效，還不如說他給予的物質幫助有作用。鑑於人數太

多，市政官員只好專為他設一個警衛，全天候地駐守在他的門前來維持秩序。卡里歐斯特羅預想的情景終於實現了，富人們十分讚賞他的大方和仁慈而且堅信他的神功。長生不老藥賣得相當紅火，想要買長生不老藥的有錢傻瓜擠滿他的大廳。保持百年美麗面容對女性的誘惑力無以復加，健康和力量則是對男人的誘餌。同時，美麗誘人的伯爵夫人也透過算命、預言或幫助樂意花大錢的女士調製氣精發了一大筆財。她甚至在布爾多舉辦十分盛大的宴會來維護丈夫的聲譽。

但是，就像在史特拉斯堡一樣，民眾的瘋狂只持續幾個月就不見了。就在卡里歐斯特羅陶醉在成功之中的時候，他忽視騙人一旦超過一定底線，是會招來危險的這一點。當他裝作在墳墓裡召喚神靈時，人們就不再信任他了。人們控告他是基督的宗教敵人，是流浪的猶太人。最開始謠言只在幾個人之間流傳，他一點也不在乎。但是後來整個鎮上都傳遍了，他再也賺不著錢了。人們不再參加他的晚會，在街上熟人碰見他轉身就走，此時他意識到自己又到了離開的時候。

這一回，他對小地方感到厭煩了，開始轉移到首都。剛到那裡，他就說他是埃及共濟會的復會人，還開創了一套新哲學。在他的朋友紅衣主教德·羅漢的幫助下，他很快就進入上流社會，成為一個卓越的魔術師。當時首屈一指的人物接見他，他大肆誇耀自己可以像玫瑰十字會員那樣跟小精靈們交談，可以喚醒陵墓中死去的人，可以變出黃金，可以在神靈賦予他的特庇的輔助下發現一些神秘的東西。例如：他可以像迪伊博士那樣召喚天使們來預知未來，天使們或者在水晶球中出現或是在玻璃鐘下，來和他交談。《當代人傳記》中講道：「幾乎所有的巴黎淑女曾經在卡里歐斯特羅的房間裡和盧克萊修（Lucretius）一起用晚餐，幾乎所有的軍官都和凱撒、漢尼拔①、亞歷山大②一起商量過軍事，幾乎所有的演說家或議員都和西塞羅③的靈魂辯論過法律。」跟死人見面的花費很大。因為卡里歐斯

特羅解釋說死人是不會無緣由出現的。為維護丈夫的名聲，伯爵夫人一如既往地展示她的各種才能，尤其受到女士們青睞，她對很多既好奇又激動的聽眾仔細地講了卡里歐斯特羅的神奇力量，還說他會隱身術，能用閃電般的速度周遊世界，而且可以一次到多個地方。

到巴黎沒過多久，卡里歐斯特羅就捲入十分著名的皇后項鍊事件之中。他的紅衣主教朋友德·羅漢一直愛慕瑪麗·安東妮，她總是表現得很不喜歡他而且對他態度很冷淡，這使他很傷心。那個時候，有一個叫拉莫特的女人是皇后身邊的侍女，紅衣主教愚蠢地將她當成知己。於是，拉莫特夫人就開始利用紅衣主教，她成功了，但是事情卻做過了頭。在她做皇后的侍衛女和女貴賓的時候，有一次皇后陛下在跟巴黎一個有錢的珠寶商波莫爾見面的時候，拉莫特也在場。波莫爾打算賣給皇后一串項鍊，這項鍊價值160萬法郎或6.4萬英鎊，皇后愛不釋手，但又很遺憾地說她無力購買，於是就將珠寶商打發走了。拉莫特夫人謀劃著自己能得到這個昂貴的飾物，她決定把紅衣主教利用起來給她充當一次工具。於是她找了個適當的時機去見他，裝作對皇后不喜歡他和對他的痛苦狀態表示同情，然後對他說她有一個好辦法能讓他再次受寵。她就提到項鍊這件事情，以及皇后沒錢買下的苦惱，這個富有的傻紅衣主教立刻說要將那條項鍊買下來，作為獻給皇后的禮物。拉莫特夫人說絕對不能這樣做，因為這樣一來會刺激

---

1. 漢尼拔·巴卡（Hannibal Barca，西元前247—前183），北非古國迦太基名將，軍事家。——譯者注
2. 亞歷山大大帝（Alexander the Great，西元前356—前323），古代馬其頓國王，亞歷山大帝國皇帝。——譯者注
3. 西塞羅（Cicero，西元前106—前43），古羅馬一位重要的歷史人物，他是古代羅馬共和後期的政治家、雄辯家、文學家，也是一個有影響力的教育家，對於古代羅馬的教育有重要貢獻。——譯者注

到皇后陛下，他最好誘導珠寶商賒給皇后陛下，讓他收下她的期票券，將金額、日期寫好，留著以後再說。紅衣主教很高興地採納這個建議，並且告訴珠寶商為皇后起草一份協議，他再令皇后簽名。這份協議被紅衣主教交到拉莫特夫人手中，拉莫特夫人很快就將簽好的協議還給他，在協議的邊上寫著「好，好——同意——瑪麗・安東妮」。同時，拉莫特夫人對他說他的所作所為使得皇后大悅，並且打算安排一次機會和他在凡爾賽花園會面，到時候她會贈給他一束花來表示感謝。紅衣主教將假文件給了珠寶商，又從珠寶商那裡拿了項鍊交給拉莫特夫人，事情到了這裡一切進展順利。她接下來的計畫就是要滿足主教，他的皇室情婦允諾的約會已經使他等得不耐煩。那個時候，在巴黎有一個叫多莉瓦的年輕女人，因為長得特別像皇后而遠近聞名。在拉莫特夫人豐厚報酬的誘惑下，她答應假冒皇后瑪麗・安東妮，趁著夜色朦朧來跟紅衣主教德・羅漢在凡爾賽花園約會。約會開始後，紅衣主教被隱約的光線、十分相似的贗品以及自己的期望欺騙了。自從接到多莉瓦小姐的花以後，他那很多天以來沉重的心終於放鬆了。

　　沒過多久，珠寶商就發現皇后的簽名是偽造的，他立刻指出，他是和紅衣主教德・羅漢和拉莫特夫人談判的，於是二人都被抓進巴士底監獄。拉莫特夫人被嚴厲審問，她的供詞又涉及卡里歐斯特羅。很不幸，卡里歐斯特羅和他的妻子一起被抓進巴士底監獄。一樁涉及多項醜聞的故事必定可以勾起人們的好奇心，整個巴黎都沸騰了，街頭巷尾的人們都在討論皇后的項鍊，猜測哪些人是無辜的，哪些人是有罪的。拉莫特夫人的丈夫逃難去了英國，很多人猜測是他帶著項鍊一起逃走了，而且在那裡將項鍊切成小塊賣給珠寶商。但是拉莫特夫人堅持說她將項鍊交給卡里歐斯特羅，還說卡里歐斯特羅一把搶過項鍊就把它弄成碎片以「填充他鼓鼓的錢袋」。她說他是一個庸醫、卑鄙的煉金術士、點金石的夢想家、偽先知、

褻瀆真正崇拜的人、自稱卡里歐斯特羅伯爵的人。甚至說他最早制定搞垮紅衣主教的陰謀，將某種巫術施加在她的身上，勸服她來助他實施這個計謀。總而言之，他是一個搶劫犯、騙子兼巫師！

在巴士底監獄監禁六個多月以後，所有的被告就要開始審判了。證人供述完證詞以後，作為首犯的卡里歐斯特羅第一個被帶上來辯護。人們屏住呼吸仔細聆聽他的陳述，他裝作無辜的樣子開始為自己辯護：「我是被人陷害的——我被人控告了！——我被人誣陷了！——我難道註定該這樣嗎？我摸著良心問自己，我發現自己的內心深處你們根本給不了的平靜！我曾經到世界各地遊歷，歐洲全部、亞洲和非洲大部分地方的人都認識我。我所到之處，都可以和當地的人們友好相處。我用我的知識、時間、錢財來緩解人們的痛苦。我習醫並且開始行醫，但是我從來沒有將這個高尚、安慰人的技術用做牟利的手段。雖然一直是我在給予別人而自己卻從來沒有得到什麼，但是我依然堅持自己，甚至連國王給我的恩賜都被我拒絕了。我將治療方法和建議大方地告訴那些富人，而對於窮人們，我不僅給他們治療，還施捨給他們錢。我從來沒有欠過誰的債，我是清白無辜的。我從來也沒接受過別人的賄賂。」一番這樣的自我吹捧之後，他又開始抱怨他和自己美麗可憐的妻子幾個月的分離之苦。後來他才瞭解到原來妻子也被抓了進來，被關在監獄裡某個骯髒的土牢裡。他堅決不承認自己拿了項鍊，也從來沒有見過任何項鍊。為了將指控和傳言平息下來，他說他願意告訴公眾他的真實背景來滿足他們的好奇心。於是，他編造了一個難以置信的浪漫故事。他說，他對自己的出生地和自己父母的名字都一無所知，但是他記得自己的少年時代是在阿拉伯麥地那度過的，那個時候他叫阿克拉特（Acharat）。在那個城市的大宮裡，只有他的老師奧托塔斯和其他3個僕人在他周圍服侍他。奧托塔斯很喜歡他，並且把其父母都是基督徒、出身貴族世家的事情都告訴他。他出生3個月以後就成為孤兒，他被

交給宮裡來照看。他說他始終也想不起他們的名字，因為每次向奧托塔斯問起這個問題時，他總含糊其辭，被問急了就告訴他知道這件事情對他來說會很危險。即使這樣，他也可以偶爾從老師談話的隻言片語中推斷出他的父母可能來自馬爾他這個地方。12歲那年他在周遊世界的過程中學會東方語言，他在麥加一待就是三年，那裡的首領大人對他十分和藹，談話時顯得非常仁慈。他甚至總有些錯覺，認為這個人就是自己的父親。後來，他與這個善人揮淚告別，此後他們再也沒有相見過。但是他堅信不疑，即使在他進巴士底監獄的時候，自己都會隨時隨地感受到這位首領大人曾經對自己的關心和愛護，因為他還會領受到他被提供的種種利益和好處。無論他走到亞歐大陸的任何一個地方，在那裡的銀行家或商人那裡都會找到為他開的帳戶。他可以隨便取錢，而他們只是詢問一下他的姓名。他只需提出「阿克拉特」這四個字，那些大銀行就會滿足他的所有要求。因此他更加堅信他應該深深感激的那個朋友就是麥加的首領，以上這些內容就是有關他財產的全部秘密。卡里歐斯特羅沒有必要靠行騙來維持生活，他的財富可以支持他去買比法蘭西皇后更奢華的項鍊，買多少都可以，他沒有必要偷一條鑽石項鍊。卡里歐斯特羅對拉莫特夫人的一些其他指控只做了簡短的回答。至於她把他叫做「庸醫」這件事情，他說自己已經非常熟悉這個詞彙了。如果這個詞用來形容僅僅懂些醫術，給人看病無論窮富分文不取的人，他欣然接受這樣的稱呼，他的確是這樣的一個「庸醫」。對於她罵他是一個卑鄙的煉金術士，他說無論他和煉金術士是否有牽扯，「卑鄙」這個詞只對那些卑躬屈膝、搖尾乞憐的人比較適用，而他——卡里歐斯特羅伯爵——從未卑躬屈膝過。至於說他是一個點金石夢想家，無論他個人對於點金石是怎樣的態度，他都一直保持沉默，從未跟任何人聊過自己的夢想是怎樣的。至於誹謗他是一個「偽先知」，他認為自己不是一貫如此，因為他曾經把拉莫特夫人是一個危險女人這樣的話向紅衣主教德・

羅漢預言過，而最後的結果證明他的預言是對的。他從來不承認他褻瀆過宗教神靈，也從來不曾蔑視過宗教崇拜。相反，他對每個人的信仰都十分尊重，並且從來不加以阻撓。他否認自己是玫瑰十字會員的傳言，或者傳言他曾經假裝有300多歲的年紀，並且有一個相伴了150多年的侍者的說法。總之，他否認了拉莫特夫人對他所有的不實陳述。評價她是一個「mentiris impudentissime」（無恥的說謊者），他讓她的律師來向她翻譯，因為用法語說她有些不禮貌。

以上大概講述卡里歐斯特羅做了一番氣度不凡的回應來解釋事件經過。他成功地使人們消除他是騙子的看法，更不是什麼所謂的無恥的人。之後，接踵而至的是紅衣主教德・羅漢及拉莫特夫人雇用律師的辯護詞。事情最後水落石出，紅衣主教的醜惡嘴臉在這個罪惡的陰謀中被暴露出來，因為任何不利於卡里歐斯特羅的證據都沒有被發現，他和老婆雙雙被無罪釋放。拉莫特夫人被判刑，並且當眾遭到鞭子的毒打，火熱的烙鐵還在她後背上烙了一個印記。

卡里歐斯特羅和妻子從監禁中被釋放出來，他的論文和財產從巴士底監獄的官員手裡取了回來。他發現有人刪掉了他論文的許多內容，於是譴責他們未經同意修改他的手稿，還把他的變金粉偷走了。還沒處理完這件事情，他突然接到命令，命令他在一天一夜內離開巴黎。由於擔心再被關進巴士底監獄，他很快就離開巴黎去了英國。一到倫敦，他就和著名的喬治・戈登勳爵（Lord George Gordon ）認識了，勳爵對他的事業非常關心，還在民眾論壇文裡公開發表聲明，認為法蘭西皇后在項鍊事件中的所作所為應該受到譴責，並且指出真正的罪魁禍首是皇后。戈登勳爵因為這件事情遭到法國大使的迫害，他因為犯有誹謗汙蔑罪被判處無期徒刑，並且處以罰款。

卡里歐斯特羅和夫人在這之後又去了義大利，在1789年羅馬教宗逮捕

了他們，並且判處死刑。指控他的原因是，他身兼共濟會成員、異教徒、巫師等多重身分。這個判決普遍被認為不公平，後來又被改為在聖天使城堡終身監禁。他的妻子為了逃脫酷刑，有幸被恩准隱退到女修道院，卡里歐斯特羅不久便去世了。喪失了自由使他身心交瘁，接連不斷的災難摧殘了他的健康和精神，1790年年初就死了。他應得的命運可能比他最終的實際命運會稍微好一些，但是我們可以這樣說：對一個最終給他判刑的政府來說，給他如此判罪也顯得一點都不光彩。

煉金術的現實狀況

到這裡，我們已經列舉完了所有在這個不為謀利的追求中涉及的知名人士，各個階層的人都有，其中包括：不同背景、性格，追求真理而又屢犯錯誤的哲人，野心勃勃的王子還有窮困潦倒的貴族，他們都對煉金術堅信不疑。還有心計很多的庸醫，他們自己並不信這一套，卻編造出各種關於煉金術的謊言來欺騙他們周圍的人，靠騙來的錢維持生計。我們從前面的內容裡看到這樣的一些人，從他們的生命歷程中可以看到這些騙人的方法並不是一點用處都沒有。人類不是透過努力就可以得到任何想要的東西，關鍵是要尊重客觀規律，在規律允許的範圍內努力爭取。如果人們的想法太過於超出實際，他們只能半途而廢，不過在努力的過程中還是會有所收穫的。例如：用途廣泛的化學有許多發現就來源於舊時代那個旁門左道的巫術——煉金術。在探索那些不解之謎或者若干年後有幸被解開謎團的過程中，人們還是會有許多頗有價值的發現。黑色火藥———一種更為不尋常的物質，就是羅傑‧培根[1]在研究點金石時發現的。范‧海爾蒙特同樣是在研究點金石時發現氣體的特性。在化學領域做出同樣重要發現的還有蓋博。一直幻想製造出點金石的帕拉塞爾蘇斯發現水銀是治療一種一直困擾人們的病症的好方法。

---

1. 羅傑‧培根，英國學者與科學家，1256年成為天主教方濟各會的修士。他利用鏡子和透鏡在煉金術、天文學、光學中進行實驗，是第一位講述如何製造彈藥的歐洲人，著有三部著作：《大著作》、《小著作》、《第三著作》。在著述中，他要求將科學建立在實驗與觀察的基礎上。——譯者注

現在的歐洲，已經很少有人再沉迷於點金石的研究。儘管有人斷言，我們有若干的科學家認為這種探索並不像其他人所認為的那樣是無聊可笑的行為，儘管大家認為巫術是荒謬的，它卻仍然在人們頭腦中有一席之地。然而，幾乎沒有人再相信長生不老藥可以讓人活到幾百歲，或者那種可以將鐵和白蠟變成黃金的故事。在歐洲幾乎已經沒有人相信煉金術了，而在東方它卻依然有眾多的信徒，和過去一樣火爆。最近去過東方的遊人不斷地談起這件事情，尤其是在中國、印度、波斯、韃靼、埃及以及阿拉伯等地，還是依然保留對煉金術的癡迷。

第十五章

占卜術

人們仍然在摸索窺探

命運之神的神秘宅籠；

乞求巫師來神機妙算

以預測前途是明是暗。

　　　　　　　　——《赫迪布雷斯》第三部第三章

　　根據既定計劃，我們開始思考人們因為急切地想預知未來的結果而自古以來就會犯的愚蠢行為。上帝出於祂明智的目的，已經多次地揭開過那掩蓋著無限神秘的面紗。祂也是出於同樣明智的目的，已經向世人暗示出這樣的資訊：我們在某些特殊情況以外，始終都是愚昧無知的。從某些方面考慮，人類無法預知第二天將會發生什麼其實對自己也是一件好事。可是，由於對這一點的一無所知，在世界歷史長河中的各個時期，人們都一直自不量力地妄圖去探索未來究竟會發生什麼事情，並且想預測自身時間的過程。並且，人們已經將這種臆斷上升到一種研究的高度，在後來的發展中還將其劃分為無數的系統學科，做進一步的研究，耗費畢生的精力致力於這個現在人看來是白白浪費時間的事業。這個學科可以比其他任何學科更能輕而易舉地欺騙世人。但是人們對每一種學科都會多多少少地存在著一些好奇心，而長期的自省和堅定的信念慢慢就可以克服這種自發的好奇心。如果未來的秘密有一天確實可以被我們所知曉，它們遲早都會展現在我們的眼前。

　　正是因為人類對於自身在宇宙中的重要性認識得不恰當，才是導致我們在這個方面產生困惑甚至是誤解的根源。假如一個人認識到在太空軌道上運行著的行星都正在注視著他，並且這些行星都可以透過其自身外觀

和運動的變化向他預示將來的悲歡離合時，他的尊嚴該得到多麼大的滿足啊！儘管人類和整個宇宙相比就像是夏天樹葉上的小昆蟲和我們居住的地球相比一樣，竟然一廂情願地妄想著這個永恆的世界是為了預測他的命運才締造出來的。有時候，其實覺得我們自己跟爬行於我們腳邊的那些懵懂無知的蠕蟲沒有什麼本質的區別，如果我們得知它也在渴望知曉未來到底會發生什麼，想像著假如一顆流星劃過天空就是在向它暗示將會有一隻山雀在附近盤旋並且對它虎視眈眈的時候。它的誕生、成長和衰老會以風暴、地震、國家革命或是強權統治的傾覆等方式來預示。人類炫耀自身狂妄自大的程度一點也不比這些差。被稱為偽科學的占星術、占卜、巫術、泥土占卜、手相術以及其他各種占卜術妄自尊大的程度也一點不比這些差。

我們暫且避開無宗教信仰的古代聖言和一般宗教預言不談，而將目標僅僅鎖定在現代那些把自己擺在可以預知未來這個顯赫地位上的人們，我們就會發現16和17世紀對這些騙子們來說算得上是黃金時代了，他們之中的許多人曾經扮演過煉金術士這樣的角色。這兩種虛偽主張能夠聯合，一點都不令人感到出乎意料。人們盼望著那些可以讓他們多活幾個世紀、有非凡力量的人出現，同時這些人也應該假裝能夠預言那些作為超越自然瞬間存在標誌的事件。世人對他們已經發現的一切奧秘總是表示出毫不懷疑的態度，就如同相信他們僅僅發現一個奧秘一樣。3個世紀之前，歐洲最有名的占星術士都源自於煉金術士。阿格里帕、帕拉塞爾蘇斯、迪伊博士、玫瑰十字會以及其他煉金術士均投入相當大的力量來預知未來，就像他們盡力裝成已經擁有點金石和長生不老藥一樣。他們那個時代之中，荒誕、魔幻和超自然的幻想比之前的所有時代都盛行。人們一般都會覺得魔王和星宿必然會干預人間的事情，所以就要舉行正式的典禮來和它們協商。一般那些憂鬱、沉悶性格的人都會專心於巫術的研究，而那些活潑外

向且志向遠大的人們就會專心研究占星術。在當時，占星術的研究被統治者和政府大力支持。在英格蘭，從伊莉莎白時代到威廉時代，甚至一直到瑪麗時代，占星術曾經在法庭審判過程中有很大的影響力。迪伊、蘭姆（Lamb）、福爾曼（Forman）、李利（Lilly）、布克（Booker）、加布里、伊文斯等博士和一些遍布城鄉之間、難以計數的從事算命的無名騙子們在那個時候十分興盛。他們替人推測命運天宮圖、尋找丟失的財物、預測婚姻是否幸福、推算是否適宜出行以及替企業的開業典禮選良辰吉時等品種豐富的事宜小到修鞋鋪的開張大到軍隊的行軍出發都需要占卜。拿巴特勒的話來說，人確實是：

按照命運之神的秘密授意，
背叛月亮女神的珍言雋語；
人們全都或遠或近地趕來，
莊嚴地環繞他團聚在一起；
請他尋找家中丟失的銅鍋，
還有路上不慎丟掉的布匹。

李利在他寫的《生平傳記》（Memoirs of His Life and Times）中，大部分都記錄那個時候許多無名的江湖騙子們的批評言論。他說他十分藐視他們，不是因為他們是占星術士，而是因為他們以幫人們尋找丟失財產來牟利，將這門高貴的藝術踐踏了。我們在看巴特勒寫的諷刺詩和他極其詳細的注解時發現，在那個盛行魔幻和妖術橫行的年代有許多的人靠欺騙他人謀生。就算在今天，那些自稱法蘭西斯・摩爾的編纂曆書的人們，仍然有極高的聲譽！然而，在查理一世和共和政體時期，即使是最有學問、最高貴和地位最重要的人物也會自然而然地以最開放的方式去諮詢煉金術士。李利這個人物是巴特勒以賽卓菲爾的名字所描述的得以流傳後世。據

他所說，他曾經打算寫一部名為《占星術導論》的書，這門藝術的真實性將在這本書中向整個王國證實。許多軍人都對這個行動表示支持，他說，還有許多獨立派團體以及議院中許多德高望重的人物和他的許多忠實朋友們也支持他。這些人都可以幫助他反對那些竭盡全力壓制他們預言的長老會教友。而後，他開始實施這個計畫。就在他的著作出版時，和他一起來到溫莎議會部隊總部的還有一位名叫布克爾的占星術士，他們在一個名叫費爾法克斯將軍居住的花園得到熱情的歡迎和款待。隨後，他們又被介紹給將軍本人。將軍盛情地歡迎他們的到來，並且把他們的一些預言間接地提了出來。他希望他們的學術合乎法律和聖經的教義，但是他本身卻對這些一無所知。然而，他不懷疑這兩位占星術士對上帝是敬畏的，因而他們兩位得到的評價還是不錯的。李利向他保證說，占星術與聖經的相似度很高。並且以他現在掌握的有關星宿的知識而言，他充滿自信地預言，議會部隊將會披荊斬棘，所向披靡。這位騙子向我們祖露，奧立佛攝政期間，他可以完全自由地寫作。他的身分頓時變成一名獨立派人士，所有的軍人都成為他的朋友。他的腳剛剛踏上蘇格蘭時，看見一名手裡舉著一本預言書站在隊伍前面的士兵朝著面前過去的一隊隊士兵大喊著：「快來呀！你們聽李利是怎樣說的啊！這個月你們隊伍必然會勝利啊！勇敢的孩子們，打敗敵人以後，再來讀讀這個月的預言吧！」

在那場李利說他曾經預言到的倫敦大火災過去以後，下議院委員會委派他去查明這場災難的起因。在他1651年出版的《君主制或非君主制》（Monarchy or no Monarchy）這本書中有一幅插圖，其中一邊畫的是有人身披裹屍布正在挖掘墳墓，另一邊畫的是一座被大火覆蓋的城市。等大火結束了，有些委員自作聰明地想到李利的書，而且還在議院進行討論，大家全都覺得應該將這位占星術士召過來。羅伯特·布魯克（Robert Brook）爵士對他說明召見的原因就是要他去公布他知道的一切時，李利立刻按照

約定的時間去了。這對虛榮傲慢的李利來說絕對是炫耀能力的一個最好的機會。為了他和他的偽科學，他發表一通長篇演說。他說，在處決了查理一世後，人們急切地希望瞭解國會及國家的命運走向。於是，他就詢問星宿並且獲得令人滿意的答案。他把預測結果包含在有象徵性的標記和插圖中，這樣就可以把真實意義掩蓋，讓人們無法察覺，而只讓那些絕頂聰明的人知道真相。這種做法仿效的是眾多智慧先哲。

一位議員問，「你預料到是哪一年著的火嗎？」「沒有，」李利回答說，「我不想知道這個，所以沒有仔細地占卜。」在更深入地交談之後，議會覺得這位占星大師說的話他們根本無法理解，只好將他恭敬地請回去了。

李利說的一個讓他十分得意的預言，足以證明他硬塞給眾多聽眾的是怎樣荒謬的話。「在1588年，」他說，「他出版一篇希臘文的預言，完全可以將1641年到1660年間英格蘭接連發生的許多災難解釋清楚。」在預言結尾處他是這樣寫的：「走在他身後的是一位恐怖的名存實亡的人，殿下G也和他一起來了，他有世界上最高貴的血統，他將會得到皇冠，將一切異教剷除，帶領英格蘭走向輝煌的明天。」以下就是對這段晦澀玄妙的荒唐話的解釋：

在廢除修道院八、九十年後，最高統治者的名字依然叫做修道士，他只是一個傀儡。那個殿下G（G這裡是希臘的字母Y，意思和拉丁文中的C相同，即字母表中第三個字母）就是查理二世，由於他的出身原因，聽說他有世界上最高貴的血統。

在法國和德國，支持占星術士的人比英格蘭要多。在很久之前，查理曼和他的繼承者們曾經對占星術士們和巫師們展開過強烈攻擊。路易十一是一位極其迷信的君主，他將大量的占星術士養在宮中。然而，世界上最迷信的女人——凱薩琳·德·麥地奇，很少去向他們詢問重要的事情。她

先是照顧她的同鄉，她在法國統治時期之內，各類魔術師、巫師和算命賣卜的人在義大利曾盛極一時。然而，要說那個時候最著名的占星術士，就是她丈夫國王亨利二世（Henry II）的御醫——諾斯特拉達穆斯。他於1503年出生在普羅旺斯的小城聖雷米，他的父親是那裡的一位公證人。他的生活一直平淡無奇，一直到50歲之後，他因為他的著名詩集——《百詩集》而受到世人的關注。這本詩集的語言十分難懂，讓人幾乎無法理解。1556年，這本詩集就成為人們的中心話題。因此，亨利二世下令指派給他一名專業的僕人服侍他，並且將他封為御醫。1668年他的《百詩集增訂版》一書在阿姆斯特丹出版，我們能夠發現他常常和他的君主探討未來的奧秘。為此，他不僅按照慣例拿到了醫療護理的傭金，而且他還得到很多名貴的禮品作為獎賞。亨利國王逝世後，他回鄉養老了。1564年，正在執政的查理九世①國王曾經去他的家鄉拜訪他。查理國王知道諾斯特拉達穆斯既能預知法國的未來，還可以預言世界上幾百年之後將要發生的事情，十分欣賞他的才能，而且對他極為尊重。立刻就請他做國事顧問和御醫，還大方地賞給他皇家的恩賜。「總之，」他接著在傳記中寫道，「要是把他的一切榮耀都說出來未免顯得太囉唆，一句話，四面八方的達官貴人和學者紛紛趕來，就像他是傳達神諭的先知似的。很多外國人還專門來法國請教他。」

諾斯特拉達穆斯的預言詩共有一千節，每節分為四行，整篇文章都很難理解，類似古時候的神諭。這些預言在時空上都留有很大空間，幾乎在幾個世紀內都可以適用到很多地方。就像在李利書中提到的對於那位高僧和可怕的傀儡人物的解釋等，這種巧妙話輕易就可以找到能和它牽強附會

---

1. 查理九世（1550—1574），法國瓦盧瓦王朝國王（1560—1574年在位）。——譯者注

的其他事件①。

就是到了今天，在法國和比利時的瓦隆鄉下，他仍然很受歡迎，那裡的老農婦們經常是充滿希望和虔誠地請教他。

凱薩琳‧德‧麥地奇不是她偉大的家族中唯一一個在宮廷裡養著占星術士的人。15世紀早期，有一個名叫巴希爾（Basil）的先生住在佛羅倫斯，他因能洞悉未來而著稱於義大利。據說，他曾經幾次預言過科西莫‧德‧麥地奇會得到許多財富，這個人只是一個普通百姓，之所以這樣說是因為他出生時的運星有和奧古斯都‧凱撒、查理五世國王②的運星一樣的好兆頭。另一位占星術士將亞歷山德羅‧德‧麥地奇王子的死準確地預測出來。他無論何時處理任何事都相當謹慎，因此沒有人懷疑他在應驗自己的預言時耍的伎倆——這是他們這種人為了保全聲譽常常會使用的手段。他曾經預言這位王子會死在一個他非常熟悉的朋友手裡，這個人很瘦，臉很小，面色黝黑，並且不愛說話。這個預言果然應驗了，亞歷山德羅被他的一個堂兄弟洛倫奇諾刺死在寢室裡。這跟他講的完全一樣。《赫爾米普斯的復活》（Hermippus Redivivus）這部書的作者③在講這個故事時覺得他是清白的，但他認為是亞歷山德羅王子的某個朋友曾經雇用過那個占星術

---

1. 在他的書中關於第二個世紀的部分中，預言66是這樣說的：「囚犯逃離危難，命運隨即巨變。宮廷眾人被逮捕，昭示城市淪陷。」「這是什麼？」一位信徒可能會說，「這不是拿破崙逃離厄爾巴島——他命運的改變，隨即巴黎城被盟軍佔領的那段歷史嗎？」我們再來試一下。在他的書中第三個世紀的第98條預言中是這樣說的：「皇家兄弟爭戰忙，不共戴天難相讓。各守堡壘針鋒對，干戈一生為稱王。」某些李利的追隨者對這段預言理解起來不會有任何困難。用一句通俗的話來概括就是「像長矛一樣清楚明瞭」。如果這位占星術士在寫這個詩節的時候不是明確地指敦‧米蓋爾和敦‧皮德羅二人的故事，這個詩節如何會比其他詩節中少了許多閃爍曖昧和模稜兩可之辭？——譯者注
2. 見《赫爾米普斯的復活》142頁。——譯者注
3. 見《約韋的悼詞》320頁。——譯者注

士以這樣的方式向王子發出危險警告。

　　另一個更有意思的故事講的是15世紀在羅馬涅居住的一位占星術士，他叫安提奧克斯・蒂伯特斯④。在那個時候的義大利，幾乎一切小統治者們都豢養了一群這種人為他們服務。蒂伯特斯這個來自巴黎的占星術士由於曾經在研究數學方面獲得很高成就，而且公布過很多能表現出他機敏和精明的預言，所以他被里米尼的統治者潘多爾弗・德・馬拉泰斯塔請到家中，並且成為他的門客。從此，他聲名鵲起，他的書齋裡總是擠滿前來拜訪的顯貴和前來諮詢的顧客。就這樣，他很快就賺到一筆不菲的財富。然而，不管他曾經多麼的輝煌，卻落得個十分悲慘的結局，他那大悲大喜的人生最終了卻在了斷頭台上。以下的這個故事流傳很廣，而且憑著確鑿的證據常常被後世的占星術士們成功引用，來證明他們鑽研的科學是如此真實。據說，在他去世以前，他曾經提出3個著名的預言——一個是關於他自己的，一個是關於他朋友的，還有一個是關於他的保護人潘多爾弗・德・馬拉泰斯塔的。第一則預言是有關他的朋友吉多・迪・博尼的，這個人是那個時代最傑出的船長之一。在看了星相和手相之後，蒂伯特斯沮喪地對吉多說，他將會蒙受不白之冤，被他最親密的朋友猜疑並且會因為這個喪命。然後，吉多就問那個占星術士能不能預測他自己的命運。蒂伯特斯看了看星相，發現他命裡必然要死在斷頭台上。聽了這些預言（很明顯這一點不能證明真的有這件事情）之後，馬拉泰斯塔也請求占星術士幫他預測命運，並著重說到不管他的命運多麼悲慘，也要蒂伯特斯坦白相告。蒂伯特斯服從了，對他的保護人——這位當時義大利最輝煌和最有權勢的王子之一，說他將會過著貧困潦倒的生活，最終會在波隆那的一家不顯眼的醫院裡像個乞丐似的死去。最終，這三個預言全都應驗了。吉多・迪・博尼

---

4. 見《佛羅倫斯軼事集》或《邁迪錫樓祕事》。——譯者注

的岳父本蒂沃利奧伯爵控告他曾經有一次密謀叛國，計畫將里米尼城交給教宗部隊管轄。然後，又偽善地請他去赴晚宴，在餐桌前將他殺害，這也是暴君馬拉泰斯塔的命令。同時，占星術士自己也被朋友一案牽連進了監獄。他曾經試圖越獄，從牢房的窗戶成功地爬了出來躲到護城河裡，但是後來不幸被獄卒發現。這件事情又彙報給馬拉泰斯塔，他立即下令在第二天清晨處決蒂伯特斯。

就在這個時候，馬拉泰斯塔忘記自己的預言，況且他的命運一直以來也沒怎麼影響他。然而，事情仍然默默地按照既定的軌跡發展，逐漸應驗著預言。雖然吉多‧迪‧博尼是無辜的，但是一個謀劃將里米尼城獻給教宗的反叛組織依然成立了。雖然他們採取必要的措施，瓦倫蒂諾斯伯爵還是得到這個城市。在城市被圍困的混亂局面下，馬拉泰斯塔都沒時間偽裝自己就逃出了宮廷。在被敵人追捕時，他到處躲藏，以前的朋友全部離他而去，就連他的子女都不肯認他了。最終在波隆納，他被傳染一種令人渾身無力的怪病，沒有人願意給他提供住處，於是人們將他送到醫院，他就在那去世了。唯一影響這個故事趣味性的是，事實上他們所說的預言都是在事情發生之後才被編造出來的。

那一年，早在路易十四出生以前的幾個星期，巴索皮埃爾元帥就帶領朝廷的達官貴人們邀請一位德國占星術士，把他安排在宮裡，隨時候命，便於及時將法蘭西未來君主的算命天宮圖描繪出來。王后臨產時，又將他帶到隔壁的房間裡，便於及時知道嬰兒出生的準確時刻。他觀察的結果只歸結為3個字：diu，durè，feliciter，這表示這位剛降生的小王子以後會長期在位，健康長壽，並且勤政，功績顯赫。這位占星術士每天不愁吃喝，又成為這一朝的寵臣，從他口中說出這類吉祥的預言全都在人們的意料之內。之後，為紀念這件事情還專門鑄造了一枚紀念章。在紀念章的一面刻有新出生的王子正駕著阿波羅戰車的英姿，而且還刻著「Ortus solis

Gallici」——意思是徐徐升起的高盧人的太陽。

替占星術士做出最棒解釋的人，就是那位曾經不情願地實踐過這門學術的天文學家克卜勒①。曾經有很多朋友都要請他占卜星運，但總會被他嚴詞拒絕，因為他不擔心由於自己的直白而將那些人激怒。然而在其他時候他卻常常會迎合這種紅極一時的騙術。在他贈與格拉赫（Gerlach）教授的《星曆表》（Ephemerides）這本書中，他說：「那僅僅是些胡言亂語的編造，不外如是。」然而他又不得不做這個，不然他已經吃不上飯了。「你們這些極其聰慧的哲人們」，他在他的《第三者的介入》（Tertius Interveniens）這部書中歎息說，「你們真是太過於為難這個為天文學而生的女人了！你們不瞭解她的美德。她不得不用她誘人的力量來贍養她的母親。要是人們不迷信於從上天那裡祈求知曉未來命運，天文學家僅靠一點微不足道的收入是不能養活他們自己的。」

巫術是在占星術之後出現的另一門被那些妄圖預知未來的人們常常推崇的偽科學。史上最早有據可考的例子就是恩多女巫和塞繆爾（Samuel）的魂靈。幾乎所有的古代民族都堅信，召回死去的魂靈可以幫人們揭示上帝昭示給幽靈們的秘密。很多暗示這個話題的文章都會立刻讓人聯想到那卷經典讀本。然而，從來沒有一個國家公開地推行巫術。一切政府都把它看作是一種罪孽深重的犯罪。和它相反，占星術卻被廣泛支持，研究這門學科的專家也獲得極高的讚譽，而巫師常常會被判處火刑或者絞刑。羅傑·培根、艾爾伯圖斯·麥格努斯、維拉諾瓦的阿諾德還有其他很多人，在之前的幾個世紀裡都被指控參與這種褻瀆神靈的惡行。即使面臨這麼多的責難，這門盛行的騙術看起來依然是那麼根基穩固，使得人們費了絕無

---

1. 克卜勒（1571—1630），是德國著名的天體物理學家、數學家、哲學家。他首先把力學的概念引進天文學，他還是現代光學的奠基人，製作著名的克卜勒望遠鏡。——譯者注

僅有的巨大艱辛和困苦才可以將其證偽。即使是這樣，它在不同時期和不同國家的野心家那裡還是很明顯地得到巨大支持，儘管這麼做是相當危險的。

泥土占卜，也可以說是以在地上畫線和畫圓還有其他數字圖形的方式來預測未來。這種辦法在亞洲國家流傳很廣，但是在歐洲卻幾乎沒有人知道。

飛鳥占卜，曾經在羅馬這種依照鳥類的飛翔或內臟展開占卜的方式一度極其盛行，之後在歐洲許多國家也開始迅速傳播。然而在今天，絕大部分精於此術的人都淪落為印度讓人討厭的凶殘罪犯。

占卜，有很多種，而且有持久的令人驕傲的聲譽。它自有史料記載的時候開始就控制人類整個思想，並且還隨著時間的推移而繼續流傳。在猶太人、埃及人、古巴比倫人、波斯人、希臘人還有羅馬人之中，它依然廣為流傳，甚至現今全世界所有的現代民族都知道它，即使是生活在非洲和美洲荒野中未開化的游牧部落對此也不陌生。現今時代文明的歐洲採用的占卜方法，主要來自於紙牌、茶杯和看手相。只有吉普賽人把它發展成為一種職業。可是依然會有成千上萬的信徒們採取用測茶杯底沉澱物的方法來占卜第二年能否豐足，或者他們的老母豬能不能多生幾隻小豬。同樣，這些家庭中的少女們也採取相同的辦法來預測她們將會在什麼時候結婚，未來丈夫的皮膚是黑還是白，經濟條件是富裕還是貧困，性格是親切還是急躁。而現代人更喜歡用紙牌占卜的方法。雖然紙牌還不能為它誕生400多年而自豪，但是它的這種功效更加卓著。看手相占卜歷史就很久遠了，在古代歐洲曾經有一半以上的鄉村少女都癡迷於這個。從原始父系氏族社會時代開始，埃及人就知曉它了。茶杯占卜也是這樣，就像我們從《創世紀》（Genesis）中讀到的那樣，曾經被聖若瑟①使用過。埃及人也曾經使用過樹枝占卜的方法。在距今相對比較近一點的時代，有人說可以透過這

種辦法找到埋藏的寶藏。現在我們知道，在歐洲這種騙術已經被揭穿了。姓名占卜，也可以說就是依據姓名的字母來占卜人的命運，除此之外，它還演變為其他各種變體，就是一種更加現代的占卜方法，然而信的人就可以忽略不計了。

以下列出戈雷（Gaule）在他的《魔法占星術士》（Magastromancer）這部書中給出的之前曾經被應用過的各種占卜方法，而且曾經在霍恩的《年鑑》（Year-Book）這部書的第1517頁被引用過。[2]

實體占卜，也可以叫做利用構成世界的要素占卜。

天氣占卜，也可以叫做利用大氣占卜。

火卜，即利用火來占卜。

水卜，即利用水來占卜。

土卜，利用泥土占卜。

神卜，假借自己接到聖經和神靈的啟示、上帝的旨意進行占卜。

鬼卜，利用凶神和惡魔進行占卜。

幻卜，利用偶像人物進行占卜。

心卜，利用人的靈魂、情感和性格氣質進行占卜。

人卜，利用人的內臟進行占卜。

獸卜，借助野獸占卜。

---

1. 聖若瑟（Saint Joseph），《聖經》中聖母瑪利亞的丈夫。——譯者注

2. 有兩本書在英格蘭非常受歡迎，若干年間僅在倫敦一個地方就有50萬的銷量，而且曼徹斯特、愛丁堡、格拉斯哥、都柏林等地都出現重新印刷發行的情況。這兩本書分別叫做《布莉姬的解夢書和命運的先知》和《諾伍德吉普賽人》。根據一位十分熱衷於此的人說，這類書有一定的市場需求，深受一些女傭和未受過良好教育的人喜愛，全國每年讀者可達到1.1萬人，而且在過去的30年中，每年售出的數量都不比這個少。這個時期，共計售出總數將近33萬冊。——譯者注

禽卜，借助禽類占卜。

魚卜，借助魚類占卜。

植卜，利用草本植物占卜。

石卜，利用岩石占卜。

木卜，利用木棒占卜。

夢卜，分析夢境占卜。

名卜，根據姓名字母占卜。

數卜，根據數字占卜。

對數占卜，借助對數運算進行占卜。

胸骨占卜，利用軀幹上胸部到腹部的標記來占卜。

胃卜，根據腹部發出的聲音或者腹部上面的標記進行占卜。

臍卜，利用肚臍占卜。

手相術，看手相占卜。

腳相術，看腳相占卜。

指甲術，看指甲占卜。

驢頭卜，利用驢子的頭進行占卜。

灰卜，利用灰燼占卜。

煙卜，利用煙霧占卜。

香卜，借助焚香占卜。

蠟卜，借助熔蠟占卜。

盆卜，利用水盆占卜。

鏡卜，利用鏡子占卜。

情卜，透過在紙上寫字或者情人卡進行占卜。

刀卜，利用刀劍占卜。

水晶卜，利用水晶石占卜。

指卜，利用戒指占卜。

篩卜，利用篩子占卜。

鋸卜，利用鋸來占卜。

銅卜，利用銅管或其他金屬占卜。

膚骨卜，根據皮膚和骨骼等占卜。

星卜，根據星宿占卜。

影卜，根據陰影占卜。

骰卜，利用骰子占卜。

酒卜，根據葡萄酒的殘渣占卜。

果卜，借助無花果占卜。

酪卜，利用乾酪占卜。

粉卜，利用粗粉、麵粉或糠占卜。

穀卜，利用玉米或穀物占卜。

雞卜，借助公雞進行占卜。

環卜，借助畫圓圈占卜。

燈卜，利用燭火和燈火占卜。

解夢術是一種用來分析夢境的技術，是古時候遺留下來的一份「遺產」。在人類精神和肉體發生重大變革的整個過程它都存在。五千年的史料可以充分證實一種在宇宙裡被廣泛傳播的信念，也就是技術超群的法師可以利用幫人解夢預測未來的命運。至於有關這種技藝的規則，要是古代曾經存在過，現在也沒有人知道了。然而，現在一條簡單的法則就將這個奧秘全部揭示出來。這正像基督教世界中一切自命不凡的人們做的那樣，認為夢是反的。意思就是說，要是你夢見骯髒的東西，你就將擁有寶貴的東西；要是你夢見死的東西，你就將接收到生的資訊；要是夢見金銀，你就有可能失去財寶；要是夢見朋友很多，你身邊就會有很多敵人。然而，

這條法則不是什麼時候都靈驗。要是你夢見小豬肯定很幸運，但是如果你夢見一頭大公牛就可能要倒楣了；要是夢見你的一顆牙掉了，近期你必然會失去一位朋友；要是你夢見自己的房子著火了，你就會接到遠方的音信；要是你夢見害蟲，這就表示你的家人要生病；要是你夢見了蛇，你最終會發現你身邊的某些朋友竟然是最可怕的敵人；然而，要是你夢見自己正在到脖子那麼深的泥沼中掙扎不斷下沉就是最幸運的夢了；夢見清澈的水表示要悲傷；要是你夢見你在眾人面前赤身裸體地站在大街上，也找不到衣服遮蔽，這表示你將陷入巨大的災難、痛苦和困惑之中。

在英國很多地方和歐洲、美洲大陸上都可以發現一些專業解夢的上年紀的鄉下女人。對於她們的釋言人們深信不疑，就像她們說的全部是神的意旨。在遠離城市的偏僻之處一點也不奇怪還有一些家庭：他們每天早晨按照慣例坐在餐桌前講自己昨夜夢見了什麼，並且按照夢境來推測今天是好還是壞。在這些人看來，哪怕是夢裡一朵盛開的花朵或者是一顆成熟的果實都可以預示吉凶。要是人們夢到田野上或者是森林裡的一棵樹，都會將它賦予這樣的、可以掌控人命運的神奇力量。夢見灰燼表示要長途旅行；夢見一棵櫟樹，就表示著長壽和興盛。當一位少女夢見自己將一棵樹的皮剝掉了，這就表示她的名譽將會被汙損，要是一位已婚的婦女夢見這個，就表示她即將失去一位親人；要是一個男人夢見這個，就表示他很快會繼承一筆遺產。夢見一棵沒有葉子枝幹光禿禿的樹，就表示巨大的傷痛；夢見一根連樹杈都沒有的樹幹就預示著絕望和自殺；夢見比較老的樹就要吉祥一些；要是夢見一棵火樹就更好了，它象徵安逸和財富。菩提樹預示著出海遠航；紫杉和赤楊就是兩個不吉利的東西，要是年輕人夢見了就預示著要染上疾病，而老年人夢見了就預示著死亡。以下所列舉的是被賦予象徵未來意味的花卉和水果品種中最主要的幾種，它們都被證明是有效果的，依照字母順序來排列：

蘆筍，綁成一束，象徵眼淚；要是你夢見它正在生長，象徵好運。

蘆薈，沒有花，象徵長壽；有花，象徵遺產。

朝鮮薊，這種蔬菜預示著你可能在不久的將來會獲得貴人幫助。

龍芽草，這種藥草向你傳遞著家人將要患病的資訊。

銀蓮花，這是一種預示愛情出現的植物。

報春花，夢見生長在花壇中的，被認為是幸運的代表；在盆中生長的，被認為是婚姻的代表；如果要被採摘了，則預示著將會守寡。

覆盆子，預示將會有一次愉快的長途跋涉。

金雀花，是家庭將要添丁進口的預兆。

花椰菜，預示著會受到朋友們的輕視，或者是你將變得窮困潦倒而無人同情的預兆。

大羊蹄，預示著將會有一份鄉下來的禮物送到你的手裡。

水仙花，如果水仙花在一位少女的夢中出現了，表示上天正在向她發出警告，告誡她不要和自己的情人去幽暗僻靜的地方約會，將會發生危險，因為人們在那裡可能無法援救她。如果她不聽警告，她就會倒楣的。「她將不再佩戴花環，而是用淒涼的柏樹來替代，以及從粗枝上折下來的接骨木。」

如果無花果的顏色翠綠，預示著將會生活困窘；如果是風乾了，窮人將會變成富人，富人則會活得更快樂。

夢到三色菫，表示心中有痛楚。

夢到百合花，表示將會有歡樂的事發生。

夢見睡蓮，表示將會有來自海上的危險發生。

夢見檸檬，表示不久將會分離。

夢見石榴，單身者將很快找到自己的另一半，婚後生活幸福美滿；而對於已婚卻夫妻不和的人預示著會重新和解。

夢見椴桴樹，表示將會有一段愉快的交往。

夢見玫瑰，表示恩愛甜蜜的愛情將會伴隨著你，並且會遠離各種悲傷。

夢見酢漿草，象徵你將會柳暗花明又一村。

夢見向日葵，表示將會有事情深深地傷害你那高傲的心。

夢見紫羅蘭，對於單身的人預示著將會有不幸發生；對於已婚者卻預示著會有歡樂的事情發生。

夢見什麼種類的黃花都預示著忌妒。

夢見紫杉果對任何性別的人都表示將會失去人格。

應該隨時注意的是，這些釋夢的規則肯定不是放之四海而皆準的。如果一位英格蘭的農家女夢見了一朵玫瑰花，清晨她會滿面紅光，相反，諾曼第的農家女子會因相同的境遇而感到震驚、煩惱和失望。一位夢見橡樹的瑞士人肯定沒辦法理解一位英格蘭人因此而獲得的那種快樂，因為在他看來，這樣的夢含有警告的意味，一種巨大的災難會莫名其妙地降臨到他的頭上。因此，人們會因為無知和輕信使自己相當痛苦和煩惱。這樣一來，他們張開大網捕捉不幸，他們的一生將會在沒有意義的希望和惶恐的不幸中度過。

徵兆。在人們偶然找到的各種自尋煩惱的辦法之中，還有他們要預知未來奧秘的沒有結果的幻想裡，象徵和徵兆有很高的地位。預言家常常會將在某個特定時間發生的某一自然現象看作或吉或凶的預兆。而凶兆佔了絕大部分，我們在折磨自己上表現得遠比在探求周圍事物產生原因來使自己高興上更加盡力。我們走偏路只是為了尋找不舒服的感覺。好像生活的苦酒對我們來說還不夠刺激，我們又找出更多的毒藥添加進去，當然，我們不去生產這些毒藥，它們根本就不存在。艾迪生曾經說過，「我們在無緣無故的小事中遭受到的苦難和在真正不幸中是一樣的。我們都知道，一

顆飛逝的流星能夠打破夜晚的寧靜。曾經也見過一個處於熱戀中的男人，在剛剛閃過一個愉快的想法時便面帶憂鬱，不思茶飯。午夜的一聲梟叫給一個家庭造成的恐慌比一群強盜來得更猛烈，就連一聲蟋蟀的鳴叫都比一聲獅吼更讓人害怕。面對充斥著預言和徵兆的想像能夠表現出十分淡定樣子的事情很平常。一根鏽跡斑斑的鐵釘或是一個彎曲的別針突然間就變成超凡的東西了」。

在艾迪生寫了以上這些話過後的125年裡，很多奇怪的說法不攻自破。時間的車輪會將眾多的荒謬言辭輾得粉碎。然而這些東西的主體仍然存在，那些意志薄弱的人依然會因此而感到驚恐和痛苦。而事實上，不僅低微無知的人會迷信徵兆，有一位有很大名望、率領大軍的將軍也堅持相信裹屍布的幻影出現在燭光中是不吉利的兆頭，應該警惕。雖然有些學問頗深的人得到文學的最高榮譽，但是他們仍然死死抱住微薄的榮譽不放，唯恐別人會搶走一些，因為「在人們正緊閉雙眼熟睡不已的死寂午夜裡，它們就被偷走了。」

在大街上有一隻狗向著月亮狂吠，那些覺得迷信預兆對人類來說毫無價值和意義的人，也不得不坦誠，即使他們的理智還存在，可依然會在聽到牆上一種被稱為「死亡之鐘」的小蟲子發出的叫聲時，或是看見一塊中空的長方形碳塊從火爐中蹦出來的時候，就會因感到死亡即將降臨而內心充滿恐懼。

除此之外，還有很多其他的不幸徵兆，它們一直警示那些生活在世俗之中的軟弱之人，甚至連他們打個冷顫也會聯想到這個時候有一個仇人在踐踏他們未來的墳墓。要是他們早晨剛出家門就碰見一頭母豬，會覺得這一天很不吉利；要是遇見一頭驢，也是十分不吉利的事情。在梯子下穿過和忘記在米迦勒節時吃鵝，或者踩到甲蟲或者是吃了一對孿生堅果仁，這些都是十分不吉利的事情。對於那些無意中灑掉鹽的人來說，他們會覺

著這是不好的徵兆。每一顆被灑落的鹽粒都會給他這一天帶來痛苦。要是十三個人一起坐在一張餐桌前吃飯，其中肯定會有一人在這一年死去，而別人也都會跟著倒楣。這在一切徵兆中是最不幸的。基奇納博士是一個十分幽默的人，他曾經說，他發現有一種情況下十三個人一起圍著一張桌子吃飯確實會很糟糕，那就是飯只夠12個人吃的時候。然而更糟糕的是，大多數人的思想不是這樣活躍，他們對這些也沒有那種聰明的觀點。相同的迷信幾乎在歐洲各國中傳播著，甚至有人認為13這個數字是代表著所有不吉利的事物。要是他們發現自己的錢夾裡放著13枚硬幣，就會像丟髒東西一樣將多出來的一枚丟掉。達觀的貝朗瑞在他優美的歌曲——《十三人共餐》（Thirteen at Table）中，以一種詩意來表達這個令人羞愧的迷信，並且根據他往常的習慣將天才智慧的一課融在他的歌謠中。他在吃飯的時候，將鹽灑了出來，朝四周看了看，才察覺到原來自己是第13位客人。就在他感歎自己的不幸，腦海中不斷出現疾病、苦難和墳墓的景象時，忽然他因死神的現身而驚呆了。這個死神不是以可怕的仇人面目出現的，也不是以飛速到來的嚇人骷髏出現的，而是以光明天使的形象出現的。她暗示我們由於她的到來而感到害怕並折磨自己是十分愚蠢的行為。這時，她就像是人類的朋友，而不是敵人，她將我們從軀體的束縛中拯救出來。

要是人們可以如此看待死亡，健康而明智地生活，直至死神必然到來那一刻，他們可以去除更多的悲傷和煩惱！

在好兆頭之中，最吉利的就是遇見一匹黑白相間的馬了。要是能遇見兩匹馬那簡直是中了頭彩了，要是這時你吐三口唾沫，許個願，你的這個願望三天之內就會實現。要是你不小心把雙腳的長筒襪左右穿反了，這也是一個吉兆。但是若你是有意這樣做，你什麼好處也不會得到。連續打兩個噴嚏也象徵著幸運，但要是你再打第三個就不靈驗了，你的好運也不會出現。要是一隻陌生的野狗一直跟隨你，而且對你搖尾巴獻殷勤，還在你

身上蹭著撒嬌，這就表示巨大的財富。要是一隻陌生的雄性野貓來你家還和你的家人很親近，這同樣象徵幸運。要是牠是一隻母貓，結果就完全相反了。要是你家的花園來了一群蜜蜂，這表示巨大的榮譽和偉大的功業就要降臨在你頭上。

除了以上這些探究未來的辦法之外，你還可以利用仔細地感知身上各處的瘙癢來推測。例如：眼睛或者鼻子瘙癢，就表示你將會有短暫的煩惱；要是你腳癢，你就會去陌生的地方；要是你手肘癢，就表示你將會換一位朋友；右手癢，象徵你很快就會得到一筆錢財；但要是左手，你將被迫將這筆錢花掉。

以上所說的只是在現代歐洲人們廣泛相信的一些徵兆。要是把一切徵兆都列出來，你會對它冗長的篇幅感到厭煩。就是打算詳細地講述東方國家信奉的各種騙術也一樣沒什麼好處。每個讀者也許都會想起《項狄傳》（Tristram Shandy）中的那句涵蓋萬物的常用詛咒用語——如果你詛咒一個你記憶中或者是想像中的人，你必然會找到他。東方信奉徵兆的內容豐富度一點也不遜色於西方。每次身體的運動，每次意念的活動，都會在特定的時間包含特定徵兆。自然界中物體的每種形態，就連雲彩的形狀和天氣的變化，每種顏色、聲音，無論是人的還是動物的，抑或是鳥類和昆蟲的，甚至是無生命的東西，都表現為一種徵兆。對於引起一種沒有價值的希望或者是一種足以令人進入困境的恐懼來說，並不是一切東西都是毫無價值或者無足輕重的。

由於信仰各種徵兆而激發早期人們所說的迷信，也就是將那些相對來說更靈驗的某個日子當作預知未來奧秘的時間。以下的資料是以原文的形式從十分受歡迎的布莉姬修女院長的著作《夢與徵兆讀本》（Dream and Omcn Book）這部書中摘錄的，可以展現出英格蘭人的信仰。有關這些宗教儀式的久遠歷史，好奇的讀者可以在《每日讀本》（Every-day Book）中

找到滿意的解釋。

「1月1日——要是一位年輕美貌的女子在睡覺前喝一品脫①摻進了小母雞下的蛋和蜘蛛腿與鰻魚皮粉末混合而成的冰冷泉水，並且在喝之前用護身符來攪拌，就會在夢中顯現出她未來的命運，這種魔力在一年中只有在這一天會靈驗，其他時間就不行了」。

「情人節——如果一位單身女人在這一天早晨很早就從家裡出來，要是第1個遇見的人是一個女士，她這一年不會嫁人；要是第10個遇見的人是一個先生，3個月之中她肯定會結婚。」

「報喜節②——以下的這些符咒在這一天中會應驗：將31個堅果綁在一根細線上，再加上混合了藍絲的紅絨線，在睡覺前把它繫在脖子上，而且在嘴裡連續念著一句話：啊，我渴望！啊，我渴望遇見我所愛的人！」

「只要午夜過去，你的情人就會出現在你的夢中，同時你未來生活中可能發生的一切主要事件都可以在夢中預見。」

「聖斯威辛節前夕——找出你最渴望知道的三件事，拿一支新鋼筆蘸著紅墨水在一張精緻的紙張上將它們寫下來，要事先把這張紙的四個角剪去並且把它們燒掉。寫完後就把紙折成情人結，用自己的三根頭髮綁在外面。然後把這張紙連續在自己枕頭下放3夜，你就會預知到未來的事情。」

「聖馬可節前夕——當時鐘敲響12點的時候，去最近的教堂南面的墓地裡拔3把草（草越茂盛效果越好），在睡覺前放在你的枕頭下面，而且將以下這段話虔誠地反覆吟誦3遍以上：

『聖馬可節在預言的保佑下，我能夠從容面對一切希望與恐懼，

---

1. 品脫（pint），容量單位，主要在英國、美國、愛爾蘭使用。——譯者注
2. 3月25日為報喜節，意義側重於瑪利亞與天主合作，依照天主聖意給天主提供一個聖子降生、拯救萬民的最好途徑。——譯者注

讓我知曉我的命運吧，無論是禍是福；

無論地位高低；

也無論未來是單身還是有如意郎君陪伴，我的星座掌控我的命運。』」

「要是那天晚上你沒有做夢，你將終身過著悲淒的獨身生活；要是夢見雷電交加，巨大的磨難和悲痛將會折磨你一生。」

「聖燭節③前夕（平安夜）——就在這天晚上（貞女瑪利亞的潔身之夜），在一間方形室裡將3位、5位、7位或者是9位年輕少女聚集起來，房間的每個角落均垂下一束混合了芸香和迷迭香的甜草，然後放上一塊麵粉、橄欖油和白糖製作的蛋糕，每位少女都相應承擔部分費用。最後，將這塊蛋糕平均切成小塊，在切開每塊蛋糕時都將相應的一位少女名字的首字放大字母標在上面，然後把這些蛋糕在火上烘烤1小時。在整個過程中少女們要緊抱雙臂，交叉雙腿，一句話都不能說。每塊烤好的蛋糕都要拿紙包起來，少女們將雅歌的愛情部分寫在紙上，然後回家放在她們睡覺的枕頭下，這樣夢想就會實現。能看到未來的丈夫和孩子們，而且可以預知她將會有一個貧窮的家庭還是富有的家庭，生活是否舒適。」

「仲夏節④——採集3朵玫瑰花，拿硫黃來薰它，在白天3點的時候，將第1朵花在紫杉樹下燒掉；然後把第2朵埋在一座新葬墳墓中；剩下1朵放在你的枕頭下，過了3個晚上之後，再拿木炭火將它燒掉。在這段時間裡，你會在夢裡得知你未來的命運，而且按照布莉姬（Bridget）修女說的，最奇特的是，將要跟你結婚的那位先生會感到不安，直到他來找你這種感覺

---

3. 聖燭節在2月2日，即聖母瑪利亞產後40天帶著耶穌往耶路撒冷去祈禱的紀念日。——譯者注

4. 仲夏節是北歐國家的傳統節日，每年6月24日前後舉行。——譯者注

才會停止。除了這些，你還會永遠出現在他的夢裡。」

「聖約翰節前夕——用最上等的黑色天鵝絨（品質差的沒效果）做一個新的針插墊，在它的一面上用最細小的針以盡可能大的字刺上你的名字。另一面拿一些大針刺上一個十字，再圍著它刺上一個圓圈。當天晚上你將襪子脫下來時把它放到襪子中，然後再把它掛在床腳處，你未來的生活就會不斷地出現在你的夢中。」

「當年的第一次新月——在一年中的第一次新月出現的這一天，打好一品脫清泉水，把一些白色母雞下的雞蛋的蛋清、一杯白葡萄酒，3枚去了皮的杏仁、還有一湯匙白玫瑰水放進去。晚上睡覺前把這種水喝下去，但是一定要喝足3口，多了少了都不行，與此同時反覆誦讀下面的詩句，要發音清楚，但是不要太大聲，以防別人聽到：

要是我夢見純淨的水，

在黎明到來前，

這表示我會遭受窮苦，

生來就不會富有。

要是我夢見在喝啤酒，

哪怕是次等品都可以使我感到愉悅——

好運與惡運交替出現在我的身上，

悲傷和快樂隨時會上演。

可是只要我夢見品嘗的是葡萄酒，

我將終生富足快樂地生活。

酒味越濃，歡樂越多——

揭示我命運的夢啊，快點出現，快點出現！」

「2月29日——每隔4年這一天才會出現，因而對於那些熱切希望預

知未來的人們，特別是那些急切地想瞭解未來丈夫相貌和膚色的年輕少女們，這就是特別吉利的一天。要使用的符咒是這樣的：把27枚最小號的別針以3枚為一組插進一支硬燭中。在它的底端點著，然後再把它放在一個用從處女的墓中收集的黏土燒製成的燭台上面。再把燭台放在壁爐的左角處，當12點時鐘敲響的時候，立刻睡覺。在蠟燭燒完後，就把別針拿出來放在你左腳的鞋裡，這樣一來，不出9個晚上，你就會夢見你的命運。」

講到這裡，我們已經簡明扼要地回顧了不同的預知未來的方法，特別是那些當今社會人們還在用的方法。這些荒謬的行為在各國的表現都大致相同。一些在解釋和含義等方面的不同也是由於民族的個性和特點造成的。山區的居民會將一些他們經常見到的自然現象當作未來的徵兆。而平原的居民也一樣會依據身旁的事物來尋求未來命運，與此同時他們的迷信增添了一些地方的特色。相同的精神力量驅使他們孜孜不倦地探究未來——同樣地渴望知道上帝沒有告訴他們的秘密。然而，人類關於這個的好奇心幾乎不可能被全部根除。命運對於那些意志薄弱的人、無宗教信仰的人和愚昧無知的人來說，他們總是會為註定的死亡和疾病感到恐懼和厭惡，只要世界上存在這種思想，神學家就會說這是褻瀆神靈，哲學家也會說這是無稽之談，雖然明知這一切都是徒勞的。但是，這些荒謬的觀點大體上都被消除了。那些算命先生和預言家以前的聲望也不見了，因此不得不隱居度日，現在再也無法見到他們如同當初那樣在光天化日之下大肆橫行的場面了。我們可以發現，迄今為止已經有了很大的改觀和進步。

古斯塔夫‧勒龐點評

[1] 神秘主義是一切宗教和大部分政治信仰的精神基礎，如果我們將其中的神秘主義因素抽離，這些信仰將會失去蠱惑力，變得岌岌可危。

[2] 在群體中間，不存在不可能的事，如果想理解那種編造神話和傳播捕風捉影的故事的能力，就必須牢牢地記住這一點。

[3] 民眾的另一個重要特徵就是他們永遠是最容易受人蠱惑的，總是會輕信別人，對事物極為敏感，對事物沒有深入思考，缺少理性，於是也不可能做出任何反應。他們輕易就會被斷言、傳染、重複、威信說服，完全忽略事實和客觀經驗的存在。

第十六章

催眠術士

有人相信他們是神奇的賢哲，

有人認為他們已經陷入癲狂。

——比蒂《吟遊詩人》

人們都知道，想像力對疾病有很奇特的影響。虛弱輕信的病人會因為一個手勢或眼神而憂鬱、困擾，而要是信心充足，就是一粒用麵包製成的藥丸都比一切靈藥管用。1625年布雷達圍城，在用盡所有方法都毫無效果的情況下，奧蘭治（Orange）親王用善意的欺騙加上醫療手段成功地將所有患了壞血病而面臨死亡的士兵都治好了。[1]我們也可以聯想到更多與此相似的例子，特別是來自巫術歷史中的那些事例。那些滑稽的儀式、奇怪的手勢和巫師術士粗劣的術語，總會令那些盲從、神經敏感的女人們驚恐萬分，進而引起歇斯底里和一些其他類似的疾病。我們現在已經知曉了其中全部的道理，但是在那個時候這些疾病的症狀卻被當成是魔鬼在搗亂。不僅受害者和周圍的人這樣想，就連那些施展巫術的人也十分堅信。

在煉金術逐漸失寵又竭盡全力挽回自己聲譽的年代，一種以想像力為基礎的新的欺騙性學說突飛猛進地發展起來，在煉金士家中也有很多崇

---

1. 見凡・德・邁爾關於布雷達圍城的記載。駐軍染上壞血病，奧蘭治親王將兩三個藥瓶派人送給醫生，裡面裝有春黃菊、苦艾、樟腦混合調製的藥液。他吩咐醫生告訴士兵說這種藥特別罕見、非常昂貴，是歷盡艱難冒著極大風險從東方取來的。這種藥效力很強，一加侖水中加入兩三滴，就會有特別好的療效。士兵們極其信任他們的統帥，於是高興地服藥，很快就好了。後來，他們二三十人成群地圍到親王身旁，誇耀他的醫術，十分感謝他。——譯者注

拜這個的人。他們之中很大一部分人將原來的立場放棄了，轉而推崇催眠術。這種學說最早的表現形式是礦物磁性說或礦物催眠術，後來又出現動物磁性說（或催眠術），而後面這種說法到現在還在使用，在這整個過程中，它曾經將千千萬萬人矇蔽了。

最早吸引世人眼光的是礦物催眠術家，他們不愧於是現代庸醫的「傑出前輩」。現在人們已經開始懷疑帕拉塞爾蘇斯到底是不是煉金術的開山鼻祖，但他是一位催眠術家。本書中在有關煉金術的章節中已經提到，他幾乎和所有擅長催眠術的專家一樣，也是一位內科醫生，而且他也裝作自己不僅能夠煉金，追求長壽，還可以治好所有的病。出於後一種目的的考慮，他成為將玄妙的超自然力量歸結到磁石的第一人。很明顯，他是被一種極其虔誠的信念驅使，覺得磁石就是點金石。即使它不可以讓金屬變形，至少也可以緩解人類的痛苦，抑制惡化的病情。他花了很多年在波斯和阿拉伯遊歷，尋找東方神話中著名的硬石山。他將在巴塞爾行醫期間給自己調製的一種靈藥命名為「金丹（萬靈藥）」——一種石頭或水晶。他說這種藥有磁性，可以治好癲癇、歇斯底里和痙攣性疾病。很快，就有人開始模仿他的行為。他的聲名與日俱增，也因此種下這種謬誤的首顆種子，從此以後就不斷生根發芽，繁榮茂盛。即便現代有些從事類似職業的人堅決不承認，但是它依然應該是催眠術的起源，因為我們看到，繼帕拉塞爾蘇斯之後又連續有規律地誕生一些礦物磁學家，直到最後梅斯梅爾[2]的出現為這種欺騙性學說注入新的血液。

帕拉塞爾蘇斯吹噓，他可以利用磁石將人體上的疾病轉移到土壤中，可以採用六種方式展開這種移植，其中一種就可以充分展現實施的方法和

---

2. 梅斯梅爾（Mesmer，1734—1815），他認為可以透過讓病人把腳放在有磁性的水中，同時手執與磁力場相連接的電線。——譯者注

過程。「要是某人被病痛折磨，局部或全身都很疼痛，可以嘗試一下這種方法。找來一塊磁石，將它浸入木乃伊之中，全部混合在肥沃的泥土中。將幾粒和這種病同性質的種子放在泥土中，然後仔細篩選一下再用木乃伊浸漬的土裝入陶瓷容器中。每天用洗液清洗疼痛部位或全身，然後再拿這種洗液來澆種子。這樣就可以把人身體上的疾病移植到埋在泥土裡的種子上。然後將陶瓷容器中的種子移植到土裡，它們就開始慢慢發芽生長。它們一邊長一邊病痛隨之也就減輕了，等到它們長大後，疾病就會完全消失。」

耶穌會教士基爾學十分相信磁石的功效，他和煉金術士爭論，目的就在於揭發煉金術的欺騙行為。一位患疝氣的病人曾經來他這裡尋求幫助，他將一小塊磁石化成粉末狀要病人服下，並且他將一塊用鐵屑製成的藥膏貼在病人外部的突起處。他希望以這種方式在磁石到了內部的相應位置後會對鐵屑和腫塊產生吸引力。以他看來，經過這樣的處理後，腫瘤很快就會安全地不見了。

在這種新磁性觀點被廣泛接受下，人們發現所有由於金屬物質導致的傷口都可以用磁石來治療。隨著時間的推移，這種癡人說夢般的幻想不斷擴大，人們覺得可以將劍磁化來治好所有的劍傷。這就是有名的「武器藥膏」的緣由，在17世紀中期它曾經一度盛行。以下的藥方就是帕拉塞爾蘇斯開出的，除了像穿透心臟、大腦或動脈之外的所有的利器創傷都可以治療。「採集長在裸露放置的被絞死的小偷屍體腦袋上的苔蘚、木乃伊和依然有溫度的人的鮮血各一英兩[1]，人體油脂二英兩，亞麻籽油、亞美尼亞油菜各兩錢。將它們放在研缽中完全混合，然後將這類止痛藥膏裝進窄長

---

1. 英兩，也叫「盎司」，英美制重量單位。1英兩即1盎司，合十六分之一磅。——譯者注

方形的甕中。」把利器浸入從傷口流出的鮮血中，之後仔細地塗上一層藥膏，放在陰涼的地方。與此同時，拿乾淨的水將傷口反覆沖洗乾淨，再拿一塊柔軟的乾淨亞麻布包紮好。每天將傷口化膿的地方清理乾淨或者做其他必需的處理。《外國評論季刊》第十二卷中有一篇有關動物磁性說的卓越作品，在該文中作者講到這種療法是有效的。「因為不僅將武器塗上擦油膏，外科醫生治傷幾乎也按照這種方法。」「武器藥膏」在歐洲很多地方依然常常被提到，還有許多人急切地要求，希望對這種發明給予相應的榮譽。弗拉德醫生或那位煉金術士阿·弗拉科特博斯特別熱衷於將這種發明介紹到英格蘭。他以這種方式成功治好了幾個病例。事實上這些一點也不神秘。他透過誇耀藥膏的偉大功效來鼓勵病人，讓他們相信會痊癒的同時，他也從來沒有忘記過比這些虛幻的東西更重要的治療手段，例如：處理傷口，而這些手段不管什麼時候都可以產生治傷的目的。弗拉德又進一步說，要是磁石使用得適合，就可以拿來治療所有的疾病。但是，和地球類似，人體也分為南北兩極，人體只有位於北部的時候，磁性才會有效！在他一度走紅的時候，曾經有人質疑他和他最引以為豪的止痛藥膏。然而，這幾乎沒有妨礙到人們繼續迷信這種止痛藥的奇特功效。一位「佛斯特（Foster）牧師」曾經寫過一本名為《擦去武器藥膏的海綿》的小冊子。他在文中宣稱，人們自己使用這種藥膏或介紹給別人使用與推行巫術是一樣的。魔王撒旦發明的這種藥膏，他終究會怪罪每個曾經推行過這種藥的人。佛斯特牧師說：「實際上，撒旦親自把這種藥膏交給帕拉塞爾蘇斯，他又轉交給皇帝，然後又流傳到朝臣那裡，朝臣又傳給巴蒂斯塔·波爾塔，最後傳到弗拉德手中。弗拉德的職位是一個醫生，現在就在倫敦城行醫，此人盡其所能地保衛這種藥膏」。弗拉德醫生在遭受此類攻擊之後，就以發表解辯文章的方式為自己的藥膏辯護。他的回答是：「將佛斯特牧師的海綿擠乾，從哪些地方可以看出拿海綿的人不正當地侮辱他的同行。

他惡毒諷刺的文章火焰被真理澆滅了，他拿去擦拭武器藥膏的海綿功效被擠了出來，最終被完全消滅。」

　　這種爭論產生以後不久，又出現一位對武器藥膏更吸引人的虔誠信徒，這就是肯能姆·迪格比爵士，他是埃弗拉德·迪格比爵士的兒子。他的父親由於參加「火藥密謀」而被處決。這位先生是一位博學能幹的學者。但對他影響最為深遠的還是煉金術士過分渲染的信條。他對點金石深信不疑並且希望可以說服笛卡兒，用他一生的精力去尋求所謂的長生不老藥或是其他可以無限延長人類生命的途徑。他讓自己的妻子凡納蒂亞·史丹利吃用毒液餵養的閹雞，希望她可以永遠地把美麗留住。這種說法是維拉諾瓦的阿諾德最早提出的。像迪格比這樣精明強幹的人，一旦他將武器藥膏的說法接受了，就有發揮這種信念到極致的可能。但是，到他手中這種藥膏卻變成一種被稱為「同感粉」（Powder of Sympathy）的藥粉。他在製造一種自己從一個加爾默羅白袍行乞修士那裡學來這種知識的假象，那位修士又是從一位波斯或亞美尼亞著名的東方哲學家那裡學來的。詹姆士國王、威爾斯親王、白金漢公爵和其他很多顯貴都對這種藥粉的神效深信不疑。肯能姆爵士在蒙皮立將一個著名的醫療病例向一群學者宣讀：詹姆斯·豪威爾先生寫了一本著作，作品的名字叫《樹木學》（Dendrologia），並且還有過一些其他的著述。有一次，他的兩位最好的朋友正在決鬥，正巧被他給碰上了，他懷著試圖進行勸解的心理立刻衝到了兩個鬥士中間，他兩隻手分別抓住一位的劍柄和另一位的劍刃。盛怒之下，兩個人完全瘋了，對朋友的勸解置之不理，並且竭力想把這個「障礙」給排除掉。其中一個人粗暴地把被抓住的劍刃撤了回來，這下不僅對豪威爾的神經和肌肉造成嚴重傷害，還傷到了手骨，差點割掉他整個手掌；另一個人同時從他手中也把劍掙脫出來，猛地刺向敵手的腦袋。豪威爾先生事發時迫不得已，迅速把那隻受傷的手舉起去阻止他的突襲。他的

手背被劍刃狠狠地砍在了上面，傷得非常厲害。肯能姆・迪格比爵士說：「當時他們好像是鬼使神差一般地都刺傷了自己最親愛的朋友。要是他們的頭腦在當時可以清醒一點，是會把自己的生命獻給他們的朋友的。」當兩個人看到豪威爾先生的臉被傷口噴出的鮮血濺滿時，立刻扔掉了劍，不約而同地抱住他，並且把他的手用襪帶包紮起來，以防止他失血過多。然後他被兩人帶回家，並且立刻請來外科醫生給他看病。詹姆士國王對豪威爾大加讚賞，聽說他受傷了就立刻派去了給他療傷的御醫。現在這個故事只有依靠肯能姆・迪格比的講述才能得以繼續了。「我們兩家相距很近，這對我來說是一個很好的機會。四五天以後，他來拜訪我，把他的傷口打開要求我看。他說，『因為我知道你有最好的藥方來應付這種情況，我的醫生考慮只有截掉這隻手，才可以防止它長壞疽』。當時，他的臉色告訴我，他正忍受著極大的疼痛。他告訴我，嚴重炎症造成的疼痛簡直是無法忍受的。我告訴他為他效勞我感到非常榮幸，但是如果他知道我給他治療是採用不碰傷口的反常舉措，也許他就再也不會讓我給他治療了。因為他認為採用這種方式為沒有用或者還不如說是一種迷信。他回答說，『許多有關您醫療方面的奇妙之處都是別人告訴我的，所以我一點都沒有懷疑過它的效用，而且我可以用一句西班牙諺語來表達我想要對您說的所有話——讓奇蹟發生吧，雖然由穆罕默德帶來。』於是我問他有沒有一件沾有他手上血跡的東西，隨後他立刻讓人取來了幾雙包紮過傷口的襪子。然後我讓人給我端過來一盆水，之後我把一把硫酸鹽藥粉從書房裡拿了出來，並且用水把它們溶解。剛拿來的那條沾滿血跡的襪帶便被我立刻放到盆裡，偶爾我會觀察一下豪威爾先生的反應。一位先生正在和站在我房間角落裡的豪威爾先生親切地交談著，對我所做的一切完全沒有注意。然而在他好像不經意間發現自己身上的一些微妙的變化後突然驚叫起來，我問他為什麼這樣，他說：『原來我苦於尋找讓我一直感到痛苦的原因，但是

現在我發現痛苦消除了，有一種像是濕手絹般涼爽舒適的東西讓我感覺在手上展開，它帶走讓我備受折磨的炎症。』我回答說，『既然你認可我的療法效果，我建議你除掉所有的膏藥，保持傷口的清潔，不要過冷或者過熱。』立刻有人把這件事情稟告白金漢公爵，沒多久國王也知道了，他們對此都很好奇，想弄清事情的來龍去脈。我在吃過晚飯後從水中取出襪帶，在火旁將它烘乾。等襪帶快被烤乾的時候，豪威爾先生的僕人跑過來把他的主人感到自己正在被燒烤的事情告訴我，似乎他的手正被放在燃燒的煤塊中間烘烤。我告訴他，豪威爾先生現在的痛苦是短暫的，不久就會舒適起來。因為這種痛苦產生的原因我已經熟知了，它要盡可能地避免再出現。我對他說，也許他還沒有來得及回去，手上的炎症就會被消除了。但是，如果他感到傷勢沒有減輕的跡象，他就要立刻回來見我。反之，就不用來了。僕人按照我的吩咐回去了，襪帶又被我放入了水中，於是他回去以後就發現他主人的病痛消失不見了。總而言之，後來他始終感覺良好，五六天之後開始結疤，不久就完全癒合了。」

這精彩的故事就是在肯能姆‧迪格比爵士身上發生的。那個時代有一些實施類似療法的人也開始虛浮自吹，氣勢不比他的低。當時也不是所有人認為用「同感粉」或「武器藥膏」來治傷是必須的。要是想治癒這把劍所致的創傷，就可以用手對劍進行磁化（動物磁性說的第一線微弱曙光）。他們宣稱，傷者會在他們的手指向上撫摩那把劍的時候，立刻感到傷痛緩解，但如果他們向下撫摩那把劍，他就會感到十分痛苦。

與此同時，還有一種讓人更感興趣的有關磁性神奇功效的觀點。以這種觀點看來，可以在人的肉體上製造一種「同感字母表」（Sympathetic alphabet）。人們有了它，就算是相距很遠也可以盡情地迅速傳遞資訊，溝通思想。雙方各割下自己手臂上的一塊肉，然後趁著它仍然溫熱、還在滴血時就把它移植到對方身體中。儘管肉會在對方的體內繼續「生長」，但

是它依舊和原來的主人相互聯繫，所以對它的一切傷害都可以刺激舊主人的敏感神經。再將字母表刺寫在這兩塊移植皮肉上，這樣一來，當他們要進行溝通時，只要其中一個人拿一根磁針刺一下手臂，就算他們倆之間隔著寬闊的大西洋，這個通告也可以被那位朋友立刻接到，準備接收遠方發來的電報。不管其中一個將哪個字母刺痛了，另一位手臂上的相同字母就會感到疼痛。

有一位名聲和肯能姆·迪格比旗鼓相當的同時代人叫做瓦倫丁·格雷拉克斯（Valentine Greatraks）。這個人從來不提磁性說，也不需要任何理論就可以給自己和他人營造一種騙術。這種騙術與礦物磁性說相比，和現時代的動物磁性說（催眠術）更接近。它曾經一度盛行，那個時候非常流行研究它。這位先生出生在科克郡一個富有的家庭，他的父親是一位愛爾蘭紳士，他曾經接受過很好的教育。他小的時候曾經得過憂鬱性精神錯亂。過了一些時候，他就產生一種衝動或者說是有一種奇怪的信念出現在他的腦海裡。這種信念無論是在他清醒還是睡著時都會出現，他認為這是上帝賜予他治療瘰癧①的能力。

當他將這種信念告訴妻子時，妻子就會坦白地告訴他，他是一個傻瓜。雖然這種信念是由最高統治者上帝賜予他的，他依然不敢肯定是不是真的，因此發誓想要驗證一下自己身上的魔力。過了幾天，他去看索特斯橋的威廉·馬赫（William Mach）。這個住在利斯莫爾教區的病人，他的眼睛、臉頰、喉頭都得了嚴重的瘰癧，十分痛苦。這位病人極其信任他，他拿手撫摸他，然後進行虔誠的祈禱。他發現短短的幾天裡病人病況就有了很大好轉，為此他感到很滿意。最後，借助於他的治療方法，病人終

---

1. 瘰癧（scrofula），以頸部緩慢出現豆粒大小圓滑腫塊，累累如串珠，不紅不痛，潰後膿水清稀，夾有敗絮狀物，易成瘻管為主要表現的結核類疾病。——譯者注

於徹底康復了。這次的成功，使他堅信自己負有神聖的使命。隨著時間的推移他又產生新的衝動，他又在上帝的鼓舞下去治療瘰疾。隨著時間的流逝，他的魔力延伸到治療癲癇、潰瘍、疼痛和腐傷等更廣泛的領域，一時之間，整個科克郡都沸騰了，人們紛紛來拜訪這位超凡的醫生。他在一些由臆想和壓抑影響病情加重的病例中，的確是出手不凡。據他所述，附近許多的人前來求助於他，他甚至都沒有一點獨立的時間，也不能和朋友、家人歡聚。他每個星期不得不花3天的時間，從早上6點到下午6點來為患者治療——將自己的手放在他們身上。不斷趕來他這裡的人太多了，連附近的城鎮都裝不下了，因此他不得不離開自己的家到了雅各哈。然而，愛爾蘭各地甚至英格蘭的病人又湧到他這裡。雅各哈的行政長官開始擔心這裡會蔓延出各種各樣的疾病。甚至有幾位窮苦而迷信的病人看到他就暈過去了，他就將手放在病人臉上幫他們祈禱直到他們甦醒過來。不僅這樣，他還說只要他的手套稍微碰一下，疼痛立刻就會消除。有一次，他用手套從一位女人身上拉出了好幾個曾經沒完沒了折磨她的惡魔，也可能是邪惡的精靈。格雷拉克斯說，「不論這些邪惡的精靈之中隨便哪一個，都可以在到達她的喉嚨時使她窒息。」很明顯，其實這位婦女得的只是歇斯底里罷了。

利斯莫爾主教管區的牧師們似乎比那裡的人更能清楚地認識格雷拉克斯的所作所為。這位新的先知和創造奇蹟的人遭到他們的堅決反對。他被教長的法庭傳訊，從此禁止他拿手去摸病人。但是他完全不理會教會，他認為自己的魔力是從天堂來的。他常常讓人們暈厥，之後又讓他們醒過來。這一點和現代的催眠家很相似。終於他威名遠揚，康威勳爵專門派人從倫敦去請他，懇請他立刻去他那裡給他的妻子看病。這位女士已經被嚴重的頭痛病折磨了好多年，但即使是英格蘭最好的醫生也沒辦法治好她。

格雷拉克斯應邀前來，為康威勳爵夫人治病，並且為她祈禱。然而

他的療法一點用也沒有。那位女士的頭痛病是多種原因造成的，病痛實在太嚴重了，她可謂是病入膏肓了，就連信念和豐富的想像也沒有用了。格雷拉克斯在康威勳爵家住了好幾個月，他的治療辦法跟在愛爾蘭所做的一樣。之後他又搬到倫敦，在林肯律師學院廣場附近定居，那裡立刻又變成那個大都市所有盲目迷信的女人們每天都曾光顧的地方。這段時間（1665年），在《聖埃夫雷蒙德雜記》（Miscellanies of St. Evremond）第二卷上刊出一件有關格雷拉克斯的非常可笑的趣事，文章是以這位愛爾蘭先知的名字命名的。它生動地勾勒出這位早期催眠術家的形象。很難說他裝腔作勢的樣子是否比後來他的繼任者更荒唐可笑，那幫後來的繼任者都已經出現在我們周圍。

聖埃夫雷蒙德說，「克勉五世擔任教宗和大不列顛國的大使時，倫敦來了一位愛爾蘭先知，他將自己偽裝成製造奇蹟的人。曾經有些上流社會的人去克勉五世那裡請示去他家，想一睹他的奇蹟。看在朋友的面子上，也由於自己同樣好奇，預示大使就同意了，他對格雷拉克斯說特別想要見他。」

「鎮上很快就傳開了先知要來的傳說，病人很快就湧到克勉五世住的旅館。這些病人都篤信他可以治好他們。他們花了很長時間等待那位愛爾蘭人出現，最終在他們都要不耐煩時，先知終於來了。他的樣子很樸實，神情很嚴肅，一點也不像騙子。」克勉五世想要細細地詢問他，想要跟他探討一下自己在范·海爾蒙特和波迪納斯那裡讀到的事情。但是很遺憾，他根本沒辦法跟他交談。這裡聚集的人太多了，那些腿有傷殘和其他圍觀的人等得都很不耐煩了，都想第一個接受治療。僕人們為了維護治安不得不動用武力阻擋。然後，他們適當調整了一下圍觀者。」

「先知說是惡精靈帶來所有的疾病。每種疾病都是因為人的靈魂被惡魔拿走了而引起的。第一個看病的人患有痛風和風濕，他的病太重了，所

有的醫生都治不了。『呵』，那個創造奇蹟的人說，『我在愛爾蘭已經無數次見到這種精靈了。它們的屬性是水，會使身體不斷顫抖，會令眼球流出水狀的液體』。然後他對病人講，『惡精靈，你不在你水中的住所而到這裡，你不斷地折磨著這個可憐的肉體，我要你立刻離開這回到你原來的住處！』這段講完，他就叫這個病人離開了，又叫另一位病人過來。這位病人說他一直被抑鬱病折磨著，實際上，他表現得更像是一位疑症患者，這種病人總會想像自己有病。『空中的精靈啊，』愛爾蘭人說道，『快回去，我要你回到空中，在暴風雨中做好你原本的神職，不要再折磨這個可憐的肉體啦！』這位病人立刻被請走了，又叫來第三位。這個愛爾蘭人認為，這第三位只是在被一種小妖精折磨，一刻都受不了他的符咒。他裝作用別人看不見的一些跡象將這些小妖精認出來，然後轉身朝眾人一笑，說，『這種精怪危害不大，它們常常對人很感興趣』。人們聽他這樣一說就會覺得他對精靈十分熟悉——它們的名字、職位、數量、職業以及它們所有命運的歸宿他都瞭解。他誇耀說，相比於人情世故，他更加精通魔鬼的手段計謀。你都不能想像，就在很短的時間裡他就得到那麼高的聲譽。各處的天主教徒和新教徒都來拜訪他，人們都認為上帝賜予他權力。」

聖埃夫雷蒙德在最後提到一對夫婦懇請格雷拉克斯將他們之間潛伏著的不和魔鬼驅走，並且根據這個來對他在人們頭腦中產生的奇怪影響作結論：「人們如此深地信任他，失明的人能幻想看到看不見的光線，失聰的人幻想他們能聽見聲音，腿殘的人認為他們可以筆直行走，癱瘓病人覺得他們的四肢全部有了力氣。由於渴望健康，病人暫時將自己的病痛忘記了，在那些單純出於好奇的人和病人身上，想像力產生相同的功效。好奇的人只是為了觀看施加在病人身上的一種虛假的療法，而病人會產生出一種將病痛完全治好的欲望，他們一起產生不真實的想像。這就是這位愛爾蘭對人頭腦的影響，也就是人的潛意識對肉體的影響。這個時候，在倫

敦他創造的奇蹟成為人們討論的核心話題，而這些奇蹟又得到權威人士的證實。原本半信半疑的人這回徹底放心了，理智的人也不敢運用自己的知識去反駁它們。很明顯，這個傲慢的得到專家首肯的催眠術家的錯誤，輕易地就得到膽小又被束縛的公眾輿論的尊重。那些已經看穿了這些幻想的人，從來不對外人說自己的想法，因為他們知道，反對觀點對於那些已經被迷信沖昏了頭腦的人來說一點用也沒有。」

就在瓦倫丁・格雷拉克斯這樣為倫敦市民「催眠」的時候，還有一個叫法蘭西斯科・巴尼奧內的義大利人也熱衷於這件事情。在義大利他使用相同的伎倆，效果一點也不亞於前者。他只要觸摸一下身體虛弱的女人，或有時（由於要充分利用他們的幻想因素）借助於一種聖物令他們驚厥，表現出很多被催眠的症狀。

除了以上講到的幾個人之外，歐洲各地也有幾個博學的人開始專注於研究催眠術，他們篤信能夠利用它有效地治好很多疾病。特別值得提一下的是一部范・海爾蒙特出版的著作講到催眠術對人身體骨架的作用。還有一個叫巴爾塔沙・葛拉西安的西班牙人，由於對這種觀點有大膽解說而著稱。他說，「世間萬物都處於磁性作用之中，其原因在於兩點：第一，磁鐵對鐵具有吸引力；第二，鐵隨處可見。它只是自然法則中的一種建立人類和諧或產生人類分歧的變體。同時也是這種東西產生同情、反感和其他感情。」

巴蒂斯塔・波爾塔是最先涉足於武器藥膏的人，並且這些武器藥膏都是佛斯特牧師異想天開提出來的。這位醫生也對磁石的效驗堅信不疑，而且治療病人的疾病都是利用想像的方法。他的療法因為過於誇張，所以別人斥責他是魔術師，就連羅馬教廷也禁止他行醫。塞巴斯蒂安・維迪格在以相信催眠術而出名的圈子裡，是特別引人注目的。身為梅克倫堡的羅斯托克大學①藥物學教授的維迪格，完成一篇名為《靈魂新藥方》的論文，

並且向倫敦皇家學會提交這篇論文。這本書其中的一個版本是在1673年印刷發行的。作者在書中強調磁性的影響在天地萬物中都發揮著作用。他說，磁性使整個世界都處於它的作用之中，萬物的生死存亡都是因為它所致！

麥斯威爾（Maxwell）是另一位迷戀於此的人，他的師傅就是帕拉塞爾蘇斯，他也是帕拉塞爾蘇斯最為得意的弟子。他吹噓說那位偉大哲學家的眾多處方對自己已經絲毫沒有神秘之處。他於1679年在法蘭克福發表自己的著作。下一段的論述可以表現出，他好像開始認識到想像力不僅可以影響治療病痛，也可以影響生產。他說：「如果你能夠概括抽象出物質的實體性——增加靈性在肉體中的比重——喚醒沉睡中的靈魂，你就可以創造奇蹟。如果你對此望塵莫及，不能將這個觀點貫徹下去，你就永遠創造不了奇蹟。」事實上，這裡將催眠術和任何同類幻想的所有秘密都顯示出來，增加靈性的成分——喚醒蟄伏狀態中的靈魂，換言之就是使想像的作用得以充分地發揮——使信任得以誘發，使自信得以矇蔽，於是做任何事情對你就成為舉手之勞。杜波特認可並且援引這段話，出發點是想使物磁性學家所提倡的理論得到確證，卻事與願違。如果他們對必須借助於麥斯威爾提供的方法創造出所有奇蹟的說法表示懷疑，廣泛存在於自然界中的宇宙流體被他們假裝用指尖注入病弱的肉體，又會發生什麼樣的事情？

18世紀初，有一個歐洲動物磁性學家從他們的學說中引證一個例子，引起人們極大的關注。有一群被叫做是「聖梅達爾的痙攣者」，聚居在他們最崇敬的聖者——聖帕里斯神父的墓前，彼此交流怎樣發驚厥。他們篤信，聖帕里斯可以將他們所患的一切疾病治好。患歇斯底里的女人和存在

---

1. 羅斯托克大學，是德國北部及波羅的海沿岸最古老的大學，位於梅克倫堡-西波美拉尼亞邦羅斯托克市，校園與城市融為一體。——譯者注

不同症狀的弱智的人從各處聚集到墓地。每天所有通往墓地的大路都會被大量的患者堵塞。他們逐漸地讓自己變得興奮，然後接連產生痙攣，同時其中有些很顯然心智正常的人只能心甘情願讓自己遭受痛楚。一般情況下，這種折磨完全可以使一個人喪命。在文明進化和宗教上這種狀況都必然是一種混合了糜爛、荒唐、迷信的醜聞。有些人雙膝及地跪倒在聖帕里斯聖靈前，開始祈禱。還有一些人大喊大叫，製造各種恐怖的雜訊，女人們做這些更加賣力。在教堂一側的20個女人全部痙攣，而另一側也許會更多。她們特別激動，進入一種癲狂狀態，做出各種醜陋下賤的行為。有些人甚至從被毆打和被虐待之中找到一種病態的快感。根據蒙特格雷的記述（我們的引文也來自他那裡），有一位女士特別喜歡這種虐待，只有最強烈地痛打她，才可以讓她感到滿足。有一位類似大力神海克力斯的人，手握一根鐵棒，使足全力來打她。她不斷地祈求他繼續。他打得越厲害，她就越高興，不斷地喊著：「做得好，兄弟，做得好！噢，真舒服！你對我真好啊！勇敢一些，我的兄弟，勇敢一些，再重一些，還要再重一些。」還有一位瘋狂的人十分熱衷於被毆打，卡雷・蒙特吉隆介紹當時的情景。他拿著一個大錘使足力氣打了她60下，也不能滿足她。為了實驗功效，後來他拿相同的工具用相同的力氣，在打到第25下時就把一塊石頭砸出一個洞。還有一個叫索內特（Sonnet）的女人，勇敢地躺在猛烈燃燒的火盆上，奪得了「撥火棒」的綽號。還有人打算嘗試一種更偉大的犧牲，打算將自己釘死在十字架上，德勒茲在批判「催眠術」時嘗試來證明這種愚蠢迷信的癲狂是被催眠造成的，這些狂熱的盲從者們在沒察覺到之前就互相催眠了。也許他還可以篤信，印度教的偏執狂一直保持水準伸展手臂直到肌肉萎縮，把手指縮到手掌裡，直到手指甲從手背上長出來，也都歸功於催眠的神奇功效！

在六七十年間，似乎只有德國才有催眠術。一些明智的人，專心研

究天然磁石的不同屬性。有一位耶穌會的教士黑爾（Hell）神父，是維也納大學①的天文學教授，由於磁化療法而聞名。大概在1771年到1772年之間，他創造一種特別的鋼板，在病人裸露時能夠醫治好幾種疾病。1774年，他告訴安東尼‧梅斯梅爾他自己的這套發明體系。後者改善和發展了他的成果，建立全新的理論體系，開創了動物磁性說這個新領域。

反對這個新學說的人們都開始猛烈攻擊梅斯梅爾，把他稱為一個無恥的冒險家，這種說法當時十分盛行。相反，梅斯梅爾的門徒大力吹捧他，快要將他捧上天了，把他吹噓成是再造人類的人。這和煉金術士們吹捧他們創始人的話語類似，他們宣稱梅斯梅爾找到可以讓人類和創造他們的人進入一種更緊密聯繫的秘密，使人類的靈魂擺脫壓抑他的肉體軀殼的束縛而重獲自由，使人類可以克服時空的阻礙。以下是我們精選的一些梅斯梅爾裝模作樣的把戲，透過檢查那些表面看來比較確信無疑的證據，我們能夠迅速理解何種觀點更為正確。這些作者認為，梅斯梅爾將自欺欺人作為騙人的手段，憑藉這一點就可以明白他為什麼可以在本書中有一定的地位，還可以和弗拉梅爾、阿格里帕、鮑里斯、波墨、卡里歐斯特羅這些人並列。

1734年5月，梅斯梅爾在施瓦本的梅爾斯堡出生，之後他又到維也納大學學醫藥學，1766年獲得學位。他的論文課題是行星對人體的影響，他用古老的占星術醫生的辦法論述了這個論題，這導致他在那個時候和以後的時期都變得很尷尬。甚至在比這還早時，他偉大理論的某些模糊的觀念就在他頭腦裡醞釀了。他在論文中說：「太陽、月亮和恆星在它們自己的軌道裡彼此影響；它們導致地球上的潮汐現象不只存在於海洋裡，

---

1. 維也納大學，是奧地利歷史最悠久的大學，也是德語區國家最古老的大學之一，成立於1365年，是27位諾貝爾獎得主的母校。——譯者注

而且也會表現在大氣中。它們的形式類似，都借助於稀薄流動的液體來影響有機體，整個宇宙都是這種液體，把世間萬物相互聯繫成為一個協調的整體。」他說，這種影響在神經系統上表現得最為明顯，而且造就了兩種狀態，他把它們叫做「弱強」和「減增」。他認為，正是這兩種狀態造成有幾種疾病總是會表現出週期性變化。他曾經在他的後半生時見過黑爾神父，黑爾的觀測結果令他更篤信他的很多觀點都是正確的。他請黑爾給他做了磁板，然後更深入地滿足自己的好奇心，他打算親自來利用這些磁板做實驗。

他後來做的實驗成功到連他自己都感到震驚。使用金屬板的人，由於盲目迷信它們而利用它們創造奇蹟。梅斯梅爾按照約定將他的實驗結果報告給了黑爾神父。黑爾神父將這些實驗報告以自己的名義發表，而且在報告中說梅斯梅爾只是他雇來輔助工作的一位醫生而已。梅斯梅爾覺得這簡直是在侮辱他的人格，他覺得自己比黑爾神父更偉大。他公然宣稱那項發明全部是他自己做的，他控告黑爾不守信，根本就是一個卑鄙小人，竟然把別人的發現據為己有。對此，黑爾展開反擊，結果導致激烈的爭吵，就在幾個月裡成為維也納知識界最有趣的奇聞軼事。最終，這次爭論以黑爾的勝利而結束。梅斯梅爾也沒有放棄，繼續散布自己的看法，最終一個偶然的機會發現動物磁性理論（催眠術）。

他的一位年輕女病人叫歐艾斯特琳，患有痙攣。這種病週期性發作，開始的時候是鮮血大量流到頭部，然後發生昏迷、暈厥等症狀。他透過運用那一套行星作用的體系，幻想自己可以預知病情的惡化和消退狀況，他很快就減輕了病人的症狀。他很滿意自己這樣得出的病因，也因此福至心靈，腦中閃過一個極佳的念頭：以模仿上面說的有關潮漲潮落的週期性循環，他可以證實自己長期以來一直篤信的那種觀點是沒有錯誤的，也就是在組成我們這個星球的有機體中，也有類似天體間的彼此作用的一種影

響。然而，只要這一點被證實，他就可以實現施展自己療法的願望。但是後來他意識到，就算不用這些金屬板，只用他自己的手逐漸朝病人的四肢推移效果也是一樣的，而且他與病人距離的遠近也不能影響他。

梅斯梅爾的理論這樣就變得非常完善了。他對全歐洲的學術界宣布他的發現，請他們更深入地進行調查研究。對他報告的唯一回覆是來自普魯士科學院，這個回覆只是為了表示贊成他的理論，還將他恭維了一番。然而，他仍然沒有放棄。他告訴所有願意聽他講課的人，整個宇宙都充滿磁性物或流體——在所有人的身體裡都可以發現，人們可以借助於意志的力量利用這種過多的流體來和其他人交流。他在寫信給一位維也納朋友時說：「我已經發現磁差不多是和電流一樣的東西，借助有機體，它能夠用相同的方式傳遞，並不是只有鐵這種物質才可以進行這種傳導。我已經實驗過紙、麵包、羊毛、絲綢、石頭、皮革、玻璃、木頭、人類和狗這些東西，簡單來說，我碰到的一切東西都會帶有一種磁性，它們的磁性對於治療病人的功效一點也不次於天然磁石。我已經採取類似充電的方式將瓷罐裝滿磁性物。」

然而，梅斯梅爾很快就發現，維也納沒有他想像中那麼舒適。人們鄙視他那裝模作樣的舉動，而且冷漠地對待他。歐艾斯特琳小姐這個病例沒有傳播他的好名聲，反而使他臭名遠揚。他打算換個新地方嘗試一下，很快就去了施瓦本和瑞士。他在瑞士和著名的蓋斯納（Gassner）神父相遇了。神父如同瓦倫丁·格雷拉克斯一樣，也從事驅逐魔鬼、把自己的手放在病人身上為人治病的事情，並且以此為樂。他的治療使女孩脆弱的全身開始感到痙攣，疑病症患者想像自己已經好了。他的房子周圍整天圍著一些腿腳不便的人、盲人和歇斯底里患者。梅斯梅爾立刻就認可了他的治療方法很有效，並且聲明顯然這些都是由他新發現的催眠術引起的。有一些神父的病人立刻就被梅斯梅爾的理論吸引了，經過他的治療之後大大緩

解了病痛。然後在伯恩和蘇黎世的醫院裡，他又在窮人身上大展身手。而且據他（沒有別人）所說，他又將一例角膜炎和黑矇①成功地治好了。有了這些輝煌的經歷，他又回到維也納，希望對手終究會沉默，至少能夠讓他們對自己新得到的榮譽和聲名表示尊重，以便更認真地對待他的理論體系。

在那個城市的再次出現，也沒比第一次順利多少。他接下將帕拉迪斯小姐治好的任務，這位病人視力減退而且常常痙攣。他給她進行好幾次催眠，然後就說她已經好了。要是沒有好，也是她的錯，跟他沒關係。那個時候，一位名叫巴斯（Barth）的著名眼科醫生去看望她，表示那位小姐跟以前一樣看不見東西，並且她的家人說她跟以前一樣常常會痙攣。梅斯梅爾卻堅信她已經好了。和那位法國哲學家相同，他不能讓他的理論受到事實的影響，他說那是有人陰謀陷害他，在家人的教唆下，帕拉迪斯小姐裝作看不見，進而損害他的名聲。

這次裝腔作勢治療的結果，使梅斯梅爾終於意識到，維也納肯定不是他的天堂。但是在巴黎，到處都是遊手好閒的人和放縱的人，巴黎傾向於娛樂，尋找新奇事，正是他這種哲學家要待的地方。於是，在1788年他到了巴黎，開始謙卑地將自己和自己的理論介紹給一些名醫。開始的時候，他得到的鼓勵並不多，他發現人們不會支持、資助他而是更傾向於嘲笑。但是他這個人極其自信，可以頑強地面對困難和挫折。他租了一所豪華別墅招攬所有願意嘗試這種自然界神奇力量的人。有一位德高望重的名叫德斯隆的醫生投靠他，從此動物磁性說或催眠術在巴黎流行起來。女人們為此十分興奮，相當狂熱。他的名聲在她們非常羨慕的談論下傳遞到社會各個階層。頓時，梅斯梅爾成為人們討論的核心。他許下了各種美好

---

1. 即失去視力，看不清事物。——譯者注

的諾言，人們不管高低貴賤，不管迷信與否，都很快被這位神奇魔術師的神力所折服了。梅斯梅爾和別人一樣明白想像力的巨大作用，他堅定地認為應該竭盡全力地把催眠術的魔力完全發揮出來。在巴黎，梅斯梅爾先生住的房子裝飾擺設比任何一所房子都要豪華。他的大客廳相當精緻寬敞，四面牆上都掛著鏡子，客廳被透過彩繪玻璃灑下的微弱光線蒙上一層宗教色彩。走廊裡充滿橙花的香氣，最昂貴的薰香在壁爐上老式的花瓶中燃燒著，遠遠的小閣樓裡不斷地傳來清脆悅耳的豎琴聲，偶爾會從高處或低處傳來女性悅耳的聲音，房間裡刻意保持神秘的寂靜被輕輕地打破了，也環繞在一切來客身邊。

「沒有比這個更美妙的東西了！」所有來他的房子裡尋求刺激的巴黎人都這樣感慨。「多麼神奇啊！」偽哲學家驚歎而羨慕，他們相信所有時尚的東西。「多有趣啊！」已經竭力的縱欲者驚歎，他們已經把情欲耗盡，他們渴望見到讓他們眼前為之一亮的漂亮女人，想要以這種方式獲得新的快感。

以下是催眠的具體方式：把一個橢圓形器皿放在客廳中央，最寬處有4英尺，深1英尺。有好多酒瓶放在器皿中，用磁化水裝滿，瓶塞緊緊地蓋著，瓶口向上放置著，瓶頸朝外。然後往器皿注水將酒瓶蓋過，為了增強磁性，過一會兒就往水中放進一些鐵屑，然後將器皿拿刺滿了洞的鐵蓋封住。這種器皿被稱為「baquet」（催眠器皿）。將一根活動的鐵棒放進每個洞中，施加到病人不舒服的地方。病人圍著器皿坐好，手拉著手，將膝蓋盡可能地夾緊，以確保彼此身上磁性流體流通。

然後幾位催眠術助手進來。他們通常都是俊俏健壯的男性年輕人。這些催眠者將流體從病人的指尖灌入。他們拿膝蓋將病人夾住，他們的脊柱和神經通路輕輕地按摩，更加輕柔地按摩女士的乳房。他們一直死死地盯著她們，直到她們覺得難為情連臉色都變了，這就是在利用眼睛實

施催眠。這時人們總是完全沉默，只是偶爾會有口琴或鋼琴上的一串嘹亮的音符傳來，或一位藏在高處的歌劇演員停頓很久後的輕柔動聽的音樂聲傳來。女士們的臉頰逐漸開始發亮，她們的想像就被放飛了。她們接連離開，都處在痙攣驚厥狀態。有些人哭著撕扯自己的頭髮，有些人大笑著直到眼淚都流下來，另有一些人人喊人叫直到完全昏迷過去。

這就是癲狂狀態的最高潮。這個時候，主角出現了，像普洛斯彼羅那樣揮舞著他的魔杖，希望產生新的奇蹟。他身穿一件很長的淡紫色絲袍，上面繡著很多金色的花朵，一根白色的磁棒拿在手中，神態莊嚴，彷彿就是東方伊斯蘭教國家首領哈里發①。他邁著莊重的步伐走進房間。他用嚴厲的眼神，威嚇著那些神志仍然尚存的人，以緩解他們的病狀。他拿手輕輕敲打那些昏迷之人，從眼眉到脊柱。在他們身體上用很長的白手杖敲打，碰到他們的胸部、腹部，那些昏迷的人就又恢復平常的狀態了。他們平靜了，因此就覺得他的法力很大。他們說，大師拿手杖叩擊和手指在身體上輕觸，他們能察覺到有一種時冷時熱的氣體從骨架中流過。

杜波特說，「梅斯梅爾在巴黎造成的巨大影響根本就沒辦法描述。在天主教會的最初時，從來沒有一種神學爭端像這樣激烈地對抗。」反對他的人不承認這個發現，有些人說他是騙子，有些人把他稱為傻瓜，還有一些像神父弗亞德這樣的人又說他是一個將靈魂出賣給魔鬼的人！然而，他的朋友對他的讚揚一點也不比他的對手給他的譴責和攻擊少。在巴黎和這件事情相關的傳單和小冊子遍布各處，侮辱、謾罵和極佳的讚揚反擊不相上下。然而自從女王在宮中讚許他之後，社會上再也沒有反對意見了。

在德斯隆的建議下，梅斯梅爾挑釁地申請醫學院檢測他的學說。他建議選出24位病人，他對其中的12位實施催眠治療，剩下的12位由醫學院採

---

1. 哈里發（Khilafah），伊斯蘭教職稱，原意為「代理人」或「繼位人」。——譯者注

取傳統的、被承認的辦法實施醫治。他還說，為了防止爭議，讓政府來指派適合的人到現場觀看實驗。他們不應該是醫生，問的問題也不是如何產生療效，而是能否真正有效地治病。醫學院不同意將問題只限定於此，因此他的提議也就作罷。

　　然後，梅斯梅爾寫信給瑪麗‧安東妮，打算透過她的作用來獲取政府對他的保護。他盼望著可以賜給他一座城堡和一些土地，讓他每年有充足的收入，使他可以自在地繼續他的實驗，避免受到對手的迫害。他暗示說，支持為科學獻身的人是政府的職責。他說要是這裡沒有人支持他，可能他就會帶著他的偉大發現去更懂得欣賞他的國家。「在陛下您看來，」他說，「四五十萬法郎用來做一件有利的事很容易，您的人民的福樂安康是最重要的。您應該肯定和獎賞我的發現，而我也會誓死效忠陛下。」後來政府同意，要是他可以在醫藥學上發現什麼，並且把它告訴國王指定的醫生，他就可以從政府那裡得到2萬法郎和聖米迦勒十字勳章。梅斯梅爾不願意接受這種「賞賜」的條件。他擔心國王的醫生會將不利於他的事情報告給國王，因此他拒絕協商，說自己不看重錢，只想要政府立刻認可他的偉大發現。然後他帶著極大的怒火和反感隱居到礦泉療養地，裝作擔心自己的健康，要喝那裡的水。

　　他從巴黎離開之後，醫學院第三次也是最後一次通告德斯隆，讓他不要再堅持動物磁性說，不然就把他從醫學院驅逐出去。德斯隆不僅沒放棄，反而說這種學說的新秘密又被他發現了，而且要繼續驗證。最後，在科學院的一個專門調查委員會鼓勵和推進下，委派醫學院皇家專門調查委員會來調查這些現象並且對此做報告。科學委員會裡面都是巴黎的著名醫生，有一些聲名顯赫的人物也在醫學院皇家委員會中，其中有班傑明‧富蘭克林（Benjamin Franklin）[1]、拉瓦節（Lavoisier）[2]和天文歷史學家貝利。他們正式地將梅斯梅爾請進這個團體，但是每天他都會找到不同的藉

口缺席。相比而言，德斯隆更誠實一些，徹底地相信出現在實驗中的各種現象。委員會總是會質疑梅斯梅爾的實驗裡到底有沒有出現這些現象。德斯隆每次都準時參加會議，不斷地實驗。

貝利這樣描述他調查時親眼看到的情景：「大量的病人在催眠器皿旁邊圍坐成幾排，以下面的方式被催眠：從器皿中直接拿鐵棒傳導，在身體上纏上細繩，用拇指接觸旁邊的座位傳導，借助鋼琴的樂聲，或動聽的聲音令磁性遍布在空氣中，催眠者也可以透過手指動作直接將病人催眠。有時催眠者會在病人面前輕移手杖，在腦袋上面或後面還有病痛的地方輕輕地揮舞，手杖總會順著器皿上洞的方向揮動，整個過程中催眠者要一直用眼睛盯著患者。更要提到的是，催眠者用手掌撫摸疑病症患者，用手指按壓腹部，這個過程通常要持續很久——有時連續幾個小時，這也是為什麼他們會被催眠。」

「這個時候，不同病症的病人會相應地做出各種不同的反應。有的平和安寧，看不出受到影響的樣子。有些咳嗽、吐痰，感到有一點疼痛，全身或部分發熱、冒汗。還有一些會很躁動，出現痙攣。發生這種痙攣的人數，持續時間和強度都會讓人感到詫異。一個人剛開始痙攣，剩下的很多人也會被影響。委員會成員發現有時這種痙攣竟然能夠持續長達3小時以上。在整個過程中還會嘔吐骯髒的黏液狀物，有時候還會有血絲。這種痙攣發作的特點是，四肢劇烈又不受控制地全身顫抖抽搐；喉頭緊縮；疑病症患者會上下跳動且上腹部會運動——眼睛昏暗、眼光散漫——高聲慘

---

1. 班傑明・富蘭克林（Benjamin Franklin，1706—1790），18世紀美國最偉大的科學家和發明家，著名的政治家、外交家、哲學家、文學家、航海家，以及美國獨立戰爭的偉大領袖。——譯者注

2. 安東萬-羅倫・拉瓦節（A. L. Lavoisier，1743—1794），法國著名化學家，近代化學的奠基人之一，「燃燒的氧學說」的提出者。——譯者注

叫，哭泣或狂笑。痙攣之前和之後患者會很虛弱沒有力氣或產生幻覺，或情緒低迷，有時疲倦嗜睡。會因為忽然出現的小動靜而感到驚顫，據說不斷變換的鋼琴樂聲在很大程度上將會對病人產生影響。輕快愉悅的音樂會使他們更加煩躁，進而達到痙攣或驚厥的高潮。」

「任何景象都沒有比這種痙攣更使人震撼的，沒有親眼見過的人根本就無法想像。一些患者特別安靜；相反，另一些患者卻十分焦躁，讓人驚奇。此外，還有很多重複出現的現象，病人之間感情十分親密，觀察者為此都感到很詫異。有些患者彼此十分關注，他們擁抱彼此，笑著彼此安慰，表現出有很多愛戀的樣子。這些全部都是由催眠者的神力所引發的。當他們處於一種困頓倦怠的狀態時，催眠者只需要一點聲音、一個眼神、一個手部動作就可以從幻夢中喚醒病人。處於痙攣狀態的病人大多數都是女人，男性病人很少。」

這些實驗大概進行5個月之久。就在實驗即將開始之前，梅斯梅爾擔心實驗最後會嚴重毀壞他的名譽，到手的財富也會損失，因此打算返回巴黎。有些富有的有權勢的人篤信他的學說，也追隨他到療養地。其中有一位叫貝爾加斯（Bergasse）的患者，提議梅斯梅爾以他的名字募捐。共計100份，每份100路易[1]，前提是他要將他學說的秘密告訴捐資人，而且要允許他們隨意使用。梅斯梅爾興奮地答應了。這裡立刻就聚集大批的募捐者，結果，僅幾天的時間，捐資不僅達到預定的數額，甚至超過14萬法郎。

他帶著這樣一筆錢財返回巴黎，他的實驗又重新啟動。與此同時，皇家委員會也正在進行他們的實驗。為了得到他的教導，他敬愛的信徒們已經付給他一筆數目相當可觀的學費，結果在鄉下他的名聲也很快傳播開

---

1. 法國貨幣。——譯者注

來。他們在法國各大城鎮創辦「諧和會」展開實驗，而且利用催眠術來治病。與此同時，某些「諧和會」吸收了一些行為不端、浪蕩的人。這些組織道德敗壞，惡名遠揚。這些人專門來觀察年輕女孩的痙攣，以此為樂。許多類似的催眠術家竭盡全力抓住機會來滿足自己的欲望，在那個時候變成聲名狼藉的浪蕩了。這些「諧和會」逐漸在史特拉斯堡、南特、里昂和其他城鎮創建，參加這個組織的法國居民的人數也大幅增加。

最後，由不幸的貝利先生起草的委員會報告發表出來了。這份報告推理明確，嚴謹公正，不偏袒任何一方。在詳細介紹各種實驗和實驗結果之後，作者得出結論，說對動物磁性說唯一有利的證據就是它對人體的影響——這種影響能夠不使用這種手法或是其他催眠手段就可以獲得——要是不瞭解患者，這些手段和各種儀式根本就沒有用。這樣看來，產生這種現象的原因根本就不是動物催眠術，而是想像力。

這份報告將梅斯梅爾在巴黎的名譽完全毀壞了。他很快就離開巴黎，帶著他的信徒們給他的34萬法郎返回他的國家，在1815年去世，享年81歲。但是他種下的種子卻開花結果了，而且在民眾迷信的滋養下逐漸成熟。在法國、德國和英格蘭，效仿他的人此起彼伏，有的甚至比這個創始人還要厲害，使得這種學說產生連創建它的人都沒有想過的魔力。其中，卡里歐斯特羅充分利用這種學說，使得自己聲名大噪，成為玄妙秘術的一代宗師。但是，他根本就沒有做出任何能夠和普伊塞格侯爵和巴巴林勳爵媲美的發現。後面這兩位還相對誠實，因為他們先是自欺欺人然後才開始欺騙他人。

在比藏西，普伊塞格侯爵有數量可觀的地產，當時他也曾經給梅斯梅爾募捐過。在梅斯梅爾那個大人物從法國離開以後，他就隱居到比藏西，跟他的弟弟一同給他的雇農施展催眠術，給鄉下人治好了各種疾病。他這個人十分純真善良，他不僅給病人催眠，還提供飲食。在方圓20英里內，

人們把他當作擁有神聖魔力的人。根據他所說的，他是在一個偶然的機會找到這個偉大的發現。有一天，他正在給他的園丁實施催眠，卻發現他已經沉沉地睡去了。他突然想要像問夢遊的人那樣問他一個問題。在他提問時，園丁清楚而準確地回答問題。普伊塞格侯爵又震驚又興奮，他不斷地實驗，發現催眠時，「睡眠者的靈魂擴張，會進入自然界特別是和普伊塞格侯爵更加親密的交流之中。」他發現，根本不需要更深入地催眠，處在這種狀態時，根本不用說話或者做什麼，他就可以將自己的意願傳達給病人──實際上，身體不用做任何動作，就可以使靈魂和靈魂進行溝通。

同時，他還做出另一個更驚人的發現，這個發現更深入地證明他的解釋。像瓦倫丁，他發現很難對前來看病的病人進行催眠──他甚至連必須的休息和放鬆時間都沒有了。在這個時候，他突然想到一個機智的權宜之計。他曾經聽梅斯梅爾說過，他可以磁化木頭，他為什麼就不能催眠一棵樹？他立刻著手行動。有一棵綠油油的大榆樹生長在比藏西的一個樹林裡，節日時農家女孩常常會在樹下跳舞。在晴朗的夏夜裡，老人們常常會坐在樹下喝酒。於是，普伊塞格來到樹下，開始發功催眠這棵榆樹。首先，他伸出手去撫摸它，然後退後幾步，將磁性力量不斷地噴灑到樹枝、樹幹和樹根上，將很多圓形座位擺在樹周圍，用很多細繩纏在上面。病人坐好以後，就彼此透過拇指進行碰觸，形成流體通道直接交流。

這個時候，有兩件東西令普伊塞格侯爵「癡戀成癖」──靈魂擴張的人和被磁化的大榆樹。有關他和他的病人是怎樣癡迷，用他自己的話來說最好不過了。在1784年5月17日他寫信給他弟弟說，「要是你不來看望我，我親愛的朋友，你將永遠錯過這個超凡的人。他的身體幾乎徹底康復了。我一直在應用從梅斯梅爾那裡獲得的這種使人愉快的力量。我每天都念著他的名字為他祈禱，因為現在的我正將他的價值不斷實現，可以有效地治療周圍的窮苦病人。他們都在我的磁性樹周圍聚集，今天早晨就有130多

人。這棵樹也許是最成功的催眠物，每一片樹葉都傳遞著健康，人們或多或少都有所獲得。你要是看到這樣卓越的人道主義畫面肯定會興奮的。只是遺憾的是——即使所有來這裡的人我不能一一地親自觸摸，但是一個接受我的催眠的人——我的僕人——讓我很高興。他告訴我該如何去做。照他所說，我不必去觸摸每個人，只要一個眼神，一個手勢，甚至一個願望就足夠了。而這個辦法是一個鄉下最無知的農夫教授給我的！在他到達臨界期時，我覺得沒有人比他更淵博、目光更敏銳、思想更深邃了。」

他在另一封信中講述用磁性樹做的第一個實驗：「昨天晚上我帶著第一位患者來到樹下，我才將細繩纏在他身上，他就盯著樹凝視起來，而且帶著難以形容的吃驚表情尖叫，『我在那裡看到什麼啦？』之後他的腦袋就垂了下來，徹底進入一種催眠狀態。過了一個小時，我將他帶回他家，然後讓他恢復神志，好幾個男女過來告訴他之前發生的事情。他固執地不肯相信他們說的話，他說像他這樣虛弱，連走路都吃力，根本就不可能下樓梯來到樹下。今天我又再次將這個實驗重複一遍，依然很成功。我告訴你，我一想到我做的好事，我就興奮得快瘋了。事實上，像普伊塞格夫人本人以及她的朋友還有我的僕人，這些所有我熟識的人都覺得很震驚而且懷著無比的敬仰，根本無法用語言來形容，但是他們的興奮程度連我一半的狂喜都比不上。這棵樹讓我有了休息時間，而且今後它會給我更多。失去它，我就會變得焦躁，我將無法掌控我的身體。要是能這麼說，我的存在都已經得到延伸了。」

然後，他又在另一封信中，更加浪漫地評論那個被他催眠的園丁，「從這個思想簡單的人身上，也就是在這個高人健壯的23歲鄉巴佬身上，在這個因為傷痛和悲哀而被折磨的相當虛弱而可以輕易被偉大的自然力影響的人身上——就是在這個人身上，我再次聲明，我被他引導，得到知識。他被催眠時，便不再是一個不怎麼能說話的農夫，他成為一個生命，

一個存在，我不知道用什麼名字來稱呼他更適合。我根本不用說話，只要我當著他的面思考，他就立刻能理解我的心思並且回答。假設有人走進房間，要是我願意讓他看到（而不是其他什麼），他就可以看到那個人，並且將我要說的話告訴他，雖然並不是跟我說的完全一樣，但是內容大體相似。當他想再說一些不應該讓精明的陌生人聽到的話時，我會將他的思想流程中斷，在一個字的中間將他的談話打斷，給他一個突然的轉折。」

在那些受到這些異常事件的吸引而來到比藏西的人之中，有一個名叫克洛凱的人，他是一位金融財產管理員。他對這些令人震驚的故事很感興趣，徹底相信普伊塞格對他說的所有事，而且這些不能滿足他。他曾經將他看到的情景和他相信的東西都記錄下來了，這種騙術的過程在這些記錄的作用下更加清晰。他發現病人被催眠進入深度睡眠時，肉體的全部器官都會聽從智力器官的指揮。病人緊閉雙眼，什麼也聽不見，只有在聽到催眠者的聲音時他們才會醒來。「要是在轉換期有人碰觸他或碰他坐的椅子，」克洛凱說，「都會使他特別痛苦，導致他的痙攣。在轉換期，有一種超自然的神力被賦予在他們身上。在這種神力的作用下，他們在觸摸其他病人時能感受到他的身體哪裡患有病痛，甚至將手放在衣服上就可以知曉一切。」另一個奇特的地方就是，這些睡眠者可以找出疾病，透視病人的腹部、胃部，並且給出治療方法。但是，當催眠者覺得餓，讓他們從這種狀態中清醒過來的時候，他們就想不起之前發生過什麼了。似乎從進入轉換期到清醒過來的這段時間神奇地從他們的記憶中被抹掉了。催眠者不僅能讓這些人聽見他的聲音，並且他只需在遠處用手指一指他們，就可以讓他們跟著他走，儘管被催眠的人一直緊閉雙眼。

這就是普伊塞格侯爵主持進行的催眠術。就在他在榆樹下實施各種法術的時候，在里昂又出現另一派別的催眠術家巴巴林（Barbarin）勳爵。這位先生覺得只需要依靠意志的力量，而不需要任何像手杖和催眠器皿這

種設備的輔助，就可以催眠病人，使其進入夢遊狀態。他為此進行嘗試，效果很好。他在病人床邊坐下，祈禱他們接受催眠，病人就慢慢地進入跟普伊塞格侯爵所做的指令極其類似的狀態了。頓時一大批數量和普伊塞格侯爵相當的催眠者都開始崇拜巴巴林，自稱為巴巴林派。各地都有他們的影子，人們紛紛傳說他們已經成功地實施幾例治療。這一派的信徒在瑞典和德國數量劇增，人們將他們稱作「唯靈論者」，以此來和普伊塞格侯爵的追隨者「經驗主義者」相區分。他們篤信，梅斯梅爾所說的可以借助在自然界中處處瀰漫的磁化流體所引起的動物催眠術的各種效果和影響，都可以利用一個人類靈魂來影響另一人類靈魂而產生。一旦催眠者和患者之間建立某種聯繫，催眠者就可以利用意志的力量從不同距離甚至幾百英里之外作用於患者。有一位催眠者這樣描述一個已經被催眠了的病人：「動物本能在這個人身上被突顯出來。他有純粹的不摻合其他雜質的動物洞察力。只有精靈才可能擁有他那樣敏銳的觀察力。他就類似於上帝，他的眼睛能夠將自然界的所有奧秘看穿。當他集中注意力觀察這個世界上的任何一種東西時——他的疾病，他的死亡，他最愛的人，他的朋友、親戚、敵人——他可以在想像中關注他們的行為，他可以將他們的行為緣由看透，他變成一位醫生、先知和神靈！」

　　現在我們就來瞭解在英格蘭這些神秘的玄術獲得的成就。麥諾德克醫生原本是梅斯梅爾的學生，之後又做了德斯隆（D'Eslon）的弟子。1788年，他來到布里斯托，公開發表有關催眠術的演講。他獲得意想不到的成功。倫敦許多有錢有勢的人為了接受催眠或拜他為師匆忙趕到布里斯托。在喬治‧溫特（George Winter）醫生的《催眠術歷史》中做出如下的敘述：「已經有127位聲名顯赫的人到了這裡，他們之中有1位公爵，1位公爵夫人，1位侯爵夫人，兩位伯爵夫人，1位子爵，1位男爵，3位男爵夫人，1位主教，5位正直高尚的先生和女士，兩位從男爵，7位議會成員，1位牧

師，兩位內科醫生，7位外科醫生，剩下還有92位體面的先生和女士。」後來，麥諾德克定居在倫敦，在那裡他依然成功了。

他先是呼籲女士們成立「健康協會」。他在文章裡大肆吹噓催眠術的各種功效，而且以自己是首位把這個引到英格蘭的人而感到驕傲。在文中結尾處他得出結論：「這種治療辦法不受性別或所受教育程度的限制。通常女性更富有同情心，健康和如何撫養後代也是她們最關心的問題。我應該感激你們公正的科學態度。因此我必須盡我所能為你們做一些貢獻，讓你們可以更深入地實現自己的價值和意義。考慮了這些之後，我提議創辦『健康協會』，和巴黎的『健康協會』合作。累計20位女士報名之後，我們約定時間在我家裡召開第一次會議，到那個時候，請每位女士交納15畿尼，作為全部會費」。

1788年9月，漢娜‧莫爾（Hannah More）在寫給霍勒斯‧沃波爾的一封信中講到麥諾德克製造的這齣「惡魔的默劇」，還說他和梅斯梅爾在巴黎的展覽時一樣，穩賺了一筆，數目竟達到10萬元。

這個課題激發了公眾強烈的好奇。就在這個時候，一個名叫霍洛威（Holloway）的人在倫敦進行許多有關動物催眠術的講座，每個學生收費5畿尼，賺了很多錢。畫家盧瑟堡和他的夫人也開始效仿他們進行這種利潤頗豐的買賣。人們特別癡迷於此，都蜂擁而去，想要親眼目睹一下。在漢默史密斯房子周圍有時候可以聚集3000多人，有很多人都不能親眼目睹他們的神奇表演。演出票價在1~3畿尼不等。盧瑟堡以觸摸的方式實施治療，在這一點上他和瓦倫丁‧格雷拉克斯一模一樣，最後將自己偽裝成上帝使者。人們將他的表演當作是奇蹟，在1789年發表關於這種奇蹟的記錄，題目叫做《漢默史密斯的盧瑟堡先生和太太實施的新療法一覽，無需藥物，一位上帝羔羊的愛人，獻給坎特伯里大主教閣下》。

這個「上帝羔羊的愛人」指的是一位名叫瑪麗‧普萊特的半瘋老太

太。她尊敬盧瑟堡夫婦的程度近乎於崇拜。她選取《新約全書》中《使徒行傳》第十三章中的一首詩作為她小冊子的題詞：「看吧，你們這些鄙視的人，你們震驚吧，消亡吧！由於我就要創造出奇蹟，一個你們這個時代不敢相信的奇蹟，但終會有一個人告訴你們它的誕生！」為了給這位畫家的治療方法賦了一種宗教特性，她覺得女人再適合不過了，她們能夠令這種療法舉世聞名。因為使徒說，男人是無法消除人類懷疑的。她說，從1788年的耶誕節到1789年7月的這段時間裡，盧瑟堡夫婦已經治好了2000人，「她們已經成為最適合揭示神聖指令的人。那些神聖指令來自上帝，仁慈地上帝已經授權他們將治病良方告知所有人，無論聾子、啞巴、瞎子、瘸子或跛子。」

在她給坎特伯里（Canterbury）大主教的獻辭中請求他寫一種新的可以適用於所有大教堂的祈禱文。她說，什麼都不能阻礙這種無價的發明得到它應有的重視。然後她懇請當地行政長官和有權勢的人去拜訪盧瑟堡夫婦，和他們商議立刻建造一所大醫院等事宜，並且建議在建醫院時應附帶一個禮拜堂。所有的催眠家都很反感這個老太的荒唐言論。表面上盧瑟堡為了躲避她而離開倫敦——但依然和妻子一同耍著那種伎倆。這種伎倆導致那個可憐的盲目信仰它的人思想混亂，也使得很多裝作比那個老太太明智的人被欺騙了。

在1798年之前，倫敦城中的催眠術幾乎都沒被關注。在1798年，有人曾經試圖推行催眠術，但只是以礦物的形式而並不是動物催眠術。在萊斯特廣場有一個名叫班傑明·道格拉斯·帕金斯的美國人在那裡行醫。他發明著名的「金屬牽引車」，獲得專利。兩個很小的強磁化金屬構成的這種牽引車，就類似於黑爾神父最早製造的鐵板。他認為，要是把它外用在疼痛的地方，然後輕輕地移動它，只和皮膚表面接觸，這些牽引車就可以將痛風、風濕、中風和人體可能感染的幾乎一切的疾病治好。關於這件事情

的傳說迅速風行起來。有許多小冊子在輿論界發行，大力鼓吹牽引車的療效。牽引車賣到5畿尼一副，帕金斯很快就賺了好多錢。這種新療法可以使痛風病人忘記他們的痛苦，有了它風濕病也不見了。一般牙醫很難治好的牙痛，遇到帕金斯和他的神奇鐵板就立刻消失了。帕金斯是公誼會的會員，因此善良的公誼會大力贊助了這項發明。他們想要令這種偉大的發現給那些窮人恩惠，那些付不起帕金斯先生5畿尼甚至5先令的人也可以享受到。他們資助了很多錢，建了一座醫院，命名為「帕金斯學院」，來醫院的所有人都可以享受免費催眠。這種牽引車幾個月以內就被普及了，那個有幸發明它的人獲取5000英鎊的報酬。

海加斯是巴斯的一位著名醫生，在他回憶想像力是如何作用於治療疾病時，突發奇想，想到一個好主意可以令牽引車的真正價值顯現出來。帕金斯的治療方法流傳太廣泛了以至於都無法質疑。因此，針對各種不同的傳說，海加斯醫生沒有當面駁斥，而是在許多人的親眼目睹之下，將這個很多人篤信的療法欺騙之謎平靜地揭穿。他建議福爾克納醫生做一個木頭牽引車，將它的表面刷上漆，讓它看起來像鐵的東西，然後再試試它們會不會產生相同的效果和影響。於是，他們挑選巴斯醫院的5位病人實施治療。其中有4位長期患有嚴重風濕病，發作處分別在腳踝、膝蓋、手腕和臀部，第5位患痛風也已經持續幾個月。在約好的做實驗的日子裡，海加斯醫生和他的朋友們聚集在醫院裡，莊嚴地請出神話般的牽引車。其中就有4位患者立刻就說他們的病痛已經沒有了，有3位患者說他們不光病情好多了，而且受益匪淺。有1位感覺他的膝蓋也溫暖了，還說他可以在房間裡走動。他試著走幾步而且也真的成功了，雖然在此之前他幾乎都不能動。患痛風的病人感覺自己的病痛正在快速消退，幾個小時都覺得很舒服，他回到床上，又開始疼痛了。第二天給他們用了真正的牽引車，他們描述各種情況用的話和之前幾乎一樣。

為了更加精確，過了幾個星期又在布里斯托醫務室進行實驗。這次的病人肩部患有嚴重的風濕，手不能從膝蓋上抬起來。他們拿來了神奇的牽引車，並且立刻用在病痛部位。為了使得場面更加莊重，一位醫生拿出口袋裡的一個碼錶來精確計時，還有一個人握著筆坐在旁邊計下每分鐘的症狀變化。不到4分鐘病人就覺得症狀緩解了，並且將他的手指抬高好幾英寸都不覺得疼！

海加斯醫生將這些記錄放在一個小冊子裡發表，名為「想像力是疾病的起因和良藥——神話般的牽引車是最好的例子」。對帕金斯醫生的體系來說，這種揭露是致命的一擊。他的朋友和贊助人依舊不肯承認受騙，拿著牽引車在牛、羊、馬身上做實驗，說動物們能夠從金屬板中獲得好處，但是從木製牽引車中卻不行。但是事實上完全沒有人相信他們。「帕金斯學院」被冷落了。帕金斯從英格蘭溜走了，走的時候身上帶著1萬英鎊，這些錢使他在賓夕法尼亞這座美麗的城市過落魄日子時得到一絲安慰。

在一段時期之內，催眠術在英格蘭遭到恥笑。在法國，在大革命風暴的席捲下，人們根本沒時間關注它。在史特拉斯堡的「諧和會」和其他一些大城市它也停留一下，之後就被學生和教授這些人遺棄了。因為人們的注意力被更莊重的東西吸引了。在歐洲，這種催眠體系最早被這兩個國家否定，然後它又寄居在一些富有幻想力的德國哲學家那裡。在他們那裡，催眠的功效越來越神奇：患者得到先知的禮物，他們的想像力甚至超越於地球之外，他們可以透過腳趾和手指看、聽，可以理解沒學過的語言，只把書放在腹部就可以明白書中內容。被催眠術迷惑的無知農夫可以迸發出比柏拉圖的哲學更神聖的思想，可以大肆探討對人腦的奧秘，他那深刻的觀點、尖刻的言辭能夠和世界上最博學的玄學家媲美，可以輕易地解決神學上最困難的問題，那種輕鬆就像一個清醒的人解開鞋帶那樣簡單！

本世紀[1]最開始的12年裡，動物磁性說在所有歐洲國家都很少被提

起，就連德國人都忘記他們豐富的想像，而被拿破崙的大炮和王國的興亡喚醒返回到現實世界中。這個時候，科學被一層模糊的烏雲遮蓋了，直到1813年德勒茲（Deleuze）的《動物磁性說史評》一書發表，這層烏雲才被消散。這部著作將新的活力注入這種已經被淡忘的騙術。針對它是真是假，在報紙、小冊子、專著、秘笈上再次展開論戰，許多醫藥界的名人認真研究，致力於探求真相。

德勒茲著名論文的結論就是以下的論斷：「有一種流體連續不間斷地逃出人體，而且『構成圍繞在我們四周的空氣』，這種空氣由於『氣流不固定』，對附近個體的影響並不能被感知。但是，它卻『可以透過意志傳導』，而且被引導時，它會以和人類的精力相適應的力量『產生一種氣流』。它的流動與『燃燒的物體發出的光很像』，『在不同人身上它會表現出不同的屬性。』它可以高度集中，『而且存在於樹木裡』。催眠者的意志『被動物所表現，手朝著相同的方向悔悟幾遍』，就可以將整棵樹都充滿這種流體。當催眠者的意志將這種流體注入身體後，很多人在催眠者將手放到他們面前沒有碰到的時候就會『有一種忽冷忽熱的感覺』。有些人被注入充足的流體之後，會進入一種催眠夢遊狀態或催眠癡迷，而且在這種狀態中，『他們可以見到催眠者身上圍繞著像光暈一樣的液體，這種光亮的液體從他的嘴到鼻孔，到他的頭和手都在流動著，散發出一種很好的氣味，讓食物和飲水變得更美味。』」

人們也許會覺得這些觀點已經足以被很多醫生所接受，要是他們希望別人認為他們神志清醒。但是它僅僅是德勒茲先生提到的美妙東西的很小一部分。他接著說：「當催眠術造成夢遊時，在這種狀態下的人一切感官都開始擴張。有幾個外部器官，特別是那些視覺和聽覺器官就會變得遲

---

1. 即作者所在的19世紀。——譯者注

鈍，但是視覺、聽覺都轉到了內部。視覺和聽覺都透過磁化液體傳導，任何神經或器官都不能影響這種液體，它可以直接把感覺傳到大腦。因此雖然夢遊者眼睛閉著，耳朵堵著，卻不僅能聽又能看，甚至比他清醒的時候更清晰。他可以體會催眠者的意志，雖然那種意志不會表現出來。他可以將自己的身體內部看透，所有和他有催眠關聯的人內部最隱秘的組織都可以被他洞察到。一般情況下，他只能發覺有病痛的部分，並且只憑藉直覺開處方。他擁有先知那樣的見解和感受，一般是正確的，偶爾也會出錯。他表達順暢，表現出驚人的言語技能，當然難免也有些誇張。要是透過催眠者的英明引導，他就可以在一段時間裡生動地變成更完美的人。但他要是受到不明智的引導，就會驚慌失措。」

在德勒茲看來，所有人都可以成為催眠者，都可以創造這些奇蹟，只需依照以下的條件和規則：

暫時將你所學的醫學知識和玄學知識都忘記。

將你腦中所有可能出現的反抗都驅除出去。

想像你的神力足夠你將病痛握在手裡並拋棄。

這種研究開始後六個星期之內不要思考。

秉承一種要做好事的積極想法，篤信催眠術的神奇力量，完全有信心使用它。簡單地說，將所有的顧慮都排除，渴望成功，聚精會神地操作。

這個意思就是，「要堅定信念，執著，將一切曾經的經歷都摒棄，拒絕理智的聲音，」這樣你就可以做德勒茲所認為的那樣完美的催眠者。

進入狀態後，「將一切你認為可能會影響你的人從患者身邊驅離，只將必需的目擊者留下——要是必須有一個。要求他們不要參與一切你將要進行的事情，不要左右所有可能從中得到的結果，只想著和你一樣要給病人帶來好處。讓自己盡量舒適一點，既不太冷也不太熱，進入一種所有

東西都無法妨礙你自由行動的狀態，謹防在靜坐時遇到打擾。讓你的病人盡可能坐得舒服，你在他對面一個稍高一點的座位上坐著。用你的雙膝夾住病人的雙膝，將你的腳放在他的腳兩側。先讓他自我放鬆，什麼都不要想，也不要想任何可能產生的影響，拋棄一切恐懼，使自己充滿希望。要是催眠術會令他有短暫疼痛，也不要驚慌放棄，要讓自己鎮定，用你的手夾住他的拇指，然後用指腹接觸他的指腹，用眼睛凝視他！你一定要保持這種姿態2~5分鐘，直到你感覺你的拇指和他的溫度相同。然後，你再將自己的手抽回，放到兩側。同時慢慢地翻轉雙手，手心向外，舉到頭部。這時將雙手放在肩上，保持一分鐘，然後輕輕地沿手臂向下移動到指間。一邊移動一邊輕微地觸摸，將這個動作重複5~6遍。連續翻轉雙手，起來前將雙手從身體稍微移開一些。然後放在頭上，停一會兒放低，離臉頰1~2英寸時慢慢放下，直到肚臍。放置兩分鐘，將大拇指放到肚臍上，剩下的手指放在肋骨下，然後慢慢沿身體滑到膝蓋。或者要是可以，可以放到腳上，保持靜坐的姿態，將這種動作重複幾遍。你要不斷靠近你的病人，把手放到他肩膀上，慢慢沿他的背脊滑到大腿、膝蓋或雙腳。初步操作結束以後，你可以不用再將手放到頭上，可以從肩部開始，只放到手臂上。從腹部開始，再到全身。

　　以上這些就是德勒茲推薦的催眠過程。甚至動物磁性說最固執的對手都會相信，只要那些脆弱、富有想像力、神經敏感的女人接受催眠就一定會痙攣。按照這種被強迫的姿態坐著——有一個傢伙用雙膝夾住她的膝蓋又盯著她，直到她臉色大變，同時還要撫摸她身體的各個部分——這些已經完全可以讓一個女人驚厥了，特別是如果她容易痙攣。同樣，那些頭腦稍微清醒、身體相對強壯些的人受到催眠也可以被這樣解釋。這些手法能夠產生的各種效果可以透過上千的例子顯示出來，但是它們都有得益於催眠術的證據嗎？它們能夠證明磁性流體的存在嗎？我們都知道安靜、單純

和長久地保持一個姿勢的躺臥可以令人昏昏欲睡或激動，模仿和將想像作用在一個虛弱之人的身體上時會令她驚厥，根本就不用催眠術或墳墓中的鬼魂來告訴我們！

在法國，德勒茲的書迴響熱烈，人們又投入成倍的熱情去研究這個學說。第一年出現名為《催眠術年鑑》的雜誌，針對這種學說展開探討。很快又出現《催眠術大全》和很多其他雜誌。幾乎就在同時，法利亞（Faria）神父，「創造奇蹟的人」，開始進行催眠。人們相信有更多磁性液體環繞他全身，他相比於絕大多數人都有更強的意志力，他的治療相當成功。他的實驗令人信服地證明是想像力而絕不是假想的流體對這種享有很高聲望的學說造成影響的真正原因。他把病人安排在扶手椅中坐好，讓他們閉上眼，然後大聲地以命令的口吻喊出一個字：「睡！」他什麼手法都不需要——既沒有催眠器皿，也沒有流體的引導，但是他卻可以讓上百名病人成功入睡。他誇耀道，他在那個時候就用這種方法讓5000名患者變成催眠夢遊的人。一般情況下需要重複這個命令3~4遍。要是病人依舊不肯睡著，神父會一邊把他從椅子上趕走，一邊說這個人不適合催眠，以此來解除困境。特別值得一提的是，催眠者們並不認為他們的流體是萬能的。像健壯的人、心存疑慮的人、對它進行理智思考的人，這些人都不能被催眠，只有堅信它的人和身體或意志虛弱的人才可以被催眠。並且，由於擔心後一類人會因為各種不同的原因對磁力產生抵制，這種學說的信徒們就會狡辯，稱甚至有時候他們也不能被催眠。只要在場的有一個不信或鄙視它的人，都將削弱或破壞這種流體的功效。德勒茲在教導催眠者時明確指出：「一定不要在愛問問題的人面前進行催眠，但是信仰催眠術的人們卻堅持把它放進科學範疇內。」

古斯塔夫・勒龐點評

[1] 我們已經認識到，不同的過程會將個人帶入一種完全喪失人格意識的狀態，他會絕對服從於使自己失去人格意識的暗示者，做出一些和他的性格和習慣相矛盾的行動。透過極為細緻的觀察已經證實，個人長時間融入群體行動就會發現——也許因為在群體發揮催眠影響的作用下，也許是由於一些我們根本不知道的原因——自己進入一種特殊狀態，這與被催眠的人在催眠師的操縱下進入的迷幻狀態類似：被催眠者被麻痺了大腦活動，變成受催眠師任意支配的所有無意識活動的奴隸，有意識的人格蕩然無存，意志和辨別力也不復存在，一切感情和思想都被催眠師所支配。

[2] 一些可以在群體中廣泛流傳的神話之所以能夠發生，不僅是由於群體的極端輕信，也是由於事件在人們的想像中被做了錯誤的解釋。明明是在群體眼前發生的最簡單不過的事情，用不了多長時間就會變得面目全非。

富能量 09

大癲狂
金融投資領域的【超級經典】

作者	查爾斯‧麥凱
譯者	方需
美術構成	騾賴耙工作室
封面設計	九角文化/設計
發行人	羅清維
企劃執行	張緯倫、林義傑
責任行政	陳淑貞

企劃出版	海鷹文化
出版登記	行政院新聞局局版北市業字第780號
發行部	台北市信義區林口街54-4號1樓
電話	02-2727-3008
傳真	02-2727-0603
E-mail	seadove.book@msa.hinet.net

總經銷	知遠文化事業有限公司
地址	新北市深坑區北深路三段155巷25號5樓
電話	02-2664-8800
傳真	02-2664-8801
網址	www.booknews.com.tw

香港總經銷	和平圖書有限公司
地址	香港柴灣嘉業街12號百樂門大廈17樓
電話	（852）2804-6687
傳真	（852）2804-6409

CVS總代理	美璟文化有限公司
電話	02-2723-9968
E-mail	net@uth.com.tw

出版日期	2022年08月01日　一版一刷
首版特價	599元
郵政劃撥	18989626　戶名：海鴿文化出版圖書有限公司

國家圖書館出版品預行編目（CIP）資料

大癲狂：金融投資領域的【超級經典】／查爾斯‧麥凱作；
方需譯. -- 一版. -- 臺北市：海鴿文化，2022.08
面；　公分. --（富能量；09）
ISBN 978-986-392-459-3（平裝）

1. 群眾心理學

541.773　　　　　　　　　　　　　　111009968

SeaEagle

SeaEagle